lonely planet

Kanarische Inseln

Lucy Corne, Josephine Quintero

REISE-PLANUNG

KAROL KOZLOWSKI / GETTY IMAGES ©

SANTA CRUZ DE LA PALMA S. 199

MICHAL SLECZEK / GETTY IMAGES ©

PUERTO DE MOGÁN S. 76

REISEZIELE

Inhalt

Willkommen auf den Kanarischen Inseln

Vor der Kulisse der Vulkane finden sich üppige Pinienwälder, prähistorische Stätten, Mondlandschaften und Dünenlandschaften. Hinter den Urlaubsorten an der Küste der Kanarischen Inseln entfaltet sich eine andere Welt.

Beeindruckende Landschaft

Auf den Kanarischen Inseln herrschen das gesamte Jahr über nahezu perfekte Temperaturen. Sie laden ein, die unterschiedlichen Landschaften zu entdecken. Subtropisches Grün gibt's im gebirgigen Landesinneren von Gran Canaria mit seinen Pinienwäldern, im Nationalpark von La Gomera oder an den reißenden Wasserfällen von La Palma. Von einer kargen Schönheit sind dagegen die Landschaft um den El Teide auf Teneriffa, die schillernden Lavafelder von Lanzarote oder Fuerteventuras endlose Ebenen mit ihren Kakteen und Ziegen.

Aktivurlaub

Die Landschaft ist sehr vielfältig, hinzu kommt das beständig gute Wetter, sodass viele verschiedene Outdoor-Aktivitäten möglich sind: Auf ausgeschilderten Wanderrouten kreuz und quer über die Inseln laufen, von Spaziergängen auf gewundenen Pfaden bis hin zu Gebirgstouren ist alles dabei. Oder im warmen Wasser tauchen und über 350 Fischarten (und hier und da ein Schiffswrack) bewundern. Oder man holt sich im Wind und in den Wellen einen Adrenalinstoß – Kitesurfen, Windsurfen und Surfen sind hier ganz groß. Zum Entschleunigen gibt's Kamelreiten, Golfplätze, Pferdeausritte und Bootsausflüge.

Oder einfach relaxen ...

Wer im Urlaub vor allem Ruhe und Entspannung sucht, ist hier genau richtig. Die Auswahl an Stränden ist wirklich groß und reicht von den sanften Dünen auf Fuerteventura bis hin zu den breiten, goldenen Sandbuchten auf Teneriffa. Zentren für Thalassotherapie verwöhnen ihre Gäste mit einer verlockenden Palette an Behandlungen und Massagen. Danach laden Bars am Strand zu einem Cocktail beim Sonnenuntergang über dem Meer ein.

Prächtige Kunst & Architektur

Die Museen der Kanarischen Inseln sind keine großen Publikumsmagneten, doch Kunst- und Architekturliebhaber können hier Interessantes entdecken. Fans des Surrealismus sollten sich die spektakulären Leinwände des weltbekannten Malers Óscar Domínguez in seiner Heimatstadt Santa Cruz de Tenerife ansehen, während die riesigen abstrakten Skulpturen der Einheimischen Martín Chirino und César Manrique auf Gran Canaria und Lanzarote gar nicht zu übersehen sind. Wer eher auf Baukunst steht, wird die landestypischen Holzbalkone, grünen Innenhöfe und bunt angestrichenen Fassaden schätzen, die so charakteristisch für die volkstümliche Architektur der Kanarischen Inseln sind.

Warum ich die Kanarischen Inseln liebe

von Lucy Corne, Autorin

Es gibt nur wenige Reiseziele, die so unterschätzt werden wie die Kanarischen Inseln. Bei meinem ersten Besuch arbeitete ich in einem Resort auf Gran Canaria, und in meiner Freizeit entdeckte ich den Reichtum der Insel: beeindruckende Berge, kleine Pueblos und reizende Dörfer am Meer. Ich verliebte mich in den Archipel und zog bald darauf dorthin. Jahrelang erkundete ich jede der Inseln und war immer wieder aufs Neue verzaubert. Wenn nun meine Leser durch die Lavafelder von Teneriffa wandern, durch das Gebirge von Gran Canaria fahren oder eine Käseplatte in einem kleinen Dorf auf einem Berg genießen, geht es ihnen vielleicht wie mir.

Weitere Informationen zu unseren Autoren auf Seite 319

Charco de San Ginés (S. 107) in Arrecife, Lanzarote

Kanarische Inseln

0
100 km
15°W
14°W
Cádiz
(spanisches Festland)
30°N
29°N
28°N
27°N
Isla Graciosa
Eine Auszeit an herrlichen Stränden nehmen (S. 117)
Timanfaya
Vulkanische Aktivität beobachten (S. 123)
El Cotillo
In der relaxten Surfer-Hochburg abhängen (S. 96)
Las Palmas de Gran Canaria
Geschichte einatmen und am Strand liegen (S. 45)
Tejeda
Durch spektakuläre Landschaft wandern oder fahren (S. 68)
ATLANTIK
Isla de Alegranza
Agujas Grandes (266 m)
Isla Graciosa
Monte Corona (609 m)
LANZAROTE
Haría
La Caleta de Famara
Arrieta
Timanfaya (510 m)
Teguise
Parque Nacional de Timanfaya
Mozaga
Tahiche
El Golfo
Arrecife
Playa Blanca
Puerto Calero
Corralejo
Isla de Lobos
Lajares
El Cotillo
Parque Natural de Corralejo
La Oliva
FUERTEVENTURA
Puerto del Rosario
Betancuria
Gran Montaña (708 m)
Pájara
Pozo Negro
Playa de Sotovento Jandía
Morro Jable
Santa María de Guía
Las Palmas de Gran Canaria
Arucas
Tejeda
Roque Nublo (1803 m)
San Bartolomé de Tirajana
Agüimes
GRAN CANARIA
Maspalomas
HÖHE Ü. M.
2000 m
1500 m
1000 m
500 m
200 m
0

Die Top 17 der Kanarischen Inseln

1

Die Pracht des El Teide

1 Los geht's mit einer leichten Wanderung am Fuße des El Teide auf Teneriffa (S. 159), die wie ein Spaziergang durch eine Mondlandschaft anmutet. Die Pfade führen tief in eine geradezu außerirdisch anmutende Landschaft mit roten, gelben und braunen Vulkankegeln, die riesigen prähistorischen Maulwurfshügeln ähneln, bizarren Formationen aus Vulkangestein und kieselartige Lapilli. Wer noch eine Extraportion Energie hat, kann bis zum Gipfel hinaufwandern, leichter geht's mit der Seilbahn ganz nach oben. Unbedingt warm anziehen, denn oben in den Wolken kann es kühl werden.

Karneval

2 Die Einwohner der Kanarischen Inseln feiern gerne, und in Santa Cruz de Tenerife gipfelt die Feierwut alljährlich im schrillen Karneval (S. 138). Die Feierlichkeiten beginnen in der Regel Anfang Februar mit einer Fanfare und dauern rund drei Wochen; dazu gehören Galaauftritte, Kostümwettbewerbe, Feuerwerk und Paraden à la Rio. Die ganze Insel feiert Karneval mit Frivolitäten und eigenen Bräuchen von Sonnenaufgang bis -untergang, deshalb lange genug im Voraus buchen (natürlich nur, wer überhaupt zum Schlafen herkommt). Bild: Bewerberin um den Titel der Karnevalskönigin

TIM E WHITE / GETTY IMAGES ©

2

JUERGEN RICHTER / LOOK-FOTO / GETTY IMAGES ©

Autotouren durch das zerklüftete Inselinnere von Gran Canaria

3 Obwohl sich die meisten Menschen nur an der Küste von Gran Canaria aufhalten, sind die Berge die größte Attraktion. Hinter jeder Kurve liegen weitere eigenartige Felsformationen oder wieder ein Ausblick, bei dem man anhalten und zur Kamera greifen möchte. Zum Glück gibt's außerdem zahlreiche hübsche Dörfer (S. 69) über die ganze Inseln verstreut, wo man Rast machen kann, ohne den Blick von der schönen Landschaft abzuwenden.

Fuerteventuras Strände

4 Einige der großartigsten Strände der Kanarischen Inseln befinden sich auf Fuerteventura. Wer den Reihen von Sonnenliegen entfliehen möchte, begibt sich in den Nordwesten der Insel zu den wilden Stränden rund um El Cotillo. Windsurfer freuen sich über die Wellen bei Playa de Sotavento de Jandía (S. 100), andere Wassersportler kommen an der Sandbucht von Morro Jable auf ihre Kosten. Familienfreundliche, für Kinder geeignete Strände sind die von Costa Calma und Caleta de Fuste. Bild: Der Strand Morro Jable (S. 100)

3

4

GONZALO AZUMENDI / GETTY IMAGES ©

ALEX BRAMWELL / GETTY IMAGES ©

Wandern in der Caldera de Taburiente

5 Wer Anstrengung nicht scheut, kann den Parque Nacional de la Caldera de Taburiente (S. 213) erwandern. Für viele Besucher sind die Pinienwälder und die Wolkenschleier vor den Felswänden der Caldera das schönste Erlebnis des gesamten Archipels. Von leichten einstündigen Spaziergängen bis hin zu anspruchsvollen ganztägigen Ausdauertouren ist hier alles möglich. Unbedingt auch im Besucherzentrum des Parks die informativen Ausstellungen ansehen. Bild: Der Barranco de las Angustias fließt durch den Nationalpark.

Die Altstadt von La Laguna

6 Bei einem Besuch von La Laguna (S. 142) auf Teneriffa lädt die am besten erhaltene Altstadt der Insel zu einem Bummel ein: überall gepflasterte Straßen, Kaufmanns- und Herrenhäuser mit Balkonen aus Pinienholz. Mit der einzigartigen traditionellen Architektur und ihrem Grundriss war die Stadt das Vorbild vieler Kolonialstädte in Nord- und Südamerika. La Laguna mag etwas altmodisch anmuten, ist aber ein Ort mit einer spürbaren jugendlichen Energie. Nachts ist hier jede Menge los, und zahlreiche Bars und Cafés laden zum Chillen ein.

Bauernmärkte

7 Glänzende blauschwarze Auberginen, blutrote Tomaten, Knoblauchwürste, mürbe Mandelkekse, gigantische Knoblauchknollen, frisch gebackenes Brot ... Wer könnte einem Bauernmarkt widerstehen? Auf allen Inseln werden lokale Erzeugnisse auf den Wochenmärkten feilgeboten. Hier gibt es regionale Spezialitäten, wie den cremigen *queso de flor* (Käse) aus Gran Canaria, den süßen Malmsey-Wein aus La Palma (S. 214) oder den berühmten Majorero-Ziegenkäse aus Fuerteventura – vor dem Kauf nach einer Kostprobe fragen. Bild: Ziegenkäse von einem Bauernmarkt, Gran Canaria

TRAVELSTOCK44 · JUERGEN HELD / GETTY IMAGES ©

César Manrique

8 Der Einfluss von César Manrique (1919–1992), auf seine Heimatinsel Lanzarote ist etwas Besonderes: Das satte Waldgrün, das man überall hier sieht, ist die vorgeschriebene Farbe für Türen und Fensterrahmen. Und dann sind da noch die riesigen, verrückten Stahlskulpturen, die so viele Kreisverkehre zieren. Sehenswert ist das Wohnhaus von Manrique (S. 113), das um eine Höhle gebaut ist und fabelhafte Kunstwerke von Meistern wie Picasso beherbergt. Außerdem gibt es noch zwei weitere Top-Sehenswürdigkeiten: die Cueva de los Verdes und Jameos del Agua. Bild: Manriques Mirador del Río, Lanzarote

Barranco de Guayadeque

9 Die beste Jahreszeit, um diese üppig grüne Schlucht (S. 58) auf Gran Canaria zu besuchen, ist das Frühjahr, wenn die Mandelbäume blühen. Die Schlucht ist das ganze Jahr über schattig und angenehm. In ihre steilen Hänge wurden Höhlen geschlagen, in denen sich Bars, Restaurants und sogar eine Kapelle befinden. Nach dem Restaurantbesuch kann man sich das Essen auf einem der Wanderwege leicht wieder ablaufen. Als Belohnung gibt es atemberaubende Ausblicke bis hin zum Meer. Bild: In den Fels gehauene Kapelle in einer Siedlung beim Barranco de Guayadeque

Runzlige Kartoffeln

10 Auch wenn der Name einem nicht das Wasser im Mund zusammenlaufen lässt: Die allgegenwärtigen *papas arrugadas* (runzlige Kartoffeln) sind (samt Schale) tatsächlich lecker. Diese kleinen neuen Kartoffeln werden gekocht und mit grobem Meersalz bestreut. Das Beste daran ist die Beilage: eine Auswahl aus drei Saucen – *mojo picón*, *mojo verde* und *mojo de cilantro* (mit Chili, Petersilie bzw. Koriander). Die urtypische kanarische Spezialität wird mit einer *caña* (Fassbier) in Vegueta (S. 46), der Altstadt von Las Palmas de Gran Canaria, heruntergespült.

Isla Graciosa

11 Es gibt nicht viele autofreie Orte in Europa, doch auf der winzigen Insel Graciosa (S. 117) gibt es nicht einmal befestigte Straßen. Die Überfahrt mit der Fähre von Lanzarote aus ist unruhig, aber erfreulich kurz. Einen oder zwei Tage kann man dort gut mit Radfahren, Sonnenbaden an leeren Stränden oder einem Bier mit Einheimischen verbringen. Wenn die letzte Fähre abgelegt hat, erscheinen einem die windigen verlassenen Straßen von Caleta de Sebo wie das Set einer Westernstadt.

Surfen bei El Quemao

12 Die Kanaren gelten mit ihrer Unmenge an Weltklasse-Surfspots bei Surfern als das „Hawaii Europas". Am bekanntesten ist El Quemao (S. 120) auf Lanzarote wegen seiner heftigen linken Riffwelle. Für Könner, die in der Lage sind, den Einheimischen die eine oder andere Welle abzunehmen, versprechen diese riesigen Tonnenwellen den ultimativen Adrenalinstoß. Wer noch nicht ganz fit genug für El Quemao ist, findet in der nahe gelegenen La Caleta de Famara ideale Einstiegsbedingungen für Anfänger.

11

12

Alto de Garajonay

13 Aus den Wolken, die La Gomera den größten Teil des Jahres umgeben, ragt der Alto de Garajonay (S. 185) heraus, der höchste Berg der Insel (1487 m). Ein Aufstieg auf den Gipfel bietet die Chance, die faszinierenden Lorbeerwälder (*laurisilva*) kennenzulernen, die wie eine leuchtendgrüne Perücke oben auf dieser kleinen runden Insel sitzen. Die Wanderung ist einfach, aber die Ausblicke, die bis zu diesen Wäldern und (an klaren Tagen) bis zum schneebedeckten El Teide auf Teneriffa reichen, sind alles andere als gewöhnlich.

Weinprobe auf Lanzarote

14 In La Geria (S. 122) auf Lanzarote ist der Weinanbau außergewöhnlich. Die Reben wachsen in kleinen Kratern aus Vulkangestein, die von gemauerten Halbkreisen (*zocos* genannt) eingefasst sind. Weinproben sind ganz einfach zu bekommen: Die meisten der großen Bodegas liegen an einem Stück Holperpiste in La Geria. Hier gibt's auch eine Kostprobe des berühmten Dessertweins *Malvasía*, einst der Lieblingstrunk der europäischen Aristokratie. Aber zuvor unbedingt noch das nahe gelegene Weinmuseum besuchen.

DAMIEN SIMONIS / GETTY IMAGES ©

MORITZ WOLF / GETTY IMAGES ©

Tauchen auf El Hierro

15 Einen Oktopus umarmen, einem Lippfisch einen Kuss entgegenhauchen oder Freundschaft mit einer Anemone schließen: Unter den Wellen des südlichen El Hierro (S. 232) liegt ein verborgenes Wunderland voller seltsamer und wundervoller Unterwasserwesen. Hinzu kommen das warme Wasser und zuverlässige Tauchkonditionen, wodurch dieser Ort eines der aufregendsten Tauchreviere im Nordatlantik wird. Eine Unterwasser-Exkursion ist hier ganz einfach, da mehrere Tauchschulen alles von „Schnuppertauchen" bis hin zu kompletten Kursen bieten.

Gourmet San Sebastián

16 Die westlichen Inseln sind wegen ihrer einfachen, bodenständigen Küche bekannt, aber auf der kleinen Insel La Gomera scheint es einen Überfluss an einheimischen Delikatessen zu geben. Wer über die Märkte von San Sebastián (S. 183) bummelt, kann sich auf die Suche machen nach dem wunderbar würzigen Sirup, der aus dem Saft von Palmen erzeugt wird. Eine weitere Delikatesse aus La Gomera, die es sich lohnt aufzuspüren, ist *almogrote*, eine pikante Käsepaste aus Hartkäse, Paprika und Tomaten. Bild: Lokal erzeugter Honig aus San Sebastián de la Gomera

Auf der Suche nach Moby Dick

17 Nicht nur Touristen schwimmen gerne im Meer vor den Kanaren. Wal- und Delphinschulen stehen ebenfalls auf das Plantschen im warmen Wasser. Der Kanal zwischen Teneriffa und La Gomera ist ihr bevorzugter Ferienort. Wer auf einer dieser beiden Inseln Urlaub macht, sollte unbedingt einen Bootsausflug zur Wal- und Delphinbeobachtung (S. 164) machen. Bild: Grindwale

Gut zu wissen

Mehr Informationen stehen im Kapitel Praktische Informationen (S. 285).

Währung
Euro (€)

Sprache
Spanisch

Geld
Geldautomaten sind reichlich vorhanden. Kreditkarten werden in den meisten Hotels, Restaurants und Geschäften akzeptiert.

Mobiltelefone
Ein Prepaid-Handy mit Guthaben gibt's schon ab 30 €. Spanische SIM-Karten sind überall erhältlich und können in GSM-Telefonen ohne SIM-Lock verwendet werden.

Zeit
Greenwich-Zeit (MEZ –1 Std.), im Sommer gilt die Sommerzeit (+ 1 Std.)

Reisezeit

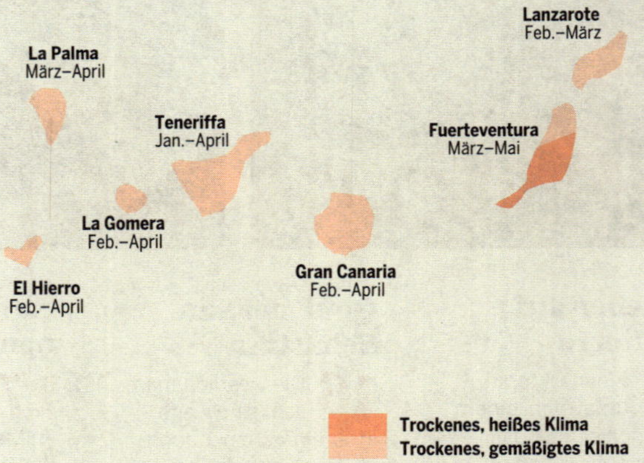

Hochsaison (Dez.–April & Juli–Aug.)
- Über Weihnachten, Karneval und Ostern
- Unterkünfte sind im Januar und Februar am teuersten.
- Im Juli und August machen die Festlandspanier Urlaub, daher ist mit mehr Touristen zu rechnen.
- Juli und August sind die heißesten Monate des Jahres, aber die Temperaturen klettern selten über 38 °C.
- Mit Regen ist von Januar bis März zu rechnen, vor allem in den Bergen.

Zwischensaison (Mai–Juni & Sept.–Nov.)
- Temperaturen um 28 °C, die Nächte sind kühler.
- Insgesamt kommen im Herbst weniger Touristen.
- In größerer Höhe kann es, insbesondere auf Gran Canaria und Teneriffa, deutlich kühler und neblig sein.

Nützliche Websites

Lonely Planet (www.lonelyplanet.de/reiseziele/kanarische-inseln) Informationen zum Reiseziel, Hotelbuchungen, Reiseforum und mehr

Verwaltung der Kanarischen Inseln (www.gobiernodecanarias.org) Informationen der Verwaltungsbehörden mit vielen Informationen für Touristen auf Spanisch

Offizielles Fremdenverkehrsamt (www.hallokanarischeinseln.com) Regionale und inselspezifische Informationen

Tagesnachrichten in deutscher Sprache (www.kanarenexpress.com) Täglich aktuelle Nachrichten

Wichtige Telefonnummern

Innerhalb der Kanaren sind alle Telefonnummern neunstellig und beginnen mit einer „9", wenn es eine Festnetzleitung ist, und mit einer „6" für Mobilnummern.

Landesvorwahl	☎34
Vorwahl für Auslandsgespräche	☎00
Krankenwagen	☎061
Polizei	☎112

Tagesbudget

Budget: Unter 60 €

- Budgetunterkunft (mit Gemeinschaftsbad): 25–35 €
- Exzellente Märkte und Supermärkte für Selbstversorger
- Freier Eintritt in manchen Museen, Parks, Kirchen und für Wanderwege

Mittelklasse: 60–150 €

- Doppelzimmer in Mittelklassehotel: 55–80 €
- Dreigängiges Menü im Mittelklasserestaurant: 25 € plus Wein
- Topmuseen, Galerien und Sehenswürdigkeiten: im Durchschnitt 6 €

Spitzenklasse: Über 150 €

- Zimmer im Vier-Sterne-Hotel: 100 €
- Mittags und abends gut essen
- Autovermietung ab 20 € pro Tag

Öffnungszeiten

Die folgenden Standardöffnungszeiten gelten nur in der Hauptsaison, in den übrigen Monaten sind die Öffnungszeiten eher kürzer.

Banken Mo–Fr 8.30–14 Uhr

Bars 19–24 Uhr

Geschäfte Mo–Fr 10–14 Uhr und 17–21 Uhr, Sa 10–14 Uhr

Postämter Mo–Fr 8.30–20.30 Uhr, Sa 9.30–13 Uhr (in großen Städten); Mo–Fr 8.30–14.30 Uhr, Sa 9.30–13 Uhr (andernorts)

Restaurants Warme Küche von 13–16 Uhr und von 19 Uhr bis spät

Supermärkte Mo–Sa 9–21 Uhr

Ankunft auf den Kanarischen Inseln

Flughafen Gran Canaria (S. 44) Regelmäßige Busse nach Las Palmas. Taxi 30 €; ca. 25 Minuten

Flughafen Lanzarote (S. 106) Regelmäßige Busse nach Arrecife. Taxi 12 €; ca. 15 Minuten

Flughafen Teneriffa Süd (S. 132) Regelmäßige Busse nach Los Cristianos. Taxi 20 €; ca. 30 Minuten

Flughafen Fuerteventura (S. 80) Regelmäßige Busse nach Puerto del Rosario. Taxi 10 €; ca. 15 Minuten

Unterwegs vor Ort

Auto Obwohl die Straßen kurvig sind, sind sie meistens in gutem Zustand, und mit dem Auto sieht man von den Inseln am meisten. Autovermietungen gibt's an den Flughäfen, in Urlaubsorten und in den größeren Städten. Auf den kleineren Inseln besser im Voraus buchen.

Bus Alle Inseln haben ein Busliniennetz, mit dem man zu den Hauptsehenswürdigkeiten gelangt. In ländlichen Gegenden fahren nicht so häufig Busse. In der Regel gibt's Tickets mit Sonderkonditionen.

Boot Um von Insel zu Insel zu hüpfen, sind die schnellen Fähren super. Auf vielen Routen verkehren die Schiffe sehr häufig.

Weitere Informationen zu **Verkehrsmittel & -wege** auf S. 293 ➡

Wie wär's mit ...

Malerische Landschaften

Gran Canaria Das Inselinnere ist spektakulär. Besonders um Cruz de Tejeda und Artenara erinnert es an ein Hochgebirge. (S. 69)

Pico del Teide Auf den höchsten Gipfel Spaniens mit seiner atemberaubenden Aussicht geht's mit der Seilbahn. (S. 160)

Parque Nacional de Timanfaya Eine Mondlandschaft mit außergewöhnlichen Felsformationen und Farben bietet der Nationalpark von Lanzarote. (S. 123)

La Gomera Die ganze Insel ist ein Paradies für Fotografen. Bester Aussichtspunkt ist der Alto de Garajonay. (S. 185)

Mirador del Río Das Meisterwerk von Manrique hängt an einer Klippe auf Lanzarote und bietet einen weiten Ausblick über den Archipel Chinijo. (S. 118)

Strände

Die Ferienorte im Süden haben großartige, aber auch überfüllte Strände, während die kleinen Juwelen mit schwarzem Sand auf El Hierro, La Palma und La Gomera oft menschenleer sind.

Playa de las Canteras Dieser wirklich großartige Stadtstrand wird von einer breiten Promenade flankiert. (S. 51)

Playa de las Teresitas Hier gibt's puderweichen Sand, gute Seafood-Restaurants und eine wohltuend authentische spanische Atmosphäre. (S. 145)

Endlose Dünen Sahara-Feeling in den außergewöhnlichen Dünen auf Fuerteventura und Gran Canaria (S. 92)

Playa Mujeres, Lanzarote Eine Holperpiste führt zu einem der wenigen hellen Strände. (S. 129)

Playa de las Conchas, Isla Graciosa An diesem großartigen goldenen Sandstrand ist man meist alleine, im Wasser ist hier jedoch Vorsicht geboten. (S. 117)

Wassersport

Fuerteventura und Lanzarote sind bekannt für Wind und Wellen, während El Hierro die beste Wahl für Taucher ist.

El Cotillo Im Herzen der Surfszene von Fuerteventura, umgeben von unverdorbenen, windumtosten Stränden (S. 96)

La Caleta de Famara Der heißeste Surfspot auf Lanzarote für Kiteboards, Windsurfer und das Lieblingsbrett original aus Malibu: das Bodyboard (S. 120)

La Restinga Klares Wasser macht dieses Küstendorf auf El Hierro zum Taucherparadies. (S. 231)

Playa de Sotavento de Jandía Kite- und Windsurfer aller Leistungsstufen versammeln sich am diesem breiten goldenen Strand, an dem die Windsurfing-Weltmeisterschaft ausgetragen wird. (S. 100)

Pozo Izquierdo Ein ruhigerer Ort zum Surfen. Eine Handvoll bewährter Anbieter gibt Kurse und verleiht Ausrüstung. (S. 75)

Südliche Badeorte In Strandnähe geht's zwar kommerziell zu und es wimmelt von Menschen, aber draußen auf dem Wasser ist das Meer nur noch das Meer. Auf Teneriffa empfiehlt sich Los Cristianos für Wassersport; auf Gran Canaria lohnt sich der Besuch in Taurito. (S. 166)

Wandern

Außer in der Hitze von Juli und August ist das Klima geeignet, um sich die Inseln auf spektakulären Routen zu erwandern.

Parque Nacional del Teide, Teneriffa Am Gipfel oder am Fuß des Berges: Diese Mondlandschaft bietet mit die besten Wanderrouten der ganzen Insel. (S. 159)

Ruta de los Volcanes, La Palma Dieser 19 km lange Wanderweg führt über Vulkanasche zum Ort des letzten Vulkanausbruchs auf den Kanarischen Inseln. (S. 212)

Parque Nacional de Garajonay, La Gomera Gut ausgeschilderte schattige Wege ziehen sich kreuz und quer durch den Nationalpark von La Gomera. (S. 185)

Oben: Dunas de Maspalomas, Gran Canaria (S. 71)
Unten: Playa de las Canteras, Gran Canaria (S. 51)

Parque Nacional de Timanfaya, Lanzarote Eine der fabelhaften geführten Touren durch die Lavafelder von Lanzarote muss auf jeden Fall rechtzeitig im Voraus gebucht werden. (S. 123)

Parque Nacional de la Caldera de Taburiente, La Palma Hier geht's über den Pfad durch den Barranco de las Angustias oder über kürzere Wege zu verschiedenen Aussichtspunkten. (S. 213)

Roque Nublo, Gran Canaria Nur 30 Minuten sind es vom Parkplatz an der Straße zu den Monolithen von Gran Canaria. (S. 70)

Barranco de Masca, Teneriffa Ein anspruchsvoller und dramatischer Abstieg zum Ozean durch eine Schlucht; unten fährt man mit einem Boot an der Küste entlang, um sich den anstrengenden Rückweg zu ersparen. (S. 163)

Camino de la Virgen, El Hierro Auf dem 26 km langen Weg der Wallfahrt wandeln, den die Gläubigen beim wichtigsten Fest der Insel zurücklegen (S. 232)

Isla de Lobos Sich beim Umrunden dieser unbewohnten Insel, die bei Vogelkundlern sehr beliebt ist, vorkommen wie der einzige Mensch auf Erden (S. 95)

Wein & Käse

La Geria Lanzarotes berühmteste Weinanbauregion mit Bodegas, in denen man Wein verkosten und kaufen kann. (S. 122)

Queso Majorero Käse von Fuerteventura in einer örtlichen *quesería* (Käsegeschäft) einkaufen; vorher probieren erlaubt. (S. 86)

Malvasía-Wein Die *Malvasía-Traube* bringt einen süßen Dessertwein hervor, der in Bodegas auf Teneriffa und in La Palma verkostet werden kann. (S. 214)

Casa del Vino La Baranda, Teneriffa Die robusten Rotweine der Region stehen in diesem Museum mit zugehörigem Restaurant zum Probieren bereit. (S. 146)

Queso de Flor, Gran Canaria Frischkäse mit Distelblüten gibt's direkt vom Erzeuger im hübschen Santa María de Guía. (S. 63)

Archäologie

Die prähispanische Kultur wurde bei der Eroberung praktisch ausgelöscht, ein paar faszinierende Stätten der Guanchen sind jedoch erhalten geblieben.

Cueva Pintada, Gran Canaria Die geometrischen Zeichnungen in dieser Höhle ergeben vermutlich irgendeine Art von Kalender. Das Museum nebenan bietet Einblicke in das geheimnisvolle Leben der Guanchen. (S. 64)

Cenobio de Valerón, Gran Canaria Eine eindrucksvolle Reihe von Höhlen und Getreidespeichern an einer Klippe. (S. 64)

Cuatro Puertas, Gran Canaria Eine von Menschen geschaffene Höhle mit vier Eingängen liegt in einem Hügel vor den Toren der Stadt Telde. (S. 58)

La Zarza, La Palma In der Nähe der geschwungenen Felszeichnungen gibt's ein kleines Besucherzentrum. (S. 220)

Los Letreros, El Hierro Eine lange Wanderung führt zu diesen Petroglyphen, deren Bedeutung nicht bekannt ist. (S. 231)

Museen Das Museo Canario auf Las Palmas de Gran Canaria und das Museo de la Naturaleza y el Hombre auf Teneriffa haben erstklassige Ausstellungen über die prähispanische Kultur. (S. 49)

Kunst & Architektur

Die Hotspots für kunstinteressierte Traveller sind Las Palmas de Gran Canaria, Santa Cruz de Tenerife und insbesondere die gesamte Insel Lanzarote.

Werke von César Manrique Über die gesamte Insel Lanzarote verstreut stehen die modernen Skulpturen und Gebäude des Künstlers, die einen schönen Kontrast zur kahlen Landschaft bilden. (S. 113)

Tenerife Espacio de las Artes Ein aufregendes zeitgenössisches Kunstzentrum mit Schwerpunkt auf Fotografie, moderner Kunst und ausgefallenen, sozialkritischen Exponaten (S. 133)

CAAM, Gran Canaria Gemeinsam mit seinen beiden Ablegern zeigt das Centro Atlántico de Arte Moderno in Las Palmas fabelhafte zeitgenössische Ausstellungen. (S. 48)

La Oliva Die einstige Hauptstadt von Fuerteventura lockt mit interessanter Architektur aus dem 18. Jh. und einer hervorragenden Galerie für moderne Kunst. (S. 90)

Traditionelle Architektur Gut erhaltene alte Städte besuchen, darunter Teguise (Fuerteventura), Santa Cruz de La Palma, den Bezirk Vegueta auf Las Palmas und vor allem La Laguna (Teneriffa) (S. 142)

Abseits der Touristenpfade

Cofete, Fuerteventura Am Ende einer schwindelerregenden Piste liegen ein winziger Weiler und ein spektakulärer Surfstrand, über dem ein mysteriöses Herrenhaus thront … (S. 103)

Anaga-Gebirge, Teneriffa In grünen Pinienwäldern wandern und Weiler entdecken, in denen die Zeit stehen geblieben ist (S. 145)

Isla Graciosa, Lanzarote Am Strand zelten und mit dem Rad diese winzige Insel mit 700 Einwohnern umrunden (S. 117)

Cala de Tacorón, El Hierro Mit Proviant im Gepäck geht's zu diesen Felsenhöhlen mit kristallklarem Wasser vor einer dramatischen Bergkulisse. (S. 231)

Charco Azul, La Palma Tagesfrischen Fisch genießen und dann in die Salzwasserbecken steigen, die in Vulkanfelsen gehauen wurden (S. 218)

Fortaleza de Ansite, Gran Canaria Zu dieser spektakulär gelegenen Guanchen-Stätte wandern, wo ein Tunnel in den Berg gegraben wurde (S. 59)

Wellness-Behandlungen

Die Kanarischen Inseln haben ein paar erstklassige Spas, in denen man sich einen Tag lang von Kopf bis Fuß verwöhnen lassen kann. Toll sind die Meerwasseranwendungen in den Thalassotherapie-Zentren.

Aqua Club Termal Teneriffa hat zahlreiche Spas, aber diese riesige Anlage in Costa Adeje ist die eindrucksvollste. Es gibt ein großes Angebot an Beauty-Behandlungen, Massagen und das gesamte Programm an Thalassotherapie. (S. 174)

Balneario Thalasso In Caleta de Fuste auf Fuerteventura steht der imposante Glaswürfel des Zentrums für Thalassotherapie. (S. 89)

San Agustín Europas angeblich größtes Zentrum für Thalassotherapie befindet sich auf Gran Canaria. (S. 71)

Finca Argayall In diesem Landhaus auf La Gomera ist die Atmosphäre locker und gechillt; geboten werden Yogakurse, Meditation und verschiedene Gesundheitstherapien. (S. 254)

Hotel Balneario Pozo de La Salud Die Quelle neben dem westlichsten Hotel Spaniens wird seit dem 19. Jh. wegen ihrer Heilkräfte gepriesen. Entweder ein Thermalbad direkt auf dem Zimmer genießen oder aus einer Reihe von Behandlungen auswählen (S. 258)

Monat für Monat

TOP EVENTS

Karneval Februar oder März

San Juan Juni

Festival de Música de Canarias Januar/Februar

Internationales Jazz-Festival Juli

Gay Pride Mai

Januar

Ein beliebter Reisemonat, da die südlichen Ferienorte um diese Jahreszeit in der Regel noch warm genug für Strandtage sind. Der Norden und das Landesinnere sind dagegen deutlich kühler und oft verregnet, während auf dem Gipfel des El Teide auf Teneriffa schon Schnee liegen kann.

Heilige Drei Könige

Spanische Kinder bekommen ihre Geschenke nicht vom Weihnachtsmann oder vom Christkind. Erst im Januar werden ihre Päckchen von den Heiligen Drei Königen vorbeigebracht. Dieser Tag wird vielerorts mit prunkvollen Paraden und traditionellen Festmahlen gefeiert.

Festival de Música de Canarias

In diesem Monat startet das jährliche Festival für klassische Musik (www.festivaldecanarias.com), bei dem der Taktstock seit mehr als 30 Jahren äußerst virtuos geschwungen wird.

Februar

Die Badeorte im Süden sind allgemein sonnig, während das kühlere Klima im Inneren der Insel ideale Wanderbedingungen schafft. Dies ist auch der Karnevalsmonat, also rechtzeitig eine Unterkunft reservieren!

Karneval

Der Karneval hier kommt zweifellos gleich nach dem in Rio – zumindest was die Ausgelassenheit und den Party-Spirit betrifft. Am größten und besten ist er in Santa Cruz de Tenerife und Las Palmas de Gran Canaria. Santa Cruz de La Palma feiert in etwas kleinerem Stil, aber auch hier dieses Fest ist auf jedenFall ein unvergessliches Erlebnis.

März

Frühlingsblumen locken besonders auf den Hügeln von El Hierro, La Palma, La Gomera und Gran Canaria. Während der Karwoche strömen die Touristen in Scharen herbei.

Osterprozessionen

Osterhasen und Schokoladeneier halten sich hier während der Karwoche vornehm zurück, wenn die Prozessionen mit religiös geschmückten Umzugswagen durch die Städte und Dörfer der Inseln ziehen.

April

Die Sonne scheint am hellsten an den südlichen Stränden, obwohl die Abende kühler sind und es besonders auf Teneriffa Schauer geben kann.

Köstlicher Käse

Der köstliche *queso de flor* von Gran Canaria wird an seinem Ursprungsort gefeiert – in Santa María de Guía beim jährlichen Käsefestival (www.santamariadeguia.es).

Kanarische Gastronomiemesse

Die Messe findet an einem Wochenende in Los Cristianos auf Teneriffa statt; traditionelle Köstlichkeiten von allen Inseln gibt's hier dann zu probieren.

Mai

Noch ein guter Monat mit viel Platz am Strand, dazu gibt's bereits wärmere Abende, an denen man gut und gerne das Abendessen schon draußen genießen kann.

Gay Pride

Spaniens zweitgrößtes Schwulen- und Lesbenfest (nach Madrid). Findet in der Monatsmitte in Maspalomas auf Gran Canaria statt (www.gaypridemaspalomas.com).

Juni

Noch sind keine Touristenmassen da, und das Wetter ist mit zehn Sonnenstunden pro Tag schlicht und einfach perfekt.

Johannisnacht

Grillen und Party von Sonnenuntergang bis Sonnenaufgang am Strand, dazu gewaltige Feuerwerke und Konzerte. San Juan (vom 23. auf den 24. Juni) wird auf allen Inseln gefeiert, aber besonders ausgiebig auf Lanzarote und Las Palmas (Gran Canaria).

Juli

Die Quecksilbersäule steigt, in den südlichen Badeorten liegen die Durchschnittstemperaturen knapp über 30 Grad. Die Zahl der Touristen steigt mit den Temperaturen ebenfalls an.

Cooler Jazz für heiße Tage

Das Festival Internacional Canarias Jazz & Más Heineken zieht große Namen aus der internationalen Jazzwelt an. Künstler und Veranstaltungsorte stehen auf www.canariasjazz.com.

Weltmeisterschaft im Windsurfen

Wie Scharen bunter Schmetterlinge lassen sich Kiteboarder und Windsurfer auf der Playa de Sotovento de Jandía auf Fuerteventura zu Monatsbeginn nieder, um ihr Können bei diesem Weltklasse-Wettbewerb zu beweisen.

August

In diesem Monat kommt der Regenschirm zum Einsatz, und zwar als Sonnenschutz! Dennoch kommen die Temperaturen nur selten an die 40 °C heran, die an den südspanischen *costas* die Norm sind.

Regentanz

Die Fiesta de La Rama in Agaete ist eines der wichtigsten Feste auf Gran Canaria. Seinen Ursprung hat es in einem prähispanischen Regentanz. Heute ist es teilweise eine religiöse Parade und teilweise einfach ein wildes Besäufnis.

Tag des Schutzheiligen

Auf Lanzarote ist der Dia San Ginés am 25. des Monats eine Megaveranstaltung mit Feierlichkeiten über eine ganze Woche, u.a. auch mit Konzerten, Fußballspielen und Schönheitswettbewerben.

Oktober

Die Temperatur liegt im Durchschnitt bei 23 °C, nachts ist es kühler: das perfekte Wetter zum Bergwandern – oder um am Strand zu sitzen.

Joggen mit Musik

Oder zu Fuß, per Skateboard oder Rollstuhl: Das alljährliche Music Marathon Festival (www.musicmarathon.com) in Puerto del Carmen, Lanzarote, ist für jedermann, selbst für kleine Kinder (½ Meile, 800 m). Livemusik gibt's entlang der gesamten Strecke.

November

Während es abends kühl werden kann, locken tagsüber immer noch die Strände, und die großen Touristenmassen sind noch nicht da.

Drachenfest

Der Himmel über Corralejo, Fuerteventura, ist voller bunter Flecken an einem Wochenende voller Drachen und Familienaktivitäten.

Dezember

Zu Weihnachten kommen mehr Touristen, besonders aus Nordeuropa, die sich nach der Sonne sehnen. Die Temperaturen sinken nachts beträchtlich, und in den nördlichsten Ferienorten der Inseln kann es bewölkt sein, wenn es auch selten nass wird.

Straßenfest

Die Fiesta de la Virgen de la Concepción auf El Hierro am 8. Dezember ist erfüllt von religiösen Festlichkeiten, während am Vorabend die Straßen von Valverde voll von ausgelassenen Einheimischen sind. Hier geht's ums Essen, Trinken und ausgelassenes Abfeiern.

Reiserouten

1 WOCHE Das Beste von Gran Canaria

Eine Woche auf Gran Canaria ist genügend Zeit, um die Museen und Restaurants der Hauptstadt zu erkunden, Seafood an der Küste zu genießen, die Berge zu bewundern und sogar etwas Zeit am Strand zu verbringen.

Los geht's in **Las Palmas de Gran Canaria** mit einem entspannten Bummel an der Playa de las Canteras oder einem Sprung in den extrem ruhigen Ozean – perfekt zum Schnorcheln. Am zweiten Tag wandert man über das Kopfsteinpflaster des historischen Stadtteils Vegueta mit seinen hervorragenden Museen. Am dritten Tag geht's in das nette Städtchen **Arucas,** bevor die Nordküste für Seafood in **Puerto de las Nieves** angesteuert wird. Der vierte Tag bringt ein Abenteuer auf der spektakulären, kurvenreichen Straße entlang der Westküste mit einer Rast zum Mittagessen im ruhigen **Puerto de la Aldea,** dann geht's weiter zum hübschen **Puerto de Mogán** mit seinem Yachthafen im mediterranen Stil. Am fünften Tag lockt der Sand von **Maspalomas** in den Südosten, weiter geht's auf der GC-60 in nördlicher Richtung nach **Tejeda** für ein Mittagessen mit Aussicht. Der sechste Tag gehört dem Wandern oder Autofahren in den Bergen. Zum Schluss geht's die Kurven hinunter nach **Agüimes** mit seinen hübschen pastellfarbenen Gebäuden und seinem historischen Charme, von dort wieder zurück ins Inland zum üppig grünen **Barranco de Guayadeque** für ein Mittagessen in einer Höhle.

SABINE LUBENOW / LOOK-FOTO / GETTY IMAGES ©

Oben: Valle Gran Rey (S. 193), La Gomera

Unten: Hafen von Corralejo (S. 91), Fuerteventura

6 TAGE Fuerteventuras schönste Seiten

Die Strände auf der Insel sind brillant. Diese Route umfasst die berühmten Dünen und Strände, aber auch idyllische Dörfer im Inland und Fischerdörfer an der Küste.

Los geht's im Hafen von **Corralejo** mit Zeit am Strand oder Wassersport. Danach führt die Straße FV-1 vorbei an den endlosen Wanderdünen. Der Tag endet mit einem Bummel und Essen in **Puerto del Rosario.** Am zweiten Tag geht's weiter in den Süden. Es bietet sich eine Rast im winzigen **Pozo Negro** an, wo einfache Seafood-Restaurants mit Blick auf die Brandung locken. Weiter landeinwärts wartet das hübsche **Pájara.** Hier lohnt ein Abstecher in die Kirche. Vielleicht ist im hübschen *casa rural* der Stadt noch ein Zimmer frei. Am dritten Tag sollte ein Stopp an der auffälligen Kirche und den Museen von **Betancuria** eingeplant werden, am Nachmittag wird die Kunst und Architektur von **La Oliva** erkundet. Am fünften Tag lädt die ruhigere Küstenstadt **El Cotillo** ein, die schönen Cafés auszuprobieren, Seafood zu speisen und den Surfern zuzuschauen. Am sechsten Tag geht's zurück nach Corralejo über das hippe Surferdorf **Lajares,** den Abschluss bildet nachmittags ein Spaziergang auf der **Isla de Lobos,** die per Fähre erreichbar ist.

6 TAGE Hotspots auf Lanzarote

Ein künstlerischer Touch, ein Schluck Wein, eine Portion Seafood und jede Menge spektakuläre karge Landschaft.

Zuerst steht die Erkundung der Kunst und Geschichte von **Arrecife** auf dem Programm, an der Playa del Reducto lockt das Wasser, und abends lässt man es sich am eleganten Yachthafen gut gehen. Am nächsten Tag geht's vor den Tourbussen nach Norden zur **Cueva de los Verdes** und zur **Jameos del Agua,** dann zum Küstenort **Arrieta** zum Relaxen. Am dritten Tag startet die Fähre in Órzola zur **Isla Graciosa.** Dort genießt man den Tag an einsamen Stränden und die Nacht in absoluter Ruhe. Zurück auf Lanzarote beim malerischen **Haría** anhalten, um das frühere Wohnhaus des Künstlers César Manrique zu besuchen. Weiter im Süden liegt **Teguise,** das ein großartiges Städtchen zum Bummeln ist. Der Tag endet in **La Caleta de Famara** mit einem Seafood-Essen bei Sonnenuntergang. Am nächsten Morgen geht's weiter zu den Weingütern von **La Geria,** und am sechsten Tag zur Erkundung der Lavafelder des **Parque Nacional de Timanfaya** mit einer Bustour auf der Ruta de los Volcanes. Am Schluss im **El Golfo** übernachten und noch mehr Seafood mit Meerblick genießen.

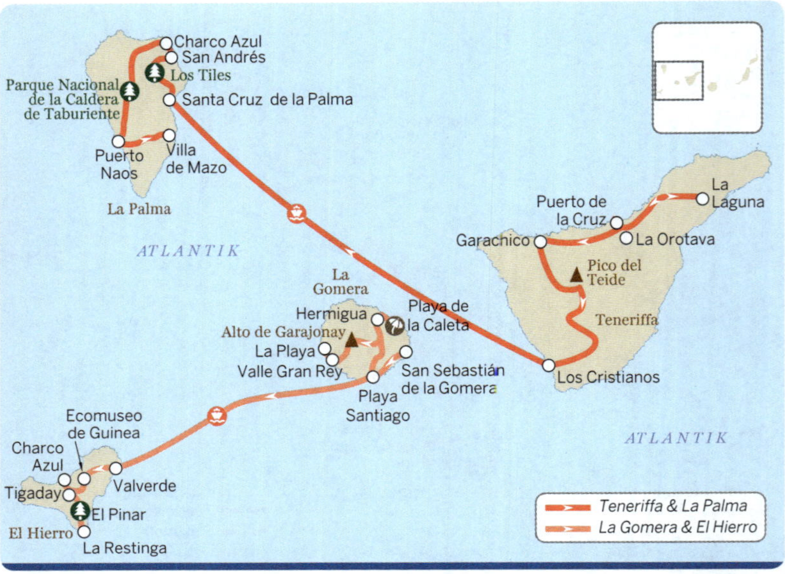

10 TAGE Teneriffa & La Palma

Dieses Abenteuer auf zwei Inseln dreht sich um perfekt erhaltene Architektur und eindrucksvolle Bergkulissen.

Auf Teneriffa bieten sich zwei Nächte in **Puerto de la Cruz** an, um die Läden, Bars und Strände zu genießen. Am dritten Tag stehen **La Orotava** mit seinen großartigen Herrenhäusern aus dem 17. Jh. und die Altstadt von **La Laguna** auf dem Programm. Am nächsten Morgen geht's ins Fischerdorf **Garachico** und am fünften Tag zum **El Teide** zum Wandern und Staunen. Am sechsten Tag wartet in **Los Cristianos** die täglich verkehrende Fähre nach **La Palma.**

In der Hauptstadt **Santa Cruz** lohnt es sich, einige Tage die Altstadt zu erkunden, am Strand auszuruhen oder sich auf den Pilgerweg zum Santuario de la Virgen de las Nieves zu machen. Weiter nördlich locken die hügeligen, gepflasterten Straßen von **San Andrés.** Am achten Tag ist ein Besuch des Regenwalds bei **Los Tiles** toll, um sich danach in den Salzwasserpools bei **Charco Azul** abzukühlen. Am neunten Tag führt die Wanderung durch den **Parque Nacional de la Caldera de Taburiente.** Weiter geht's nach Süden in das lebendige **Puerto Naos,** bevor das Handarbeitsmuseum in **Villa de Mazo** wartet.

1 WOCHE La Gomera & El Hierro

Einfache Vergnügen herrschen auf den kleinsten Inseln vor: rustikale Küche, Wanderungen durch Wälder, Schwimmen im Ozean und jede Menge Serpentinen.

Am ersten Tag auf La Gomera die Gassen von **San Sebastián** erkunden und sich am nächsten Tag beim Baden an der **Playa Santiago** erholen. Am dritten Tag geht's in den grünen Norden mit einer Rast im traditionellen **Hermigua** und an der malerischen **Playa de la Caleta.** Am nächsten Tag führt ein Trek im Süden durch den Regenwald voller Farnkraut zu den hohen Gipfeln des **Alto de Garajonay.** Mit dem Auto dann durch die beeindruckende Schlucht des **Valle Gran Rey** bis ans Meer fahren. Übernachten ist in **La Playa** möglich, bevor es zurück nach San Sebastián geht, um nach **El Hierro** überzusetzen.

Hier lockt die Hauptstadt **Valverde.** Weiter im Süden lohnt das **Ecomuseo de Guinea,** das Natur und Kultur verbindet. Zum Abendessen gibt's kanarische Küche im bodenständigen **Tigaday.** Nach der Übernachtung geht's am nächsten Tag erst zu den Naturschwimmbecken bei **Charco Azul,** dann weiter zu den grünen Pinien von **El Pinar,** zum Centro Volcanicológico oder zum Tauchen bei **La Restinga.**

Die Reise planen

Outdoor-Aktivitäten

Freizeit unter freiem Himmel: Das ist das große Plus der Kanarischen Inseln. Wer will angesichts der ganzjährig milden Temperaturen, seltenen Regenfälle, die ein Abenteuer verderben könnten, des klaren Wassers, der wilden Wellen und einer erstaunlichen Vielfalt an Landschaften schon Zeit in geschlossenen Räumen verbringen?

Wandern

Hunderte von Wanderwegen, viele davon historische Pfade, die in den Zeiten vor Autos und Schnellstraßen genutzt wurden, überziehen die Inseln kreuz und quer. Ein guter Einstieg sind die Nationalparks – der Parque Nacional del Teide auf Teneriffa, der Parque Nacional de Garajonay auf La Gomera und der Parque Nacional de la Caldera de Taburiente auf La Palma bieten ausgezeichnete Wanderbedingungen. In jedem dieser Parks ist eine Vielfalt von Spaziergängen und Wanderungen möglich, vom einfachen Bummel zu einem Aussichtspunkt bis hin zu mehrtägigen Treks über Berge und durch Schluchten.

Reisezeit

Auf den Kanarischen Inseln kann zu jeder Jahreszeit gewandert werden, aber manche Wege werden bei Regenwetter gefährlich und unbegehbar, und andere (wie der Trek hinauf zum Gipfel des El Teide) sind im Winter schwieriger, wenn Teile des Wegs schneebedeckt sind. Immer bedenken, dass es an der Küste und im Flachland zwar normalerweise warm und sonnig ist, aber dass sich der Wind, der Nebel und die Lufttemperatur beim Aufstieg in höhere Regionen drastisch ändern können. Daher unbedingt warme und regendichte

Die beste Insel zum ...

Wandern

Eine Frage, die bei den Wanderliebhabern garantiert zu hitzigen Diskussionen führt. Teneriffa, La Palma und La Gomera streiten sich um den Pokal als bestes Wanderziel.

Kiteboarden & Windsurfen

Die Kanarischen Inseln haben mit die besten Bedingungen für Kite- und Windsurfer weltweit, aber auf Fuerteventura stehen die Segel wirklich immer stramm im Wind.

Surfen

Die Kanaren heißen nicht umsonst das „Hawaii des Atlantiks". Vor den meisten Inseln ist die Brandung großartig, aber Lanzarote ist das Zentrum der Szene.

Tauchen & Schnorcheln

Wer meint, das winzige El Hierro sieht auf dem Trockenen gut aus, sollte abwarten, bis er die Unterwasserwelt gesehen hat.

Radfahren

Lanzarote und Fuerteventura locken mit ihren leeren und relativ flachen Straßen, während es hartgesottene Radler in die Berge im Inneren von Gran Canaria zieht.

Wandern, Parque Nacional del Teide (S. 159), Teneriffa

Kleidung mitbringen. Wasser auch immer selbst mitnehmen, denn unterwegs gibt's nur wenige Wasserquellen oder Einkaufsmöglichkeiten.

Wandern auf …

➡ **Teneriffa** Der Parque Nacional del Teide ist eines der besten Wandergebiete Spaniens. Aber Teneriffa bietet Wanderern noch viel mehr als den El Teide: Das bewaldete Anaga-Gebirge im Nordosten hat Routen durch einen nebelverhangenen Wald voller Vogelgezwitscher, und ganz im Nordwesten ist der Weiler Masca das Tor zu beeindruckenden und sehr anspruchsvollen Wanderrouten.

➡ **La Gomera** Dank dem nahezu ständigen Nebel (horizontaler Regen genannt), ist der grüne Wald des Parque Nacional de Garajonay voller Leben und Moosranken. Vom höchsten Punkt des Parks, dem Alto de Garajonay, ist Teneriffa mit dem El Teide zu sehen – sofern nicht die Wolken im Weg sind. In und um diesen Park gibt's ausgezeichnete Wanderwege in allen erdenklichen Schwierigkeitsstufen.

➡ **La Palma** Diese Insel gilt bei vielen als die beste Insel zum Wandern. Ihr Parque Nacional de la Caldera de Taburiente bietet eine Landschaft, die irgendwo zwischen dem grünen Garajonay und dem kahlen Teide liegt. Man kann entlang den Felswänden im Inneren des Parks laufen oder den verschlungenen Pfaden durch die Pinienwälder an den äußeren Hängen des Parks folgen. Zahlreiche weitere Wege zweigen hier ab und gehen über die ganze Insel. Wer ihnen folgt, kommt durch Regenwälder oder erklimmt die Hänge erloschener Vulkane.

KARTEN FÜR DIE INSELN

Einige Inseln sind besser auf Radler vorbereitet als andere. Vor allem La Palma und La Gomera haben gut ausgeschilderte Wege und jede Menge Informationsmaterial. Wer in der Touristeninformation eine Niete zieht, kann auf den anderen Inseln zum *cabildo* (Inselregierung) gehen. Wanderkarten sind hier in der Regel erhältlich, wobei das Aufbringen der Geduld und des Willens, die richtige Person zu finden, die weiterhelfen kann, manchmal ebenso schwierig sein kann wie die Tour selbst.

WANDERFÜHRER

Es gibt Unmengen von Wanderführern speziell für die Kanarischen Inseln (besonders wenn man Spanisch kann), die überall auf den Inseln in den Buchläden verkauft werden. Man kann sich aber auch von zu Hause ein entsprechendes Buch und eine Karte mitnehmen.

➡ **El Hierro** Der Neuling der Wanderszene, das winzige El Hierro, bietet eine echte Goldgrube an Routen, von familienfreundlichen Küstenwegen, wie der leichten Wanderung zwischen Las Puntas und La Maceta, bis hin zu schattigen Passwegen rund um die Pinienwälder von El Pinar oder auf dem viel längeren Camino de Jinama.

➡ **Gran Canaria** Obwohl deutlich weniger erwandert als die westlichen Inseln, bietet Gran Canaria Wandermöglichkeiten der Superlative. Die besten Routen gehen strahlenförmig von Cruz de Tejeda ab, das sich nahe dem höchsten Punkt der Insel befindet. Und dann wären da auch noch die grünen Schluchten im Osten der Insel Gran Canaria.

MAURO LADU / GETTY IMAGES ©

Surfen, Fuerteventura (S. 79)

WANDERN ABSEITS DER AUSGETRETENEN PFADE

Neben den besonders bekannten und schönen Wanderrouten, die hier erwähnt werden, gibt's überall auf den Kanarischen Inseln noch jede Menge einsamer Wanderwege. Zu unseren Favoriten gehören die Strecken rund um das von der UNESCO geschützte Biosphärenreservat Los Tiles auf La Palma und die Dünen von Maspalomas auf Gran Canaria. Für eine wirklich spektakuläre Wanderung sollte man sich für die geführte Tremesana-Tour im Parque Nacional de Timanfaya anmelden. Hierfür ist zwar Planung im Voraus erforderlich, aber die Mühe lohnt sich.

Wer einen weniger frequentierten Weg laufen will, sollte mit den Einheimischen sprechen – manche Routen sind in keinem guten Zustand und überwuchernde Vegetation oder fehlende Wegmarkierungen können das Vorankommen unter Umständen ernsthaft erschweren.

➡ **Fuerteventura** Wer wandern möchte, aber keine Lust auf Klettern hat, der findet auf Fuerteventura einige passende Wanderwege. Der Berg Tindaya bei La Oliva hat einiges von archäologischem Interesse, und es gibt ein paar malerische Routen entlang der Nordküste.

➡ **Lanzarote** Wanderungen im Nationalpark müssen gut geplant sein, aber es gibt hier noch weitere Wandermöglichkeiten: entweder zwischen den Weingütern in La Geria entlangwandern oder einen leichten Weg über die Isla Graciosa nehmen – sofern man nichts gegen Sand in den Wanderstiefeln hat.

Wassersport

Surfen, Windsurfen und Kitesurfen sind auf den meisten Inseln sehr beliebt, und Schulen, die Kurse und Leihausrüstung anbieten, sind an allen windigeren Küsten zu finden. Die Auswahl an Surfspots ist groß, von den anfängerfreundlichen Sandstränden auf Fuerteventura bis hin zu den schweren Riffwellen vor Lanzarote und Gran Canaria. Tauchschulen gibt's in allen Ferienorten, das kleine El Hierro gilt jedoch als die Top-Location für zauberhafte Unterwasserabenteuer.

/ GETTY IMAGES ©

ATMN VICTOR / GETTY IMAGES ©

Oben: Wandern in der Nähe von Alajeró (S. 192), La Gomera

Links: Playa Jardín (S. 150) in Puerto de la Cruz, Teneriffa

BESTE STRÄNDE

Die Kanarischen Inseln haben Strände im Überfluss. Die Auswahl des besten Strandes kann in einer hitzigen Debatte enden, aber da auf allen Seiten gute Argumente vorhanden sind, kommt hier unsere Bestenliste.

- Playa de las Canteras (Gran Canaria) Dies ist wohl einer der verlockendsten Stadtstrände Europas; sein 3 km langer Bogen aus goldenem Sand an einer breiten Promenade ist ideal für Spaziergänge bei Sonnenuntergang, während das Riff bei Ebbe für poolähnliche Gewässer sorgt. (S. 51)
- Parque Natural de Corralejo (Fuerteventura) Diese unberührten Naturstrände an den Sahara-artigen Sanddünen mit pulverweichem Sand gehören auf jeden Fall zu den Besten der Insel. (S. 86)
- La Caleta de Famara (Lanzarote) Ein wundervoller wilder Strand, der bei Kiteboardern und Windsurfern beliebt ist. Die Atmosphäre ist chillig, und im Sand gibt's genug Liegeplätze. (S. 120)
- Puerto de la Cruz (Teneriffa) Die alte Dame des Teneriffa-Tourismus hat das ganze Paket – tolle Lage, viel los, sicheres Baden, alle Arten von Wassersport und jede Menge Lokale und Unterkünfte. (S. 146)
- Playa Santiago (La Gomera) OK, das sind hier zwar harte Kieselsteine und kein weicher Sand, aber der Strand bietet Schutz vor dem Wind und den Wolken, die andere Strände der Insel plagen können; chillige Hippie-Vibes, gute Unterkünfte und Lokale. Dieser Strand dürfte viele Anhänger finden. (S. 191)
- Puerto Naos (La Palma) Dies ist zwar ein künstlich angelegter Ferienort, aber es geht hier ruhig zu, und die Bauwerke fügen sich in die Landschaft ein. Mit dem weichen schwarzen Sand und den zumeist sicheren Badebedingungen ist er perfekt für Familien. (S. 217)
- Playa de las Arenas Blancas (El Hierro) Auf der wilden Insel El Hierro ist dieses weiß gewaschene Juwel von einem Strand immer noch vollkommen unverdorben, bekommt aber oft viel Wind und Wellen ab (das Schwimmen kann daher gefährlich sein). Hier starten auch ein paar tolle Küstenwanderungen in verschiedene Richtungen. (S. 235)

Surfen

Vor den Inseln gibt's die unterschiedlichsten Wellen, von äußerst waghalsigen Wellentunneln über superflache Riffplatten bis hin zu sanften Sandbänken, die ideal für Anfänger sind. Die beste Saison zum Surfen auf den Kanaren ist von Oktober bis April. Um diese Jahreszeit braucht man aber einen vollständigen, 3 mm starken Neoprenanzug.

Weitere Informationen zum Surfen auf den Kanaren bietet der ausgezeichnete *Stormrider Guide: Atlantic Islands* von Low Pressure. Wem die Aussicht auf einen Surftrip alleine zu verwegen erscheint, der könnte es bei Errant Surf Holidays (www.errantsurf.com) versuchen. Dies ist ein in Großbritannien ansässiger Veranstalter von Surfreisen, der auch einige Trips zu den Kanaren anbietet. Die Angebote richten sich auch an Anfänger.

Beste Brecher zum Surfen

SURFSPOT	WELLENTYP
Los Lobos, Fuerteventura	Lange, hohle rechtsbrechende Welle
El Fronton, Gran Canaria	Eine der weltweit schwersten Wellen – nur für Bodyboarder
Confital, Gran Canaria	Heftige Riffwelle mit riesiger Tube
El Quemao, Lanzarote	Sehr schwere und furchterregende Links-Barrel
San Juan, Lanzarote	lange, anspruchsvolle linksbrechende Welle
Spanish Left, Teneriffa	Lange linksbrechende Welle mit vielen Tube-Abschnitten

IAN AITKEN / GETTY IMAGES ©

Windsurfing in Pozo Izquierdo (S. 75), Gran Canaria

Top-Surfspots für Anfänger

➡ **La Caleta de Famara** (Lanzarote) Mit seinem endlosen Sandstreifen und zahlreichen Surfschulen ist der Strand perfekt für Anfänger.

➡ **El Cotillo** (Fuerteventura) bietet perfekte Bedingungen für Anfänger.

➡ **Playa de las Américas** (Teneriffa) hat ein paar sanfte, anfängerfreundliche Wellen und mehrere Surfschulen.

Windsurfen & Kiteboarden

Mit konstantem Wind, guten Wellen und einem perfekten Klima bieten die Kanarischen Inseln mit die besten Bedingungen weltweit sowohl für das Windsurfen als auch fürs Kiteboarden.

Internationale Wettbewerbe werden hier alljährlich abgehalten, und Fans aus der ganzen Welt versammeln sich an den langen Sandstränden, um das Gewässer zu testen. Neulinge finden an allen wichtigsten Spots Anfängerkurse. Die Kurse dauern zwischen zwei Tagen und einer Woche, und die Preise sind sehr unterschiedlich, abhängig davon, wie viel man im jeweiligen Kurs lernen möchte.

The Kite & Windsurfing Guide Europe von Stoked Publications ist ein ausgezeichneter Hochglanzführer zu den besten Kite- und Windsurfing-Spots des Kontinents. Ein paar Kapitel befassen sich auch mit den Kanarischen Inseln.

Beste Spots für das Windsurfen & Kiteboarden

INSEL	STRAND
Fuerteventura	Playa de Sotavento de Jandía und Playa de Barlovento de Jandía
Gran Canaria	Pozo Izquierdo
Lanzarote	Costa Teguise
Teneriffa	Las Galletas und El Médano

Schwimmen

Sonne und warmes Wasser (18 °C bis 26 °C) laden rund ums Jahr auf den Kanarischen Inseln zum Schwimmen ein. Von den goldenen Stränden an den östlichen Inseln bis zu den vulkanischen Pools auf den westlichen Inseln gibt's jede Menge spritziger Alternativen.

Strände gibt's in jeder Form und Größe – von lang und goldig, über intim und ruhig, familienfreundlich und aktiv, felsig und malerisch, einsam und verlassen bis hin zu windig und wellig.

Es ist unbedingt Vorsicht geboten, besonders beim Schwimmen im Meer. Die erste Regel lautet: Niemals alleine schwimmen gehen. Im Atlantik kann es sehr starke Strömungen und Sogwirkungen geben, und der Brandungsrückstrom kann so stark sein, dass er Schwimmer weit auf das Meer hinausträgt, bevor diese überhaupt Zeit haben zu reagieren. Wer von einer Strömung erfasst wird, sollte so lange parallel zum Ufer schwimmen (nicht versuchen, den Strand zu erreichen), bis die Strömung nachlässt. Dann schafft man es noch ans Ufer.

Die Wasserqualität rund um die Kanarischen Inseln ist in der Regel ausgezeichnet. Die einzigen verschmutzten Stellen sind in der näheren Umgebung der Häfen, wo es auch gelegentlich zu einer kleineren Ölpest kommen kann, und an den überlaufenen Touristenstränden. Raucher scheinen bedauerlicherweise manche Strände für einen riesigen Aschenbecher zu halten, daher auf Kippen achten.

Tauchen & Schnorcheln

Die Vielfalt des Lebens unter Wasser und das warme, relativ ruhige Wasser selbst machen die Kanarischen Inseln zu einem tollen Revier für alle, die das Tauchen und Schnorcheln lieben. Hier gibt es zwar nicht die herrlichen Farben karibischer Korallen zu entdecken, aber die Vulkanküste selbst besteht aus wunderschönen Felsformationen und Höhlen. In dieser Unterwasserwelt gibt es viel zu sehen, denn hier leben rund 350 Fisch- und 600 verschiedene Algenarten.

Tauchschulen und Verleiher gibt's auf allen Inseln, sodass es nicht schwer ist, jemanden zu finden, mit dem man zum Tauchen rausfahren kann. Probieren kann man es bei El Hierro Taxi Diver (S. 232) in La Restinga, Atlantik Diving (S. 77) in Puerto de Mogán oder im Tauchzentrum Los Gigantes (S. 164) auf Teneriffa. Ein normaler Tauchgang kostet einschließlich Ausrüstung ungefähr 35 bis 40 €, aber ein „Schnuppertauchen" für einen Anfänger mit Tauchlehrer kann durchaus doppelt so teuer sein.

Zertifikatskurse beginnen bei 280 € und dauern in der Regel zwischen drei Tagen und einer Woche. Viele Verleiher von Tauchausrüstung bieten auch Schnorchelausflüge für Nicht-Taucher, die dann nur etwa halb so viel wie ein regulärer Tauchgang kosten.

Beste Tauchspots

➡ **La Restinga** Reichhaltige Unterwasserwelt und viele Tauchschulen, die den mehr oder weniger taucherfahrenen Gästen die Wunder des Meeres zeigen

➡ **Puerto Calero** Sicht unter Wasser bis zu 20 m und besonders warmes Wasser. Hier leben Schwertfische, Barrakudas und eine Menge anderer Fische.

➡ **Los Gigantes & Puerto de Santiago** Wracktauchen, Höhlentauchen und altmodische Tauchgänge vom Boot. Die Unterwasserwelt bietet viele verschiedene Fische von Aalen bis zu Engelhaien und Stachelrochen.

➡ **Puerto de Mogán** Vor der Küste und in den Höhlen und Wracks tauchen, die unweit der Küste liegen

➡ **Playa de las Canteras** Nicht unbedingt ein Tauchrevier, aber mit das beste Schnorchelrevier des Archipels, nur wenige Meter vom Sandstrand entfernt.

Walbeobachtungen & Bootstouren

Rund 30 verschiedene Wal- und Delphinarten ziehen durch die kanarische See, am häufigsten sieht man Grindwale und Große Tümmler.

Die beste Stelle, um solche Lebewesen anzutreffen, sind die Gewässer zwischen den Inseln Teneriffa und La Gomera. Eine Reihe von Veranstaltern bieten hier Bootsausflüge zum Delphin- und Walbeobachten, die vom Hafen von Los Cristianos aus starten.

Weitere Häfen für Bootstouren zur Walbeobachtung sind:

➡ **Los Gigantes & Puerto de Santiago** (Teneriffa)

➡ **Valle Gran Rey** (La Gomera)

➡ **Puerto Rico** (Gran Canaria)

Egal, welcher Veranstalter gewählt wird: man sollte auf jeden Fall deren Engagement für den Umwelt- und Tierschutz berücksichtigen (wir haben uns bemüht, nur verantwortungsvolle Anbieter aufzunehmen), da häufig Bootsführer ihre Gäste zu nah an die Tiere heranfahren, was die Tiere unnötig beunruhigt und dazu führen kann, dass die Wale und Delphine ihr Verhalten grundlegend ändern oder die Gegend komplett verlassen.

Abgesehen von Walen und Delphinen bietet fast jeder Touristenferienort dieses Archipels Bootsausflüge. Die vielleicht eindrucksvollsten Bootsausflüge der Inseln sind diejenigen, die vom Valle Gran Rey in La Gomera starten. Die Boote (S. 193) fahren Kilometer für Kilometer vorbei an undurchdringlichen Felsklippen, bevor sie zu einer ganz besonderen Stelle der Insel gelangen: Los Órganos (die Orgeln), eine Felsformation, die nur vom Wasser aus zu sehen ist und die tatsächlich wie riesige Orgelpfeifen aussieht, die in den Fels geschnitten sind.

Golf

Im letzten Jahrzehnt hat sich der Süden Teneriffas zum Golf-Hotspot der Kanarischen Inseln entwickelt. Golfer, die auf die milden Temperaturen stehen, die das Golfspielen das ganze Jahr über ermöglichen, haben alleine in und um die Playa de las Américas ein halbes Dutzend Golfplätze

Radfahren im Parque Nacional del Teide (S. 159), Teneriffa

entstehen lassen. Die Golfplätze wurden für Freizeit-Golfer geschaffen und gelten unter ambitionierteren Spielern als nicht besonders anspruchsvoll.

Es gibt auch ein paar Golfplätze rund um Las Palmas de Gran Canaria und Maspalomas, einen auf La Gomera und sogar ein paar auf den dürren Inseln Lanzarote und Fuerteventura.

Der Wassermangel auf den Inseln macht Golf zu einem eher unökologischen Sport, was angesichts der Lage in der Landwirtschaft nur schwer zu ertragen ist. Die Betreiber der Golfplätze sagen zwar, dass das Wasser für die saftigen Rasenflächen aus Abwasser und lokalen Kläranlagen stammt, aber Umweltschützer behaupten, dass die Golfplätze der Landwirtschaft das Wasser wegnehmen. Die Wahrheit liegt irgendwo in der Mitte, und Lokalpolitiker, Golfspieler, Umweltschützer und Bauern streiten immer noch darüber, woher das Wasser kommt.

Im Winter liegen die Platzgebühren bei rund 100 €, aber im Hochsommer können sie auf die Hälfte sinken.

Radfahren

Die Kanarischen Inseln lassen sich perfekt mit dem Rad erkunden, sofern man die entsprechenden strammen Beinmuskeln hat. Der Preis für ein Leihrad hängt stark davon ab, um was für ein Rad es sich handelt – Federungen und sonstige Extras kosten mehr. Allgemein gibt's Räder für rund 15 € pro Tag zu mieten, und ein geführter Ausflug kostet rund 45 €.

Beste Radsportreviere

ROUTE	LEVEL
El Teide (Teneriffa)	Fortgeschrittene
Alto de Garajonay (La Gomera)	Fortgeschrittene
Valle Gran Rey (La Gomera)	Mittelstufe
Los Llanos de Aridane (La Palma)	Mittelstufe
Fataga Ravine (Gran Canaria)	Fortgeschrittene
Timanfaya (Lanzarote)	Mittelstufe
Isla Graciosa (Lanzarote)	Einfach

Die Reise planen

Reisen mit Kindern

Die Kanarischen Inseln bieten genug, um selbst die anspruchsvollsten Nachwuchs-Traveller zufriedenzustellen. Angefangen von der natürlichen Schönheit – breite Strände an flachen, ruhigen Gewässern. Dazu ein Ausflug mit einem U-Boot oder vielleicht ein Kindertauchkurs, danach ein Museum zur Geschichte der Seefahrt und der Piraten auf diesen Inseln, gekrönt von einem Kamelritt durch die Sanddünen oder einem Besuch eines der zahlreichen Themenparks.

Kanarische Inseln für Kinder

Während viele Attraktionen, einschließlich Themenparks und Zoos, eigens für Kinder gestaltet wurden, verwandeln sich auch öffentliche Flächen, wie die Plätze in Städten und Dörfern in inoffizielle Spielplätze, auf denen Kinder kicken, Rad fahren und spielen, während die Eltern einen Drink und Tapas auf der Terrasse einer der umliegenden Bars genießen. Tatsächlich haben viele der zentralen Plätze in den Städten einen Spielplatz. Ein Pluspunkt, den man erfreulich oft antrifft. Die einheimischen Kinder sind häufig noch spät nachts auf, und bei Fiestas ist es normal, dass selbst die Kleinsten noch um Mitternacht auf der Straße sind. Die Kinder der Touristen sind immer schnell für diese Idee zu haben, kommen aber verständlicherweise nicht immer genauso gut mit dieser Lebensweise zurecht.

Preisnachlässe

Preisnachlässe gibt's für Kinder (in der Regel bis zwölf Jahre) im öffentlichen Nahverkehr und beim Eintritt für Sehenswürdigkeiten. Kinder unter fünf Jahren zahlen normalerweise nichts.

Beste Regionen für Kinder

Teneriffa

Die Themenparks rund um Los Cristianos üben eine große Anziehungskraft auf Kinder aus. Go-Carts, Walbeobachtungstouren, Strände und Bootsausflüge machen der ganzen Familie Freude.

Fuerteventura

Ältere Kinder werden sich in den Sanddünen südlich von Corralejo wohlfühlen, während für Kleinkinder die geschützten Buchten am Strand geeigneter sind. Spritzigere Angebote wären der riesige Baku Water Park oder Bootsausflüge und Tauchkurse für Kinder.

Lanzarote

Mit dem Parque Nacional de Timanfaya kann sogar der gleichgültigste Gernegroß beeindruckt werden. Hier gibt's natürliche Geysire, Mondlandschaften, audiovisuelle Präsentationen und Kamelritte. Der vom Vulkan geheizte Grill des Restaurants ist auch ziemlich cool.

Gran Canaria

Der Stadtstrand von Las Palmas ist prächtig, das Modell einer Galeone im Casa Museo de Colón ist beeindruckend, und das Wissenschaftsmuseum dürfte sie aus ihren kleinen Socken hauen.

Essen & Trinken

Dass ganze Familien, oftmals über mehrere Generationen hinweg, um den Tisch in einem Restaurant oder in einer Bar sitzen, essen und plaudern ist ein wesentliches Element des hiesigen Lifestyles. Es gibt so gut wie keine Restaurants, in denen Kinder nicht willkommen sind. Selbst wenn Restaurants kein Kinderessen auf der Karte haben (und das haben die wenigsten), sind sie in der Regel bereit, eine kleinere Portion für das Kind zuzubereiten oder schlagen eine oder zwei geeignete Tapas vor. Babyfreundliche Extras wie Hochstühle und Wickeltische sind in Ferienorten normal, an weiter abgelegenen Orten jedoch eher selten zu finden.

Neben dem normalen Angebot an Softdrinks gibt's oftmals auch eine *zumería* (Saftbar), wo es eine gesunde Vielfalt an frischen Fruchtsäften gibt. In Bars wird außerdem für Kinder gerne das Kakaogetränk Cola Cao mit Milch bestellt, das heiß oder kalt getrunken werden kann.

Informationen

Die Mitarbeiter der Touristeninformation können stets nach einer Liste mit Aktivitäten für Familien gefragt werden. Darauf stehen z. B. traditionelle Feste, aber auch Empfehlungen zu Hotels, die auf Kinder eingestellt sind.

Weitere allgemeine Informationen zum Reisen mit Kindern stehen im Lonely Planet *Travel with Children* oder auf den Webseiten www.travelwithyourkids.com, www.oddizzi.com, www.familytravelnetwork.com (alle in Englisch) oder www.reisen-mit-kindern.info (in Deutsch).

Highlights für Kinder

Themenparks

- **Guinate Tropical Park, Guinate, Lanzarote** Rund 1300 exotische Vögel in Volieren, Landschaftsgärten und auf den Wegen (S. 118)
- **Siam Park, Costa Adeje, Teneriffa** In diesem riesigen Wasserpark ist was los; es gibt Floßfahrten (über Stromschnellen), ein künstliches Wellenbecken und sogar einen Streifen mit weißem Sandstrand (S. 166)
- **Maroparque, Breña Alta, La Palma** Ein kleiner Zoo mit geräumigen Gehegen und schön gestalteten Gartenanlagen. (S. 206)
- **Oasis Park, La Lajita, Fuerteventura** Neben einer Vielzahl von Säugetieren, Vögeln und Meeresbewohnern zum Bestaunen werden hier auch Kamelritte angeboten. (S. 98)

Wassersport & Bootsausflüge

- **Dive Academy, Arguineguín, Gran Canaria** Eintägiger Blasenmachkurs für Kinder zwischen acht und zehn Jahren (S. 72)
- **Oceanarium Explorer, Calea de Fuste, Fuerteventura** Delphin- und Walbeobachtungstouren, Kajakverleih und Seelöwen im Hafen (S. 88)
- **Unterwasser-Safaris, Teneriffa und Lanzarote** U-Boot-Fahrten mit der Gelegenheit zum Tauchen für ältere, erfahrene Kinder (S. 127)
- **Canary Island Divers, Puerto Del Carmen, Lanzarote** Blasenmachkurse im Pool oder Meer (ab acht Jahren) plus PADI-Kurse für Kinder über zehn Jahren (S. 125)
- **Nashíra Uno, Los Gigantes, Teneriffa** Täglich zwei Touren zur Wal- und Delphinbeobachtung (S. 165)
- **Tina, Valle Gran Rey, La Gomera** Vierstündige Walbeobachtungsexkursionen, einschließlich Lunch (S. 192)

Strände

Alle der folgenden Strände haben flaches Wasser, guten Sand (für Sandburgen), verschiedene Aktivitäten (Pedalos, Bootstouren, Volleyball oder Ähnliches), dazu familienfreundliche Restaurants und Eisstände nah am Strand.

- **Fuerteventura:** Corralejo Viejo, Muelle Chico (Corralejo), Caleta de Fuste, Costa Calma, Playa del Matorral (Morro Jable)
- **Lanzarote:** Playa Grande (Puerto del Carmen), Playa Blanca, Playa del Castillo (Caleta de Fuste)
- **Gran Canaria:** Playa de las Canteras, Playa del Inglés, Playa de Mogán
- **Teneriffa:** Los Cristianos, Playa de las Américas, Costa Adeje, Playa de las Teresitas

La Palma, La Gomera und El Hierro haben hauptsächlich Strände mit schwarzem Sand und insgesamt weniger Aktivitäten für Kinder, abgesehen von den Walbeobachtungstouren und den allgegenwärtigen Touren mit Glasbodenbooten.

- **La Palma:** Puerto Naos, Puerto de Tazacorte, Charco Azul (natürliche Schwimmbecken in den Felsen)

- **La Gomera:** Playa de las Vueltas and La Playa (Valle Gran Rey), Playa Santiago
- **El Hierro:** La Restinga

Museen

- **Museo de la Piratería, Teguise, Lanzarote** Ein abenteuerliches Piraterie-Museum (S. 113)
- **Casa Santa María, Betancuria, Fuerteventura** Folklore und Kunsthandwerk, dazu ausgezeichnete 3-D-Unterwasserfilme (S. 84)
- **Ecomuseo La Alcogida, Tefia, Fuerteventura** Restauriertes Bauerndorf mit vielen Außenanlagen, die es zu erkunden gilt (oder in denen man Verstecken spielen kann) (S. 89)
- **Museo Elder de la Ciencia y la Tecnología, Las Palmas de Gran Canaria** Faszinierendes Wissenschafts- und Technikmuseum mit vielen Ausstellungsgegenständen, die Kinder praktisch ausprobieren dürfen (S. 50)
- **Casa-Museo de Colón, Las Palmas de Gran Canaria** Das Museum erzählt die Geschichte von Kolumbus' Reisen mit einer eindrucksvollen nachgebauten Galeone. (S. 46)
- **Museo de la Naturaleza y el Hombre, Santa Cruz de Tenerife** Naturwissenschaft und Archäologie, inklusive Guanchen-Mumien (S. 133)
- **Museo de la Ciencia y el Cosmos, La Laguna, Teneriffa** Großartiges Wissenschaftsmuseum für Kinder mit Planetarium (S. 143)
- **Puppenmuseum Artlandya, Icod de los Vinos, Teneriffa** Museum mit riesiger Sammlung von Puppen aus der ganzen Welt (S. 157)

Sonstige Sehenswürdigkeiten & Aktivitäten

- **Isla de Lobos, Fuerteventura** Kindern dürfte die Fährüberfahrt und die ungewöhnliche Anlandung im Stil von *Robinson Crusoe* auf dieser winzigen, unbewohnten Insel gefallen. (S. 95)
- **Cueva de los Verdes & Jameos del Agua, Malpaís de la Corona, Lanzarote** Fesselnde Höhlen und Grotten (S. 116)
- **Parque Nacional de Timanfaya, Lanzarote** Faszinierender Vulkanpark mit Geysir-Vorführungen und Kamelreiten (S. 123)
- **Lanzarote a Caballo, Puerto del Carmen, Lanzarote** Pferdereiten und kurze Treks. (S. 125)
- **Pueblo Canario, Las Palmas de Gran Canaria** Nachgebautes kanarisches Dorf mit nahe gelegenem Spielplatz und Ausstellung zur Folkloremusik (S. 50)
- **Wohnhöhlen, Artenara, Gran Canaria** Faszinierende prähistorische Höhlen aus Feuerstein (S. 67)
- **Lago Martiánez, Puerto de la Cruz, Teneriffa** Ein fabelhafter Wasserspielplatz (S. 150)
- **La Caldera del Rey, Los Cristianos, Teneriffa** Pferdereiten, Streichelzoo, Kletterwand und Kurse im Niederseilgarten für Kinder (☎648 65 04 41; www.tenerifehorses.com; San Eugenio Alto, Costa Adeje; 2-stündiger Trek 50 €)

Planung

Die Kanaren sind ein entspanntes, kinderfreundliches Reiseziel, für das erfreulich wenig Vorausplanung erforderlich ist. Im Juli und August kann es voll werden, wenn spanische Familien vom Festland kommen, und die Hotels in den Hauptferienorten sind oft durch Reiseveranstalter großflächig reserviert. Die ersten Frühjahrsmonate sind eine gute Zeit, um mit kleinen Kindern zu reisen, da das Wetter warm genug für Strandtage, aber noch nicht zu heiß ist und die Themenparks und Attraktionen noch nicht überlaufen sind, zumindest bis Ostern.

Babymilch gibt's in Pulver- oder flüssiger Form, ebenso Mittel zum Sterilisieren (z. B. Milton), in den *farmacias* (Apotheken). Wegwerfwindeln gibt's überall in den Supermärkten und *farmacias*.

Vor der Reise

- Autositze für Babys und Kinder haben die meisten Autoverleiher, aber man sollte sie stets im Voraus mitbuchen.
- In den meisten Hotels gibt's Kinderbetten, aber die Anzahl kann begrenzt sein, sodass sie bei der Hotelbuchung am besten gleich reserviert werden sollten.
- Beim Auswählen des Hotels darauf achten, ob das Hotel einen Kinderclub, Aktivitäten für die Kleinen und/oder einen Babysitterdienst bietet.
- Es sind keine besonderen medizinischen Vorsichtsmaßnahmen erforderlich, aber unbedingt an Sonnenschutz denken. Sonnencreme und Sonnenhut sind ein Muss, können jedoch auch hier gekauft werden.
- Tränen und Wutanfälle erspart man sich, indem man schon zu Beginn des Urlaubs plant, welche Aktivitäten, Themenparks, Museen und Freizeitvergnügen man sich gönnen möchte und, vor allem, auch leisten kann.

Die Kanarischen Inseln auf einen Blick

Die Kanarischen Inseln mögen alle zu einem Archipel gehören, aber jede für sich ist wirklich einzigartig. Wer gerne draußen unterwegs ist, findet spektakuläre Naturlandschaften und Raum für Spaziergänge in schöner Umgebung oder auch anspruchsvollere Wanderungen, insbesondere auf Gran Canaria, La Palma, Teneriffa und La Gomera. Strände gibt's auf jeder Insel, aber Fuerteventura hat wohl die besten und ist auch ein lohnendes und beliebtes Ziel für Wassersportler. Lieber etwas völlig anderes? Dann muss es Lanzarote sein: Ihre schwarzen Felder aus Vulkanlava ergeben die ideale Kulisse für dramatische Skulpturen und Architektur. Geschichtsfreaks finden hier ebenfalls genug Futter, insbesondere auf Gran Canaria, aus deren frühester Geschichte noch ein paar wirklich außergewöhnliche archäologische Stätten erhalten sind.

Gran Canaria

Berge
Archäologie
Essen & Trinken

Dramatische Autofahrten

Das bergige Inselinnere ist von herber Schönheit und lädt zum Erkunden ein – mit dem Auto oder zu Fuß. Lorbeer- und Pinienwälder, Vulkankrater und Bergstauseen gehören zu dieser, vor allem im Frühjahr, spektakulären Landschaft.

Guanchen-Höhlen

Die Geschichte der alten Guanchen wird in dem ausgezeichneten Museum der Cueva Pintada (bemalte Höhle) in Gáldar lebendig, im nahe gelegenen Cenobio de Valerón sowie in mehreren faszinierenden Museen und Dutzenden weniger bekannten Höhlen wie Cuatro Puertas in Telde.

Gut essen

Die nördlichen Küstenstädte servieren hervorragendes Seafood, während man in den Bergen deftige Eintöpfe, leckeren einheimischen Käse und eine große Auswahl an traditionellen Süßspeisen findet. Besonders die Gastronomie in Las Palmas zeichnet sich durch ihre umfangreichen Tapas-Karten, Fusion-Bistros und Speisekarten aus.
S. 42

Fuerteventura

Strände
Surfen
Autofahren

Goldener Sand

Die Strände sind Fuerteventuras größte Attraktion. Sie sind so abwechslungsreich, dass es für jeden den passenden Traumstrand gibt, seien es versteckte goldene Sandbuchten, Strände mit wilder Brandung oder die dunklen Strände aus Vulkankies vor den Klippen.

Wind & Wellen

Surfen, Windsurfen und Kitesurfen sind auf der gesamten Insel unglaublich beliebt, insbesondere an der Nordwestküste. Falls das Brett nicht in den Koffer passen sollte – die gesamte Ausrüstung kann hier auch geliehen werden.

Gerade & schmal

Wer angesichts der unendlichen Haarnadelkurven auf den westlichen Inseln nach dem Mittel gegen Reisekrankheit sucht, sollte mal die langen, geraden Straßen von Fuerteventura ausprobieren. Das Fahren ist hier ein Vergnügen, jedoch nie langweilig. Wer etwas mehr Herausforderung sucht, fährt von Betancuria nach Pájara oder, noch besser, auf den kurvigen Holperpisten um die Halbinsel Jandía.

S.79

Lanzarote

Vulkanlandschaften
Kunst
Strände

Lavafelder

Entweder man liebt sie, oder man liebt sie nicht. Die dunkle, brütend heiße Vulkanlandschaft hier ist ein wahrhaft dramatischer Anblick, insbesondere im Zentrum des Nationalparks Timanfaya mit seinen sanften Gipfeln, tiefen Schluchten und einem besonderen Farbenspiel. Die Fahrt durch das Inselinnere mit mehr als 300 Vulkankegeln ist ein außergewöhnliches Erlebnis.

Moderne Skulpturen

Die ganze Insel ist ein Gesamtkunstwerk – hauptsächlich dank dem Einfluss von César Manrique. Skulpturen im öffentlichen Raum, Kunstmuseen und außergewöhnliche Architektur und Galerien machen die Insel besonders interessant für Kunstliebhaber.

Kiesbuchten

Obwohl die schwarzen Kiesstrände für die Insel so typisch sind, gibt's hier auch reichlich goldene Sandstrände, wie die schönen und entlegenen Strände an der Punta del Papagayo und die Sandstreifen auf der Isla Graciosa.

S.104

Teneriffa

Vulkanlandschaften
Feste
Traditionelle Dörfer

Berggipfel

Der Berg Teide ist der höchste Berg Spaniens und der ihn umgebende Nationalpark ist super zum Wandern. Man macht sich zu Fuß (oder mit der Seilbahn) auf zu den schwindelerregenden Höhen des Gipfels.

Bunte Feste

Die *tinerfeños* feiern gerne, und es vergeht hier kaum ein Monat ohne Fest. Beim alljährlichen Karneval steht Teneriffa Rio kaum etwas nach in Sachen Lebendigkeit und Feierlaune. Die jährlichen Musikfestivals, Gastronomiemessen und die außergewöhnliche Fronleichnamsfeier in La Orotava können ebenfalls zu unvergesslichen Urlaubsmomenten werden.

Ländliches Leben

Traditionelle Dörfer und Städte mit Kopfsteinpflasterstraßen und typischer Architektur stellen die friedliche Antithese zu den Ferienorten mit ihren Menschenmassen dar. La Laguna und La Orotava geben einen guten Vorgeschmack, doch wer sich weiter vorwagt, wird auf dem Land echte Juwelen finden.

S.130

La Gomera

Natur
Essen
Wandern

Erstaunlichee Artenvielfalt

Es ist schwer, eine Straße zu finden, die nicht irgendwo durch beeindruckende Landschaft führt. Von riesigen Bananenplantagen zu riesigen Felsen, außergewöhnlichen Felsformationen, tiefen Schluchten, Lorbeerwäldern und über 100 000 Dattelpalmen ... Fotografen kommen hier voll auf ihre Kosten.

Traditionelle Gerichte

Zu den traditionellen kulinarischen Highlights gehören der köstliche *miel de palma*, Sirup, der aus dem Saft der Palmen gewonnen wird, *sopa ranchero* (Gemüsesuppe), geräucherter Ziegenkäse und *almogrote* (Paste aus Ziegenkäse, Paprika, Öl und Knoblauch). Dazu schmeckt ein frischer Papayasaft.

Bergwandern

Die Versuchung beim Anblick dieser wundervollen Natur ist groß, direkt die Wanderschuhe zu schnüren und loszuziehen. Zum Glück gibt's auf La Gomera viele Wanderwege, insbesondere rund um den Parque Nacional de Garajonay.

S.178

La Palma

Natur
Abenteuersport
Wandern

Grüne Landschaften

Dichte Tropenwälder, von Pinien überzogene Berge, sanfte Hügel und felsige Klippen: La Palma hat im Norden eine sensationelle Vegetation, die in einem schönen Kontrast zum kahleren, trockeneren Süden steht. Es gibt jedoch keine goldenen Strände.

Fliegen, Klettern, Paddeln

Wie wäre es mit einem Adrenalinstoß und einem neuen Erlebnis? Paragliding, Tandemflüge, Höhlentouren, Kajak- und Kanufahren auf dem Meer sind hier sehr beliebt. Ebenso geführte Mountainbike-Touren, Tauchen und Trekking.

Vulkanwanderungen

Die Landschaft bietet sich zum Wandern und Spazierengehen an, und praktischerweise gibt's viele Kilometer an ausgeschilderten Strecken, insbesondere um den weitestgehend unberührten Parque Nacional de la Caldera de Taburiente. Wanderwege ziehen sich kreuz und quer über einen Großteil der Insel, auf denen man *La Isla Bonita* richtig gut kennenlernen kann.

S.196

El Hierro

Natur
Wandern
Tauchen

Ursprüngliche Landschaft

Die Landschaft hier ist wundervoll und verlassen. Es locken der weite Blick, vom Wind gepeitschte Wacholderbüsche, wilde Landschaften mit Pinienhainen (oft von Nebel umfangen), historische Pfade und, nun, die Einsamkeit: Nur rund 11 000 Menschen leben ganzjährig hier.

Anspruchsvolle Wanderungen

Ausgeschilderte Wanderwege durchziehen die Insel. Der berühmte Camino de la Virgen (26 km), ein historischer Wanderweg, beginnt bei Nuestra Señora de los Reyes to Valverde, andere Wege führen durch die kühlen Pinienwälder im Süden der Insel.

Schätze des Meeres

Rund um die Insel liegen aufregende Tauchreviere. In La Restinga bieten verschiedene Unternehmen Leihausrüstung und Kurse an, und die umliegenden Gewässer sind offiziell als Meeresschutzgebiet ausgewiesen. Wegen der höheren Wassertemperatur sind hier andere Fischarten anzutreffen.

S.221

Reiseziele

Lanzarote
S. 104
La Palma
S. 196
La Gomera
S. 178
Teneriffa
S. 130
El Hierro
S. 221
Gran Canaria
S. 42
Fuerteventura
S. 79

Gran Canaria

☎ 928 / BEVÖLKERUNG: 852 000

Inhalt ➡

Gut essen

- Deliciosa Marta (S. 52)
- Samsara (S. 74)
- Kitchen Lovers (S. 53)

Schön übernachten

- Villa del Conde (S. 242)
- Fonda de la Tea (S. 241)
- Downtown House (S. 239)

Auf nach Gran Canaria

Gran Canaria ist die drittgrößte Insel der Kanaren, dort lebt jedoch fast die Hälfte der Bevölkerung. Sie erfüllt das Klischee eines Kontinents in Miniaturgröße. Die Landschaften sind sehr gegensätzlich, vom Norden mit dichter Vegetation zu den Bergen im Landesinneren bis hin zur Wüste im Süden. Wer eine gewisse Undurchdringlichkeit selbst erfahren möchte, reist am besten in die Mitte der Insel, wo die dramatischen Gebirgslandschaften eher dem tibetischen Hochland als einer relativ kleinen Insel ähneln.

Diesen unverdorbenen Gipfeln und Tälern steht eine zerklüftete Küste gegenüber, an der immer wieder weiße Sandstrände liegen und die (leider) noch bekannter ist für die grellen, künstlich hochgezogenen Urlaubsorte.

Darüber hinaus kann Gran Canaria jedoch das Adrenalin auf Touren bringen. Die Möglichkeiten reichen vom Wandern, Radfahren bis hin zum Wassersport. Aber auch Kulturfreaks kommen auf ihre Kosten, vor allem in der historischen und kosmopolitischen Hauptstadt Las Palmas.

Reisezeit

- Die Hochsaison ist hier das Frühjahr (Februar bis Ostern): Das Wetter ist warm, es regnet nur sporadisch, und das beeindruckende Inselinnere ist grün. Immer wieder trifft man auf die Pracht blühender Mandelbäume.
- Das Frühjahr ist auch die Zeit der Feste. Auf die lebhaften Karnevalsfeiern im Februar oder März folgen die feierlichen Zeremonien der Semana Santa (Ostern).
- Im Juni findet eines der größten Feste der Insel statt, San Juan (Johannisnacht), und die Temperaturen sind mit durchschnittlich 24 °C perfekt.
- Juli und August sind ausgesprochen umtriebig, wenn die Festlandspanier und Familien aus Nordeuropa auf der Insel Urlaub machen.
- September und Oktober sind perfekt: Das Wetter ist ideal, und die Menschenmassen sind wieder entschwunden.

Highlights auf Gran Canaria

1. Die unglaubliche Aussicht von einer Restaurantterrasse auf dem Berg **Tejeda** (S. 68) genießen
2. Durch den Sand der Playa de las Canteras laufen und dann das historische *barrio* Vegueta in **Las Palmas** (S. 45) erkunden
3. Beim Lunch in einem der Höhenrestaurants im imposanten **Barranco de Guayadeque** (S. 58) ordentlich reinhauen
4. Der spektakulären Straße an der Westküste nach **Puerto de las Nieves** (S. 65) für ein Seafood-Lunch am Hafen folgen
5. Die pastellfarbenen Gebäude in **Agüimes** (S. 58) bewundern, einem hübsch restaurierten Dorf aus dem 15. Jh., dessen Ortskern denkmalgeschützt ist
6. Die alten Höhlenmalereien im faszinierenden **Cueva Pintada Museum & Archaeological Park** (S. 64) in Gáldar bestaunen
7. Die Höhlenkultur in **Artenara** (S. 67) besichtigen, wo die Zeit stehen geblieben ist

Geschichte

Auf Gran Canaria gibt's eine spannende Mischung aus Nationalitäten und ethnischen Kulturen, vor allem in der Hauptstadt Las Palmas. Das ist nichts Neues. Die Insel war in der Vergangenheit immer wieder eine Zufluchtsstätte für Wellen von Einwanderern, die alle ihre mehr oder weniger deutlichen Spuren hinterlassen haben.

Die ersten Bewohner waren, möglicherweise schon 1000 Jahre vor unserer Zeitrechnung, die Guanchen, die vermutlich Migranten aus Nordafrika waren. Sie nannten die Insel Tamaran nach den hier wachsenden Dattelpalmen *(tamar)*. Trotz ihres tapferen Widerstands wurde die Kultur der Guanchen 1478 von den Spaniern weitestgehend ausgelöscht. Gran Canaria wurde rasch von einer bunt zusammengewürfelten Mischung aus Abenteurern und landlosen Glücksuchern aus so entfernten Gegenden wie Galizien, Andalusien, Portugal, Italien, Frankreich, den Niederlanden und sogar Großbritannien und Irland besiedelt.

Las Palmas wurde später der Sitz des Bischofs- und Königshofes auf den Kanarischen Inseln sowie eine Zwischenstation auf dem Weg nach Amerika. Die Wirtschaft erlebte bald einen Aufschwung durch Zuckerexporte und den transatlantischen Handel. Als jedoch die Nachfrage nach Zucker von den Kanarischen Inseln sank und der Weinhandel aufblühte, geriet die Insel hinter ihrem Hauptkonkurrenten, dem überlegenden Weinproduzenten Teneriffa ins Hintertreffen.

Die meisten Kanarier emigrierten nach Südamerika und legten damit den Grundstein für eine starke Bindung zwischen den beiden Kulturen, die auch heute noch sichtbar ist. Erst gegen Ende des 19. Jhs. erlangte Gran Canaria seine einstige Stellung zurück. Die Bedeutung der Insel als Ort, an dem die Dampfschiffe nachtanken konnten, führte zu Investitionen ausländischer Kaufleute, meist Briten.

Dies ist eine Investition, die immer noch andauert, heutzutage jedoch in der Form von Tourismus. Der Boom des Pauschaltourismus, der Mitte des 20. Jhs. begann, hat der Insel anhaltenden Wohlstand beschert. Allerdings geht dieser auch erkennbar zulasten der Umwelt.

ENTFERNUNGEN (KM)

	Arucas	Maspalomas	Puerto de Mogán	Las Palmas de Gran Canaria
Maspalomas	68			
Puerto de Mogán	95	29		
Las Palmas de Gran Canaria	14	56	104	
Teror	13	66	35	21

ungefähre Angaben

An- & Weiterreise

BOOT

Es gibt zwei Passagierhäfen auf Gran Canaria, die Fährverbindungen zu den anderen Inseln unterhalten. Die Schiffe, die am Hafen von Las Palmas ablegen, fahren nach Teneriffa, nach Fuerteventura, nach Lanzarote und, wenn auch weniger häufig, zur Insel La Palma. Es gibt außerdem regelmäßige Fähren von Puerto de las Nieves nach Teneriffa. Drei Reedereien sind auf der Insel ansässig.

Fred Olsen (☎ 902 100107; www.fredolsen.es) Betreibt eine schnelle Fährverbindung von Las Palmas nach Morro Jable (Fuerteventura; 45 €, 2 Std., 2-mal tgl.) und von Puerto de las Nieves (Agaete) nach Santa Cruz de Tenerife (45 €, 1½ Std., 6-mal tgl.).Von dort aus gibt es Anschlussverbindungen nach La Gomera und nach La Palma.

Naviera Armas (☎ 902 456500; www.navieraarmas.com) Betreibt eine direkte Fährverbindung zwischen Las Palmas und Santa Cruz de Tenerife (32 €, 2½ Std., 4-mal tgl.), Morro Jable (Fuerteventura; 43 €, 3 Std., tgl.), Puerto del Rosario (Fuerteventura; 35 €, 6½ Std., tgl.) und Arrecife (Lanzarote; 49 €, 7 Std., Mo–Fr).

Es gibt auch regelmäßige Verbindungen nach Santa Cruz de la Palma und San Sebastián (La Gomera) über Santa Cruz de Tenerife sowie täglich eine Verbindung nach Isla Graciosa über Arrecife (Lanzarote).

Trasmediterránea (☎ 902 454645; www.trasmediterranea.com) Wöchentlich eine Fähre fährt am Donnerstag ab Las Palmas nach Puerto del Rosario (Fuerteventura; 27 €, 6 Std.) und nach Arrecife (Lanzarote; 27 €, 9½ Std.). Außerdem fährt samstags eine Fähre nach Santa Cruz de Tenerife (22 €, 4 Std.) und nach Santa Cruz de la Palma (28 €, 19 Std.).

FLUGZEUG

Der Flughafen Las Palmas liegt etwa 25 km südlich der Hauptstadt. **Binter Canarias** (☎ 902 391392; www.bintercanarias.com) bietet Direktflüge zu allen sechs Inseln. **Canary Fly** (☎ 902 808065; www.canaryfly.es) hat Direktflüge nach Lanzarote, Teneriffa und La Palma auf dem Flugplan.

Unterwegs vor Ort

AUTO

Am Flughafen Las Palmas, am Fährterminal und überall im Stadtbezirk Santa Catalina gibt's Mietwagenfirmen.

BUS

Auf der Insel gibt es ein gut ausgebautes Netz an Busverbindungen. Las Palmas ist der wichtigste Knotenpunkt, der zweitwichtigste ist Maspalomas. Alle Ecken der Insel werden von Global (S. 55) abgedeckt. Kleinere, abgelegene Städte werden oftmals nur ein- oder zweimal pro Tag von einem Bus angefahren.

LAS PALMAS DE GRAN CANARIA

382 200 EW.

Las Palmas ähnelt einer Stadt auf dem spanischen Festland, gewürzt mit einer beträchtlichen Beimischung anderer Kulturen, darunter Afrikaner, Chinesen und Inder. Dazu kommen die Besatzungen der Containerschiffe und der übliche Ballast und das Treibgut einer Hafenstadt. Entstanden ist ein faszinierender Ort mit der schläfrigen Trägheit, aber auch der Energie, die man normalerweise mit dem Mittelmeerraum oder Nordafrika verbindet. Die hupenden Taxis, die umtriebigen Einkaufsbezirke, von Plaudern erfüllte Bars und der blühende Hafen erfüllen diese Stadt, immerhin die neuntgrößte Spaniens, mit Leben.

Vegueta, das älteste Stadtviertel, hat sowohl Atmosphäre als auch Stil mit seiner gehobenen Auswahl an Boutiquen und coolen Bars. Am anderen Ende der Stadt bietet der weitläufige Bogen der Playa de las Canteras die spannende Möglichkeit, zwischen Sightseeing und Shoppen schnell mal ins Meer zu springen. Wer sich in das verwirrende Straßenlabyrinth hinter dem Strand vorwagt, findet ausgezeichnete Restaurants, die mehr als die übliche Auswahl kanarischer Gerichte servieren. Las Palmas ist eine echte spanische Arbeiterstadt, aber selbst wenn es hier Gegenden gibt, in denen es sich nicht empfiehlt, nachts mit der Kamera um den Hals herumzulaufen, ist man hier doch ziemlich sicher.

Geschichte

Als Christoph Kolumbus auf seinem Weg nach Amerika 1492 hier vorbeikam, war das geschäftige, kleine historische Zentrum

REISEN MIT APPS

Wer mit einem Smartphone oder Tablet reist, sollte sich **Canje Ocio** (www.canjeocio.com) herunterladen. Die kostenlose App listet die Sehenswürdigkeiten, Restaurants, Festivals und Events sowie Aktivitäten für die gesamte Insel auf. Über die App erhält man sogar Rabattgutscheine.

bereits von den Spaniern angelegt worden. Die Stadt profitierte erheblich von der Eroberung Lateinamerikas durch die Spanier und dem anschließenden transatlantischen Handel, wurde aber dadurch unvermeidlich auch ein Lieblingsziel von Piraten und Freibeutern. Im Jahr 1595 plünderte der Brite Sir Francis Drake Las Palmas mit dem allergrößten Vergnügen.

Im Jahr 1822 wurde Santa Cruz de Tenerife zur Hauptstadt der neuen spanischen Provinz „Las Islas Canarias" erklärt, worüber die einflussreichen Bürger von Las Palmas ernsthaft erzürnt waren. Abhilfe wurde erst 1927 geschaffen, als Las Palmas die Hauptstadt von Gran Canaria, Fuerteventura und Lanzarote wurde.

Bis zum Ende des 19. Jhs. ging es mit der Hafenstadt immer wieder mal auf und ab, als der Wohlstand dank der zunehmenden Präsenz der Briten in der Stadt Einzug hielt. Anfang 1936 wurde General Franco zum Generalkommandeur der Kanarischen Inseln ernannt – eine erhebliche Degradierung und eine Position, die er als eine Art von Verbannung betrachtete. Während seines Aufenthalts in der Stadt – angeblich im Hotel Madrid in Triana – plante und startete Franco den Coup, der den spanischen Bürgerkrieg entfachte.

Seit dem Tourismusboom in den 1960er-Jahren ist Las Palmas von einer mittelgroßen Hafenstadt mit ca. 70 000 auf eine quirlige Metropole mit rund 400 000 Einwohnern gewachsen. Und obwohl es sich den Status der Regionalhauptstadt zu gleichen Teilen mit Santa Cruz de Tenerife teilt, besteht kein Zweifel daran, dass Las Palmas in Bezug auf Einfluss und Größe punktet.

Sehenswertes

Die interessantesten Sehenswürdigkeiten konzentrieren sich in den engen Kopfsteingassen von Vegueta, während es rund um Santa Catalina lebhafter und internationaler

Las Palmas (Süden)

0 200 m

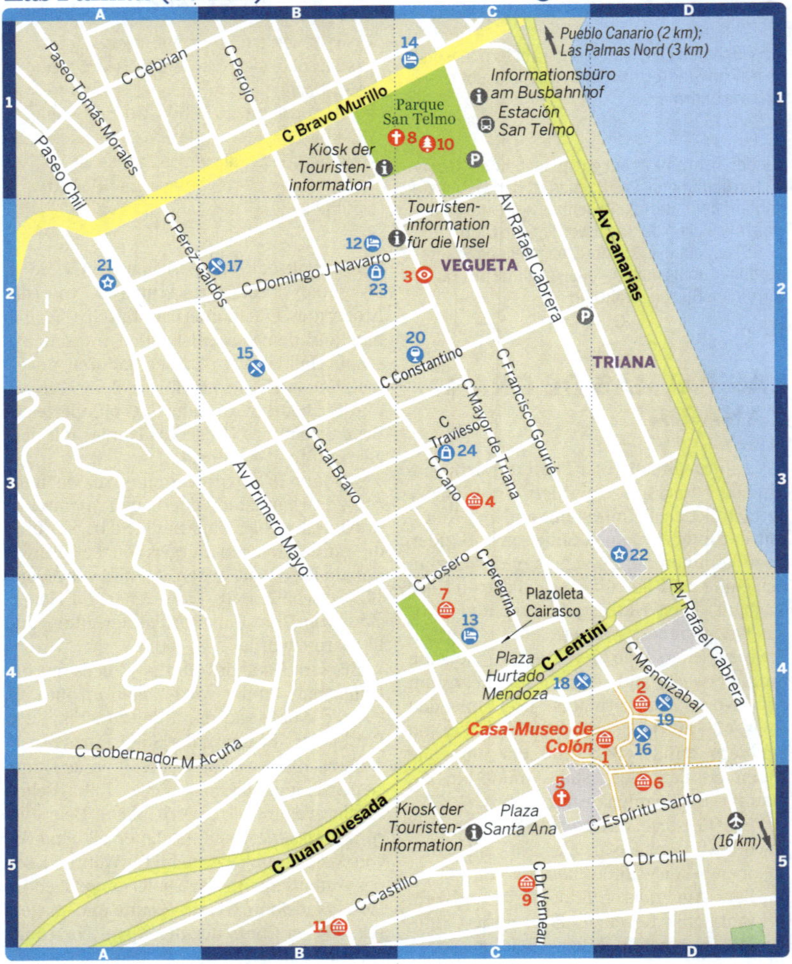

zugeht. Die 3 km lange Playa de las Canteras ist einer der schönsten Strände Europas. Für einen Bummel auf der Promenade oder einen Sprung in das ruhige Wasser des Atlantiks sollte aber auch Zeit sein.

Vegueta & Triana

Dies ist das historisch und architektonisch interessanteste Stadtviertel von Las Palmas. Es zeichnet sich aus durch viele traditionellen Gebäude im Kolonialstil mit bezaubernden verborgenen Hinterhöfen. Einen Bummel durch die Straßen mit Stopps in den stimmungsvollen Bars und Restaurants entlang des Weges sollte auf jeden Fall Teil des Besuchs sein.

★ Casa-Museo de Colón MUSEUM

(Karte S. 46; ☎928 31 23 73; www.casadecolon.com; Calle Colón 1; Erw./Kind 4 €/frei; ⏰Mo–Sa 10–18, So bis 15 Uhr; 👪) GRATIS Dieses faszinierende Museum dokumentiert die Reisen des Kolumbus und zeigt Ausstellungen zur historischen Rolle der Kanarischen Inseln als Zwischenstopp der transatlantischen Schifffahrt. Nicht versäumen sollte man das Modell der Galeone, die vor allem Kinder

Las Palmas (Süden)

Highlights
1 Casa-Museo de Colón D4

Sehenswertes
2 CAAM San Antonio Abad D4
3 Calle Mayor de Triana C2
4 Casa-Museo de Pérez Galdós C3
5 Catedral de Santa Ana & Museo Diocesano de Arte Sacro C5
6 Centro Atlántico de Arte Moderno D5
7 Gabinete Literario C4
8 Iglesia de San Telmo C1
9 Museo Canario C5
10 Parque San Telmo C1
11 San Martín Centro de Cultura Contemporánea B5

Schlafen
12 Downtown House B2
13 Hotel Madrid C4
14 Hotel Parque C1

Essen
15 Deliciosa Marta B2
16 La Dolce Vita D4
17 La Olivia B2
18 Latienza Gastro Bar C4
19 Restaurante Casa Montesdeoca D4

Ausgehen & Nachtleben
20 Bodegón Lagunetas C2

Unterhaltung
21 El Escenario A2
22 Teatro Pérez Galdós D3

Shoppen
23 Fedac B2
24 Librería del Cabildo Insular de Gran Canaria C3

beeindruckt. Das Kruzifix stammt angeblich vom Schiff des Kolumbus. Oben gibt's eine Kunstgalerie und Modelle von Las Palmas aus der Vergangenheit und Gegenwart. Reisefreaks werden Raum fünf und sechs besonders toll finden, in denen es um historische Karten vom Anfang des 16. Jhs. geht.

Das Gebäude ist ein vorzügliches Beispiel für kanarische Architektur. Erbaut wurde es um zwei Patios mit Balkonen, samt Brunnen, Palmen und Papageien. Die Außenfassade selbst ist schon sehr sehenswert, mit ihren prunkvollen Elementen im *plateresque*-Stil, die an Silberschmiedekunst erinnern, und den traditionellen wuchtigen Holzbalkonen.

Obwohl es das „Haus des Kolumbus" (möglicherweise rastete er hier 1492) genannt wird, stammt das meiste von dem, was hier zu sehen ist, aus der Zeit, als dieses Gebäude die opulente Residenz der ersten Gouverneure von Las Palmas war.

SEGELN PUR

In den 1880er-Jahren, als Puerto de la Luz (Las Palmas) sich zu einem Hafen entwickelte, mussten die Handels- und Passagierschiffe ein Stück von den Kais entfernt festmachen. Ein Boot, das quasi eine Mischung aus Ruderboot und Yacht war, wurde entwickelt, um die Menschen und Güter vom Schiff an Land überzusetzen.

Wie jedes Geschäft erlebten auch diese kleinen *botes* (Boote) gute und schlechte Zeiten. In den ruhigeren Perioden organisierten ihre Kapitäne und Mannschaften Regatten im Hafengebiet. Aus dieser Idee zur Bekämpfung der Langeweile in den alten Tagen lange vor Facebook wurde schließlich ein regelmäßiger Wettbewerb. Die Tradition lebt fort in einem Sport, der als Vela Latina Canaria bezeichnet wird.

Die kuriosen Fahrzeuge sind von April bis Oktober samstags (gewöhnlich ab 17 Uhr) und sonntags (gegen Mittag) zu sehen. Die Besatzung besteht aus acht bis zwölf Personen, jedes Boot repräsentiert einen Bezirk von Las Palmas.

Abgesehen von dem wunderlichen Aussehen der teilnehmenden Schiffe ist auch das Rennen selbst herrlich exzentrisch, da die Teilnehmer nur *en bolina* (gegen den Wind) fahren, aber so, dass sie daraus die maximale Antriebskraft gewinnen. Die Tatsache, dass der vorherrschende Wind vor der Ostküste von Gran Canaria ziemlich gleichmäßig weht, macht diese Gegend zu einem idealen Flecken für solche Rennen. Die *botes* starten in Playa de la Laja, einige Kilometer südlich der südlichen Vororte von Las Palmas; das Ziel ist in Playa de Alcaravaneras. Weitere Informationen dazu auf www.federacionvelalatinadebotes.org.

Las Palmas (Nord)

Catedral de Santa Ana & Museo Diocesano de Arte Sacro KIRCHE

(Karte S. 46; ☎ 928 33 14 30; Calle Obispo Codina 13; Erw./Kind 3 €/frei; ⏲ Mo–Fr 10–17, So bis 14 Uhr) Das spirituelle Herz der Stadt ist diese düstere, graue Kathedrale, mit deren Bau Anfang des 15. Jhs. begonnen wurde, also schon bald nach der Eroberung durch die Spanier, die jedoch erst 350 Jahre später fertiggestellt wurde. Die klassizistische Fassade steht im Gegensatz zum Innenraum, der ein schönes Beispiel dafür ist, was einige Kunsthistoriker die „Atlantische Gotik" nennen. Typisch sind die hochaufragenden Pfeiler, die die Palmen draußen vor der Tür nachzuempfinden scheinen. Dazu gibt's ein paar Gemälde von Juan de Miranda, dem bekanntesten Maler der Insel aus dem 18. Jh.

Das Ticket gilt auch für das Museum für Sakralkunst, das sich über zwei Stockwerke rund um den Patio de los Naranjos erstreckt. Es enthält die übliche Sammlung von Kirchenkunst und Memorabilia, darunter jahrhundertealte Manuskripte, Holzskulpturen und andere Ornamente, aber die Lage ist hübsch – und es duftet herrlich, wenn die Blüten der Orangenbäume im Frühjahr ihren Duft verströmen.

Las Palmas (Nord)

Sehenswertes
1 Museo Elder de la Ciencia y la Tecnología ... B3
2 Playa de las Canteras ... B2

Aktivitäten, Kurse & Touren
3 7 Mares Las Canteras ... C1
4 Gran Canaria School of Languages ... A4

Schlafen
5 Apartamentos Brisamar ... A4
6 Apartamentos Playa Dorada ... A3
7 La Ventana Azul ... A4
8 NH Imperial Playa ... B1

Essen
9 De Cuchara ... B3
10 De Tapa en Tapa ... A5
11 El Cid Casa Pablo ... B3
12 Kitchen Lovers ... B2
13 La Marinera ... B1
14 Natural Burguer ... B5

Ausgehen & Nachtleben
15 Disco 3x1 ... A3
16 Pachichi ... A4

Unterhaltung
17 Casino Las Palmas ... B4

Shoppen
18 El Corte Inglés ... B5
19 La Casa de los Quesos ... B2

Wer sich innen umgesehen hat, kann mit dem Aufzug (Eintritt 1,50 €) auf den Glockenturm hinauffahren, um einen beeindruckenden weiten Ausblick über die umliegende Stadt und ihre Küste zu genießen.

Museo Canario MUSEUM
(Karte S. 46; 928 33 68 00; www.elmuseocanario.com; Calle Dr Verneau 2; Erw./Kind 4 €/frei; Mo–Fr 10–20, Sa & So bis 14 Uhr;) Dieses leicht altmodische, aber dennoch faszinierende Museum zeichnet die Geschichte von Gran Canaria in der Zeit vor der Eroberung nach. Es nimmt für sich in Anspruch, die größte Sammlung von Cro-Magnon-Schädeln weltweit zu besitzen. Es gibt auch mehrere Mumien sowie eine Sammlung von Töpferwaren und anderen Guanchen-Gerätschaften von verschiedenen Fundorten auf der Insel. Der Souvenirladen des Museums verkauft ausgezeichnetes pädagogisches Material für Kinder.

Centro Atlántico de Arte Moderno GALERIE
(CAAM, Atlantic Centre of Modern Art; Karte S. 46; 928 31 18 00; www.caam.net; Calle Balcones 11; Erw./Kind 5 €/frei; Di–Sa 10–21, So 14 Uhr) Das wichtigste Museum für moderne Kunst der Stadt befindet sich in einem geschmackvoll restaurierten Gebäude aus dem 18. Jh. Es gibt keine ständigen Sammlungen, aber in den Galerien, die von natürlichem Licht durchflutet sind, finden immer wieder ausgezeichnete Wechselausstellungen statt. Zum Zentrum gehören noch zwei weitere Galerien mit Wechselausstellungen: **CAAM San Antonio Abad** (Karte S. 46; Plaza San Antonio Abad; Erw./Kind 2 €/frei), in der Nähe der Casa de Colon, und das **San Martín Centro de Cultura Contemporánea** (Karte S. 46; www.sanmartincontemporaneo.com; Calle Ramon y Cajal 1; Erw./Kind 5 €/frei) in einem ehemaligen Krankenhaus. Ein Kombiticket für alle drei Museen kostet für Erwachsene 8 €.

Gabinete Literario HISTORISCHES GEBÄUDE
(Bibliothek; Karte S. 46; www.gabineteliterario.com; Plazoleta Cairasco) Dieses schmucke historische Gebäude aus dem Jahr 1844 ist ein nationales Denkmal. Es war das erste Theater der Insel und besitzt immer noch die leicht verblichene Eleganz der alten Welt mit einem anmutigen Patio und Räumen voller Bücherregale. Das Haus dient nun als privater Club, das schicke Terrassenrestaurant (O'Clock) ist jedoch für alle zugänglich.

Calle Mayor de Triana HISTORISCHE STRASSE
(Karte S. 46) Diese Fußgängerzone war lange die wichtigste Einkaufsmeile in Las Palmas. Beim Bummeln auf jeden Fall gelegentlich den Blick nach oben richten, um ein paar echte architektonische Schmuckstücke zu genießen, darunter auch mehrere auffällige Beispiele der Jugendstil-Architektur.

Casa-Museo de Pérez Galdós MUSEUM
(Karte S. 46; www.casamuseoperezgaldos.com; Calle Cano 6; Erw./Kind 3 €/frei; Di–Fr 10–18, Sa & So 14 Uhr) Im Jahr 1843 wurde der berühmteste Schriftsteller der Kanarischen Inseln, Benito Pérez Galdós, in diesem Haus im Herzen des alten Las Palmas geboren. Er verbrachte die ersten 19 Jahre seines Lebens hier, bevor er nach Madrid zog und Karriere als Schriftsteller machte. Bei geführten

RUNDGÄNGE DURCH VEGUETA

Obwohl die meisten Besucher von Las Palmas Zeit in Vegueta verbringen, bleiben die meisten bei den Hauptsehenswürdigkeiten hängen und verpassen leider die hübschen Gassen der Altstadt. Den historischen Bezirk kann man bei einem **Rundgang** (☎674 128849; www.tripgrancanaria.com; Erw./Kind 6 €/frei; ⏲Mo–Sa mittags) näher kennenlernen. Einstündige geführte Touren starten an der Plaza Hurtado de Mendoza (von den Einheimischen als Plaza de las Ranas bezeichnet) am südlichen Ende des Bezirks Triana. Unbedingt im Voraus buchen.

Touren (auf Englisch und Spanisch) erkunden Besucher die Räume im Obergeschoss. Dort befinden sich eine Rekonstruktion des Arbeitszimmers des Autors und verschiedene persönliche Gegenstände, die nach seinem Tod aus seinem Haus vom spanischen Festland wieder hierher zurückgebracht wurden.

Parque San Telmo PARK
(Karte S. 46) Die **Iglesia de San Telmo** an der Südwestseite dieses gepflasterten Parks war eines der ersten religiösen Gebäude der Stadt. Daneben befindet sich eine Touristeninformation und in der nordwestlichen Ecke steht ein schöner **Jugendstil-Kiosk**, der heute als stilvolles Café Frühstück, Sandwiches oder eine gute Tasse Kaffee an den Tischen im Park anbietet.

Ciudad Jardín

Dieser grüne Vorort der Oberschicht ist eine reichhaltige Ansammlung von Architekturstilen, die vom britischen Kolonialstil bis hin zu weiß gekalkten andalusischen Gebäuden reichen. Hier befindet sich auch der hübsche **Parque Doramas** mit seinen schönen *dragos* (Drachenbäumen) und Kinderspielplätzen der Superlative. Der Park wurde von den Briten gegen Ende des 19. Jhs. entworfen, als die Briten das Wirtschaftsleben von Las Palmas beherrschten.

Pueblo Canario TOURISTENDORF
(⏲Di–Sa 10–20, So bis 14.30 Uhr; 👪) GRATIS Entworfen von dem Künstler Néstor Martín Fernández de la Torre und erbaut von seinem Bruder Miguel grenzt dieses nachgebaute kanarische Dorf an die Gärten des Parque Doramas. Es ist ein wenig vernachlässigt, und das Restaurant hat nur sporadisch geöffnet, aber ein Besuch lohnt sich am Sonntagmorgen, wenn hier um 11.30 Uhr traditionelle Volksmusik gespielt wird. Das *pueblo* liegt an der Südseite des Parque Doramas, der Eingang ist an der Calle León y Castillo.

Museo Néstor MUSEUM
(☎928 24 51 35; Pueblo Canario; Erw./Kind 0,50 €/frei; ⏲Di–Sa 10–19, So 10.30–14.30 Uhr) Diese Kunstgalerie ist den Werken des symbolistischen Malers Néstor gewidmet, der 1938 starb, und umfasst eine bescheidene Sammlung von Werken weiterer kanarischer Künstler. Das Museum befindet sich im Pueblo Canario.

Santa Catalina & Playa de las Canteras

Die Gegend zwischen Las Canteras und dem Parque de Santa Catalina ist eine spannende Mischung aus Stadtstrand, multikulturellem Schmelztiegel, lebhaftem Hafen und Dreh- und Angelpunkt des Geschäftslebens. Manchmal kommt man sich vor wie in einem Entwicklungsland, dann wieder eindeutig wie auf dem spanischen Festland. Der Parque Santa Catalina ist tagsüber ziemlich sicher, obwohl hier und da mit einigen Obdachlosen zu rechnen ist, deren Zahl nach Sonnenuntergang zunimmt. Samstags um 11 Uhr finden im Park Aufführungen mit traditioneller kanarischer Musik und pittoresken Volkstänzen statt.

★ **Museo Elder de la Ciencia y la Tecnología** MUSEUM
(Museum für Wissenschaft & Technik; Karte S. 48; www.museoelder.org; Parque Santa Catalina; Erw./Kind 5/3,50 €, inkl. 3-D-Film 8,50/7 €; ⏲Di–So 10–20 Uhr; 👪) Dieses architektonisch interessante Museum aus dem 21. Jh. ist voller Dinge, die surren, scheppern und summen. Es befindet sich in einem aufgemöbelten Lagerhaus im Parque Santa Catalina und ist ein toller Ort, um ein paar spannende Stunden zu verbringen. Hier kann man einen Überschall-Düsenjäger fliegen, zusehen, wie Raketen Satelliten in den Weltraum bringen, oder mit einem Robocoaster fahren, bei dem ein Roboterarm die Fahrgäste durch eine Reihe programmierbarer Manöver führt. Kinder werden begeistert sein. Die Space

Pod und der Van-de-Graaff-Generator sind besonders beliebt.

Es gibt auch ein kleines Kino, das regelmäßig wechselnde 3-D-Filme zeigt.

Strände

★Playa de las Canteras STRAND

(Karte S. 48) Der schöne 3 km lange Streifen aus gelbem Sand ist prachtvoll und gilt bei vielen als einer der besten Stadtstrände weltweit. Es gibt eine attraktive Küstenpromenade – den Paseo de las Canteras – auf dem Walker, Radfahrer und Jogger ohne Autoverkehr die gesamte Länge des Strandes zurücklegen können. Der wahrscheinlich schönste Teil ist jedoch das Riff, das auch als La Barra bezeichnet wird, durch das sich das Wasser vor Las Canteras in einen gigantischen Salzwasserpool verwandelt, der perfekt zum Schnorcheln ist.

Weiter südlich werden die Restaurants und Hotels langsam weniger, und die Wellen werden etwas größer. Hier in der Nähe des Auditoriums treffen sich in einer Gegend, die La Cicer genannt wird, die Surfer im Wasser und die Fußballer am Strand.

Aktivitäten

Es gibt zwölf Surfspots rund um Las Palmas, von denen der beliebteste La Cicer am südlichen Ende der Playa de las Canteras ist. Dies ist ein großartiger Spot für Anfänger, und an diesem Ende des Strandes befinden sich ein paar Surfschulen.

7 Mares Las Canteras TAUCHEN

(Karte S. 48; www.7mares.es; Calle Tenerife 12; Tauchen mit Leihausrüstung 25 €, 2 Std. Schnuppertauchen 60 €) Die Schule hat Englisch sprechende Tauchlehrer und bietet Kurse für alle Niveaus. Außerdem im Angebot: Wracktauchen und Ausrüstungsverleih.

Oceanside SURFEN

(www.grancanariasurf.es; Calle Numancia 47; 2 Std. Kurs 25 €) Die renommierte Surfschule bietet eine Auswahl an Kursen und verleiht Bretter und Neoprenanzüge (25 € pro Tag). Kurse im Stand-Up-Paddling werden ebenfalls zu diesem Preis angeboten. Es gibt ein Dutzend Surfspots am städtischen Strandabschnitt, aber La Cicer an der Playa de las Canteras ist weiterhin der Beliebteste.

Kurse

Mehrere Sprachschulen in Las Palmas bieten Spanischkurse an.

> **RABATTKARTE**
>
> Wer ein paar Tage lang Las Palmas besichtigen möchte, investiert in die **LPA-Karte** (www.lpacard.com; Erw./Kind 15/8 €). Sie bietet freien Eintritt in fast alle Museen der Stadt sowie Preisvorteile in verschiedenen Restaurants und Shops. Man bekommt die Karte in den Touristeninformationen in Santa Catalina und San Telmo.

Gran Canaria School of Languages SPRACHKURS

(Karte S. 48; ☎928 26 79 71; www.grancanariaschool.com; Calle Dr Grau Bassas 27; 1-wöchiger Intensivkurs 170 €) Ist seit über 40 Jahren im Geschäft und hat einen ausgezeichneten Ruf. Kann auch Unterkünfte vermitteln.

Feste & Events

Carnaval KARNEVAL

(www.laspalmascarnaval.com; ⏲2–3 Wochen vor der Fastenzeit) Mit zwei bis drei Wochen ausgelassenen Treibens in bunten Kostümen wird im Februar der Winter ausgekehrt. Die meiste Action findet rund um den Parque de Santa Catalina statt, wo eine riesige Open-Air-Bühne und zahlreiche temporäre Bars aufgebaut werden.

Alljährlich finden die Krönung der Karnevalskönigin und der Drag Queen statt sowie die Beerdigung der Sardine, wenn eine riesige Nachbildung einer Sardine durch die Straßen zum Stand vor Las Canteras getragen wird, wo sie feierlich beerdigt wird. Ein extravagantes Feuerwerk ist der passende Abschluss der Feierlichkeiten. Wird auf der gesamten Insel gefeiert, aber insbesondere in Las Palmas.

Fronleichnam RELIGION

(⏲Mai/Juni) Bei diesem Fest mit unterschiedlichem Datum werden in einigen der historischen Straßen von Las Palmas außergewöhnliche Blumenteppiche ausgelegt.

Fiesta de San Juan RELIGION

(⏲23. Juni) Mit diesem Fest feiert Las Palmas den Schutzheiligen der Stadt. Kulturelle Veranstaltungen finden in der gesamten Stadt statt, während Feuerwerke und Konzerte an der Playa de las Canteras abgehalten werden. Dazu gehören auch das traditionelle Springen über die Feuer am Strand und der Sprung ins Meer um Mitternacht. Der folgende Tag ist normalerweise ein Feiertag.

Essen

Die Auswahl an Restaurants in Las Palmas spiegelt das stylische Großstadtflair wieder. Wer auf viel Atmosphäre aus ist, macht sich auf in die *barrios* Vegueta und Triana. Drüben am anderen Ende der Stadt sind die Restaurants am Strand mit wenigen Ausnahmen zumeist Lokale, die verschiedene Küchen mit mehrsprachigen Speisekarten und minderwertiger Kost servieren. Aber nur ein oder zwei Straßen hinter der ersten Reihe gibt es spanische Restaurants der alten Schule und charaktervolle Tapas-Bars.

Vegueta & Triana

La Olivia KANARISCH €
(Karte S. 46; Calle Pérez Galdós 32; Tagesessen 10 €; ⊙ Mo–Sa 7–17 Uhr) Hier gibt's keine feste Speisekarte. Da alles hausgemacht ist und frisch zubereitet wird, richtet sich das Angebot nach dem, was morgens auf dem Markt erhältlich ist. Zu rechnen ist mit traditionellen Lieblingsgerichten, wie *ropa vieja* (Kichererbseneintopf), und einem reichhaltigen Angebot an frischem Fisch.

Latienza Gastro Bar TAPAS €
(Karte S. 46; Calle Pelota 20; Tapas 2,50–5 €; ⊙ 11 Uhr–open end) Tagsüber serviert dieses freundliche Lokal anständige, preiswerte Tapas in seinem Gastraum mit Natursteinwänden oder draußen auf der gepflasterten Straße. Nachts ist dies ein chilliger Ort für ein Bier oder ein Glas Wein und eine Auswahl leichter Häppchen.

★ **Deliciosa Marta** SPANISCH €€
(Karte S. 46; ☎ 928 37 08 82; Calle Pérez Galdós 23; Hauptgerichte 15–20 €; ⊙ geschl. Di abends & So) Dieses schicke Lokal mit seiner Steinwand und sanften Beleuchtung ist seit seiner Eröffnung 2007 zu einem der besten Speiselokale der Stadt geworden. Der Küchenchef Pol, der zugleich auch der Inhaber ist, hat in Barcelona im berühmten El Bulli gelernt – und das merkt man auch an der sich ständig ändernden Speisekarte mit Zutaten wie Jakobsmuscheln, Schweinebauch und Trüffeln. Unbedingt reservieren.

La Dolce Vita ITALIENISCH €€
(Karte S. 46; Calle Agustín Millares 5; Hauptgerichte 11–15 €; ⊙ geschl. Mi abends & So; ✎) Das Lokal liegt versteckt in einer engen Fußgängerstraße. Die hausgemachte Pasta ist hier der Hit, bei den dekadenten Saucen kommen Kaviar und schwarze Trüffeln zum Einsatz. Glutenfreie Alternativen gibt's hier auch. Die Einrichtung ist originell, die Wände sind mit italienischen Filmplakaten tapeziert, und es gibt einen kleinen Laden, der italienische Leckereien verkauft.

INSIDERWISSEN

RUTA DE LAS TAPAS

An Donnerstagabenden ist die Calle Mendizabal in Vegueta eine heiße Adresse, um Einheimische (und andere Traveller) zu treffen und eine Art Tapas-Tour mitzuerleben. In etlichen Bars entlang dieser Straße gibt's ein kleines Bier und eine Tapa für 2 €. Danach geht's weiter in die nächste Tapas-Bar; Nachschub ist wichtig, da die Portionen winzig sind. Aber hier geht's mehr um die Geselligkeit als um das Essen. Dies ist eine großartige Möglichkeit, um mit dem Open-Air-Lifestyle der Kanaren auf Tuchfühlung zu gehen. Das Vergnügen beginnt um 20 Uhr.

Restaurante Casa Montesdeoca KANARISCH €€
(Karte S. 46; ☎ 928 33 34 66; Calle Montesdeoca 16; Hauptgerichte 15–20 €; ⊙ Mo–Sa 13–16 & 19 Uhr–open end) Ein romantisches Restaurant in einem exquisiten Haus aus dem 16. Jh. Gegessen wird in dem prachtvollen begrünten Patio mit den traditionellen Holzbalkonen und sonnengelben Wänden. Die Steaks sind zu empfehlen.

Santa Catalina & Playa de las Canteras

De Cuchara KANARISCH €
(Karte S. 48; Calle Alfredo L Jones 37; Tagesessen 12 €, Tapas 4–9 €; ⊙ Di–So 13–16.30 & 8–24 Uhr) Neben dem üblichen dreigängigen Tagesessen (*menú del día*), gibt's hier auch ein Fünf-Gänge-Menü, bei dem man die beliebtesten kanarischen Gerichte probieren kann. Ab 20 Uhr gibt's auch eine interessante Auswahl an Tapas. Unbedingt probieren: den *arroz negro de chipirones* (Tintenfisch in Tinte mit Reis).

De Tapa en Tapa TAPAS €
(Karte S. 48; Calle Diderot 23; Tapas 3–8 €; ⊙ Mo–Sa 13–16 & 19 Uhr–open end) Das *menú del día* mit drei Gängen (9,50 €) in diesem alteingesessenen Tapas-Lokal lockt mittags Arbeiter an, während abends die Jüngeren einfallen,

um Tapas und *cañas* (Bier vom Fass) zu genießen. Die Datteln in Speck sind ein absoluter Volltreffer.

Natural Burguer BURGER €
(Karte S. 48; Avenida José Mesa y López 3; Hauptgerichte 2,50–3,50 €; ⌚13–16 & 19 Uhr–open end; ✎) Südlich von Santa Catalina ist dieser Öko-Burger zu Recht bei den Sparsamen und Studenten beliebt. Veggie-Burger mit verschiedenen Zutaten stehen auf der Karte, ebenso normale Rindfleisch-Burger. Bei den Beilagen finden sich Salat aus Wasserkresse, Maiskolben und *papas del abuelo* (dick geschnittene Pommes).

★ **Kitchen Lovers** MEDITERRAN €€
(Karte S. 48; ☎928 98 76 10; Paseo de las Canteras 16; Hauptgerichte 10–18 €; ⌚Di–So 13–16 & 19 Uhr –open end) Wer die Scharen von Touristenmenüs entlang der Promenade hinter sich lässt, kommt zu diesem luftigen, stylischen Restaurant – eine echte Wohltat. Spanische und italienische Küche treffen hier aufeinander und ergeben köstliche, schön präsentierte, aber schnörkellose Gerichte, die bei einer phänomenalen Aussicht serviert werden. Daher unbedingt versuchen, einen Fensterplatz zu ergattern. Reservieren dringend empfohlen.

El Cid Casa Pablo SPANISCH €€
(Karte S. 48; ☎928 22 46 31; Calle Nicolás Estévenez 10; Hauptgerichte 12–20 €; ⌚13–16 & 19 Uhr–open end) Ein großartiges altes Restaurant mit einem Ritter in Rüstung, der an der Eingangstür wacht. Zahlreiche Bilder spanischer Prominenter zieren die Wände und lassen keinen Zweifel daran, dass dies *das* Lokal von Las Palmas ist, wenn man solide traditionelle Küche, insbesondere Seafood, möchte. Das mittags servierte *menú del día* kostet preiswerte 10 €. Abends unbedingt im Voraus reservieren.

La Marinera SEAFOOD €€
(Karte S. 48; ☎928 46 88 02; Paseo de las Canteras; Hauptgerichte 12–18 €; ⌚13–16 & 19 Uhr–open end) In diesem alteingesessenen, direkt an der Küste gelegenen Lieblingslokal speist man in Hörweite der Brandungswellen. Die Speisekarte ist erwartungsgemäß sehr fischlastig, der frische Fisch wird pro Kilo verkauft (auf den Preis achten, um böse Überraschungen zu vermeiden). Eine gute Wahl ist immer die Paella, *pescado al la sal* (Stockfisch) und die *sopa de mariscos* (Suppe mit Meeresfrüchten).

Ausgehen

In Las Palmas herrscht kein Mangel an Kneipen. Der Bezirk Vegueta ist mit seinem zurückhaltenden Ambiente perfekt für kalte Drinks und eine Kneipentour – die Calle La Pelota und die Calle Mendizabal haben die höchste Konzentration an Bars. Wer auf Livemusik steht, geht zum südlichen Ende des Paseo de Las Canteras in der Nähe vom Auditorium. Am nördlichen Ende der Stadt befinden sich die meisten der lauteren Kneipen, es gibt jedoch auch zahlreiche ruhigere Adressen, insbesondere die *terrazas* (Terrassen) an der Plaza España und entlang des Parque Santa Catalina.

Bodegón Lagunetas BAR
(Karte S. 46; Calle Constantino 16; ⌚Mo–Sa 19–24 Uhr) Eine von mehreren Tapas-Bars in dieser Straße, aber diese hier hat auch ein Restaurant. In der Bar hängen die Gäste bei einer *caña* herum und erfreuen sich der faszinierenden Fotoausstellung in Sepia über Las Palmas zum Ende des 19. Jhs.

Pachichi BAR
(Karte S. 48; Calle Los Martínez de Escobar 51; ⌚19–24 Uhr) Dies ist eine eher schäbige kleine Kneipe, und in die Einrichtung wurde kaum Mühe gesteckt, aber die Bodega Don Juan Pachichi – gewöhnlich abgekürzt zu Pachichi – ist trotzdem eine lokale Institution, die billigen Rum mit Cola als Auftakt für den ausgelassenen Abend verkauft. Liegt zwei Straßenblöcke vom Strand entfernt.

Disco 3x1 CLUB
(Karte S. 48; Calle Luis Morote 51; ⌚Mi–Sa 24–5 Uhr) Eine Disko für den späteren Teil der Nacht, in der Mainstream-Musik läuft. Normalerweise wird Eintritt verlangt, aber dafür gibt's einen Getränkegutschein, was sich dann wieder ausgleicht.

☆ Unterhaltung

El Escenario LIVEMUSIK
(Karte S. 46; Avenida Primero Mayo 57; ⌚Mi–Sa 20–2 Uhr) Auch hier wird ein geringer Eintritt verlangt, aber der lohnt sich für die gechillten Performances unter anderem mit Live-Jazz und Flamenco.

La Guarida del Blues LIVEMUSIK
(Calle Portugal 68; ⌚Do–Sa 18–24, So 17–22 Uhr) Live-Jazz-, Rock- und vor allem Blueskonzerte finden am Donnerstag und Freitag um 20 Uhr statt, am Samstag um 18.30 Uhr und Sonntag um 17.30 Uhr.

Auditorio Alfredo Kraus LIVEMUSIK
(☎ 928 49 17 70; www.auditorioteatrolaspalmasgc.es; Avenida Principe de Asturias) Dieses spektakuläre Konzertgebäude, entworfen vom katalanischen Architekten Óscar Tusquets, fällt auf durch seine geometrische Modernität. Teilweise aus Vulkanfelsen erbaut und mit einem riesigen Fenster versehen, das einen fantastischen Panoramablick aufs Meer eröffnet, ist es das markanteste Wahrzeichen am südlichen Ende der Playa de las Canteras. Dies ist einer der Veranstaltungsorte des jährlich im Sommer stattfindenden **Jazz Festivals** (www.canariasjazz.com).

Casino Las Palmas CASINO
(Karte S.48; www.casinolaspalmas.com; Calle Simón Bolívar 3; ⌚20–4 Uhr) Wer Lust auf ein Spielchen hat, macht sich schick, schnappt sich seinen Pass und fährt ins Casino im nördlichen Teil der Stadt in der Nähe des Parque Santa Catalina.

Teatro Pérez Galdós THEATER
(Karte S.46; ☎ 928 43 33 34; www.auditorioteatrolaspalmasgc.es; Plaza Stagno) Veranstaltet Theateraufführungen und unterschiedliche musikalische Performances.

Unión Deportiva Las Palmas FUSSBALL
(www.udlaspalmas.net) Besser bekannt als UD Las Palmas, ist dies der beste Fußballverein von Gran Canaria. Um die Mannschaft in Action zu sehen, folgt man den Menschenströmen zum Estadio Gran Canaria mit seinen 31 000 Sitzplätzen. Das Stadion befindet sich rund 4,5 km von Vegueta entfernt in südwestlicher Richtung über die Schnellstraßen GC-23 und GC-1 (Richtung Teror).

Shoppen

Die alteingesessene Einkaufsmeile ist die Calle Mayor de Triana, die sowohl wegen ihrer Architektur als auch wegen ihrer eigenwilligen Shops interessant ist. Weitere empfehlenswerte Geschäftsstraßen sind u. a. die Calle Cano, Calle Viera y Clavijo und die benachbarten Straßen, die alle im südlichen Teil der Stadt liegen.

Das Ziel der superschicken Shopper in Las Palmas ist die Avenida José Mesa y López. Hier finden sich die beiden Filialen des riesigen Kaufhauses **El Corte Inglés** (Karte S.48; www.elcorteingles.es; Avenida Mesa y López 15 & 18) auf zwei Seiten der belebten Straße sowie zahlreiche Shops und Boutiquen. In der Nähe, rund um den Parque Santa Catalina, gibt's jede Menge billiger Elektronikläden mit tollen Angeboten bei Kameras, Uhren, Computerausrüstung und Mobiltelefonen.

IMMER DEN EINKAUFSKÖRBEN NACH

Die frischesten und billigsten Produkte, darunter auch alles, was man für ein Picknick gebrauchen könnte, gibt's auf den überdachten Märkten. Die besten befinden sich zwischen der Calle Barcelona und der Calle Néstor de la Torre sowie an der Ecke der Calle Mendizabal und der Calle Juan de Quesada im Stadtteil Vegueta.

Fedac KUNSTHANDWERK
(Fundación para la Etnografía y el Desarrollo de la Artesanía Canaria (Stiftung für die Entwicklung der Volkskunde und des Kunsthandwerks der Kanaren); Karte S.46; www.fedac.org; Calle Domingo J Navarro 7; ⌚Mo–Fr 10–14 & 17–21, Sa 10–14 Uhr) In diesen beiden nebeneinanderliegenden, staatlich subventionierten und nicht auf Gewinn ausgerichteten Läden gibt's Kunsthandwerk. Einer davon ist auf modernes Design spezialisiert, einschließlich exquisiter handbemalter Seidentücher, gewebter Schals und modernem Schmuck, während nebenan der Schwerpunkt eher auf Tradition liegt, darunter Töpferkunst und Korbwaren.

Librería del Cabildo Insular de Gran Canaria BÜCHER
(Karte S.46; Calle Travieso 15; ⌚Mo–Fr 10–14 & 17–21, Sa 10–14 Uhr) Die Bibliothek führt jede Menge Titel über die Kanarischen Inseln, die meisten allerdings auf Spanisch.

La Casa de los Quesos ESSEN & TRINKEN
(Karte S.48; www.lacasadelosquesos.com; Calle Sagasta 32; ⌚Mo–Fr 10–14 & 17–21, Sa 10–14 Uhr) Hier liegen beachtliche 150 Sorten Käse vom spanischen Festland und aus anderen Regionen in der Verkaufstheke. Ein toller Ort, um ein Gourmet-Picknick zu packen. Außerdem gibt's vor Ort hergestellte Saucen, Konfitüren und Kuchen und eine erstklassige Auswahl an kanarischen Weinen.

Praktische Informationen

GELD

Die höchste Dichte an Banken mit Geldautomaten, die rund um die Uhr in Betrieb sind, findet sich in der Calle José Franchy Roca, gleich südlich des Parque Santa Catalina.

INTERNETZUGANG

Auch wenn Internet-Cafés nicht mehr so zahlreich sind wie noch vor wenigen Jahren, gibt's Internetzugang immer noch in den *locutorios* (Telefonzentren) der Stadt, die auch billige Auslandsgespräche anbieten.

WLAN ist weit verbreitet – die meisten Hotels, Cafés und Restaurants bieten Zugang, und es ist sogar geplant, in Zukunft WLAN-Hotspots am Strand anzubieten.

TOURISTENINFORMATION

Die ausgezeichnete Website der städtischen Touristeninformation ist www.lpavisit.com. Hier findet man Informationen zu Aktivitäten, Attraktionen, Unterkunft und Restaurants in der ganzen Stadt.

Hauptbüro der Touristeninformation (Karte S. 48; www.lpavisit.com; Parque Santa Catalina; ⏲ Mo–Fr 9–18, Sa & So 10–14 Uhr) Diese Touristeninformation befindet sich in einem Gebäude im neo-kanarischen Stil, das vom einheimischen Künstler Néstor Martín Fernández de la Torre entworfen wurde. Hier gibt's iPads voll mit Las-Palmas-Apps sowie die traditionelleren Broschüren.

Touristeninformation für die Insel (Karte S. 46; ☎ 928 21 96 00; www.grancanaria.com; Calle Triana 93; ⏲ Mo–Fr 8–15 Uhr) Große Auswahl an Karten und Broschüren zur gesamten Insel. Nach den Wanderkarten muss man allerdings extra fragen.

Informationsbüro am Busbahnhof (Karte S. 46; Estación San Telmo, Parque San Telmo; ⏲ Mo–Fr 6.30–20.30, Sa & So 7.30–13 Uhr) Hat Informationen zum öffentlichen Nahverkehr und auch zu anderen Städten auf der Insel. Es gibt außerdem auch ein kleines Büro im Parque Santa Catalina.

Kiosk der Touristeninformation (Karte S. 46; Plaza de Santa Ana; ⏲ Mo–Fr 9–18, Sa 10–14 Uhr) Weitere Kioske befinden sich im Parque San Telmo (Karte S. 46; Parque San Telmo; ⏲ Mo–Fr 10–20, Sa bis 15 Uhr) und an der Playa de la Canteras (Karte S. 48; Paseo de las Canteras; ⏲ Mo–Sa 10–19 Uhr).

An- & Weiterreise

BUS

Global (☎ 928 25 26 30; www.globalsu.net) unterhält Buslinien zu allen wichtigen Punkten auf der Insel. Abfahrt an der **Estación San Telmo** (Karte S. 46; Parque San Telmo) am nördlichen Ende des Bezirks Triana.

Einige der häufig verkehrenden Busse sind:

- Bus 30 und 50 Express nach Maspalomas (6,15 €, 1 Std.)
- Bus 1 nach Puerto de Mogán (8,75 €, 1½ Std.)
- Bus 12 und 80 nach Telde (1,65 €, ca. 20 Min.)
- Bus 105 nach Gáldar (3,10 €, 1 Std.).

Der Nachteulenbus 5 verbindet die Hauptstadt mit Maspalomas. Er fährt zwischen 20 und 3 Uhr zu jeder vollen Stunde ab der Estación San Telmo in Las Palmas sowie stündlich zwischen 21.30 und 4.30 Uhr ab Maspalomas.

> **PEDALENKRAFT**
>
> Wer sich bei **By Bike LPA** (S. 296) anmeldet, kann die Stadt kostenlos mit dem Rad „erfahren". Es gibt elf Abholstationen rund um die Stadt, und man kann sich das Rad jeweils für drei Stunden ausleihen. Zum Anmelden braucht man einen Personalausweis und muss eine LPA-Movilidad-Karte (1,50 €, erhältlich beim Stadtbusbüro in Santa Catalina) kaufen. Weiteren Informationen dazu auf der Website www.bybikelpa.com.

Unterwegs vor Ort

ZUM/VOM FLUGHAFEN

Bus

Bus 60 verkehrt zwischen 6 und 19 Uhr zweimal pro Stunde zwischen dem Flughafen und der Estación San Telmo und danach stündlich (2,30 €, 25 Min.), und fährt weiter nach Santa Catalina (2,95 €, 35 Min.).

Taxi

Ein Taxi zwischen dem Flughafen und der Stadtmitte von Las Palmas kostet rund 30 €.

AUTO

Autofahren in Las Palmas ist eine Qual durch die normalen Staus einer Großstadt zur Rushhour und ein unergründliches System an Einbahnstraßen. Im Großteil des Stadtzentrums stehen Parkuhren (nur Münzen), aber einen Parkplatz zu finden ist eine echte Herausforderung. Ansonsten gibt's noch mehrere Tiefgaragen, wo man ca. 2 € pro Stunde zahlt. Ganz zentral gelegen sind die am Parque Santa Catalina, Plaza de España und Parque San Telmo gegenüber vom Hauptbusbahnhof.

BUS

Gelbe Busse (www.guaguas.com) Gelbe Busse (*guaguas municipales*) bedienen das Stadtgebiet. Eine Karte mit dem Liniennetz gibt's bei der Touristeninformation, an Kiosken oder im Busbahnhof. Einzelfahrten kosten jeweils 1,40 €, aber wer den Bus häufiger benutzen möchte, sollte in eine *bono de guagua* (8,50 €) für zehn Fahrten investieren, die an den Bushaltestellen oder in Zeitschriftenläden verkauft wird. Mehrere Fahrgäste können sich eine *bono de guagua* teilen.

Die gelben Busse 1, 12, 13 und 17 fahren alle von Triana in nördlicher Richtung bis zum Hafen und zum nördlichen Ende der Playa de las Canteras, mit Stopps am Busbahnhof und am Parque Santa Catalina.

City Sightseeing Bus (☎ 902 70 20 71; Erw./Kind 15/7,50 €; ⏲ 9.30–19 Uhr) Der City Sightseeing Bus, in den man nach Lust und Laune ein- und aussteigt, ist eine gute Möglichkeit, sich einen Überblick über die Stadt zu verschaffen. Der eigentliche Abfahrtspunkt ist der Parque Santa Catalina, zwischen dem Park und Vegueta kann man die Fahrt jedoch an zehn Haltestellen unterbrechen bzw. zusteigen.

TAXI

Für ein **Taxi** (☎ 928 15 47 77, 928 46 90 00, 928 46 00 00) kann man entweder eine der angegebenen Nummern anrufen, eines auf der Straße anhalten oder an einem der reichlich vorhandenen Taxistände der Stadt einsteigen.

DER OSTEN

So reizend wie Las Palmas auch ist, es ist eine laute und chaotische Stadt. Zum Glück muss man nicht weit fahren, wenn man eine ruhigere Umgebung mit dramatisch schöner Lage sucht. Nur eine kurze Autofahrt entfernt liegen malerische historische Städte, dunstumfangene Bergdörfer und die hoch aufragenden Wände des grünen Barranco de Guayadeque, eine Schlucht, die zu Recht sowohl bei den Einheimischen als auch bei Touristen beliebt ist.

Tafira Alta

Jardín Botánico Canario Viera y Clavijo BOTANISCHER GARTEN

(Botanischer Garten; www.jardincanario.org; ⏲ 9–18 Uhr; P) GRATIS Rund 9 km südwestlich von Las Palmas liegt dieser riesige botanische Garten – Spaniens größter mit 27 Hektar. Hier gibt's eine große Vielfalt an endemischer Flora von allen Kanarischen Inseln, darunter auch fast ausgestorbene Arten. Der Garten hängt an den Wänden der Guiniguada-Schlucht und hat viele Informationstafeln in englischer und spanischer Sprache. Am oberen Eingang befindet sich ein Restaurant (an der GC-110).

Die Busse 301, 302 und 303 halten am oberen Eingang des Gartens. Der untere Eingang liegt an der GC-310.

Caldera de Bandama & Santa Brígida

Südlich von Tafira Alta liegt die eindrucksvolle **Caldera de Bandama,** einer der größten erloschenen Vulkankrater der Insel. Sie ist 200 m tief und hat einen Durchmesser von 1 km. Wer mit dem Auto hinauffährt, hat einen tollen Blick in den Krater und darüber hinaus. Wer fit genug ist für eine Wanderung auf den Grund des Kraters, wird das nicht bereuen. Unten stößt man auf Gerätschaften aus der Landwirtschaft und zum Weinanbau, denn bis vor Kurzem war Bandama noch bewohnt. Die Wanderung startet an der Ansammlung von Gebäuden an der GC-802, wo sich ein gemütliches einheimisches Restaurant und ein Weingut befinden. In der Nähe liegt **La Atalaya,** das wichtigste Töpferdorf der Insel, wo man hübsche Keramik kaufen kann, sich dann aber den Kopf über den Heimtransport zerbrechen darf.

Die Straße steigt weiter an nach Santa Brígida, rund 5 km westlich von La Atalaya. Dies ist ein recht trister Ort, der von einem netten Park und einer schmalen Allee im Ortszentrum aufgehübscht wird. Von der Kirche hat man einen weiten Blick über die Felder und Palmenhaine bis zu den zentralen Bergen. Zu einer Rast lädt das **Casa del Vino** (Calle Calvo Sotelo 26; Hauptgerichte 10–18 €; ⏲ geschl. So abends & Mo) ein, ein angenehmes Restaurant am Rand des Parks. Auf der Karte stehen einige kanarische Spezialitäten, dazu gibt's reichlich Auswahl an gegrilltem Fleisch. Die Weinkarte ist exzellent, und jede Flasche darauf stammt von Gran Canaria. Weinproben sind möglich. Es gibt hier ein kleines **Museum** (⏲ Mo–Fr 10–15 Uhr) GRATIS mit einer bescheidenen Ausstellung an Gerätschaften zum Weinbau.

Bus 311 (1,55 €, 30 Min.) fährt stündlich von Las Palmas nach Santa Brígida und hält unterwegs in Bandama und La Atalaya.

Vega de San Mateo

Wie im Großteil des Nordens der Insel (vor allem im Nordosten) ist die Gegend um San Mateo sehr fruchtbar und wird stark landwirtschaftlich genutzt. Dies ist eine wichtige Weinbauregion.

Eine Mehrheit der Inselbevölkerung lebt in der Nordhälfte, und dieses Gebiet ist recht dicht besiedelt. Die Stadt ist wegen ihrer dramatischen Lage eindrucksvoll; dazu gibt's jeden Samstag und Sonntag einen ausgezeichneten Bauernmarkt in einem großen Gebäude hinter dem kostenlosen Parkplatz. Wer sich hier umsehen möchte, sollte die hektische Hauptstraße verlassen und in die ruhigen Pflasterstraßen des *casco histórico* (Altstadt) eintauchen. Im Herbst lohnt sich der Besuch am 21. September für die *romería* (Wallfahrt) und die Feiern für den Schutzheiligen, den Hl. Matthäus.

Die Buslinie 303 (2,55 €, 30 Min.) fährt alle 30 Minuten von Las Palmas hier hinauf.

Telde

19 400 EW.

Telde ist die zweitgrößte Stadt der Insel, und auch wenn es kaum beachtliche Museen und Sehenswürdigkeiten gibt, lohnt es sich doch, das historische Stadtzentrum zu erkunden.

Die Stadt stammt aus der Zeit vor der Eroberung durch die Spanier und ist bekannt für die Herstellung von Saiteninstrumenten, vor allem der *timple* (eine Art von Ukulele) – dem typischen Instrument der Inseln.

Sehenswertes

Wer die triste gewerbliche Hülle der Stadt hinter sich gelassen hat, gelangt in das historische Stadtzentrum, das aus drei Stadtvierteln besteht: San Juan, San Francisco und etwas weiter draußen noch San Gregorio. Den Rundgang am besten in San Juan starten, wo es gute Parkmöglichkeiten gibt. Dann einfach durch die schmalen Kopfsteinpflastergassen nach San Francisco wandern; unterwegs finden sich immer wieder einfache gekalkte Häuser mit dem strahlenden Glanz der purpurfarbenen Bougainvillea als hübsches Fotomotiv.

Iglesia de San Francisco KIRCHE
(Plaza San Francisco; ⌚ sporadisch) Zur Kirche geht's von der zentralen Plaza de San Juan Bautista über die Pflasterstraße Calle Ynes Chimida in westlicher Richtung. Diese ruhige Straße verläuft entlang einem alten Aquädukt, unter dem ein Orangen- und Bananenhain liegen. In der Kirche sind die drei polychromen Steinaltare im nördlichsten der beiden Kirchenschiffe und die schöne *artesonado*-Kassettendecke sehenswert.

Basílica de San Juan Bautista KIRCHE
(Plaza San Juan Bautista; ⌚ 9.30–12.30 & 17–20 Uhr) Unter den großartigen alten Gebäuden des Bezirks San Juan befindet sich auch diese spätgotische Kirche. Der herrlich kitschige Altaraufsatz aus dem 16. Jh., der über und über mit Gold geschmückt ist und im Herzstück die Kreuzigung darstellt, ist gar nicht zu übersehen. Die Christusfigur wurde von den Tarasco-Indianern in Mexiko gefertigt.

Museo León y Castillo MUSEUM
(www.fernandoleonycastillo.com; Calle León y Castillo 43; Erw./Kind 2/1 €; ⌚ Di–So 10–18 Uhr) Dieses Museum ist dem berühmtesten Einwohner der Stadt gewidmet, einem Politiker vom Ende des 19. Jhs. Das Gebäude, sein ehemaliges Wohnhaus, ist sehr hübsch mit seinen Holzbalkonen. Die Ausstellungsstücke dagegen, die Empfehlungsschreiben als Botschafter und Ähnliches, beeindrucken möglicherweise weniger.

Strände

Playa de Melenara STRAND
Dieser ordentliche Strand liegt 5 km von Telde entfernt und wird eher von Einheimischen als von Touristen aufgesucht. Hinter der breiten dunklen Sandbucht liegen Apartments und mehrere gute, günstige Seafood-Restaurants. Ein Fußweg verläuft entlang der Felsküste zur Playa de la Garita, einem weiteren beliebten Strand, der 3 km weiter nördlich liegt. Unterwegs gibt's ein paar gute Surfspots.

Praktische Informationen

Touristeninformation (www.telde.es; Calle Conde de la Vega Grande 9; ⌚ Mo–Fr 8–15 Uhr) Eine Straße nördlich der Basílica de San Juan Bautista.

STADTRUNDGANG IN TELDE

Wer zufällig an einem Freitag in der Stadt ist, kann an einem kostenlosen **Stadtrundgang** (www.discovertelde.com; ⌚ mittags) durch Telde mit einem Audioguide teilnehmen. Die Tour muss im Voraus gebucht werden. Man kann die Tour gegen Gebühr auch für andere Tage und Zeiten buchen, dann kostet sie allerdings 10 €. Die Stadtrundgänge beginnen in der Regel an der Plaza San Juan Bautista.

An- & Weiterreise

Die Busse 12 und 80 fahren von/nach Las Palmas (1,65 €, ca. 20 Min., alle 20 Min.).

Agüimes

Eine kurze Busfahrt südlich von Telde liegt Agüimes mit seinem perfekt restaurierten historischen Zentrum. Die Kirche hier war die Inspiration für die pompöse Lobby des Mega-Luxushotels Villa del Conde in Maspalomas. Agüimes wird von Touristen oft übersehen; dabei ist dies in der Tat eine der hübschesten Städte der Insel und verdient definitiv das Erkunden.

Sehenswertes

Die Fußgängerstraßen sind gesäumt von hübschen Gebäuden in landestypischer kanarischer Architektur, insbesondere rund um die schattige Plaza del Rosario.

Iglesia de San Sebastián KIRCHE
(Di, Do, Sa & So 9.30–12.30 & 17–19 Uhr) Die riesige Kirche mit ihrer Kuppel aus zwölf großen Fenstern (die für die zwölf Aposteln stehen) gilt als eines der besten Beispiele für den kanarischen Klassizismus. Mit dem Bau wurde gegen Ende des 18. Jhs. begonnen, aber die Kirche wurde erst in den 1940er-Jahren fertiggestellt.

Museo de Historia de Agüimes MUSEUM
(Calle Juan Alvarado y Saz 42; Erw./Kind 3 €/frei; Di–So 9–17 Uhr) Die gut kuratierte Ausstellung gibt nicht nur einen Einblick in die Geschichte der Stadt, sondern auch in die kanarische Geschichte. Sie behandelt alles von prähispanischen Bräuchen und der Eroberung bis hin zur Landwirtschaft, Folklore und Hexerei.

Centro de Interpretación del Casco Histórico MUSEUM
(Zentrum für städtebauliche Entwicklung; Plaza San Antón 1; Mo–Fr 8–15 Uhr) GRATIS Das Zentrum hat ein paar gut dokumentierte Ausstellungen zur städtebaulichen Entwicklung über die Jahrhunderte. Nicht vergessen, einen Blick in die alte Kapelle zu werfen. Das Zentrum befindet sich in demselben Gebäude wie die Touristeninformation.

Essen

El Populacho KANARISCH €
(Plaza del Rosario 17; Tapas 2,50–6 €; 13–16 & 19 Uhr–open end;) Diese einladende Tapas-Bar mit ihrer Zinkbar und den Art-déco-Leuchten liegt an der Ecke des Hauptplatzes in einem ehemaligen Gemüseladen (1933), wie auf den lebendigen Wandbildern zu sehen ist. Gäste mit knurrenden Mägen sollten eine großzügige Tapas-Portion *garbanzada* (Kichererbseneintopf mit Speck) wählen. Freitagabends gibt's hier Livemusik.

> ABSEITS DER ÜBLICHEN PFADE
>
> **PRÄHISPANISCHE STÄTTE: CUATRO PUERTAS**
>
> Obwohl sie nur 5 km von Telde entfernt liegt, wird diese eindrucksvolle prähispanische Stätte selten besucht, noch nicht einmal von Einheimischen. Cuatro Puertas bedeutet „vier Türen" und hat seinen Namen von mehreren Eingängen, die in die Felsfassade dieser von Menschenhand geschaffenen Höhlenanlage gehauen wurden. Es gibt Informationstafeln, aber kein Besucherzentrum, so dass man die Höhlen zu jeder beliebigen Zeit besuchen kann. Die Stätte liegt gleich abseits der GC-100 in dem winzigen Weiler Cuatro Puertas. Bus 36 von Telde (1,40 €, 10 Min.) kommt einmal die Stunde auf dem Weg nach Maspalomas vorbei.

Praktische Informationen

Touristeninformation (www.aguimes.es; Plaza de San Antón 1; Mo–Fr 8–15 Uhr) Hier gibt's eine Broschüre über Stadtrundgänge.

An- & Weiterreise

AUTO

Einen gebührenpflichtigen Parkplatz gibt's an der Calle Acebuche, gleich vor der Altstadt.

BUS

Die Busse 11 und 21 verbinden Las Palmas mit Agüimes (3,40 €, 45 Min., stündl.). Bus 22 fährt nach Südosten nach Arinaga (1,40 €, 20 Min., stündl.), einem beliebten Badeort an der Küste, auch wenn es dort keinen richtigen Strand gibt.

Barranco de Guayadeque

Der Barranco de Guayadeque (Guayadeque-Schlucht) erhebt sich in der Mitte von Gran Canaria in einem majestätischen Bogen knautschiger Bergzüge. Die meiste Zeit des Jahres ist die Vegetation hier saftig und üppig. Wenn möglich, sollte man die Schlucht zu Beginn des Frühjahrs besuchen, wenn die Mandelbäume blühen und alles bemerkenswert grün und schön ist. Der Besuch startet im **Centro de Interpretación** (Eintritt 2,50 €; ⏲ Di–Sa 9–17, So 10–15 Uhr), das sich in einer Höhle am Eingang des *barranco befindet*. Die Ausstellung erklärt die Geologie der Schlucht und erzählt ihre faszinierende Geschichte von den prähispanischen bis zu den heutigen Höhlenbewohnern. Am interessantesten ist wohl die Mumie, die im 19. Jh. in einer hiesigen Höhle gefunden wurde.

Rund 4 km von hier entfernt kann man in Cuevas Bermejas, einer kleinen Siedlung aus in den Fels gehauenen Höhlenwohnungen, die Beine ausstrecken. Auf jeden Fall lohnt es sich, einen Blick in die winzige Kapelle zu werfen, wo die Kanzel, der Altar und Beichtstuhl allesamt aus dem Felsen herausgearbeitet wurden.

Die Straße windet sich weiter den Berg hinauf, bis man nach Montaña de las Tierras mit seinen Höhlenrestaurants und ein paar vereinzelten Häusern kommt. Wer von hier aus noch weiter möchte, braucht ein Paar robuste Wanderstiefel. Es gibt ein paar Wanderwege mit atemberaubender Aussicht bis zum Meer; das Informationszentrum hat weitere Informationen dazu.

Die Schlucht ist wirklich am schönsten, wenn die Menschenmassen nach dem Mittagessen abziehen. Wer hier übernachten möchte, kann auf www.casasruralesdeguayadeque.com nach einfachen Unterkünften im *barranco* suchen – die meisten davon befinden sich natürlich in Höhlen.

Essen

Nicht weit hinter Cuevas Bermejas liegt ein angenehmer und sehr beliebter Picknickplatz für Selbstversorger.

Bar Guayadeque TAPAS €
(Cueva Bermeja 23; Tapas 4–9 €; ⏲ 13–16 & 19 Uhr –open end) Mit den Schinken unter der Decke und einer interessanten Tapaskarte ist dieses Lokal eine gute Adresse für das Mittagessen und ruhiger als die Restaurants weiter oben in der Schlucht. Es liegt gleich neben der Kapelle.

Restaurant Tagoror KANARISCH €€
(www.restaurantetagoror.com; Montaña de las Tierras; Hauptgerichte 8–16 €; ⏲ 13–16 & 19 Uhr–open end) Bei den vielen Höhlenrestaurants in der Schlucht gibt es keine besonderen Unterscheidungskriterien, aber das Tagoror ist ein

ABSTECHER

SCHÖNE AUTOFAHRTEN: AGÜIMES

Die schmale und kurvige GC-550 zieht sich nordwestlich von Agüimes den Berg hinauf und bietet Ausblicke über die Berge und, ganz weit unten, den Atlantik. Nach 10 km erreicht man das winzige Dorf **Temisas,** das auf einem natürlichen Balkon liegt. Es ist ein verschlafener, aber sehr stimmungsvoller Ort mit ursprünglichen Steinhäusern und Hütten, dazu ein Restaurant, falls Erfrischungen gewünscht werden.

Die Straße schlängelt sich noch einmal weitere 10 km nach Santa Lucía, Heimat von zwei Burgen (sozusagen). Das sonderbare **Castillo de la Fortaleza** (Eintritt 2 €; ⏲ 9.30–15 Uhr; 👪), ein Privatmuseum mit grauem Erkerturm am südlichen Stadteingang, ist nicht zu verfehlen. Das einstige Zuhause des einheimischen Archäologen, Schriftstellers, Künstlers und Sammlers Vicente Sanchez Araña hat 16 Zimmer, in denen alles von alten Waffen bis hin zu Säugetierskeletten, Gemälden und einer Sammlung von Guanchen-Artefakten gezeigt wird, die in nahe gelegenen Höhlen gefunden wurden.

Wer auf der GC-65 weiter in Richtung Süden fährt, kommt zu einem Abzweig nach **La Sorrueda,** einem atemberaubenden Stausee vor grünen Bergen und eingerahmt von Palmen. Etwas weiter südlich liegt die zweite Burg von Santa Lucía, eine sehr viel natürlichere Anlage. Die **Fortaleza de Ansite** könnte auch einfach nur ein Berg sein, aber diese natürliche Festung ist einer der wichtigsten prähispanischen Stätten auf Gran Canaria. Hier fand das letzte Aufbäumen der Guanchen statt, viele von ihnen wählten den Freitod durch einen Sprung in die Schlucht statt eines Lebens in der Sklaverei. Am besten schnürt man hier die Wanderstiefel, um die „Festung" mit ihren Höhlen und dem Tunnel, der 34 m durch den Berg führt, zu erkunden. Wenn die Straße bergab führt, auf die von links einbiegende GC-551 achten, eine noch schmalere Straße, die dann wieder zurück nach Agüimes führt.

alteingesessenes Lokal mit durchgängig guten Kritiken. Herzhafte Eintöpfe sind an der Tagesordnung, und es gibt ständig Nachschub an *papas arrugadas* (runzelige Kartoffeln) mit pikantem *mojo* (Salsa).

DER NORDEN

Der fruchtbare Norden Gran Canarias gibt ein anderes Bild ab als die zerklüftete, gebirgige Mitte der Insel und die Urlaubsorte und Dünen im Süden. Dramatische Schluchten, intensiv bewirtschaftete Felder und Terrassen oder Pinienwälder, die mit Moosflechten überzogen sind, werden typisch für die Landschaft, wenn man sich auf den kurvigen Straßen, vorbei an unzähligen Dörfern und Weilern, vorarbeitet. Erst wenn man den Westen erreicht, weicht das Grün einer kargeren, nicht weniger fesselnderen Landschaft: Die Westküste ist die dramatischste Küste der Insel.

Teror

6650 EW. / 543 M

Trotz seines Namens ist Teror alles andere als angsteinflößend. Die zentrale Plaza Nuestra Señora del Pino und die Calle Real sind von malerischen alten Häusern mit Holzbalkonen und schiefen Wänden gesäumt, die in leuchtenden Farben gestrichen sind. Das einzige misstönende Gebäude ist das moderne Auditorio de Teror, gleich westlich der Basilica. Lässt man mal die Ästhetik außer Acht, so hat es der Stadt einen willkommenen Veranstaltungsort beschert. Auf der Plaza wird am Samstagvormittag ein kleiner Bauernmarkt abgehalten. Die Stände verkaufen lokale Leckereien, beispielsweise die leckere *chorizo de Teror* (Wurst), die genug Knoblauch enthält, um die Vampire für eine Weile in die Flucht zu schlagen. Der Sonntagsmarkt ist größer und kommerzieller. Der Ort liegt 20 km südwestlich von Las Palmas.

Sehenswertes

Das größte Vergnügen besteht darin, einfach nur in der Altstadt herumzustreifen und zu fotografieren, aber es lohnt sich dennoch, ein paar der Sehenswürdigkeiten vor Ort zu besuchen.

Basílica de la Virgen del Pino KIRCHE
(Plaza Nuestra Señora del Pino 3; ⏲Kirche 8–12 & 14–18 Uhr, Schatzkammer Mo–Fr 13–15, So 11–14 & 15.30–17.45 Uhr) Der Platz wird beherrscht von dieser klassizistischen Kirche aus dem 18. Jh., der Heimat der Schutzheiligen von

VOM PAPAGEIFISCH ZU SCHWEINESCHWÄNZEN

Die einheimische Küche ist dafür bekannt, dass hier alles vom *cochino* (Schwein) verwertet wird. Der süße gekringelte *templero* (Schwanz) hing traditionell an der Küchentür, um gelegentlich in den Kochtopf für Fleischbrühe gehängt zu werden. Eine typische Tapa hier, die in der Regel zusammen mit einem traditionellen Rum-Aperitif serviert wird, ist *caracajas* (Stücke gebratener Schweinsleber in einer pikanten Sauce). Ziege und Kaninchen sind ebenfalls beliebt, während Meeresfrüchte natürlich immer eine gute Wahl sind – schließlich ist dies eine Insel. Probieren sollte man auch den viel gelobten *vieja* (Papageifisch), eine Art aus der Gattung der Meerbrassen.

Ziegenkäse wird auf mehreren Inseln produziert, während einer der bekanntesten Weichkäse, der *queso de flor auf* Gran Canaria aus einer Kombination aus Kuh- und Schafsmilch hergestellt wird. Der Käse, der ausschließlich in der nördlichen Region Guía produziert wird, wird dann mit Distelblüten (*cardo alcausí*) aromatisiert. Ein weiterer leckerer Testsieger ist der ähnlich schmeckende *pastor*-Käse, der in der Region Arucas erzeugt wird. Weitere Informationen für Käsefans enthält die Broschüre *La Ruta de los Quesos* (auf Englisch), die in den größeren Touristeninformationen erhältlich ist.

Mandeln sind eine der Standardzutaten vieler traditioneller Desserts, darunter das *bienmesabe* (wörtlich übersetzt „schmeckt mir gut"), das man sich nicht entgehen lassen sollte. Es besteht aus gemahlenen Mandeln, Zitronenschale, Zucker und Eiern.

Einer der hervorragenden Weine Gran Canarias ist der fruchtige Del Monte, ein perfekter Begleiter zu Fleischgerichten, der mit einem Alkoholgehalt von über 11,5% leicht zu Kopf steigt. Neben dem *ron miel* (Honigrum), der eher Likör als Rum ist, produziert die Insel einen ordentlichen goldenen Rum – das gesamte Sortiment gibt's in der Brennerei in Arucas zu probieren. *¡Salud!*

Gran Canaria. Der Legende zufolge wurde die Jungfrau im 15. Jh. auf einer Kiefer im nahe gelegenen Wald gesichtet. Dadurch wurde Teror zu einem Pilgerort im Stil von Fatima. Im Kircheninnenraum, eine dick mit Gold überzogene Angelegenheit, thront die Heilige Jungfrau auf ihrem angeleuchteten Ehrenplatz im Herzen eines üppig dekorierten Altaraufsatzes umgeben von Engeln.

Die „Schatzkammer" hier ist ein echtes Highlight. Der Eingang befindet sich an der Rückseite der Kirche. Hier sieht man die Jungfrau von Nahem und kann die Unmengen von seltsamen Geschenken bestaunen, die die Gläubigen ihr verehrt haben. Es gibt auch einen Raum, in dem die Kleidung ausgestellt wird, die sie im Laufe der Jahrhunderte getragen hat. Das neue Gewand wird alljährlich bei dem Fest vorgestellt, das zu ihren Ehren abgehalten wird.

Casa de los Patronos de la Virgen MUSEUM
(Plaza Nuestra Señora del Pino 3; Eintritt 3 €; ⌚ Mo–Fr 11–16, So 10–14 Uhr) In einem der hübschesten Gebäude befindet sich dieses bescheidene Museum. Es hat einen leichten, passenden Modergeruch und ist dem Leben im 18. Jh. gewidmet. Es ist voll von faszinierendem Krimskrams; das meiste stammt von einer Familie aus Las Palmas, die das Haus als Zweitwohnsitz nutzte.

Feste & Events

Fiesta de la Virgen del Pino RELIGION
(⌚ 1. Septemberwoche) Die Virgen del Pino ist die Schutzheilige der Insel, und Teror ist die religiöse Hauptstadt. Dieses Fest ist nicht nur ein großes Ereignis in der Stadt, sondern es ist das wichtigste religiöse Fest im Kalender der Insel. Die Events umfassen Prozessionen, einen Viehmarkt und jede Menge Musik und Tanz.

Essen

El Rincón de Magüi PIZZA €€
(Calle Diputación 6; Hauptgerichte 9–15 €; ⌚ 13–16 Uhr) Sehr beliebte Pizzeria und gern besuchtes Restaurant mit Tischen im Freien, dazu ein mit Gastraum mit Ziegelwand, der mit Keramiktellern und Fotos von gut genährten prominenten Gästen, wie dem ehemaligen spanischen Ministerpräsidenten Aznar, geschmückt ist.

El Encuentro KANARISCH €€
(Plaza Nuestra Señora del Pino 7; Hauptgerichte 8–16 €; ⌚ Di–So 13–16 & 19 Uhr–open end) Dieses fröhliche Lokal direkt am Platz hat eine gute Auswahl an Steaks sowie den traditionellen *potaje* (Eintopf) des Tages (4 €) – perfekt im Winter, wenn es in Teror bitterkalt sein kann.

INSIDERWISSEN

ZISTERZIENSERKEKSE

Eine Art göttlicher Aura hängt über Teror, somit erscheint es passend, dass alle Snacks, die man kauft, von Nonnenhand hergestellt wurden. Hinauf geht's die steile Calle Herrería neben dem Museum bis zur Calle del Castaño. Hier findet man ein **Zisterzienserkloster** (⌚ 10–13 & 15–18 Uhr), wo Nonnen leckere Kekse backen. Falls niemand zu sehen sein sollte, einfach klingeln und Kleingeld bereithalten. Die Einkäufe werden in der Regel von einer flotten, unsichtbaren Schwester abgewickelt.

Praktische Informationen

Touristeninformation (Calle Padre Cueto 2; ⌚ Mo–Fr 9.30–16 Uhr) Liegt hinter der Kirche in der Ecke des Platzes

An- & Weiterreise

Die Busse 216, 220 und 229 fahren nach Las Palmas (2,30 €, 30 Min., stündl.); Bus 215 nach Arucas (1,40 €, 20 Min., stündl.).

Arucas

10 400 EW.

Ein Besuch in Arucas ist ein toller Tagesausflug von Las Palmas aus. Das hübsche, kompakte Städtchen lockt mit Fußgängerzonen, die von eleganten, historischen Gebäuden gesäumt sind, und einem hübschen Park voller Blumen.

Sehenswertes

Die Stadt ist ein entzückender Ort für einen entspannten Spaziergang. Von der Iglesia de San Juan geht's zunächst die Calle Gourié hinunter zur Calle León y Castillo. Beide Straßen werden von bunten Gebäuden im Kolonialstil flankiert. Dann rechts abbiegen auf die Plaza Constitución, die sich gegenüber von den hübschen städtischen Gärten befindet; hier steht auch das Jugendstil-*ayuntamiento* (Rathaus) vom Ende des 19. Jhs. Auch ein paar nette Terrassenbars laden hier zum Besuch ein.

MARKTZEIT

Die Städte und Dörfer sind Schauplätze interessanter kleiner Märkte, von denen die meisten einheimischen Käse, kalten Braten und Backwaren sowie Souvenirs und Plunder verkaufen. Dort kann man einen schönen Vormittag fernab des Treibens in den Urlaubsorten verbringen. Die Märkte dauern gewöhnlich von 9 bis 14 Uhr. Besonders erwähnenswert sind:

Puerto de Mogán (Freitag) Einer der touristischsten Märkte

San Fernando (Mittwoch und Samstag)

Arguineguín (Dienstag und Donnerstag)

Santa Brígida (Samstag)

Teror (Samstag und Sonntag)

Vega de San Mateo (Samstag und Sonntag)

★ **Iglesia de San Juan Bautista** KIRCHE
(9.30–12.30 & 16.30–19.15 Uhr) Die außergewöhnliche neogotische Kirche steht missmutig Wache über den hellen, weißen Häusern von Arucas, die Unverhältnismäßigkeit sticht sofort ins Auge. Die Kirche mit ihren aufwändigen, spitzen Türmen erinnert an Gaudís Sagrada Familia; sie wurde passenderweise auch von einem katalanischen Architekten entworfen. Mit dem Bau wurde 1909 an dem Ort einer ehemaligen *ermita* (Kapelle) begonnen und er wurde 70 Jahre später fertiggestellt. Zu den Schätzen zählen ein Bildnis des nackten, liegenden Christus, das von dem lokalen Bildhauer Manolo Ramos geschnitzt wurde, und drei prachtvolle Rosettenfenster.

Jardínes Municipales GÄRTEN
(Calle Heredad; 9–22 Uhr) GRATIS Die städtischen Gärten sind im französischen Stil mit Brunnen, Pavillons, Skulpturen und Tropenbäumen gestaltet, darunter auch der seltene, immergrüne Seifenrindenbaum *(Quillaja saponaria)* und mehrere prachtvolle Drachenpalmen. Die Calle Heredad flankiert die Gärten an der Südseite des Platzes. Beherrscht wird sie von dem schönen klassizistischen Gebäude **Heredad de Aguas de Arucas y Firgas,** das 1908 fertiggestellt wurde und in dem sich heute die kommunale Wasserverwaltung befindet.

Jardín de la Marquésa GÄRTEN
(www.jardindelamarquesa.com; Erw./Kind 6/3 €; Mo–Sa 9–13 & 14–18 Uhr; P) Nordwestlich der Stadt, an der Straße nach Bañaderos, liegt dieser hübsche botanische Garten, der sich im Besitz der Marquésa de Arucas befindet, der auch die Hacienda del Buen Suceso gehört. Das Gelände ist mit über 2500 verschiedenen Stauden, Bäumen und Kakteen üppig bepflanzt, es gibt Teiche, Sitzgelegenheiten und ein Gewächshaus mit Bananenstauden. Im Eintritt inbegriffen ist ein detaillierter Führer, der die hier ausgestellten Pflanzen beschreibt.

Museo La Cantera MUSEUM
(Camino los Callejones; Mo–Fr 9–17 Uhr) GRATIS Dieses kleine, gut gepflegte Museum liegt oberhalb eines ehemaligen Steinbruchs. Seine Sammlung widmet sich der Geschichte des Bruchsteinmauerwerks, das in dieser Stadt Tradition hat.

Destilerías Arehucas RUMDESTILLERIE
(www.arehucas.com; Mo–Fr 10–14 Uhr; P) GRATIS Die kostenlose geführte Tour durch diese Brennerei endet mit der Verkostung von fünf Rumsorten und dazu von bis zu elf Likören. Außerdem kann man natürlich Rum für zu Hause kaufen.

Städtisches Museum MUSEUM
(Jardínes Municipales; Mo–Fr 10–18, Sa bis 13 Uhr) GRATIS In den Gärten befindet sich das Hauptmuseum der Stadt, das eine ständige Ausstellung kanarischer Maler und Bildhauer zeigt, dazu immer wieder unterschiedliche Wechselausstellungen.

Essen & Ausgehen

★ **El Belingo** TAPAS €
(www.elbelingo.com; Calle León y Castillo 3; Tapas 4–10 €; geschl. So abends, Mo;) Die Speisekarte in diesem freundlichen Café auf dem Gehweg bietet traditionelle kanarische Kost, ohne dass es hier zu touristisch zugeht. Die *ropa vieja* (Fleischeintopf) ist vorzüglich. An Samstagnachmittagen gibt's hier Livemusik.

Tasca Jamón Jamón TAPAS €

(Calle Gourié 5; Tapas 3,50–8 €; ⌚13–16 & 19 Uhr–open end Di–So) Dieses Lokal hat die beste Lage in der engen Fußgängerstraße mit anheimelndem Blick auf die Kirche von den Tischen vor dem Lokal aus. Hier gibt's gute, einfache Tapas wie reifen Manchego-Käse in Scheiben mit knusprigem Weißbrot.

La Dolorosa BAR

(Calle Párroco Cárdenes 5; ⌚Mi–Mo, 19–24 Uhr; 🛜) Das schickste Lokal am Ort mit einer trendigen Cocktailbar und einer Auswahl von leichten Tapas. Die Tische draußen stehen kaum fünf Meter von der imposanten Kirchenfassade entfernt.

ℹ Praktische Informationen

Touristeninformation (Calle León y Castillo 10; ⌚Mo–Fr 8.30–17, Sa 10–14 Uhr) Kann beim Buchen von Unterkünften helfen und hat öffentliche Toiletten

ℹ An- & Weiterreise

Die Busse 205 und 210 verkehren alle 30 Minuten zwischen Arucas und Las Palmas (2,10 €, 25 Min.). Bus 215 fährt stündlich nach Teror (1,40 €, 15 Min.).

Rund um Arucas

Wer einen fahrbaren Untersatz (vorzugsweise mit vier Rädern) hat, nimmt die steile, gut ausgeschilderte Route in die **Montaña de Arucas,** 2,5 km nördlich der Stadt. Von hier aus hat man einen großartigen Panoramablick über Las Palmas, die nördliche Küste der Insel, Obstgärten, Bananenplantagen und den weniger fotogenen Ausblick auf hektarweise Plastikgewächshäuser. Das Restaurant hier, **La Corona de Arucas** (www.lacoronadearucas.com; Hauptgerichte 10–25 €), hat eine tolle Aussicht und ist touristisch, aber gut. Auf der eigentlichen Speisekarte steht genügend Fleisch, um einen Höhlenmenschen glücklich zu machen, dazu verschiedene Fischgerichte und ein paar Alibi-Salate. Daneben gibt's eine Tapas-Karte mit ein paar leckeren kanarischen Gerichten. Probieren sollte man den gegrillten Ziegenkäse mit *bienmesabe* (eine süße Soße aus Mandeln, Zitronenschale und *viel* Zucker).

Moya

1320 EW. / 490 M

Die spektakuläre 20 km lange Fahrt zwischen Arucas und Moya führt an einer steilen Gebirgswand entlang und bietet immer wieder atemberaubende Ausblicke auf die Nordküste. Moya ist eine unprätentiöse Arbeiterstadt mit etwas traditioneller kanarischer Architektur, darunter das hübsche **Casa-Museo Tomás Morales** (www.tomasmorales.com; Erw./Kind 2 €/frei; ⌚Di–So 10–18 Uhr) GRATIS. Das ehemalige Wohnhaus des kanarischen Dichters, der 1922 im Alter von nur 37 Jahren starb, ist jetzt ein Museum und beherbergt ein Musikzimmer mit einem 170 Jahre alten Klavichord, einen kleinen Saal, der für Klassikkonzerte genutzt wird, und einen hübschen ummauerten Garten mit Grapefruitbäumen und Kakteen.

Noch eindrucksvoller ist jedoch der Blick über den *barranco* (Schlucht) von der Rückseite der Kirche aus dem 16. Jh. Übertroffen wird er nur noch durch den Blick von der anderen Seite der Schlucht auf die Kirche selbst, die in prekärer Lage am Berg zu kleben scheint.

Die Buse 116 und 117 fahren stündlich nach/ab Las Palmas (2,95 €, 1 Std.).

Santa María de Guía

4900 EW.

Direkt abseits der großen Schnellstraße GC-2, 25 km westlich von Las Palmas, liegt Santa María de Guía (oder nur Guía). In der stimmungsvollen Kleinstadt lebte vorübergehend der französische Komponist Camille Saint-Saëns (1835–1921), der damals die Tasten der Orgel der klassizistischen Stadtkirche aus dem 17. Jh. kitzelte. Die Kirche thront über einem geräumigen Platz, der zum Ausruhen einlädt.

Im 18. Jh. wurden die Stadt und die Umgebung von einer großen Heuschreckenplage heimgesucht. Um sich von dieser Not zu befreien, wandten sich die Einheimischen an die Jungfrau Maria und baten inständig um Hilfe. Diese Tradition blieb bis heute erhalten, und am dritten Sonntag im September feiern die Einwohner der Stadt La Rama de las Marías, indem sie in einer besonderen Form von Prozession zur Kirche tanzen und Früchte als Opfergaben darbringen. Die Stadt ist auch für ihren *queso de flor* (Käse) berühmt. Ihn gibt's in den örtlichen Supermärkten oder im **Casa Arturo** in der Calle Lomo Gullén (das ist die Hauptstraße, wenn man von der GC-2 kommt).

Die Busse 103, 105 und 150 (2,85 €, 50 Min.) kommen ungefähr halbstündlich auf ihrem Weg von Las Palmas hier vorbei.

Rund um Santa María de Guía

Rund 3 km östlich der Stadt liegt der **Cenobio de Valerón** (www.arqueologiacanaria.com; Cuesta Silva s/n; Erw./Kind 3 €/frei; ⌚ Di–So 10–18 Uhr), eine faszinierende antike Stätte, die aus über 350 Höhlen, Speichern und Hohlräumen aller Größen besteht, die in der prähispanischen Zeit genutzt wurden, um Getreide zu bevorraten. An den steilen Hängen, zwischen denen Stufen und Wege verlaufen, sind überall informative Tafeln angebracht, die die Geschichte und Archäologie der Stätte sowie die vulkanische Geologie des Gebiets erläutern.

Gáldar

10 780 EW. / 124 M

Diese entzückende Stadt war die Hauptstadt des prähispanischen *guanartemato* (Königreich) und ist zu Recht berühmt für ihre außergewöhnlichen archäologischen Stätten. Sie hat eine geschäftige und attraktive Altstadt rund um die anmutige Plaza de Santiago mit der klassizistischen Kirche Santiago de Gáldar. An dem Platz steht auch einer der ältesten *drago*-Bäume der Insel, der auf das Jahr 1718 zurückgeht. Er befindet sich im Hof der Casas Consistoriales aus dem 19. Jh.; hier ist auch die **Touristeninformation** (www.ciudaddegaldar.com; Plaza de Santiago 1; ⌚ Mo–Fr 9–15.30 Uhr).

Sehenswertes

★ Cueva Pintada Museum & Archäologischer Park ARCHÄOLOGISCHE STÄTTE
(☎ 902 40 55 04, 928 39 54 46; www.cuevapintada.com; Calle Audiencia 2; Erw./Kind 6 €/frei; ⌚ Di–Sa 10–18, So ab 11 Uhr, geführte Touren auf Deutsch um 14.30 Uhr; 👪) Diese Stätte wurde Ende des 19. Jhs. von einem einheimischen Bauern entdeckt und ist eine der wichtigsten prähispanischen Stätten Gran Canarias: eine Höhle, die mit geometrischen Formen geschmückt ist, die möglicherweise mit dem Mond- und Sonnenkalender zu tun haben. Dies ist auch die am leichtesten erreichbare der archäologischen Stätten. Sie liegt fast auf halber Höhe einer Klippe, aber direkt im Herzen der Stadt (und ist für Rollstuhlfahrer zugänglich).

Die Museumsanlage umfasst Videos und Rekonstruktionen, die das Leben vor Ort vor dem Eintreffen der Eroberer beleuchten, und natürlich die 5000 Quadratmeter große Ausgrabungsstätte, wo die Überreste der Höhlenhäuser im Vulkangestein freigelegt wurden. Der Höhepunkt ist die bemalte Höhle selbst. Obwohl man die Stätte auf eigene Faust besichtigen kann, ist die 90-minütige geführte Tour sehr empfehlenswert. Um Enttäuschungen zu vermeiden – die Obergrenze pro Führung liegt bei 20 Personen –, bucht man die Führung besser im Voraus über die Website.

Um die Malereien vor dem weiteren Zerfall zu schützen, ist die Höhle nur zu bestimmten Zeiten geöffnet (zu viele, um sie hier aufzuführen!), und man darf die Malereien nur bis zu vier Minuten durch ein Fenster anschauen. In dem Jahrzehnt nach 1972 sind die Farbpigmente aufgrund des ständigen Besucherstroms um schockierende 50 Prozent ausgeblichen.

Casa Museo Antonio Padrón MUSEUM
(Calle Capitán Quesada 3; Erw./Kind 2 €/frei; ⌚ Di–So 10–18 Uhr) Die Einheimischen sind zu Recht stolz auf ihren „Sohn" Antonio Padrón, der in den 1960er-Jahren gerade dabei war, sich in der europäischen Kunstszene einen Namen zu machen, als er tragischerweise im Alter von nur 48 Jahren an einer allergischen Reaktion auf Penizillin starb. Seine Gemälde sind wundervoll farbenprächtig und einzigartig, viele davon sind von den geometrischen Motiven der Guanchen inspiriert. Das Museum befindet sich im ehemaligen Atelier des Künstlers.

NUR EIN LÖFFELCHEN RUM

Obwohl Rum oft mit barfüßigem Tanzen auf einem Karibikstrand assoziiert wird, wird er schon lange auch hier produziert. Die Tradition geht zurück auf die Zeiten der Zuckerrohrplantagen. Die einheimischen Produkte genießen international einen erstklassigen Ruf. Geschätzt werden sie sowohl für ihre herzerwärmenden Aromen als auch für, jawohl, Heilkräfte. Ist ein leichtes Fieber im Anmarsch? Dann mal schnell einen Schluck *ron miel* (weißer Rum mit Honig) nehmen – wirkt möglicherweise sogar besser als Aspirin.

An- & Weiterreise

AUTO

Das Autofahren in der Stadt ist verwirrend, die Einbahnstraßen sind schmal, und es gibt praktisch keine Parkplätze an der Straße. Dafür

HUNDE, VÖGEL ODER BERBER?

Woher haben also die Kanarischen Inseln ihren Namen? Vielleicht von dem trillernden einheimischen Kanarienvogel? Oder wurden sie womöglich nach dem lateinischen Wort für Hund (*canus*) benannt, weil Mitglieder einer frühen Expedition hier etwas entdeckten, was sie für einen ungewöhnlich großen Hund hielten? (Wieder andere behaupteten, die Einwohner der Inseln haben Hunde gegessen.)

Einer glaubhafteren Theorie zufolge waren die Bewohner von Canaria, die mehrere Jahrhunderte vor unserer Zeitrechnung die Insel besiedelten, tatsächlich Berber vom Canarii-Stamm, der in Marokko lebte. Der Stammesname wurde von Plinius überliefert und später auf die Insel übertragen. Wie Canaria schließlich zu dem Beinamen Gran (Groß) kam, dafür gibt es einige erwartungsgemäß nur schwache Begründungen: entweder weil die Inselbewohner ein großes Feuer entfachten, als sie sich der Eroberung widersetzten, oder weil die Insel als die größte des Archipels galt. Offensichtlich waren die Zollstöcke damals nicht lang genug, denn wie wir heute nur zu gut wissen, sind Teneriffa und Fuerteventura größer als Gran Canaria.

gibt's zwei kostenlose Parkplätze an der Calle Real de San Sebastián, wenn man aus Richtung Las Palmas in die Stadt kommt.

BUS

Bus 105 (3,10 €, 1 Std.) fährt ungefähr halbstündlich in östlicher Richtung nach Las Palmas. In südlicher Richtung verbindet Bus 103 (1,40 €, 20 Min., stündl.) Gáldar mit Agaete und Puerto de las Nieves.

Agaete & Puerto de las Nieves

4660 EW.

Die grüne Stadt Agaete, 10 km südwestlich von Gáldar, lohnt einen Besuch. Die hübsche Hauptstraße, die Calle de la Concepción, wird gesäumt von typisch kanarischen Bauwerken, einige davon mit den traditionellen Holzbalkonen, während in der Stadtmitte die schöne Hauptkirche steht.

Nur 1 km davon entfernt liegt Puerto de las Nieves, seit dem 19. Jh. der Haupthafen der Insel, aber jetzt besser bekannt als Terminal für die schnellen Fähren, die zwischen Gran Canaria und Teneriffa pendeln. Dies ist ein kleiner Ort mit schwarzen Kiesstränden, aber die gebirgige Umgebung ist hübsch, und in südlicher Richtung hat man einen tollen Blick entlang der Andén Verde. Der Ort ist unverkennbar ein Fischerdorf, und die Gebäude mit ihren leuchtend blauen Bordüren auf dem blendend weißen Putz sehen aus, als ob sie von einer griechischen Insel hierhergebeamt worden seien. Der Hafen ist bekannt für seine ausgezeichneten Seafood-Restaurants und ist besonders am Wochenende voller Einheimischer.

Vom Anleger aus sieht man den Stummel des **Dedo de Dios** (Finger Gottes), ein monolithischer Basaltfelsen, der das Wahrzeichen der Stadt und eine mittlere Touristenattraktion war, bis er bei einem Wirbelsturm im Jahr 2005 den Abgang machte. Auf den Fotos vor dem gleichnamigen Restaurant sieht man den Fels noch in seiner vollen Pracht aufragen.

Sehenswertes

Iglesia de Nuestra Señora de la Concepción KIRCHE

(Plaza Constitución, Agaete; sporadisch) Die im Jahr 1874 erbaute schöne Kirche zeigt einen auffällig mediterranen Stil. Kleiner, aber ebenso interessant ist die **Ermita de las Nieves** (Mo–Sa 11–13, So 9–11 Uhr), eine winzige Kapelle nicht weit vom Meer in Puerto de las Nieves. Hier ist ein bekanntes flämisches Triptychon aus dem 16. Jh. zu sehen, das von Joos van Cleve gemalt wurde und der Virgen de las Nieves geweiht ist.

Museo de la Rama MUSEUM

(928 55 43 82; Calle Párroco Alonso Luján 5; Erw./Kind 2 €/frei; nach Voranmeldung) Neben der Hauptkirche ehrt dieses kleine Museum das wichtigste alljährliche Fest der Stadt: La Rama. Es gibt Erklärungen zur Geschichte und Ausstellungsstücke, darunter die kuriosen Pappmaché-Figuren mit ihren riesigen Köpfen, die angeblich Promintente der Stadt darstellen.

Huerto de las Flores BOTANISCHER GARTEN

(Calle Huertas; Erw./Kind 1,50 /1 €; Di–Sa 10–16 Uhr; P) Dieser Garten aus dem 19. Jh. enthält über 300 tropische Pflanzen und ist

ABSEITS DER ÜBLICHEN PFADE

KANARISCHER KAFFEE

Eine hübsche, wenig kurvige Fahrt führt von der Stadt Agaete 6 km in das gleichnamige fruchtbare Tal, wo man eine von mehreren Kaffeeplantagen besuchen kann. **Finca La Laja** (www.bodegalosberrazales.com; Calle de los Romeros; ⌚ Mo–Fr 10–17, Sa bis 14 Uhr) kultiviert tropische Früchte und Trauben neben den Bohnen, und eine Tour umfasst Weinproben und eine Tasse köstlichen Kaffee. Hoch oben über dem Tal bietet sich der Pinienwald von Tamadaba als vorzügliches Wandergebiet an.

an heißen Tagen ein kühler Zufluchtsort. Das Café hier serviert Kaffee, der im nahe gelegenen Agaete-Tal angebaut wird.

Feste & Events

Fiesta de la Rama FEST

(⌚ 4. Aug.) Ein außergewöhnliches Fest, dessen Wurzeln in einem obskuren Regentanz der Guanchen liegen. Heutzutage marschieren die Einwohner in Begleitung von Musikkapellen in die Stadt, schwenken dabei Zweige und feiern dann, was das Zeug hält.

Essen

Nur in einem Lokal gibt es durchschnittliche Pizzas, ansonsten geht's auf den Speisekarten der Restaurants in Puerto de las Nieves hauptsächlich um Meeresfrüchte.

Bar Angor SEAFOOD €

(Avenida de los Poetas 2; Hauptgerichte 8–12 €; ⌚ 13–16 & 19 Uhr–open end) Das Angor befindet sich in einem hübschen blau-weißen Gebäude und ist bei Einheimischen und Besuchern gleichermaßen beliebt, vor allem wegen seines preiswerten dreigängigen *menú del día* (7 €).

★ **Cofradía de Pescadores** SEAFOOD €€

(Muelle Puerto Nieves; Hauptgerichte 9–16 €; ⌚ 13–16 & 19 Uhr–open end) Direkt am Hafen mit Sitzplätzen im Freien kann man zusammen mit den Fischern den Fang des Tages verspeisen – noch besser kann eine Empfehlung nicht sein. Empfehlenswert sind die *parrilla de pescado y marisco* (gemischte Meeresfrüchte vom Grill) und die köstliche Paella. Es gibt die drei obligatorischen Fleischgerichte, aber leider herzlich wenig für Vegetarier.

Restaurante Las Nasas SEAFOOD €€

(Calle Nuestra Señora Nieves 7; Hauptgerichte 8–10 €; ⌚ Mi–Mo 13–16 & 19 Uhr–open end) Die Atmosphäre in diesem ehemaligen Lagerhaus mit seiner altmodischen schwarz-weißen Inneneinrichtung, den lustigen Modellbooten, hohen Decken und einer kleinen Terrasse mit Blick auf das Meer ist großartig.

Restaurante Dedo de Dios SEAFOOD €€

(Carretera Puerto Nieves; Hauptgerichte 8–10 €; ⌚ Mi–Mo 13–16 & 19 Uhr–open end) Ein höhlenartiges, mit Farnkraut behangenes Restaurant in einem hübschen alten Gebäude mit Blick auf den Strand und die felsigen Überreste des armen Dedo. Am Wochenende fallen lärmende Großfamilien ein. Es hat eine umfangreiche Karte, hauptsächlich Fisch und Meeresfrüchte, sowie eine ordentliche Auswahl an Desserts.

Praktische Informationen

Touristeninformation (www.agaete.es; Calle Nuestra Señora Nieves 1, Puerto de las Nieves; ⌚ Mo–Fr 9–17, Sa 9–14.30 Uhr) Neben dem Restaurante Dedo de Dios

An- & Weiterreise

AUTO

Es gibt einen kostenlosen Parkplatz in Agaete gegenüber vom botanischen Garten in der Calle Huertas. Es ist recht einfach, in Puerto de las Nieves einen Parkplatz an der Straße zu finden, vor allem an Wochentagen.

BOOT

Ab Puerto Nieves bietet **Fred Olsen** (☎ 902 10 01 07; www.fredolsen.es) täglich sechs Fährverbindungen (Erw./Kind 42/25 €) für die einstündige Überfahrt nach Santa Cruz de Tenerife. Es gibt eine kostenlose Busverbindung nach Las Palmas (Parque Santa Catalina). Auf der Rückfahrt fährt der Bus in Las Palmas eine Stunde vor Abfahrt der Fähre ab.

BUS

Bus 103 verbindet die Stadt und den Hafen mit Las Palmas (4,30 €, 1¼ Std.), die Busse fahren mindestens stündlich. Bus 101 fährt in Richtung Süden nach Aldea de San Nicolás (3,95 €, 1 Std., 4-mal tgl.).

Aldea de San Nicolás

2575 EW.

Der Ort wird auch manchmal als San Nicolás de Tolentino bezeichnet, ist aber eher unter dem Namen „La Aldea" (der Weiler)

ABSEITS DER ÜBLICHEN PFADE

ÖKO-TOURISMUS IN EL ROQUE

Die Gewässer vor der Küste von Puerto de la Aldea sind Teil eines Pilotprojekts, das Ökotourismus in dieser Gegend etablieren soll. Der **El Roque Micro Área** (www.microareas.org) umfasst einen kleinen Streifen spektakulärer, unberührter Küste, und die lokalen Behörden hoffen, Wanderer, Taucher, Schnorchler und Kajakfahrer durch eine nachhaltige Initiative anzulocken, die Bewusstsein – und finanzielle Mittel – in dieser vergessenen Ecke der Insel stärken will. Gegenwärtig sind die Einrichtungen noch dünn, sodass man sehr auf sich selbst gestellt ist. Aber dafür ist die Kulisse wirklich eindrucksvoll. Bisher wird noch kein Eintritt verlangt.

bekannt. Diese ziemlich schmuddelige Stadt hat wenig Reizvolles zu bieten – es ein Ort der Sorte, in dem man nur zufällig hängen bleibt. Der Ort lockt nur als Station auf der Durchreise, aber nicht als Ziel. Die Straße zwischen Agaete und San Nicolás führt vorbei an prachtvollen Klippen. Fährt man am Spätnachmittag gen Südwesten, wirft die untergehende Sonne ein weiches Licht auf die Felsen, sodass jeder Felsenkamm einen noch tieferen Schatten bekommt. Es gibt nicht viele Stellen, an denen man anhalten kann, daher sollte man jede Gelegenheit zum Anhalten nutzen. Wer an Höhenangst leidet, fährt die 40 km lange Strecke, für die man bis zu zwei Stunden brauchen kann, besser in die Gegenrichtung. Wer von Süden nach Norden unterwegs ist, fährt direkt am Berg und muss nicht die zahllosen Kurven durchstehen, bei denen es direkt hinter dem Straßenrand steil die Klippe hinuntergeht.

Die Fahrt von Mogán und aus dem Süden ist fast ebenso furchteinflößend, auch wenn die Ausblicke auf das Meer fehlen.

Bus 38 (3,85 €, 1 Std., 5-mal tgl.) pendelt zwischen Puerto de Mogán und Aldea de San Nicolás. Bus 101 (3,95 €, 1 Std., 4-mal tgl.) verkehrt zwischen Agaete und San Nicolas.

Rund um Aldea de San Nicolás

Auf dem Weg aus der Stadt und unterwegs in Richtung Norden, lohnt sich ein Abstecher nach **Puerto de la Aldea** mit seinem kleinen Hafen und den vereinzelten Seafood-Restaurants – die hiesige Delikatesse ist *ropa vieja de pulpo* (Kichererbseneintopf mit Oktopus). Für Selbstversorger ist der schattige **Parque Ruben Día** mit seinen Steintischen und Bänken unter Pinien ein toller Fleck für ein Picknick. Nach dem Mittagessen lädt die Promenade zu einem Spaziergang ein, vielleicht auf einen Sprung an den kleinen schwarzen Steinstrand und den Charco (Tümpel), wo jedes Jahr im September Zecher von der ganzen Insel bei einem merkwürdigen Fest herumwaten und versuchen, Fische mit ihren bloßen Händen zu fangen.

Ebenfalls gleich außerhalb der Stadt liegt im Weiler Tocodoman der gut ausgeschilderte **Cactualdea** (www.cactualdea.com; Erw./Kind 6/3 €; ⏲10–18 Uhr), der nach eigenen Angaben mit über 1200 Arten der stacheligen Pflanze der größte Kakteenpark Europas ist. Außerdem ist eine Nachbildung einer Guanchen-Höhle zu sehen. Die Gastronomie bietet das für Themenparks übliche fade Essen, daher ist es besser ein Picknick mitzubringen.

ZENTRALES BERGLAND

Artenara

920 EW. / 1270 M

Artenara liegt dramatisch in den Bergen und ist das am höchsten gelegene Dorf auf Gran Canaria. Die Ausblicke vom Mirador de Unamuno auf einem riesigen Vulkankrater sind erstaunlich. Dies ist einer von mehreren ausgeschilderten Aussichtspunkten. Auf der anderen Seite des Dorfes sieht man vom Mirador de la Atalaya mehrere Höhlen, von denen einige noch bewohnt sind, sowie die fernen Gipfel des El Teide auf Teneriffa.

In Artenara dreht sich alles um Höhlen. Die Menschen wohnen in Höhlen, die Restaurants sind in Höhlen, das Stadtmuseum befindet sich in einer Reihe von Höhlen. Und wer in dieser Gegend übernachten möchte, kann sogar in einem *casa rural* nächtigen, das – selbstverständlich – in einer Höhle ist. Informationen zu Unterkünften hat die Website www.artenatur.com. Über der verschlafenen Stadt wacht **Corazón de Jesus**, eine Christus-Statue im Rio-Stil (wenn auch viel kleiner) mit ausgestreckten Armen.

GRAN CANARIA FÜR KINDER

Gran Canaria ist ein Kinderparadies mit vielen Freizeitangeboten in der Natur oder in Themenparks. Die **Strände** sind eine offensichtliche Attraktion, und die in den südlichen Badeorten bieten auch eine Vielzahl von Bootsausflügen. In Puerto Rico kann man mit der **Spirit of the Sea** (S. 75) nach Delphinen Ausschau halten. Weiter westlich liegt **Taurito,** das wie ein Themenpark für Familien aussieht mit seinen mehreren Schwimmbädern und Pool-Tischen sowie reichlich vorhandenen Vergnügungsangeboten für Kinder, bei denen auch für die Großen gesorgt ist. Themenparks sind nicht eben selten in dieser Gegend, insbesondere rund um **Playa del Inglés,** wo man unter Kamelreiten, Zoos, Wasserparks, Wild-West-Shows und noch ein paar anderen Dingen wählen kann. **Cocodrilo Park** (www.cocodriloparkzoo.com; Erw./Kind 10/7 €; ⌚ So–Fr 10–17 Uhr), in der Nähe von Agüimes, ist teils ein Zoo und teils ein Schutzgebiet, die Mehrzahl der Tiere sind exotische Haustiere, die ausgesetzt wurden. Etwas anspruchsvoller sind die nachgebauten Galeonen im **Casa-Museo de Colón** (S. 46) in Las Palmas, die selbst Kinder, die es so gar nicht mit Museen haben, mit ihrer bunten Kolumbus-Geschichte beeindrucken werden. Wer eher auf praktische Erfahrungen steht und gerne tüftelt, sollte nach dem Abzug der Ausflugsklassen im ausgezeichneten Wissenschaftsmuseum **Museo Elder de la Ciencia y la Tecnología** (S. 50) vorbeischauen, das sich ebenfalls in der Insel-Hauptstadt befindet.

Sehenswertes

Santuario de la Cuevita KIRCHE
(Calle Camino de la Cuevita) Diese Kapelle, die aus dem frühen 19. Jh. stammt, ist eine der kleinsten, aber zugleich liebenswertesten Kapellen auf ganz Gran Canaria. Der gesamte Raum ist aus dem Fels herausgeschlagen und alles, was sich in seinem Inneren befindet – der Altar, der Beichtstuhl und die Kanzel –, wurde ebenfalls direkt aus dem Fels gemeißelt, fast so wie bei einer der kleineren der berühmten Felsenkirchen im äthiopischen Lalibela. Das Santuario ist die Heimat der Virgen de la Cuevita, einer Madonna, die interessanterweise sowohl die Schutzheilige der kanarischen Folklore als auch des Radsports ist.

Iglesia de San Matías KIRCHE
(Plaza San Matías) Eine entzückende Kirche vom Ende des 18. Jhs. mit geschnitzter Holzdecke, Freskenaltar und Buntglasfenstern im Jugendstil.

Museo Etnografico Casas Cuevas MUSEUM
(Calle Pàrroco Domingo Bàez; Spende statt Eintritt; ⌚ 11.30–16.30 Uhr) Diese Höhlenanlage wurde einst von Einheimischen bewohnt, heute ist hier das Dorfmuseum untergebracht, ein liebenswerter Ort, der sich mit dem Dorfleben in vergangenen Zeiten befasst. Es ist nicht schwer zu verstehen, warum Menschen in den Höhlen lebten: die Höhlenwohnungen, die heute mit Möbeln aus der entsprechenden Epoche ausgestattet sind, sind erstaunlich geräumig und bieten eine unglaubliche Aussicht.

Essen

Restaurante Mirador La Cilla GRILL €€
(☎ 609 163944; Camino de la Cilla 9; Hauptgerichte 8–16 €; ⌚ 13–16 & 19 Uhr–open end) Ein Tunnel, der in den Berg gemeißelt wurde, dient als Eingang zu diesem alteingesessenen Restaurant. Unbedingt im Voraus buchen, um sich einen Tisch auf der weitläufigen Terrasse mit dem traumhaften Blick auf den Roque Nublo in der Ferne (und einigem mehr im Vordergrund) zu sichern. Die Speisekarte ist fleischlastig. Am Wochenende wird das Steak am offenen Feuer zubereitet.

An- & Weiterreise

Bus 220 fährt stündlich nach/von Teror (2,95 €, 1¼ Std.), von wo aus man problemlos Anschluss nach Las Palmas hat.

Es gibt eine spektakuläre, schwindelerregende Straße (GC-210) zwischen Artenara und Aldea de San Nicolás, aber Busse wagen sich nicht auf diese Strecke.

Tejeda

1485 EW. / 1050 M

Mitten auf der Insel gelegen ist Tejeda ein hübsches Bergdorf mit einer schönen Kirche und steilen, kurvigen Straßen, die von Häusern und Balkonen gesäumt sind. Egal, auf welcher Route man hierherkommt, sie führt auf jeden Fall durch eine großartige zerklüftete Landschaft hoch aufragender Klippen und tiefer Schluchten. Der Ort ist zwar zu jeder Jahreszeit reizend, aber besonders im Februar, wenn die Mandelbäume blühen. Nach der Mandelblüte wird mit einem Fest alles rund um die Mandeln gefeiert.

Sehenswertes

Die Region ist ideal sowohl für Hardcore-Wanderungen als auch für weniger anspruchsvolle Touren. Die Touristeninformation hat detaillierte Broschüren zu den Wanderrouten in der Umgebung.

Centro de Plantas Medicinales GÄRTEN
(928 66 60 96; Calle Párroco Rodriguez Vega 10; Erw./Kind 3 €/frei; Mo–Fr 10–16, Sa & So 10–15 Uhr) Ein ansprechender Garten, in dem Heilpflanzen (mit Erläuterungen in englischer Sprache) ausgestellt werden. Es gibt ein kleines Informationszentrum und ein Café, in dem man seinen Besuch ganz passend mit einer Tasse heilkräftigem Kräutertee beenden kann.

Museo de las Tradiciones MUSEUM
(Calle Párroco Rodríguez Vega; Erw./Kind 3 €/frei; Mo–Fr 10–16, Sa & So 10–15 Uhr) Dieses Museum befindet sich in einem der reizendsten Gebäude der Stadt. Es gibt einen guten Überblick über das Leben im Ort, beginnend bei der Ära der Guanchen bis hin zur Eroberung. Dazu gibt's einige interessante Ausstellungsstücke zur Landwirtschaft in den Bergen.

Essen

★ **Dulceria Nublo Tejeda** KONDITOREI €
(Calle Hernández Guerra 15; 9.30–22 Uhr) Das gastronomische Highlight des Ortes ist diese grandiose Konditorei mit hausgemachten leckeren Spezialitäten. Probieren sollte man den Mandelkuchen mit Schokoladenguss, und als Souvenir eignet sich ein Glas köstlicher *bienmesabe* (ein unglaublich süßer Brotaufstrich aus Mandeln).

★ **Déjate Llevar** BISTRO €€
(637 083694; www.letmetakeu.com; Calle Doctor Domingo Hernández Guerra 25; Hauptgerichte 6–12 €; Mi–So 13–16 & 19 Uhr–open end;) Mit seinem künstlerischen, minimalistischen Dekor und einer Karte im Bistro-Stil voller vegetarischer Angebote ist dieses Lokal überraschend gut. Die einfallsreichen Salate bieten eine gesunde Alternative zu all den Kaninchen- und Ziegeneintöpfen, die man ansonsten so findet. Es gibt eine Reihe frisch gepresster Säfte oder auch, für diejenigen die nach dem Mittagessen nicht die kurvenreichen Straßen nehmen, eine Auswahl an lokalen Weinen. Unbedingt reservieren.

Praktische Informationen

Touristeninformation (www.tejedaturistica.com; Avenida de los Almendros; Mo–Fr 10–17, Sa & So bis 16 Uhr) In einem Kiosk in der Nähe der Tankstelle am südlichen Eingang zur Stadt.

An- & Weiterreise

Bus 305 (2,55 €, 1 Std., 6-mal tgl.) verkehrt zwischen Tejeda und San Mateo, von wo aus es zahlreiche Umsteigemöglichkeiten nach Las Palmas gibt.

Rund um Tejeda

Cruz de Tejeda

Das grünlich-graue Steinkreuz, nach dem dieser Ort benannt ist, markiert die Mitte von Gran Canaria und das Zentrum der historischen *caminos reales* (Straßen des Königs), auf denen man immer noch die gesamte Insel überqueren kann. Dieser Ort ist eines der beliebtesten Ziele für Busausflüge aus den Touristenzentren. Deshalb ist es hier meist sehr überlaufen – was auch die Souvenirstände und das Eselreiten erklärt.

Von den Aussichtspunkten hier sieht man die größten Naturwunder der Insel: Im Westen steht der heilige Berg Roque Bentayga, und bei klarem Wetter kann man die hoch aufragende Vulkanpyramide des Teide auf der Nachbarinsel Teneriffa sehen. Im Südosten liegen der höchste Gipfel der Insel, der Pozo de las Nieves, und das außergewöhnliche Wahrzeichen der Insel, der Roque Nublo, der, wie sein Name schon sagt, oft von Wolken und Nebel verhüllt ist. Im Nordosten ist noch etwas vom Vega de San Mateo zu sehen.

Von hier aus gibt's Wanderungen aller Schwierigkeitsstufen, von halbstündigen Spaziergängen auf gepflasterten Wegen bis hin zu fünfstündigen Treks durch die Berge. Der 12,5 km lange Rundweg von Cruz de Tejeda zum Roque Nublo ist besonders empfehlenswert. Dafür sollte man 3½ Stunden einplanen und warme Kleidung mitnehmen, egal wie heiß der Tag sein mag. Informationen und Tipps gibt's im Hotel El Refugio oder in der **Touristeninformation** (⌚10–17 Uhr) am großen, kostenlosen Parkplatz. Wer lieber in einer Gruppe wandert, kann es bei **Walk in Gran Canaria** (ww.walkingrancanaria.com; Tageswanderungen pro Person ab 40 €) versuchen, die an jedem Wochentag geführte Touren durch die Berge im Programm haben. Es gibt ein paar sehr touristische Restaurants in Cruz de Tejeda. Wenn es etwas schicker sein darf, sollte man es im Parador versuchen.

Bus 305 (1,45 €, 1 Std., 6-mal tgl.) von San Mateo kommt auf seinem Weg nach Tejeda hier vorbei.

Roque Bentayga

Ein paar Kilometer westlich vom Dorf Tejeda erhebt sich der Roque Bentayga (1404 m). Er ist ausgeschildert, aber man braucht ein eigenes Fahrzeug. Am Berg haben die Guanchen einige Spuren hinterlassen – von Felsinschriften bis hin zu Getreidespeichern und einer Stätte für heilige Rituale. Sehenswert ist das **Centro de Interpretación** (⌚Mo–Fr 10–16, Sa & So bis 17 Uhr) GRATIS am Fuße des Felsens. Es bietet ausgezeichnete Einblicke in die prähispanische Siedlung in den zentralen Bergen Gran Canarias. Hier am besten nach Routen zu den Höhlen fragen, in denen einst die Guanchen-Familien lebten.

Pozo de las Nieves

Wer ein eigenes Fahrzeug hat, kann von Tejeda aus 15 km nach Südosten zum höchsten Gipfel (1949 m) der Insel fahren. Dafür den Schildern nach Los Pechos folgen den militärischen Kommunikationsposten im Auge behalten, der auf dem Gipfel steht. An einem klaren Tag ist der Ausblick atemberaubend. In nordwestlicher Richtung befindet sich der auffällige Roque Nublo.

Roque Nublo

Das Wahrzeichen der Insel ist ein eindrucksvoller Monolith (1803 m), der aus der umliegenden Vulkanlandschaft 80 m gen Himmel aufragt. Irgendwie schafft er es in den Hintergrund von praktisch jedem Bild, das man in dieser Gegend macht, aber auch der Weg für eine Nahaufnahme lohnt sich. Die halbstündige Wanderung von der Straße beinhaltet ein paar steile Abschnitte, aber sie ist nicht zu schwierig zu gehen, und die Aussicht ist wundervoll.

San Bartolomé de Tirajana

5800 EW. / 890 M

San Bartolomé ist eine hübsche Stadt mit einer Reihe von Aussichtspunkten, die Ehrfurcht gebietende Ausblicke über das Tirajana-Tal ermöglichen. Wer hier etwas unternehmen möchte, sollte die **Kirche** mit ihren auffälligen Buntglasfenstern aus dem 17. Jh. besichtigen. Dies ist ein Weinbaugebiet, und im oberen Teil der Stadt, neben dem Hotel, steht die **Bodega Las Tirajanas** (www.bodegaslastirajanas.com; Calle Las Lagunas; Weinprobe pro Glas 1 €; ⌚Mo–Fr 10–16, Sa & So 14 Uhr). Wer nur mal ein Glas Wein probieren möchte, kann einfach vorbeischauen. Aber für eine Tour und einen Teller mit einheimischem Käse, Oliven und *mojo* zum Wein muss man sich vorab anmelden. San Bartolomé ist eine gute Ausgangsbasis für Wanderungen und Erkundungen der Gebirgslandschaft. Es gibt mehrere ausgeschilderte Wanderrouten.

Einen kostenlosen Parkplatz gibt's an der Calle Los Naranjos am nördlichen Eingang zur Stadt.

Essen

La Panera de Tunte BÄCKEREI
(Calle Reyes Católicos; ⌚Mo–Sa 7.30–20, So bis 15 Uhr) Egal, ob man zu Fuß oder motorisiert unterwegs ist – die Berge rund um San Bartolomé sind definitiv ein Picknick wert. Hier in dieser alteingesessenen Bäckerei mit angeschlossenem Café gibt's Schinken, frisches Brot und einheimischen Käse für das Freiluft-Essen. Mit seinen Tischen auf dem Platz ist es außerdem ein nettes Plätzchen für einen Kaffee und ein Stück Kuchen.

Fataga

Die 7 km lange Fahrt von San Bartolomé in Richtung Süden nach Fataga ist ein ebenso großartiges Erlebnis wie der Weiler selbst. Er sitzt auf einer kleinen Kuppe, an deren Westseite Klippen hoch aufragen. Es ist ein Vergnügen, in den gepflasterten Gassen herumzustreifen, vor allem, da es in diesem Weinort mindestens drei Bodegas gibt – alle sind gut ausgeschildert, aber leider sind auch alle drei nur sporadisch geöffnet.

Rund 1,5 km vom Dorf entfernt steht **El Molino del Agua** (☎928 17 23 03; Ctra Fataga; Hauptgerichte 10–15 €; ⌚13–16 & 19 Uhr–open end), eine Hacienda aus dem 16. Jh. Die historische Mühle liegt in einem Hain von rund

1000 Palmen verborgen und bietet auch Übernachtungen an. Das Restaurant hat Tische unter den Orangenbäumen und eine ganz vernünftige kanarische Karte.

An der Hauptstraße in Fataga liegt das **Bar Restaurante La Albaricoque** (Calle Nestor Álamo 4; Hauptgerichte 7–12 €; ⌚ Mi-Mo 13–16 & 19 Uhr–open end; 📶), das eine gute Auswahl an Tapas und ordentliche einheimische Kost hat, darunter Kroketten mit einer Reihe von Füllungen, *ropa vieja* und *carne de cabra* (Eintopf mit Ziegenfleisch). Hauptattraktion ist jedoch die Terrasse mit dem gigantischen Blick über die Berge.

Bus 18 (2,65 €, 50 Min., 4-mal tgl.) von Maspalomas nach San Bartolomé hält hier.

DER SÜDEN

Playa del Inglés & Maspalomas

CA. 30 000 EW.

Der berühmteste Urlaubsort Gran Canarias ist eine sonnenverwöhnte Party-Location, hauptsächlich für Nordeuropäer. Dennoch erscheint der Ort tagsüber (und außerhalb der Saison) gehobener als man es vielleicht erwarten würde. Dies ist nicht Benidorm, noch nicht einmal Los Cristianos auf Teneriffa. Im Zentrum gibt es mehr teure Hotels oder elegante Apartmentblocks als typisch englische Pubs. Andererseits gibt's hier praktisch nichts, was auch nur halbwegs spanisch wäre, denn alles ist auf Tourismus ausgelegt, und die einzigen Sprachen, die man braucht, sind Deutsch und Englisch. Der Stadt fehlt unübersehbar die Seele. Die fein säuberlich angelegten Boulevards und Kreisverkehre erinnern eher an eine Stadtentwicklung nach Fünfjahresplan als an eine gewachsene Stadt.

Nachts geht es im und rund um das Yumbo Centrum rund. Die Lederhandtaschen und Geldbörsen in den Auslagen der Geschäfte werden dann von Lederoutfits in erotischen Schwulenbars verdrängt. Die Atmosphäre eines lebhaften Urlaubsortes für Familien, die hier tagsüber herrscht, verfliegt, wenn die Diskos (sowohl für Heteros als auch für Schwule) bis zum frühen Morgen rocken. Fässer und Flaschen werden in den Bars im Dutzend geleert, und die Drag-Shows, Saunen und Sexshops machen allesamt ein gutes Geschäft.

Die einzigen wirklich interessanten Naturphänome hier sind die eindrucksvollen Dünen von Maspalomas, an denen es auch einige der luxuriösesten Hotels und den größten Golfplatze der Insel gibt. Die Dünen liegen wie in einem Faltenwurf hinter dem Strand und bedecken 400 Hektar. Der Innenbereich wurde zu einem Naturschutzgebiet erklärt und darf nur bedingt betreten werden.

Überall im Ferienort gibt's Bushaltestellen, einige neben dem Yumbo.

⦿ Sehenswertes & Aktivitäten

Dunas de Maspalomas NATURSCHUTZGEBIET
Diese fabelhaften Dünen wurden in den 1990er-Jahren zum Naturschutzgebiet erklärt, um sicherzustellen, dass die sich rasch vermehrenden Hotels sich niemals im goldenen Sand breit machen würden. Die beste Aussicht auf die Dünen hat man vom unteren Ende der Avenida Tirajana. Durch die Bögen des Hotel Riu Palace Maspalomas zu dem Balkon bummeln, der von einem botanischen Garten umgeben ist, in dem viele Sträucher und einheimische Pflanzen der Kanaren gezeigt werden. Hier gibt's auch ein kleines Informationsbüro mit wechselnden Öffnungszeiten.

Obwohl die Dünen zu makellos aussehen, um sie mit Fußspuren zu verschandeln, *kann* man doch im Sand laufen. Aber immer die Schilder beachten und auf den ausgewiesenen Wegen bleiben. Alternativ kann man ganz und gar auf Sahara machen und einen Kamelritt mit **Camello Safari** (☎ 928 76 07 81; www.camellosafari.com; Erw./Kind 12/8 €; ⌚ 9–16.30 Uhr) unternehmen.

Centro de Talasoterapia SPA
(Zentrum für Thalassotherapie; ☎ 928 77 64 04; www.gloriapalaceth.com; Hotel Gloria Palace, Calle Las Margaritas, San Agustín; 2-Std.-Programm 23 €; ⌚ 10–21 Uhr) Das riesige und luxuriöse Zentrum für Thalassotherapie ist das größte in Europa. Es bietet eine erholsame Spa-Therapie mit erwärmten Meerwasser. Die Standardanwendung in der 7000 m² großen Anlage ist ein Programm, das aus dem Besuch mehrerer Whirlpools, Saunen und einer Eisgrotte besteht. Massagen, Gesichtsbehandlungen und Ähnliches stehen ebenfalls zur Verfügung.

Themenparks

Es gibt eine Vielzahl von Themenparks, deren Broschüren und Werbung überall

GRAN CANARIA FÜR SCHWULE

Gran Canaria ist der Honigtopf für Schwule der Kanaren, und Playa del Inglés ist der Spielplatz für Winterflüchtlinge aus ganz Europa. Es gibt mehrere Hotels und Apartmentblöcke, die auf schwule und lesbische Gäste ausgerichtet sind. Eine schier endlose Reihe von Bars, Diskos und Clubs sind in dem Yumbo Centrum vereint, das vor allem eine schwule Angelegenheit ist, auch wenn dies viele Lesben und Heteros nicht davon abhält, hier mal reinzuschauen. Vor Mitternacht passiert nicht viel. Von dann bis ca. drei Uhr ist das meiste los in den Bars im vierten Stock des Yumbo Centrum, danach übernehmen die Nachtclubs auf der zweiten Etage.

Gegen Morgengrauen schwanken die Gäste nach Hause, um etwas zu schlafen. Manche gehen auch gleich an den Strand bei Maspalomas, auf der anderen Seite der Dünen, der ebenfalls eine Cruising-Area für Schwule ist.

Maspalomas Pride (www.gaypridemaspalomas.com; ⌚Mai) umfasst zehn Tage mit Paraden, Konzerten, Exkursionen und Partys.

Weitere Informationen über Clubs für Schwule, Events, Unterkünfte und Kleinanzeigen auf den folgenden Websites: www.gaygrancanaria.com, www.gaymap.info und www.grancanariagay.com.

ausliegen. Die Folgenden sind sehr beliebt und schon lange im Geschäft. Die Touristeninformation berät zu den besten Busverbindungen und Öffnungszeiten – einige Parks bieten eine kostenlose Busverbindung von den Urlaubshotels zum Park.

Palmitos Park ZOO

(www.palmitospark.es; Erw./Kind 30/22 €; ⌚10–18 Uhr; 👪) Palmitos ist ein subtropischer Park voller exotischer Flora und 1500 Vogelarten, dazu ein Aquarium, eine Orchideenausstellung, ein Streichelzoo und Tiere wie Zwergkängurus und Orang-Utans. Bei Onlinebuchungen gibt's Preisnachlässe. Nicht unerwähnt darf bleiben, dass der Park Delphinshows veranstaltet, was sehr schön klingen mag. Tatsächlich aber werden Delphinshows von Tierschützern stark kritisiert. Sie behaupten, dass die Gefangenschaft für die Tiere belastender Stress ist und dass dieser durch die Interaktion mit den Menschen noch verschlimmert wird.

Der Naturpark befindet sich nur einige Kilometer nördlich des Feriengebiets Playa del Inglés.

Mundo Aborigen VERGNÜGUNGSPARK

(www.mundoaborigen.es; Carretera Playa del Inglés-Fataga; Erw./Kind 10/5 €; ⌚9–18 Uhr; 👪) Dieser Park an der Straße nach Fatanga, ca. 6 km außerhalb der Stadt, zeigt rund 100 Modelle von Guanchen, die in verschiedenen Lebenssituationen dargestellt werden und einen Eindruck davon vermitteln, wie es hier zuging, bevor die Eroberer auftauchten, um Themenparks zu bauen.

Aqualand WASSERPARK

(www.aqualand.es; Carretera Palmitos Park; Erw./Kind 26/18,50 €; ⌚10–17 Uhr; 👪) Ein enorm großer Wasserpark mit kilometerlangen Rutschen und Fahrgeschäften.

Camel Safari Park La Baranda KAMELRITTE

(www.camelsafarigrancanaria.com; Carretera Playa del Inglés-Fataga; 1-stündiger Ritt 25 €; ⌚9–18 Uhr; 👪) Hat 70 Kamele und befindet sich auf einem grünen Gelände mit Palmen, Avocados und Zitrusbäumen 13 km nördlich von Playa del Inglés. Hier gibt's auch ein Restaurant, eine Bar und einen kleinen Zoo.

Wassersport

Obwohl das Surfen hier möglich ist (die besten Wellen brechen sich in der Regel am westlichen Ende von Maspalomas am Leuchtturm), ist das hier kein Ausnahme-Surfspot. Windsurfer sollten sich besser in Richtung Osten zu Stränden hinter den Ferienorten Bahía Feliz und Playa Aguila aufmachen. Am besten ist **Pozo Izquierdo**, 25 km die Küste hinauf.

Club Mistral WINDSURFEN

(☎928 15 71 58; www.club-mistral.com; Carretera General del Sur, Km 47, Playa de Tarajalillo; 6-stündiger Anfängerkurse im Windsurfen für 140 €) Verleiht Bodyboards, Surfboards, Meereskajaks, Windsurfbretter und Ausrüstung in Bahía Feliz. Organisiert auch Windsurfing-Safaris.

Dive Academy Gran Canaria TAUCHEN

(☎928 73 61 96; www.diveacademy-grancanaria.com; Calle La Lajilla, Arguineguín; Schnuppertauchen ab 46 €, Open-Water-Kurs für Fortgeschrittene

270 €) Betreibt einen kostenlosen Minibus, der Taucher an ihren Hotels abholt und sie zur Tauchschule im Westen der Stadt bringt. Bietet Tauchgänge sowohl vom Boot als auch vom Ufer aus an.

Prosurfing Company SURFEN
(628 104025; www.prosurfingcompany.com; Avenida de Moya 6, CC Eurocenter; 1-tägiger Surfkurs 49 €, Brett- & Wetsuit-Verleih pro Tag 30 €) Renommiertes Unternehmen, das Kurse im Surfen, Kitesurfen, Windsurfen und Stand-up-Paddling (SUP) anbietet und auch Bretter und Wetsuits verleiht.

Canaries Extreme KAJAKFAHREN
(675 911923; www.canariasextreme.com; Calle Alfereces Provisionales 33; 3-stündige Kajaktour 49 €) Wer ein Erlebnis auf dem Wasser sucht, bei dem mehr Adrenalin als in einem Schiff mit Glasboden freigesetzt wird, ist bei diesem Veranstalter genau richtig. Organisiert werden Touren im Einer- oder Doppelkajak entlang der Küste.

Andere Sportarten

Für eine aufregende (und zudem kostenlose) 5 km lange Wanderung einfach der Promenade folgen, die sich in östlicher Richtung ab Playa del Inglés erstreckt. Weiter geht's auf einem Fußpfad, der manchmal auf der Höhe des Ufers und manchmal auch deutlich darüber verläuft.

★ Free Motion RADFAHREN
(928 77 74 79; www.free-motion.net; Hotel Sandy Beach, Avenida Alféreces Provisionales; Leihrad ab 14 € pro Tag, Touren ab 49 € pro Tag) Dieses gekonnt geführte Unternehmen bietet eine Reihe von Touren für kleine Gruppen und hat Mountain-, Trekking- und City-Räder im Verleih. Das Unternehmen vermittelt den Transport zu und von verschiedenen Urlaubsorten an der Küste, einschließlich Puerto Rico und Puerto de Mogán, gegen eine geringe Gebühr.

Happy Biking RADFAHREN
(828 12 57 95; www.happy-biking.com; Avenida de Gran Canaria 30, Centro Comercial Gran Chaparral; Leihrad ab 10 € pro Tag; Mo–Sa 9–11 & 17–19 Uhr) Vermietet eine Reihe von Rädern und organisiert Radausfahrten von mindestens 60 km Länge samt Leihrad, Transport und Erfrischungen (60 €).

Happy Horse REITEN
(658 925286; www.happy-horse.org; 3-stündiger Trek 65 €) Organisiert ein-, zwei- und dreistündige Pferdetreks in das Hinterland südöstlich der Stadt. Die Abholung vom Hotel ist im Preis inbegriffen.

Strände

Playa del Inglés STRAND
Neben den großartigen Dünen bei Maspalomas ist die Hauptattraktion für Tausende von Touristen, die jedes Jahr in diesen typischen Pauschalurlaubsort reisen, der Strand. Der prachtvolle und ausgedehnte Sandstrand erstreckt sich über 2,7 km. Die einzelnen Strandabschnitte heißen, von Osten nach Westen, **Playa de las Burras** (San Agustín), **Playa del Corralillo, Playa del Inglés** und **Playa de Maspalomas.** Sie hängen zusammen und ergeben insgesamt einen beeindruckend langen, absolut spektakulären Strand.

Essen

Wie nicht anders zu erwarten, gibt's in diesem Ferienort reichlich Restaurants mit der normalen Mischung aus chinesischen Büfetts, argentinischen Grillrestaurants, fader internationaler Kost und dieser immer seltener werdenden Gattung – der echten spanischen Küche.

El Salsete MODERN KANARISCH €€
(928 77 82 55; www.elsalsete.com; edificio Jovimar Bloque 1, Calle Secundino Delgado; Hauptgerichte 12–18 €; Mo–Sa 13–16 & 19 Uhr–open end) Abseits von den Trampelpfaden der Touristen im Norden des Bezirks San Fernando verbirgt die unauffällige Fassade einen einladenden Gastraum, in dem Speisen auf den Tisch kommen, die auch einem führenden Restaurant in Barcelona zur Ehre gereichen würden. Die Gerichte sind kreativ im Geschmack sowie in der Präsentation, und es kommen ausschließlich marktfrische Zutaten zum Einsatz. Eine Reservierung wird empfohlen.

Mundo FUSION €€
(928 76 10 63; Apartamentos Tenesor, Avenida Tirajana 9; Hauptgerichte 10–18 €; geschl. Sa mittags, So;) Das Mundo ist eine Oase der modischen Eleganz und hat den kulinarischen Standard in dieser Gegend eindeutig angehoben. Das Fusion-Lokal vereint einen amerikanischen Diner mit einem japanischen Restaurant, denn der adrette minimalistische Gastraum kommt mit schwarzweißen Fliesen und kirschroten Stühlen daher. Wer Fisch mag, sollte die schwarze Pasta mit Riesengarnelen probieren. Reservieren empfohlen.

Casa Vieja KANARISCH €€
(Calle El Lomo 139, Carretera de Fatagа; Hauptgerichte 8–15 €; ⏲13–16 & 19 Uhr–open end) Dieses mit Herzblut geführte Lokal liegt nördlich der Schnellstraße GC-1 entlang der Straße nach Fataga. Das „Alte Haus" wirkt wie ein altes Landhaus. Pflanzen umkränzen das niedrige Dach, Kanarienvögel trillern, und die Speisekarte ist ziemlich authentisch. Probieren sollte man hier das gegrillte Fleisch. Traditionelle Livemusik gibt's an den meisten Abenden ab 20 Uhr.

★ **Samsara** FUSION €€€
(☎928 14 27 36; www.samsara-gc.com; Avenida Oasis 30; Hauptgerichte 18–25 €; ⏲Di–Sa 19 Uhr–open end) Gegenüber vom Palm Beach Hotel gibt eine riesige Buddha-Statue den Ton an. Bei den Gerichten mischen sich kanarische und spanische Zutaten mit asiatischen Aromen, so zum Beispiel bei geräuchertem Ziegenkäse mit Wasabi oder Seafood-Pasta mit Zitronengras. Unbedingt reservieren.

Restaurante La Toja MEDITERRAN €€€
(☎928 76 11 96; edificio Barbados II, Ecke Avenida Tirajana & Avenida EE UU; Hauptgerichte 15–25 €; ⏲13–16 & 19 Uhr–open end) Ein gehobenes Lokal, das das Beste aus der französischen und der galizischen Küche zusammenbringt. Probieren sollte man das Kalbfleisch in Marsala oder die beunruhigend klingenden Elefantenohren mit Pommes (tatsächlich ein dünnes Filetsteak). Dazu gibt's eine Auswahl an Reisgerichten, von denen zwei Personen satt werden.

Ausgehen & Unterhaltung

Nachts verwandelt sich das Yumbo Centrum in eine pulsierende Club-Szene. Im Zentrum gibt es Hetero- und Schwulenlokale, und man könnte – was viele tatsächlich tun – wochenlang durch das Yumbo Centrum ziehen und hätte doch noch nicht das gesamte Nachtleben gesehen.

Livemusik kann sich als Treffer oder Niete entpuppen. Ein schon lange etabliertes Lokal mit irischer Musik und Guinness vom Fass ist **Dunes & Tunes** (www.dunesandtunes.com; Beach Blvd, Playa del Inglés; ⏲20.30 Uhr–open end). Wer einen Club mit DJs mit großen Namen sucht, geht ins gehobenere **Pacha** (www.pachagrancanaria.com; Avenida Sargentos Provisionales 10; ⏲23–5 Uhr).

ES IST EIN WEITER WEG ZUM SCHWIMMEN

Die reichlich vorhandenen Apartments und Hotels erstrecken sich von der Küste bis in den Bezirk San Fernando, rund 2 km Richtung Inland. Obwohl es Busse gibt, die vom und zum Strand fahren, passen die möglicherweise nicht zum eigenen Zeitplan. Wer hier irgendwo ein Zimmer gebucht hat, das auffällig günstig ist, sollte sich über die genaue Lage informieren. Es gibt deutlich schönere Gegenden auf der Insel, wo man die Beine ausstrecken kann.

Shoppen

Die wichtigsten Einkaufszentren liegen nördlich des Zentrums in San Fernando und Bellavista. Dort bekommt man alles von Kinderkleidung bis hin zu Elektronik.

Fedac KUNSTHANDWERK
(Centro Insular del Turismo, Ecke Avenida España & Avenida EE UU; ⏲Mo–Fr 10–14 & 16–19.30 Uhr) Wer auf einheimisches Kunsthandwerk aus ist, sollte den kleinen Fedac-Laden in der Haupttouristeninformation besuchen. Fedac ist ein von der Regierung unterstützter, gemeinnütziger Laden, und die Preise und Qualität sind sehr ordentlich im Vergleich zu den Produkten, die ansonsten verkauft werden. Auf die Verkaufswaren gibt's hier auch eine Garantie.

Yumbo Centrum EINKAUFSZENTRUM
(www.cc-yumbo.com; Avenida EE UU; ⏲24 Std.) In diesem vierstöckigen Einkaufszentrum gibt's über 200 Geschäfte. Es gibt Schuhe, Lederwaren, Parfüm und auch sonst alles zu kaufen, was das Herz begehrt, allerdings sollte man auf die Qualität achten. Auch Supermärkte gibt's auf dem Gelände.

Praktische Informationen

Haupttouristeninformation (www.grancanaria.com; Ecke Avenida España & Avenida EE UU; ⏲Mo–Fr 9–18, Sa bis 13 Uhr) Direkt draußen vor dem Yumbo Centrum; hat Karten, hilfsbereite Mitarbeiter und öffentliche Toiletten

Playa del Inglés Tourist Office (Commercial Centre Anexo 11, Local 20; ⏲Mo–Fr 9–18, Sa bis 13 Uhr) Kleinere Touristeninformation in praktischer Lage am Hauptstrand

An- & Weiterreise

Es fahren regelmäßig Busse zu anderen Orten entlang der Küste, im Westen bis nach Puerto de Mogán (4,15 €, 45 Min.) und im Osten bis zur Hauptstadt. Für Las Palmas (6,15 €, 1 Std.)

ABSEITS DER ÜBLICHEN PFADE

WELTKLASSE-WINDSURFEN

Die windumtoste, aber nette Stadt **Pozo Izquierdo,** 25 km nordöstlich der Playa del Inglés, hat nur eine Daseinsberechtigung – Windsurfing. Im Juni und Juli füllt sich die Stadt mit Enthusiasten, wenn der Windsurfing World Cup veranstaltet wird. Im Rest des Jahres ist dies ein ruhiger Ort, aber die Bedingungen für das Windsurfen sind das ganze Jahr durchweg gut.

Es gibt eine Reihe von Unternehmen, die Materialverleih und Kurse anbieten. Nachfragen kann man bei **Cutre Windsurf School** (☎ 928 79 13 04; www.cutre.com; Ausrüstungsverleih mit Versicherung pro Tag 75 €, 10-stündiger Anfängerkurs 150 €), die ihren Unterricht mithilfe von Helmen mit Funksprechverbindung anbietet, oder **Pozo Winds** (☎ 928 15 50 09; www.pozowinds.com; 10-stündiger Anfängerkurs 140 €), die auch Kurse für Windsurfen, Kitesurfen und Stand-Up-Paddling (SUP) im Programm hat. Die Schulen können Unterkünfte vermitteln. Es gibt ein großes Hostel am **Centro Internacional de Windsurfing** (☎ 928 12 14 00; www.pozo-ciw.com; Calle Centro Internacional de Windsurfing; B/DZ mit Gemeinschaftsbad 18/32 €; P 📶 🏊), direkt am Strand mit Blick auf das Meer von den Schlafsälen aus.

nimmt man den Expressbus 30 oder 50 (nonstop). Außerdem gibt's einen Nachtbus (Linie 5), falls man auf *marcha* (Nachtleben) am anderen Ende der Insel aus ist. Die Touristeninformation hält die Fahrpläne für die südlichen und die nördlichen Routen bereit.

ℹ Unterwegs vor Ort

ZUM/VOM FLUGHAFEN

Bus 66 fährt bis ca. 20 Uhr zum/vom Flughafen (3,75 €, 30 Min., stündl.). Ein Taxi kostet rund 35 € für die Fahrt nach Playa del Inglés und 40 € nach Maspalomas.

AUTO

Wer mit dem Auto an den Strand fährt, findet einen großen kostenpflichtigen Parkplatz am Playa del Inglés. Das Parken am Straßenrand kostet mindestens 0,50 € für 30 Minuten.

BUS

Global (www.globalsu.net) unterhält Busverbindungen zu vielen der Themenparks. Der Fahrpreis für eine Standardfahrt in der Stadt beträgt 1,40 €.

TAXI

Taxistände gibt's genügend, und sie sind zuverlässig. Ansonsten kann man sich auch ein **Taxi** (☎ 928 76 67 67) rufen. Von der Playa del Inglés aus sollte kein Fahrtziel im Stadtbereich mehr als 10 € kosten.

Puerto Rico & Arguineguín

Während Maspalomas einiges bietet, was für den Hype entschädigt – die Form seiner natürlichen Dünen und sein wundervoll unnatürliches Nachtleben – sind die Schwestergemeinden weiter westlich ein gutes Beispiel dafür, wie geldgierige Bauträger eine Küste verschandeln können, die sich einst mit der italienischen Amalfi-Küste messen konnte. Hinter jeder Ecke scheint sich eine Feriensiedlung aufzutun, die von Ansammlungen steiler Apartmentblöcke umgeben ist, die sich bis ins Hinterland erstrecken.

Teile des Hafengebiets von Arguineguín lassen immer noch die Wurzeln dieses Ortes erkennen, der einst ein kleiner, aktiver Fischerort war. Aber insgesamt ist dies ein unscheinbares Städtchen mit ein paar eher armseligen Stränden. Wer hier mittags unterwegs ist, sollte bei der **Cofradía de Pescadores** (Muelle Pesquero de Arguineguín; Hauptgerichte 8–15 €; ⏲ geschl. Mi & Sept.) vorbeischauen, die – trotz der Plastiktischdecken und entwaffnender sechssprachiger Speisekarte – den fangfrischen Fisch direkt von den Fischerbooten bezieht. In Arguineguín gibt es auch eine gut angesehene Tauchschule.

Puerto Rico ist ein gutes Beispiel für entsetzliche Stadtplanung: Das ursprüngliche Fischerdorf ist unter einem Meer von Beton verschwunden, Apartmentblöcke stapeln sich wie Tribünen eines Stadions an den Hängen der Berge.

Der Strand ist angenehm, aber sicher nicht der Anzahl der Betten dieses Ortes gewachsen. Die einzige Fluchtmöglichkeit sind die zahlreichen Bootsausflüge, die vom Hafen starten, einschließlich der Delphintouren. **Spirit of the Sea** (☎ 928 56 22 29; www.dolphin-whale.com; Erw./Kind 27/14 €) bietet

SCHÖNE AUTOFAHRTEN: ABSTECHER ZUM STRAND

Wer am Strand mehr Platz haben möchte, findet mehrere tolle Strände entlang der Küstenstraße GC-500, westlich der Playa del Inglés. Dafür den Schildern zum Stadtkrankenhaus und nach Puerto de Mogán ab dem Zentrum (oberes Ende der Avenida Tirajana) folgen, vorbei an Holiday World linker Hand. Die Straße klettert hoch zu Palmenplantagen und zum Golfplatz Meloneras Golf. Bei Straßenkilometer 7 nach dem Schild **Pasito Bea** Ausschau halten, links in die Holperpiste einbiegen, die zu einer kleinen schwarzen Sandbucht führt. Dort wird sowohl nackt als auch mit Badezeug gebadet.

Nach einem kurzen Bad geht's weiter entlang der Straße, die sich durch die trockenen Hügel schraubt, und nach 1,2 km kommt man zur **Playa de Carpinteras.** Hier dem Weg östlich des Hauptstrandes folgen, an den Klippen parken und dann geht's zu einer idyllischen, (bis jetzt!) wenig bekannten breiten Sandbucht mit flachem Wasser vor den hohen Dünen. Dieser Strand heißt **Playa de Montaña Arenas.** Man kann um die Felsen in östlicher Richtung klettern, um den Strand zu erreichen, an dem ebenfalls mit und ohne Textilien gebadet wird. Der dritte empfehlenswerte Strand liegt bei Straßenkilometer 9,2: **Playa de Triana** ist ein schwarzer Kieselstrand; geparkt wird an der Hauptstraße. Bitte beachten, dass FKK hier unerwünscht ist!

Von hier aus führt die Straße vier Kilometer weiter bis zu einem Kreisverkehr, wo sie wieder auf die GC-1 trifft und dann zu den sehr viel kommerzielleren Stränden von Puerto Rico und darüber hinaus führt.

zweistündige Ausflüge mit Glasboden-Katamaranen. Das Unternehmen verspricht eine zweite, diesmal kostenlose Tour, falls man beim ersten Mal keine Wale oder Delphine zu sehen bekommt.

Die Badeorte weiter westlich, einschließlich Playa del Cura, Playa del Tauro und **Taurito** sind nicht viel anders. Letzterer hat wenigstens versucht, ein familienfreundlicher Ferienort zu werden. Hier gibt's einen riesigen künstlich angelegten Strand mit lagunenartigen Pools, Tennisplätzen, Minigolf, Fitnessgeräten, Bars und Sonnenliegen auf einem grauen Sandstrand. Das Wasser ist hier flach, glatt wie Glas und sicher genug zum Baden.

Halbstündlich fahren Busse von Puerto Rico und Arguineguín nach Maspalomas und Playa del Inglés (2 €, 30 Min.) sowie nach Puerto de Mogán (1,55 €, 15 Min.) und Las Palmas (7,55 €, 1 Std. 45 Min.). Wer lieber eine kurze Schiffsreise unternehmen möchte, kann mit **Lineas Blue Bird** (☎ 629 989633; www.lineasbluebird.com) stündlich von Puerto de Mogán nach Arguineguín (Erw./Kind 6,50 €, 70 Min.) und Puerto Rico (Erw./Kind 6,50/3,50 €, 30 Min.) fahren.

Puerto de Mogán

Westlich von Taurito erinnern ein paar Kilometer zerklüfteter Küste daran, wie dieses gesamte südliche Ende der Küste vor 50 Jahren ausgesehen haben dürfte, bevor die Touristenmassen die Kanaren heimsuchten.

Am Ende der Straße biegt man um eine Kurve. Unterhalb liegt ein verlockender halbrunder Sandstrand und gleich daneben ein geschäftiger kleiner Yachthafen und ein Fischerhafen. Puerto de Mogán ist zwar inzwischen weitestgehend im Griff der Tourismusindustrie, ist aber dennoch Lichtjahre von seinen grellen Verwandten im Osten entfernt. Dankenswerterweise sind sogar die jüngsten Bauprojekte im Inland ästhetischer als die in den übrigen Ferienorten entlang dieser Küste.

Auch wenn sein Spitzname „Venedig der Kanaren" einen Tick übertrieben sein mag, so sind die Architektur und die Wasserstraßen mit ihren Brücken doch so süß wie eine Schachtel Pralinen. Der gesamte Ort strahlt eine gewisse Opulenz und einen eigenen Charme aus. Im Herzen des Hafen haben die niedrigen Apartmenthäuser schmiedeeiserne Balkone, leuchtend bunte Verzierungen, und sie sind von leuchtenden Bougainvillea überzogen.

Leider wird es in dem Ort tagsüber sehr voll, wenn die neidischen Touristen aus den anderen Ferienorten herkommen, insbesondere am Freitagvormittag, wenn sich ein Teil der Stadt in einen Straßenmarkt verwandelt. An den Ständen werden die üblichen überteuerten Gürtel, Taschen und Schmuck aus Muscheln verkauft. Bei mehrtägigen Aufenthalten ist der Freitag ein guter Abreisetag.

Sehenswertes & Aktivitäten

Zwischen den Restaurants und Bars in der Calle Los Pescadores liegt die einfache Kirche **Ermita de San Fernando** aus dem Jahr 1936 versteckt. Dienstags und samstags kann man um 18 Uhr während der Messe einen Blick hineinwerfen.

Das Wasser ist hier etwas zu ruhig zum Surfen oder Windsurfen, aber es ist ein großartiger Ort zum Tauchen und Schnorcheln, denn Höhlen und Wracks gibt's gar nicht weit vom Ufer entfernt.

Atlantik Diving
TAUCHEN

(☎689 352049; www.grancanariadiveresort.com; Hotel Puerto de Mogán, Playa de Mogán; ein Tauchgang mit Ausrüstung 40 €) Die Schule bietet Kurse für alle Level, von einem Schupperkurs (3 Std., 90 €) bis zum Dive-Master-Kurs (Minimum 20 Tage, 720 €).

Canary Diving Adventures
TAUCHEN

(☎928 56 54 28; www.canary-diving.com; Hotel Taurito Princess, Playa de Taurito) Im Angebot sind geführte Tauchgänge vom Boot aus (40 € einschließlich Ausrüstung), viertägige PADI-Zertifikatkurse (340 €) und einen eintägigen Anfängerkurs im hauseigenen Pool (75 €).

Essen

Es gibt hier zahlreiche Cafés und Restaurants, die frischen Fisch auf angenehmen *terrazas* anbieten.

La Cucina
ITALIENISCH €

(Calle Corriente 8; Pizza 6–9 €; ⌚13–16 & 19 Uhr–open end) Dieses winzige Lokal wird von Italienern geführt und hat ein paar Tische draußen, lebt aber hauptsächlich vom Take-Away-Verkauf. Die Pizza ist hier sehr zu empfehlen, und es gibt auch eine gute Auswahl an Pastagerichten und Salaten sowie das obligatorische Tiramisu. Es liegt etwas zurückgesetzt hinter dem Hauptgebäude in der Altstadt.

Jack El Negro
GRILL €€

(Pasaje Pescadores 6; Hauptgerichte 12–16 €; ⌚13–16 & 19 Uhr–open end) Dieses Restaurant in einem der ganz wenigen ursprünglichen Fischerhäuser hat jede Menge rustikaler Atmosphäre. Es ist nach einem legendären Karibikpiraten benannt und wird vom italienischen Inhaber Claudio seit 1970 (daher die Kerzenhalter aus Chianti-Flaschen) geführt. Eine Spezialität ist das Steak, das auf den Punkt genau auf der *parilla* (offener Grill) gegart wird. Die Pizza hier ist ebenfalls sehr zu empfehlen.

La Bodeguilla Juananá
MEDITERRAN €€

(Plaza Mayor; Hauptgerichte 8–22 €; ⌚13–16 & 19 Uhr–open end) Ein leidenschaftlich geführtes Restaurant in einer Ecke der Plaza Mayor mit dem grandios klingenden Namen vor dem Yachthafen. Die Einrichtung folgt einem afrikanischen Thema, und die Gerichte mit Gastro-Flair umfassen solche Tagesangebote wie gebratene Blutwurst mit Avocado und Knoblauchsauce. Auf der Karte stehen auch ein Dutzend Käsegerichte mit *queso* von den Kanaren.

Patio Canario
SEAFOOD €€

(www.restaurantemogan.com; Urbanización Puerto de Mogán; Hauptgerichte 15–20 €; ⌚13–16 & 19 Uhr–open end) Dieses beliebte Lokal liegt erstklassig und hat zwei weitläufige Terrassen mit Blick auf den kleinen Hafen. Die Speisekarte umfasst solche Gerichte wie überbackene Riesengarnelen mit frischem Koriander, daneben gibt's sowohl Fleisch als auch Fisch. Das Essen ist gut, aber der Service lässt etwas zu wünschen übrig.

PICKNICK EINPACKEN

Lust, den Sand in den Sandwiches und die Liegen am Strand mal durch ein Picknick mit zivilisierten Tischen und Bänken an einem idyllischen See zu ersetzen? Dafür 2,5 km aus Mogán rausfahren und die GC-605 nehmen, die durch wirklich ländliche Gegenden mit massiven Felsen, hohen Bergen und Ansammlungen von Palmen und Pinien führt. Rund 10 km nach dem Abzweig kommt man zum Aussichtspunkt **Cruz de San Antonio**, von dem man dramatische Ausblicke über den See und die Serpentinen weiter unten hat. Von hier aus gibt's eine schöne ausgeschilderte Wanderung nach Inagua (10 km). Die Straße schlängelt sich weiter durch den Pinienwald Pinar de Pajonales, bis man an das Ziel kommt: der See **Presa de las Cuevas de las Niñas** und zu den strategisch günstig direkt am Wasser aufgestellten Picknicktischen. Die Fahrt von Mogán hierher dauert weniger als eine Stunde. Von hier aus kann man entweder zurückfahren oder nach Tejeda und zu den höchsten Gipfeln der Insel weiterfahren.

★ **Qué Tal by Stena** MODERN SPANISCH €€€
(☎ 928 56 55 34; www.quetalbystena.com; Urbanización de Puerto de Mogan; 5-Gänge-Menü 60 €; ⌚19 Uhr–open end) Mit den zeitgenössischen Gemälden einheimischer Künstler an den Wänden, weißen Tischdecken und einem exquisiten Menü, das regelmäßig wechselt, ist das Qué Tal eine gute Wahl für ein besonderes Abendessen. Wer sich für die korrespondierenden Weine (45 €) entscheidet, bekommt ein paar ganz besondere Tropfen aus dem Keller zu probieren. Das Menü wird täglich einmal um 19.30 Uhr serviert. Unbedingt im Voraus reservieren.

An- & Weiterreise

AUTO

Es gibt zwei Tiefgaragen; die Billigste ist in der Calle La Mina, die ab dem Stadteingang ausgeschildert ist und in der es in der Regel genügend Plätze gibt. In der gesamten Innenstadt darf in der blauen Zone an der Straße geparkt werden (1,80 € pro Stunde).

BUS

Es fahren ständig Busse in östlicher Richtung nach Puerto Rico (1,55 €, 15 Min.) und Playa del Inglés (2 €, 45 Min.). Bus 1 (8,75 €, 2 Std.) fährt stündlich nach Las Palmas. Fähren pendeln ebenfalls zwischen dem Hafen und Puerto Rico (Erw./Kind 6,50/3,50 €, 30 Min.).

Mogán

1415 EW.

Wenn schon Puerto de Mogán eine nette Zuflucht von dem nicht abreißenden Strom von Apartments, Bungalows und Guinness vom Fass ist, so ist die GC-200 in nördlicher Richtung vom Hafen noch einmal ein weiterer Sprung weg von den Menschenmassen. Sie steigt allmählich in einem breiten Tal nach Mogán an, das nur 8 km entfernt liegt. Vorbei geht's an schroffen Felsen und Gärten, in denen Avocados wachsen, das wichtigste Erzeugnis der Region.

Mogán ist eine entspannte, unverdorbene Kleinstadt in einer anmutigen Gebirgslage. Obwohl es hier keine echten Attraktionen gibt, ist dies doch ein hübscher, ruhiger Ort für ein Mittagessen oder einen Spaziergang.

Essen

Die meisten Restaurants und Bars liegen an der kurvigen Hauptstraße Calle San José.

El Tomate KANARISCH €
(Calle San José; Hauptgerichte 8–10 €; ⌚geschl. So mittags) Das schickste Restaurant der Stadt serviert traditionelle Gerichte, wie Ziegeneintopf und *ropa vieja*, dazu gibt's eine recht standardmäßige Tapas-Karte.

Restaurante Acaymo KANARISCH €€
(www.restauranteacaymo.com; Carretera General Km 15; Hauptgerichte 12–18 €, Tagesmenü 12,50 €; ⌚13–16 & 19 Uhr–open end; P) Von den flatternden Fahnen vor der Tür sollte man sich nicht abschrecken lassen. Das alteingesessene Acaymo ist bei den Einheimischen ebenso beliebt wie bei den Touristen. Es ist bestens bekannt für die Fleischgerichte auf seiner Karte, darunter Kalb, Lamm, Kaninchen und Steaks. Außerdem findet man kanarische Klassiker wie *gofio escaldado de pescado* (einen dicken Eintopf aus Gofio und Fischbrühe). Unterkünfte für Selbstversorger gibt's ebenfalls.

Casa Enrique KANARISCH €€
(Calle San José 7; Hauptgerichte 9–15 €; ⌚13–16 & 19 Uhr–open end) Serviert solide kanarische Kost, ausgezeichneten Kaffee und Kuchen.

Mogán bis Aldea de San Nicolás

Ab Mogán biegt die GC-200 nach Nordwesten ab. Die nächsten 26 km führen durch spektakuläre zerklüftete Berge bis nach Aldea de San Nicolás, wobei der Ausblick auf den letzten Kilometern leider von dem Meer an Plastikgewächshäusern verdorben wird. Ein Glas frischen Papaya-Saft bekommt man in **Las Cañadas** (Tapas 4–7 €; ⌚Fr–Mi 9–19 Uhr), rund 8 km hinter Mogán auf der linken Seite. Dies ist ein angenehm lebendiges Restaurant mit Bar und toller Aussicht. Obendrein locken Schildkröten, ein Chamäleon und ein kleines Museum mit landwirtschaftlichen Geräten, Radios und Ähnlichem. Außerdem werden hier lokaler Honig und (während der Saison) die größten Avocados verkauft, die man jemals gesehen hat.

Die kurvige Straße führt weiter durch **Los Azulejos,** eine bunte Felsformation, deren leuchtende Grün-, Gelb- und Ockertöne von verschiedenen Mineralien hervorgerufen werden. Um einen Zusammenstoß zu vermeiden, die Fotos besser vom ausgeschilderten Aussichtspunkt **Fuente de los Azulejos Mirador** aus machen, wo sich auch eine fabelhafte Saftbar befindet.

Fuerteventura

☎ 928 / BEVÖLKERUNG: 107 000

Inhalt ➡

Schöne Strände

- ➡ Playa de Cofete (S. 103)
- ➡ Parque Natural de Corralejo (S. 92)
- ➡ Playa de la Barca (S. 100)
- ➡ Playa de la Mujer (S. 90)

Schön übernachten

- ➡ Casa Isaítas (S. 243)
- ➡ Hotel Rural Mahoh (S. 244)
- ➡ Soulsurfer Hotel (S. 244)

Auf nach Fuerteventura!

Fuerteventura liegt nur 100 km vor der afrikanischen Küste, und es gibt auffällige Gemeinsamkeiten, nicht nur in der Landschaft, sondern auch bei den Häusern mit ihren Flachdächern im nordafrikanischen Stil, mit denen der Niederschlag aufgefangen wird. Andererseits ähnelt Fuerteventura auch der Nachbarinsel Lanzarote, ist jedoch bunter. Ihre Vulkane sehen wie Haufen aus Safran, Chili und Koriander aus, surreale Dreiecke aus exotischen Gewürzen.

Die meisten Besucher interessieren sich jedoch mehr für den Wind und die Wellen als für die abstrakte Ästhetik der Landschaft. Auf der zweitgrößten Insel des Archipels (nach Teneriffa) scheint fast rund um das Jahr die Sonne, und die Insel hat die größten und besten Strände der Kanaren.

Die größten Urlaubsorte liegen an entgegengesetzten Seiten der Insel. An der Nordspitze liegt Corralejo, das die britischen Sonnenanbeter lieben, während tief unten im Süden Morro Jable liegt, in dem hauptsächlich deutsche Urlauber zu finden sind und wo es deutlich biederer zugeht.

Die Insel wurde im Jahr 2009 von der UNESCO zum Biosphärenreservat erkoren.

Reisezeit

- ➡ Die Hauptsaison dauert von Dezember bis Februar, die Unterkünfte sind dann weit im Voraus ausgebucht. Es geht immer ein Lüftchen, aber es ist noch angenehm warm.
- ➡ Im späten Frühjahr (April bis Mai) sind die Temperaturen perfekt, wobei an Ostern die Strände überlaufen sein können.
- ➡ Spanische Urlauber und ausländische Familien bevorzugen die Inseln im Juli und August. Die Temperaturen liegen oft über 30 °C. Die Windsurf-Weltmeisterschaft findet im Juli statt.
- ➡ Der Herbst ist eine tolle Jahreszeit für Feste, darunter das Drachenfest in Corralejo und die Fiesta de la Virgen del Rosario in der Hauptstadt. Die durchschnittlichen Tagestemperaturen liegen bei angenehmen 20 °C, während es nachts langsam immer kühler wird.

Geschichte

Fuerteventura hatte in der Vergangenheit mehrere Namen, vom einfallslosen Planaria der Römer („Ebenen", weil die Insel insgesamt so flach ist) bis hin zu Fuerteventura, was unter anderem „starkes Abenteuer" heißen kann und von den ersten europäischen Eroberern stammt. Unter dem Kommando des normannischen Adligen Jean de Béthencourt landeten die Eroberer 1405 und fanden die Insel von Stammesfürsten in zwei Reiche geteilt vor, die durch eine niedrige 6 km lange Mauer getrennt waren. Jandía was das Reich auf der südlichen Halbinsel bis nach La Pared; Maxorata kontrollierte den Rest der Insel.

Béthencourt errichtete eine permanente Militärbasis, einschließlich einer Kapelle, in der Gebirgsregion, die den Namen Betancuria erhielt, und Santa María de Betancuria mauserte sich zur Hauptstadt der Insel. Die Wahl fiel auf diesen Standort aufgrund der natürlichen Wasserversorgung, die auch heute noch zu sehen ist: Dies ist eine der saftigsten Regionen der Insel. Die Lage im Gebirge war auch in gewisser Weise ein natürlicher Schutz vor den heimtückischen Angriffen der Piraten.

Nach und nach entstanden neue Siedlungen auf der Insel, und im 17. Jh. besetzten die Europäer El Cotillo, den einstigen Sitz des Guanchen-Reichs Maxorata. Zu diesem Zeitpunkt brachten die Familien Arias und Saavedra den *señorío* (die Inselregierung, welche die spanische Krone vertrat) unter ihre Kontrolle. Im folgenden Jahrhundert allerdings wurden Offiziere der Inselmiliz zu einer rivalisierenden Macht mit Sitz in La Oliva. Los Coroneles (die Obristen) übernahmen allmählich die Macht auf der Insel und bereicherten sich auf Kosten der Not leidenden Kleinbauern. Mehr über diese Herrschaft erfährt man bei einem Besuch des außergewöhnlichen ehemaligen Sitzes dieser skrupellosen Institution: Casa de los Coroneles in La Oliva.

Die Miliz wurde 1834 aufgelöst, und 1912 erhielt die Insel – zusammen mit den anderen Inseln des Archipels – ein gewisses Maß an Autonomie, wozu das *cabildo* (Inselverwaltung) eingerichtet wurde.

An- & Weiterreise

FLUGZEUG

Der **Flughafen Fuerteventura** (☎ 902 40 47 04; www.aena.es) liegt 6 km südlich von Puerto del Rosario in El Matorral. **Binter Canarias** (www.binternet.com) hat Direktflüge nach Gran Canaria und Teneriffa, von wo es Verbindungen zu den anderen Inseln gibt.

ENTFERNUNGEN (KM)

	Puerto del Rosario	Corralejo	El Cotillo	Caleta de Fuste
Corralejo	32			
El Cotillo	58	20		
Caleta de Fuste	10	36	56	
Costa Calma	64	90	87	56

ungefähre Angaben

SCHIFF

Fred Olsen (☎ 902 10 01 07; www.fredolsen.es) Die Fähren fahren siebenmal täglich von Corralejo nach Playa Blanca (27 €, 25 Min.) in Lanzarote. Tickets gibt's am Hafen in Corralejo. Es gibt auch eine Verbindung von Morro Jable nach Las Palmas de Gran Canaria (45 €, 2 Std., 2-mal tgl.).

Naviera Armas (☎ 928 54 21 13, in Corralejo & Morro Jable 902 45 65 00; www.navieraarmas.com) Sechsmal täglich fahren Fähren vom Hafen von Corralejo nach Playa Blanca (26 €, 35 Min.) in Lanzarote. Von Morro Jable fahren täglich Fähren nach Las Palmas de Gran Canaria (41 €, 3 Std.) und nach Santa Cruz de Tenerife (70 €, 6½ Std.). Von Puerto del Rosario fahren Fähren nach Las Palmas de Gran Canaria (35 €, 6½ Std.) und Santa Cruz de Tenerife (62 €, 11 Std.) von Dienstag bis Samstag jeweils um 11 Uhr.

Trasmediterránea (☎ in Puerto del Rosario 902 45 46 45; www.trasmediterranea.es) Einmal pro Woche fährt samstags eine Fähre zwischen Puerto del Rosario und Las Palmas de Gran Canaria (33 €, 6 Std.). Es gibt auch Verbindungen mit Umsteigen von Santa Cruz de Tenerife und Santa Cruz de La Palma aus, aber die Überfahrten dauern lange, sodass das Flugzeug die bessere Wahl ist.

Unterwegs vor Ort

AUTO

Das Autofahren ist hier ein reines Vergnügen, denn die Insel ist größtenteils flach, und die Straßen sind in einem ausgezeichneten Zustand. Cicar ist ein zuverlässiger einheimischer Autovermieter. Seine Niederlassungen finden sich am Flughafen, in Puerto del Rosario und außerdem in allen weiteren wichtigen Ferienorten.

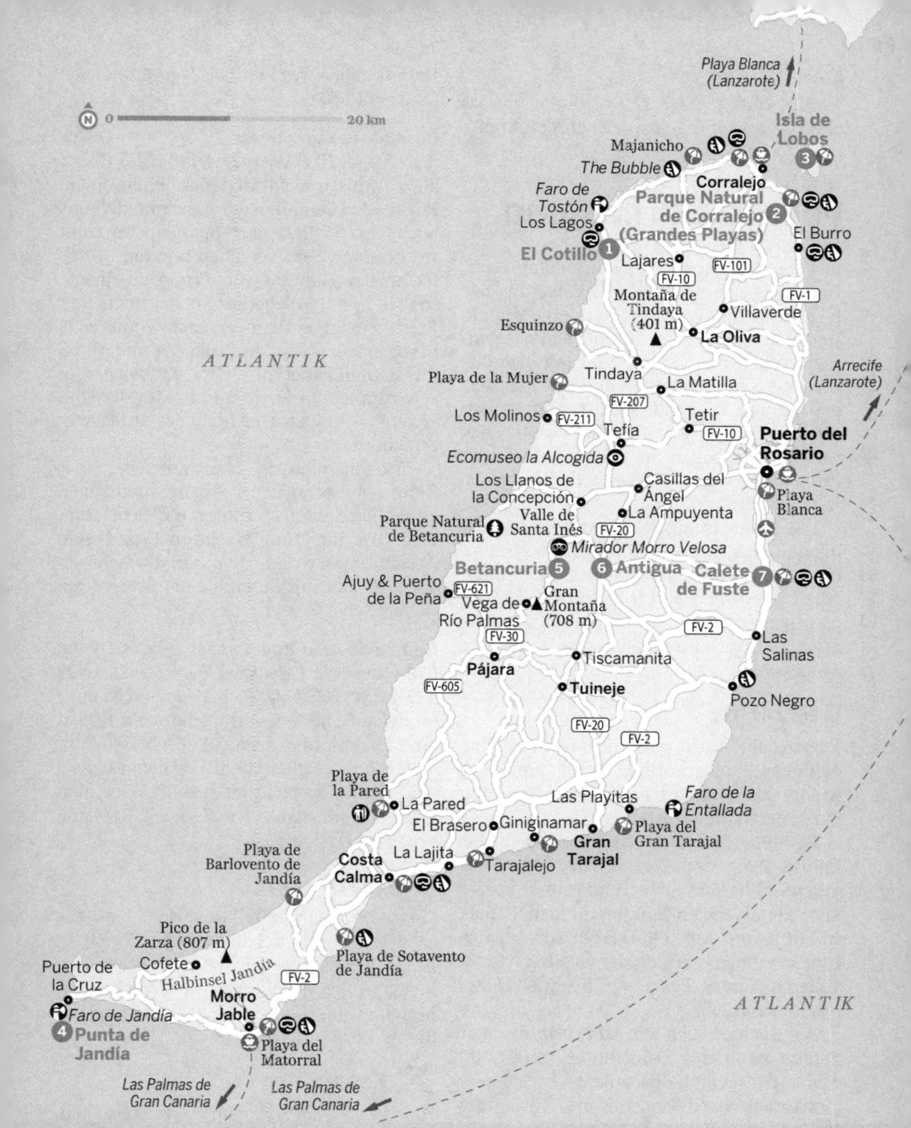

Highlights auf Fuerteventura

1 Surfen, Windsurfen oder nur Kaffee und Kuchen in der ruhigen Küstenstadt **El Cotillo** (S. 96) genießen

2 Schuhe aus und radschlagen in dem weichen, pudrigen Sand im **Parque Natural de Corralejo** (S. 92)

3 Auf in die wundervollen Wellen vor der **Isla de Lobos** (S. 95), einem der supercoolen Surfspots von ganz Fuerteventura

4 Jede Menge Seafood essen am Ende der Inselwelt in **Punta de Jandía** (S. 103)

5 Den geschichtsträchtigen und dennoch heute beschaulichen Ort **Betancuria** bestaunen, der eingebettet in einem grünen Tal liegt (S. 84)

6 Den berühmten Majorero-Käse im **Museo del Queso Majorero** (S. 86) in Antigua probieren

7 Sich eine aromatische entspannende Thalassotherapie im **Balneario Thalasso** (S. 89) am Strand von Caleta de Fuste gönnen

BUS

Tiadhe verfügt über 17 Busrouten, die zu allen wichtigen Orten auf der Insel führen.

PUERTO DEL ROSARIO

29 012 EW.

In Puerto del Rosario, der Inselhauptstadt, wohnt über die Hälfte der Bevölkerung der Insel. Die relativ moderne, kleine Hafenstadt hat sich erst im 19. Jh. richtig entwickelt. Wer zur Insel fliegt oder mit dem Bus unterwegs ist, wird auf jeden Fall hier vorbeikommen. Die Stadt wirkt mit ihren ausgedehnten Vororten auf den ersten Blick verwirrend, aber in der Altstadt hinter der Promenade liegt der Großteil der Läden, Bars und Restaurants.

Die lange wenig beachtete Hauptstadt bemüht sich, ein paar Touristen mit Skulpturen und Graffiti an verschiedenen Standorten der Innenstadt anzulocken. Es gibt hier keine großen Attraktionen, aber die Stadt lohnt sich für einen Bummel und eine Mittagsrast.

Geschichte

Puerto del Rosario, einst nicht mehr als eine Handvoll Fischerhütten, wurde 1860 aufgrund seiner strategischen Lage als Hafen zur Hauptstadt der Insel.

Bis 1956 hieß die Stadt Puerto de las Cabras nach den Ziegen, die wegen des Wassers hierherkamen (und wurde später zum Hauptausgangspunkt für den Export in Form vom Koteletts). Wohl zur Aufwertung des Images erhielt der Ort den würdevolleren Namen Puerto del Rosario (Hafen des Rosenkranzes).

Als Spanien sich im Jahr 1975 aus der Sahara zurückzog, schickte es rund 5000 Mann der Legión Extranjera (Fremdenlegion) nach Fuerteventura, um Nordafrika im Auge zu behalten. Die riesige Kaserne in Puerto del Rosario wird noch genutzt, obwohl inzwischen weniger als 1000 Legionäre hier sind.

Sehenswertes

In der Touristeninformation gibt's den Führer *Puerto on Foot*. Darin ist eine gut verständliche Karte mit einem Rundweg zu 16 Skulpturen im Zentrum abgedruckt. Es gibt auch eine Karte zu den Wandmalereien der Stadt. Die Fußgängerzone Avenida 1 de Mayo führt in westlicher Richtung von der Hauptkirche weg und ist gesäumt von Läden und Bars.

Casa Museo Unamuno MUSEUM

(Calle Rosario 11; Mo–Fr 9–14 Uhr) GRATIS Dieses kleine Museum würdigt den Philosophen Miguel de Unamuno, der hier im Exil lebte, nachdem er 1924 aus Spanien verbannt worden war. Sein Vergehen bestand in Kritik an der Diktatur von Primo de Rivera, sowohl in mündlicher als auch schriftlicher Form. Später entkam er nach Frankreich, bevor er nach der Machtübernahme durch die Republikaner im Jahr 1931 wieder in sein Amt als Professor und Rektor der Universität Salamanca in Spanien zurückkehren konnte.

Das eingeschossige Haus mit seinen vier Zimmern ist noch im Stil der damaligen Zeit eingerichtet, darunter ein Schlafzimmer (bis hin zum Nachttopf) und sein Arbeitszimmer mit dem Originalschreibtisch. Es gibt im Museum auch Broschüren in englischer Sprache.

Centro de Arte Juan Ismael KUNSTZENTRUM

(Calle Almirante Lallermand 30; Di–Sa 10–13 & 17–21 Uhr) GRATIS Das Kunstzentrum ist nach einem auf Fuerteventura geborenen Künstler benannt und zeigt Wechselausstellungen. Die surrealistischen Werke von Ismael sind hier zwar nicht ausgestellt, aber man kann sowohl Souvenirs als auch Repliken seiner Werke kaufen.

Festivals

Fiesta de la Virgen del Rosario RELIGION

(7. Okt.) Puerto del Rosario putzt sich zu Ehren der Virgen del Rosario, der Schutzheiligen der Insel, heraus. Prozessionen begleiten das Bild der Jungfrau, wenn sie durch die Stadt getragen wird.

Essen

Hier kann man gut zum Essen ausgehen, denn die Auswahl ist groß, und die Preise sind moderat. Der lokale **mercado** (Markt; Calle Teófilo Martínez Escobar) ist winzig, aber ein guter Ort, um den berühmten Ziegenkäse der Insel zu probieren (und zu kaufen).

★ **Casa Toño** SPANISCH €€

(928 34 47 36; Calle Alcalde Alonso Patallo 8; Hauptgerichte 12–20 €; Mo–Sa 13–16 & 19 Uhr–open end) Ein Tisch in diesem beliebten Restaurant, das die Gastronomieszene in Puerto del Rosario deutlich aufwertet, muss unbedingt im Voraus reserviert werden. Die

Spezialität ist scharf angebratener roter Thunfisch. Dazu gibt's jede Menge Tapas mit frischen, lokalen Zutaten. Die Gin-Karte ist mit ihren fast 50 verschiedenen Sorten außergewöhnlich eindrucksvoll.

Mar y Monte SPANISCH €€
(Carretera a los Pozos 6; Hauptgerichte 12–16 €; ⌚13–16 & 19 Uhr–open end) Eines von mehreren Terrassenlokalen an der Playa Chica am südlichen Ende der Stadt. Auf der abwechslungsreichen Karte stehen eine gute Auswahl an Tapas und jede Menge Seafood.

El Cangrejo Colorao SPANISCH €€€
(☎928 85 84 77; Calle Juan Ramón Jiménez 1; Hauptgerichte 14–24 €; ⌚13–16 & 19 Uhr–open end) Dieses Restaurant direkt am Meer versprüht mit seinen weißen Tischdecken und Kellnern mit Fliege einen angenehmen altmodischen Charme. Auf der Speisekarte stehen vor allem Fleischeintöpfe, aber die Einheimischen empfehlen die Seafood-Platten und den frischen Fisch. Für ein Abendessen unbedingt im Voraus reservieren.

Ausgehen

Puerto del Rosario hat ein bescheidenes Nachtleben, das auf die Einheimischen abgestellt ist. Die Bars drängen sich in den engen Gassen der Altstadt, gegenüber der Touristeninformation sowie in den Seitenstraßen der Calle León y Castillo.

Pub La Tierra BAR
(Calle Eustaquio Gopar; ⌚19–24 Uhr) In einer gepflasterten Seitengasse versteckt liegt das La Tierra, ein nettes Plätzchen für gute Drinks an den Tischen im Freien. Rock, Jazz und Blues stehen ganz oben auf der Playlist.

Camelot CLUB
(Calle Ayose 6; ⌚Do–Sa 23–3 Uhr) Bar mit Mittelalterthema und einer Reihe von Bildschirmen mit Musikvideos, in der auch immer wieder lokale DJs auflegen. Sogar Liveauftritte kann man hier erleben, wenn auch von schwankender Güte.

Information

Touristeninformation (www.turismo-puertodelrosario.org; Avenida Marítimo; ⌚Mo–Fr 9–19, Sa 10–13 Uhr) Ein sehr hilfsbereites Fremdenverkehrsamt mit engagiertem Personal, das Informationen zur gesamten Insel bereithält. Liegt an der Promenade gegenüber vom Hotel Roquemar.

Touristeninformation der Provinz (www.visitfuerteventura.es; Almirante Lallermand 1; ⌚Mo–Fr 7–15 Uhr)

An- & Weiterreise

Busse der Fa. **Tiadhe** (☎650 53 28 66; www.tiadhe.com) fahren von der Hauptbushaltestelle gleich hinter der Ecke von Avenida León y Castillo und Avenida Constitución. Hier einige wichtige Verbindungen ab Puerto del Rosario:

FÜR KÄSELIEBHABER ...

Noch mehr als auf den übrigen Kanarischen Inseln ist die traditionelle Küche Fuerteventuras einfach und im Wesentlichen von der früheren Armut geprägt. Einer der Schlüssel ist immer noch die Qualität und Frische der Zutaten.

Da es auf Fuerteventura mehr Ziegen als Menschen gibt (ganz ehrlich!), ist der Ziegeneintopf ein beliebtes Gericht. Aber der Ziegenkäse ist der eigentliche Sieger. Tatsächlich ist der Majorero-Käse so bekannt, dass er wie ein guter Wein die Herkunftsbezeichnung *denominación de origen* trägt, was bedeutet, dass er ausschließlich hier hergestellt wird und nur dann unter diesem Namen verkauft werden darf. Dies ist der erste Käse der Kanarischen Inseln, der in diesen Stand erhoben wurde, und auch der erste Ziegenkäse in Spanien, der dieses Etikett tragen darf.

Kernstück der Herstellung ist die Majorero-Ziege, eine Ziegenzüchtung, die ursprünglich vom spanischen Festland importiert wurde und besonders ertragreich ist. Der Käse wird im Idealfall jung und weich gekauft, wenn die Rinde noch pudrig-weiß ist, die dann mit der Reifung allmählich gelb wird. Als einer der besten Ziegenkäse Europas ist der Majorero fetthaltig und butterzart mit einem Nussaroma, das besonders gut zu Früchten passt. Die Laibe werden oft mit einer Schicht aus Öl, Getreidemehl (*gofio*) oder Paprika verkauft, um sie zu konservieren. Der beste Ort, um einen Laib *queso* zu kaufen, ist ein Bauernmarkt, auf dem stets mehrere Käsestände zu finden sind. Hier kann man ruhig um eine Kostprobe bitten.

Wer mehr über diesen Käse – und die Ziegen – erfahren möchte, sollte sich das Museo del Queso Majorero (S. 86) in Antigua ansehen.

MEHRFACHKARTE FÜR DEN BUS

Wer beabsichtigt, recht häufig mit dem Bus zu fahren, sollte sich eine BtF Bono Card (15 €) besorgen. Dann dem Fahrer das Fahrtziel nennen, und er wird die Karte entsprechend entwerten. Man spart 30 % pro Fahrt, und zwei oder mehr Personen können sich eine Karte teilen. Die Karte kann im Bus gekauft werden. Achtung: Busfahrer akzeptieren keine 50-Euro-Scheine.

Bus 1 Morro Jable via Costa Calma (10 €, 2 Std., min. 12-mal tgl.)

Bus 2 Vega de Río Palmas via Betancuria (3,30 €, 50 Min., 3-mal tgl.)

Bus 3 Caleta de Fuste via Flughafen (1,50 €, 30 Min., min. 18-mal tgl.)

Bus 6 Corralejo (3,40 €, 40 Min., min. 16-mal tgl.)

Bus 7 El Cotillo (4,35 €, 45 Min., 3-mal tgl.)

Unterwegs vor Ort

Obwohl die Stadt kontinuierlich wächst, ist es relativ einfach, sich in dem Straßensystem aus lauter Rechtecken zurechtzufinden. Es gibt einen großen, kostenlosen Parkplatz gleich hinter dem Markt, wenn man auf der Avenida Marítimo gen Osten fährt.

Einer der Stadtbusse fährt stündlich eine Runde durch die Stadt. Wer ein **Taxi** braucht, muss es telefonisch bestellen (☎ 928 85 02 16, 928 85 00 59).

ZUM/VOM FLUGHAFEN

Bus 3 pendelt auf der Strecke zum Flughafen. Die Fahrt dauert 10 bis 15 Minuten und kostet 1,30 €. Ein Taxi fährt für rund 10 € dorthin.

DAS ZENTRUM

Das Inselinnere von Fuerteventura bietet die geografisch vielseitigsten Landschaften auf dieser hauptsächlich aus Wüste bestehenden Insel. Hinter den den afrikanisch anmutenden Palmenoasen von Vega de Río Palmas im Süden ragen die Berge des Parque Natural de Betancuria empor. Die West- und die Ostküste sind geprägt von Felsklippen mit kleinen schwarzen Kiesstränden und einfachen Fischerdörfern.

Dazu wiederum im Kontrast stehen die kupferfarbenen Ebenen rund um das zentrale Antigua, auf denen immer wieder Windmühlen stehen, die schon einige Jahrhunderte alt sind. Dies ist die Art von Landschaft, bei der man sich wünscht, man hätte in ein Weitwinkelobjektiv investiert. In dieser Gegend gibt es einige der schönsten Strecken der Insel, insbesondere rund um Betancuria und Tefía.

Betancuria

800 EW.

Dieser hübsche Weiler mit üppiger Vegetation liegt geschützt in den Falten der Basalthügel und ist eine Ansammlung von Trockenmauern, Palmen und einfachen, weiß gekalkten Bauernhäusern. Über dem beschaulichen Örtchen thront eine prächtige Kirche mit Hof aus dem 17. Jh.

Jean de Béthencourt fand diesen Flecken ideal, um sich hier 1405 niederzulassen, und ließ daher Wohnhäuser und eine Kapelle erbauen. Dieser bescheidenen Siedlung gab er eher unbescheiden seinen eigenen Namen, der dann im Laufe der Jahre in Betancuria abgewandelt wurde. Im Laufe des 15. Jhs. hielten Franziskanermönche Einzug und bauten die Stadt weiter aus. In Anbetracht seiner Größe ist es erstaunlich, dass dieser Ort bis 1834 die Inselhauptstadt war. Die Nähe von Fuerteventura zur nordafrikanischen Küste machte die Insel zur leichten Beute für marokkanische und europäische Piraten, die Betancuria trotz seiner Gebirgslage des Öfteren einnahmen und plünderten.

Heute ist Betancuria ziemlich touristisch mit mehrsprachigen Speisekarten, Souvenirläden und Museumsmitarbeitern im traditionellen Gewand. Der Besuch lohnt sich immer noch sehr, allerdings kommt man besser frühzeitig und noch vor den ersten Touristenbussen.

Sehenswertes

Wer von Norden kommt, hält links nach den Ruinen des ersten **Klosters** der Insel Ausschau, das von den Franziskanern erbaut wurde. Für eine so kleine Anlage gibt es hier eine Menge zu sehen.

Casa Santa María MUSEUM

(Erw./Kind 6/3 €; ⌚ Mo–Sa 10–16 Uhr; 👪) Dieses Museum ist ganz klar auf Touristen ausgelegt, lohnt aber dennoch einen Besuch. Der deutsche Besitzer, Reiner Loos, kaufte das weitläufige Anwesen in den 1990er-Jahren und verbrachte einige Jahre damit, traditio-

SPORTLICHE MÖGLICHKEITEN

Fuerteventura ist das ganze Jahr über ein wunderbares Reiseziel für Sportbegeisterte. Auch wenn das Surfen in den Wellen oder das Segeln darüber die Lieblingssportarten sind, gibt es auch weniger adrenalinträchtige Betätigungsmöglichkeiten. Die friedliche, aber ausdrucksstarke Landschaft Fuerteventuras bietet tolle Möglichkeiten zum Wandern. Oasen, Vulkankrater, verlassene Haciendas und die zerklüftete Küste warten auf die Unerschrockenen. Das Naturschutzgebiet Isla de Lobos ist ebenfalls hervorragend zum Wandern; biegt man dort nach dem Verlassen der Fähre gleich rechts ab, kommt man auf einen Rundwanderweg um die Insel. Hier gibt's auch den Aufstieg zur Caldera de la Montaña – lohnt sich sehr für die berauschenden Ausblicke.

Jenseits der Wanderwege ist das Mountainbiken auf Fuerteventura eine komplett andere Erfahrung. „Radfahren im Inselinneren ist ein wenig wie Radfahren auf dem Mond", sagte einst ein Radfan. In den meisten Urlaubsorten gibt's einen Fahrradverleih. Die Touristeninformation hat ein Exemplar der Karte Eco-Fuerteventura mit Einzelheiten zu Wander- und Radrouten auf der gesamten Insel.

Wer gerne den Golfschläger schwingen möchte, findet in Caleta de Fuste den ersten Golfplatz mit Auszeichnung der PGA, den Fuerteventura Golf Club. Oder man nutzt das stürmische Klima und lässt Drachen steigen. Wer Anfang November in Corralejo ist, erlebt möglicherweise das dreitägige Drachenfest am Strand mit, wenn Hunderte von Drachen den blauen Himmel wie ein Schwarm leuchtend bunter Schmetterlinge bevölkern.

nelle Handwerkskünste und alte Landwirtschaftsgeräte zu sammeln und den Garten wundervoll zu gestalten. Drinnen kann man Handwerkern beim Arbeiten zusehen, einheimischen Käse und *mojo* (pikante Sauce) probieren und sogar den „virtuellen Ziegenstall" besuchen. Das Highlight ist jedoch ein wirklich gekonnt produzierter 3-D-Unterwasserfilm über das Leben vor der Küste, in dem sogar eine der sehr seltenen grünen Schildkröten vorkommt.

Museo Arqueológico de Betancuria MUSEUM
(Calle Roberto Roldán; Erw./Kind 2 €/frei; ⌚ Di–Sa 10–18 Uhr) Archäologie-Freaks sollten sich dieses bescheidene, aber interessante Museum ansehen. Es konzentriert sich auf die indigenen Guanchen-Stämme und zeigt sogar ein Skelett, das in einem hiesigen Grab gefunden wurde und vermutlich 600 bis 1000 Jahre alt ist. Es gibt auch ein paar Artefakte aus der Zeit des alten Roms. Im Eintritt inbegriffen ist eine hervorragende Broschüre (in englischer Sprache).

Iglesia de Santa María KIRCHE
(Calle Alcalde Carmelo Silvera; Eintritt 1,50 €; ⌚ Mo–Sa 10–16 Uhr) Diese Kirche stammt aus dem Jahr 1620 und hat einen prachtvollen Steinboden, eine Holzdecke und einen aufwändigen Barockaltar. Nicht verpassen sollte man die Sakristei mit ihrer Ausstellung an Gewändern, Altarzubehör und der geschnitzten Holzdecke in Gold- und Rottönen. Piraten zerstörten den gotischen Vorgängerbau der Kirche im Jahr 1593. Die Eintrittskarte gilt auch für das **Museo de Arte Sacro** nebenan, das die übliche Sammlung an religiösen Gemälden und Statuen zeigt.

Festivals

Día de San Buenaventura RELIGION
(⌚ 14. Juli) Die Einheimischen ehren ihren Schutzheiligen am Día de San Buenaventura mit einem traditionellen Fest, das bis auf das 15. Jh. zurückgeht.

Essen

Valtarajal KANARISCH €
(Calle Juan de Bethencourt; Raciónes 6–8 €; ⌚ Mo–Sa 13–16 & 19 Uhr–open end) Dieses gemütliche Lokal wirkt sehr authentisch und serviert eine gute Auswahl an *raciónes* (große Tapas-Portionen).

Casa Santa María MODERN KANARISCH €€€
(☎ 928 87 82 82; www.restaurantecasasantamaria.com; Plaza Santa María de Betancuria 1; Hauptgerichte 20–25 €; ⌚ Mo–Sa mittags–17 Uhr) Gleich neben dem Museumskomplex steht dieses Restaurant, das aussieht, als sei es aus Andalusien hierherverpflanzt worden. Am schönsten sitzt man hier in dem mit Blumen geschmückten Innenhof. Auf der Speisekarte steht Ziege in allen möglichen Variationen – von gebacken bis zu gebraten mit Käse und Chutney, oder auch bunte Salate, in denen mal wieder Ziegenkäse eine Hauptrolle spielt. Etwas teurer, aber das Geld wert.

An- & Weiterreise

Bus 2 (2,80 €, 50 Min.) kommt dreimal täglich hier auf dem Weg von Puerto del Rosario nach Vega de Río Palmas vorbei, das nur ein kleines Stück weiter südlich liegt.

Südlich des Zentrums gibt's einen kleinen, kostenlosen Parkplatz.

Rund um Betancuria

In dieser Gegend gibt es tolle Landschaften und viele Aussichtspunkte mit weit reichender Sicht und einem umwerfenden Panorama. Zunächst einmal wäre da einige Kilometer nördlich von Betancuria an der FV-30 ein praktischer **Aussichtspunkt** (auf beiden Straßenseiten), wo die verschiedenen Berggipfel am Horizont erklärt werden. Die riesigen Statuen hier sind die beiden Stammesfürsten aus prähispanischen Zeiten, Ayose and Guize.

Ein Stück weiter bietet der **Mirador de Morro Velosa** (www.artesaniaymuseosdefuerteventura.org; Mo–Sa 10–18 Uhr) GRATIS faszinierende Ausblicke über die seltsame, trostlos anmutende Mondlandschaft der Insel. Hier kann man eine Rast in der Bar einlegen, in der es große Panoramafenster und eine Ausstellung gibt, welche die Landschaft und die Umgebung erläutert.

Die Aussicht ist fast ebenso spektakulär auf der Höhe des Passes, über den die Straße FV-30 hinüberführt, bevor sie sich weiter nördlich durch das Minidorf Valle de Santa Inés schlängelt.

Im hübschen **Casillas del Ángel** an der FV-20 beherbergt die zierliche **Iglesia de Santa Ana** eine Holzskulptur der heiligen Anna aus dem 18. Jh. Vorzügliches Essen gibt es bei **La Era** (633 113888; Carretera General de Casillas del Ángel; Hauptgerichte 14–22 €; Di–So 13–16 & 19 Uhr–open end) am westlichen Ende der Stadt. Ein langes, niedriges Gebäude in Ockertönen mit elegantem Gastraum lockt Geschäftsleute aus der ganzen Umgebung mit seiner Speisekarte voller traditioneller, vorzüglich zubereiteter Speisen. Unbedingt im Voraus reservieren.

Fährt man südlich von Betancuria nach Pájara kommt man bald in die kleine Oase **Vega de Río Palmas** (Fruchtbare Ebene des Flusses Palma). Wer näherkommt, versteht auch den Grund für diesen Namen – die Straße folgt einem fast ausgetrockneten Wasserlauf, der unter der Oberfläche immer noch genügend Wasser führt, um die Palmen am Leben zu erhalten.

Antigua

1800 EW.

Im 18. Jh. trug das verschlafene Nest Antigua – wenn auch nur für ein einziges Jahr – den Titel der Hauptstadt. Heute ist die Gemeinde ein angenehmer Ort für einen Bummel durch die Straßen, bevor man das hervorragende Museum besucht. Hier gibt's einen Geldautomaten und eine Tankstelle, falls Geldbörse oder Auto wieder aufgetankt werden müssen.

Sehenswertes

★ **Museo del Queso Majorero** MUSEUM
(646 972202; www.artesaniaymuseosdefuerteventura.org; Erw./Kind 2 €/frei; Di–Sa 10–18 Uhr; P) Dieses neue Museum ist eines der besten der Insel mit vielen interaktiven Exponaten, darunter sogar ein „virtueller Melkstand"! Kinder mögen die Ausstellungsstücke zur den auf der Insel lebenden Pflanzen und Tieren, die sie sich auf Knopfdruck erklären lassen können, während Erwachsene sich über die Herstellung des landestypischen Majorero-Käses informieren können und Tipps zum Verkosten des fertigen Erzeugnisses bekommen. Es gibt einen Shop, der ein Käsesortiment verkauft, in dem man gegenwärtig jedoch leider nichts probieren kann.

Hier gibt's auch eine restaurierte Windmühle, die man hinaufklettern kann, bevor man den Kakteengarten und den Shop besucht. Alle Einnahmen aus dem Shop gehen direkt an die Kunsthandwerker.

Iglesia de Nuestra Señora de Antigua KIRCHE
(10–14 Uhr) Eine der ältesten Kirchen der Insel steht auf dem Platz einer Kapelle aus dem 16. Jh. Die Kirche ist umgeben von einem angenehmen Platz; innen ist vor allem der hübsche pink und grün bemalte Altar sehenswert.

An- & Weiterreise

Bus 1 (2,15 €, 30 Min.) kommt hier auf der Strecke zwischen Puerto del Rosario und Morro Jable vorbei.

Rund um Antigua

Die Orte La Ampuyenta und Tiscamanita sind nur mit einem eigenen Fahrzeug zu erreichen.

ABSTECHER

AJUY & PUERTO DE LA PEÑA

Mit dem eigenen Fahrzeug gelangt man mit einem Umweg von 9 km von Pájara in Richtung Nordwesten nach Ajuy und danach nach Puerto de la Peña. Die Siedlungen sind so klein, dass man hindurch ist, wenn man nicht schnell genug bremst. Der schwarze Sandstrand ist eine nette Abwechslung zu den großartigen goldenen Nachbarn im Süden der Península de Jandía. Die Einheimischen und Fischerboote sind hier in der Überzahl, und am Strand gibt's einige einfache Seafood-Lokale, die fangfrischen Fisch auftischen.

Wer sich am frischen Fisch gesättigt hat, kann ihn bei einem 40-minütigen Rundwanderweg an der Küste wieder abtrainieren. Der Weg startet am nördlichen Ende des Strandes und kommt an einem alten Kalksteinofen vorbei, bevor er schließlich zu einigen eindrucksvollen Höhlen an der Vorderseite der Klippen führt.

Sehenswertes

Ermita de San Pedro de Alcántara KAPELLE

Im winzigen Dörfchen La Ampuyenta steht die Ermita de San Pedro de Alcántara aus dem 17. Jh. Die *ermita* (Kapelle) ist umgeben von einer dicken Schutzmauer, die von Franzosen aus der Normandie erbaut wurde. Innen sind die Wände des Kirchenschiffes mit großen, beeindruckend naiven Fresken aus dem Jahr 1760 gestaltet. Obwohl der Vergleich mit den Sixtinischen Kapellen etwas weit hergeholt erscheint, sind die Wandgemälde mit ihren Pastellfarben und der einfachen Ausführung zweifellos auf ihre Art sehr beeindruckend.

Am besten besichtigt man die Kapelle bei einem kostenlosen geführten Rundgang ab dem **Centro de Interpretación de Las Ermitas de Fuerteventura** (geführte Touren Di–Sa 10.30, 12.30, 14.30 & 16.30 Uhr) GRATIS. Neben der Kapelle wird bei der Führung auch die Casa Museo Doctor Mena aus dem 19. Jh. erläutert, außerdem das Geburtshaus von Fray Andresito, einem Franziskanermönch, der im Jahr 1800 in La Ampuyenta geboren wurde.

Los Molinos Centro de Interpretación MUSEUM

(www.artesaniaymuseosdefuerteventura.org; Erw./Kind 2 €/frei; Mo–Sa 10–18 Uhr) Diese noch voll funktionstüchtige Windmühle hat ein kleines Informationszentrum mit sämtlichen Informationen zu Windmühlen, die man sich nur wünschen kann. (Eine Broschüre gibt es nur in englischer Sprache.) Als wir sie besuchten, war die Mühle ohne Müller, allerdings konnte man trotzdem *gofio* (gemahlenes, geröstetes Getreide, das traditionell in der kanarischen Küche als Grundnahrungsmittel anstelle von Brot verwendet wird) probieren. Die Mühle steht in Tiscamanita, 9 km südlich von Antigua.

Pájara

2000 EW.

Pájara ist eine grüne Oase inmitten einer Wüstenlandschaft. Aber wesentlich bekannter als für seine landschaftliche Umgebung ist der Ort wegen seiner einzigartigen Kirche aus dem 17. Jh., der **Iglesia de Nuestra Señora de Regla.** Für ihre äußere Gestaltung spielen Tiermotive, die dem Vorbild der aztekischer Kunst folgen, eine Rolle. Die schlichten Altarretabeln hinter dem Alter zeugen ebenfalls von mexikanischem Einfluss und sind etwas zurückhaltender als die Barockexzesse auf dem spanischen Festland (rechts vom Eingang eine Münze in den Automaten werfen, damit das Licht angeht). Unbedingt auch nach oben schauen, dort gibt's eine prachtvoll geschnitzte Holzdecke zu bestaunen.

Essen

Es gibt mehrere anständige Restaurants sowie eine außergewöhnliche Übernachtungsmöglichkeit (S. 243) in der Stadt.

Ca'Luisa CREPERIE €

(Calle Nuestra Señora de Regla 19; Crepes 3–5 €; Di–So 13–16 & 19 Uhr–open end) Wenn man langsam von Tapas genug hat, dann sorgen die süßen und wirklich leckeren Crepes in diesem freundlichen Café für eine willkommene Abwechslung.

Casa Isaítas KANARISCH €€

(928 16 14 02; www.casaisaitas.com; Calle Guize 7; Hauptgerichte 10 €; 10–16.30 Uhr;) Das Restaurant befindet sich in dem gleichnamigen Hotel und ist die erste Adresse der Stadt. Die vielfältige Speisekarte umfasst viele herzhafte Suppen und Eintöpfe, einige interessante Tapas und ein gutes Angebot für Vegetarier.

ABSTECHER

SCHÖNE AUTOTOUREN: FUERTEVENTURA

Die Fahrt zwischen **Betancuria** und **Pájara** an der FV-30 ist eine der spektakulärsten auf der Insel, obgleich man dafür schon schwindelfrei sein sollte. Die schmale Straße windet sich zwischen einer dahinfließenden Landschaft aus Vulkangipfeln und Lavafeldern hindurch. Gelegentlich ist auch das Meer in der Ferne zu sehen. Im Frühjahr werden die Gipfel überraschend grün; ein lebendiges Grün, das mit den satten Ocker- und Rottönen des Bodens kontrastiert.

Die Reise von **La Pared** zur südlich gelegenen **Península de Jandía** ist fast dramatisch. Fuerteventura ist relativ flach im Vergleich zu Lanzarote und den anderen Inseln weiter westlich, aber wer sich durch diese einsame und spektakulär raue Landschaft bewegt, hat kaum diesen Eindruck.

An- & Weiterreise

Bus 18 (3,30 €, 30 Min., 3-mal tgl.) verkehrt zwischen Pájara und Gran Tarajal. Von dort hat man Anschluss nach Puerto del Rosario und Morro Jable.

An der Straße gibt's reichlich Parkplätze, und ein kostenloser Parkplatz befindet sich gleich südlich der Kirche, gegenüber vom Landgasthaus Casa Isaítas.

Caleta de Fuste & Umgebung

Dieser elegante, schön gestaltete Ferienort erinnert stark an Südkalifornien, vor allem rund um das ausgedehnte Barceló-Resorthotel direkt am Hauptstrand. Caleta wird oft (vor allem auf Straßenschildern) wegen des gedrungenen Martello-Turms im Hafen als El Castillo bezeichnet. Es liegt in der Nähe des Flughafens, und für Familien mit kleinen Kindern ist die lange Sandbucht mit dem flachen Wasser ideal. Wer sich jedoch einen typisch kanarischen Urlaubsort wünscht, sucht besser weiter, denn dies ist ein künstlich hochgezogener typischer Touristenort. Fairerweise muss man jedoch zugeben, dass es hier erholsam zugeht und es auch ein paar gute Hotels und wirklich ordentliche Restaurants gibt.

Strände

Playa del Castillo STRAND

Vor dem Ferienort erstreckt sich eine weiße Sandbucht mit Volleyballnetz und der Gelegenheit zum **Kamelreiten** (12 €, 30 Min. für 2 Personen). Der Strand ist besonders für Familien ein idealer Platz, auch wenn er nur eine eher dürftige Alternative zu den ausgedehnten welligen Dünen und den schier endlosen Sandstränden von Corralejo und Jandía darstellt.

Sehenswertes & Aktivitäten

Museo de la Sal MUSEUM

(Salt Museum; Las Salinas; Erw./Kind €5/frei; Di–Sa 10–18 Uhr) Gleich südlich von Caleta gelegen zeigt dieses Museum eine audiovisuelle Ausstellung zur Geschichte des Salzes und auf welche Art es aus dem Meer gewonnen wird. Das Salzmuseum liegt direkt am Meer, nahe bei den noch heute in Betrieb befindlichen Salinen.

Wassersport

Deep Blue TAUCHEN

(606 275468; www.deep-blue-diving.com; Orientierungstauchen 23 €, Open-Water-Tauchkurs 390 €;) Diese etablierte Tauchschule gleich am Hafen bietet komplette Kurse, einzelne Tauchgänge für zertifizierte Taucher (ab 30 €), Kinderkurse (45 €) und Schnorchelausflüge (20 €) an.

Fuerte Fun Center WINDSURFEN

(www.fuerte-surf.com; Playa de Caleta de Fuste; Ausrüstung pro Std./Tag /Woche 25/60/220 €; So–Fr 10–17 Uhr) Am anderen Ende des Strands bietet dieser zuverlässige Anbieter vierstündige Anfängerkurse im Windsurfen für 90 € einschließlich Ausrüstungsverleih. Vermietet auch Stand-Up-Paddleboards (15/40 € pro Std./Tag).

Bootsausflüge

Oceanarium Explorer BOOTSAUSFLÜGE

(928 54 76 87; Puerto Castillo Yachthafen;) Dieser Anbieter hat eine Reihe familienfreundlicher Aktivitäten im Programm, einschließlich halbtägiger Angeltrips (ab 70 €). Er hat einenKajak- und Jet-Ski-Verleih (ab 6 € pro Std.). Begegnungen mit Seelöwen und Bootsausflüge (Erw./Kind 40/20 €), bei denen man möglicherweise Delphine und Wale sichtet, werden ebenfalls angeboten.

Golf

Fuerteventura Golf Club GOLF
(www.fuerteventuragolfclub.com; Carretera de Jandía; 18 Löcher 75 €) Dieser Club verfügt über erstklassige Einrichtungen, darunter auch einen Pro-Shop und einen professionellen PGA-Golfer auf dem Platz, und erstreckt sich über wahrhaft riesige anderthalb Quadratkilometer Fläche.

Radfahren

Caleta Cycles RADFAHREN
(☎676 600190; Hotel Los Geranios; Touren 30–50 €) Das Unternehmen unter britischer Leitung organisiert geführte Radtouren und verleiht auch Räder (10 € pro Tag).

Thalassotherapie

Balneario Thalasso SPA
(☎928 16 09 61; www.barcelo.com; Calle Savila 2; Spa-Programm 25 €, 1 Std. Massage ab 60 €) Das Glasgebäude am Strand mit dem riesigen Schild „Thalasso" ist gar nicht zu übersehen. Hier gibt's eine Reihe von Behandlungen zur Auswahl – probieren sollte man die „Total Aloe" (99 €), ein Mix aus Peeling, Wickeln und Massage, für die Aloe von der Insel verwendet wird, oder man genießt einfach nur die verschiedenen Whirlpools und Düsen im Spa-Bereich. Gäste, die im Barceló wohnen, erhalten einen Preisnachlass.

Essen & Ausgehen

★ **Frasquita** SEAFOOD €€
(☎928 56 69 98; Playa de Caleta de Fuste; Hauptgerichte 15 €; ⏲Di–So 13–16 & 19 Uhr–open end; Ⓟ) Dies ist eines der besten Restaurants auf der Insel für frisches Seafood, auch wenn es mit seinen Plastiktischen und -stühlen sehr ungemütlich wirkt. Es gibt keine Speisekarte, nur eine Platte mit dem Fang des Tages und Seafood, auf die man zeigt. Wer einen Platz im verglasten Gastraum mit Blick auf den Strand möchte, muss im Voraus buchen.

Los Caracolitos SEAFOOD €€
(☎928 17 42 42; Salinas del Carmen 22; Hauptgerichte 10–15 €; ⏲So abends; Ⓟ) An der Küste über den Salinen ist dieses Restaurant eine gute Alternative zu den üblichen Touristenspeisekarten in den Urlaubsorten. Fisch und Seafood sind hier die Hauptzutaten, und Traveller schwärmen von der Suppe mit Krustentieren. Liegt 2 km südlich von Caleta de Fuste; wer nicht an der Küste entlanglaufen möchte, kann auch den kostenlosen Shuttle-Service des Restaurants nutzen.

El Faro BAR
(Puerto Castillo; ⏲19–24 Uhr) Auf einem Kai, der in das Meer ragt, ist diese mondäne, verglaste Bar die Top-Adresse für einen Cocktail zum Sonnenuntergang. Es gibt auch eine gute Bierkarte, und die Küche liefert leichte Snacks. Die Bar gehört zur Barceló-Anlage, ist aber für alle Gäste geöffnet.

Praktische Informationen

Touristeninformation (Centro Comercial Castillo; ⏲Mo–Fr 9–15 Uhr) Hier gibt's zwar Broschüren, aber der Stand ist nur selten mit Personal besetzt.

DER NORDEN

Straße nach La Oliva

Die Straße FV-10 nach Westen von Puerto del Rosario ins Inselinnere führt durch die für Fuerteventura typische Landschaft: Ockerfarbener Boden und Vulkane in der Ferne schaffen eine karge Landschaft aus wechselnden Farben und Formen, je nach Sonnenstand. Bevor man den Bergrücken überquert, der das Rückgrat der Insel bildet, führt die Straße durch die verschlafenen Nester **Tetir** und **La Matilla.** Die winzige Kapelle von 1902 in letzterem Dorf ist ein gutes Beispiel für die einfachen, volkstümlichen Bauten der Kanaren – funktional, relativ schmucklos und ästhetisch ansprechend.

Rund 7 km südlich von La Matilla und 1 km hinter dem Dorf Tefía an der FV-207 liegt das **Ecomuseo la Alcogida** (Erw./Kind 5 €/frei; ⏲Di–Sa 10–18 Uhr; 👪), ein restauriertes landwirtschaftliches Anwesen mit möblierten Häusern, Außenanlagen und Haustieren (auch wenn die angeketteten Hunde nach einer sehr überkommenen „Landidylle" aussehen). Insgesamt gibt es einen interessanten Einblick in das harte Bauernleben der nicht allzu entfernten Vergangenheit. Einheimische Handwerker arbeiten in einigen Gebäuden der Siedlung und stellen Spitze und Weidenkörbe her. Es gibt auch Erklärungen (auf Englisch) sowie einen Souvenirladen und eine Bar.

Weiter westlich führt die FV-211 von Tefía nach Los Molinos. Dies ist eine weitere schöne Autofahrt auf einer Straße, die sich um Hügel schlängelt, auf denen immer wieder hohe Palmen oder Ziegenherden stehen. Unterwegs ist die alte Windmühle nicht zu übersehen, mit der Getreide für die Produktion von *gofio* gemahlen wurde und die gegenüber einem auffälligen Observatorium mit weißer Kuppel steht.

Die Straße schlängelt sich weiter hoch und über den Bergrücken, bevor sie auf der anderen Seite dramatisch in eine klaffende Schlucht hinab und in das winzige **Los Molinos** führt. Dies sind nicht viel mehr als ein paar einfache Häuser an einem grauen Steinstrand mit Wegen in den Klippen nach Osten und vielen Ziegen, Gänsen und streunenden Katzen. Wer hier anhält, sollte unbedingt eine Mahlzeit mit Seafood am Strand im **Restaurante Casa Pon** (Hauptgerichte 8–14 €; ⏲ Di–So 13–16 & 19 Uhr–open end) einnehmen und dabei den anbrandenden Atlantikwellen zuschauen.

Ein paar Kilometer nördlich von Los Molinos, erreichbar über eine unbefestigte Piste, liegt **Playa de la Mujer,** ein verlockender Sandstrand, der besonders bei Surfern ziemlich beliebt ist.

Wer die FV-10 anstatt der Küstenstraße nimmt, sollte auf die an einem eindrucksvollen Ort errichtete Statue von Miguel de Unamuno achten, die auf halber Höhe an der **Montaña Quemado** steht – ein Ort, von dem der Schriftsteller sich einst gewünscht hatte, dort begraben zu werden.

Bus 7 von Puerto del Rosario nach El Cotillo fährt dreimal täglich durch Tetir, La Matilla und Tindaya. Bus 2 (1,70 €, 20 Min., 2-mal tgl.) zwischen Puerto del Rosario und Vega de Río Palmas kommt durch Tefía. Es gibt keine Busse nach Los Molinos, aber die Straße ist in gutem Zustand und malerisch schön, sofern man ein eigenes Fahrzeug hat.

La Oliva

1370 EW.

In La Oliva, der einstigen Hauptstadt der Insel – wenn sie es auch nur de facto und nicht de jure war –, zeugen immer noch ein paar Spuren von früheren besseren Zeiten. Der wuchtige Glockenturm aus dem 18. Jh. der **Iglesia de Nuestra Señora de la Candelaria** ist in gewisser Weise der Bezugspunkt der Stadt. Seine Masse aus schwarzem Vulkangestein steht in scharfem Kontrast zu den weiß ausgeblichenen Mauern der Kirche selbst.

Sehenswertes

Kunst- und Geschichtsfans finden in La Oliva genug, was sie glücklich macht. Wer kann, legt seinen Besuch auf einen Dienstag oder Freitag, wenn ein Markt für Lebensmittel und Kunsthandwerk (⏲ 10–14 Uhr) stattfindet und der Pass für die **Ruta de los Coroneles** (Pass 6 €; ⏲ 10–14 Uhr) erhältlich ist – damit hat man freien Eintritt in die beiden Museen, außerdem in die Kunstgalerie und die Kirche.

Casa de los Coroneles MUSEUM
(www.artesaniaymuseosdefuerteventura.org; Eintritt 3 €; ⏲ Di–Sa 10–18 Uhr; P) Dieses Gebäude aus dem 18. Jh. wurde schön restauriert, der traditionelle zentrale Patio und die Holzgalerien blieben dabei erhalten. Im Erdgeschoss befindet sich nun ein Raum für Wechselausstellungen von moderner Kunst von Weltklasse, während sich oben eine Ausstellung zur interessanten Geschichte des Gebäudes befindet.

ABSTECHER

POZO NEGRO

Rund 20 km südlich von Caleta de Fuste liegt eines der schönsten Fischerdörfer Fuerteventuras, Pozo Negro. Die 5 km lange Fahrt zur Küste von der FV-2 ist beeindruckend, und vermutlich überholt man dabei unterwegs viele Wanderer. Palmenplantagen, grüne Weiden, Ziegenherden und zerklüftete Gipfel prägen diese Landschaft. Unterwegs sollte man nach Schildern zum **Poblado de La Atalayita** (www.artesaniaymuseosdefuerteventura.org; Erw./Kind 2 €/frei; ⏲ Di–Sa 10–18 Uhr) Ausschau halten, einer prähispanischen Siedlung mit einem kleinen Informationszentrum. Das Zentrum war bei unserem Besuch geschlossen, aber die Ruinen aus Vulkangestein lohnen den Umweg über die Holperpiste, wenn man sowieso schon in der Gegend ist.

Die winzige Fischergemeinde Pozo Negro ist die Antithese zu Caleta de Fuste. Es gibt eine Gruppe von Häuschen, einige bunt angemalte Fischerboote und zwei beliebte Seafood-Restaurants, die sich beim Fang des Tages kaum unterscheiden. Beide sind auf Paella spezialisiert und haben Terrassen mit Blick auf den Kiesstrand. Pozo Negro ist bei Windsurfern beliebt, aber die Ausrüstung muss selbst mitgebracht werden.

EIN BERG AN KONTROVERSE

Seine Spitze ragt nur wenig mehr als 400 m über den Meeresspiegel auf, aber der **Tindaya** ist der wichtigste – und berühmteste – Berg der Insel. Der Gipfel, 7 km südlich von La Oliva, hat einen besonderen Platz in der einheimischen Geschichte und Mythologie. Über 200 Felszeichnungen der Guanchen wurden hier an den Hängen gefunden, viele davon in der Form von Fußabdrücken, die anscheinend zum Teide auf Teneriffa weisen. Die Einheimischen beharren darauf, dass in der Nähe des Berges seltsame Dinge passierten: Kranke werden gesund, Sünder bekommen ihre wohlverdiente Strafe, und was dergleichen Merkwürdigkeiten mehr sind.

In den vergangenen Jahren war der Berg immer wieder mal aus verschiedenen Gründen in den Schlagzeilen. Im Jahr 1985 erwählte ihn der baskische Bildhauer Eduardo Chillida den Tindaya als die Stätte für ein gigantisches Projekt, eines, das sein Meisterwerk werden sollte. Gegen das Projekt erhob sich einiger Protest, denn es sollten 64 000 Kubikmeter Felsgestein entfernt werden, um eine 40 m hohe Höhle entstehen zu lassen. Das Projekt, das Chillida sein „Monument für die Toleranz" nannte, sollte die Menschen die unglaubliche Größe des Berges erfahren lassen. Chillada starb 2002, aber neun Jahre später erteilten die kommunalen Behörden endlich die Baugenehmigung. Nach einem weiteren Stillstand traten die Angehörigen von Chillada schließlich Anfang 2015 die Rechte an dem Projekt an die kanarische Regierung und das *cabildo* von Fuerteventura ab. Es hagelt weiterhin Protest, aber die Behörden bestehen auf dem Bauvorhaben, von dem sie sich erhoffen, dass es „hochwertigen Tourismus" anlocken wird.

Es gibt eine einfache **Wanderung** zum Gipfel, bei der unterwegs ein paar Felszeichnungen bewundert werden können. Aber vorher besser in der Touristeninformation in Corralejo nachfragen – wenn die Bauarbeiten an dem Chillada-Projekt beginnen, wird der magische Berg Fuerteventuras sicher für einige Zeit gesperrt sein.

Nicht versäumen sollte man die schlichte Kapelle mit dem Originalfliesenboden. Neben dem *casa* ist der perfekte Kegel des Vulkans ein Beispiel für ein von der Natur geschaffenes Kunstwerk.

Das *Haus der Obristen* hat eine interessante Geschichte. Seit dem frühen 18. Jh. kontrollierten die hier lebenden Offiziere praktisch die Insel. Sie häuften Macht und Reichtümer an und beuteten die Kleinbauern so sehr aus, dass Madrid 1834 – nach wiederholten blutigen Aufständen auf der Insel – die Miliz auflöste.

Centro de Arte Canario KUNSTGALERIE
(Calle Salvador Manrique de Lara; Eintritt €4; ⌚Mo–Fr 10–17, Sa 10–14 Uhr; Ⓟ) Dieses Kunstmuseum ist ein Highlight auf der Insel. Sein Skulpturengarten und seine Galerien enthalten Werke von kanarischen Künstlern wie César Manrique, Ruben Dario und Alberto Agullo. Zwei Galerien sind dem preisgekrönten Aquarellmaler Alberto Manrique (nicht verwandt mit César) gewidmet. Gezeigt werden Landschaften und surreale Szenen, hauptsächlich Interieurs. Die Galerie liegt in der Nähe des Casa de los Coroneles; ab dem Stadtzentrum einfach den Schildern folgen.

Casa Cilla Museo del Grano MUSEUM
(Erw./Kind 1,50 €/frei; ⌚Di 10–15 & 16–18, Fr 10–15, Sa 10–14 Uhr) Das kleine Museum liegt ca. 250 m nördlich der Kirche an der Straße nach El Cotillo. Es ist dem Getreide gewidmet – sowohl seiner Produktion als auch seinem Kreislauf im rauen Leben der Landwirte allgemein.

An- & Weiterreise

Die Buslinie 7 (2,40 €, 35 Min.) zwischen Puerto del Rosario und El Cotillo kommt dreimal täglich hier vorbei.

Corralejo

16 300 EW.

Der Eindruck von diesem Ort richtet sich stark nach dem eigenen Standpunkt. Trotz der Menge an Touristen besitzt das ehemalige Fischerdorf mit seinen engen, unebenen Straßen, guten Seafood-Restaurants und sogar einer oder zwei Fischerhütten in der Nähe des Hafens und am Hauptstrand immer noch einen gewissen Charme. Wer sich allerdings nur ein paar Blocks weiter landeinwärts wagt, findet den vorhersehbaren Ferienort, der überall gleich aussieht, mit All-you-can-eat-Büfett, Fish and Chips

WELLEN JAGEN

Das Meer sorgt für die größte Action auf Fuerteventura. Vor Caleta de Fuste, Morro Jable und Corralejo kann man sowohl tauchen als auch windsurfen, obwohl der beste Surfspot in der Nähe von Costa Calma ist. Die Küste zwischen Corralejo und Los Molinos bietet ausgezeichnete Möglichkeiten zum Surfen, ebenso die Gewässer rund um La Pared. Kitesurfen hat dank der gleichmäßigen Windbedingungen an der Küste ebenfalls rasch an Anhängern gewonnen.

Die praktische *Surfers' Map* gibt's bei den meisten Touristeninformationen. Sie listet Surfschulen, Surfcamps, Fachgeschäfte und ein paar Surf-Cafés auf (um im Netz zu surfen und Gleichgesinnte zu treffen). Die Karte weist auch die zehn besten Surfstrände der Insel aus und bewertet diese.

Veranstalter von Wassersport-Kursen und Verleiher von Ausrüstung werden in diesem Kapitel genannt.

und einem rechtwinkeligen Straßennetz. Es könnte schlimmer kommen: Die Gebäude sind niedrig gehalten und ein paar spanische Bars gibt's sogar auch noch.

Was Corralejo jedoch sehenswert macht, sind die ewig langen Sanddünen im Süden der Stadt, die sich vom Meer aus sanft gewellt ins Inland ziehen, und die fabelhaften breiten Sandstrände. Da die Gegend als Naturpark geschützt ist, darf weder darin, noch in der Nähe gebaut werden, ... jedenfalls derzeit nicht. Leider haben es ein paar monolithische Betonriesen der Riu-Hotelgruppe, deren Anblick wirklich schmerzlich ist, noch hierhergeschafft, bevor das neue Gesetz erlassen wurde.

Strände

Parque Natural de Corralejo STRAND

Dieser Naturpark erstreckt sich entlang der Ostküste ca. 10 km ab Corralejo. Hier kann es windig werden, daher die große Beliebtheit bei den Windsurfern und Kiteboardern. Die Einheimischen haben ihre Kreativität dem Sand-klebt-an-Sonnencreme-Problem gewidmet und kleine Steinburgen auf kleinen Sandhügeln, die von Gestrüpp bedeckt sind, als Trockenmauern aufgeschichtet, um die Sonnenanbeter vor dem Wind zu schützen. Die Gegend wird auch als **Grandes Playas** bezeichnet und darf kostenlos betreten werden. Sonnenliegen und -schirme kann man vor den beiden (augenschändlichen) Luxushotels mieten.

Playa Corralejo Viejo & Playa Muelle Chico STRAND

Die kleinen Strände, die sich in der Nähe des Hafens der Stadt befinden, haben schönen Sand und flaches Wasser. Der Sand ist zum Burgenbauen und für das anspruchsvollere Modellieren gut geeignet und dient das ganze Jahr über den Sandbildhauern als Spielplatz für ihr Schaffen.

Sehenswertes & Aktivitäten

Die meisten Aktivitäten hier haben mit dem Meer zu tun, die wichtigsten Surfstrände sind mit dem Taxi erreichbar. Für Landratten gibt's auch Wander- und Radfahrmöglichkeiten sowie einen Golfplatz mit neun Löchern gleich südlich der Stadt.

Wassersport

Dive Center Corralejo TAUCHEN

(☎928 53 59 06; www.divecentercorralejo.com; Calle Nuestra Señora del Pino 22; Tauchgänge ab 45 €) Dieses gut angesehene Unternehmen direkt am Wasser gibt's seit 1979. Bei einem Anfängerkurs (50 €) kann man das Tauchen erst mal ausprobieren. Erfahrene Taucher können hier einen Kurs für Fortgeschrittene buchen, beispielsweise in der Kunst der Unterwasserfotografie (240 €).

Kayak Fuerteventura KAJAKFAHREN

(☎650 899893; www.kayakfuerteventura.com; halbtägiger Ausflug €35) Die Küstentour ist ideal für Anfänger, während die erfahreneren Paddler wohl die längere Tour zur Isla de Lobos (pro Person 50 €) vorziehen dürften, die auch die Schnorchelausrüstung beinhaltet. Kajaks (pro Tag 50 €) und Schnorchelausrüstung (pro Tag 10 €) werden hier ebenfalls verliehen.

Billabong Surf Camp SURFEN

(☎639 501777; www.billabongsurfcamp.com; Galera-Strand; 1-tägiger Kurs 45 €, 3-tägiger Kurs für Fortgeschrittene 120 €) Corralejo ist zu Recht eine beliebte Basis für Surfer, und überall ist eine der zahlreichen Surfschulen zu finden. Dieses seit Langem bestehende Unternehmen ist gleich am Strand gelegen. Es bietet Kurse einschließlich Ausrüstung und Versicherung sowie den Transport zu den Wellen. Veranstaltet werden auch „Surfari"-Ausflüge zu nahe gelegenen Surfspots, und es werden einfache Unterkünfte direkt am Strand vermittelt.

Flag Beach Windsurf Center WINDSURFEN
(☎609 029804; www.flagbeach.com; Flag-Strand; Surfboardverleih pro Tag 12 €; 👪) Am Flag-Strand gibt's Windsurfkurse für Anfänger für 140 € für drei Tage und Leihmaterial zum Windsurfen für 35/60 € pro Std./Tag. Die Mitarbeiter sind auch ausgezeichnete Trainer für Kitesurfen, ein zweitägiger Einführungskurs kostet 230 €. Dort werden auch Unterkünfte vermittelt.

Ventura Surf Center WINDSURFEN
(☎928 86 62 95; www.ventura-surf.com; Calle Fragata; 1½-stündiger Kurs ab 45 €, Verleih von Ausrüstung pro Tag 50 €) Die Bedingungen entlang weiter Teile der Küste und in der Meerenge zwischen Corralejo und Lanzarote – der Estrecho de la Bocaina – sind ideal zum Windsurfen, ebenso zum Kitesurfen. Dieses Center liegt am Strand am Ende von Calle Fragata, südlich des Stadtzentrums. Hier gibt's auch Surfkurse (ganzer Tag 45 €) oder Surfbretter zu leihen (12 € pro Tag).

Bootsausflüge

Grupo Lobos BOOTSAUSFLÜGE
(☎616 986982; www.grupolobos.es; Estación Marítimo; Erw./Kind 15/7,50 €; 👪) Zur Isla de Lobos fahren regelmäßig Fähren mit sieben täglichen Abfahrten zwischen 10 und 17.15 Uhr. Das letzte Boot fährt um 18 Uhr zurück. Das Unternehmen bietet auch einstündige Bootsausflüge (Erw./Kind 18/9 €) mit Glasbodenbooten zur Insel an, die täglich um 13 Uhr starten bzw. je nach Nachfrage zusätzlich auch um 16.30 und um 17.15 Uhr. Fahrkarten gibt's am Kiosk am Hafen.

Radfahren & Wandern

Easy Riders Bikecenter RADFAHREN
(☎928 86 70 05; www.easyriders-bikecenter.com; Calle Nuestra Señora del Carmen 5; 4-stündige Tour 42 €; ⏲Mo–Sa 9–13 & 18–20 Uhr) Organisiert ganzjährig geführte Exkursionen, die flexiblen Zeiten richten sich nach der Nachfrage. Unter anderem gibt's eine Tour rund um die Isla de Lobos. Vermietet auch Räder (ab 10 € pro Tag) und hat Informationen zu Routen für Radtouren.

Natoural Adventure WANDERN
(☎664 849411; www.natouraladventure.com; Treks ab 48 €) Bietet mehrere verschiedene geführte Touren mit einer Länge von 6 bis 12 km und in mehreren unterschiedlichen Schwierigkeitsgraden an.

Essen

Im Fußgängerbereich rund um den kleinen Hafen von Corralejo gibt es zahlreiche Restaurants mit Sitzplätzen im Freien, wo man in der ersten Reihe sitzt, um sich die Passanten anzusehen.

Antiguo Café del Puerto SPANISCH €
(Calle La Ballena 10; Tapas ab 3 €; ⏲13–16 & 19 Uhr–open end) Herzlich und einladend mit gewischten Wänden, guten Weinen und über 50 Tapas, die man auf der Terrasse hoch über dem Meer genießen kann.

FUERTEVENTURA FÜR KINDER

Die Hauptattraktion für Familien dürften wohl die **Strände** sein, von denen viele feinen weißen Sand und flaches Wasser haben und somit sicher für planschende Kleinkinder sind: **Playa del Castillo** (S. 88) und **Playa del Matorral** (S. 101) sind beide eine gute Wahl. Wer ein eher künstlich geschaffenes Wasserabenteuer sucht, findet im riesigen **Baku Water Park** (Avenida Nuestra Señora del Carmen 41; Erw./Kind 25/19 €; ⏲10–18 Uhr) in Corralejo neben Wellenpools und atemberaubenden Rutschen und Fahrgeschäften auch Bowling, Minigolf und eine Driving Range.

In allen Ferienorten gibt's auch ein großes Angebot an **Bootsausflügen.** In Caleta de Fuste veranstaltet Oceanarium Explorer täglich eine Tour zum **Beobachten von Delphinen und Walen,** während es in Corralejo regelmäßige Fahrten zur **Isla de Lobos** gibt, wo es einen herrlichen Strand nach Art von Robinson Crusoe und die Möglichkeit gibt, die Insel per Pedalantrieb zu erkunden. Das beste Museum für Kinder ist das interaktive **Museo del Queso Majorero** (S. 86) in Antigua. Alternativ kann man auch in La Lajita – sofern man kein Zoo-Gegner ist – den **Oasis Park** (S. 98) mit Säugetieren, Vögeln, Unterwasserwelt sowie Shows und Kamelreiten besuchen.

Citrus Surf Cafe CAFÉ €

(www.citrus-surfcafe.com; Calle Anzuelo 1; Hauptgerichte 8 €; Mo–Sa 9–24 Uhr) Dieses chillige Café wird von Lesern empfohlen und serviert Speisen aus verschiedenen Küchen für Traveller, die von den ewigen Tapas genug haben. Fantasievolle Salate, Tex-Mex-Gerichte, Burger und Wraps stehen auf der Karte (die in ein Surfboard eingraviert ist). Den Lunch spült man hier mit einem Smoothie oder einem frisch gepressten Saft herunter. An manchen Abenden gibt's Livemusik auf der überdachten Terrasse an der Rückseite.

La Factoria ITALIENISCH €

(Avenida Marítimo 9; Pizzas ab 8 €, Pasta ab 10 €; 13–16 & 19 Uhr–open end) Der Besitzer ist aus Bologna und weiß ein oder zwei Dinge über Pasta, die hier täglich frisch gemacht wird. Die Pizzas sind ebenso authentisch mit dünnen, knusprigen Böden und leckerem Belag – Mama wäre definitiv einverstanden. Die Pizzeria liegt direkt am Strand im alten Hafen.

★ **Restaurante Avenida** SPANISCH €€

(Calle General Prim 11; Hauptgerichte 8–16 €; Di–So 13–16 & 19 Uhr–open end) Trotz seiner Lage mehrere Straßenblöcke hinter dem Strand ist dieses Lokal stets voll von fröhlichen Einheimischen, die wegen des bodenständigen Essens hierherkommen. Die Atmosphäre ist rustikal mit Holzbalken und klobigen dunklen Holzmöbeln. Die Seafood-Gerichte gibt's schon ab 8 € für gegrillten Tintenfisch; beim gebratenen Fleisch finden sich Gerichte mit Lamm, Hühnchen, Kaninchen und Schwein.

La Arrocería SPANISCH €€

(928 53 52 91; Calle Pejin 10; Hauptgerichte 12–17 €; Mi–So 13–16 & 19 Uhr–open end) Wenn auf den Kanaren eine Speisekarte ausschließlich auf Spanisch ist, ist das ein sicheres Zeichen dafür, dass hier (fast) nur Einheimische essen. Dieses Lokal liegt verborgen in einer der Hintergassen und hat eine stylische, nautische Einrichtung und eine minimale, aber vorzügliche Karte mit Schwerpunkt auf Reisgerichten. Neben der üblichen Seafood-Paella gibt's auch die Versionen für Fleischliebhaber und Vegetarier plus *fideuà*, für die anstatt Reis sehr feine Nudeln verwendet werden.

El Andaluz SPANISCH €€

(Calle La Ballena 5; Hauptgerichte 10–18 €; Mo–Sa 18.30–22 Uhr) Dieses Lokal wird in den höchsten Tönen gelobt. Der charaktervolle Innenraum hat nur wenige Tische, sodass man früh kommen muss, um noch einen Platz zu ergattern. Das Vier-Gänge-Menü *menú degustación* (19 €) ist mit der Auswahl zwischen Fleisch und Fisch ein guter Deal. In den Gerichten sind mehr Kräuter und Gemüse verarbeitet als sonst in Spanien üblich, und für Vegetarier gibt's einen leckeren Lauchkuchen.

Ausgehen

Einen Drink in Corralejo zu finden, ist kein Problem. Bars, Diskos und, wer es braucht, Karaoke-Clubs nehmen einen Großteil des **Centro Comercial Atlántico** (Avenida Nuestro Señora del Carmen) ein. Wer es ruhiger mag, geht zur Calle La Iglesia, einer Fußgängerzone mit einer Reihe von Weinbars und coolen Lokalen für einen gechillten Cocktail.

Waikiki CLUB

(Calle Arístides Hernández Morán 11; 10 Uhr–open end) Obwohl dieser Club tagsüber ein Restaurant ist, ist die beste Zeit für einen Besuch nachts, wenn sich eine Mischung aus Surfern, Partylöwen, Familien und Freunden in der von Hibiskus gesäumten Strandlocation versammeln, um Cocktails zu schlürfen und in lauen Nächten die Musik zu genießen. Die Piña Coladas sind wirklich grandios.

Zazamira CAFÉ

(Calle La Iglesia 7; Mi–Mo 10–23 Uhr) Auf halber Höhe in einer engen Gasse in Hafennähe liegt dieses gesunde Lokal mit frischen Säften aus Papaya und Orange oder Kaffee mit Ginseng. Wer etwas Stärkeres möchte, kann einen Cocktail schlürfen und dabei die Erinnerungsstücke zu Bob Marley betrachten, welche die Wände schmücken.

Mojito Strand Bar BAR

(Avenida Marítimo; 11 Uhr–open end) Eine entspannte, hippe Bar nur Zentimeter vom Meer entfernt mit einer Karte voller exotischer Mojitos.

Unterhaltung

★ **Rock Island Bar** LIVEMUSIK

(www.rockislandbar.com; Calle Crucero Baleares; 19.30–open end) In den letzten 21 Jahren haben Mandy und ihr Musikergatte Gary diese Bar zu einer der beliebtesten in der Stadt gemacht. Jeden Abend gibt's akustische Musik für ein enthusiastisches Publikum von Musikliebhabern.

ABSTECHER

ISLA DE LOBOS

Die kahle Isla de Lobos (4,7 km²) hat ihren Namen von den *lobos marinos* (Seewölfe), die einst hier lebten. Tatsächlich handelte es sich um *focas monje* (Mönchsrobben), die im 15. Jh. verschwanden, nachdem eine Reihe hungriger Seeleute auf den kahlen Ufern der Insel gelandet waren. Die gute Nachricht ist, dass versucht wird, wieder Robben auf der Insel anzusiedeln.

Es lohnt sich, von Corralejo aus einen Ausflug zu der kleinen Insel zu machen. Nach dem Ausschiffen kann man einen kleinen Spaziergang machen, Lunch in einem Restaurant am Kai bestellen (wer hier zu Mittag essen möchte, sollte gleich nach der Ankunft reservieren) und dann zum kleinen, angenehmen Strand weitergehen. Eine Wanderung rund um die Insel dauert eine Stunde – bitte auf den ausgewiesenen Wegen bleiben. Es gibt auch ein kleines **Besucherzentrum** (10–17 Uhr) GRATIS mit einigen interessanten Ausstellungsstücken zur Geschichte und Geographie der Insel.

Wer hat, packt das Fernglas ein, denn dies ist ein beliebtes vogelkundliches Ziel, außerdem zeigt sich möglicherweise der ein oder andere Hai, was in dem Gewässer rund um Lobos gar nicht so selten ist. Die Insel ist auch toll zum Surfen, aber das Brett muss man mitbringen. Keine Sorge, die Haie sind Hammerhaie – ein entfernter, aber harmloser Verwandter des Weißen Hais. Die Insel ist auch bei Tauchern und Schnorchlern beliebt. Ein eher eigenwilliger Weg, die Insel zu sehen, ist auf einem Stand-Up-Paddleboard (SUP). **Red Shark** (928 86 75 48; www.redsharkfuerteventura.com) bietet Tagesausflüge an, die den Transport per Motorboot, Leihausrüstung und eine kurze Einführung umfassen (pro Person 65 €).

Die billigste und schnellste Überfahrt hierher ist mit der **Fähre von Grupo Lobos** (S. 93). In Corralejo legt die Fähre um 10, 11, 15.30, 16.30 und 17.15 Uhr ab; von der Insel um 10.15, 11.15, 12.15, 13.45, 16 und 17 Uhr. Auch Glasbodenboote veranstalten Minikreuzfahrten zur Insel.

Shoppen

Wer nicht unbedingt auf Allerwelts-Souvenirs, wie zum Beispiel fragwürdige Tischsets oder Kappen mit dem Aufdruck „Kiss me quick", aus ist, geht zum Shoppen besser zu den einheimischen Läden, wobei auch der Besuch von einigen der spanischer Ladenketten durchaus empfohlen werden kann. Sie befinden sich in dem Abschnitt der Avenida Nuestra Señora del Carmen, der sich westlich der Touristeninformation bis zur Calle Crucero Baleares erstreckt.

No Work Team OUTDOOR-AUSRÜSTUNG
(Avenida Nuestro Señora del Carmen 46; Mo–Fr 10–14 & 17–21, Sa 10–14 Uhr) Eines der einheimischen Surf-Labels, das man gesehen haben sollte, ist No Work Team. Hier gibt's bequeme Kleidung in guter Qualität für Männer, Frauen und Kids, die für ein unverkennbares Surfer-Feeling sorgt.

Praktische Informationen

Touristeninformation (www.corralejograndesplayas.com; Avenida Marítimo 2; Mo–Fr 8–15, Sa & So ab 9 Uhr) Liegt am Meer in der Nähe des Hafens und wartet mit Regalen voller Broschüren auf

An- & Weiterreise

AUTO & MOTORRAD

Cicar (928 82 29 00; www.cicar.com) Hat ein Büro direkt am Eingang des Centro Comercial Atlántico und macht gute Preise. Einen Kleinwagen gibt's pro Woche für rund 120 €.

Rent A Bike Club (928 86 62 33; Avenida Juan Carlos I 21; Mo–Sa 9–13 & 17–20, So 9–13 Uhr) Für Motorräder schaut man gegenüber der Bushaltestelle beim Rent A Bike Club vorbei. Wie der Name schon sagt, gibt's hier Roller und Motorräder ab 40 € bzw. 65 € pro Tag samt Versicherung.

BUS

Die Busstation befindet sich in der Avenida Juan Carlos I. Bus 6 (3,30 €, 40 Min.) fährt regelmäßig vom Busbahnhof nach Puerto del Rosario. Bus 8 (3,10 €, 40 Min., 13-mal tgl.) fährt in westlicher Richtung über La Oliva weiter nach El Cotillo.

Unterwegs vor Ort

Es ist einfach, sich in der Stadt zurechtzufinden, und es gibt jede Menge kostenloser Parkplätze am Straßenrand, insbesondere in den Seitenstraßen der Hauptstraße Avenida Nuestro Señora del Carmen.

Wer ein **Taxi** (☎ 928 53 74 41, 928 86 61 08) braucht, kann entweder die Zentrale anrufen oder zum günstig gelegenen Taxistand neben dem Centro Comercial Atlántico gehen. Eine Fahrt vom Stadtzentrum zu einem der Hauptstrände kostet rund 8 €.

El Cotillo

2100 EW.

Dieses ehemalige Fischerdorf hat wirklich Charakter. Hier vermählt sich die vom Wind gepeitschte Stimmung einer unkonventionellen Küstenstadt mit den entspannten Schwingungen, die der Status einer beliebten Surfer-Destination so mit sich bringt. El Cotillo hat es bisher geschafft, sich großen Bauvorhaben zu entziehen, und ist ein ausgezeichneter Ort für Essensliebhaber, Wasserratten oder Menschen, die einfach nur Entspannung suchen. Die Calle Muelle Pescadroes hinter dem alten Hafen ist gleichzeitig auch eine Freiluftgalerie mit Gemälden und Skulpturen, die hier verstreut stehen. Diese Fußgängerzone bezieht ihren Charme aus hippen Läden und lebhaften Tapas-Bars.

Einst der Sitz der Stammesfürsten von Maxorata (das nördliche Königreich der Guanchen auf Fuerteventura), wurde El Cotillo seit der Eroberung weitestgehend übersehen. Die Ausnahmen von dieser Regel waren die Kehlen durchschneidenden Piraten, die hier gelegentlich landeten. Und natürlich die allmählich zunehmende Invasion der weniger grausamen Sonnenanbeter, welche die unverdorbene Ruhe dieser Gegend rühmen.

Sehenswertes

Museo de la Pesca Tradicional MUSEUM
(Museum für traditionelle Fischerei; Faro de Tostón; Erw./Kind 3/1,50 €; ⌚Di–Sa 10–14.30 & 15.15–18 Uhr; P) Dieses interessante Museum liegt neben dem auffälligen gestreiften Leuchtturm (kann nicht besichtigt werden) der Stadt. Auf den deutlich kleineren Leuchtturm kann man hinaufsteigen für einen fantastischen Panoramablick über das Meer und anschließend die verschiedenen Galerien besuchen. Überall sind Informationstafeln (in Englisch) und es gibt auch mehrere informative Kurzvideos über traditionelle Fischereitechniken der Gegend.

Castillo de Tostón BURG
(Erw./Kind 1,50 €/frei; ⌚Mo–Fr 10–15, Sa & So 9–14 Uhr) Dieses kugelrunde *castillo* ist nicht wirklich eine Burg, sondern eher ein Martello-Turm. Drinnen sind die Ausstellungen zu Kunst und Geschichte interessant, aber der Stern hier geht an den weiten Blick über den Surfstrand.

Aktivitäten

Wassersport ist hier die Hauptaktivität. Nur erfahrene Surfer sollten sich an eine Welle nördlich des Zentrums wagen, die „Bubble" genannt wird und nicht so harmlos ist, wie sie klingt. Um dorthin zu gelangen, braucht man ein eigenes Fahrzeug. Zum Glück gibt's für die weniger Erfahrenen auch zahlreiche weitere Optionen.

Shock Wave SURFEN
(www.shockwavesurfschool.com; Calle Pintor Néstor de la Torre 1; Halbtageskurs 50 €) Diese Surf-

RADELN AUF DER KÜSTENSTRASSE

Auch wenn man die raue Küstenstraße von **Corralejo** nach **El Cotillo** mit dem Auto zurücklegen kann, ist sie besonders gut für Radfahrer (oder Wanderer) geeignet, da sie praktisch flach ist. Los geht's nördlich der Busstation in Corralejo an der Avenida Juan Carlos 1. Die pistenähnliche Straße schlängelt sich zwischen Vulkanlavafeldern hindurch und führt nach 5 km in eine wüstenähnliche Landschaft. Nach 8 km erreicht man das winzige Fischerdorf **Majanicho,** dessen Häuser sich um einen kleinen Meereseinschnitt drängen, auf dem malerische Fischerboote tanzen und die kleinste Kapelle steht, die man jemals gesehen hat. Von hier aus kann man einen Umweg über die asphaltierte Straße FV-101 nach **Lajares** (7 km) machen, um sich in einer der fabelhaften Bäckereien eine Erfrischung zu besorgen, oder die Fahrt nach El Cotillo fortsetzen. Vorbei geht's an weißen Sandstränden, an denen sich immer wieder mal schwarze Felshöhlen befinden. Außerdem gibt es in dieser Gegend einige der beliebtesten Kite- und Windsurfstrände. Aus Richtung Corralejo gelangt man nach 20 km zum Leuchtturm von El Cotillo, dem Faro de Tostón, wo man sich das Museo de la Pesca Tradicional ansehen kann. Alternativ besucht man per pedes oder Pedal das Zentrum von El Cotillo (4,5 km), vorbei an der struppigen Wüstenszenerie von Los Lagos.

ABSTECHER

EINE STADT ZUM WOHLFÜHLEN: LAJARES

13 km südwestlich von Corralejo führen die FV-101 und FV-109 zur bescheidenen Hauptstraße von Lajares mit ihrem sehr entspannten Flair. Eine Handvoll Ausländer haben eine verlockende Mischung aus Restaurants, Shops, Surfbars und hervorragenden Bäckereien eröffnet. Lust auf eine dicke Schokoladentorte, cremigen Käsekuchen mit Beerenbelag oder mal ein Frühstück im skandinavischen Stil mit gekochten Eiern und Käse? Dann ist das Pastelo die Adresse der Wahl. Wer exquisite französische Tartes bevorzugt, schaut auf der anderen Straßenseite in das winzige El Goloso. Wer jedoch etwas Herzhafteres sucht, geht ins super-coole Canela Café mit der abwechslungsreichen Speisekarte, auf der auch cremiges Kürbis-Curry (8 €) und Surf-and-Turf mit Steak und Garnelen in Knoblauchbutter (17 €) stehen. Am Wochenende gibt's hier Livemusik.

Einer der besseren Kunsthandwerkermärkte wird hier ebenfalls am Samstagvormittag abgehalten. Wenn das nicht klappen sollte, kann man bei Cabracadabra (toller Name!) nach Mode aus Seidendrucken oder im nahe gelegenen La Vaca Loca nach handgestrickten Pullovern schauen. Wer weiterfährt nach El Cotillo, sollte die kleine Straße direkt östlich vom Zentrum in Richtung Norden nach Majanicho nehmen und dann der Küstenstraße nach El Cotillo folgen.

schule wird von Travellern unbedingt empfohlen. Die Kurse reichen von vier Stunden bis zu fünf Tagen (195 €), oder man kann sich ein Brett und einen Wetsuit leihen (ab 15 € pro Tag).

Riders Surf 'n' Bike SURFEN
(www.riders-surfnbike.com; Calle 3 de Abril 1979; Surfunterricht ab 45 €, Brettverleih pro Tag ab 10 €) Ein freundliches Unternehmen am Eingang der Stadt. Neben Kursen gibt's auch Surfbretter, Boogie Boards, Stand-Up-Paddleboards und, wer lieber an Land bleibt, Räder (10 € pro Tag).

Essen

In der Stadt gibt's einige der besten Restaurants der Nordküste, der fangfrische Fisch ist Spitzenklasse. Es lohnt sich ein Blick auf die Cafés am Straßenrand in der Fußgängerzone Calle Muelle Pescadores.

★ **El Goloso de Cotillo** CAFÉ €
(Calle Pedro Cabrera Saavedra 1; Sandwiches 3 €, Kuchen 2 €; 7.30–19.30 Uhr;) Dieser ruhige Flecken am nördlichen Ende der Stadt bietet dekadente Kuchen. Es gibt frische Säfte und Shakes, und der Kaffee ist ausgezeichnet. Zum Dessert sollte man die Zitronen-Meringue probieren – sie ist einfach göttlich.

El Mentidero CAFÉ €
(Calle Punta Aguda 1; Sandwiches 3–8 €; Di–So 8–17 Uhr;) Ein beliebtes Café mit viel Persönlichkeit. Großartig ist ein Besuch zum Frühstück oder einfach nur für ein Glas frisch gepressten Saft, für ein leichtes Mittagessen oder ein Stück Kuchen mit einer vorzüglichen Tasse Kaffee.

Mare Alta TAPAS €
(Calle 3 Abril 1979 25; Tapas 4–9 €, Hauptgerichte 8–12 €; So–Fr 16–24 Uhr) Eine Tapas-Bar in belgischer Hand mit fantasievollem Angebot und schönen Sitzgelegenheiten in einem angenehmen Innenhof.

La Marisma SEAFOOD €€
(Calle Mariquita Hierro; Hauptgerichte 14–20 €; 13–16 & 19 Uhr–open end) Eine passende nautische Inneneinrichtung und eine Speisekarte, auf der auch vorzüglich zubereitetes Seafood steht. In dieser Stadt der grandiosen Ausblicke hat dieses Lokal sicher einen der besten.

Casa Rústica MEDITERRAN €€
(Calle Constitución 1; Hauptgerichte 10–15 €; 19–23 Uhr) Dieses Lokal ist schon lange bei Besuchern und Einheimischen gleichermaßen beliebt. Ein komfortabler, rustikaler Gastraum und ein paar Tische draußen an der Straße sind die Kulisse für eine vielfältige Auswahl gut zubereiteter Speisen. Gekocht wird hier spanisch mit italienischem Einfluss, wie Gnocchi mit Mascarpone und *jamón serrano* (ein spanischer roher Schinken).

Restaurante La Vaca Azul SPANISCH €€
(Old Harbour; Hauptgerichte 14–20 €; Mi–Mo 12.30 Uhr–open end) Das La Vaca Azul liegt erstklassig mit Blick auf den Kiesstrand, obwohl die surreale Kuh auf dem Dach (nachts in grellem Blau angeleuchtet) den

besten Platz hat. Hier geht's hauptsächlich um die gute Lage, obwohl ein Teller mit frischem Fisch nie falsch sein kann. Außerdem gibt's auch für Vegetarier einge Gerichte zur Auswahl.

Azzurro MEDITERRAN €€
(Carretera Al Faro; Hauptgerichte 10–15 €; ⏲ Di–So 13–23 Uhr) Mit Blick auf den Strand bei Los Lagos bietet das Azzurro hochwertige Pasta und Seafood.

Shoppen

Clean Ocean Project KLEIDUNG
(www.cleanoceanproject.org; 11 Calle del Muelle de Pescadores; ⏲ Mo–Fr 10–14 & 17–21, Sa 10–14 Uhr) In diesem umweltfreundlichen Laden, der coole Surferkleidung in weichen Grün- und Blautönen führt, sollte man ruhig mal reinschauen. Das Unternehmen spendet einen Teil seiner Einnahmen für Strandsäuberungsaktionen und Kampagnen zum Umweltschutz. Es gibt Filialen in Lajares und Corralejo; weitere Informationen stehen auf der Website.

An- & Weiterreise

Bus 7 (4,20 €, 45 Min.) nach Puerto del Rosario fährt täglich um 6.30, 12 und 17 Uhr. Bus 8 (3,10 €, 40 Min., 13-mal tgl.) nach Corralejo. Am Straßenrand gibt's ausreichend Parkplätze, auch wenn das Einbahnstraßensystem etwas verwirrend ist. Außerdem gibt's eine Menge Parkplätze beim *castillo*.

DER SÜDOSTEN

Tarajalejo

Dieses ruhige Fischerdorf geht weitestgehend ungestört von den Touristen seinen Geschäften nach, obwohl das Vier-Sterne-Hotel Bahía Playa einen Großteil vom Strand einnimmt. Der kleine graue Strand ist nicht spektakulär, aber dafür auch nicht überlaufen. Dazu gibt's eine breite Promenade, die zum Rasten einlädt. Für einen Drink kann man im einfachen **Piscolabis Adeyu** am Strand einkehren, wo es sonntags Paella gibt. Dies ist ein beliebter Spot für Windsurfer; Informationen zu Kursen und Verleihern gibt's im Bahía Playa.

Der Bus 1 (5,70 €, 80 Min., stündl.) zwischen Puerto del Rosario und Morro Jable hält in Tarajalejo.

La Lajita

Das kleine Fischerdorf präsentiert sich mit einer weiteren Bucht mit schwarzem Sand und Kies mit bunten Fischerbooten und einem unverdorbenen Strand. Leider erstreckt sich ein Zug fantasieloser Ferienwohnungen bis an die Straße. Am südlichen Ortausausgang liegt einer der größten Themenparks der Insel: **Oasis Park** (www.fuerteventuraoasispark.com; Carretera General de Jandía; Erw./Kind 25/16 €; ⏲ 9–18 Uhr; 👪). Hier kann man im kleinen Zoo herumstreifen, in dem Affen, exotische Vögel und andere Tiere leben, und verschiedene Shows erleben, unter anderem mit Seelöwen, Raubvögeln und Papageien. Auch ein 35-minütiger **Kameltrek** (Erw./Kind 11/8 €) ist im Angebot. Wer sich mehr für die Flora interessiert, besucht den botanischen Garten des Parks mit seinen über 2300 Kakteenarten.

Bus 1 (€6, 1½ Std., stündl.) stoppt an der Schnellstraße beim Ortseingang, von dort liegt der Zoo nur einen kurzen Fußmarsch entfernt. Der Oasis Park bietet auch täglich kostenlosen Bustransport ab den wichtigsten Touristenorten.

PENINSULA DE JANDIA

Ein Großteil der Halbinsel steht als Parque Natural de Jandía unter Naturschutz. Der Südwesten bildet eine bemerkenswerte Kulisse aus zerklüfteten Hügeln und kahlen Ebenen, die zu den Klippen westlich von Morro Jable führen. Ansonsten besteht die Halbinsel größtenteils aus Dünen, Gestrüpp und Stränden.

Es heißt, dass deutsche U-Boot-Besatzungen im Zweiten Weltkrieg gelegentlich entlang der Halbinsel auftauchten. Man stelle sich nur einmal das Paradies vor, das sie damals vorfanden: nicht einen einzigen Touristen oder Wohnblock, nur sie selbst und ihre Kameraden!

Anderen Geschichten zufolge kamen hier nach dem Krieg Nazi-Funktionäre vorbei, um sich falsche Papiere zu besorgen, bevor sie weiter nach Südamerika reisten. Eine Version der Geschichte erzählt sogar von großen Mengen Nazi-Goldes, das hier vergraben sein soll – also sollte man vielleicht Eimer und Schaufel mitbringen.

Die Straßen sind in unterschiedlich gutem Zustand, befestigt und unbefestigt. Wer nach Cofete möchte, wird sich über einen Allradantrieb freuen, auch wenn er nicht zwangsläufig nötig ist. Es gibt einen Bus, der verschiedene Ziele im Inland anfährt, und die aufregende Fahrt mit diesem Bus, der mit Allradantrieb ausgestattet ist und bei der man sich festkrallt, bis die Knöchel weiß werden, ist sicher schon Grund genug für einen Ausflug hierher.

Costa Calma

Costa Calma, rund 25 km nordöstlich von Morro Jable, ist ein verwirrendes System aus Einbahnstraßen voller Apartments, Einkaufszentren (mindestens acht Stück!) und immer wieder mal einem Hotel. Der lange und sandige Strand ist großartig, aber dem gesamten Ort fehlt es an Seele oder historischen Wurzeln; seine Lebensgrundlage sind die (überwiegend) deutschen Touristen.

Aktivitäten

Davinga Surf School SURFEN
(☎677 411090; www.davinga-surf.com; Centro Commericial El Palmeral; ½-tg. Kurs 45 €, Leihbrett pro ½ Tag 15 €) Hier werden Bretter verliehen und Surfing-Trials sowie drei- und fünftägige Anfängerkurse organisiert.

Acuarios Jandia TAUCHEN
(☎928 87 60 69; www.acuarios-jandia.com;) Dieses gut eingeführte Unternehmen veranstaltet eine Reihe von Kursen, von Pooltauchen für Kinder (30 €) bis hin zu Kursen für den Open-Water-Schein (290 €).

Club Mistral WINDSURFEN
(☎667 796688; www.club-mistral-fuerteventura.com; 6-Std.-Kurs ab 160 €, Leihbrett pro Tag ab 75 €) Der professionelle Club bietet auch Kurse im Kitesurfen an (2 Std. ab 120 €).

Essen & Ausgehen

Rapa Nui CAFÉ €
(Commercial Centre Bahia Calma; Sandwiches 3–6 €; 9–18 Uhr) Dieses Café mit hübscher Terrasse und Meerblick ist eine gute Wahl an einem sonnigen Tag (und davon gibt's genügend). Der Surfshop nebenan gehört auch dazu. Serviert werden Sandwiches, Snacks, Eis (hausgemacht), Cocktails und Kaffee für ein überwiegend junges und braun gebranntes Publikum. Täglich wird Surfunterricht angeboten.

Bar Synergy BAR
(Calle Playa de las Pilas, Centro Comercial Costa Calma; Mo–Sa 19–3 Uhr) Hierher lockt der Mojito bei Sonnenuntergang. Diese Bar ist so hip, wie es in Costa Calma nur geht. Die Einrichtung ist in glänzenden, neutralen Tönen gehalten, und Panoramafenster erlauben den Ausblick auf das Meer in der Ferne.

ABSEITS DER ÜBLICHEN PFADE

FARO DE LA ENTALLADA

Der Faro de la Entallada drängt sich beim Fischerdorf Las Playitas an das obere Ende einer Klippe und ist ein lohnenswertes Ziel, wenn man eine Tour durch malerische Landschaft und abseits der ausgetretenen Pfade sucht. Der eindrucksvolle Leuchtturm kann leider nicht besichtigt werden, aber die kurvige Fahrt hierher ist angenehm, und die Ausblicke auf das Meer sind überaus fotogen. Den Besuch krönt ein Seafood-Lunch in Las Playitas.

La Pared

Dieser Ort an der Westküste ist ein weiterer heißer Surfspot. Nähert man sich dem Ort von Süden her, sollte man auf das Schild *queso artesano* rechts achten, wo einheimischer Bio-Ziegenkäse verkauft wird.

Aktivitäten

Adrenalin Surf School SURFEN
(☎928 94 90 34; www.adrenalin-surfschool.com; 4-Std.-Anfängerkurs 45 €) Diese Schule bietet Unterricht und Leihbretter (20 € pro Tag).

Waveguru SURFEN
(☎619 804447; www.waveguru.de; Leihbrett für ½ Tag ab 15 €) Eine alteingesessene Surfschule bietet Anfängerkurse ab vier Stunden (50 €) bis zu einer Woche (220 €) sowie Kurse für Fortgeschrittene. Kurse im Stand-Up-Paddleboarding gibt's ebenfalls (1-tägiger Kurs 80 €), und die Schule kann auch eine Unterkunft in Apartments oder auf Campingplätzen vermitteln.

Essen

Restaurante Bahía La Pared SEAFOOD €€
(☎928 54 90 30; Hauptgerichte 12–15 €; 13–16 & 19 Uhr–open end) Die Spezialitäten dieses Restaurants mit Blick auf den gefleckten Strand aus schwarzem Basalt und Sand sind frischer Fisch und Seafood-Paella. Der Restaurantbesitzer betreibt nebenan auch ein Schwimmbad mit **Kinderrutschen**

(⏲ mittags–17 Uhr), in das die Gäste des Restaurants freien Eintritt haben.

An- & Weiterreise

Bus 4 verkehrt einmal täglich zwischen La Pared und Morro Jable (2,80 €, 45 Min.).

Playa de Sotavento de Jandía

Der Name ist der Sammelbegriff für eine Reihe wirklich beeindruckender Strände, die sich entlang der Ostküste der Halbinsel erstrecken. Dies ist das Paradies zum Schwimmen, Sonnenbaden und Windsurfen mit einem kilometerlangen, schönen weißen Sandstrand, der sich fast unmerklich seinen Weg in die türkisfarbene unendliche Weite des Atlantiks bahnt.

Der Strand, den sich die meisten Menschen vorstellen, wenn sie an Sotavento denken, ist der **Playa de la Barca,** der an der FV-2 nur 2,5 km südlich von Costa Calma ausgeschildert ist. Dies ist der Wind- und Kitesurfer-Strand par excellence mit erstklassigen Einrichtungen sowohl für Anfänger als auch für Profis. Bei Ebbe ist der pudrige weiße Strand fast 200 m breit. Wenn die Flut reinkommt, entstehen flache, türkisfarbene Lagunen, die ideal sind für Kinder – und Windsurfanfänger. Alles rund um den Wassersport wird von **René Egli** (☎ 928 54 74 83; www.rene-egli.com; Brettverleih pro Tag/Woche ab 70/350 €, Anfängerkurse ab 140 €; ⏲ 10–17 Uhr) organisiert, der ein Windsurf-Center am nördlichen Ende des Strands und ein Kitesurf-Center am südlichen Ende betreibt. In Letzterem gibt's ein kleines Restaurant mit Bar, das mit seinem Palmenhain und den Sonnenliegen am Wasser Karibikflair verbreitet. Kurse und Leihausrüstung sind günstiger, wenn man im Voraus bucht; auch eine Unterkunft kann vermittelt werden.

Jedes Jahr im Juli wird für zehn Tage die träge Ruhe tagsüber durch Action und nachts durch ein wildes Nachtleben gestört, wenn an dem Strand eine Etappe der **Windsurfing World Championship** (www.fuerteventura-worldcup.org) stattfindet, die Wassersportler aus der ganzen Welt anlockt.

Bus 5 setzt Fahrgäste am Hotel Melia Gorriones, gleich oberhalb der Playa de la Barca, ab. Er verkehrt siebenmal täglich zwischen Costa Calma (1,40 €, 20 Min.) und Morro Jable (1,70 €, 30 Min.).

Morro Jable

16 700 EW.

Morro Jable ist etwas biederer als sein nördlicher Gegenpart Corralejo und fast ausschließlich in deutscher Hand. Der Strand

ÖKOLOGIE AUF DEN KANAREN

Auf der Peninsula de Jandía sorgt ein wichtiges Projekts zum Schutz der Schildkröten dafür, dass unechte Karettschildkröten nach fast 100 Jahren Abwesenheit wieder angesiedelt werden. Die Programme gehen zurück auf den Januar 2007, als 145 unechte Karettschildkröten erfolgreich am Strand an der Westküste von Cofete im Parque Natural de Jandía ausgebrütet wurden.

Die hiesigen Strände sind erst die zweite Stätte weltweit, die für eine solche Verlegung der Gelege ausgewählt wurde, die erste befindet sich in Mexiko. Die Eier kamen aus einer Schildkrötenkolonie von den südlichen kapverdischen Inseln, auf denen die Strände und die Umwelt in Bezug auf die Wasserqualität, den Sand und vor allem hinsichtlich des gleichbleibend warmen Klimas denen auf den Kanaren ähneln. Die Schildkröteneier werden in künstlichen Nestern ausgebrütet, und bevor sie einer ungewissen Zukunft entgegenkrabbeln können, werden die Babyschildkröten in besondere Becken in die „Schildkrötenkrippe" in Morro Jable gebracht, bis sie kräftig genug sind, um ohne Schwimmflügelchen zu baden. Zu diesem Zeitpunkt werden sie dann mit einem Mikrochip versehen und in das Meer entlassen.

Man hofft, dass sie im Erwachsenenalter alle nach Hause nach Cofete zurückkehren werden, um selbst Eier zu legen, sodass die Tierart sich auf der Insel auch wieder auf natürlichem Weg verbreiten wird. Die Organisatoren des Projekts setzen darauf, dass sich das Ablegen der Eier mindestens alle fünf Jahre wiederholt, sodass das Aussterben dieser Meeresschildkrötenart gestoppt werden kann.

Die **Tieraufzuchtstation** (⏲ Mo–Fr 9–13 Uhr) GRATIS im Hafen von Morro Jable kann besichtigt werden. Sie nimmt auch verletzte Schildkröten von überall auf der Insel auf.

ist die Hauptattraktion: Sein hellgoldener Sand erstreckt sich rund 4 km lang um die Altstadt. In vorderster Reihe stehen Apartments und Hotels in Niedrigbauweise mit makellos gepflegten Gärten. Hinter dem Strand leidet der Charme etwas unter einer zweispurigen Straße, die von Einkaufszentren und Hotels gesäumt ist. Der ältere Teil der Stadt auf dem Hügel lässt noch erahnen, wie die Stadt ausgesehen haben dürfte, bevor die Charterurlauber einfielen.

Strände

Playa del Matorral STRAND

Playa del Matorral ist hier der Hauptstrand, und er ist prachtvoll. Von Morro Jable aus erstreckt er sich über 4 km gen Osten. Es ist ein familienfreundlicher Strand, an dem man vielfältige Möglichkeiten zum Wassersport hat, eine wilde Fahrt mit einem Pedalo unternehmen oder auch sich einfach nur in den Sand fallen lassen kann. Voll wird es hier selten, aber für echte Einsamkeit fährt man besser zu den Stränden 7 km weiter östlich, die nur mit eigenem Fahrzeug erreichbar sind.

Aktivitäten

Die meisten Aktivitäten hier finden im oder am Meer statt.

Ocean World TAUCHEN

(☎928 54 14 18; www.diving-fuerteventura.com; Tauchgang mit Ausrüstung 45 €, Open-Water-Tauchkurs 360 €) Ocean World organisiert täglich Tauchgänge um 9 und 14 Uhr.

Surfers Island SURFEN

(www.surfers-island.es; Calle Melindraga 2; 4-stündiger Kurs 49 €, Brettverleih pro Std. 12 €) Die renommierte Surfschule bietet auch Kitesurfen, Stand-Up-Paddleboarding, Windsurfen und Segelkurse an.

Volcano Bike RADFAHREN

(www.volcano-bike.com; Calle Melindraga, Club Hotel Aldiana Jandia; Fahrradverleih pro Tag ab 12 €; 9–11 & 17–19 Uhr) Im Angebot ist eine Vielzahl von Radtouren rund um die Insel.

Essen

Fade internationale Küche und Fast Food gibt's in zahllosen Lokalen rund um die Apartments, Eigentumswohnungen und Einkaufszentren entlang der Avenida Saladar. Seafood und authentischere Lokal sind im älteren Teil der Stadt zu finden.

AUTHENTISCHES KUNSTHANDWERK

Überall in Europa nehmen die staatlich subventionierten Geschäfte für Kunst und Kunsthandwerk ähnlich saftige Preise und werden besser gemieden, wenn man seinen Euro liebt. Auf Fuerteventura jedoch stimmt die Gleichung noch: Die Künstler legen die Preise fest und erhalten 100 % der Einnahmen.

Die Rolle der Behörden besteht lediglich darin, die Echtheit der betreffenden Kunsthandwerksgegenstände zu überprüfen. Eine Rolle, die leider heutzutage ziemlich wichtig geworden ist. Man denke nur einmal an den ausufernden Verkauf von Spitze und ähnlichen Waren, die aus China importiert sind. Deshalb auf das auffällige Echtheitssiegel achten. Kreatives Kunsthandwerk hat einen grünen Rand, und traditionelles Kunsthandwerk hat einen braunen Rand. Alle Anhänger und Aufkleber sollten nummeriert sein und Angaben zum Künstler enthalten. Die Shops befinden sich in der Molino de Antigua, in Betancuria, Puerto del Rosario und, ja, sogar am Flughafen.

Bar La Parada TAPAS €

(Calle Nuesta Señora del Carmen 6; Tapas 3–6 €; 13–16 & 19 Uhr–open end; 📶) Obwohl die kleine Speisekarte in mehrere Sprachen übersetzt wurde, sodass auch ausländische Gäste keine Probleme beim Bestellen haben sollten, hört man hier vor allem den kanarischen Dialekt. Die einheimischen *señores* kommen hierher für die herzhaften Eintöpfe mit Ziege, Kaninchen oder Kichererbsen. Sonntags gibt's Paella; eine großzügige Portion kostet dann nur 7,50 €.

La Bodega de Jandía TAPAS €

(Calle Diputado Manuel Velazquez Cabrera; Tapas 4–9 €; Mi–Mo 13–16 & 19 Uhr–open end) Mit den Schinkenkeulen an der Decke und Einheimischen, die ihre Bestellungen lautstark aufgeben, hat dieses Lokal mehr Atmosphäre als die die ganzen touristischen Restaurants direkt am Wasser. Kanarische Spezialitäten wie *ropa vieja* (Fleischeintopf) und *mousse de gofio* (Mousse mit geröstetem Getreide) sind das Flaggschiff. Sonntags kann man draußen einen Teller Paella an einem Tisch in der gepflasterten Fußgängerstraße genießen.

INSIDERWISSEN

VILLA WINTER: DAS MYSTERIÖSE HERRENHAUS

Wer nach Cofete kommt, kann das aufwendig verzierte, verlassene Herrenhaus an der Küste gar nicht übersehen. Seinem Reiz kann man sich nicht entziehen – und damit ist man auch nicht der bzw. die Erste. Der eindrucksvolle Bau mit seinem festungsähnlichen Turm wurde vom deutschen Ingenieur Gustav Winter in den 1930er-Jahren erbaut. Gerüchte, die Winter mit den Nazis in Verbindung bringen, wurden nie bestätigt, aber Verschwörungstheorien rund um die Villa Winter (auch als Casa de los Winter bezeichnet) gibt's reichlich.

Winter wollte angeblich in der Gegend Landwirtschaft einführen, aber dafür gibt's nur wenige Nachweise. Damals gab es höchstwahrscheinlich auch noch keine Straßen, die zu dem unheimlichen Herrenhaus führten. Manche Leute meinen, das Haus sei als Geheimversteck für hochrangige Nazis, einschließlich Hitler selbst, erbaut worden. Andere sind der Ansicht, dass Cofete der Standort einer geheimen U-Boot-Basis war, dass es geheime Tunnel durch den Berg gibt oder dass das Haus tatsächlich eine Fachklinik für plastische Chirurgie für deutsche Generale sein sollte, die im Ernstfall einen neuen Look brauchten.

Heute wohnt hier ein Hausmeister, der Besucher in der Regel gegen ein kleines Trinkgeld durch das Haus führt. Manche Besucher berichten, dass sie auch in den Keller durften, wo sie Ketten, Zellen und Einschusslöcher gesehen haben. Aber wie bei so vielem rund um die Villa Winter, weiß man nie, was wirklich stimmt. Sicher ist nur eines: Die Villa Winter ist ein faszinierender Ort, der dazu inspiriert, weiter nach der Wahrheit zu forschen – oder wenigstens noch nach ein paar weiteren Storys ...

La Laja SEAFOOD **€€**
(Calle Tomas Grau; Hauptgerichte 10–18 €; ⌚13–16 & 19 Uhr–open end) Eine gute Seafood-Auswahl am Ende der Promenade mit tollem Meerblick.

Ausgehen & Nachtleben

Der Großteil des Nachtlebens spielt sich am Strand vor dem Ferienort ab. Es gibt auch ein paar Bars und einen Nachtclub im Cosmo Centro Comercial, aber inzwischen sieht dieses Zentrum leider etwas heruntergekommen aus.

Olympia BAR
(Centro Comercial Playa Paradiso, Avenida Saladar; ⌚10–1 Uhr) Mit den bequemen Flechtmöbeln, einer Bar in der Mitte und einem Panoramafenster mit Blick auf das Meer ist dies der perfekte Ort für einen Cocktail nach dem Essen. Die Musik vor Ort ist auch ganz schön gechillt.

Shoppen

Es gibt einen kleinen **Markt** (Avenida Saladar; ⌚Mo & Do 9–14 Uhr) auf einem Parkplatz westlich der Touristeninformation. Da die meisten Stände Händlern aus West- und Nordafrika gehören, ist es tatsächlich gar nicht so einfach, etwas zu finden, das nach den Kanaren aussieht.

Cosmo Centro Comercial EINKAUFSZENTRUM
(Avenida Saladar) Im großen Zentrum gibt es viele Shops, die Waren aller Art verkaufen.

Praktische Informationen

Touristeninformation (Cosmo Centro Comercial, Avenida Saladar; ⌚Mo–Fr 8–15 Uhr) Viele Broschüren und hilfsbereite Mitarbeiter

An- & Weiterreise

Der Hafen, Puerto de Morro Jable, liegt 3 km vom Stadtzentrum entfernt.

Bus 1 fährt zum Puerto del Rosario (10 €, 2 Std., mind. 12-mal tgl.) zwischen 5.45 Uhr (wochentags) und 22.30 Uhr. Bus 10 (9,70 €, 1¾ Std., 3-mal tgl.) über den Flughafen ist schneller. Bus 5 (2,70 €, 40 Min.) nach Costa Calma verkehrt häufig.

ZUM/VOM FLUGHAFEN

Bus 10 (8,20 €, 1½ Std., 3-mal tgl.) verbindet die Stadt mit dem Flughafen; Taxis kosten rund 75 €.

Unterwegs vor Ort

Es gibt einen großen kostenlosen Parkplatz neben der Touristeninformation im Cosmo Centro Comercial. Deutlich schwieriger kann es sein, einen Parkplatz in der Altstadt zu ergattern.

Ein **Taxi** kann man telefonisch bestellen unter (☎928 54 12 57).

Rund um Morro Jable

Deutlich wilder als ihre Pendants an der Leeseite sind die langen Strandabschnitte an der dem Wind zugewandten Seite der Península de Jandía. Diese sind jedoch auch schwerer zu erreichen. Allradantrieb ist für die Strecke bis zum Leuchtturm nicht wirklich erforderlich, aber für die kurvige Piste nach Cofete wünscht man sich sicher einen.

Punta de Jandía

Rund 2 km südlich von Morro Jable endet die geteerte Straße, und die Holperpiste beginnt. Die Strecke ist jedoch viel befahren und ganz gut in Schuss. Von Morro Jable aus schlängelt sie sich um das südliche Ende der Halbinsel zu einem einsamen **Leuchtturm** (Di–Sa 10–18 Uhr) GRATIS bei Punta de Jandía. Im Leuchtturm gibt's eine Ausstellung zur Flora, Fauna und Geologie des Parque Natural de Jandía.

Kurz bevor man den Leuchtturm erreicht, kommt man nach **Puerto de la Cruz,** einem winzigen Fischerort mit Strand. Hier gibt's drei Restaurants, die allesamt auf frischen Fisch spezialisiert sind. Alle haben Sitzplätze im Freien, aber nur **El Caletón** (Hauptgerichte 8–12 €; Di–So mittags) hat den freien Blick auf das Meer. Fischeintopf ist hier die lokale Spezialität.

Der Leuchtturm ist ein toller Ort für den Sonnenuntergang, aber danach muss man es krachen lassen, wenn man nicht in der Dunkelheit auf der Holperpiste unterwegs sein möchte.

Cofete

Rund 10 km westlich von Morro Jable führt eine Abzweigung nordöstlich über einen Pass und dann nach Cofete im äußersten Süden der Halbinsel an der Playas de Barlovento de Jandía. Mit engen Kurven, steilen Abhängen und ohne Leitplanken erfordert das Fahren Nerven aus Stahl. Auf halber Strecke gibt's einen Aussichtspunkt – einen windgepeitschten Flecken, an dem viele Leute aufgeben und umdrehen. Aber wer durchhält, wird mit einem der spektakulärsten Strände des Archipels belohnt. Sandwege, die zu Fuß oder mit Allradantrieb machbar sind, zweigen zu diesem stürmischen Küstenabschnitt ab. Der Hauptstrand, **Playa de Cofete,** ist recht schön und komplett unbebaut, aber das Schwimmen sollte man sich hier gut überlegen: Die Wellen und Strömungen flößen deutlich mehr Respekt ein als im ruhigeren Gewässer auf der anderen Seite der Insel. Wer sich seiner Sache sicher ist und die eigene Ausrüstung mitbringt, findet hier einen tollen Surfspot. Das **Restaurante Cofete** (928 17 42 43; Hauptgerichte 8–14 €; 11–19 Uhr) sorgt für Drinks und ausgezeichnete Snacks und hat eine super Speisekarte, dafür, dass das Restaurant am Ende der Welt liegt. Es serviert frischen Fisch sowie *carne de cabra en salsa* (Ziege in Sauce).

Wer sich das Fahren nicht zutraut, kann den coolen Kleinbus mit Allradantrieb nehmen (2,70 €, 90 Min.), der täglich um 10 und 14 Uhr in Morro Jable startet und um 12.30 und 16.30 Uhr zurückfährt. Der Bus hält in Puerto de la Cruz und am Leuchtturm.

Lanzarote

☎ 928 / BEVÖLKERUNG: 142 000

Inhalt ➡

Gut essen

- ➡ El Navarro (S. 112)
- ➡ Lilium (S. 109)
- ➡ La Cabaña (S. 127)

Schön übernachten

- ➡ Hotelito del Golf (S. 248)
- ➡ Finca de Arrieta (S. 246)
- ➡ Caserío de Mozaga (S. 247)

Auf nach Lanzarote!

Die faszinierende Insel Lanzarote mit ihrer außergewöhnlichen Geologie von 300 Vulkankegeln ist ein UNESCO-Biosphärenreservat, bietet aber gleichzeitig alles, was des Urlaubers Herz erfreut: herrliche Strände, interessante Sehenswürdigkeiten sowie Restaurants und Hotels in Hülle und Fülle. Die Landschaft wirkt schroff und wie aus einer anderen Welt; gelegentliche idyllische Täler voller Palmen wechseln sich ab mit ausgesprochen surreal wirkenden, zerknitterten schwarzen Lavafeldern.

Lange Zeit wurde Lanzarote mit Pauschaltourismus und Fisch-und-Chips-Restaurants in Verbindung gebracht, aber allmählich ist ein Umschwung zu beobachten, und inzwischen kommen deutlich mehr Reisende auf eigene Faust auf die Insel. Als Antwort hat die Regierung eine inselweite Initiative zum Markieren von Wanderwegen gestartet, und das Angebot an ländlichen Unterkünften ist gestiegen.

Die bedeutendsten Sehenswürdigkeiten der Insel wurden von dem auf Lanzarote geborenen Künstler César Manrique gestaltet. Auch heute noch wirken seine Ideen über eine kulturelle Stiftung für Erhaltung, Kultur und architektonische Geschlossenheit der Insel nach.

Reisezeit

- ➡ Der alljährliche Karneval der Insel im Februar und März reicht zwar nicht ganz an den von Teneriffa oder Gran Canaria heran, wird aber mit überbordender Begeisterung gefeiert. Überall gibt es Prozessionen und Musik, und es herrscht eine ausgelassene Fröhlichkeit.
- ➡ Die wichtigsten Reisezeiten sind Ostern, Juli, August und Dezember.
- ➡ Die Flüge von anderen europäischen Abflugorten sind normalerweise am günstigsten im Herbst und Frühjahr (außer während der Osterferien).
- ➡ Der Día de San Ginés mit Feierlichkeiten auf der ganzen Insel findet am 25. August statt.

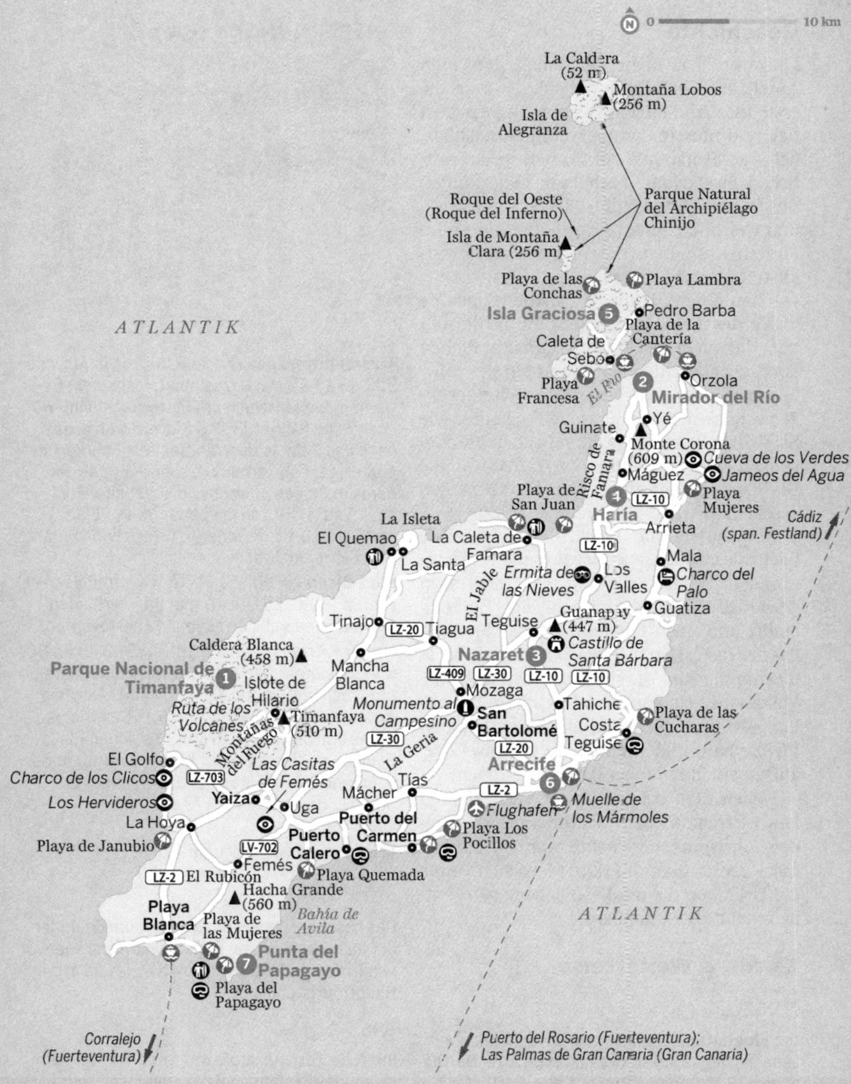

Highlights auf Lanzarote

1 Fotografieren im überwältigenden **Parque Nacional de Timanfaya** (S. 123) mit Lavapanoramen wie aus einer anderen Welt

2 Den betörenden Blick vom **Mirador del Río** (S. 118) hinunter bewundern

3 Sich in die 1970er-Jahre versetzen, auf ein rauschendes Fest mit schillernden Berühmtheiten in Omar Sharifs früherem Haus **Lagomar** in Nazaret (S. 114)

4 Eine grüne Oase im üppigen, palmenbestandenen **Haría** (S. 119) entdecken

5 Eine Nacht auf der stillen **Isla Graciosa** (S. 117) mit ihren leeren Stränden und bequemen Wanderwegen verbringen

6 Beim Essen, Ausgehen und Tanzen an der Marina Lanzarote in **Arrecife** (S. 106) die lässige Atmosphäre genießen

7 An den goldenen Sandstränden von **Punta del Papagayo** (S. 129) an der wilden Südküste der Insel einmal richtig die Seele baumeln lassen

Geschichte

Lanzarote hat mehr als seinen gerechten Anteil an Unglück durchlebt. Es war die erste Insel, die 1402 an Jean de Béthencourt fiel, und musste dann – wenig gutnachbarlich – als Stützpunkt zur Eroberung der restlichen Inselgruppe herhalten. Viele Einheimische wurden in die Sklaverei verkauft, und wer blieb, musste Horden plündernder Piraten aushalten, die von der Nordwestküste Afrikas herüberkamen.

Die heute bei Urlaubern beliebte Cueva de los Verdes diente als Versteck für die Bewohner, die nicht nach Gran Canaria fliehen konnten, aber ihre Heime konnten sie natürlich nicht vor groß angelegten Plünderungen schützen. Auch britische Freibeuter wie Sir Walter Raleigh mischten bei den Plünderungen mit, und Mitte des 17. Jhs. war die Bevölkerung auf nur noch 300 Personen geschrumpft.

Als endlich die menschlichen Angriffe nachzulassen schienen, schlug die Natur zu – und nicht zu knapp. Um 1730 zerstörten gewaltige Vulkanausbrüche ein Dutzend Städte und einen Teil des fruchtbarsten Landes der Insel. Den Inselbewohnern bescherte dies immerhin die Entdeckung, dass die Vulkanerde eine äußerst fruchtbare Grundlage für die Landwirtschaft (besonders den Weinanbau) bilden kann, die der Insel daraufhin einen relativen Wohlstand brachte.

Neben dem soliden, wenn auch kleinen landwirtschaftlichen Sektor floriert auch der Tourismus, und heute wohnen auf der Insel etwas über 142 000 Menschen, ohne die Urlauber, die die Bevölkerung gelegentlich mehr als verdoppeln.

An- & Weiterreise

FLUGZEUG

Der **Flughafen** der Insel (☎ 902 40 47 04; www.aena.es) liegt 6 km südwestlich von Arrecife. Die beiden Unternehmen **Binter Canarias** (☎ 902 391 392; www.bintercanarias.com) und das neuere **Canary Fly** (☎ 902 80 80 65; www.canaryfly.es) bieten Direktflüge nach Gran Canaria und Teneriffa an. Canary Fly hat außerdem Direktflüge nach La Palma.

SCHIFF/FÄHRE

Fähren vom Puerto de los Mármoles in Arrecife verkehren von Lanzarote nach Gran Canaria und etwas seltener nach Teneriffa und La Palma. Von Playa Blanca im Süden bringen regelmäßig verkehrende Fähren Passagiere die kurze Strecke nach Corralejo auf Fuerteventura.

ENTFERNUNGEN (KM)

	Yaiza	Playa Blanca	Puerto del Carmen	Arrecife
Playa Blanca	14			
Puerto del Carmen	13	29		
Arrecife	23	39	38	
La Caleta de Famara	25	40	25	16

ungefähre Angaben

Trasmediterránea (Karte S. 108; ☎ in Arrecife 902 45 46 45; www.trasmediterranea.es) Betreibt jeden Mittwoch um Mitternacht eine wöchentliche Fähre (33 €, 8 Std.) von Arrecife nach Las Palmas de Gran Canaria. Fahrkarten gibt es am Fährterminal bis eine Stunde vor dem Einsteigen oder über die Website. Auch nach Santa Cruz de la Palma (35 €, 32 Std.) und Santa Cruz de Tenerife (35 €, 17 Std.) fährt eine Fähre pro Woche.

Fred Olsen (☎ 902 10 01 07; www.fredolsen.es) Fähren (30 €, 25 Min., 6-mal tgl.) verbinden Playa Blanca mit Corralejo auf Fuerteventura.

Naviera Armas (Karte S. 108; ☎ 902 45 65 00; www.navieraarmas.com) Betreibt fünf Fähren pro Woche (49 €, 5½ Std., 30 Min.) zwischen Arrecife und Las Palmas de Gran Canaria und sechs am Tag (25 €, 35 Min.) zwischen Playa Blanca und Corralejo auf Fuerteventura. Außerdem fahren fünf Fähren in der Woche nach Santa Cruz de Tenerife (72 €, 10 Std.).

Unterwegs vor Ort

AUTO

Das beste Fortbewegungsmittel zum Erkunden der Insel ist das Auto. Es gibt zahlreiche Mietwagenfirmen am Flughafen, in Arrecife und in den Haupttouristenorten.

BUS

Intercity Bus Lanzarote unterhält ein recht umfassendes Busliniennetz auf der Insel, aber für Fahrten zwischen kleineren Städten ist eine sorgfältige Planung erforderlich, denn die Busse fahren unregelmäßig.

ARRECIFE

56 900 EW.

Arrecife ist eine kleine, überschaubare Stadt mit einer reizvollen Promenade im mediterranen Stil, einem einladenden Sandstrand und einem entwaffnenden Seitenstraßen-

Sammelsurium von sonnverblichenen, abblätternden Gebäuden, eleganten Boutiquen, schlichten Bars und guten (und schlechten) Restaurants.

Es gibt nur wenige, aber interessante Sehenswürdigkeiten, wie ein paar Burgen, eine hübsche Lagune und eine Marina mit viel Flair. Arrecifes hervorstechendstes Merkmal besteht, wenn überhaupt, darin, dass es eine ganz normale Stadt ohne Schnickschnack ist, die nicht ausschließlich vom Tourismus lebt.

Geschichte

Arrecife besticht nicht gerade durch Extravaganz, was vor allem daran liegt, dass es erst im Jahr 1852 zur Hauptstadt der Insel wurde. Bis dahin war Teguise die unangefochtene Hauptstadt gewesen. Das Castillo de San Gabriel wurde ursprünglich 1574 errichtet, um den Hafen zu beschützen (danach wurde es angegriffen und erneut aufgebaut). Sein kleinerer und gedrungenerer Bruder, das Castillo de San José, liegt ein Stück weiter an der Küste und wurde zwischen 1776 und 1779 erbaut.

Bis Ende des 18. Jhs. hatte sich rund um den Hafen eine Art Stadt etabliert. Als sich im 19. Jh. der Handel ausweitete und die Überfälle vom Meer her weniger wurden, blühte die Stadt in jeder Hinsicht auf, und die Verlegung der Insel-Regierung nach Arrecife wurde unvermeidbar.

Sehenswertes

Arrecife ist leicht zu erkunden. Mit Ausnahme des Castillo de San José und des Hafens drängt sich alles Interessante in einem eng begrenzten Gebiet rund ums Zentrum zusammen.

★ Museo Internacional de Arte Contemporáneo GALERIE

(MIAC; Carretera de Puerto Naos; Erw./Kind 4/2 €; 10–20 Uhr) Das **Castillo de San José** wurde im 18. Jh. errichtet, um die Stadt vor Piraten zu schützen und arbeitslose Einheimische zu beschäftigen. 1994 baute die Fundación César Manrique es zu einem schicken, modernen Kunstmuseum und Restaurant um. Heute beherbergt das Museum eine der wichtigsten Sammlungen moderner Kunst der Kanaren. Neben ein paar frühen Arbeiten von César Manrique selbst werden Werke von Künstlern wie Joan Miró, Manolo Millares, Diego Rivera, Eusebio Sempere und Antoni Tàpies gezeigt.

SPARPAKETE

Besucher, die mehrere der von der Regierung Lanzarotes *(cabildo)* verwalteten Sehenswürdigkeiten aufsuchen wollen – was sich *wirklich* lohnt –, sollten in ein *bono* investieren. Das Ticket gilt für drei, vier oder sechs der Zentren Jameos del Agua, Montañas del Fuego, Cueva de los Verdes, Mirador del Río, Jardín de Cactus und MIAC in Arrecife. Bei einem Ticket für alle sechs (Erw./Kind 30/15 €) ist die Ersparnis beträchtlich. Pässe sind 14 Tage lang gültig und an jeder Sehenswürdigkeit erhältlich.

Charco de San Ginés LAGUNE

(Avenida César Manrique) Es fehlte nicht viel, und man könnte aus dem hübschen kleinen See mit seinen bunten Booten und den Seemöwen etwas so Putzig-Pittoreskes machen wie etwa das italienischen Postkartenstädtchen Portofino. Aber stattdessen bilden die Gebäude und Restaurants hier eine etwas betörende Mischung aus leicht schäbigem Schick und frisch getünchter Anmut (mit blauen Akzenten).

Museo de Historia de Arrecife MUSEUM

(928 80 28 84; Calle Aquilino Fernández 26; Mo–Fr 10–17 Uhr, Sa 10–14 Uhr) GRATIS Das kleine Museum auf einem Inselchen direkt vor der Küstenpromenade ist im Castillo de San Gabriel aus dem 16. Jh. untergebracht. Die Ausstellungsstücke informieren über Naturthemen, wie die Geologie, die Flora und die Fauna der Insel, und über die Geschichte, wobei das Leben auf der Insel vor der Ankunft der Spanier und deren Eroberung im Mittelpunkt stehen. Bedauerlicherweise sind die Informationen nur auf Spanisch zu haben. Auf dem Dach gibt's ein amüsantes Video über die Insel und einen schönen Blick auf die Stadt.

Iglesia de San Ginés KIRCHE

(Plaza de San Ginés; vor & nach der Messe) Die Kirche aus dem Jahr 1665 zeigt eine Statue des Inselheiligen, der aus Kuba stammte.

Centro Insular de Cultura El Almacén KULTURZENTRUM

(928 81 01 21; Calle José Betancourt 33) Zur Zeit der Recherche waren die Galerie und das Kino schon seit einer Weile wegen Renovierung geschlossen. Nähere Auskünfte gibt die Touristeninformation.

Arrecife

Strände

Playa del Reducto STRAND

Der Hauptstrand der Stadt, Playa del Reducto, ist herrlich zum Baden: ein makellos geschwungener, blassgoldener Sandstrand, gesäumt von hohen Palmen und einer Promenade. Er ist kindersicher, recht sauber und außerdem normalerweise erstaunlich leer. Von hier führt ein schöner Küstenweg nach Puerto del Carmen (12 km, drei Stunden).

Feste & Events

Carnaval KARNEVAL

(Feb. oder März) Der Karneval wird überall auf der Insel und besonders in Arrecife mit großer Begeisterung gefeiert; die Hauptfestivitäten fallen auch hier in die Woche vor dem Aschermittwoch.

Día de San Ginés RELIGION

(25. Aug.) Der Tag des Inselheiligen wird selbst im kleinsten *pueblo* (Dorf) mit einer großen Fiesta begangen. In Arrecife finden die Lustbarkeiten hauptsächlich in den Straßen rund um die Iglesia de San Ginés statt.

Essen

Fischfreunde finden am Charco de San Ginés ein paar luftige Fischrestaurants. Ansonsten gibt's ein paar Straßencafés und -restaurants an der Calle Ruperto González Negrín und der Avenida La Marina sowie ein paar wirklich tolle Lokale zum Essen und Ausgehen an der stylischen Marina Lanzarote.

Arrecife

Sehenswertes
1 Centro Insular de Cultura El Almacén C2
2 Charco de San Ginés D1
3 Iglesia de San Ginés D2
4 Museo de Historia de Arrecife D3
5 Playa del Reducto A2

Schlafen
6 Hotel Diamar A2
7 Hotel Lancelot B2
8 Hotel Miramar D2

Essen
9 Bar Andalucía D2
10 Domus Pompeii C2
11 El Barrilito A2

Ausgehen & Nachtleben
12 La Tentacion D2
13 Star City B2

Shoppen
14 La Recova D2

Bar Andalucía
TAPAS €

(Calle Luis Martín 5; Tapas 3–8 €; ⌚ Mo–Sa 13–16 & 19 Uhr–open end) Die sehr reizvolle Bar in einer Nebenstraße besteht bereits seit 1960, mit andalusischen Fliesen und zum Verkauf stehenden Gemälden. Die Tapas scheinen direkt aus Sevilla zu kommen: Es gibt Köstlichkeiten wie gefüllte Paprika und in Sherry geschmortes Roastbeef. Die Weinkarte ist auch sehr gut.

El Barrilito
TAPAS €

(Calle José Antonio; Tapas 4–8 €; ⌚ Di–So 13–16 & 19 Uhr–open end; 📶) Die Terrasse des Restaurants liegt an einer viel befahrenen Straße und ist nicht so einladend wie Restaurants mit Meerblick; dafür punktet das Lokal mit lokalem Flair. Es gibt ein großes Angebot an Tapas – sehr gut sind die mit Schinken umwickelten Datteln – und *montaditos* (eine Art offenes Mini-Sandwich).

★ Lilium
MODERN KANARISCH €€

(☎ 928 52 49 78; www.restaurantelilium.com; Avenida Olof Palme, Marina Lanzarote; Hauptgerichte 12–18 €; ⌚ Mi–Mo 13–16 & 19 Uhr–open end; P) Das Lilium ist mittlerweise in ein angemessen stylisches neues Domizil an der umgestalteten Marina umgezogen und beeindruckt nach wie vor mit dekadenten Gerichten wie Entenkeulen-Confit mit Feigensauce oder gegrillten Jakobsmuscheln mit Banane, Kokosnuss, Kaviar und Limetten. Traditionelle kanarische Gerichte gibt's ebenfalls, in einer aufgepeppten Version: Die Speisekarte enthält Gerichte wie *gofio* (Getreidemehl), Palmensirup und *almogrote* (eine köstliche Mischung aus Ziegenkäse, Knoblauch und Chili). Eine Reservierung wird empfohlen.

Domus Pompeii
ITALIENISCH €€

(Calle José Betancourt 19; Hauptgerichte 7–12 €; ⌚ Mo–Sa 13–16 & 19 Uhr–open end; ✍) Der Besitzer der Trattoria ist aus Pompeji, und so ist die Einrichtung erwartungsgemäß pseudorömisch, die neapolitanischen Pizzen köstlich mit dünnem, knusprigem Boden und die Pasta hausgemacht mit einfachen, frischen Saucen. Der *limoncello*-Likör auf Kosten des Hauses ist ein nettes Extra.

Que Muac
MEDITERRAN €€€

(☎ 928 81 23 21; Castillo de San José, MIAC; Hauptgerichte 15 €; ⌚ täglich 10–16, Fr & Sa 19–23 Uhr; P) Das Restaurant im Castillo de San José ist eines der gehobensten in Arrecife, auch wenn die Gerichte wie Lammschulter mit Nussfüllung nicht ganz mit der spektakulären Umgebung mithalten können. Das Manrique-Dekor und der Meerblick durch die riesigen Panoramafenster kommen mittags besser zur Geltung als abends.

🍷 Ausgehen

An einem kurzen Abschnitt der zentralen Calle José Antonio gibt's ein paar Clubs und Bars, die von etwa 22 Uhr bis etwa 4 Uhr morgens geöffnet sind, aber hier herrscht zu viel Wechsel, um bestimmte Lokale zu empfehlen. Das Nachtleben findet neuerdings an der piekfeinen Marina Lanzarote statt; hier gibt's Restaurants und Cocktailbars mit Blick auf den Hafen.

La Tentacion
BAR

(Plaza de las Palmas; ⌚ Mo–Sa 19–24 Uhr) Gegenüber der Iglesia de San Ginés gelegen. Hier gibt's gute Weine und Tapas, darunter kubanisch inspirierte Tapas wie *yucca frita* (frittierte Yucca).

Star City
BAR

(Arrecife Gran Hotel, Avenida Fred Olsen; ⌚ 10.30–24 Uhr) Der aufragende grüne Wolkenkratzer ist nicht zu verfehlen. Er stammt – wenig überraschend – aus der Zeit vor Manriques Rückkehr auf die Insel und seinem Einsatz für strenge einheitliche Baurichtlinien. Ob er einem gefällt oder nicht – die Bar auf der 17. Etage bietet einen unschlagbaren Panoramablick. Sie ist täglich geöffnet und serviert Kaffee und Cocktails.

Kopas Disco
CLUB

(Avenida Olof Palme, Marina Lanzarote; ⌚ Fr & Sa 23–6 Uhr; 📶) Der schickste Club von Arrecife zieht eine gut betuchte Klientel an, die kommt, um einheimische DJs und gelegentliche Livebands zu hören. An den Club grenzt die **Kopas Lounge** (Avenida Olof Palme, Marina Lanzarote; ⌚ Mo–Sa 22–2 Uhr), mit coolem weißem Mobiliar und einer umfangreichen Gin-Auswahl.

🛍 Shoppen

Die meisten Läden drängen sich an der zur Fußgängerzone umfunktionierten Avenida León y Castillo.

La Recova
MARKT

(Calle Manuel Miranda; ⌚ Mo–Sa 9–14 Uhr) Ein paar Stände auf dem historischen Markt der Stadt zwischen der Avenida León y Castillo und Charco de San Ginés verkaufen Kunsthandwerksartikel. Und man kann gemütlich eine Tasse Kaffee im angenehm erholsamen Schatten der Bäume genießen.

JETZT GEHT'S APP

Wer mit dem Smartphone unterwegs ist, kann über die **Lanzarote App** (www.applelanzarote.es) Preisnachlässe für Aktivitäten erhalten und Unterkünfte und Restaurants buchen.

Praktische Informationen

Touristeninformation, Hauptgeschäftsstelle (☎928 81 31 74; www.turismolanzarote.com; La Marina; ⏲Mo–Fr 9.30–17, Sa 10–13 Uhr) In einer fabelhaften Musikpavillon-Rotunde an der Promenade

Touristeninformation (Marina Lanzarote; ⏲Mo–Sa 8–19 Uhr) Am nördlichen Ende der Marina. Hier gibt's auch eine Autovermietung.

An- & Weiterreise

AUTO & MOTORRAD

Es gibt zahlreiche Mietfirmen, besonders rund um die Avenida Mancomunidad und die Calle Dr Rafael González Negrín.

BUS

Intercity Bus Lanzarote (☎928 81 15 22; www.intercitybuslanzarote.es) betreibt Buslinien zu allen wichtigen Städten und Badeorten. Der Hauptbusbahnhof befindet sich nördlich vom Stadtzentrum an der Vía Medular, manche Busse fahren auch von einer geschickter gelegenen **Bushaltestelle** (Karte S. 108) neben dem *cabildo* (Inselregierung) an der Avenida Fred Olsen ab. Beliebte Strecken sind:

Bus 1 Costa Teguise (1,40 €, 20 Min., alle 20 Min.)

Bus 2 Puerto del Carmen (1,70 €, 40 Min., alle 20 Min.)

Bus 6 Playa Blanca (3,60 €, 1 Std., stündl.)

Bus 7 Teguise (1,40 €, 30 Min., 6-mal tgl.)

Bus 9 Órzola (3,60 €, 1 Std., 5-mal tgl.)

Unterwegs vor Ort

Es gibt ein paar *guaguas municipales* (lokale Busse), die sich auf Rundstrecken durch die Stadt bewegen, aber für Besucher kaum interessant sind. Parkplätze an der Straße sind begrenzt; es gibt kostenlose Parkplätze neben El Charco de San Ginés. Und es gibt eine gebührenpflichtige Tiefgarage im Gran Hotel am Meer. Ein **Taxi** kann man bestellen (☎928 80 08 06), und es gibt welche am **Taxistand** neben der Touristeninformation bei La Marina oder am **Taxistand** an der Calle José Antonio.

VOM/ZUM FLUGHAFEN

Der Flughafen von Lanzarote liegt 6 km südlich von Arrecife. Die Busse 22 und 23 (1,40 €, 10 Min.) fahren von Montag bis Freitag von 7.30 bis 22.30 Uhr und an den Wochenenden von 8 bis 21 Uhr alle halbe Stunde zwischen dem Flughafen und Arrecive. Ein Taxi kostet etwa 12 €.

VOM/ZUM HAFEN

Puerto de los Mármoles liegt 4 km nordöstlich von Arrecife Mitte. Bus 1 hält am Hafen. Ein Taxi kostet ca. 10 €.

NÖRDLICH VON ARRECIFE

Costa Teguise

Nordöstlich von Arrecife liegt Costa Teguise, ein recht hübscher Ort, wenn man nicht Kopfsteinpflaster und verfallende Gebäude erwartet. Der Ort wurde als Badeort angelegt und hat geschäftige Einkaufszentren, familiengerechte Strände und Wassersportarten, zahlreiche mittelmäßige (und bessere) Bars und Restaurants, aber naturgemäß keine eigene Seele. Hier stand früher nicht einmal ein Fischerdorf.

WEGE DURCH DIE WILDNIS

Die surreale Vulkanlandschaft Lanzarotes lässt sich am besten zu Fuß erkunden. Kreuz und quer über die Insel verlaufen gut ausgeschilderte Wanderwege, allerdings ist es manchmal schwierig zu erkennen, wo sie beginnen. Am besten erst mal in der Touristeninformation nachfragen; kommt man dort nicht weiter, ist der **cabildo** (www.cabildodelanzarote.com; Avenida Fred Olsen) in Arrecife ein weiterer Anlaufpunkt. Die Inselregierung ist zuständig für das Sauberhalten, Ausschildern und Reparieren der Wanderwege, und sie druckt detaillierte Karten mit Angaben zu den Strecken und wichtigen Details, wie Streckenlänge, Geländeart und Schwierigkeitsgrad sowie Flora, Fauna und interessante Punkte, an denen die Strecken vorbeiführen.

Auf der Website des Tourismusverbandes (www.turismolanzarote.com) lassen sich schon ein paar erste Informationen finden.

SOHN DER INSEL

César Manrique ist der berühmteste Sohn der Insel, und sein Einfluss ist überall zu spüren, vom Offensichtlichen wie seinen riesigen beweglichen Skulpturen an den Kreisverkehren bis hin zum (glücklicherweise) nicht Sichtbaren: nämlich dem Fehlen von Hochhäusern und Reklametafeln.

Der am 24. April 1919 geborene Manrique war ursprünglich vor allem als zeitgenössischer Künstler bekannt. Beeinflusst von Picasso und Matisse, hielt er seine erste bedeutende Ausstellung abstrakter Werke 1954 ab, und zehn Jahre später erreichte seine künstlerische Karriere ihren Höhepunkt mit einer Ausstellung im Guggenheim Museum in New York. Doch Manrique vergaß seinen Geburtsort nicht; 1966 kehrte er nach seiner erfolgreichen US-Tour nach Hause zurück, strotzend vor Ideen, wie er die seiner Meinung nach unvergleichliche Schönheit Lanzarotes zur Geltung bringen könnte.

Er begann mit einer Kampagne zum Erhalt traditioneller Baumethoden und einem Bann von Plakatwänden an der Straße. Danach verwandte der vielseitige Künstler sein Fingerspitzengefühl und seine Visionen auf eine Vielzahl weiterer Projekte; ganz Lanzarote wurde zur Stätte seines Wirkens. Insgesamt verwirklichte er sieben bedeutende Projekte auf der Insel und zahlreiche weitere an anderen Orten auf der Inselgruppe und darüber hinaus. Zum Zeitpunkt seines Todes hatte er noch mehrere Projekte in Arbeit.

Im Grunde war es hauptsächlich Manriques hartnäckigem Eintreten für den Erhalt traditioneller Architektur und den Umweltschutz zu verdanken, dass der *cabildo* (die Inselregierung) sich dazu durchrang, gesetzliche Regelungen zur Begrenzung der Stadtentwicklung zu treffen. Der wachsende Strom an Touristen, der Anfang der 1980er-Jahre aufkam, drohte, alles mit sich fortzureißen. Doch Manriques unablässige Opposition gegen ein solch unkontrolliertes städtisches Wachstum traf den Nerv vieler Einheimischer und führte zur Gründung einer Umweltschutzgruppe, die als El Guincho bekannt wurde und einige Erfolge bei der Aufdeckung – und in manchen Fällen sogar Umkehrung – von Verstößen durch Entwickler verzeichnen kann. Manrique wurde posthum zum Ehrenpräsidenten der Gruppe ernannt.

Dass traditionelle Stilmerkmale immer noch die Norm sind, ist überall in den Dörfern der Insel zu sehen. Die hier üblichen weiß getünchten Häuser haben grün gestrichene Türen, Fensterläden und seltsame zwiebelförmige Schornsteinaufsätze. Auf diese Weise leben der Einfluss und der Geist Manriques auch heute noch fort.

Der reizvollste Strand ist die Playa de las Cucharas. Die Strände weiter im Süden bieten zu ihrem Pech lediglich eine wenig begeisternde Aussicht auf den Hafen und die Industrie in der Nähe von Arrecife. Der Mittelpunkt des Badeortes ist das Einkaufszentrum Centro Comercial Las Cucharas.

Sehenswertes & Aktivitäten

Aquarium Lanzarote AQUARIUM
(www.aquariumlanzarote.com; Centro Comercial El Trébol; Erw./Kind 12,50/8 €; 10–18 Uhr;) Das Aquarium bietet bei schlechtem Wetter eine Unterhaltungsmöglichkeit für Kinder, aber die hohen Eintrittsgelder und das dunkle Innere sind nicht jedermanns Sache. Es gibt Streichelbecken, ein Haifischbecken und viele bunte Fischarten und Meerestiere, die von einem Unterwassertunnel aus beobachtet werden können.

★ **Olita Treks** WANDERN
(619 169989; www.olita-treks.com; Centro Comercial Las Maretas; Wanderungen 40 €) Bietet hervorragende Wanderungen auf der Insel an, von der Isla Graciosa über die Vulkane der Insel bis zur Weinregion. Die meisten Wanderungen dauern etwa vier Stunden; der Transport ist im Preis enthalten.

Calipso Diving TAUCHEN
(928 59 08 79; www.calipso-diving.com; Avenida Islas Canarias, Centro Comercial Calipso; Tauchen mit Ausrüstungsverleih 44 €) Alteingesessener und zuverlässiger Anbieter von Kursen und Tauchgängen; es gibt einen Ausrüstungsverleih für erfahrene Taucher.

Aquatis Diving Center TAUCHEN
(928 59 04 07; www.diving-lanzarote.net; Playa de las Cucharas; Tauchen mit Ausrüstungsverleih 40 €, Tauchen im Aquarium 200 €) Neben dem üblichen Tauchangebot hat man hier die

BONO BUS

Für entdeckungsfreudige Besucher lohnt sich die Investition in eine Bono-Bus-Karte, die Preisnachlässe von bis zu 30 % des Buspreises ermöglicht. Die Karten kosten 10, 20 oder 30 € (je nachdem, wie viele Fahrten geplant sind) und sind an Busbahnhöfen erhältlich. Einfach dem Fahrer den Zielort mitteilen, dann wird der fällige Betrag jeweils über eine Stempelmaschine von der Karte abgezogen.

ungewöhnliche Chance, zwischen Haien im Aquarium Lanzarote zu tauchen – nicht qualifizierte Taucher zahlen 50 € zusätzlich.

Bike Station RADFAHREN
(☎628 102177; www.bikelanzarote.com; Avenida Islas Canarias, Centro Comercial Las Maretas; Fahrradverleih pro Tag/Woche ab 14/70 €; ⏲10–12 & 18–19 Uhr) Bike Station verleiht Fahrräder und arrangiert Touren (ab 45 €) um die Insel.

Essen & Ausgehen

An Restaurants besteht kein Mangel, auch wenn man zwischen all den englischen Pubs die Restaurants mit spanischem Essen manchmal etwas suchen muss.

★El Navarro MODERN KANARISCH €€
(☎928 59 21 45; Avenida del Mar 13; Hauptgerichte 12–18 €; ⏲Mo –Sa 19–23 Uhr) Das kleine Restaurant gilt als eines der besten der Insel; Tischreservierungen sind daher unbedingt erforderlich. Auf der Speisekarte stehen nur ein halbes Dutzend Hauptgerichte, die aber alle mit frischen, lokalen Zutaten aufwendig zubereitet sind.

La Bohemia STEAK €€
(☎928 59 17 72; Avenida Islas Canarias 22 Hauptgerichte 12–18 €, Tapas 4–9 €; ⏲Do–Di 13.30–23 Uhr) Einheimische wie Besucher frequentieren das schicke Lokal, ein Paradies für Fleischliebhaber mit großartigen Steaks und Grillplatten. Auch das Tapas-Angebot ist nicht schlecht – besonders empfehlenswert sind die *papas bravas*.

Los Aljibes LOKALBRAUEREI
(☎610 454294; Calle Bravo Murillo 6; ⏲19–24 Uhr; 📶) Etwa auf halben Weg zwischen Costa Teguise und Tahiche, in der Nähe des Golfplatzes, befindet sich die erste Lokalbrauerei Lanzarotes. Los Aljibes ist eine freundliche, coole Bar mit gutem, bodenständigem Essen und zwei Biersorten, die vor Ort gebraut werden. Im Garten sitzt man zwischen Palmen und Kakteen und hat einen herrlichen Blick auf die Berge.

Unterhaltung

Jazz...Mi Madre! LIVEMUSIK
(Avenida Islas Canarias, Centro Comercial Calipso, Local 1; ⏲Mi–So 21.30–3.30 Uhr) Endlich! Zur Abwechslung mal kein Headbang-Techno oder kitschiger Pop für die Massen, sondern Jazz und Blues live von guten Musikern für ein reiferes, aber enthusiastisch mitwippendes Publikum.

Praktische Informationen

Touristeninformation (☎928 59 25 42; Avenida Islas Canarias; ⏲Mo–Fr 9–18, Sa & So 9–14.30 Uhr) Hier gibt's eine Broschüre mit drei Spaziergängen durch die Stadt und darüber hinaus, von 4,6 km bis 10 km.

An- & Weiterreise

Bus 1 (1,40 €, 20 Min., alle 20 Min.) fährt von 7 Uhr bis Mitternacht nach Arrecife (über Puerto de los Mármoles).

Teguise

1800 EW

Teguise, 12 km nördlich von Arrecife, wirkt wie ein *pueblo*, in dem Nordafrika auf Spanien trifft. Es ist eine faszinierende Miniaturoase aus niedrigen Gebäuden rund um einen zentralen Platz, umgeben von den kahlen Ebenen im Herzen Lanzarotes. Es hat seinen festen Platz auf den Touristenwegen, und so gibt es hier gute Restaurants, ein paar Bars und eine Handvoll Denkmäler, die Zeugnis davon ablegen, dass dies die Hauptstadt der Insel war, bis Arrecife im Jahr 1852 diese Funktion übernahm.

Maciot, der Sohn von Jean de Béthencourt, zog hierher, als dies noch eine Guanchen-Siedlung war, und heiratete Teguise, die Tochter des damaligen Häuptlings. Ein paar Klöster wurden gegründet, und die Stadt florierte. Mit dem Wohlstand aber kamen andere Probleme auf, zum Beispiel Piraten, die die Stadt mehrere Male plünderten, bis es zu einer Zuspitzung der Gewalt im Jahr 1618 kam, als eine Armee aus 5000 algerischen Freibeutern die Stadt überrannte; daher rührt der unheilvolle Name der Callejón de la Sangre (Blutgasse).

Sonntagmorgens wird Teguise komplett von einem riesigen und stark auf Tourismus

NICHT VERSÄUMEN

FUNDACIÓN CÉSAR MANRIQUE

Nur 6 km nördlich von Arrecife befindet sich die **Fundación César Manrique** (César-Manrique-Stiftung; ☎ 928 84 31 38; www.fcmanrique.org; Erw./Kind 8 €/frei; ⏱ 10–18 Uhr), wo Manrique gelebt hat, der posthum wie ein mystischer Held auf der Insel verehrt wird. Sein Haus Taro de Tahiche ließ er in den Lavafeldern direkt vor der Stadt errichten. Die unterirdischen Zimmer sind eigentlich gewaltige Luftblasen, die im erstarrten Lavafluss zurückgeblieben sind. Es ist ein echtes James-Bond-Refugium mit weißen Ledersesseln, die in höhlenartige Räume eingepasst sind, und einem veritablen in den Boden eingelassenen Swimmingpool.

Eine ganze Galerie ist Manrique gewidmet und enthält außerdem ein paar weniger bedeutende Werke seiner Zeitgenossen wie Picasso, Chillida, Miró, Sempere und Tàpies. Tragischerweise starb Manrique im September 1992, nur sechs Monate nach der Eröffnung der Stiftung, ein paar Meter entfernt bei einem Verkehrsunfall.

Von Saal 10 aus eröffnet sich aus dem großen Panoramafenster ein Blick auf das eindrucksvolle moderne Gebäude, das halb aus dem Lavafeld herausschaut und von einer Reihe von Kuppeln gekrönt wird. Es gehörte früher einem wohlhabenden Architekten aus Teneriffa und wurde Anfang des Jahres 2011 von der Stiftung erworben, ist aber der Öffentlichkeit nicht zugänglich.

Bei Vorlage des Tickets an der Casa Museo César Manrique in Haría (S. 119) bekommt man einen Preisnachlass auf den Eintritt dort.

Hier halten jeden Tag mindestens sieben Busse auf der Fahrt von Arrecife nach Teguise. Am Kreisverkehr südlich von Tahiche steht die riesige bewegliche Skulptur von Manrique, die den Kreisel dominiert; von hier aus sind es 200 m die Straße entlang in Richtung San Bartolomé.

getrimmten Markt eingenommen, samt Burger-Buden und menschlichen Statuen. Wer an dergleichen kein Gefallen findet, kommt besser an einem anderen Tag. Es gibt in Teguise nicht viele Unterkünfte; dafür ist es dank seiner zentralen Lage ein leicht zu erreichendes und darüber hinaus reizvolles Ziel für einen Tagesausflug.

Sehenswertes

Schon allein ein Bummel durch die Fußgängerzonen von Teguise ist eine wahre Freude. Bei der Touristeninformation gibt's eine Broschüre über die interessanten historischen Gebäude der Stadt.

★ Museo de la Piratería — MUSEUM

(Castillo de Santa Bárbara; www.teguise.es; Erw./Kind 3 €/frei; ⏱ Mo–Sa 9–16, So 10–16 Uhr; P 👪) Das bescheidene, aber faszinierende Museum liegt in dem imposanten **Castillo de Santa Bárbara aus dem 16. Jh.** Das Castillo ist die älteste Burg der Kanaren, und das glaubt man sofort, so wie es oben auf dem Guanapay-Gipfel hockt, mit dem weiten Blick über die Ebene.

Die Ausstellungsstücke befassen sich mit den zahlreichen Angriffen auf Lanzarote durch Piraten aus Europa und Afrika im 16. Jh, als Teguise noch die Hauptstadt der Insel war. Besonders Kinder werden in diesem Museum ihren Spaß haben.

Convento de Santo Domingo — GALERIE

(Calle Guadalupe; ⏱ Mo–Fr 9-14, So 10–14 Uhr) GRATIS Die hier gezeigten wechselnden Ausstellungen lokaler zeitgenössischer Kunst kontrastieren wunderbar mit dem schlichten Kloster aus dem 17. Jh.

Casa Museo del Timple — MUSEUM

(www.casadeltimple.org; Plaza de la Constitución; Erw./Kind 3 €/frei; ⏱ Mo–Fr 9–16, So bis 15 Uhr) Das Museum im Palacio Spínola aus dem 18. Jh befasst sich mit dem *timple,* einem traditionellen kanarischen Saiteninstrument, das einer Ukulele ähnelt. Gezeigt werden *timples* aus den verschiedensten Zeiten, außerdem ähnliche Instrumente aus der ganzen Welt, allerdings sind die Informationen nur auf Spanisch vorhanden. Das Beste am Museumsbesuch ist tatsächlich die Gelegenheit, sich in dem grandiosen alten Gebäude umzusehen.

Museo Diocesano de Arte Sacro — GALERIE

(Calle San Francisco, Convento de San Francisco; Erw./Kind 1,50 €/frei; ⏱ Di–Sa 9.30–16.30, So 10–14 Uhr) Das Kloster aus dem 17. Jh. beherbergt eine bescheidene Sammlung religiöser Kunst.

ABSTECHER

GLANZVOLLE HÖHLENANLAGE

Wer von Tahiche nach Teguise fährt, passiert die verschlafene kleine Stadt **Nazaret.** Im Zentrum weist ein Schild den Weg nach **Lagomar** (www.lag-o-mar.com; Calle Los Loros; Erw./Kind 5/2 €; ⌚10–18 Uhr; P). In die Felswand gehauen und mit versponnenen Schornsteinen, Kuppeln, *miradores* und gewundenen Treppen, erinnert die Galerie mit Museum, Restaurant und Bar an eine Mischung aus Neu-Mexiko und Marokko. Hier finden regelmäßig Ausstellungen statt, während das kleine Museum die interessante Geschichte des Gebäudes erzählt.

Um das Haus ranken sich Mythen und Legenden; fest steht nur, dass es von César Manrique und Jesús Soto, einem prominenten Architekten Lanzarotes, entworfen wurde. Die Inselbewohner nennen es auch das Haus von Omar Sharif, obwohl der mittlerweile verstorbene Schauspieler hier nur ganz kurz gelebt hat, bevor er es bei einem spektakulär erfolglosen Bridge-Spiel an einen lokalen Bauträger verloren hat.

Das Haus ist ein unterschätztes Kleinod, und erfreulicherweise verirren sich nur wenige Besucher hierher. Das Beste aber kommt noch: das Abendessen im **Restaurant** (☎928 84 56 65; Hauptgerichte 14–20 €; ⌚ Di–So 12–23.30 Uhr) oder ein Cocktail in der **Bar** (⌚ Di–So 18.30–1 Uhr) – das verschafft einem einen Eindruck von den rauschenden Festen, die hier wohl mal stattgefunden haben müssen, und vor allem: Wer hier etwas verzehrt, braucht keine Eintrittskarten!

In der Nähe liegt **Barstro** (☎689 451108; Calle Las Perdices; Tapas 4–8 €, Hauptgerichte 12–20 €; ⌚Do–So 13–23, Mi 18–23 Uhr; P), eine total abgedrehte Tapas-Bar mit Bistro, die so außergewöhnlich einfallsreiche Gerichte serviert, wie man sie eigentlich in einer 900-Seelen-Stadt nicht erwarten würde.

Feste & Events

Fiesta de Nuestra Señora del Carmen RELIGION
(⌚16. Juli) Bei diesem Fest zu Ehren des Schutzheiligen der Stadt wird ausgelassen auf der Straße getanzt und gefeiert.

Essen

Neben den hier aufgeführten Lokalen befinden sich auch rund um den Hauptplatz und in den umliegenden Gassen zahlreiche sehr nette Tapas-Bars.

★ **La Cantina** TAPAS €€
(☎928 84 55 36; www.cantinateguise.com; Calle León y Castillo 8; Tapas 6 €, Hauptgerichte 12–20 €; ⌚10–23 Uhr;) Das Restaurant, betrieben von Benn und Zoe, einem enthusiastischen englischen Paar, befindet sich in einem der ältesten Häuser der Insel. Es blickt auf eine etwa 500-jährige Geschichte zurück. Auf der Speisekarte sind regionale Erzeugnisse stark vertreten – man kann sich beispielsweise eine Platte mit Käse aus der Region, *papas arrugadas* (schrumpelige Kartoffeln), *gofio* und *mojo* (würziger Salsa) teilen. Es gibt eine hervorragende Weinkarte und einen Laden, der leckere lokale Spezialitäten verkauft.

Restaurante Hespérides Bio MEDITERRAN €€
(Calle León y Castillo, Casa León; Hauptgerichte 15 €, Tapas 5–15 €; ⌚Mo–Fr 13–23, So 10–16 Uhr ;) Das kleine Restaurant teilt sich den Platz mit einem Reformhaus und Zentrum für alternative Therapien. Die Küche ist eklektisch mediterran mit Gerichten wie Suppe aus roten Linsen und Tomaten, Risotto mit Tofu und mit Schafskäse gefülltem Tintenfisch. Dazu werden lokale Bioweine serviert. Das Ambiente ist lässig-gemütlich mit marokkanischen Lampen und provokativen Kunstwerken.

Praktische Informationen

Touristeninformation (☎928 84 53 98; www.turismoteguise.com; Palacio Spínola; ⌚Mo–Fr 10–17, Sa & So bis 15.30 Uhr) Es gab Pläne für einen Umzug der Geschäftsstelle in die Casa de la Cultura neben der Kirche.

An- & Weiterreise

Zahlreiche Busse, darunter die Linien 7 und 9 (1,40 €, 30 Min.) von Arrecife, machen auf der Fahrt nach Órzola, Haría etc. unterwegs einen Stopp in Teguise. Es gibt außerdem Busse und organisierte Touren zum Sonntagsmarkt der Stadt von Costa Teguise, Puerto del Carmen und Playa Blanca.

DER NORDEN

Die im Norden Lanzarotes gelegenen Städte und Dörfer bestehen meist aus Gruppen weiß getünchter Gebäude, umgeben von einer wie von Filz überzogenen Landschaft, die nur aus Flechten und Lavafeldern zu bestehen scheint.

Die Hauptattraktion sind die kombinierten Werke der Natur und César Manriques, unter anderem spektakuläre Lavahöhlen, ein Kaktusgarten und ein überwältigender Aussichtspunkt an einer alten Geschützstellung. Der Nordwesten der Insel bietet den Besuchern vielleicht den schönsten Blick auf die natürliche Schönheit Lanzarotes. Es ist eine Gegend attraktiver, unverbauter Städte, wunderschöner stiller Winkel und atemberaubender Panoramablicke.

Guatiza & Charco del Palo

Unmittelbar nördlich des winzigen Guatiza liegt der **Jardín de Cactus** (Kaktusgarten; www.centrosturisticos.com; Erw./Kind 5,50/2,75 €; ⏲10–18 Uhr), leicht zu erkennen an dem 8 m hohen stacheligen Metallkaktus. Laut verlässlichen Quellen war der Garten Manriques Lieblingsattraktion. Angelegt in einem alten Steinbruch, wirkt er eher wie ein gigantisches Kunstwerk als wie ein botanischer Garten. Hier wachsen beinahe 1500 verschiedene Kakteenarten, die alle beschildert sind. Die Lage des Gartens zwischen Guatiza und Mala ist kein Zufall: Zwar trifft man überall auf der Insel auf Kakteen, aber hier bildeten sie früher die tragende Säule der Wirtschaft. Die Schildlaus fühlt sich besonders wohl auf dem stacheligen Feigenkaktus; bis weit ins 19. Jh. wurden hier Schildläuse gesammelt und getrocknet, um daraus eine leuchtend rote Farbe zu gewinnen. Mit dem Aufkommen synthetischer Farbstoffe haben die Schildläuse an Bedeutung verloren, aber selbst heute noch gibt es ein paar zähe Züchter, die mit der Cochenillezucht ihren Lebensunterhalt bestreiten, und so sind in der Gegend immer noch zahlreiche Feigenkakteen zu sehen. Ein Restaurant und eine Bar servieren Erfrischungen.

Wer gerne nackt badet (oder gar einkauft), findet ein paar Kilometer nördlich von Guatiza die FKK-Anlage **Charco del Palo** mit hübschen Sandstränden und felsigen Buchten. Hierher geht's über die schmale Straße zu dem Strand direkt südlich des Ortes Mala.

Arrieta

890 EW

Die Hauptattraktion des Fischerdorfs Arrieta ist der kleine Strand **Playa de la Garita**, eine Kombination aus Vulkanfels und Sand mit einer sympathischen Strandbar samt Restaurant, wo man bei einem Bier und Tapas die Seele baumeln lassen kann.

Es gibt in dem Ort auch ein paar gute Fischrestaurants, in denen sich an den Wochenenden die Einheimischen treffen. Sehr beliebt ist das **Almanecer** (La Garita 46; Hauptgerichte 8–12 €; ⏲Fr–Mi) direkt an der Hauptstraße mit einer Terrasse mit Blick aufs Meer. Das Lokal ist eher schlicht, und serviert wird wirklich nur, was frisch im Netz gelandet ist.

Die Busse 7 und 9 (2,65 €, 45 Min.) von Arrecife kommen auf der Strecke nach Haría und Órzola an Arrieta vorbei.

Malpaís de la Corona

Lava ist Lanzarotes Erkennungsmerkmal und das „Ödland der Krone" der sichtbare Beweis für die vulkanischen Eruptionen, die den Norden der Insel vor Tausenden von Jahren erschütterten. Langsam und geduldig fasst die Pflanzenwelt allmählich wieder Fuß, und wo sich einst Lava in den Ozean ergoss, sind zwei der bekannteren Höhlen der Insel zugänglich für die Öffentlichkeit.

ÖKO-JURTE

Wie wär's denn einmal mit einer Übernachtung in einer mongolischen Jurte? Möglich macht das eine rundum umweltfreundliche **Anlage** (S. 246), die mit Wind- und Sonnenenergie betrieben wird. Biologisch angebautes Obst, Gemüse und Wein kann als Teil des Willkommenspakets gebucht werden, und die eigenen Hühner liefern die Eier. Bei den meisten Buchungen stellen die Besitzer Tila und Michelle auch ein batterie- und benzingetriebenes Hybridauto zur Verfügung. Und wer jetzt noch unentschlossen ist, lässt sich vielleicht mit der Aussicht auf Windsurf- und Surfunterricht oder Ratschläge für Wanderungen überzeugen. Die Jurten sind fabelhaft eingerichtet, mit genau den richtigen ethnischen Akzenten.

LANZAROTE FÜR KINDER

Für Kinder gibt's auf der Insel viel zu sehen und zu erleben. Ein paar von Manriques Attraktionen werden sie sicher begeistern, und die südlichen Ferienorte bieten jede Menge Aktivitäten speziell für Kinder. Wenn's ein Museum sein darf, bietet sich das **Museo de la Piratería** (S. 113) in Teguise an. Die am meisten gepriesene Attraktion der Insel ist der **Guinate Tropical Park** (S. 118) mit Vögeln, Aquarium, Botanischem Garten und verschiedenen Vorführungen. Neben den allgegenwärtigen Glasbodenbooten gibt es zahlreiche Aktivitäten am Meer. **Untersee-Safaris** (S. 127) in Puerto Calero entführen die Passagiere ins tiefe Wasser, und wer es mit dem Abtauchen nicht so hat, bucht stattdessen bei **Paracraft** (☎ 619 068680; www.watersports-lanzarote.com; Playa Chica, Puerto del Carmen; ⏲ 10–18 Uhr) einen Parasailing-Flug (50 € für 10 Minuten). Falls das Meer irgendwann seinen Reiz verliert, bietet der **Aquapark** (☎ 928 59 21 28; www.aquaparklanzarote.es; Avenida del Golf; Erw./Kind 22/17 €; ⏲ 10–18 Uhr) in Costa Teguise die üblichen Rutschen und Fahrgeschäfte.

Die höhlenartige Cueva de los Verdes und die teilweise eingestürzte Lavaröhre der Jameos del Agua – die César Manrique zu einer Mischung aus New-Age-Rückzugsort und Bar umfunktioniert hat – liegen 1 km auseinander; der Weg ist bequem zu Fuß zurückzulegen. Sie liegen 4 km nordwestlich von Arrieta und sind gut ausgeschildert.

★ Cueva de los Verdes HÖHLE
(☎ 928 84 84 84; www.centrosturisticos.com; Erw./Kind 9/4,50 €; ⏲ 10–18 Uhr; Ⓟ) Die Cueva de los Verdes ist eine gähnende, 1 km lange Erdspalte, der spektakulärste Abschnitt einer fast 8 km langen Lavaröhre, die von einer Eruption vor 5000 Jahren hinterlassen wurde. Als sich die Lava hinunter ins Meer wälzte, kühlten sich die oberen Schichten ab und bildeten ein Dach, unter der sich das flüssige Magma weiterschob, bis die Eruption sich selbst erschöpft hatte. Geführte Touren, die ungefähr 45 Minuten dauern und auf Englisch gebucht werden können, finden etwa alle 30 Minuten statt.

Die Tour führt durch zwei übereinanderliegende Kammern. An der Decke sind eine Art Mini-Stalaktiten zu erkennen, aber es dringt kein Wasser in die Höhle: Die seltsamen spitzen Gebilde entstanden, als aus dem Strom der kochenden Lava Gase freigesetzt wurden, durch die Lavablasen an die Decke geschleudert wurden und erstarrten, während sie wieder in den Lavastrom zurücktropften.

Besucher mit großen Rückenproblemen sollten, bevor sie sich für einen Besuch der Höhle entscheiden, bedenken, dass die Decke an manchen Stellen so niedrig ist, dass man sich sehr tief bücken muss, um hindurchzukommen.

Von September bis April finden hier Konzerte statt, in den meisten Fällen mit Jazz- und Bluesmusik.

Jameos del Agua HÖHLE
(☎ 928 84 80 20 Erw./Kind 9/4,50 €; ⏲ 10–18.30 Uhr; Ⓟ) Die erste Höhle von Jameos del Agua erinnert an das Schiff einer gigantischen Meeresbasilika. Auf dem Weg zum Meer floss hier geschmolzene Lava hindurch, aber der Ozean drang zum Teil ein und erschuf den verblüffenden azurblauen See im Herzen der Jameos. Manriques Idee, rund um den See Bars und ein **Restaurant** (⏲ Di & Sa 20–24 Uhr) zu bauen, dazu einen Pool und eine Konzerthalle mit 600 Sitzplätzen (und einer wunderbaren Akustik), war ein echter Geniestreich.

Wer sich das Wasser des Sees ein wenig genauer ansieht, entdeckt am Grund winzige weiße Punkte. Das sind Krebse, wenn auch sehr kleine, und die einzigen bekannten Exemplare der *Munidopsis polymorpha* (Albinokrebse), die außerhalb der tiefsten Ozeane gefunden wurden. Bitte unbedingt die Schilder beachten und der Versuchung widerstehen, Münzen ins Wasser zu werfen – wenn diese korrodieren, könnte das diese einzigartige Spezies vernichten. Für Personen mit Mobilitätseinschränkungen ist der Zutritt im Grunde nicht möglich – es gibt zahlreiche Stufen.

In den Monaten Juli bis September finden hier an Dienstag- und Samstagabenden Konzerte statt.

Órzola

Die meisten Touristen durchfahren diese Fischerstadt im Norden achtlos auf dem

Weg zur Isla Graciosa, was schade ist, denn es gibt ein paar herrliche Sandstrände in der Gegend und mehrere gute Fischlokale am Hafen, in denen der Fisch garantiert fangfrisch verarbeitet wird.

Bus 9 verbindet Órzola mit Arrecife (3,60 €, 1 Std., 5-mal tgl.).

Strände

Unmittelbar östlich der Stadt liegt eine Reihe sandiger Buchten, die **Playas Caletones,** wo es selten voll ist. Sie besitzen eine natürliche wilde Schönheit, feinen weißen Sand und flache Lagunen.

Direkt nördlich von Órzola liegt ein weiterer wunderschöner Sandstrand, die **Playa de la Cantería,** flankiert von Klippen und berühmt für seine großen Brandungswellen (Schwimmen wird nicht empfohlen).

> **INSIDERWISSEN**
>
> **ABSEITS DER MASSEN**
>
> Die „Kunst trifft Natur"-Attraktionen auf Lanzarote bieten eine faszinierende Alternative zu den Wasserrutschen und zweifelhaften Vergnügungsparks, für die die Inseln auch bekannt ist. Ein Geheimtipp allerdings sind sie nicht mehr, und bei den vielen Tourbussen, die Stoßstange an Stoßstange stehen, bleibt einem manchmal nichts übrig, als sich in einem endlosen Strom Gleichgesinnter durch Manriques Meisterwerke zu schieben. Nur früh am Morgen oder später am Tag kann man den Massen etwas aus dem Weg gehen. Besonders für die Jameos del Agua, die Cueva de los Verdes und den Parque Nacional de Timanfaya empfiehlt es sich, sie entweder morgens oder erst nach 15 Uhr zu besuchen.

Chinijo-Inselgruppe

Dieser Mini-Archipel besteht aus fünf Inselchen, die nördlich von Lanzarote im Meer verstreut liegen. Zusammen mit den Famara-Klippen von Lanzarote bilden sie ein Naturschutzgebiet, aber im Grunde ist für die Öffentlichkeit die gesamte Region nicht zugänglich. Die einzige Ausnahme bildet Graciosa, das einzige bewohnte Eiland der Gruppe. Die anderen – Montaña Clara, Alegranza, Roque del Este und Roque del Oeste – sind bekannt für die Vogelarten, die dort leben und werden eignentlich nur von Forschern aufgesucht. Nur der **Lanzarote Active Club** (www.lanzaroteactiveclub.com; Tagestour 65 €) organisiert Bootstouren, die einen Blick aus größerer Nähe erlauben.

Isla Graciosa

Für eine echte Auszeit ist Graciosa genau das Richtige. In ein, zwei Tagen kann die ganze Insel erkundet und die Batterien wieder richtig aufgeladen werden, aber wer länger bleiben will, findet hier auch eine Brandung der Spitzenklasse, diverse Wassersportarten, ein paar Wandermöglichkeiten und herrliche Stände – und Ruhe und Frieden satt.

Auf der Insel leben etwa 700 Leute, so gut wie alle im Dorf Caleta de Sebo, wo das Boot aus Órzola im attraktiven Hafen anlegt. Dahinter erstrecken sich 27,5 km² vorwiegend karges Buschland, unterbrochen von fünf kleineren Vulkangipfeln, die sich von Norden nach Süden ziehen. 30 Gehminuten südwestlich von Caleta de Sebo befindet sich die entzückende kleine Playa Francesa. Daneben gibt's noch den reizvollen langen Sandstrand Playa de las Conchas und am nördlichen Ende der Insel die Playa Lambra, ein weiterer Sandstrand. An den Stränden im Süden ist das Meer meist ruhiger; an der Playa de las Conchas ist Schwimmen absolut nicht ratsam.

An einem windigen Tag kann einem Caleta de Sebo wie eine Kreuzung aus einem kahlen marokkanischen Dorf und einem sandgepeitschten Außenposten im Wilden Westen vorkommen. Von den Touristenströmen ist es Welten entfernt. Es gibt keine befestigten Straßen; das Haupttransportmittel scheinen arg mitgenommene, alte Land Rover zu sein.

Sehenswertes & Aktivitäten

Museo Chinijo MUSEUM
(www.museochinijo.com; Calle Margarona 27; Mo–Sa 9–17 Uhr) GRATIS Das angeblich kleinste Museum der Welt zeigt gut dargebotene Ausstellungsstücke zur Geografie und Geschichte der Inselgruppe sowie Schautafeln zu den Walen der Region und zur Produktion von Salz und Aloe auf Lanzarote.

Buceo La Graciosa TAUCHEN
(www.buceolagraciosa.es; Tauchen mit Leih-Ausrüstung ab 35 €) In den Gewässern rund um die Chinijo-Inselgruppe wimmelt es nur so von

faszinierendem Meeresgetier. Das Unternehmen bietet Tauchgänge vor der Küste von Graciosa und Alegranza an.

La Graciosa Water Experience WASSERSPORT
(☎649 375051; www.lagraciosawaterexperience.com) Im Angebot sind Kitesurfen und Stehpaddel-Touren sowie Surfbrett-Verleih.

Essen & Ausgehen

Girasol FISCH UND MEERESFRÜCHTE €€
(Avenida Virgen del Mar; Hauptgerichte 8–10 €; ⏲13–16 & 19 Uhr–open end) Die verschiedenen Restaurants in La Graciosa sind sich im Grunde ziemlich ähnlich, aber dieses Lokal besteht schon sehr lange, und die Terrasse hat einen Blick aufs Meer. Es gibt eine gute Auswahl an frischem Fisch und ein paar typisch kanarische Fleischgerichte. Oben im Gebäude gibt es hübsche *pensión*-Zimmer (30 €) mit Balkon zum Meer.

Las Arenas CLUB
(Calle Mar de Barlovento; ⏲Fr & Sa ab 00.30 Uhr) Wer nach einem netten Abend erst so richtig aufdreht, kann in dieser Disco-Kneipe hinter der Pensión Enriqueta, die ihre Tore erst nach Mitternacht öffnet, auf Touren kommen und bis in die Morgenstunden abfeiern.

An- & Weiterreise

Zwei Schifffahrtgesellschaften betreiben Fähren zwischen Órzola und Caleta de Sebo: **Biosfera Express** (☎928 84 25 85; www.biosferaexpress.com; Erw./Kind Hin- und Rückfahrt 20/10 €) und **Lineas Marítimas Romero** (☎928 59 61 07; www.lineasromero.com; Erw./Kind Hin- und Rückfahrt 20/11 €). Die Abfahrten sind zeitlich gestaffelt; insgesamt fahren jeden Tag 16 Fähren hin und zurück. Zwischen Órzola und Punta Fariones kann das Meer ziemlich unruhig werden; wer leicht seekrank wird, sollte vielleicht etwas einnehmen.

Auch mit dem Fahrrad lässt sich die Insel gut erkunden, wenn es einem nichts ausmacht, hin und wieder im Sand steckenzubleiben. In der Nähe des Hafens gibt es eine Reihe gut ausgeschilderter Fahrradvermietungen.

Mirador del Río

2 km nördlich von Yé positionierte die spanische Armee Ende des 19. Jhs. eine Geschützgruppe in strategischer Lage oberhalb von El Río, der Meerenge zwischen Lanzarote und Isla Graciosa. Spanien war mit den USA in den Krieg über die Vorherrschaft auf Kuba eingetreten, und man konnte ja nicht vorsichtig genug sein. Dieser Kanonenstellung drückte 1973 der allgegenwärtige César Manrique seinen Stempel auf, indem er sie zu einem fantastischen glubschäugigen Aussichtspunkt umbaute.

Mirador del Río (☎928 52 65 51; www.centrosturisticos.com; Erw./Kind 4,50/2,25 €; ⏲10–18 Uhr) Es gibt eine gute Bar mit Andenkenladen. Der Aussichtspunkt bietet schwindelerregende Ausblicke auf die weiten, erstarrten Lavaströme, die sich ins Meer ergießen, und auf die Isla Graciosa mit den umliegenden Inselchen.

Guinate

Hauptgrund für den Besuch in dem Dorf Guinate ist der **Guinate Tropical Park** (www.guinatetropicalpark.com; Erw./Kind 15/9 €; ⏲10–17 Uhr), der etwa 1300 seltene und exotische Vögel, ein Pinguinbecken sowie weitere Tiere, darunter Affen und Erdmänn-

SPORTLICHE WETTBEWERBE

Musikmarathon-Festival (www.musicmarathon.com) Verschiedene Läufe bis zu 20 km, die von Livemusik an der Strecke begleitet werden; März

Ironman Lanzarote (www.ironmanlanzarote.com) Gilt als einer der härtesten Ironman-Events (Triathlon); Mai

Vulkan-Triathlon (www.clublasanta.com) Triathlon für alle Schwierigkeitsstufen; Mai

Wine Run Lanzarote (www.lanzarotewinerun.com) Halbmarathon durch die Weinregion, der mit einem traditionellen kulinarischen Fest zusammenfällt; Juni

Haría Extreme (www.hariaextreme.com) Ein strapaziöser 80-km-Lauf, allerdings sind auch kürzere Strecken möglich; das Datum variiert

Travesia a Nado „El Rio" (www.lanzarotedeportes.com) Ein Schwimmwettbewerb auf dem offenen Meer mit Wellen und Strömungen über die 2,6 km zwischen Lanzarote und Isla Graciosa; Oktober

INSIDERWISSEN

KIRSTY JONES: WELTMEISTERIN IM KITESURFEN

Ich bin mit meinen Eltern schon nach Lanzarote in Urlaub gefahren, als ich 15 war; hier hat meine Leidenschaft für Surfen und Windsurfen angefangen. Als ich 16 war, versuchte ich es an einem sehr windigen Tag am Strand von Puerto del Carmen einmal mit Windsurfen – von da an war ich süchtig nach der Energie und Kraft von Wind und Wellen. Vor etwa vier Jahren, nachdem ich in meinem Job als professionelle Kitesurferin schon an vielen Orten auf der ganzen Welt war, beschloss ich, ein Haus auf Lanzarote zu kaufen.

Bester Kitesurf-Strand Neben Famara gehe ich sehr gern zum Kitesurfen an die Playa del Risco, von der die meisten Besucher nichts wissen. Sie liegt am Fuß der gewaltigen Klippen von Mirador del Río im Norden; der Weg dorthin und zurück ist ziemlich anstrengend (besonders mit all der Ausrüstung), aber die Aussicht ist fantastisch, und wenn man erst mal den einsamen weißen Sandstrand unten erreicht, hat sich jeder Schritt gelohnt. Für die, die sich die lange Wanderung mit Kitesurf-Ausrüstung ersparen wollen, bieten einige Surfschulen in Famara eine Bootsfahrt zu diesem Strand an.

Geheimtipp Einer meiner Lieblingsorte liegt sogar direkt vor meinem Haus in Charco del Palo, aber unter Wasser! Wenn der Wind sich legt, kann ich hier vor den Felsen stundenlang tauchen und schnorcheln und die faszinierende Unterwasserwelt erkunden. Es gibt dort atemberaubende Höhlen und Felsformationen und alle möglichen Fischarten, und das Wasser ist kristallklar.

Und auf dem Land? Ich erkunde gern die felsige Küste im Nordosten und Nordwesten und suche nach Treibholz und anderen interessanten Dingen, welche die Flut und die Wellen angetrieben haben, und dekoriere damit meinen Hinterhof.

chen, beherbergt. Die Papageienschau ist nur etwas für Besucher, die Vögel auf Fahrrädern und dergleichen mögen.

Guinate liegt 5 km südlich vom Mirador del Río. Direkt hinter dem Park befindet sich ein weiterer schöner (und zudem völlig kostenloser) **Aussichtspunkt** über El Río und die umliegenden Eilande.

Haría

1004 EW

Der bedeutende kanarische Schriftsteller Alberto Vásquez-Figueroa nannte Haría einmal das schönste Dorf der Welt. Auch wenn das vielleicht eine klitzekleine Übertreibung war, liegt das Dorf tatsächlich sehr malerisch-ländlich in einem palmenbestandenen Tal, in dem Bougainvilleen und Weihnachtssterne leuchtend bunte Farbkleckse bilden. Im 17. und 18. Jh. war es hier Tradition, bei einer Geburt Palmen zu pflanzen zwei für einen Jungen, eine für ein Mädchen! Später wurde die nordafrikanisch anmutende Oase zu einem beliebten Kurort für wohlhabende Kanarier.

Der zentrale Fußgängerboulevard Plaza León y Castillo liegt im Schatten von Eukalyptusbäumen und ist samstagmorgens Schauplatz eines hervorragenden Kunsthandwerks- und Bauernmarktes. Während der Woche werden Kunsthandwerksartikel bei **Taller de Artesanía Reinaldo Dorta Déniz** (Calle Barranco de Tenesía; ⌚ Mo 10–13.30, Di–Sa 10–13.30 & 16–19 Uhr) angeboten, einer von der Gemeinde unterstützten Werkstätte für alle Arten von Kunsthandwerk, wo einheimische Kunstgewerbler Silberzeug, Töpferwaren, Stickarbeiten und entzückende Arbeiten aus Palmblättern und Schilf anfertigen. Vor dem Einkauf kann man den Handwerkern bei der Arbeit an den Stücken über die Schulter blicken.

Sehenswertes

Casa Museo César Manrique MUSEUM

(☎ 928 84 31 38; www.fcmanrique.org; Calle Elvira Sanchez; Erw./Kind 10/5 €; ⌚ 10.30–14 Uhr) Das palmengesäumte Anwesen war das letzte Zuhause des Lieblingssohns der Insel und wurde der Öffentlichkeit als Museum und Schrein zugänglich gemacht. Im Haus sieht alles aus wie zu Manriques Lebzeiten, einschließlich seiner Kleidung im Schrank und seiner persönlichen Kunstsammlung an den Wänden. Die Einrichtung ist recht bescheiden im Vergleich zu seinem früheren Haus in Tahiche, das Hauptbadezimmer allerdings ist grandios. Die Hauptattraktion ist allerdings sein Atelier, das heute noch genauso aussieht wie am Tag seines Todes; selbst unvollendete Arbeiten sind noch dort.

Die Eintrittskarte kann später noch bei der Fundación César Manrique (S.113) in Tahiche vorgezeigt werden und berechtigt zu einem Preisnachlass auf die Eintrittskarte dort.

Essen

La Puerta Verde MEDITERRAN €€

(928 83 53 50; Calle Fajardo 24; Hauptgerichte 12–18 €; 13–16 & 19 Uhr–open end) Harías gehobenstes Esslokal direkt nördlich vom Zentrum liegt abseits der Touristenroute. Ein wundervolles Plätzchen für eine Tasse Kaffee und ein dekadentes Stück Kuchen, noch besser aber für ein festliches Abendessen. Die kreativen Gerichte verbinden die kanarische, spanische und italienische Küche und weisen auch ein paar nordeuropäische Einflüsse auf. Das Highlight ist das langsam geschmorte Lamm. Abends ist eine Tischreservierung ratsam.

An- & Weiterreise

Bus 7 (3,15 €, 45 Min., 6-mal tgl.) verbindet Haría mit Arrecife über Teguise und Tahiche.

La Caleta de Famara

Jahre bevor César Manrique zu den ganz Großen gehörte, verbrachte er so manchen Sommer seiner Kindheit am unberührten Strand **La Caleta de Famara.** Dies ist einer der schönsten Sandstrände auf Lanzarote, und zudem nicht einmal übervölkert: Niemand macht einem ein Plätzchen für das Handtuch streitig. Das bescheidene Dörfchen am Meer mit seinen dramatischen Klippen verströmt ein jugendliches, unkonventionelles Flair und macht kaum Zugeständnisse gegenüber dem Durchschnittsbesucher, abgesehen von ein paar ausgesuchten Restaurants mit Blick auf die Brandung.

Die hervorragenden Wellen von Famara bieten mit die besten Breaks in Europa neben **El Quemao** etwa 15 km südlich (allerdings nur für sehr erfahrene Surfer geeignet). Wer sich nicht selbst aufs Brett stellen will, kann die Surfer beobachten; die Szene gehört zu den besten auf den Kanaren.

Die zahlreichen Surfschulen der Stadt sind gern bei der Suche nach einer Unterkunft behilflich. Sie alle können bezahlbare Übernachtungsmöglichkeiten in Apartments in der Nähe organisieren.

Aktivitäten

Zoo Park Famara SURFEN

(928 52 88 46; www.zooparkfamara.com; Avenida El Marinero 5; Leihbrett & Leih-Neoprenanzug 10 € am Tag, Surfkurs 40 € am Tag) Eine alteingesessene Surfschule, die auch Unterricht im Kitesurfen (90 € am Tag) und Stehpaddeln (45 € am Tag) anbietet. Eine Unterkunft für Selbstversorger kann arrangiert werden, und es gibt Surf-Camps mit Unterkunft und Unterricht (ab 300 € pro Woche).

Famara Surf SURFEN

(653 989550; www.famarasurf.com; Avenida El Marinero 39; Surfkurs 39 € pro Tag) Wer keinen Unterricht will, kann hier auch einfach ein Brett leihen (12 € pro Tag, einschließlich Neoprenanzug) oder eines im Laden kaufen und sein eigenes Ding durchziehen. Das Geschäft bietet ebenfalls diverse Unterkünfte in der Stadt an.

Essen

Surf Bar Clandestino PIZZA €

(www.clandestino-surf-adventure.com; Avenida El Marinero 25; Pizza 4€; 8 Uhr–open end;) Das coole Café mit von der Decke hängenden Surfbrettern, Pizzas und Frühstücken (3 €) zu sehr guten Preisen sowie diversen Cocktails hat eindeutig die Surfszene im Visier. Hier werden auch Surfkurse und Yogakurse arrangiert.

★ **El Risco** MODERN KANARISCH €€

(Calle Montaña Blanca 30; Hauptgerichte 10–18 €; 13–16 & 19 Uhr–open end) El Risco hat eine herrliche Lage, eine Terrasse mit Meerblick und einen blau-weißen Nautik-Look. Hier gibt's die gehobensten Gerichte der Stadt – zum Beispiel die Zicklein-Kaninchen-Terrine mit einer Weinbrand-Reduktion.

Restaurante Sol FISCH UND MEERESFRÜCHTE €€

(Calle Salvavidas 48; Hauptgerichte 12–18 €; 3–16 & 19 Uhr–open end) Auf der Terrasse mit Blick aufs Meer kann man gemütlich einen gegrillten Fisch oder frittierten Baby-Tintenfisch verspeisen und dabei die Surfer beobachten. An den Wochenenden ist das Lokal aber gerammelt voll mit lärmenden Familien aus der Gegend – eigentlich immer ein gutes Zeichen.

An- & Weiterreise

Bus 20 (2,20 €, 50 Min.) verbindet Arrecife fünfmal täglich (nur Wochentage) mit La Caleta de Famara.

VON WÜRZIGEN KARTOFFELN BIS ZU HERVORRAGENDEN WEINEN

Zwar unterscheidet sich die Küche Lanzarotes nicht sehr von der seiner Nachbarn, aber es gibt ein paar kulinarische Stars. Die süchtig machenden *papas arrugadas* (runzeligen Kartoffeln) werden normalerweise von einer Auswahl von drei *mojo* (würzigen Saucen) begleitet (was nicht überall auf den Kanaren der Fall ist), und zwar *mojo verde* (mit Petersilie), *mojo de cilantro* (mit frischem Koriander) und die klassische *mojo picón* (mit einem würzigen Chili-Kick).

Lateinamerikanische Einflüsse sind in verschiedenen Gerichten zu erkennen, und die Steaks sind normalerweise aus bestem argentinischem Rindfleisch. Weitere beliebte Fleischgerichte der *Lanzaroteños* sind auch Ziege, Zicklein und Kaninchen – wie bei ihren Guanchen-Vorfahren, die dem Vernehmen nach nicht die besten Fischer waren. Der klassische *puchero*, der traditionell aus verschiedenen Fleischstücken, frischen Wurzelgemüsen und Kichererbsen besteht, ist ein bodenständiger Schmortopf, der Leib und Seele zusammenhält.

Die heimische *lapa*, eine Schneckenart, die traditionell gegrillt wird (wodurch sich das Fleisch von der Schale löst) und von einer grünen *mojo* begleitet wird, ist etwas für Fans von Fisch und Meeresfrüchten. Zwar sehen die schwarzfleischigen *lapas* nicht so appetitlich aus wie die orangefleischige Sorte, sind aber tatsächlich aromatischer.

Einmal hier, sollte man unbedingt auch den hiesigen Wein probieren, besonders den preisverdächtigen trockenen weißen *malvasía* (Malvoisier). Der Wein gedeiht gut in der schwarzen Vulkanerde und wird in kleinen Kratern angepflanzt, wo sie vor Wind geschützt wachsen können. Die Trauben werden manuell gepflegt und geerntet, was naturgemäß hohe Arbeitskosten nach sich zieht. Der Kauf einer oder mehrerer Flaschen lokal angebauten Weins unterstützt aktiv den Erhalt einer traditionellen Weinbaukultur, die in Gefahr ist auszusterben.

WEINREGION

Hier vergisst man besser schnell alle vorgefassten Meinungen darüber, wie eine Weinregion auszusehen hat: Die Reben auf Lanzarote wachsen nämlich nicht in ordentlichen Reihen, die sich wie grüne Streifen über die Berge ziehen. Das soll nicht heißen, dass die Gegend nicht schön ist, aber wie anderswo erschließt sich auch hier dem Betrachter die Schönheit der Insel nicht auf den ersten Blick. Die eindrucksvolle abstrakte Landschaft aus drohend aufragenden schwarzen Bergen ist mit kleinen halbmondförmigen Steinmauern gesprenkelt. Hinter jedem Mäuerchen wächst eine niedrige Weinrebe geschützt vorm Wind und bildet einen fröhlichen Kontrast zur monochromen Landschaft.

Die Winzer auf Lanzarote haben festgestellt, dass der tiefe schwarze Lavaboden, angereichert durch die wacklige seismische Geschichte der Insel, sich perfekt für den Weinanbau eignet, auch wenn die Erträge gering sind und der Arbeitseinsatz für eine ordentliche Ernte sehr hoch ist. Details zu den verschiedenen Weinbaubetrieben auf der Insel einschließlich einer Karte gibt es unter www.dolanzarote.com.

Für nicht motorisierte Besucher werden organisierte Touren zu den Winzern angeboten. Eine davon ist die **Bodega Hopping Tour** (✆650 819069; www.lanzaroteactiveclub.com; pro Person 59 €), durchgeführt vom Lanzarote Active Club, die zu vier Winzern führt und einen Tapas-Imbiss enthält. In diesen Teil der Insel fahren nur wenige Linienbusse. Am praktischsten ist noch der Bus 32, der Arrecife mit La Florida und Masdache (1,40 €, 30 Min., 10-mal tgl.) verbindet.

San Bartolomé & Umgebung

San Bartolomé (5800 Einwohner), das auf die Guanchen-Siedlung Ajei zurückgeht, fiel im 18. Jh. praktisch als privates Lehen an den Milizenführer Francisco Guerra Clavijo y Perdomo und seine Nachfahren. Das weitläufige **Museo del Tanit** (www.museotanit.com; Calle Constitución 1; Erw./Kind 6 €/frei; ⌚Mo–Sa 10–14 Uhr) in einem kanarischen Haus aus dem 18. Jh. besitzt Ausstellungsstücke zu praktisch jedem Aspekt des Insellebens der letzten 200 Jahre. Es gibt Erklärungen in englischer Sprache. Allerdings ist der Weg zum Museum ziemlich schlecht ausgeschildert – am besten zunächst den Schildern ins „centro urbano" folgen. Reizvoller als das Museum ist womöglich ein Bummel durch das verträumte Städtchen mit seinem palmenbestandenen Platz.

Ein paar Kilometer nordwestlich der Stadt erhebt sich an der Straße nach Tinajo das modernistische weiße **Monumento al Campesino** (Bauerndenkmal), errichtet 1968 von César Manrique (wem sonst?) in Gedenken an die undankbare Arbeit, die die meisten Inselbewohner seit Generationen leisten mussten. Daneben steht das **Museo del Campesino** (www.centrosturisticos.com; ⏲10–18 Uhr; Ⓟ) GRATIS, das eher eine Ansammlung von Kunsthandwerkstätten ist, darunter befinden sich auch eine Weberei und eine Töpferwerkstatt.

Die Mehrzahl der Besucher kommt wegen des **Restaurants** (Hauptgerichte 12–16 €; ⏲12.30–16 Uhr; 📶) hierher – Ironie des Schicksals an einem Denkmal, das denen errichtet wurde, die meist Hunger litten. Der Speiseraum ist riesig, kreisrund und liegt tiefer und verfügt über einen Lavatunnel. Es gibt eine gute Wein- und Rumkarte und solide zubereitete regionale Kost, begleitet von kanarischer Musik. Das Tapas-Menü ist abwechslungsreich, und es gibt eine Auswahl kanarischer Schmortöpfe und ein paar regionale süße Köstlichkeiten wie *bienmesabe* (ein klebriges Dessert auf der Basis von Mandeln).

Zwei Kilometer in Richtung Südwesten an der Straße nach Yaiza befindet sich das erste Weingut an dieser Straße, **Bodegas La Florida** (☎928 59 30 01; www.bodegaslaflorida.com; Calle La Florida 89; Verkostung 1,50 €; ⏲11–18 Uhr; Ⓟ). Bis zu sechs Weine werden in dem wunderschön restaurierten, 150 Jahre alten Bauernhaus zur Verkostung angeboten. Eine Teilnahme an einer Tour durch den Weinberg und den Weinbaubetrieb (7 € pro Person inklusive Verkostung) ist möglich, allerdings sollte die Tour im Voraus gebucht werden.

Noch einen Kilometer südlich liegt das **Museo del Vino El Grifo** (www.elgrifo.com; Eintritt einschließlich einem Glas Wein 4 €; ⏲10.30–18 Uhr; Ⓟ), das älteste Weingut der Kanaren, gegründet 1775. Hier gibt's ein interessantes Museum, das alte Weinbaugerätschaften zeigt. Die meisten stammen aus dem 19. und 20. Jh., aber ein paar ältere Stücke gibt es auch. Von größerem Interesse ist vielleicht der Verkostungsraum, in dem verschiedene Weine probiert werden können, die immer noch hier produziert werden. Eine einzelne Kostprobe kostet 1,50 €, sechs Kostproben samt einer Platte mit regionalem Käse 6 € pro Person. Touren müssen vorbestellt werden (der Preis dafür beträgt 10 €, einschließlich Verkostung).

Weiter im Süden an der Straße nach Tías liegt die **Bodegas Vega de Yuco** (☎928 52 43 16; www.vegadeyuco.es; Camino del Cabezo; Verkostung 1 €; ⏲Mo–Fr 8–15 Uhr; Ⓟ). Die hübsche Terrasse bietet sich an, um einen Wein zu trinken und die Landschaft zu bewundern; anschließend kann man noch den botanischen Garten erkunden.

BERÜHMTER FAN

Shakespeare trank dem Vernehmen nach gern mal ein Gläschen „sack" – wie *malvasía* (Malvasier) in England auch genannt wurde. Seine Werke enthalten zahlreiche Anspielungen darauf, und er ist nicht der einzige englische Schriftsteller, der ein Freund des kanarischen Weins war – auch in den Werken von Robert Louis Stevenson und John Keats wird er erwähnt.

Tiagua

8 km nordwestlich von San Bartolomé liegt das Freilandmuseum **Museo Agricola El Patio** (www.museoelpatio.com; Calle Echedey 18; Erw./Kind 5 €/frei; ⏲Mo–Sa 10–17 Uhr; 👪), das ein traditionelles Bauernhaus des 19. Jhs. (samt Weinkeller) nachbildet und einen Einblick in die traditionellen Aspekte der Kultur der Insel bietet. Die Beschriftung – einschließlich einiger ärgerlich belehrender Texte – ist auf Englisch. Es gibt regionalen Ziegenkäse und eine Auswahl an *malvasía* (Malvasier-Weine) und Muskateller zu probieren. Zu sehen sind jede Menge alter Gerätschaften und Möbel, eine Windmühle und das eine oder andere Kamel oder einen Esel, friedlich vor sich hinkauend.

Tiagua liegt an der Strecke von Bus 16 (1,40 €, 30 Min.) von Arrecife nach La Santa. Bus 20 (1,40 €, 25 Min.) nach La Caleta de Famara hält ebenfalls hier.

La Geria

Die LZ-30, die sich im Südwesten zwischen Mozaga und Yaiza entlangwindet, gehört zu den interessantesten und reizvollsten Stre-

> **DIE APP „LA GERIA“**
>
> In dem Versuch, mehr Besucher in die Weinregion zu locken, haben der *cabildo* (die Regierung) und Weingüter eine kostenlose Smartphone-App namens „La Geria“ entwickelt. Die App bietet Karten und Informationen zu den Weingütern und anderen Attraktionen und Aktivitäten in der Gegend.

cken der Insel. Die kurvenreiche Straße mit gut gepflegtem Belag verläuft durch das Gebiet von La Geria und passiert dabei Reihe auf Reihe ins Auge fallender niedriger Mauern, hinter denen Weinreben gepäppelt werden.

Sehenswertes

Bodega Rubicón WEINGUT
(☎928 17 37 08; www.vinosrubicon.com; Ctra La Geria, Km 2; Verkostungen 1–3 € pro halbem Glas; ⏲9–18 Uhr; P) Die Bodega befindet sich in einem Teil eines ehemaligen *cortijo* (Bauernhofs) aus dem 17. Jh., das auch noch ein gutes Restaurant beherbergt (Hauptgerichte 10 bis 12 €). Unter den zur Verkostung angebotenen Weinen ist auch der preisgekrönte Muskateller. Hier befindet sich auch ein Museum mit einer historischen Weinpresse.

Bodega La Geria WEINGUT
(☎928 17 31 78; www.lageria.com; Ctra La Geria, Km 5; Verkostungen 1,50 € pro halbem Glas; ⏲Mo–Sa 9.30–19, So 10–18 Uhr; P) Der Weinkeller von La Geria, gegen Ende des 19. Jhs. gegründet, war die erste Bodega auf der Insel, die geführte Touren anbot und Weine öffentlich verkaufte. Angeboten werden hier Flaschen mit trockenem oder halbtrockenem *malvasía* (unter anderem) für etwa 12 €. Es gibt außerdem eine gute kleine Bar/Café (Tapas 6–8 €).

Feste & Events

Weinlese ist von Ende Juli bis September, und in dieser Zeit finden auf den verschiedenen Weingütern zahlreiche Events statt.

Fiesta de la Vendimia KULTUR
(⏲Mitte Aug.) Das größte und am besten etablierte Weinfest ist die fröhliche Fiesta de la Vendimia, die in der Bodega La Geria stattfindet. Frisch gelesene Trauben werden in einen großen Bottich geschüttet, und jeder darf mal herzhaft darin herumstampfen (in die Weinflasche kommt das Ergebnis zum Glück nicht!).

Essen

El Chupadero TAPAS €
(☎659 596178; www.el-chupadero.com; Tapas 4,50–10,50 €; ⏲13–16 & 19 Uhr–open end; P) Die schicke Bar mit Restaurant wird von Deutschen geführt und liegt 4 km nördlich von Uga abseits der LZ-30. Hier werden auf der Terrasse mit Blick auf die Weinberge hausgemachte Suppen und großartige Tapas serviert, dazu schmeckt ein Glas *malvasía* aus der Gegend. An Sonntagabenden gibt's Livekonzerte.

DER SÜDEN & DER SÜDWESTEN

Im Süden der Insel liegen die beliebtesten Hotelanlagen, die vor allem Familien und Gruppen ansprechen, die sich auf einen entspannten Urlaub mit Sonnenbaden, Tiefseeangelausflügen und feuchtfröhlichen Abenden freuen. Einen starken Kontrast dazu bildet die Westküste mit ihren wellengepeitschten Klippen und stillen, weiß getünchten Dörfern.

Parque Nacional de Timanfaya

Die Eruption, die am 1. September 1730 begann und den Süden der Insel erschütterte, zählte zu den größten vulkanischen Kataklysmen seit Beginn der Geschichtsschreibung. Jeden Tag schossen 48 Millionen Kubikmeter Lava aus dem Innern der Erde hervor, während Salven geschmolzenen Gesteins über das Land und ins Meer geschleudert wurden. Als die Eruption nach sechs langen Jahren endlich aufhörte zu wüten, waren über 200 km^2 Land sowie 50 Dörfer und Weiler verwüstet worden.

Die Montañas del Fuego (Feuerberge) im Herzen dieses gespenstischen 51 km^2 großen **Nationalparks** (☎928 84 00 57; www.centrosturisticos.com; Erw./Kind 9/4,50 €; ⏲9–17.45 Uhr, letzte Bustour um 17 Uhr) tragen ihren Namen völlig zu Recht. Besucher, die den von Manrique entworfenen Aussichtspunkt an einer Erhebung namens Islote de Hilario erreichen, können in den Kieseln herumwühlen und ausprobieren, wie lange sie sie in der Hand halten können. In einer Tiefe von wenigen Zentimetern beträgt die Temperatur bereits 100°C; in 10 m Tiefe liegt sie bei bis zu 600°C. Ursache des Phänomens ist eine brodelnde Magmakammer 4 km unter der Oberfläche.

Ein paar zähe Fitzelchen Vegetation, darunter 200 Flechtenarten in fantastischen Formen und Schattierungen von Schwarz, Grau, Rötlichbraun und Rot haben es geschafft, sich ein paar Streifen Erde in der ansonsten toten Landschaft zurückzuerobern. Feine kupferfarbige Erde gleitet Vulkankegel hinab, bis sie von verzerrten, wirbelnden und faltigen Hügeln erstarrter Lava aufgehalten wird – hier lohnt sich auf jeden Fall eine Kamera.

Die Veranstalter der Show am Islote de Hilario in der Nähe des Restaurants, Andenkenladens und Parkplatzes haben ein paar coole Tricks auf Lager. Einer davon besteht darin, etwas Gestrüpp in ein Loch im Boden zu stopfen, das sich innerhalb von Sekunden durch den unterirdischen Ofen in einen brennenden Busch verwandelt. Ein Topf Wasser, in ein anderes Loch geschüttet, wird wie ein Geysir auf der Stelle mit hohem Druck wieder ausgestoßen; für das eindrucksvolle Foto hat man aber nur genau drei Sekunden Zeit.

Der Park wird nicht von öffentlichen Verkehrsmitteln angefahren; Besucher brauchen einen eigenen fahrbaren Untersatz. Zwei Räder reichen schon – das Gebiet ist sehr beliebt bei Radfahrern.

Sehenswertes & Aktivitäten

Besucherzentrum Mancha Blanca MUSEUM
(☎928 11 80 42; www.mma.es; Ctra de Yaiza a Tinajo, km 11,5; ⏲9–17 Uhr; P) GRATIS Ausgezeichnete audiovisuelle und informative Ausstellungsstücke über den Park, samt Simulation eines Vulkanausbruchs. Es liegt direkt nördlich der Parkgrenze an der LZ-67.

Ruta de los Volcanes BUSTOUR
Die 14 km lange, stellenweise nervenzerreißende Busfahrt ist im Eintrittsgeld zum Park enthalten und führt durch spektakuläres vulkanisches Terrain, wie man es so schnell wohl kaum wieder zu sehen bekommt. Die Busse fahren alle 20 bis 30 Minuten; die Fahrt dauert etwa 30 Minuten. Um 10 Uhr können sich am Eingang zum Park bereits lange Warteschlangen bilden; es ist also jederzeit mit Wartezeiten für diese Tour zu rechnen.

Die dreisprachig aufgenommenen Erläuterungen an Bord enthalten einen faszinierenden Augenzeugenbericht des lokalen Priesters Don Agustín Cabrera.

Geführte Touren WANDERUNG
(www.reservasparquesnacionales.es) Wer möchte, kann im Parque Nacional de Timanfaya auch wandern, muss aber gründlich vorausplanen, denn es werden immer nur acht Personen eingelassen. Die geführte 3,5 km lange Zweistundentour (auf Spanisch und Englisch) beginnt immer montags, mittwochs und freitags um 10 Uhr am Besucherzentrum Mancha Blanca.

Die sehr viel anstrengendere Ruta del Litoral (9 km, sechs Stunden) findet einmal im Monat statt (es gibt keine festen Termine). Die Reservierung erfolgt über die Website, die Buchung ist mehrere Wochen im Voraus erforderlich. Alle Wanderungen sind kostenlos.

Echadero de Camellos KAMELREITEN
(2 Personen 12 €) Wer sich abenteuerlustig fühlt, kann den Park auch bei einem 20-minütigen Kamelritt erkunden. Die Kamele warten am südlichen Eingang zum Park, direkt neben der LZ-67.

Essen

Restaurant del Diablo BARBECUE €€
(☎928 84 00 56; Islote de Hilario; Hauptgerichte 12–16 €; ⏲12–16.30 Uhr; P) Das von Manrique entworfene Restaurant steckt voller technischer Spielereien und ist ein großer Spaß – die Besucher können zusehen, wie das bestellte Fleisch auf dem durch und durch natürlichen vulkanbetriebenen Grill an der Rückseite vor sich hin brutzelt. Das Essen ist nichts Weltbewegendes, aber hey, wer kommt hierher schon des Essens wegen? Allerdings könnten sich Vegetarier bei all den Kaninchen, T-Bone-Steaks und Hähnchen im Rauch ein wenig vernachlässigt fühlen. Es gibt hier jedoch eine gute Karte lokaler Weine.

Puerto del Carmen

Am beliebtesten Strand der Insel stehen die Sonnenschirme in vier Reihen, und zugleich ist Puerto del Carmen der älteste extra angelegte Ferienort. Einen Hauch kanarisches Flair bietet der Hafen El Varadero ganz im Westen der Promenade, der mit seinen tanzenden Booten und seinem unverstellten Meerblick immer noch etwas von einem

Fischerdorf hat. Das Zentrum selbst ist vor allem auf britische Besucher ausgerichtet, mit Restaurants und Bars, die miteinander um das billigste Bacon-and-Eggs-Frühstück und den größten (und lautesten) Sky-Sportkanal-Bildschirm wetteifern. Die Hauptstraße ist die Avenida de las Playas, ein knallbunter Straßenabschnitt am Strand voller Läden, Bars und Restaurants.

Strände

Playa Grande STRAND
An der Playa Grande drängen sich die Massen, und die Sonnenliegen und Sonnenschirme stehen dort ordentlich in Reih und Glied; trotz allem aber ist dies ein herrlicher 1200 m langer Strand, ideal für Familien, mit flachem Wasser und guten Service-Einrichtungen wie Toiletten und Eisdielen.

Playa Los Pocillos STRAND
Ein paar Kilometer nördlich von Puerto del Carmen erstreckt sich kilometerlang der geschwungene goldene Sandstrand Playa Los Pocillos, bekannt für die dort herrschenden Windverhältnisse und sein ruhiges Wasser, der perfekte Spot für Windsurfer.

Aktivitäten

Viele Urlauber haben offenbar vor allem das Ziel, sich bei einem Bierchen zu entspannen oder am Strand abzuhängen; wer aber auf der Suche nach weniger passiven Beschäftigungen ist, dem bieten sich jede Menge Möglichkeiten, angefangen mit einer 6 km langen Strandwanderung. Auch einen ausgewiesenen Fahrradweg gibt es. Tauchen ist hier zu Recht populär, ebenso wie Jetski-, Bananenboot- und Paracraft-Fahrten.

Wassersport

Safari Diving TAUCHEN
(☎ 928 51 19 92; www.safaridiving.com; Playa de la Barrilla 4; Tauchen mit Leih-Ausrüstung 39 €) Bietet eine große Auswahl an verschiedenen Kursen, unter anderem eine Einführung für Anfänger für 60 €.

Canary Island Divers TAUCHEN
(☎ 928 51 54 67; www.canaryislanddivers.com; Calle Alemania 1; Tauchen mit Leih-Ausrüstung 35 €) Bietet auch einstündige Blasenmach-Kurse für Kinder (40 €).

Manta Dive Centre TAUCHEN
(☎ 928 51 68 15; www.manta-diving-lanzarote.com; Calle Juan Carlos I 6; Tauchen mit Leih-Ausrüstung 39 €) Dieser Laden gehört zu den ältesten der Gegend und bietet unter anderem Dreitageskurse (420 €) sowie Halbtags-Schnorcheltouren an (25 €).

School 3S SURFEN
(☎ 928 51 40 34; www.school3s.es; Calle Chalana 2; Eintageskurs im Stehpaddeln 45 €) Neben den Stehpaddelkursen in Puerto del Carmen werden auch Surf-Kurse angeboten, die aber normalerweise anderswo auf der Insel abgehalten werden. Das dritte „s" im Firmennamen steht für „Seele" und bezieht sich auf die angebotenen Yoga-Kurse (15 € am Tag).

Radfahren

Renner Bikes RADFAHREN
(☎ 928 51 06 12; www.mountainbike-lanzarote.com; Avenida de las Playas, Centro Comercial Marítimo; Leihfahrrad ab 15 € am Tag) Guter, zentral gelegener Laden, der Fahrräder sowohl vermietet als auch verkauft.

Reiten

Lanzarote a Caballo REITEN
(☎ 928 83 00 38; www.lanzaroteacaballo.com; Carretera Arrecife-Yaiza; 2-stündiger Ausritt 60 €; ⌚ Fr–Mi 10–13 Uhr; 👪) Es gibt einstündige Ausritte für Anfänger (40 €) oder zweistündige geführte Ausritte für erfahrene Reiter. Dieser Veranstalter bietet auch Kamelritte und Offroad-Buggyfahrten an.

Essen

Neben all dem Sauerkraut, Fisch'n'Chips und anderen internationalen Köstlichkeiten, welche die Besucher auf der Vergnügungsmeile Avenida de las Playas locken, trifft man hin und wieder auch auf ein Lokal mit regionaler Küche. In der Gegend des alten Hafens gibt's eine Auswahl an weitaus traditionelleren spanischen Lokalen.

Vino + Lanzarote TAPAS €€
(Calle Roque del Este, Centro Comercial Barracuda; Tapas 3–12 €; ⌚ 13–16 & 19 Uhr–open end; 📶) „Wir sind gegen Krieg und Speisekarten für Touristen" steht auf einem Schild vor dieser abgefahrenen Tapas-Bar, die etwas versteckt hinter dem Hotel Los Fariones liegt. Die kleine Karte weist ein paar interessante Tapas auf, auch ein paar vegetarische Optionen. Die Weinauswahl ist ausgezeichnet.

Casa Roja SPANISCH €€
(Avenida Varadero; Hauptgerichte 10–18 €; ⌚ 13–16 & 19 Uhr–open end) Das lässige Lokal an der vielleicht schönsten Stelle der Stadt bietet einen Blick auf den hübschen Hafen. Die

Karte ist entsprechend fischlastig, und am Eingang steht das obligatorische Becken mit dem potenziellen Essen.

Blooming Cactus VEGETARISCH €€
(☎608 293873; www.bloomingcactus.co.uk; Calle Teide 35; Tapas 4–10 €; ⊙Di–So 18–23 Uhr; ☑) Eines der seltenen vegetarischen Restaurants auf Lanzarote. Hier eine Auswahl typischer Gerichte von der Speisekarte: Gemüse-Satay, Moussaka, verschiedene Currys und *stifado* (Gemüseschmortopf). Außerdem finden sich auch vegane und weizenfreie Gerichte auf der Karte.

Restaurante La Cañada KANARISCH €€
(Calle César Manrique 3; Hauptgerichte 12–18 €; ⊙Mo–Sa 13–16 & 19–23 Uhr) Das Restaurant, das etwas abseits der Avenida de las Playas gelegen ist, bietet liebevoll zubereitete kanarische Spezialitäten, darunter zum Beispiel Austern (ab 3,50 € pro Stück), gebratene Ziege, Wolfsbarsch im Salzmantel und köstliche *papas arrugadas*. Zum Abschluss gibt's den kulinarischen Retro-Klassiker Crêpe Suzette.

Ausgehen & Nachtleben

Der Großteil der Bars, Discos und Nightclubs in Puerto del Carmen reiht sich an der Promenade Avenida de las Playas aneinander und umfasst auch Irish Pubs, Karaoke-Bars und ein paar unausweichliche schäbigere Angebote.

Das größte Angebot für die Party People gibt's am Centro Comercial Atlántico – die Clubnamen ändern sich, aber die Atmosphäre bleibt gleich.

Cervecería San Miguel BAR
(Avenida Varadero; ⊙10.30–3 Uhr) Ein nettes Lokal am Hafen für eine Platte gedämpfter Muscheln und ein kaltes Bier vom Fass, zum Beispiel Guinness, Paulaner oder John Smith's Bitter.

Unterhaltung

Gran Casino de Lanzarote CASINO
(Avenida de las Playas 12; ⊙19–4 Uhr) Das Casino am Meer bietet eine Bar und ein anständiges Restaurant sowie das übliche Sortiment von Spielautomaten und Spieltischen.

Praktische Informationen

Touristeninformation (www.puertodelcarmen.com; Avenida de las Playas; ⊙Mo–Fr 9–16, Sa bis 13 Uhr) Etwa in der Mitte der Playa Grande

Anfahrt & Unterwegs vor Ort

AUTO

Das Parken hier ist besonders im Hochsommer ein Albtraum. Ein gebührenpflichtiger Parkplatz liegt an der Calle Juan Carlos; das nahe gelegene Biosfera Shopping Centre (Calle Juan Carlos) hat ebenfalls einen großen Parkplatz.

BUS

24 Stunden am Tag fahren Busse etwa alle 20 Minuten nach Arrecife (1,70 €); die Strecke führt die Avenida de las Playas entlang, mit vielen Haltestellen unterwegs.

Puerto Calero

Ein paar Kilometer westlich von Puerto del Carmen liegt Puerto Calero, ein hübscher, relativ ruhiger Yachthafen, der von Cafés und Restaurants gesäumt ist. Hier herrscht ein fesches maritimes Flair; viele Einheimische tragen Segelschuhe. Es gibt einen Wasserbus, der siebenmal am Tag in Puerto del Carmen ablegt (einfache Strecke/Hin- und Rückfahrt 6/10 €, 15 Min.).

Strände

Playa Quemada STRAND
Der unberührte und abgelegene Vulkanstrand mit exzellenten Fischlokalen liegt eine halbe Stunde Fußweg vom Hafen in Richtung Süden. Unterwegs bieten sich immer wieder wunderschöne Blicke auf die Berge und das Meer.

Aktivitäten

Squalo Diving Center TAUCHEN
(☎928 84 95 78; www.squalodiving.com; Hotel Costa Calero) Das von Engländern betriebenes Tauchzentrum bietet PADI-Kurse an, darunter sowohl einen Nachttauchkurs (290 €) als auch einen Kurs für digitale Unterwasserfotografie (210 €).

Catlanza BOOTSTOUR
(☎928 51 30 22; www.catlanza.com; Erw./Kind 59/39 €) Die 22,5 m lange *Catlanza* segelt zur Papagayo-Bucht, wo Anker geworfen und Essen zubereitet wird, indes die Passagiere einen kostenlosen Drink an der Bar genießen, Jetski fahren, schnorcheln – oder sich einfach an Deck sonnen.

Fishing Mizu ANGELN
(☎636 474000; www.sportfishinglanzarote.com; Angler/Zuschauer 75/50 €) Das Boot mit dem geschätzten Tino García am Steuer bringt

die Passagiere zum nahe gelegenen offenen Meer, um ihre Angel nach dem Blauen Marlin und anderen großen Fischen auszuwerfen. Die Passagiere werden vom Hotel abgeholt und nach Puerto Calero gebracht. Sämtliche Ausrüstung ist im Preis enthalten.

Karolines Cruceros BOOTSTOUR
(☎928 84 96 22; www.karolinescruceros.com; Erw./Kind 48/29 €) Passagiere der eintägigen Kreuzfahrt inklusive Mittagessen können schnorcheln, schwimmen oder einfach nur Sekt schlürfen (im Preis enthalten).

Submarine Safaris BOOTSTOUR
(☎928 51 28 98; www.submarinesafaris.com; Erw./Kind 55/32 €; ⏲10, 11, 12 & 14 Uhr) Das gelbe U-Boot macht einstündige Tauchfahrten in einer Tiefe bis zu 30 m. Es gibt einen Preisnachlass bei Online-Buchungen.

Essen

★ La Cabaña MEDITERRAN €€
(☎650 685662; www.lacabanamacher.com; Mácher; Hauptgerichte 14–20 €; ⏲Di–Sa 19 Uhr–open end) Eine kurze fünfzehnminütige Fahrt entfernt liegt das winzige Dörfchen Mácher mit dem Restaurant La Cabaña. Es wird von einem enthusiastischen und erfahrenen englischen Paar geführt und genießt einen hervorragenden Ruf, den es seinen innovativen mediterran inspirierten Gerichten verdankt. Die Karte wechselt jede Woche und enthält Köstlichkeiten wie gebratene Ente mit Feigenmarmelade und Riesengarnelen mit Datteln im Speckmantel.

Amura MEDITERRAN €€€
(☎928 51 31 81; Hauptgerichte 15–22 €; ⏲13–16 & 19 Uhr–open end) Mit erhobener Nase geht's vorbei an all den englisch nachempfundenen Bars und Restaurants bis zu der auffälligen riesigen Terrasse mit dem großartigen Meerblick. Die Speisekarte verführt mit Delikatessen wie Hummer mit Cava-Sauce oder ausgelöstem Spanferkel mit Mandarinen und Passionsfrucht.

Yaiza

884 EW

Yaiza ist eine Art südlicher Knotenpunkt, durch den Besucher beim Erkunden der Insel fast unweigerlich (mehr als einmal) durchkommen. Das weiß getünchte Dorf wirkt adrett und hat zahlreiche Preise für Sauberkeit gewonnen. Zu sehen gibt's die Kirche **Nuestra Señora de los Remedios**, erbaut im 18. Jh., mit einem sehr schönen blau, weiß und goldenen Altargemälde und einer volkstümlichen bemalten Holzdecke.

Es gibt keinen besonderen Grund, sich hier lange aufzuhalten, aber wer mittags ankommt und Hunger hat, findet ein paar nette Restaurants und außerdem die hervorragende **La Bodega de Santiago** (☎928 83 62 04; Calle García Escámez 23; Hauptgerichte 15–20 €; ⏲Di–So; Ⓟ). Sie liegt am nördlichen Eingang von Yaiza mit einem prachtvollen Ficus davor; das Gebäude ist ein paar Hundert Jahre alt und wie gemacht für Verliebte, mit intimen Speiseräumen und leiser klassischer Musik im Hintergrund. Die Speisekarte ist modern kanarisch, mit Betonung auf Fleischgerichte, wie Schwein mit Orange, Milchlammkoteletts und dergleichen. Eine Tischreservierung wird für dieses Lokal empfohlen.

El Golfo & Umgebung

Im ehemaligen Fischerdorf El Golfo mit seinem Ensemble traditioneller Gebäude und dem nicht vorhandenen Touristenramsch in den Läden herrscht eine lässige, unkonventionelle Atmosphäre. Ein fabelhafter Ort, um den Sonnenuntergang zu bewundern; mehrere Bars bieten einen Ausblick auf die donnernde Brandung. Auch an einladenden Esslokalen gibt es keinen Mangel. Am Wasser befindet sich eine Reihe von Fischrestaurants, darunter das **Restaurante Placido** (Avenida Marítima 39; Hauptgerichte 10–18 €) und das **Lago Verde** (Avenida Marítima 46; Hauptgerichte 12–22 €), wo man sich auch nach einem Apartment erkundigen kann. Ein wenig abseits von den anderen Restaurants liegt **El Caletón** (Avenida Marítima 5; Hauptgerichte 8–16 €) mit Tischen direkt draußen auf den Felsen.

Unmittelbar südlich von El Golfo erstreckt sich einer der dramatischsten und landschaftlich reizvollsten Straßenabschnitte der Insel: die LZ-703, flankiert vom Farbenspiel der Vulkangipfel auf der einen Seite und dem Meer und einer Reihe schwarzsandiger Strände auf der anderen.

Der Strand vor dem **Charco de los Clicos** lohnt einen Blick. Der Charco selbst ist ein kleiner smaragdgrüner Teich direkt am Strand; die Farbe kommt von den Algen im Wasser. Manchen mag er bekannt vorkommen – er diente als Hintergrund für das Standfoto von Raquel Welch im berühmten Fell-Bikini des kultigen 1960er-Jahre-Films

Eine Million Jahre vor unserer Zeit. Zur Farbpalette dieses Kleinods tragen die fantastischen Farben und Texturen der Vulkanfelsen ringsum bei. Das Schwimmen ist hier aber nicht sicher, denn die Brandung kann recht rau werden.

An der Küstenstraße, die nach La Hoya führt, liegen auch **Los Hervideros,** ein paar Höhlen, durch die das Meer gluckert und schäumt. Nach etwa 6 km kommt man zur lang gestreckten Playa de Janubio, hinter der die **Las Salinas de Janubio** liegen, Salzgärten, in denen Salz aus Meerwasser extrahiert wird (bis zu ca. 15 000 Tonnen im Jahr).

Playa Blanca

Vor ein paar Jahren war Playa Blanca noch die kleinere, ruhigere Kusine von Puerto del Carmen. Kleiner und auch ruhiger ist der Strand zwar immer noch, aber der Ort selbst hat sich im Lauf des letzten Jahrzehnts so stark verändert, dass er kaum noch wiederzuerkennen ist; Hotels und Apartmentanlagen – wenn auch zum großen Teil in niedriger Bauweise – erstrecken sich bis fast zur Spitze des Naturparks Papagayo. Der Ort wirkt recht gehoben, weitgehend aber unbestreitbar seelenlos. Etwas Lokalkolorit ist rund um die Kirche aufzutreiben, die das Herz des ursprünglichen Fischerdorfes bildete. Der mit der Blauen Flagge ausgezeichnete Hauptstrand hat sehr hellen Sand (daher der Name Playa Blanca) und gute Serviceeinrichtungen. Dennoch lohnt sich für Besucher die Fahrt übers Meer nach Corralejo auf Fuerteventura, dessen Strände und Dünen die von Playa Blanca mit Leichtigkeit abhängen. Am schicken Hafen Marina Rubicón findet jeweils am Mittwoch- und Samstagmorgen ein sehr ansprechender Kunsthandwerkermarkt statt.

Aktivitäten

Cala Blanca TAUCHEN
(☎ 928 51 90 40; www.calablancasub.com; Centro Comercial el Papagayo; Tauchen mit geliehener Ausrüstung 40 €) Hier werden individuelle Tauchgänge, diverse Kurse und Schnorchelausflüge angeboten (Erw./Kind 40/25 €).

Papagayo Bike FAHRRADVERLEIH
(☎ 928 34 98 61; www.papagayobike.com; Calle La Tegala 13; Fahrradverleih ab 16 € pro Tag) Neben dem Fahrradverleih bietet der Laden auch einfache Touren an, die Erfrischungen und den Transport vom Hotel zur Fahrradroute und zurück einschließen.

Essen

Restaurante Casa José SPANISCH **€€**
(Plaza Nuestra Señora del Carmen 8; Hauptgerichte 10–15 €; ⌚ Mo–Sa 8–23, So 13–23 Uhr) Das bescheidene Restaurant gegenüber der Kirche mit seinem traditionellen günen Anstrich bietet nicht nur hervorragende Fischgerichte sondern auch eine angenehm entspannte Atmosphäre.

MALERISCHE ROUTE: DIE LZ-702

Auf Lanzarote gibt es mehrere landschaftlich schöne Strecken, insbesondere in der Weinregion. Weniger bekannt ist die LZ-702, die direkt vor Uga beginnt, wenn man aus dem Westen kommt (Arrecife, Puerto del Carmen etc.). Die Straße zieht sich die Hänge hoch und windet sich zwischen Feldern voller Ziegen und verblüffend grünen Tälern vor der Kulisse des Meeres im Westen und niedrigen Gipfeln im Osten entlang.

Sie führt vorbei am Dörfchen Las Casitas de Femés (2,3 km) und dann weiter nach **Femés** (8 km). Irgendwann taucht ein Schild nach **Femés Quesería Rubicón** (Plaza San Marcial 3; ⌚ Mo–Sa 10–20, So 10–15 Uhr) auf, einem der besten Orte, um den hiesigen Ziegenkäse zu kaufen, und am besten ist, man kann ihn zuerst probieren. Er kostet 9 bis 12 € pro Kilo, und es gibt ihn geräuchert, frisch, mittelalt oder ummantelt mit Paprika oder dem traditionellen *gofio* (gemahlenem, geröstetem Getreide, das in der kanarischen Küche anstelle von Brot verwendet wird).

Danach geht's hinüber zu einem Kaffee im **Balcón de Femés** (Plaza de Femés) auf der anderen Straßenseite, um die grandiose Aussicht bis hin zur Küste auf sich wirken zu lassen. Es gibt einen ausgeschilderten, malerischen Fußweg von der Plaza de Femés zur Playa Quemada (11 km), der etwa vier Stunden dauert.

Im weiteren Verlauf führt die Straße in Kurven hinunter zur **Playa Blanca** (8,3 km), durch weite Täler hindurch, während sich nach vorn ein weiter Blick aufs Meer eröffnet.

El Horno de la Abuela SPANISCH €€
(Calle La Tegala; Hauptgerichte 8–16 €; ⌚13–16 & 19 Uhr–open end) Ein seit Langem bestehendes Lokal in der Altstadt, das deftige Portionen spanischer Gerichte anbietet, mit Betonung auf Ziege, Spanferkel und anderer fleischlastiger Kost.

Romantica INTERNATIONAL €€
(Avenida de Papagayo 10; Hauptgerichte 10–15 €; ⌚13–16 & 19 Uhr–open end) Mit Meerblick und einer etwas einfallsreicheren Speisekarte als die meisten Restaurants hier erhält das Romantica durchgehend positive Kritiken von Reisenden. Auf der Karte gibt es von allem etwas, einschließlich Pasta, Steaks und Ente in Mangosauce.

Casa Pedro SPANISCH €€
(Paseo Marítimo 77; Hauptgerichte 10–17 €; ⌚13–16 & 19 Uhr–open end) Die fabelhafte Lage am Meer und verlässlich gute regionale und Fischgerichte sprechen für das Lokal.

ℹ Praktische Informationen

Touristeninformation (Calle El Varadero; ⌚7–19 Uhr) Die hilfsbereite Geschäftsstelle hält viele Broschüren zu den Aktivitäten vor Ort bereit.

ℹ An- & Weiterreise

Bus 6 (3,60 €, 1 Std.) verkehrt stündlich zwischen Playa Blanca und Arrecife.

Punta del Papagayo

Das Kap ist eine ausgewiesene *reserva natural protegido* (Naturschutzgebiet). Die Straße hinter der klapprigen Bezahlschranke (3 € pro Fahrzeug) ist nicht befestigt, aber selbst mit einem Kleinwagen immer noch gut befahrbar.

Wer nicht selbst fahren möchte, macht es sich leicht und steigt ins **Taxi Boat Papagayo Beach** (☎928 51 90 12; Hin- und Rückfahrt Erw./Kind 18/9 €; ⌚10–17 Uhr), das viermal täglich von der Playa Blanca ablegt und zwischendurch an der Marina Rubicón weitere Passagiere aufnimmt.

Die südöstliche Küste, die zur Punta del Papagayo führt, ist gesprenkelt von einer Reihe hübscher goldfarbener Sandbuchten und -strände, darunter die Playa del Papagayo und die malerische und abgeschiedene 90 m lange **Playa Mujeres,** westlich der *punta*. Hier gibt es feinen, blassgoldenen Sand. Der Strand beziehungsweise das Meer davor ist besonders bei Schnorchlern und Tauchern beliebt.

Papagayo ist außerordentlich populär, und leider gibt es offenbar keine Obergrenze für die Anzahl an Autos, die pro Tag in dieses Naturschutzgebiet eingelassen werden. Wer den wundervollen Sand nach Möglichkeit wenigstens eine Weile für sich haben will, muss wirklich früh aufstehen.

Teneriffa

☎922822 / BEVÖLKERUNG: 890000

Inhalt ➡

Gut essen

➡ Guaydil (S. 144)

➡ La Hierbita (S. 138)

➡ Tito's Bodeguita (S. 152)

Schön übernachten

➡ Hotel Alhambra (S. 250)

➡ Hotel Adonis Capital (S. 248)

➡ Hotel Sun Holidays (S. 249)

Auf nach Teneriffa!

Teneriffa ist die aparte (und etwas kesse) Grande Dame der Inselgruppe. In den bekanntesten Ferienorten im Süden der Insel mit jährlich über zehn Millionen Besuchern existiert eine ausgelassene, stark britisch angehauchte Party- und Clubszene, dazu weiße Sandstrände und All-inclusive-Anlagen. Wer die krebsroten Touristenströme jedoch hinter sich lässt, trifft auf eine kultivierte und zivilisierte Insel von geradezu unglaublicher Vielfalt.

Zum Potpourri an Erlebnissen auf Teneriffa gehören Wanderungen durch tropischen Regenwald ebenso wie Bummel durch Designerläden, dunkle Streifzüge durch vulkanische Lava, ein Karneval, der an Freizügigkeit und Temperament dem in Rio kaum nachsteht, sowie Museen, Tempel der modernen Kunst und knarzende alte Kolonialstädte. Vor allem aber ist es eine Insel voller Dramatik – und an Dramatik ist der von Schnee bedeckte höchste Berg des Landes, der Pico del Teide, nicht zu überbieten, dessen Wanderwege zu den fabelhaftesten in ganz Spanien gehören.

Reisezeit

➡ Von Dezember bis Februar ist es angenehm warm, nur die Straßen des Teide können im tiefen Winter manchmal wegen Schneefalls gesperrt sein.

➡ Der Frühling (März und April) ist die beste Zeit zum Wandern und Wildblumen-Bewundern. Die Surfer finden im März die besten Wellen.

➡ In den Sommermonaten von Mai bis September scheint die Sonne elf Stunden am Tag, im August liegen die Durchschnittstemperaturen bei 28 °C; in den Monaten davor und danach ist es ein paar Grad kühler.

➡ Wenn im Herbst dann der Oktober in den November übergeht, fallen die Temperaturen auf ideale 21 °C, und die Touristen werden weniger; manche Hotels bieten zu dieser Zeit etwas günstigere Preise an.

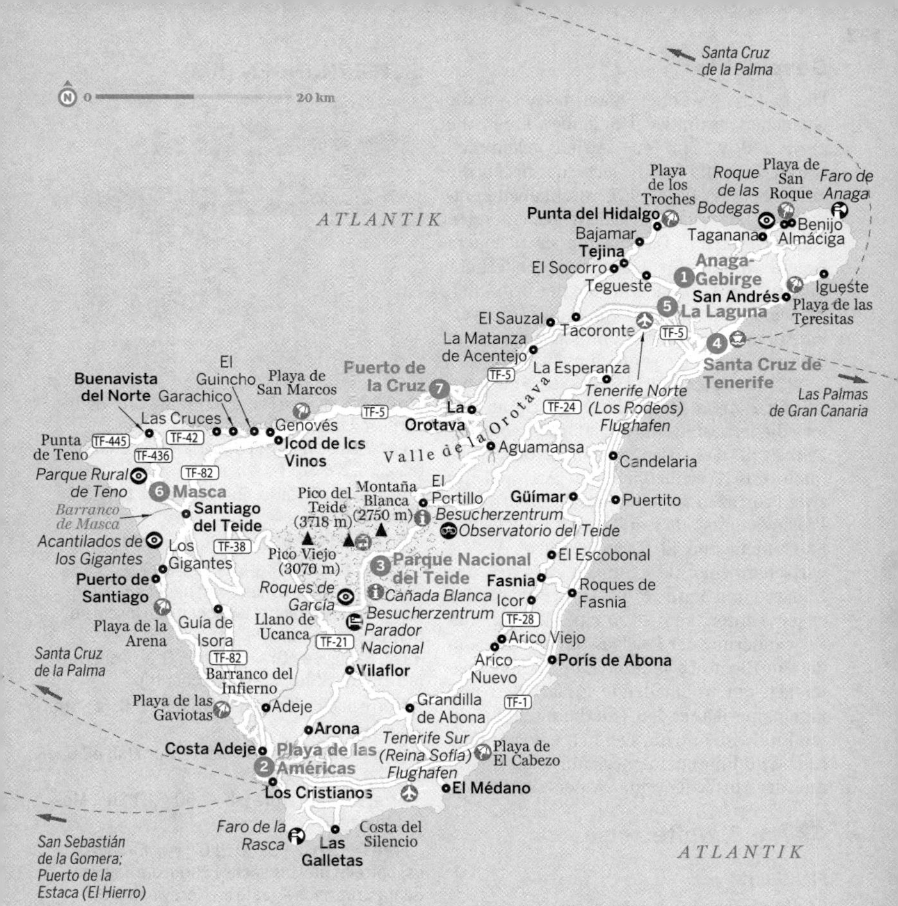

Highlights auf Teneriffa

❶ Auf den Spuren des britischen Naturforschers Darwin das imposante **Anaga-Gebirge** (S. 145), die geologisch älteste Region der Insel, erkunden

❷ Abfeiern so lange man will an den neonbeleuchteten Party-Hotspots von **Playa de las Américas** (S. 166)

❸ In der fantastischen Mondlandschaft des **Parque Nacional del Teide** (S. 159) wandern gehen

❹ Die große Welle des **Auditorio de Tenerife** (S. 136) in Santa Cruz de Tenerife bewundern

❺ Durch **La Laguna** (S. 142) und das gut erhaltene historische Viertel der Insel bummeln

❻ Das winzige **Masca** (S. 163) und seine einzigartige Lage im Krater eines nicht mehr aktiven Vulkans bestaunen

❼ Sich im zauberhaften Badeort **Puerto de la Cruz** (S. 146) die salzige Seeluft um die Nase wehen lassen und auf den Promenaden bummeln

Geschichte

Die ersten Bewohner Teneriffas waren die Guanchen, primitive Höhlenbewohner, die etwa 200 v. Chr. aus Afrika gekommen waren. Teneriffa war die letzte der Inseln, die an die Spanier fiel (1496); anschließend entwickelte sie sich zu einem bedeutenden Handelszentrum. Das machte sie zu einem begehrten Ziel für Überfälle plündernder Piraten und 1797 auch für die der britischen Armee; in der Schlacht von Santa Cruz verlor Admiral Nelson bekanntlich seinen Arm (das geschah ihm eigentlich recht).

1821 erklärte Madrid Santa Cruz de Tenerife zur Hauptstadt der Kanaren. Daran hatten die erbosten braven Bürger von Las Palmas de Gran Canaria zu knabbern, bis Madrid 1927 schließlich den Archipel auf zwei Provinzen aufteilte und Santa Cruz zur Provinzhauptstadt von Teneriffa, La Palma, La Gomera und El Hierro erklärte. Als die wirtschaftlichen Beziehungen zwischen den Kanaren und Nord-, Mittel- und Südamerika enger wurden, kam es zu einer kleinen Völkerwanderung der Inselbewohner, insbesondere in Richtung Venezuela und Kuba. Später kehrten wohlhabende Emigranten und Lateinamerikaner den Trend um und brachten Einflüsse mit, die sich heute noch in der Küche und im lateinamerikanischen Rhythmus der Musik Teneriffas widerspiegeln.

ENTFERNUNGEN (KM)

	Santa Cruz de la Tenerife	Puerto de la Cruz	Los Cristianos	Puerto de Santiago
Puerto de la Cruz	74			
Los Cristianos	158	140		
Puerto de Santiago	73	40	27	
Parador Nacional de Teide	128	90	64	40

ungefähre Angaben

An- & Weiterreise

FLUGZEUG

Es gibt zwei Flughäfen auf der Insel: **Tenerife Sur** (Reina Sofía; ☎ 922 75 95 10; www.aena.es), etwa 20 km östlich von Playa de las Américas, wickelt internationale Flüge ab, während fast alle Flüge zwischen den Inseln (sowie ein paar internationale Flüge und Flüge zum und vom Festland) den älteren und kleineren Flughafen **Tenerife Norte** (Los Rodeos; ☎ 922 63 56 35; www.aena.es) nutzen. **Binter Canarias** (☎ 092 39 13 92; www.bintercanarias.com) verbindet Teneriffa mit dem Rest der Inselgruppe.

SCHIFF/FÄHRE

Fähren ab Santa Cruz

Fahrkarten für alle Fähren gibt's bei Reisebüros oder im Hauptgebäude der **Estación Marítima Muelle Ribera** (Karte S. 134) in Santa Cruz (wo die Schiffe von Fred Olsen ablegen). Die Geschäftsstelle von Naviera Armas liegt weiter südlich.

Trasmediterránea Acciona (☎ in Madrid 902 45 46 45; www.trasmediterranea.com; Estación Marítima Muelle Ribera) betreibt jeden Freitag um 23.30 Uhr eine Fähre von Santa Cruz de Tenerife mit den folgenden Zielen:

- Las Palmas de Gran Canaria, Gran Canaria (ab 22 €, 8½ Std.)
- Puerto del Rosario, Fuerteventura (ab 26 €, 20½ Std.)
- Arrecife, Lanzarote (ab 28 €, 24 Std.)

Naviera Armas (Karte S. 134; ☎ 902 45 65 00; www.navieraarmas.com) bietet einen umfassenden Fährdienst zwischen den Inseln ab Santa Cruz de Tenerife.

- Las Palmas de Gran Canaria, Gran Canaria (ab 31 €, 2½ Std., 21-mal wöchentl.)
- Morre Jable, Fuerteventura (ab 70 €, 6½ Std., 1-mal tgl.)
- Puerto del Rosario, Fuerteventura (ab 62 €, 11½ Std., 1-mal tgl.)
- Arrecife, Lanzarote (ab 72,50 €, 11 Std., Mo–Fr 1-mal tgl.)

Fred Olsen (☎ 902 10 01 07; www.fredolsen.es) betreibt drei bis sechs Fähren am Tag von Santa Cruz nach Agaete im Nordwesten von Gran Canaria (36 €, 1¼ Std.); von hier fährt ein kostenloser Bus weiter nach Las Palmas (35 Min.).

Fähren ab Los Cristianos

Im Hafen Los Cristianos findet zu jeder Tageszeit ein reger Fährverkehr statt. Von hier aus verkehren die Fähren von Naviera Armas und die schnelleren, aber teureren Fähren von Fred Olsen. Fahrkarten gibt's bei Reisebüros oder im Hauptgebäude der Estación Marítima.

Naviera Armas steuert ab Los Cristianos die folgenden Ziele an:

- San Sebastián de la Gomera, La Gomera (30 €, 1 Std., Mo–Fr 3-mal tgl., Sa 1-mal tgl., So 2-mal tgl.)
- Santa Cruz de la Palma, La Palma (41 €, 3½ Std., So–Fr 1-mal tgl.)
- Valverde, El Hierro (49,50 €, 3¾ Std., So–Fr 17.30 Uhr)

Fred Olsen bedient ab Los Cristianos die folgenden Routen:

- San Sebastián de la Gomera, La Gomera (32 €, 50 Min., Mo–Fr 3-mal tgl., Sa & So 2-mal tgl.)
- Santa Cruz de la Palma, La Palma (ab 42 €, 2 Std., So–Fr 1-mal tgl.)

Unterwegs vor Ort

TITSA (Transportes Interurbanos de Tenerife SA; www.titsa.com) betreibt ein Netz von Buslinien über die gesamte Insel sowie innerhalb von Santa Cruz und anderen Städten.

Bei den vielen Mietwagenvertretungen ist es meist kein Problem, ein Auto zu bekommen, selbst für den gleichen Tag. Niederlassungen internationaler Unternehmungen gibt es in allen größeren Orten und an den Flughäfen.

Auch Taxis bringen einen gern auf der Insel herum, aber das ist ein teures Vergnügen. Ein Mietwagen ist die günstigere Alternative.

SANTA CRUZ DE TENERIFE

207 000 EW.

Die betriebsame Hafenstadt Santa Cruz lohnt einen Besuch, selbst wenn es einen zum Strand zieht. Die attraktive und sehr spanische Stadt hat atmosphärische, farbenprächtige Gebäude, elegante und flippige Läden, exzellente Museen, ein spektakuläres Auditorium und eine grüne tropische Oase mit Vogelgezwitscher und Springbrunnen. Noch dazu gibt's hier gute Unterkünfte und Restaurants für jeden Geschmack und ein hervorragendes Bussystem – der perfekte Ausgangspunkt für die Erkundung von Teneriffas Nordosten.

Geschichte

1494 landete Alonso Fernández de Lugo auf Teneriffa, um die letzte und wehrhafteste Insel der Inselgruppe zu erobern. Die ursprüngliche Hauptstadt der Insel war La Laguna ein paar Kilometer weiter im Inland. Santa Cruz de Santiago (wie Santa Cruz de Tenerife damals hieß) blieb ein Provinznest, bis im 18. und 19. Jh. sein Hafen zu florieren begann. Aber erst 1803 wurde es auf Befehl des Königs von Spanien von der Herrschaft durch La Laguna „erlöst" und erhielt im Jahr 1859 Stadtstatus.

Sehenswertes

Die meisten Sehenswürdigkeiten und Museen von Santa Cruz befinden sich in bequemer Laufnähe der neu gestalteten, an der Küste gelegenen **Plaza España** mit ihrem großen, flachen, runden Planschbecken, dessen Fontäne viermal am Tag anspringt, um Ebbe und Flut anzuzeigen. Die zur Fußgängerzone umgestaltete Hauptgeschäftsstraße Calle Castillo liegt unmittelbar westlich von hier.

★Museo de la Naturaleza y el Hombre — MUSEUM

(www.museosdetenerife.org; Calle Fuente Morales; Erw./Kind 3/1,50 €; Di–So 9–19 Uhr) Dieses verblüffende Amalgam aus Naturwissenschaft und Technik ist die Hauptattraktion der Stadt und eines der besten Museen der Kanarischen Inseln. Es ist in einem ehemaligen zivilen Krankenhaus untergebracht, und seine Highlights sind zweifellos die Mumien und Schädel der Guanchen, verschrumpelte Objekte aus Haut, Haar und Knochen mit Gesichtern, die zu verzerrten und grotesken Grimassen getrocknet sind.

Daneben gibt es informative Darstellungen zu Flora, Fauna und Geologie; besonders eindrucksvoll ist die audiovisuelle Präsentation über den Ausbruch des Teide. Die interaktiven Ausstellungsstücke mit blinkenden Knöpfen und großen Fernsehbildschirmen sind ein großer Spaß für Kinder. Die Beschriftungen sind zurzeit nur auf Spanisch vorhanden, aber in den meisten Ausstellungsräumen gibt es laminierte Seiten mit Erklärungen auf Englisch. Es gibt ein Café mit Souvenirladen.

★Tenerife Espacio de las Artes — KUNST

(TEA; www.teatenerife.es; Avenida de San Sebastián 10; Erw./Kind 7 €/frei, Eintritt Film 4 €; Di–So 10–20 Uhr) Das Highlight des spektakulären modernen Gebäudes ist die hervorragende Kunstgalerie, die drei große und helle Einzelgalerien umfasst. Auf keinen Fall verpassen: die Dauerausstellung der Gemälde und audiovisuellen Ausstellungsstücke zu Leben und Werk von Óscar Domínguez, der von Teneriffa stammte und (nach Joan Miró und Salvador Dalí) als der drittgrößte surrealistische Maler Spaniens gilt. Temporäre Ausstellungen sind häufig dem Werk vielversprechender spanischer Künstler gewidmet und spiegeln damit trendige zeitgenössische Themen wider.

Dann gibt's da noch ein Kino, das an den Wochenenden Filme zeigt, einen gewaltigen Bibliotheks- und Multimediasaal mit 36 kostenlos nutzbaren Internetterminals, ein beliebtes Café und einen hervorragenden Souvenirladen.

Santa Cruz de Tenerife

Santa Cruz de Tenerife

Highlights
1 Auditorio de Tenerife C7
2 Iglesia de Nuestra Señora de la Concepción C4
3 Museo de la Naturaleza y el Hombre C4
4 Tenerife Espacio de las Artes C4

Sehenswertes
5 Castillo de San Cristóbal D3
6 Centro de Arte La Recova C4
7 Castillo de San Juan B7
8 Iglesia de San Francisco C3
9 Museo de Bellas Artes C3
10 Museo Militar de Almeyda D1
11 Parque García Sanabria B2
12 Teatro Guimerá C4

Aktivitäten, Kurse & Touren
13 Parque Marítimo César Manrique A7

Schlafen
14 Hotel Adonis Capital C3
15 Hotel Contemporáneo B1
16 Hotel Taburiente B1
17 Pensión Casablanca B3
18 Principe de Paz C3

Essen
19 Bodeguita Canaria C4
20 Da Canio III C1
21 El Aguarde A2
22 El Lateral 27 C3
23 Gom B1
24 La Casita B3
25 La Hierbita C4
26 La Llave de Las Nubes C3
27 Mercado de Nuestra Señora de África B5
28 Plaza 18 C3
29 Tasca B1

Ausgehen & Nachtleben
30 Bar Zumería Doña Papaya B3
31 Barbas Bar D2
32 JL Murphy C4
33 Mojos y Mojitos C4

Unterhaltung
Auditorio de Tenerife (siehe 1)
Teatro Guimerá (siehe 12)

Shoppen
34 Carolina Boix C3
35 El Corte Inglés B6
36 La Isla Bookshop B3
37 Rastro C5

★ Iglesia de Nuestra Señora de la Concepción KIRCHE

(Plaza Iglesia; So 9–21 Uhr, Messe 9 & 19.30 Uhr) Der markante Glockenturm der ältesten Kirche der Stadt ist kaum zu übersehen; im Inneren der Kirche befindet sich eine traditionelle Mudéjar-Decke (im islamischen Stil). Die heutige Kirche wurde im 17. und 18. Jh. erbaut, das Originalgebäude aber stammte aus dem Jahr 1498, direkt nach der Eroberung der Insel. In der Mitte des schimmernden Silberaltars steht das Santa Cruz de la Conquista (das Heilige Kreuz der Eroberung) aus dem Jahr 1494, von dem die Stadt ihren Namen hat.

Sehenswert ist auch der Vorraum zur Sakristei. Das Altarstück der Kapelle nebenan wurde auf Anordnung von Don Matiás Carta, einer prominenten Persönlichkeit, aus Zedern geschnitzt. Der Auftraggeber starb noch vor der Fertigstellung und wurde hier bestattet; das blasse Porträt an der Wand wurde nach seinem Tod gefertigt (daher die geschlossenen Augen und gekreuzten Arme). Außerdem gibt es hier auch noch ein ausgezeichnetes Gemälde, *La Adoración de los Pastores* (Die Anbetung der Hirten) von Juan de Miranda.

Museo de Bellas Artes KUNST

(www.santacruzdetenerife.es; Plaza Príncipe de Asturias; Mo–Fr 10–20, Sa & So bis 15 Uhr) GRATIS Das hervorragende Museum, gegründet im Jahr 1900 und früher ein Teil der angrenzenden Kirche (man beachte die fabelhaften Glasmalereien), besitzt eine eklektische Gemäldesammlung vor allem spanischer, kanarischer und flämischer Künstler, wie Ribera, Sorolla und Brueghel. Daneben gibt es Skulpturen, darunter ein Rodin, und zeitgenössische Ausstellungen. Besonders nachdenklich stimmen die gewaltigen Schlachtengemälde des spanischen Malers Manuel Villegas Brieva. Die Galerien sind nur über mehrere Treppen zu erreichen; es gibt leider keinen Aufzug.

Iglesia de San Francisco KIRCHE

(Calle José Murphy; unterschiedliche Öffnungszeiten) Wer sich gern Kirchen anschaut, wird an dieser hübschen Barockkirche aus dem 17. und 18. Jh. mit der kunstvoll gearbeiteten Decke und den verzierten Altarbildern seine Freude haben. Auch für Musikinteressierte lohnt der Besuch: Die Touristeninformation kann Auskunft geben, welche Konzerte in der Kirche stattfinden.

Centro de Arte La Recova KUNST

(www.santacruzdetenerife.es; Plaza Isla Madera; ⌚Di–Sa 11–13 & 18–21 Uhr) GRATIS Diese Galerie in einem ehemaligen Markt bietet wechselnde Ausstellungen von Werken zeitgenössischer Künstler, die entweder auf den Kanaren leben oder vom spanischen Festland stammen.

Teatro Guimerá BEMERKENSWERTES GEBÄUDE

(www.teatroguimera.es; Plaza Isla Madera; ⌚Di–Fr 11–13 & 18–20 Uhr) Zu den architektonischen Highlights der Stadt gehört das aus dem 19. Jh. stammende Teatro Guimerá, vor dem eine angemessen theatralische, gewaltige Maskenskulptur an den Zweck des Gebäudes erinnert. Der prachtvolle Zuschauerraum mit reichen Blattgoldverzierungen und halbkreisförmig angeordneten Balkonen erinnert an das Teatro Real in Madrid.

Castillo de San Cristóbal BURG

(Plaza España; ⌚Mo & Mi–Fr 10–18, Sa & So 11–19 Uhr; P) GRATIS Unterhalb der Plaza España können noch die Überreste der ehemaligen Burg bestaunt werden, die in früheren Zeiten den Platz überragte. Sie sind über einen Eingang auf der Seeseite der Plaza zugänglich (den manche mit öffentlichen Toiletten zu verwechseln scheinen!). Ein kleines Museum erzählt die Geschichte der Burg.

Museo Militar de Almeyda MUSEUM

(Calle San Isidro 1; ⌚Di–Sa 10–14 Uhr) GRATIS Das Museum erklärt die Militärgeschichte der Inseln und erzählt von der erfolgreichen Verteidigung der Stadt; ein stattliches maßstabsgetreues Modell von Nelsons Flaggschiff *Theseus* erfüllt die Geschichte mit Leben. Das berühmteste Objekt hier ist aber *El Tigre* (Der Tiger), die Kanone, die angeblich den Arm von Admiral Nelson traf, als er 1797 Santa Cruz angriff.

Parque García Sanabria PARK

(abseits der Calle Méndez Núñez) Der Stadtpark am Nordrand des Stadtzentrums umfasst eine reizvolle Zusammenstellung mediterraner und subtropischer Bäume und Blumen, durchsetzt von Skulpturen, breiten Wegen und Wasserspielen. Der perfekte Ort für ein Picknick im Schatten eines indischen Feigenbaums und einen müßigen Nachmittag begleitet von Vogelgezwitscher. Hier gibt's auch ein hübsches Café.

★ Auditorio de Tenerife BEMERKENSWERTES GEBÄUDE

(☎922 27 06 11; www.auditoriodetenerife.com; Avenida Constitución; ⌚geführte Touren Okt.–Juni Mo–Sa 12.30 Uhr, Juli–Sept. Mo–Sa 12.30 & 17.30 Uhr; P) GRATIS Das prachtvolle Auditorium, das einer aufbrandenden weißen Welle gleicht,

DREI PERFEKTE TAGE AUF TENERIFFA

Tag eins

Die Tour beginnt in **Santa Cruz,** um die klassischen Werke im **Museo de Bellas Artes** (S. 135) zu bewundern. Danach zur kunstvollen Natur im **Parque García Sanabria** (S. 136). Einen Eindruck davon, wie kreativ das moderne Spanien sein kann, vermittelt das **Tenerife Espacio de las Artes** (S. 133), eine moderne Kunstgalerie. Wie das Leben hier vor langer Zeit war, zeigt das **Museo de la Naturaleza y el Hombre** (S. 133), den Abschluss bildet ein Spaziergang zum **Auditorio de Tenerife** (S. 136) oder zum nahe gelegenen **Palmetum** (S. 137).

Tag zwei

Am Morgen die reizvollen Straßen des bezaubernden **Garachico** (S. 157) an der Nordwestküste der Insel erkunden, dann weiter nach Westen in die Wildnis des **Punta de Teno** (S. 163) an der äußersten Spitze Teneriffas. Den Atem anhalten auf der Fahrt zum spektakulären **Masca** (S. 163), dann geht's mit Eimerchen und Schäufelchen hinunter zum Meer bei **Los Gigantes** und **Puerto de Santiago** (S. 164).

Tag drei

Im fantastischen **Parque Nacional del Teide** (S. 159) den Kopf über die Wolken stecken. Wer fit und furchtlos ist, kann eine ganztägige Wanderung auf den Gipfel machen; wer furchtlos, aber nicht ganz so fit ist, macht es sich leicht und fährt mit der Seilbahn bis direkt unterhalb des Gipfels. Die bequeme Wanderung um den **Roques de García** (S. 160) ist etwas für jedermann.

stammt von dem international renommierten spanischen Architekten Santiago Calatrava und erinnert an die Oper von Sydney. Es hat eine hervorragende Akustik. **Geführte mehrsprachige Touren** (im Voraus über die Webseite gebucht) ermöglichen einen Blick hinter die Kulissen dieses bemerkenswerten Gebäudes.

Wer keine Zeit für eine Tour oder den Besuch einer Vorstellung hat, kann zumindest einen Abstecher ins Café im weiten Saal des Haupteingangs machen. Rund ums Gebäude lassen sich schicke künstlerische Fotos machen, um die Daheimgebliebenen in Staunen zu versetzen.

Palmetum GARTEN

(www.palmetumsantacruz.com; Avenida Constitución; Erw./Kind 6/2,80 €, kombinierte Eintrittskarte mit Parque Marítimo César Manrique Erw./Kind 7,30/3,30 €; ⌚Di–So 11–13 & 16–20 Uhr; Ⓟ) Der Botanische Garten erstreckt sich über zwölf Hektar und wurde 2013 auf einer ehemaligen Müllhalde angelegt. Hier wachsen mehr Palmenarten als irgendwo sonst in Europa; sie wurden aus der ganzen Welt hier zusammengetragen. Bei der Identifizierung der Bäume hilft eine detaillierte Broschüre mit Karte sowie die Beschilderung. Es ist ein wunderbarer Ort für einen verträumten Bummel; überall stehen strategisch platzierte Bänke, die weite Blicke aufs Meer bieten. Der zentral gelegene achteckige Bau ist ein schattiger, geschützter Ort mit Wasserfällen aus Vulkanfelsen für die empfindlicheren Arten, wie zum Beispiel die kletternden Palmen aus Yucatan.

Castillo de San Juan FESTUNG

(Avenida Constitución) Die zentral gelegene Ufergegend wurde umfassend neu gestaltet; in zehn angenehmen Gehminuten gelangt man von der Plaza España Richtung Südwesten zum Castillo de San Juan aus dem 17. Jh. (das eher ein bescheidenes Fort als eine ausgewachsene Burg ist). Im Schatten dieser trutzigen Festung kann man über ihre grauenhafte Vergangenheit als Umschlagplatz für Sklaven aus Afrika nachsinnen.

Aktivitäten

Parque Marítimo César Manrique SCHWIMMEN

(☎657 65 11 27; Avenida Constitución; Erw./Kind 2,50/1,50 €, Kombikarte mit Palmetum Erw./Kind 7,30/3,30 €; ⌚10–19 Uhr) Dieser Park liegt direkt neben der bedeutendsten *avenida* der Stadt und lädt dazu ein, in einem der wundervollen Designerbecken zu baden oder sich auf einer Sonnenliege zu räkeln und die herrliche Aussicht bei einem erfrischenden Drink zu genießen. Für jedes Alter geeignet und besonders schön für Kinder.

STADT DER SKULPTUREN

1974 fand in Santa Cruz eine internationale Skulpturenaustellung in den Straßen statt mit führenden Werken bedeutender Meister der Kunst wie Henry Moore, Joan Miró und Óscar Domínguez. Heute können diese Weltklasse-Skulpturen auf einem Spaziergang durch die Stadt besichtigt werden. Die Touristeninformation gibt Auskünfte zu besonderen Routen mit vielen Skulpturen, angefangen bei dem wunderschönen **Parque García Sanabria** (S. 136), wo mehrere dieser Werke ständig zu sehen sind.

Feste & Events

Neben dem Karneval werden in Santa Cruz noch ein paar weitere Feste gefeiert.

Festival de Música de Canarias MUSIK

(www.festivaldecanarias.com; ⌚Jan. & Feb.) Dieses Festival ist das größte Event auf dem Veranstaltungskalender für klassische Musik. Es findet alljährlich sowohl in Santa Cruz de Tenerife als auch in Las Palmas de Gran Canaria (auf Gran Canaria) statt.

Día de la Cruz RELIGION

(⌚3. Mai) Dieser Festtag wird auf der ganzen Insel begangen, vor allem aber in Santa Cruz (und Puerto de la Cruz), wo sämtliche Kreuze und Kapellen wunderschön mit Blumen geschmückt werden, um die Gründung der Stadt zu feiern.

Essen

Überall auf den Plätzen stehen Stühle, dank der Geselligkeit der Einheimischen und des Sonnenscheins. Auf der Plaza Candelaria und im Schatten am Rand des Parque García Sanabria laden die *terrazas* (Terrassen) von Cafés zum Verweilen ein.

Bodeguita Canaria KANARISCH €

(www.bodeguitacanaria.es; Calle Imeldo Serís 18; Hauptgerichte 8–10 €; ⌚Mo–Sa 13–16 & 20–23.30 Uhr; 👪) Das Lokal ist beliebt bei den Einheimischen und wirkt bodenständig

NICHT VERSÄUMEN

KARNEVALSKAPRIOLEN

Getreu dem Geist des Karnevals begeht Santa Cruz seinen **Carnaval** (www.carnavaltenerife.com; Feb.) mit einer übermütigen, chaotischen Feierorgie rund um die Uhr. Die Feierlichkeiten beginnen normalerweise Anfang Februar und dauern etwa drei Wochen. Viele Gala-Vorführungen und Kostümwettbewerbe finden auf dem Recinto Ferial (Messegelände) statt, auf den Straßen aber, besonders rund um die Plaza España, wird von Sonnenuntergang bis Sonnenaufgang fröhlich und ausgelassen gefeiert.

Allerdings geht's bei der Feierei um mehr als nur darum, in paillettenbesetzten Klamotten mal ordentlich einen draufzumachen. Das Ganze hat einen ernsteren Hintergrund, auch wenn dieser nicht gleich ins Auge springt: Unter der Herrschaft Francos kam der Karneval zum Erliegen; niemand schien mehr viel Grund zum Feiern zu haben. Die Beziehungen der katholischen Kirche zu den Faschisten waren ein weiterer Anlass für Frustration. Als daher der Karneval nach dem Tod von General Franco neu aufgelegt wurde, machten sich die Bürger von Santa Cruz sofort daran, die sexuelle und moralische Scheinheiligkeit der Kirche und der Faschisten aufs Korn zu nehmen. Noch heute verkleiden sich viele als unartige Nonnen und verdorbene Priester, und es schwirren mehr Drag Queens herum als Hummeln in einer Wiese voll Butterblumen, und das alles im Namen einer guten, sauberen Gaudi. Wer vorhat, auch mal schlafen zu gehen, sollte die Unterkunft besser im Voraus buchen.

und traditionell mit robusten dunklen Möbeln und entzückend altmodischer Ausstattung. Besonders gut sind einheimische Gerichte wie *ropa vieja* (übersetzt „alte Kleider"), ein aromatischer Eintopf auf Fleischbasis mit Kichererbsen, Gemüse und Kartoffeln. Die Nachspeisen sind ebenso anheimelnd bodenständig, z. B. *torrijas,* die spanische Version des Brotpuddings.

La Llave de Las Nubes KANARISCH €
(Calle Dr Allart 46; Hauptgerichte 7–10 €, menú del día 8 €; Mo–Fr 9–17 Uhr) Die Betreiber dieses zauberhaften kleinen Restaurants kochen mit Herz und Leidenschaft. Jeden Morgen kaufen sie das frischeste Obst und Gemüse auf dem Markt ein, bereiten nur wenige ausgewählte Gerichte zu und lassen sich von der traditionellen Hausmannskost inspirieren. Die Suppen sind köstlich – wenn möglich unbedingt die Wasserkresse-Suppe probieren! Hier ist es immer voll, sodass mit Wartezeiten zu rechnen ist (leider ist keine Tischreservierung möglich).

Tasca KANARISCH €
(Calle Dr Guigou 18; Hauptgerichte 6–10 €, menú del día 7 €; Mo–Sa 12–15 & 19–23 Uhr) Diese einheimische Institution ist der kulturelle und kulinarische Gegenpol zu den ganztägigen englischen Frühstücken der Badeorte im Süden der Insel, und sie macht keine Zugeständnisse gegenüber verwirrten Ausländern. Die geradezu lächerlich billigen Mittagsmenüs (auf Spanisch) bringen es mit sich, dass oft eine Schlange Einheimischer auf einen Tisch und das Essen wartet, das aus großen Portionen robuster kanarischer Klassiker besteht.

La Casita CAFÉ €
(www.lacasitacafe.es; Calle Jesús Nazareno 14; Hauptgerichte 7–8 €, Kuchen 2,50 €; Di–Sa 10–0 Uhr;) Das verführerische Café wird von einem modischen jungen Team geführt und ist dabei ausgestattet wie Omas Häuschen auf dem Lande; es enthält Antiquitäten, traditionelle Fliesen und mehrere gemütliche Speiseräume. Die Betonung liegt auf einfachen, leichten Gerichten, wie Salaten, Burgern und Kroketten. Dazu gibt's köstliche Kuchen und Pasteten, darunter Variationen wie Schokolade, Erdbeer und das festlich klingende Baileys.

★ **La Hierbita** MODERN KANARISCH €€
(922 24 46 17; www.lahierbita.es; Calle Clavel 19; Hauptgerichte 10–15 €; Di–Sa 12–16 & Mo 19–23 Uhr) Hier gibt's Atmosphäre satt, und bedenkt man die Geschichte des Lokals, grenzt das an ein Wunder. Es war das erste Restaurant, das 1893 eine Lizenz erhielt. Damals lag die Calle Clavel mitten im Rotlichtbezirk, und ein Teil des heutigen Restaurants war tatsächlich ein Bordell. Das Essen aber ist alles andere als zwielichtig; die Gerichte sind gehobenere Interpretationen traditioneller kanarischer Rezepte.

Im Gebäude sind nach wie vor zahlreiche ursprüngliche Merkmale und alte Erinnerungsstücke enthalten. Die Speiseräume erstrecken sich über zwei Etagen mit knarrenden Holzdecken, und verblichene alte Fotos tragen zum Ambiente bei. Besonders aromatisch und empfehlenswert sind die Meeresfrüchte-Gerichte, ebenso wie die Suppen und Eintöpfe auf der Grundlage von Hülsenfrüchten.

El Lateral 27 KANARISCH €€
(Calle Béthencourt Alfonso 27; Hauptgerichte 10–14 €; Mo–Sa 7.30–0 Uhr;) Gut gelauntes Personal, glückliche Shopper und eine Speisekarte mit bewährter einheimischer Küche machen das Lokal zu einem Dauerbrenner in Santa Cruz. Gerichte wie Ochsenschwanzeintopf, Ziegenfleischeintopf, Rinderlende in Knoblauchsauce und Meeresfrüchtepastete machen selbst die hungrigsten Gäste satt und glücklich. Wer jedoch gern Gemüse isst oder überzeugter Vegetarier ist, der sucht sein Glück besser woanders.

Da Canio III ITALIENISCH €€
(Karte S. 134; Calle San Martín 76; Pizza 8–10 €, Pasta 10–12 €; Mo–Sa 13–16 & 19–23 Uhr;) Die italienischen Betreiber servieren hervorragende Pizza und Pasta in einem geschmackvoll mit Terracotta und Stein eingerichteten Gastraum. Die zwei Dutzend Pizza-Angebote sind ideal für wählerische Familien, und auch die Pasta- und Risottogerichte sind sehr zu empfehlen.

Plaza 18 MODERN KANARISCH €€
(922 17 30 14; Plaza San Francisco; Hauptgerichte 11–16 €; Mo–Do 12–23, Fr & Sa bis 1 Uhr) Das schicke Lokal liegt in einer der hübschesten Ecken der Stadt mit Blick auf majestätische indische Feigenbäume und Blumenbeete und die barocke Iglesia de San Francisco im Hintergrund. Das Dekor ist farbenfroh und schick, und die Küche trifft mitten ins Schwarze (meistens). Auf der Speisekarte stehen Risottos, Gourmet-Burger, Salate und *tostas* mit diversen Garnierungen sowie ausgezeichnete lokale Weine.

Gom MODERN KANARISCH €€
(922 27 60 58; Calle Dr Guigou 27; Hauptgerichte 10–15 €; 13–16 & 19–23 Uhr; P) Das elegante Restaurant gehört zu dem nebenan gelegenen Hotel Taburiente (S. 249). Seine moderne Speisekarte bietet eine kreative Version ansonsten typischer Gerichte von den Kanaren und dem spanischen Festland. In dem etwas gehobeneren Lokal im Stadtzentrum trifft sich mittags ein geschäftiges Business-Publikum.

El Aguarde MODERN KANARISCH €€€
(922 28 91 42; www.restauranteelaguardetenerife.es; Calle Costa y Grijalba 21; Hauptgerichte 15–25 €; Mo–Sa 13–16, Di–Sa 21–23 Uhr;) Unsere Leser schwärmen von diesem Lokal für besondere Anlässe, das eine minimalistische Eleganz ausstrahlt, welche die raffiniert zusammengestellten Gerichte unterstreicht. Die Speisekarte wechselt je nach Saison, enthält aber eine gute Auswahl an Fleisch- und Fischgerichten und zumindest ein vegetarisches Gericht. Die Desserts sind exquisit; unbedingt eine Sünde wert ist die Zitronenmousse mit Cava und Minze.

Selbstversorger

Mercado de Nuestra Señora de África MARKT
(Avenida de San Sebastián; 9–14 Uhr; P) Der 1944 erbaute Markt verströmt mit seinem bogenförmigen Eingang, seinem Uhrturm und seinen Blumenverkäufern lateinamerikanisches Flair. Er ist für spanische Verhältnisse zwar nicht groß (etwa 140 Stände), lockt aber mit Bergen von frischem Obst und Gemüse und einer großen Auswahl an Fisch. Auch Picknick-Basics wie Brot, einheimischen Käse, Wein und Aufschnitt gibt es hier.

Ausgehen & Nachtleben

Das Nachtleben konzentriert sich vor allem auf das nördliche Ende der Avenida Anaga, aber die Lokalitäten wechseln häufig. Eine elegantere Atmosphäre umweht die farbenfrohen Cafés und Bars entlang der Calle Antonio Domínguez Alfonso (auch bekannt als Calle Noria), die zugleich eine der ältesten Straßen der Stadt ist.

Bar Zumería Doña Papaya SAFTBAR
(Calle Callao de Lima 3; Säfte 2–3,50 €; Mo–Fr 9–19 Uhr, Sa bis 15 Uhr) Köstliche frische Fruchtsäfte wie zum Beispiel aus Erdbeeren, Mangos, Papayas, Avocados oder auch verschiedene lecker klingende Kombinationen von Früchten. Die einheimischen Arbeiter holen sich hier mittags ein schnelles und einfaches Mahl.

Barbas Bar BAR
(Calle Marina 9; Mo–Sa 18–2 Uhr) Ja, Jungs, wer einen *barba* (Bart) trägt, ist in dieser Saloon-artigen Bar gegenüber vom Hafen besonders gern gesehen. Hier dreht sich alles um Importbier; die Auswahl ist gigantisch und reicht von Crabbie's Original bis zu Corona. Hier herrscht eine gute Atmosphäre, und gelegentlich gibt's Livemusik.

DIE KANARISCHEN VILLEN IN LA LAGUNA

Helle Fassaden mit Doppeltüren aus Holz, schön gearbeiteten Balkonen und grauen Steinverzierungen sind typisch für die bestens erhaltenen Villen La Lagunas aus dem 16. bis 18. Jh.; ihre eleganten Fenster hinter Holzläden verbergen kühle, schattige Innenhöfe, um die sich im ersten Stock Veranden auf schlanken Holzsäulen ziehen.

Die Calle San Agustín und die umgebenden Straßen sind von vornehmen alten Häusern gesäumt. Ein bildschönes Beispiel ist die Fassade der **Casa del Montañés** (Calle San Agustín 16; Mo–Fr 10–19 Uhr) mit den dekorativen geschnitzten Fensterrahmen. Die 2006 durch ein Feuer schwer beschädigte **Casa Salazar** (Calle San Agustín 28; Mo–Fr 10–19 Uhr) hat eine schöne, aber strenge Fassade und zwei reizvolle Innenhöfe; heute sind darin Büros untergebracht.

Die imposante **Casa de los Capitanes** (Calle Carrera 7; Mo–Fr 9–20, Sa & So bis 14 Uhr) befindet sich neben dem *ayuntamiento* (Rathaus) und beherbergt die Touristeninformation. Hinter der markanten blauen Fassade der Villa in der Calle Carrera 66 war früher der surrealistische Maler Óscar Domínguez zu Hause.

Das aus dem 19. Jh. stammende **Teatro Leal** (Leal-Theater; www.teatroleal.com; Calle Obispo Rey Redondo 54) gleicht innen wie außen einem exotischen Schmetterling von einem Gebäude und ist nur bei den Vorstellungen für die Öffentlichkeit zugänglich.

Wenn eine Tür offensteht, vielleicht mal kurz einen Blick hineinwerfen – mit etwas Glück steht auch das innere Heiligtum offen, allerdings sollte man daran denken, dass viele der Villen Privatwohnungen oder Büros enthalten.

JL Murphy IRISH PUB
(Plaza de la Concepción; Mo–Do 17–2.30, Fr & Sa bis 3.30, So 18.30–2.30 Uhr;) In diesem Irish Pub geht's gesellig zu, und es gibt Guinness vom Fass, aber er ist stilvoller als viele irische Importe. An den meisten Wochenenden ist Livemusik zu hören.

Mojos y Mojitos BAR
(Calle Antonio Domínguez Alfonso 38; So–Do 13–24, Fr & Sa bis 4 Uhr;) Das lässige Lokal serviert tagsüber ordentliches Essen, abends aber verwandelt es sich in eine faszinierende Kombination aus cooler Cocktailbar und pulsierendem Nachtclub mit DJs und gelegentlicher Livemusik.

☆ Unterhaltung

Viele Bars und Clubs fungieren gelegentlich auch als Veranstaltungsorte für Livemusik, insbesondere an der Calle Antonio Domínguez Alfonso, die auch als Calle Noria bekannt ist.

★ **Auditorio de Tenerife** LIVEMUSIK
(Kartenverkauf 902 31 73 27; www.auditoriodetenerife.com; Avenida Constitución;) Das spektakuläre Design von Teneriffas führendem Veranstaltungsort erinnert an weiße Muscheln und sein Dach an eine aufbrandende, brechende Woge. Das imposante Gebäude erstreckt sich über ein zwei Hektar großes Gelände am Meer und unterstreicht die Atmosphäre des Ortes. Im großen Konzertsaal finden fantastische Opernaufführungen, Tanzvorstellungen und Konzerte klassischer Musik von Weltformat statt.

Teatro Guimerá THEATER
(Kartenverkauf 902 33 33 38; www.teatroguimera.es; Plaza Isla Madera; Eintrittskarten 12–18 €; 11–13 & 17–20 Uhr) Das fabelhafte Jugendstiltheater ist ein beliebter Veranstaltungsort für anspruchsvolle Unterhaltung, ob Musik oder Theater.

Shoppen

Die Haupteinkaufsgegend ist die zur Fußgängerzone erklärte Calle Castillo und die angrenzenden Straßen. Auch hier haben sich immer mehr der sattsam bekannten internationalen Ketten angesiedelt, aber es gibt immer noch eine Handvoll Läden und Boutiquen im Familienbetrieb.

El Corte Inglés KAUFHAUS
(www.elcorteingles.es; Avenida Tres de Mayo 7; Mo–Sa 9.30–21 Uhr;) Das gigantische Kaufhaus führt alles, was das Herz begehrt. Außerdem gibt's ein Restaurant und einen hervorragenden, wenn auch hochpreisigen Supermarkt mit Importartikeln.

Rastro MARKT
(José Manuel Guimerá; So 9–15 Uhr) Der riesige, weitläufige Flohmarkt erstreckt sich

jeden Sonntag über zwei Parallelstraßen vom Mercado de Nuestra Señora de África über die José Manuel Guimerá bis zur Küste. Angeboten werden die üblichen Waren, einschließlich einer Auswahl von raubkopierten Filmen auf DVD, heruntergesetzter Unterwäsche und Dessous und handgefertigtem Schmuck. Aber hier ist immer was los, und Spaß macht es auch.

La Isla Bookshop BÜCHER
(www.laislalibros.com; Calle Imeldo Serís 75; ⏲ Mo–Fr 9.30–20, Sa bis 13.30 Uhr) Dieser große, etwas altmodisch anmutende Buchladen erstreckt sich über vier Stockwerke und führt englischsprachige Titel, wie Romane, sowie Reiseführer und Karten.

Carolina Boix SCHUHE
(www.carolinaboix.com; Calle Valentín Sanz 10; ⏲ Mo–Fr 9.30–20.30, Sa 10–20.30 Uhr) Carolina Boix ist eine auf Teneriffa geborene und ansässige Schuhdesignerin mit Filialen überall auf den Kanarischen Inseln. Ihre erschwinglichen Schuhe aus künstlichen Materialien (für Männer und Frauen) sind bekannt für ihren modernen und zugleich bequemen Stil.

Praktische Informationen

Touristeninformation (☎ 922 23 95 92; www.todotenerife.es; Plaza España; ⏲ Mo–Fr 9–18, Sa 9.30–13.30 Uhr) Das Haupttourismusbüro liegt an der Plaza España. Es veranstaltet dienstags, donnerstags und samstags Stadtführungen (3 €, 1½ Std.).

An- & Weiterreise

AUTO & MOTORRAD

Es gibt jede Menge Autovermietungen (manche vermieten auch Motorräder). Die größeren Anbieter unterhalten auch Stände am Anleger der Fähre, der *estación marítima*.

BUS

TITSA-Busse fahren vom **Busbahnhof** (Karte S. 134; www.titsa.com; Avenida Tres de Mayo) neben der Avenida Constitución in die Außenbezirke. Beliebte Routen:

Bus 102 Puerto de la Cruz (5,25 €, 55 Min., alle 30 Min.) über La Laguna und Tenerife Norte

Bus 103 Puerto de la Cruz direkt (5,25 €, 40 Min., über 15-mal tgl.)

Bus 110 Los Cristianos und Playa de las Américas direkt (9 €, 1 Std., alle 30 Min.)

Bus 325 Los Gigantes (7,10 €, 2 Std., 6-mal tgl.)

Bus 350 La Orotava (1,45 €, 45 Min., 2-mal tgl.)

Busse 014 & 015 La Laguna (1,45 €, 20 Min., alle 10 Min.)

STRASSENBAHN

Eine Straßenbahn (www.metrotenerife.com) verbindet das Zentrum von Santa Cruz mit La Laguna. Fahrkarten kosten 1,35 €, die Fahrt dauert insgesamt 40 Minuten und ist wahrscheinlich die angenehmste Art, von einer Stadt in die nächste zu gelangen.

Unterwegs vor Ort

VOM/ZUM FLUGHAFEN

Von Tenerife Norte aus fahren die TITSA-Busse 102, 107 und 108 (2,65 €, 20 Min.) nach Santa Cruz. Bus 102 (4,75 €, 1 Std.) fährt weiter nach Puerto de la Cruz über La Laguna, nur 3 km vom Flughafen entfernt.

Ein Taxi nach Tenerife Norte kostet ca. 20 € und nach Tenerife Sur etwa 70 €.

AUTO

Gebührenpflichtige Parkplätze gibt es unterhalb der Plaza España und im Mercado de Nuestra Señora de África abseits der Avenida de San Sebastián.

BUS

Im Stadtverkehr von Santa Cruz verkehren TITSA-Busse. Mehrere Busse fahren vom Busbahnhof aus regelmäßig am Stadtzentrum (Plaza General Weyler und Plaza España) vorbei, darunter 910 und 914. Vor Ort gibt es außerdem noch die Rundstrecken 920 und 921. Eine Fahrt kostet 1,25 €.

TAXI

Die größten Taxistände befinden sich an der Plaza España und am Busbahnhof.

BONO-BUS

Wer viel mit öffentlichen Verkehrsmitteln unterwegs sein will, für den lohnt sich die Investition in eine **BonVia**- oder **Bono-Bus**-Karte (www.titsa.com). Sie gilt in allen TITSA-Bussen auf der Insel und für das Straßenbahnnetz in Santa Cruz und bietet einen Preisnachlass von 30 % auf normale Fahrten. Die Karten kosten ab 7,50 € (12 Fahrten) bis 45 € (eine Monatskarte für alle, die die Karte häufig nutzen) und sind an jeder Bus- oder Straßenbahnstation und einigen Zeitungskiosken erhältlich.

DER NORDOSTEN

La Laguna

153 000 EW.

La Laguna gilt gemeinhin als die schönste Stadt auf der Insel Teneriffa. Von Santa Cruz oder Puerto de la Cruz aus ist sie leicht in einem Tagesausflug zu erreichen. Das historische Stadtzentrum ist eine wahre Perle mit schmalen, schnurgeraden Gassen, flankiert von pastellfarbenen historischen Villen, einladenden Bars und charakteristischen kleinen Läden. Ihre Anlage diente vielen Kolonialstädten in Amerika als Vorbild, und sie wurde im Jahr 1999 von der UNESCO zum Weltkulturerbe erklärt und auf die Welterbeliste gesetzt. Die Stadt steckt voller jugendlicher Energie und hat vielleicht das am meisten pulsierende *marcha* (Nachtleben) auf der gesamten Insel.

Sehenswertes

Die wichtigsten Sehenswürdigkeiten befinden sich im historischen Zentrum der Stadt. Es macht nichts, wenn man sich hier mal verläuft, denn praktisch der ganze *barrio* (Distrikt) ist ein Freiluftmuseum für historische Architektur.

★ Museo de la Historia de Tenerife MUSEUM

(Casa Lercaro; www.museosdetenerife.org; Calle San Agustín 22; Erw./Kind 3/1,50 €; Di–So 10–20 Uhr) Die Ausstellung ist durchaus interessant, aber nicht weniger bemerkenswert ist die Villa selbst, die aus dem 16. Jh. stammt und eine kunstvoll geschnitzte Holzgalerie und einen zauberhaften Innenhof aufweist. Unbedingt ansehen: die zwei prachtvollen Kutschen aus dem 18. und 19. Jh. in einem separaten Ausstellungsbereich hinten im Museum.

Iglesia de Nuestra Señora de la Concepción KIRCHE

(Plaza Concepción; Turm 2 €; Mo–Fr 8.30–13.30 & 18–19.30, Sa bis 20.30, So 7.30–14 & 16.30–20 Uhr) Erbaut im Jahr 1502, ist dies eine der ältesten Kirchen der Insel. Sie wurde im Laufe der Jahre immer wieder umgebaut. Es sind immer noch Elemente des gotischen und plateresken Stils zu erkennen, und die schön gestalteten hölzernen Decken im Mudéjar-Stil (islamischer Architekturstil) sind ein Traum. Interessant ist auch das Taufbecken, an dem offenbar (alle übrig gebliebenen) Guanchen traditionell getauft wurden. Im Turm führen Treppen fünf Stockwerke nach oben, wo sich fantastische Ausblicke auf die Stadt und darüber hinaus eröffnen.

Catedral KATHEDRALE

(www.catedraldelalaguna.blogspot.com.es; Plaza Catedral; Mo–Sa 8–18, So bis 14 Uhr) Die Kathedrale wurde 1913 komplett neu erbaut. Ein schönes barockes Retabel (16. Jh.) in der Kapelle ist der Virgen de los Remedios gewidmet. Bemerkenswert sind auch ein paar eindrucksvolle Gemälde von Cristóbal Hernández de Quintana, einem der wichtigsten Künstler der Insel im 18. Jh., sowie eine herrliche Kanzel aus Carrara-Marmor, die der genuesische Bildhauer Pasquale Bocciardo 1762 fertigte.

Convento de Santa Clara KLOSTER, MUSEUM

(Ecke Calles Anchieta & Viana; Erw./Kind 5 €/frei; Di, Do & Sa 10–17 Uhr) Das interessanteste aller Klöster in La Laguna ist berühmt für das wunderschöne Gitterwerk am hölzernen Balkon und Kreuzgang. Das Museum erstreckt sich über neun Räume und enthält einige der kostbarsten Kunstwerke und Artefakte der Klostersammlung, darunter ein prachtvoller silberner Altar aus dem 18. Jh. Eine zehnminütige audiovisuelle Präsentation (auf Englisch und Spanisch)

HINTER DEN KULISSEN

Viel Interessantes und Schönes von La Laguna liegt hinter schweren Türen und dicken Mauern vor neugierigen Touristenaugen verborgen; wer die Stadt etwas besser kennenlernen will, kann sich einer der zahlreichen **Führungen** (Führungen Mo–Fr 10.30, 12 & 16, Sa & So 10.30 & 12 Uhr) GRATIS anschließen, die von der Touristeninformation organisiert werden. Die Führungen sind kostenlos und finden auf Spanisch statt (mit einer 48-stündigen Voranmeldung kann die Touristeninformation aber auch eine Tour auf Deutsch, Englisch oder Französisch organisieren). Die informativen Führungen beginnen an der Touristeninformation und führen an den allermeisten Gebäuden und Kirchen vorbei, die hier besprochen werden, und an einer Reihe weiterer historischer Gebäude, die nicht auf eigene Faust zu besichtigen sind.

erklärt die faszinierende Geschichte des Klosters seit seiner Gründung im Jahr 1547 durch zehn Franziskanernonnen.

Fundación Cristino de Vera GALERIE
(www.fundacioncristinodevera.com; Calle San Agustín 18; Erw./Kind 3 €/frei; ⌚Mo–Fr 11–14 & 17–20, Sa 10–14 Uhr) La Lagunas führende Kunstgalerie enthält eine Mischung aus erstklassigen temporären Ausstellungen und eine Dauerausstellung von Werken des gefeierten zeitgenössischen Künstlers Cristino de Vera, der 1931 in Santa Cruz de Tenerife geboren wurde. Außerdem gibt es eine zum Nachdenken anregende audiovisuelle Präsentation über den Künstler und sein Werk mit englischen Untertiteln.

Iglesia de Santo Domingo KIRCHE
(Calle Santo Domingo; ⌚10–19 Uhr) Diese Kirche war ursprünglich eine Mönchsklause und wurde im 17. Jh. erweitert. Sie enthält Gemälde von de Quintana sowie plastische Wandgemälde aus dem 20. Jh. von Mariano de Cossío und Antonio González Suárez. Es gibt hier temporäre Kunstausstellungen und ein kleines Kirchenmuseum.

Santuario del Cristo KIRCHE
(Santuario del Santísimo Cristo de La Laguna; Plaza San Francisco; ⌚Mo–Do & Sa 8–13 & 16–20.45, Fr & So bis 21 Uhr) Am nördlichen Ende des alten Viertels gelegen, enthält diese Kirche eine schwarz gewordene hölzerne Skulptur Christi, die auf der Insel sehr verehrt wird. Drinnen sollte man sich respektvoll verhalten, denn die meisten Leute kommen in der Tat hierher, um zu beten, nicht wegen der Sehenswürdigkeiten.

Convento de Santa Catalina KLOSTER
(Plaza Adelantado; Erw./Kind 3 €/frei; ⌚10–17 Uhr) Der Orden in diesem Kloster ist immer noch aktiv. Am 15. Februar wird jedes Jahr die erstaunlich gut erhaltene Leiche von Schwester María de Jesús de León Delgado, die bereits im Jahr 1731 starb, auf recht makabre Art ausgestellt. Das Kloster enthält auch ein kleines Religionsmuseum.

Iglesia y Ex-convento de San Agustín KIRCHE
(Calle San Agustín; ⌚Di–Fr 10–20, Sa & So bis 15 Uhr) Diese verfallene Kirche ist für die Öffentlichkeit gesperrt, aber die Lücke in der Mauer gibt den Blick auf die Kakteen und anderen Pflanzen frei, die bereits dabei sind, sich das Gelände der Kirche zurückzuerobern. Die öffentlich zugänglichen Kreuzgänge mit tropischen Pflanzen und Blumen sind vielleicht die hübschesten der Stadt. Die Zimmer rund um die Kreuzgänge enthalten eine Kunstgalerie mit häufig wechselnden lokalen Arbeiten.

Museo de la Ciencia y el Cosmos MUSEUM
(☎922 31 52 65; www.museosdetenerife.org; Calle Vía Láctea; Erw./Kind/erm. 5 €/frei/3,50 €, Planetarium 1 €; ⌚Di–So 9–19 Uhr; P) Wer gern Knöpfe drückt und über die Kräfte der Natur sinniert, wird in diesem Museum auf seine Kosten kommen; mit seiner Vorstellung wissenschaftlicher Grundkonzepte gibt es interessante Denkanstöße. Es liegt 1,5 km südlich der Plaza Adelantado, ist leicht mit der Straßenbahn nach Santa Cruz zu erreichen (Haltestelle direkt davor) und hat zudem ein Planetarium, in dem man mitten am Tag den Sternenhimmel bewundern kann.

Feste & Events

Fronleichnam RELIGIÖS
(⌚Mai/Juni) Dieses Fest (das Datum wechselt jährlich, liegt aber immer im Mai oder Juni) wird in La Laguna und in La Orotava gefeiert, wo auf den Straßen und Plätzen Tonnen von Vulkanerde, Blütenblättern, Blättern und Zweigen sorgfältig zu gewaltigen, aufwendigen Blütenteppichen verarbeitet werden, die biblische Szenen darstellen.

Romería de San Benito Abad RELIGION
(⌚1. So im Juli) Dies ist eine der wichtigsten Fiestas in La Laguna, abgehalten zu Ehren des Schutzheiligen der Bauern und Ernten.

Fiesta del Santísimo Cristo RELIGION
(⌚7–15 Sept.) Zu diesem jährlich abgehaltenen Fest gehören religiöse Prozessionen, traditionelle Musik sowie ein eindrucksvolles Feuerwerk.

Essen

Die beste Auswahl an Restaurants gibt's in den Straßen rings um die Kathedrale.

Tasca 61 BIO €
(Calle Viana 61; Hauptgerichte 7–9 €; ⌚Mi–Fr 12.30–15.30 & 19.30–22.30, Sa & So 19.30–22.30 Uhr) Biologisch angebautes Obst und Gemüse aus der Region und eine Slow-Food-Philosophie sind die Markenzeichen dieses winzigen Lokals mit seiner kleinen, aber feinen Karte täglich wechselnder Gerichte. Selbst das Bier ist lokal gebraut und stammt aus der einzigen Öko-Brauerei Teneriffas: Tierra de Perros.

INSIDERWISSEN

SCHLEMMEN WIE DIE EINHEIMISCHEN: GUACHINCHES

Ein Gartenschuppen, ein Wohnzimmer, eine leere Garage ... das sind nur einige der typischen Orte, an denen man *guachinches* finden kann – schlichte Esslokale, in denen selbst gekochte traditionelle Gerichte für unter 10 € aufgetischt werden. Die besonders im Norden verbreiteten und an den Wochenenden sehr beliebten *guachinches* sind außer für Einheimische, die sich auskennen, schwer zu finden. Eine Möglichkeit, sich schlau zu machen, ist die Android- oder Apple-App guachapp. Es gibt darüber hinaus auch eine Facebook-Seite „Guachinches de Tenerife" mit regelmäßig aktualisierten Informationen.

El Tonique KANARISCH €
(☎ 922 26 15 29; www.tascaeltonique.es; Calle Heraclio Sánchez 23; Hauptgerichte 8,50–12 €; ⏲ Di–Sa 13–17 & 20–23, Mo 20–23 Uhr) Eine Treppe führt zu dem gemütlichen Restaurant hinunter, an dessen Wänden staubige Weinflaschen aufgereiht sind. Das ist nur eine kleine Auswahl der über 250 verschiedenen Weine, die in Toniques Kellerräumen in Ruhe vor sich hin reifen. Das Essen ist sehr gut und lohnt das Warten auf einen Tisch (mittags ist es hier immer voll) und einen Teller *setas con gambas* (Austernpilze mit Garnelen).

★ **Guaydil** MODERN KANARISCH €€
(www.restauranteguaydil.com; Calle Dean Palahí 26; Hauptgerichte 8–14 €; ⏲ Mo–Sa 13.30–16.40 & 20–23.30 Uhr; 📶) Das hübsche moderne Restaurant mit seiner effektvollen, verspielten Ausstattung ist immer eine gute Wahl. Die Gerichte werden schnell zubereitet, schön präsentiert und sind bezahlbar. Kleiner Tipp: Bei einem Salat am besten eine halbe Portion bestellen; die Bedienung wird nicht mit der Wimper zucken, denn die Salate sind riesig (und empfehlenswert). Weitere typische Gerichte sind orientalisches Couscous, mit Garnelen gefüllte Crêpes und ein unwiderstehliches kubanisches Mojito-Sorbet.

★ **Mercado de San Pablo** MARKT €€
(www.mercadossanpablo.com; Calle Herradores 59; Snacks 2–5 €, Hauptgerichte 9–15 €; ⏲ Mo–Fr 10–23, Do bis 0, Fr & Sa bis 2, So 13–21 Uhr; 📶) Dieser anspruchsvolle kosmopolitische Markt könnte sich ebenso gut in Manhattan befinden. Über 30 Essensstände und Bars vertreten Küchen der verschiedensten Länder und bieten von allem nur das Beste, darunter Kubanisch, Asiatisch, Japanisch, Mexikanisch, Libanesisch und Italienisch. Selbstversorger bekommen hier deutsches Brot, einheimischen Käse und leckere Backwaren. Im Hintergrund erklingt Live-Jazz.

Ausgehen

Das Nachtleben der Stadt besteht hauptsächlich aus durstigen Studenten, und die meisten Bars drängen sich in einem engen Rechteck nordöstlich der Universität, dem sogenannten El Cuadrilátero. Die in eine Fußgängerzone umfunktionierte Plaza Zurita besteht im Grunde einfach aus zwei parallelen Reihen von Bars und Kneipen, die zusammen reichlich Auswahl bieten.

Strasse BAR
(Calle Doctor Antonio González 17; ⏲ 18–3 Uhr; 📶) Eine stimmungsvoll beleuchtete Bar mit einer großen Auswahl an Cocktails und Importbier, Musikvideos auf einer Großleinwand und einer mitreißenden Atmosphäre, die zum Mitwippen einlädt.

Pub Gabbana NACHTCLUB
(☎ 922 00 00 00; Calle Doctor Antonio González 11; ⏲ 18–2 Uhr) Ein pulsierender Nachtclub, der auch wegen seiner Karaoke-Abende und Wettbewerbe immer beliebter wird – wer einmal seine innere Whitney Houston rauslassen will, ist hier richtig. Das Lokal liegt mitten im Clubviertel und ist normalerweise gerammelt voll von Studenten in ausgelassener Partystimmung.

Praktische Informationen

Touristeninformation (☎ 922 63 11 94; www.todotenerife.es; Calle Carrera 7; ⏲ Mo–Fr 9–20, Sa & So bis 14 Uhr) In einem reizvollen Haus mit Innenhof. Hier gibt es die faszinierende Broschüre *San Cristóbal de La Laguna, World Heritage Site*.

An- & Weiterreise

Es verkehren ständig Busse nach Santa Cruz. Bus 015 (1,35 €, 25 Min.) ist der beste; er fährt direkt zur Plaza España. Auch das Straßenbahnsystem verbindet die beiden Städte miteinander. Eine einfache Fahrt kostet 1,35 €. Die Busse 101, 102 und 103 fahren außerdem regelmäßig Puerto de la Cruz an (4,10 €, 1 Std.). Bus 62 verkehrt nach La Orotava (3,15 €, 1½ Std.).

AUF TENERIFFA GEKELTERT UND GEBRAUT

Der Wein von Teneriffa (und den Kanaren allgemein) war bislang international relativ unbekannt, aber das ändert sich gerade. Der bekannteste Wein und gleichzeitig der erste mit der Einstufung DO *(denominación de origen)*, die das hohe Maß der Qualität und die regionale Herkunft bescheinigt, ist der Rotwein Tacoronte Acentejo. Auch die Weine aus Icod de los Vinos und Guimar sind recht gut.

Die **Casa del Vino La Baranda** (S. 146) in El Sauzal bietet Weinproben an. Dann gibt's da noch das lokal gebraute Bier La Dorada, ein lagerartiges Bier aus Santa Cruz de Tenerife, und die erste ökologische Craft-Bier-Brauerei der Kanaren in Los Realejos, Tierra de Perros (www.facebook.com/CervezaArtesanalTierraDePerros), die Pale Ale und diverse Stout-Sorten braut.

Parkplätze sind hier grundsätzlich schwer zu bekommen. Es gibt zwar eine Tiefgarage unter der Plaza San Cristóbal, aber wer irgend kann, sollte besser die öffentlichen Verkehrsmittel zur Fortbewegung nutzen.

San Andrés & Umgebung

Das Dorf San Andrés mit lauter engen, schattigen Gässchen und kleinen Fischerhäuschen in leuchtenden Farben liegt 6 km nordöstlich von Santa Cruz. Sein Wahrzeichen ist der inzwischen verfallenen runde Turm, der früher dem Schutz des Dorfes diente. Außerdem finden sich hier ein paar gute Fischrestaurants.

Strände

Playa de las Teresitas STRAND

Der goldene Sand von Playa de las Teresitas, dem Strand, der unmittelbar hinter dem Dorf San Andrés gelegen ist, wurde aus der Sahara importiert. Der Strand ist sehr reizvoll und wird fast ausschließlich von Einheimischen oder von Spaniern, die vom Festland hierherkommen, besucht. Er ist hervorragend für Kinder geeignet. Ein paar wenige Parkplätze sind vorhanden.

Essen

Bar El Peton MEERESFRÜCHTE €

(☎922 59 11 29; Calle Aparejo; Hauptgerichte 7–9 €; ⏰7–19 Uhr) Das hübsche kleine Lokal liegt neben dem verfallenen Turm von San Andrés. Es hat nur drei oder vier Tische, auf denen sich normalerweise Berge erstklassiger Meeresfrüchte türmen.

An- & Weiterreise

Busse der Linie 910 (1,25 €, 20 Min.) verkehren häufig von Santa Cruz nach San Andrés und dann weiter zur Playa de las Teresitas.

Taganana & das Anaga-Gebirge

Im zerklüfteten Anaga-Gebirge, das sich über den weit im Nordosten liegenden Zipfel der Insel erstreckt, gibt es atemberaubende Landschaften und Wanderwege, die zu den schönsten auf ganz Teneriffa gehören. Wer nicht gern wandert, kann sich immer noch mit dem Auto ein Gefühl für die Berge verschaffen – einfach mal durch die zahlreichen Serpentinen der TF-12 kurven, die La Laguna und San Andrés miteinander verbindet. Auch der kurze, aber steile Abstecher über die TF-134 nach Taganana lohnt sich.

In der kleinen Stadt Taganana gibt's nicht viel zu sehen, aber von hier sind es nur noch ein paar Kilometer nach Norden zur Küste und zum **Roque de las Bodegas,** wo es ein paar kleine Restaurants und Bars gibt. Hier – und mehr noch an dem felsigen Strand von **Almáciga** 1,25 km weiter östlich – treffen sich die einheimischen Surfer.

Wer die in Nebel gehüllten Gipfel näher erkunden will, muss das Auto stehen lassen und sich zu Fuß auf den Weg machen. Das Hauptbesucherzentrum ist das **Cruz del Carmen,** das fast in der Mitte zwischen La Laguna und Taganana an der TF-12 liegt. Die Lorbeerwälder rings um das Besucherzentrum sind erfüllt vom Zwitschern unsichtbarer Vögel und bilden einen Dschungel aus knorrigen Bäumen, die von feuchtigkeitsspeicherndem Moos bewachsen sind. Durch diesen Wald winden sich mehrere gut ausgeschilderte Wanderwege, darunter eine Fünf-Minuten-Route, die auch für Kinderwagen und Rollstühle geeignet ist. Ein weiterer einfacher Weg von 1,8 km Länge, der in etwa einer halben Stunde hin und zurück zu bewältigen ist, ist der zum **Llano de los Loros** – einem Aussichtspunkt, der einem schier den Atem verschlägt. Informationen zu diesen und vielen weiteren Strecken kann das Besucherzentrum geben.

Punta del Hidalgo & Umgebung

Die Kieselstrände und Schwimmbecken rund um Punta del Hidalgo und Bajamar, einst beliebte Ferienorte, sind mittlerweile etwas in die Jahre gekommen; hier trifft man nur Nordeuropäer auf der Suche nach Wintersonne und Einheimische, die Salzluft schnuppern wollen. Trotz diesem nicht sehr rosigen Bild ist die Gegend eine nette Abwechslung zu Santa Cruz und La Laguna, und die umgebende Bergszenerie ist fantastisch. Weiter in Richtung Nordwesten von El Socorro geht es (über Tejina) zu dem etwas zusammengewürfelten Badeort **Bajamar.** Hier gibt es große künstliche Felsschwimmbecken, über die Atlantikwellen hinwegrollen und die bei den Einheimischen sehr beliebt sind.

Drei Kilometer weiter nordöstlich liegt das interessantere **Punta del Hidalgo,** allerdings sucht man unregelmäßige Kopfsteinpflaster und mittelalterliche Kirchen hier vergebens. Wie die meisten Städte in dieser Region ist Punta vergleichsweise modern; sein Charme besteht aus seiner grandiosen Lage am Meer mit hoch aufragenden zerklüfteten Bergen im Hintergrund. Die Strandpromenade lädt ein zum Bummeln und einer kleinen Pause bei Kaffee, *cerveza* (Bier) oder einem Fischgericht im **Cofradia de Pescadores** (☎922 15 69 54; Punta del Hidalgo; Hauptgerichte 10–16 €; ⏲Mo–Sa 13–16 & 19–22 Uhr) gegenüber vom Hafen. Die gesamte Küste eignet sich hervorragend zum Surfen; einige der besten Spots liegen in einem eng begrenzten Gebiet an der Nordküste.

An- & Weiterreise

Bus 105 fährt alle 30 Minuten von Santa Cruz über La Laguna nach Bajamar (1,45 €, 1 Std.) und Punta del Hidalgo (1,45 €, 1¼ Std.).

Tacoronte & Umgebung

Tacoronte liegt im Herzen einer der bedeutendsten Weinregionen der Insel. Bergabwärts vom modernen Stadtzentrum liegt die ausgeschilderte **Iglesia de Santa Catalina** – eine strahlende kleine, weiß getünchte Kirche im Kolonialstil der Kanaren. Hier gibt es auch eine Handvoll traditioneller alter Häuser, doch darüber hinaus ist hier nicht allzu viel zu sehen.

Sehenswertes

Casa del Vino La Baranda MUSEUM
(☎922 57 25 35; www.casadelvinotenerife.com; Autopista del Norte, El Sauzal; ⏲Di 10.30–18.30, Mi–Sa 9–21, So 11–18 Uhr; P) GRATIS In diesem Museum in einem traditionellen kanarischen Landhaus dreht sich alles um Wein und seine Herstellung; gegen kleines Geld wird auch eine Weinprobe geboten. Es ist ein reizvoller Ort, der an klaren Tagen wunderschöne Ausblicke auf El Teide bietet. Es gibt außerdem ein angesehenes Restaurant, und im Juli und August dient der Innenhof an jedem zweiten Dienstag ab 20.30 Uhr als gediegener Veranstaltungsort für Konzerte klassischer Musik.

Die angrenzende **Casa de la Miel** (Haus des Honigs) fügt dem Ausflug mit einer informativen Ausstellung über die einheimische Honigproduktion noch einen süßen Akzent hinzu.

Das gut ausgeschilderte Museum liegt kurz hinter der Autobahnausfahrt El Sauzal.

Feste & Events

Cristo de los Dolores WEIN
(⏲Sept.) Cristo de los Dolores, Tacorontes große Fiesta mit Erntefeiern und Weinproben, findet am ersten Sonntag nach dem 15. September statt.

An- & Weiterreise

Bus 108 verbindet diese Städte mit Santa Cruz (2,75 €, 40 Min.) und fährt, je nach Tageszeit, entweder stündlich oder alle 30 Minuten.

DER NORDEN

Puerto de la Cruz

32 665 EW.

Puerto de la Cruz ist sozusagen der Elder Statesman des Tourismus auf Teneriffa und heißt ausländische Besucher schon seit der zweiten Hälfte des 19. Jhs. willkommen; damals war dies ein bei viktorianischen Damen von Adel beliebter Kurort. Heutzutage ist die Stadt ein zauberhafter Badeort mit Charakter. Es gibt elegante hölzerne Promenaden, Strände, an denen man bedenkenlos schwimmen kann, traditionelle Restaurants, eine baumbestandene zentrale Plaza, zahlreiche hübsche Parks und jede Menge zu sehen und zu tun. Hier trifft man auf viele Deutsche, die hier Urlaub machen oder dauerhaft leben, was auch die große Zahl von Bäckereien erklärt, die deutsches Brot und Gebäck anbieten.

Geschichte

Ehe Puerto de la Cruz Anfang des 20. Jhs. zur unabhängigen Stadt erklärt wurde, diente es nur als Hafen für die wohlhabendere Gegend La Orotava. Von hier aus wurden Bananen, Wein, Zucker und Schildläuse (Farbstoff produzierende Insekten) exportiert, und im 18. Jh. entstand hier eine kapitalkräftige bürgerliche Klasse. Im 19. Jh. kamen dann die Engländer, zunächst als Kaufleute und dann als sonnenhungrige Touristen; das war der Beginn der touristischen Verwandlung, welche die heutige Stadt entscheidend prägt.

Sehenswertes

Die **Plaza Europa**, eine Art Balkon, der 1992 erbaut wurde, ist zwar eine recht neue Ergänzung, fügt sich aber gut in die historische Umgebung ein und ist ein guter Startpunkt für eine Stadterkundung. Die Touristeninformation befindet sich geschickterweise ebenfalls hier, und zwar in der **Casa de la Aduana** (Calle Lonjas; Mo–Fr 9–20, Sa & So bis 17 Uhr), dem alten Zollhaus (erbaut 1620), in dem heute auch hochwertige Kunsthandwerksartikel verkauft werden. Gegenüber liegt das **Ayuntamiento** (Rathaus), das bis 1973 als Bananenpackfabrik diente. Überall über das Stadtzentrum verstreut befinden sich mehrere kanarische Villen, viele davon renovierungsbedürftig.

Museo de Arte Contemporáneo — KUNST

(Casa de la Aduana, Calle Lonjas; Erw./Kind 1,50 €/frei; Mo–Sa 10–14 Uhr) Das erste Museum für zeitgenössische Kunst Spaniens, 1953 eröffnet, enthält eine gut präsentierte Sammlung von Werken herausragender ausländischer, spanischer und kanarischer Künstler, wie Will Faber, Óscar Domínguez und César Manrique. Die Räumlichkeiten in dem historischen ehemaligen Zollhaus sind fast ebenso beeindruckend wie die ausgestellten Kunstwerke selbst.

Museo Arqueológico — MUSEUM

(Archäologisches Museum; www.museosdetenerife.org; Calle Lomo 9; Erw./Kind 1 €/frei; Di–Sa 10–13 & 17–21, So 10–13 Uhr) Dieses kleine, aber schön angelegte Museum bietet einen Einblick in das Leben der Guanchen mit Nachbauten einer typischen Höhlenwohnung und einer Bestattungshöhle mit Töpfen und Tondekorationen, die den Glauben der Guanchen an ein Leben nach dem Tod demonstrieren. Das interessanteste Ausstellungsstück ist ein winziges Götterbildnis aus Ton – ein sehr seltenes Fundstück.

Plaza Charco — PLATZ

Dieser prachtvolle zentrale Platz erhielt seinen Namen, der übersetzt „Pfützenplatz" bedeutet, weil er bei jedem Sturm vom Meer her überflutet wurde. Hier trifft sich die ganze Stadt im Schatten der Lorbeerbäume und kanarischen Palmen, und Kioske, Bänke und ein Kinderspielplatz werden flankiert von Bars und Restaurants.

Iglesia de Nuestra Señora dela Peña de Francia — KIRCHE

(Calle Quintana; 8–18 Uhr) Die hübsche Kirche aus dem 17. Jh. rühmt sich dreier Kirchenschiffe, einer Mudéjar-Decke aus Holz und eines Bildnisses des Gran Poder de Dios, eines der meistverehrten Heiligen der Stadt. Vor der Kirche erstrecken sich üppige landschaftlich gestaltete Gärten.

Iglesia de San Francisco — KIRCHE

(Calle Quintana; unterschiedliche Öffnungszeiten) Unmittelbar neben Puertos zentraler (und gerühmter) Plaza del Charco liegt die Iglesia de San Francisco direkt neben der winzigen Ermita de San Juan, dem ältesten Gebäude der Stadt (erbaut 1599).

Castillo de San Felipe — BURG

(922 37 30 39; Paseo Luis Lavaggi 12) Die bescheidene Burg neben der Playa Jardín ist Schauplatz diverser Ausstellungen zeitgenössischer Kunst sowie regelmäßiger Theater- und Tanzvorführungen. Zur Zeit der Recherche war sie allerdings wegen Renovierung geschlossen; nähere Auskünfte dazu kann die Touristeninformation geben.

Torreon de Ventoso — TURM

(Calle Valois) Dieser Turm, der eines der besser erhaltenen historischen Gebäude in Puerto ist, gehörte früher einmal zum Augustinerkloster der Stadt; von hier aus wurde der Hafen überwacht.

★ Jardín Botánico — GÄRTEN

(922 92 29 81; Calle Retama 2; Erw./Kind 3 €/frei; 9–18 Uhr; P) In dem prachtvollen botanischen Garten, der 1788 angelegt wurde,

Puerto de la Cruz

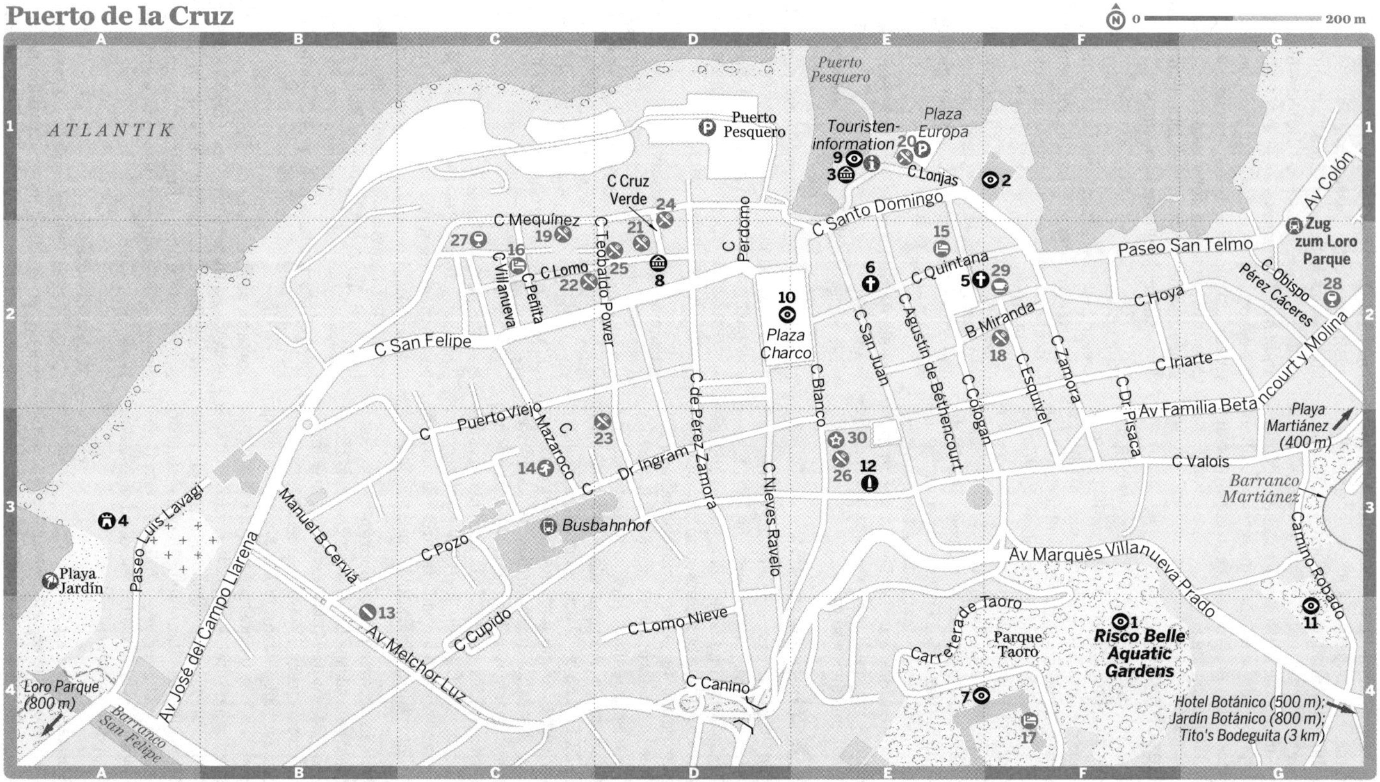

Puerto de la Cruz

Highlights
1 Risco Belle Aquatic Gardens F4

Sehenswertes
2 Ayuntamiento F1
3 Casa de la Aduana E1
4 Castillo de San Felipe A3
Ermita de San Juan .... (siehe 6)
5 Iglesia de Nuestra Señora de la Peña de Francia E2
6 Iglesia de San Francisco E2
7 Mirador de la Paz E4
8 Museo Arqueológico D2
9 Museo de Arte Contemporáneo E1
10 Plaza Charco D2
11 Sitio Litre G4
12 Torreon de Ventoso E3

Aktivitäten, Kurse & Touren
13 El Cardumen B4
14 Mountain Bike Active C3

Schlafen
15 Hotel Monopol E2
16 Hotel Sun Holidays C2
17 Hotel Tigaiga F4

Essen
18 El Limón F2
19 El Maná C2
20 La Confradía de Pescadores E1
21 La Papaya D2
22 La Rosa di Bari C2
23 Meson los Gemelos D3
24 Restaurante Mil Sabores D1
25 Selma & Louisa D2
26 Tapas Arcón E3

Ausgehen & Nachtleben
27 Agora C2
28 Azucar G2
Bar Dinámico .... (siehe 10)
29 Ebano Café F2

Unterhaltung
30 Blanco Bar E3

wachsen Tausende von Pflanzenarten aus der ganzen Welt; es gibt kaum eine angenehmere Art, einen Nachmittag zu verbummeln, als hier, mit dem Duft von Rosen in der Nase. Neben den bedeutsamen Sammlungen tropischer und subtropischer Pflanzen gibt es hier eine große Vielfalt an Palmen aus der ganzen Welt, einen duftenden Kräutergarten und einen riesigen, 200 Jahre alten Australischen Gummibaum.

Der Garten ist für Autofahrer gut ausgeschildert. Die meisten Busse zwischen den verschiedenen Städten halten auf dem Weg aus der Stadt hier in der Nähe. Ein Taxi kostet etwa 8 €.

★ Risco Belle Aquatic Gardens GÄRTEN
(Parque Taoro; Erw./Kind 4 €/frei; ⌚9.30–18 Uhr; P) Dies ist kein gewöhnlicher Garten; kaum tritt man durch den Eingang, lädt ein großzügiger Rasen zum Verweilen ein, über den Tische und Stühle, Zitronenbäume und tropische Pflanzen, wie Paradiesvogelblumen und Weihnachtssterne, verstreut sind. In dem historischen Haupthaus werden in einem Café Getränke und kleine Gerichte serviert. Gegen ein bescheidenes Eintrittsgeld kann man auch die wirklich prachtvollen Wassergärten mit Reihern, Libellen, einer Aussichtsturmattrappe und Bänken für eine stille innere Einkehr besuchen.

Inmitten von all dem Grün und Vogelgezwitscher kommt einem der Trubel der Küste sehr weit weg vor. Diese Oase verdient auf jeden Fall einen Besuch!

Sitio Litre GÄRTEN
(www.jardindeorquideas.com; Camino Robado; Erw./Kind 4,75 €/frei; ⌚9.30–17 Uhr) Dieser zauberhafte Garten ist prächtig angelegt mit Spazierwegen, Brunnen, tropischen und subtropischen Pflanzen und Blumen sowie dem ältesten *drago*-(Drachen-)Baum der Stadt. Das Highlight ist natürlich der Orchideenweg durch das Gewächshaus mit seinen schön dargebotenen und gut beschilderten Orchideen. Es gibt ein einladendes Terrassencafé und einen (erstaunlich kitschigen) Souvenirladen. Die Gärten haben eine interessante, britisch beeinflusste Geschichte, die man in der kostenlosen Broschüre ausführlich nachlesen kann.

Auf dem Krocket-Rasen ist alles vorhanden, was man für ein Spiel braucht, bis auf die Gurken-Sandwiches ...

Mirador de la Paz PLATZ
(Carreterade Taoro) Auf diesem Platz mit seiner schönen Aussicht kam Agatha Christie angeblich die Inspiration für ihr Buch *Der seltsame Mister Quin*. Er ist außerdem ein guter Ausgangspunkt für Streifzüge zu den prachtvollen Parks und Gärten der Stadt.

Loro Parque ZOO
(☎922 37 38 41; www.loroparque.com; Calle Avenida Loro Parque; Erw./Kind 34/23 €; ⌚8.30–18.45 Uhr; P) Überall auf Teneriffa ist die Flagge des Loro Parque so allgegenwärtig, dass man meinen könnte, er würde die Insel sponsern. Ganz können wir ihn in diesem Reiseführer auch nicht außen vor lassen –

wo sonst bekäme man schließlich über 350 Papageienarten auf einmal (die größte Sammlung der Welt) zu Gesicht? Inzwischen gibt es hier auch Tiger, Gorillas und Schimpansen. Im Park werden außerdem Schwertwale und Delphine gehalten, die in Vorführungen auftreten; Studien haben allerdings gezeigt, dass die Haltung in Gefangenschaft für die Tiere Belastung und Stress bedeuten, was durch die Interaktion mit Menschen noch verschärft wird.

Daneben gibt es im Zoo ein Pinguinhaus samt „echtem" Schnee und ein unterirdisches Aquarium mit dem längsten Unterwassertunnel der Welt. Außerdem gibt es verschiedene weitere Attraktionen, wie zum Beispiel ein HD-Kino.

Der Zoo liegt in Laufweite zur Stadt, aber viel praktischer ist es, in den kostenlosen Zug zu steigen, der alle 20 Minuten vor McDonald's auf der Plaza Reyes Católicos startet und dorthin fährt.

Strände

Es gibt mehrere Strände in Puerto de la Cruz, die alle weitgehend vor Wellen geschützt und perfekt für kleine Kinder sind. Im Herzen der Stadt befinden sich die felsigen, reizvollen **Buchten** rund um den kleinen Hafen unmittelbar unterhalb vom Paseo San Telmo.

Playa Martiánez STRAND
(Avenida de Colón) Die lange sandige Playa Martiánez liegt am östlichen Ende der Stadt. Ein großer Wellenbrecher sorgt dafür, dass von den mächtigen Atlantikbrechern nur noch sanfte kleine Wellen ankommen, perfekt geeignet, um surfen zu lernen. Der Strand selbst besteht aus weichem, schwarzem Sand.

Playa Jardín STRAND
(Paseo Luis Lavagi; P) Der dunkelsandige „Gartenstrand" westlich vom Zentrum ist gut ausgestattet, es gib öffentliche Toiletten und Duschen. Besonderheit dieses Strands ist, dass hier gewaltige Felsen und Gesteinsbrocken in das Meer eingebracht wurden, um zu verhindern, dass der Sand davongeschwemmt wird.

Aktivitäten

Lago Martiánez SCHWIMMEN
(☎922 37 05 72; Avenida de Colón; Erw./Kind 3,50/1,20 €; ⏲10 Uhr – Sonnenuntergang) Der von dem Kanarier César Manrique entworfene Wasserspielplatz von Lago Martiánez hat vier Salzwasserbecken und einen großen zentralen „See". Es kann hier ebenso voll werden wie an den umgebenden kleinen Vulkanstränden. Lago Mariánez ist perfekt, um zu schwimmen, sonnenzubaden oder in einem der vielen Restaurants und Bars einen Happen zu essen.

Der Wanderstab WANDERN
(☎922 37 60 07; www.derwanderstab.de; Tour 25–50 €) Einheimische Wanderführer holen Wanderer am Busbahnhof ab und brechen von hier aus zu verschiedenen Wanderungen auf, zum Beispiel zum El Teide und in den Nordwesten. Die Zielgruppe sind vor allem deutschsprachige Reisende, das Buchen erfolgt über die Website.

AUF TENERIFFA AKTIV WERDEN

Wahrscheinlich bietet keine andere der Kanarischen Inseln so viele Möglichkeiten zum Kalorienverbrennen wie Teneriffa. Windsurfen, Kitesurfen, Tauchen, Wandern, Angeln, Golfspielen und Radfahren sind hier nicht nur möglich, sondern kaum zu vermeiden. Die meisten Wassersporteinrichtungen sind in und um die südwestlichen Badegegenden konzentriert, aber auch an der Nordküste gibt es viele gute Surf-Spots.

Teneriffa ist herrlich zum Wandern und Klettern und bietet für jeden etwas, von einfachen Spaziergängen bis zu Bergtouren. Am eindrucksvollsten zeigt sich die Landschaft auf den vielen Wanderwegen durch den Parque Nacional del Teide. Ebenfalls attraktiv sind das Anaga-Gebirge im Nordosten und die Gegend rund um das Valle de la Orotava. Zahlreiche Anbieter organisieren geführte Wanderungen, ebenso wie die Parkaufseher am Teide. Weitere Auskünfte geben die Touristeninformation und die folgenden Websites:

- www.pateatusmontes.com
- www.gregorio-teneriffa.de
- www.trekking-tenerife.com/de
- www.caminantesdeaguere.com

TENERIFFA FÜR KINDER

Teneriffa ist ein beliebtes Ziel von Familien, denn es gibt viel zu sehen und zu tun, was Kinder bei Laune hält. Wenn das Kind nicht gerade zu der seltenen Sorte gehört, die keinen Sand zwischen den Zehen mag (das kommt durchaus vor!), sind die **Strände** der südlichen Badeorte (und Puerto de la Cruz) großartig, mit sandburgfreundlichem Sand und flachem Wasser. Für ältere Kinder gibt's Wassersportarten, wie **Surfen** und **Tauchen,** oder organisierte **Wal-** oder **Delphinbeobachtungstouren** auf hoher See.

Für den Fall, dass die Wasseraktivitäten an Reiz verlieren, gibt's immer noch das Vergnügungspark-Mekka in den südlichen Badeorten Los Cristianos und Playa de las Américas, zum Beispiel den **Jungle Park** (S. 166) oder den **Siam Park** (S. 166).

El Cardumen TAUCHEN, GLEITSCHIRMFLIEGEN
(☎670 38 30 07; www.elcardumen.com; Avenida Melchor Luz 3) Bietet verschiedene Tauchkurse an, einschließlich eines „Versuchstauchgangs" als Schnupperangebot. Wer sich lieber adlergleich in die Lüfte schwingt als zu tauchen wie ein Fisch, kommt beim Paragliding-Angebot auf seine Kosten.

Mountain Bike Active RADFAHREN
(☎922 37 60 81; www.mtb-active.com; Edificio Daniela 26, Calle Mazaroco; Fahrradverleih ab 30 € pro Tag; ⌚9.30–13.30 & 17–19 Uhr) Dieses Unternehmen gegenüber dem (inzwischen verfallenen) ehemaligen Busbahnhof organisiert Radtouren zum Pico del Teide und in seine beeindruckende Umgebung.

Feste & Events

Karneval KULTUR
(⌚Feb.) In Sachen Karneval lässt sich Puerto de la Cruz von Santa Cruz nicht ausstechen und stürzt sich jedes Jahr im Februar in seine eigenen ausgelassenen Festivitäten.

San Juan RELIGION
(⌚23. Juni) Wird am Vorabend des Johannistags begangen. Zu diesem Fest lodern Freudenfeuer in den Himmel, und als kleine Erinnerung an die Zeiten der Guanchen werden Ziegen an der Playa Jardín zum Bad ins Meer getrieben.

Fiesta de los Cacharros KULTUR
(⌚29. Nov.) Bei diesem kuriosen Fest in Puerto de la Cruz (und Taganana) laufen Kinder durch die Straßen und ziehen an einem Strick alte Töpfe, Kessel, Pfannen, Autoersatzteile und Blechdosen hinter sich her – kurz: alles, was Lärm macht.

Essen

Im ehemaligen Fischerviertel La Ranilla, ein paar Straßen nordöstlich von der Plaza Charco, befinden sich ein paar der innovativsten neuen Restaurants der Stadt.

Selma & Louisa SCHWEDISCH €
(Calle Lomo 18, La Ranilla; Frühstück 4,50–5 €; ⌚Di–So 8.30–19 Uhr;) Immer dem verführerischen Duft von frisch gebackenen Zimtbrötchen folgend, geht es zu diesem umweltfreundlichen Mutter-Tochter-Café mit seinen ausgesprochen leckeren Frühstücksangeboten, darunter selbst gemachtes Müsli, Rührei und fluffige Pfannkuchen. Ebenso gut schmecken die täglich frisch gekochten Suppen. Außerdem gibt es gesunde Sandwich-Variationen, Quiches und köstlichen Kuchen.

Meson los Gemelos KANARISCH €
(☎922 37 01 33; Calle Peñón 4; Hauptgerichte 8–10 €; ⌚Do–Di 12–23 Uhr; P) Freundliches Restaurant mit großartiger Atmosphäre; die Spezialität des Hauses ist Grillfleisch. Es gibt einen überdachten, scheunengroßen Hof, geschmückt mit Hängepflanzen und Landwirtschaftsutensilien. Das Lokal erfreut sich einer wachsenden Beliebtheit bei Reisenden, sodass man sich auf eine Schlange an der Tür gefasst machen muss, also am besten einen Tisch vorbestellen.

El Limón VEGETARISCH €
(Calle Esquivel 4; Hauptgerichte 7–10 €; ⌚Mo–So 12–23 Uhr;) Ein freundliches vegetarisches Restaurant, das Veggie-Burger, Seitan-Kebabs, Salate, frische Fruchtsäfte und mehr anbietet. Außerdem gibt's Mittagsmenüs zu einem guten Preis-Leistungs-Verhältnis (10 €), und die Klientel besteht fast ausschließlich aus Einheimischen.

Tapas Arcón TAPAS €
(Calle Blanco 8; Tapas 3–4,50 €; ⌚Mo–Sa 12–15 & 17–22 Uhr) Die angesagtesten Tapas sind die *papas arrugadas* (Runzelkartoffeln) mit *mojo* (würziger Salsa) oder mit den

Arcón-Spezialsaucen aus Mandeln und Paprika bzw. Petersilie und Koriander.

★ Tito's Bodeguita KANARISCH €€
(☎ 647 93 34 33; www.titosbodeguita.com; Camino de Duraznol; Hauptgerichte 10–16 €; ⏲ Mo–Sa 12.30–23 Uhr; 🅿) Trotz der nicht sehr einladenden Lage direkt neben einem viel befahrenen Kreisverkehr ein paar Kilometer südlich vom Stadtzentrum machen die Patios, der Garten voller Blumen und das stimmungsvolle Innere diese Villa aus dem 18. Jh. zu einem wahren Kleinod; sogar eine kleine Eremitage gibt es hier.

Die Portionen sind hier so gewaltig, dass sich das Teilen geradezu anbietet. Die Gerichte basieren auf der traditionellen kanarischen Küche, aber mit einem innovativen Kick. Sehr populär; es lohnt sich, einen Tisch zu reservieren.

Mit dem Auto geht es zunächst über die TF-312 nach Arenas, die dann mit der TF-31 in die Autopista Norte übergeht, dann auf die TF-5; das Tito's liegt direkt hinter der Ausfahrt 35. Oder man nimmt ein Taxi (ca. 7 € vom Stadtzentrum).

El Maná BIO, VEGETARISCH €€
(www.elmana.es; Mequínez 21, La Ranilla; Hauptgerichte 9–16 €; ⏲ Mi–So 13–16 & 19–22 Uhr; ✎) Innovative, frische und köstliche Gerichte, die (da aus biologischem Anbau) wechseln, je nachdem, was in der Woche gerade vom Feld kommt. Das Lokal kredenzt ungewöhnliche Kombinationen, wie hausgemachte Ravioli aus sauren Äpfeln mit Rosinen und Gemüse-Couscous mit einer *ajoblanco* (auf Mandeln basierenden) Sauce. Als krönender Abschluss bietet sich eine Vanille-Mango-Pannacotta an.

Restaurante Mil Sabores MEDITERRAN €€
(☎ 922 36 81 72; Calle Cruz Verde 5, La Ranilla; Hauptgerichte 12–18 €; ⏲ 12–23 Uhr) Das elegante Restaurant sieht sich als Tempel für die moderne mediterrane Küche und bringt das optisch wie geschmacklich perfekt zur Geltung. Was auf der Karte steht? Wie wär's mit einem Garnelen-Lollipop mit gebackenem Mais und Parmesan oder einem perfekt kombinierten Mix aus Schweinefleisch, Apfel und Schinkenspeck? Das Lokal ist schick, aber nicht steif. Eine Reservierung wird empfohlen.

La Confradía de Pescadores MEERESFRÜCHTE €€
(Calle Lonjas 5; Hauptgerichte 12–20 €; ⏲ 12–15 Uhr; 🅿) Hier gibt's den Fisch des Tages fangfrisch – nur noch zu toppen, indem man den Fisch am Fischstand nebenan kauft und selbst zubereitet. Aber Vorsicht bei den Kosten: Manche Fischgerichte werden nach Gewicht berechnet. Wer mal so richtig auf den Putz hauen will, kann sich die Hummersuppen-Paella für zwei gönnen (40 €). Die rückwärtige Terrasse bietet ganz standesgemäß einen Blick auf den Hafen.

La Rosa di Bari ITALIENISCH €€
(☎ 922 36 85 23; www.larosadibari.com; Calle Lomo 23, La Ranilla; Hauptgerichte 11–17 €; ⏲ Di–Sa 12.30–14.45 & 19–22.45, So 12.30–16 Uhr) Das bescheidene kleine Lokal in einem reizvollen alten Haus, das über mehrere romantische Speiseräume verfügt, ist eines der stilvollsten Restaurants der ganzen Stadt. Hier gibt es innovative Gerichte wie schwarze Tagliatelle mit Zucchini und Krabben oder Fisch in Senfkruste.

La Papaya KANARISCH €€
(☎ 922 38 28 11; Calle Lomo 10, La Ranilla; Hauptgerichte 10–16 €; ⏲ Do–Di 12–16 & 19–23 Uhr; 👪) Langjähriger Dauerbrenner. Hier gibt's eine Reihe kleiner Speiseräume mit Felswänden und eine hübsche Terrasse rund um einen prachtvollen Baum mit Bougainvilleen. Auf der Speisekarte stehen kanarische Glanzlichter, wie saftiger Lachs in *malvasía* (Malvasierwein), und darüber hinaus eine gute Auswahl für Kinder.

🍷 Ausgehen & Nachtleben

Puerto de la Cruz ist bekannt für eine heiße Latino-Clubszene mit diversen Bars und Nachtclubs an der Calle Obispo Pérez Cáceres; die Namen hier wechseln so oft wie die Gezeiten.

Bar Dinámico BAR
(www.dinamicopuertodelacruz.com; Plaza Charco; ⏲ 9–0 Uhr; 📶) Bars und Cafés kommen und gehen in Puerto, aber das Dinámico besteht schon seit den 1950er-Jahren in der einen oder anderen Form; zu den Gästen zählten viele Berühmtheiten, unter anderem die Beatles und Agatha Christie. Es ist ein weitläufiges Lokal mit einer Terrasse im Zentrum der Plaza Charco und lateinamerikanischer Atmosphäre, und es hat deutlich mehr Charakter als die meisten anderen Lokale am Platz.

Azucar NACHTCLUB
(Calle Obispo Pérez Cáceres; ⏲ 22.30–6 Uhr) Dunkler, sexy Latino-Nachtclub in einem romantischen Kolonialgebäude.

Agora BAR

(Plazoleta de Benito Pérez Galdós 6, La Ranilla; 10–0 Uhr;) Café und Cocktailbar in einem, mit lässiger Atmosphäre, Kunstausstellungen, Büchern zum Ausleihen, Zeitschriften zum Lesen und Tischen mit Blick auf einen der hübschesten Plätze der Stadt. Ach ja, und mit einem Mel-Gibson-Doppelgänger als Eigentümer ...

Ebano Café CAFÉ

(Calle Hoya 2; 10–0 Uhr;) Ein wunderschönes Gebäude, in dem viele der ursprünglichen Merkmale noch erhalten sind – gut, um einen lässigen Cocktail zu schlürfen oder bei einem anständigen Cappuccino im Netz zu surfen. Draußen sitzt man in bequemen Korbstühlen in Beichtnähe zur Kirche. Tapas gibt's auch.

☆ Unterhaltung

In den Terrassenlokalen der Stadt, besonders rund um die Plaza Charco, wird jede Menge Livemusik geboten. Daneben gibt es aber auch eine Reihe spezieller Veranstaltungsorte für Livemusik.

Blanco Bar LIVEMUSIK

(620 95 51 97; www.blancobar.com; Calle Blanco 12; So–Do 20–3, Fr 21–5.30 Uhr;) Am besten vorher einen Blick auf die Website werfen, denn neben der Livemusik gibt es hier auch Comedy, die ohne entsprechende Spanischkenntnisse vermutlich nicht ganz so lustig ist. Kunstausstellungen finden hier ebenfalls statt, die Atmosphäre ist großartig, die Getränkepreise sind vernünftig, und der Eintritt zu den Konzerten ist frei.

Praktische Informationen

Touristeninformation (922 38 60 00; www.todotenerife.es; Casa de la Aduana, Calle Lonjas; Mo–Fr 9–20, Sa & So bis 17 Uhr) Eine hervorragende Touristeninformation mit hilfreichem Personal und jeder Menge Broschüren und Informationen über die Stadt.

An- & Weiterreise

Busse fahren von der Calle Cupido ab (hinter dem ehemaligen, inzwischen halb verfallenen Busbahnhof). Es gibt häufige Verbindungen nach Santa Cruz (5,25 €, 55 Min.). Bus 103 fährt direkt dorthin, Bus 102 mit dem Umweg über den Flughafen Tenerife Norte und La Laguna. Bus 348 fährt zum Teide (6,20 €, 1½ Std., 9.15 Uhr) und kehrt um 16 Uhr zurück. Bus 343 fährt zur Costa Adeje (14,50 €, 2 Std., 6-mal tgl.), über Los Cristianos. Bus 345 fährt alle halbe Stunde von 7.15 bis 20.40 Uhr nach La Orotava (1,45 €, 20 Min.).

Unterwegs vor Ort

Die Fernbusse, die in Puerto de la Cruz abfahren oder die Stadt passieren, bedienen oft auch innerstädtische Ziele.

Taxis sind überall gut zu finden und stellen eine relativ günstige Möglichkeit dar, um in der Stadt herumzukommen (eine Fahrt von 15 Minuten kostet etwa 5 €).

La Orotava

41 725 EW.

Die Kolonialstadt bietet alles, was des Besuchers Herz erfreut: kopfsteingepflasterte Straßen, Plazas voller Blumen und mehr kastilische Villen als auf der restlichen Insel zusammen. Neben La Laguna ist La Orotava einer der hübschesten Orte auf Teneriffa und zudem eine der „kanarischsten" Städte der gesamten Inselgruppe.

Das üppig grüne Tal, in dem die Stadt liegt, zählt seit dem 16. Jh. zu den wohlhabendsten Gegenden der Insel. Die meisten Kirchen und Villen hier stammen aus dem 17. Jh., einige noch aus dem 16. Jh. Angebaut werden hier vor allem Bananen, Kastanien und Trauben (für Wein), und es ist ein Paradies für Wanderer mit einem Irrgarten aus Pfaden in die kanarischen Kiefernwälder, von wo aus sich aus bis zu 1200 m Höhe weite Ausblicke auf die Küstenebene öffnen. Die Touristeninformation gibt gern Tipps zu den Wanderstrecken.

Sehenswertes

La Orotava hat sich die Schönheit seiner Vergangenheit bewahrt. Traditionelle Villen werden wie Piratengaleonen von schmuckvollen hölzernen Balkonen flankiert und sind von manikürten Gärten umgeben. Das Zentrum lässt sich an nur einem halben Tag zu Fuß erkunden. Die **Plaza de la Constitución,** eine große, schattige Plaza, ist ein guter Ausgangspunkt für eine Erkundungstour. Auf der Nordostseite der Plaza steht die **Iglesia de San Agustín** (Plaza de la Constitución), eine schlichte Kirche mit einer geschnitzten Holzdecke.

★ Casa de los Balcones HISTORISCHES GEBÄUDE

(www.casa-balcones.com; Casa Fonesca, Calle San Francisco 3; 8.30–18.30 Uhr) GRATIS Die reich geschmückte Villa aus dem Jahr 1632 mit

La Orotava

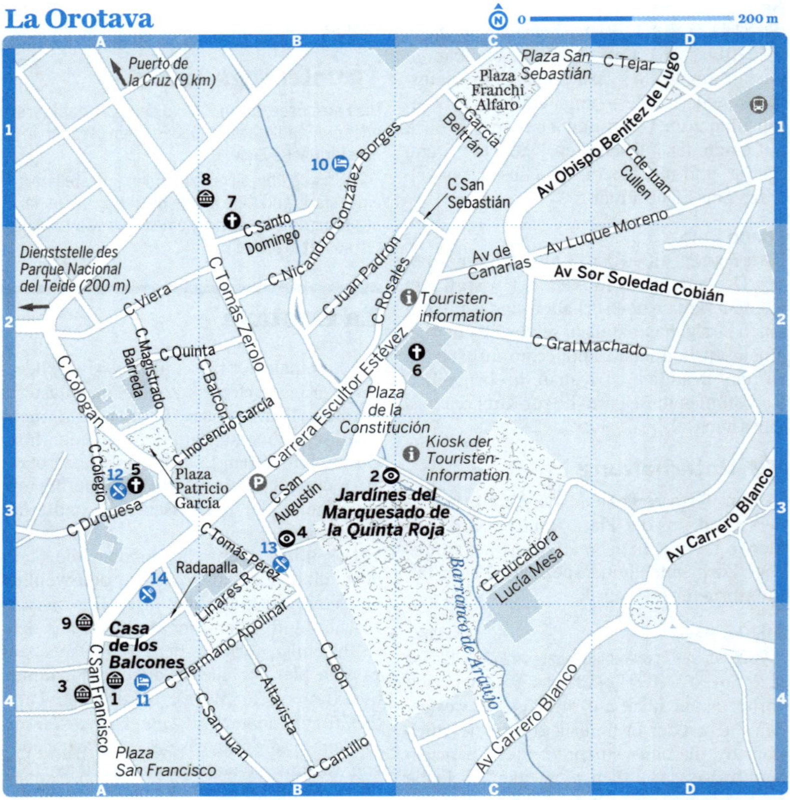

La Orotava

Highlights

1 Casa de los Balcones A4
2 Jardínes del Marquesado de la Quinta Roja B3

Sehenswertes

3 Casa del Turista A4
4 Hijuela del Botánico B3
5 Iglesia de la Concepción A3
6 Iglesia de San Agustín C2
7 Iglesia de Santo Domingo B1
8 Museo de Artesanía Iberoamericana B1
9 Museo de las Alfombras A4

Schlafen

10 Hotel Alhambra B1
11 Hotel Victoria A4

Essen

12 Bar la Duquesa A3
13 Casa Egon B3
14 Sabor Canario A3

einem zentralen Innenhof und historischen Fotos und Andenken gibt ein grandioses Bild ab. Ein Zimmer ist Spitzenarbeiten gewidmet. Neben chinesischen Importen werden hier die zarten einheimischen Handarbeiten gezeigt, und wer Glück hat, erwischt vielleicht sogar eine Vorführung. Außerdem gibt es eine Bodega mit einer originalen Lagar-Weinpresse. Der Bananenlikör geht zwar nicht als eine der fünf obligatorischen Obst- und Gemüseportionen des Tages durch, ist aber eine kleine Sünde wert.

★ Jardínes del Marquesado de la Quinta Roja GÄRTEN

(Plaza de la Constitución; Mo–Fr 9–18, Sa & So 10–15 Uhr) GRATIS Diese französisch inspirierten Gärten aus dem 18. Jh., auch als Jardín Victoria bekannt, ergießen sich in Kaskaden den Hügel hinunter und werden von einem kleinen Marmormausoleum gekrönt, das als Grabstätte für den Marqués de la Quinta

Roja erbaut wurde. Allerdings konnten sich seine Frau und seine Mutter bei seinem Tod offenbar nicht auf seinen Bestattungsort einigen, sodass die Krypta nicht für ihren ursprünglichen Zweck benutzt wurde, und niemand weiß, was (oder wer) sich heute tatsächlich darin befindet.

Iglesia de la Concepción KIRCHE
(www.concepcionorotava.info; Plaza Patricio García; ⌚9–20 Uhr) Diese prachtvolle Kirche mitten im Stadtzentrum stammt ursprünglich aus dem Jahr 1516, wurde aber bei den Erdbeben 1704 und 1705 zerstört und im Jahr 1768 wieder aufgebaut. Heute gilt sie mit ihrer dreigliedrigen Fassade und den drei 24 m hohen Glockentürmen als eines der schönsten Beispiele barocker Architektur der gesamten Inselgruppe.

Hijuela del Botánico GÄRTEN
(Calle León; ⌚Mo–Fr 10–15 Uhr) GRATIS Dieser kleine, zauberhafte botanische Garten rund um einen imposanten *drago*-Baum wurde als Ableger des größeren Jardín Botánico in Puerto de la Cruz angelegt. Hier gibt es etwa 3000 Pflanzenarten sowie zahlreiche Vögel, Schmetterlinge und strategisch hervorragend platzierte Bänke.

Casa del Turista HISTORISCHES GEBÄUDE
(Calle San Francisco 4; ⌚9–18.30) Im 16. Jh. war das Gebäude ein Kloster; heute befindet sich dort ein Kunsthandwerksladen mit einer Dauerausstellung eines Vulkansandbilds, wie es für die Fronleichnamsfeiern der Gegend typisch ist.

Museo de Artesanía Iberoamericana MUSEUM
(Iberoamerikanisches Kunsthandwerksmuseum; Calle Tomás Zerolo 34; Erw./Kind 2 €/frei; ⌚Mo–Fr 9–18, Sa 9.30–14 Uhr) Das Museum im ehemaligen Convento de Santo Domingo erkundet die kulturelle Beziehung zwischen den Kanaren und Amerika. Gezeigt werden Musikinstrumente, Keramik und diverse Artefakte. Hier gibt es außerdem einen hervorragenden Museumsladen.

Museo de las Alfombras MUSEUM
(Calle San Francisco 5; Erw./Kind 2 €/frei; ⌚Mo–Fr 10–14 Uhr) In diesem Museum dreht sich alles um die Fronleichnamsfeier der Stadt mit ihrer Tradition der Bodenbilder, die aus Blumen und farbigem Sand vom Teide gelegt werden. Die Ausstellungsstücke in einer wunderschönen Villa mit Galerien aus dem Jahr 1642 erklären die Entwicklung der Tradition sowie das Verfahren selbst. Es gibt außerdem eine sehr stimmungsvolle und unscharfe zehnminütige Schwarz-weiß-Präsentation früherer Festlichkeiten.

NICHT VERSÄUMEN

DIE SCHÖNSTEN HISTORISCHEN STÄDTE

- **La Laguna** (S. 142) Hier verbindet sich altmodische Eleganz mit jugendlicher Energie.
- **La Orotava** (S. 153) Die schönste Kolonialarchitektur auf Teneriffa
- **Garachico** (S. 157) Malerischer Fischerhafen in pittoresker Landschaft

Iglesia de Santo Domingo KIRCHE
(Calle Santo Domingo; ⌚wechselnde Öffnungszeiten) Die Kirche hat herrlich geschnitzte Türen und besticht mit einer reich verzierten Mudéjar-Decke.

Feste & Events

Fronleichnam RELIGION
(⌚Juni) Bei diesem in La Orotava mit großer Prachtentfaltung zelebrierten Fest (mit wechselndem Datum, aber immer im Juni) wird auf den Straßen ein aufwendig entworfener bunter Blumenteppich aus Blütenblättern, Blättern und Zweigen gelegt und auf der Plaza de Ayuntamiento ein Bodenbild mit diversen biblischen Szenen aus buntem Sand vom Teide.

Essen

Der Ort ist ein beliebtes Ziel für Tagesausflüge und hat eine große Auswahl an Restaurants vor allem rund um die Plaza de la Constitución, dem Herzen der Stadt.

Bar la Duquesa KANARISCH €
(Plaza Patricio García 6; Hauptgerichte 7,50–10 €; ⌚Mo–Fr 7–16, Sa 8–15 Uhr; 👪) Ein Familienbetrieb. Das Innere ist ein reizvolles Durcheinander aus alten Fotos, Bildern der Jungfrau, dekorativen Flaschenkürbissen und Landwirtschaftsutensilien. Auf der Speisekarte stehen einheimische Gerichte, wie Linsensuppe, Paella und gegrilltes Schweinefleisch, und es gibt Tische draußen auf dem Kopfsteinpflaster im Schatten der Kirche.

Casa Egon BÄCKEREI €
(Calle León 5; Kuchen 0,80-1 €; ⌚10–20.30 Uhr) Die 1916 gegründete Bäckerei ist das älteste Kuchengeschäft auf den Kanaren; der

ABSTECHER

WANDERN MIT KOBOLDEN

Auf dem Weg von La Orotava zum Teide kommt man etwa auf halber Strecke durch das kleine Dorf **Aguamansa.** Direkt hinter diesem Dorf und etwas weiter oben am Hang führt die Straße an einer Reihe von Parkplätzen vorbei, von denen hervorragend gekennzeichnete Wanderwege abgehen. Die Wanderwege hier sind wirklich sehr gut zu bewältigen; es gibt nur sanfte Anstiege und kurze Entfernungen (wer eine längere Wanderungen machen möchte, hängt einfach mehrere Wege aneinander) – perfekt für einen schönen Familienspaziergang. Die meisten Wege winden sich immer wieder durch fantastische Lorbeerwälder, die aussehen wie im Märchen; so dicht steht der Wald, dass Feen, Elfen und Kobolde, wenn es sie je in Europa gegeben haben sollte, ganz bestimmt hier gelebt haben müssen. An anderen Stellen wird der Lorbeerwald von imposanten Kieferngruppen abgelöst, der Umfang der uralten Kiefern ist so gewaltig, dass zwei oder drei ausgewachsene Männer nötig wären, um sie zu umfassen.

An jedem Parkpatz steht ein Schild, auf dem die einzelnen Routen, die hier starten, erklärt werden.

zauberhafte Laden mit seinen vanillefarbenen Wänden, der alten Waage, den original Bodenfliesen und einem Großteil der ursprünglichen Ausstattung wirkt, als sei die Zeit hier stehen geblieben. Die Kuchen umfassen beliebte einheimische Dauerbrenner, wie *roscos* auf Anis-Grundlage und *cabello de angel* mit Apfelfüllung.

Sabor Canario KANARISCH €€
(www.hotelruralorotava.es; Hotel Rural Orotava, Carrera Escultor 17; Hauptgerichte 10–15 €; ⌚ Di–Sa 12–15.30 & 18–22 Uhr) Die traditionelle Küche in diesem fabelhaft gelegenen Restaurant auf der schattigen Terrasse des Hotel Rural Orotava trainiert die Geschmacksknospen und hält Leib und Seele zusammen. Das Gebäude selbst ist ein herrliches altes kanarisches Stadthaus voller Erinnerungsstücke.

ℹ Praktische Informationen

Dienststelle des Parque Nacional del Teide (Besucherzentrum; ☎ 922 92 23 71; www.reservasparquesnacionales.es; Calle Sixto Perera González 25; ⌚ Di–So 9–14 & 15.30–18 Uhr) Hier kann man sich für die Gipfelbesteigung des Teide registrieren. Außerdem gibt's eine informative Fotoausstellung und einen kurzen Film über den Nationalpark zu sehen. Das Zentrum liegt unmittelbar nördlich vom Busbahnhof in La Orotava.

Touristeninformation (☎ 922 32 30 41; www.todotenerife.es; Calle Calvario 4; ⌚ Mo–Fr 9–17 Uhr) Hier beginnt eine gut ausgeschilderte Tour vorbei an den wichtigsten Sehenswürdigkeiten der Stadt. Auf der Plaza de la Constitución befindet sich ein kleiner Kiosk der Touristeninformation (Plaza de la Constitución; ⌚ Mo–Fr 10–13.30 & 17–19, Sa & So 10–14 Uhr).

ℹ An- & Weiterreise

Das Parken in La Orotava ist ein Albtraum. Wer hier nicht übernachten will, kommt am besten mit dem Bus vom nur 9 km entfernten Puerto de la Cruz. Bus 345 (1,45 €, 20 Min.) fährt von 5.40 bis 21.55 Uhr etwa alle halbe Stunde. Bus 350 (1,45 €, 45 Min., 2-mal tgl.) kommt wie ein paar andere aus Santa Cruz. Es gibt ein paar Parkplätze am Straßenrand, aber wer aufs Auto angewiesen ist, kommt besser möglichst früh, um einen Platz zu ergattern.

Icod de los Vinos

23 725 EW.

In dieser Stadt wird viel Aufhebens um einen schirmförmigen *drago*-Baum gemacht. Der Baum ist auch wirklich sehenswert, und der schattige Hauptplatz, die Plaza San Marcos, ist ein hübsches Plätzchen für eine Rast mit Blick auf die weiße Kirche Iglesia de San Marcos, die einen schmuckvollen silbernen Hochaltar beherbergt. Abgesehen von der Plaza und dem winzigen Ortskern mit den alten Straßen, die von dort ausgehen, bietet der Ort nichts Besonderes. Restaurants und Unterkünfte sind im benachbarten und sehr viel malerischeren Garachico zu finden. Die **Touristeninformation** (☎ 922 81 21 23; www.todotenerife.es; Calle San Sebastián 6; ⌚ Mo–Fr 9–19 Uhr) liegt neben der Haupt-Plaza.

Sehenswertes

Drago-Park PARK
(Erw./Kind 4/2,50 €; ⌚ 9.30–18.30 Uhr; P) Hinter der Plaza Constitución (alias Plaza Pila), einem Platz mit historischen kanarischen Häusern, liegt der Drago-Park, in dem man

gegen ein Eintrittsgeld den Stolz der Stadt bewundern kann: den angeblich größten und ältesten Drachenbaum der Welt, der schon seit über 1000 Jahren hier stehen soll. Bei näherem Hinsehen ist das wohl etwas optimistisch ausgedrückt; richtiger würde man ihn wohl als den größten und ältesten Kanarischen Drachenbaum bezeichnen (es gibt etwa 40 verschiedene Arten und Unterarten von Drachenbäumen).

Im Park befindet sich außerdem ein hübscher botanischer Garten und ein sogenannter Guanchen-Weg mit lebensgroßen Guanchen-Figuren, die überall im Park an natürlich wirkenden Schauplätzen platziert sind, sowie eine Höhle mit entwaffnend lebensechten Schädeln und Knochen (super, um die Kinder zu erschrecken!).

Puppenmuseum Artlandya MUSEUM
(www.artlandya.com; Camino el Moleiro 21; Erw./Kind 10 €/frei; ⌚ Di–Sa 10–18 Uhr; Ⓟ) Eine Puppen- und Teddysammlung klingt für Besucher, die älter als drei sind, zunächst vielleicht nicht gerade spannend, aber diese hier ist eine Ausnahmesammlung. Der österreichische Besitzer, Georg, ist ein faszinierender Typ, der die seine Puppen regelrecht zum Leben erweckt, während er Besucher durch seine hervorragende Sammlung von über 300 Ausstellungsstücken führt. Das Museum liegt in einem wunderschönen Garten, und es gibt ein kleines Café.

ℹ An- & Weiterreise

Mit dem Auto einfach den Schildern zum gebührenpflichtigen Parkplatz folgen. Bus 106 kommt direkt von Santa Cruz (7,45 €, 1¼ Std.), alle zwei Stunden von 6.45 bis 22.45 Uhr. Bus 354 kommt von Puerto de la Cruz (3,60 €, 45 Min.), alle halbe Stunde von 7.30 bis 22.30 Uhr, und Bus 460 von Playa de las Américas (7 €, 1½ Std., 8-mal tgl.). Der Busbahnhof liegt nordöstlich vom Stadtzentrum.

Garachico

6800 EW.

Garachico ist eine elegante, ruhige Stadt in einem tiefen Tal, flankiert von waldigen Hängen und einer felsigen Küste, die sich ihre kanarische Identität bewahrt hat. Es gibt keine großen Hotels, wahrscheinlich weil es keinen echten Strand gibt, aber das Schwimmen in den natürlichen, vulkanischen Buchten an der felsigen Küste ist ein Vergnügen, wie man es nur selten erlebt.

Garachico, das nach der Felsinsel vor seiner Küste benannt ist (*gara* ist Guanche für „Insel" und *chico* ist Spanisch für „klein"), ist ein friedvoller Ort. Nichts in der Stadt weist auf die unglückliche Geschichte der weiß

FEINSCHMECKERPARADIES

Die traditionelle Küche Teneriffas ist nicht zu verwechseln mit der des spanischen Festlandes; die Unterschiede sind deutlich, auch wenn die spanischen Tapas auch hier allgegenwärtig sind. Die Küche spiegelt lateinamerikanische und arabische Einflüsse wider; sie hat mehr Gewürze, wie Cumin, Paprika und getrocknete Chilis, als in Spanien üblicherweise verwendet werden.

Wie auf den anderen Inseln ist das Grundnahrungsmittel schlechthin auch hier *gofio*, geröstetes Getreide, das die Stelle von Brot einnimmt und auch süß mit Mandeln und Feigen vermischt gegessen werden kann.

Die traditionellen *cabra* (Ziege) und *cabrito* (Zicklein) sind nach wie vor das tierische Standardprotein. Das nahrhafte und nach Wild schmeckende *conejo en salmorejo* (Kaninchen in einer Marinade aus Lorbeerblätteren, Knoblauch und Wein) ist weit verbreitet, ebenso Eintöpfe (*potaje, rancho canario* oder *puchero*) aus Fleisch und Gemüse, über niedrigem Feuer bis zu aromatischer Perfektion gekocht. Auch Fisch ist immer eine gute Wahl; die bekannte Bastardmakrele *(chicharros)* von Santa Cruz de Tenerife hat den Bewohnern der Stadt sogar ihren Namen verliehen: die Chicharreros.

Empfehlenswert ist auch das *sancocho canario*, ein Gericht aus in Salz eingelegtem Fisch mit *mojo* (einer würzigen Salsa auf der Grundlage von Knoblauch und roten Chilis). Diese Sauce ist besonders typisch auf Teneriffas Tafel, und sie gehört normalerweise zu *papas arrugadas* (Schrumpelkartoffeln; kleine neue Kartoffeln, die in der Schale gekocht und gesalzen werden). Das typischste Dessert ist *bienmesabe* (wörtlich „schmeckt mir gut"), eine Mischung aus Honig, Mandeln, Eigelb und Rum.

Selbstversorger werden auf dem Markt fündig, wo das frischeste Gemüse und Obst angeboten wird.

getünchten Häuser und der schmalen kopfsteingepflasterten Straßen hin. Garachico war früher ein bedeutender Handelshafen, aber seine bedauernswerten Bewohner wurden von einer Reihe von Schicksalsschlägen heimgesucht, die beinahe den Untergang der Stadt zur Folge gehabt hätten: Monsterstürme, Fluten, Feuersbrünste, Epidemien und 1706 schließlich ein heftiger Vulkanausbruch, der den Hafen zerstörte und die halbe Stadt unter Lava begrub, sodass sie kaum noch wiederzuerkennen war. Direkt vor der Stadt gibt es Wanderwege, die dem Pfad des unseligen Lavastroms folgen.

Sehenswertes

Die Seele von Garachico ist der Hauptplatz, die **Plaza Libertad**, mit ihren imposanten Palmen, den Café-Tischen und der lebendigen Atmosphäre. In der Abenddämmerung spielen alte Männer in flachen Kappen Karten und plaudern, umgeben von bummelnden Paaren, ballspielenden Kindern und Familien. In der Nähe befindet sich die stimmungsvolle **Iglesia de Santa Ana** mit einem dominierenden Glockenturm und Originaltüren aus dem 16. Jh.

Ein weiteres seltenes Überbleibsel des Vulkans ist der bezaubernde **Parque de la Puerta de Tierra** direkt abseits der Plaza Juan González (sie wird auch Plaza Pila genannt), wo allein die **Puerta de Tierra** (Landtor) von dem einst florierenden Hafen von Garachico noch übrig ist. Früher stand die Puerta direkt am Wasser, seit dem großen Vulkanausbruch liegt sie jedoch mitten in der Stadt.

Convento de San Francisco MUSEUM
(Plaza Libertad; Erw./Kind 2 €/frei; Mo–Fr 11–14 & 15–18, Sa 10–16 Uhr) In diesem vielseitigen Museum in einem Kloster aus dem 16. Jh. mit einem wunderschönen Kreuzgang gibt's jede Menge zu sehen. Die Sammlung reicht von geologischen Ausstellungsstücken und Schaustücken zur Vulkangeschichte der Insel (mit Multimedia-Installationen) über zeitgenössische Skulpturen und faszinierende Fotos der Stadt aus dem 19. Jh. mit damals hier lebenden Kamelen.

Castillo de San Miguel BURG
(Avenida Tome Cano; Erw./Kind 2 €/frei; 10–16 Uhr) Eine gedrungene steinerne Festung aus dem 16. Jh. mit Fotos und Erläuterungen zur Flora und Fauna der Gegend sowie einer chronologischen Darstellung der Stadtgeschichte. Der Turm bietet einen schönen Blick auf die Stadt und die Küste.

Feste & Events

Romería de San Roque RELIGION
(16. Aug.) Das bedeutendste jährliche Fest Garachicos, zu dem Pilger (und Feierlustige) von der ganzen Insel in die Stadt strömen. San Roque (St. Rochus), der Schutzheilige der Stadt, soll diese 1601 vor dem Schwarzen Tod bewahrt haben.

Essen

Die größte Auswahl an Bars und Restaurants bietet das Gewirr von Straßen rund um den zentralen Hauptplatz.

Casa Ramón KANARISCH €
(Calle Esteban de Ponte 4; Hauptgerichte 6–8 €; Mo–Sa 13–20 Uhr) Die Inhaberin des kleinen Restaurants, eine ältere Dame, weigert sich, Zugeständnisse an die Moderne zu machen; im Speiseraum fühlt man sich in eine längst vergangene Zeit zurückversetzt. Die Musik ertönt aus einem alten Kassettenrekorder, die Rechnungen werden auf Zettel geschrieben, und Kaffee ist gänzlich unbekannt. Die Tagesgerichte stehen auf einer Tafel und halten Leib und Seele zusammen.

★ **Mirador de Garachico** MODERN KANARISCH €€
(922 83 11 98; Calle Esteban de Ponte 28; Hauptgerichte 11–18 €; Mo–Sa 8–23 Uhr;) Diese angenehme Verbindung aus einer modernen Bar, einem Restaurant und einem Kunsthandwerksladen serviert kreative Gerichte, darunter ein Kaninchentimbale, das bei einem lokalen Gourmetwettbewerb den ersten Platz belegte. Hier gibt's Kombinationen wie Wild in einer Schokolade-Pfeffer-Sauce und Bananen, Spinat und Räucherfischkroketten. Ein Digestif mit Passionsfrucht bildet einen würdigen Abschluss.

Praktische Informationen

Die **Touristeninformation** (922 13 34 61; www.todotenerife.es; Calle Esteban de Ponte 5; Mo–Fr 10–15 Uhr) verkauft eine Karte der Stadt (1 €).

An- & Weiterreise

Bus 107 verbindet die Stadt mit Santa Cruz (8,15 €, 2 Std.), La Laguna, La Orotava und Icod de los Vinos, während Bus 363 von und nach Puerto de la Cruz verkehrt (3,75 €, 1 Std., bis zu 20-mal tgl.).

DIE MITTE

Parque Nacional del Teide

Der imposante Teide (Pico del Teide), der über Teneriffa wacht, ist nicht nur der höchste Berg der Kanarischen Inseln, sondern mit gigantischen 3718 m sogar der höchste Berg ganz Spaniens und in jeder Hinsicht das Highlight einer Reise nach Teneriffa. Der Parque Nacional del Teide, der sich über 189,9 km² erstreckt und den Vulkan und das umliegende Hinterland umfasst, ist eine Welterbestätte der UNESCO und der beliebteste Nationalpark Spaniens. Er zieht jedes Jahr vier Millionen Besucher an. Die meisten ernsthaften Wanderer haben schon von El Teide gehört, aber den wenigsten ist im Voraus klar, wie spektakulär der Berg und der umliegende Nationalpark tatsächlich sind. Man könnte spielend eine ganze Woche damit zubringen, die verschiedenen Wanderwege im und um den Park abzulaufen, ohne sich zu langweilen. Die meisten Gelegenheitsbesucher kommen per Bus oder Auto und bleiben im Großen und Ganzen nahe der Straße, die sich mitten durch den Park windet. So bleibt begeisterten Wanderern mehr Freiraum, um den Park genauer zu erkunden. Zahllose Wanderwege verlaufen durch vulkanisches Gelände, vorbei an einzigartigen Felsformationen und bis zum Gipfel des Teide hinauf.

Dieses Gebiet wurde 1954 zum Nationalpark erklärt, um die Landschaft zu schützen, darunter 14 Pflanzen, die nirgendwo sonst auf der Welt wachsen. Auch geologisch ist der Park faszinierend: Von den vielen verschiedenen Arten vulkanischer Formationen, die es auf der Welt gibt, sind 80 % auch hier zu finden. Darunter fallen raue Rachellandschaften (tief erodiertes Ödland), glatte Pāhoehoe- oder *lajial*-Lava (die ein wenig wie Schichtnougat aussieht) und kieselartige Lapilli. Außerdem gibt es komplexe Formationen wie Vulkanschlote und pyroklastische Kegel. Der Park schützt beinahe 1000 archäologische Guanchen-Stätten, von denen viele noch unerforscht und die sämtlich nicht gekennzeichnet sind, um zu verhindern, dass neugierige Besucher sich „Souvenirs" mitnehmen. Rund um den Park liegen die sogenannten *cañadas*, flache Vertiefungen, die wahrscheinlich vor etwa 180 000 Jahren durch einen gewaltigen Erdrutsch verursacht wurden.

Der Park ist zu jeder Jahreszeit spektakulär. Die meisten versuchen, den Gipfel im Sommer zu erklimmen – was durchaus sinnvoll ist, da das Wetter zu dieser Zeit am stabilsten ist –, aber wer den Park wirklich zu seiner schönsten Zeit erleben will, kommt am besten gleich im Frühjahr, wenn auf den unteren Hängen die Blumen erblühen und die Gipfel mit etwas Glück noch von Schnee bedeckt sind. Viele Besucher, die von den heißen Küstenebenen kommen, sind überrascht, wie kalt es im Nationalpark sein

NICHT VERSÄUMEN

DIE SCHÖNSTEN WANDERWEGE AUF TENERIFFA

El Teide (S. 160) Dies ist schlicht und einfach der atemberaubendste Wanderweg auf den Kanaren.

Barranco de Masca (S. 163) Ein aufregender Abstieg durch eine steile Schlucht

Pico Viejo (S. 161) Der vergessene Gipfel des Teide

Llano de los Loros (S. 145) Wunderschöner, familienfreundlicher Streifzug durch den Wald

STERNEGUCKEN

Einer der besten Orte der nördlichen Hemisphäre, um Sterne zu beobachten, ist das **Observatorio del Teide** (C-824). Es liegt direkt neben der Landstraße C-824, die zwischen La Laguna und dem Besucherzentrum El Portillo verläuft, und Wissenschaftler aus der ganzen Welt kommen hierher, um an diesem Observatorium und seinem Schwesterobservatorium in La Palma zu forschen. Die Führung durch die Sternwarte ist kostenlos, und am Ende kann man seinen Namen unter die Liste derer setzen, die von Dezember bis März durch die hier verteilten riesigen Teleskope geschaut haben. Der Termin muss vorab vereinbart werden. Weitere Informationen dazu gibt's auf www.iac.es. **Volcano Life Experience** (www.volcanolife.com), ein privater Tourveranstalter, bietet ab 30 € pro Person ebenfalls eine Reihe von Sternbeobachtungstouren an.

kann. Besonders im tiefen Winter können die Hauptstraßen durch den Park aufgrund von heftigen Schneefällen geschlossen und der Zugang zum Gipfel auf diese Weise wochenlang gesperrt sein.

El Teide dominiert das nördliche Ende des Parks. Wer sich den sehr schwierigen fünfstündigen Aufstieg (ein Weg) auf den Gipfel sparen will, kommt auch mit der Seilbahn hinauf.

Sehenswertes

Pico del Teide BERG

(☎922 01 04 40; www.telefericoteide.com; Seilbahn Erw./Kind 26/13 €; ⏲9–16 Uhr; Ⓟ) Am einfachsten geht's mit der **Seilbahn** zum Gipfel des Teide. Der Spaß ist nicht billig, aber die Aussicht phänomenal – wenn nicht gerade eine große Wolke den ganzen Gipfel umhüllt und rein gar nichts zu sehen ist.
An klaren Tagen erstreckt sich unten majestätisch das Vulkantal, und in der Ferne ragen die Inseln La Gomera, La Palma und El Hierro aus dem Atlantik. Mit der Seilbahn dauert die 1200 m lange Strecke hinauf nur acht Minuten.

Ein Warnhinweis: Wer Herz- oder Lungenprobleme hat, sollte besser unten bleiben, denn hier oben in den Wolken ist der Sauerstoff knapp. Kalt ist es hier oben auch, also – egal, wie das Wetter unten ist – auf jeden Fall eine Jacke mitbringen!

Die Seilbahnen, die jeweils etwa 35 Passagiere fassen, fahren alle zehn Minuten, aber es ist trotzdem besser, möglichst früh zu kommen, denn zu Stoßzeiten kann die Wartezeit durchaus schon mal zwei Stunden betragen! Die letzte Bahn bergab fährt um 17 Uhr. Es kann aber durchaus passieren, dass die Seilbahn aufgrund einer schlechten Wetterlage vorzeitig geschlossen wird – wenn zum Beispiel plötzlich starker Wind aufkommgekommen ist, muss der Betrieb eingestellt werden, und zwar manchmal ohne große Vorwarnung. Für Ausflügler, die mit der Seilbahn auf den Berg gefahren sind, ist das normalerweise keine große Sache, denn an der Bergstation steht in solchen Fällen ein Parkwächter, der die Passagiere informiert, dass der Betrieb demnächst eingestellt wird – aber für Wanderer, die den ganzen Weg hochgeklettert sind und mit der Seilbahn zurückfahren wollten, kann das ein ernstes Problem werden.

Roques de García FELSFORMATIONEN

Ein paar Kilometer südlich vom Gipfel gegenüber vom *Parador* liegt diese geologische Kuriositätenschau sonderbarer Lavasäulen mit Bezeichnungen wie „der Finger Gottes" und „die Kathedrale". Sie sind durch die Erosion alter vulkanischer Gesteinsgänge oder vertikaler Magmaströme entstanden. Der bizarrste der Felsen ist der **Roque Cinchado**; weiter nach Westen erstrecken sich die unwirklichen, kahlen Ebenen des Llano de Ucanca.

Der untere Teil des Roque Cinchado zerfällt schneller als der obere, und eines schönen Tages wird er umkippen (also vielleicht besser nicht allzu nahe herangehen). Der Felsen hat in Spanien einen solchen Kultcharakter, dass er jahrelang auf den alten 1000-Peseten-Scheinen abgebildet wurde. Es

DER WEG ZUM GIPFEL – DER PAPIERKRAM

Das Wichtigste beim Besteigen des Gipfels von der oberen Seilbahnstation ist die Planung. Es ist ein Genehmigungsprogramm in Kraft, das die Anzahl der Besucher, die auf den Gipfel dürfen, auf 150 am Tag begrenzt. Die Genehmigung kann online unter www.reservasparquesnacionales.es beantragt werden (den Links bis zum Parque Nacional del Teide folgen – auch in Deutsch). Eine Reservierung ist bis um 14 Uhr am Vortag des beabsichtigten Aufstiegs möglich (falls noch Plätze frei sind!).

Wer sich das Leben wirklich schwer machen will, kann den Antrag auch persönlich oder per Post über die **Dienststelle des Parque Nacional del Teide** (S. 156) des Nationalparks in La Orotava stellen.

Es gibt mehrere Zwei-Stunden-Zeitfenster am Tag für den eigentlichen Aufstieg zum Gipfel. Zusätzlich zu der Genehmigung ist für den Aufstieg ein Pass oder Ausweis erforderlich, da die Parkwächter voraussichtlich danach fragen werden – und bloß nicht das zugewiesene Zeitfenster verpassen, sonst kommt man nicht mehr an der Sperre vorbei.

Schlechte Wetterbedingungen können bedeuten, dass der Gipfel wochenlang geschlossen bleibt. Auf der Website stehen Informationen zu den Schließungen und wann der Gipfel für Wanderer voraussichtlich wieder geöffnet wird.

Von der Seilbahn aus dauert der Weg zum Gipfel etwa eine Stunde.

DER TAG, AN DEM EL TEIDE DIE SONNE GESCHLUCKT HAT

Heutzutage können Wissenschaftler genau erklären, wie ein Vulkan ausbricht: Magma aus dem Innern der Erde wird durch die Erdkruste gesprengt und spuckt Asche, Felsen und geschmolzene Lava über das Land. Die Guanchen aber, die auf Teneriffa lebten, bevor es an Spanien fiel, hatten eine romantischere Erklärung dafür: Der Legende nach wurde die Eruption im 13. Jh. dadurch verursacht, dass El Teide die Sonne verschluckte. Die Menschen glaubten, dass der Teufel, Guyota, in El Cheide lebte (wie El Teide damals genannt wurde). Eines Tages kam dieser aus seinem unterirdischen Bau heraus und erblickte die Sonne. Neidisch auf das Licht, stahl er es, versteckte es in seinem Bau und verursachte so Tod, Zerstörung und Dunkelheit überall auf der Insel. Die Guanchen baten Chaman, den Himmelsgott, um Hilfe, und der Gott kämpfte im Vulkan mit Guyota. Die Guanchen wussten, dass Chaman gesiegt hatte, als sie eines Morgens erwachten und die Sonne wieder am Himmel stand, der Vulkan mit Felsen verstopft und der böse Guyota für immer darin eingesperrt war.

Die Legende passt perfekt zu dem, was während der Eruption im Mittelalter geschah: Eine Aschewolke verdeckte die Sonne, und das einzige Licht, das die Guanchen sahen, kam aus der Öffnung des aktiven Vulkans, sodass sie glaubten, die Sonne sei darin gefangen. Die giftige Vulkanasche muss viele Pflanzen und Tiere getötet haben, und der „Kampf" im Vulkan war vermutlich das Grollen nach der Eruption. Der „Stopfen", der Guyota in El Cheide festhielt, war neues Vulkangestein.

ist der beliebteste Ort des Parks, den sich nahezu 90 % der Besucher anschauen. Der Parkplatz ist immer voll, aber die meisten Besucher verlassen ihre Autos oder Tourbusse nur für einen schnellen fünfzehnminütigen Blick. Wer sich auf den relativ einfachen 1½-Stunden-Weg rund um den Felsen macht, bleibt meist für sich.

Pico Viejo BERG

Der Name des Berges, „Alter Gipfel", führt ein wenig in die Irre, denn eigentlich ist er der Vulkan auf Teneriffa, der den jüngsten großen Ausbruch verzeichnet: 1798 riss seine südwestliche Flanke auf und hinterließ eine 700 m große Spalte. Heute sieht man deutlich, wo Magmastücke über 1 km weit in die Luft geschleudert wurden und einfach irgendwo zu Boden fielen. Aus einem sekundären, niedrigeren Riss ergossen sich reißende Lavaströme, die auf den Hängen erstarrten.

Bis heute wächst auf dem kahlen Hang kein Grashalm und keine Flechte. Dieser Gipfel wird gern links liegen gelassen vor lauter Eifer, Spaniens höchsten Berg zu erklimmen, aber diejenigen, die sich auskennen, halten ihn oft für eindrucksvoller als den Aufstieg zum Gipfel des Teide; auf jeden Fall ist hier viel weniger los (bei unserem letzten Aufstieg waren wir die Einzigen auf dem Berg). Der Aufstieg hat den zusätzlichen Vorteil, dass keine spezielle Erlaubnis erforderlich ist.

Wandern

Für den familienfreundlichen Spaziergang um die Roques de García ist nicht mehr erforderlich als bequeme Schuhe und warme Kleidung. Wer aber ehrgeizigere Ziele hat, braucht unbedingt vernünftige Wanderstiefel und Wanderstöcke sowie warme Kleidung, etwas Essen und Wasser. Außerdem dürfen eine Karte und ein Kompass nicht fehlen. Wer im Winter auf den Teide oder den Pico Viejo will, wenn dort meist eine dicke Schneedecke liegt, braucht eine vollständige Winterwanderausstattung samt dicker Fleecebekleidung, einer wasserdichten Jacke, Handschuhen und Mütze und eine Sonnenbrille. Wanderstöcke sind ein Muss, und auf einigen Strecken sind auch Steigeisen nicht verkehrt.

Es gibt sehr strenge Regeln, wo man im Park wandern darf und wo nicht. Wanderer müssen sich unbedingt an die ausgewiesenen Wege halten (die Hinweise können bei den weniger frequentierten Wegen in den oberen Höhenlagen allerdings sehr vage sein). Vor allem darf der Teide nicht unterschätzt werden: Er ist zwar nicht der Himalaja, aber dennoch ein ernst zu nehmender Berg (besonders im Winter), und seine Lage mitten im Ozean bedeutet, dass das Wetter unglaublich schnell umschlagen kann, sodass manchmal der Seilbahnbetrieb plötzlich eingestellt werden muss (ein ernstes Problem für Wanderer, die zwar zu Fuß den

Berg hinaufsteigen, aber mit der Seilbahn wieder hinunterfahren wollten).

Geführte Wanderungen

Parkwächter bieten kostenlose geführte Wanderungen um den Berg auf Spanisch und Englisch an. Das Tempo ist gemäßigt, und es werden häufige Informationspausen gemacht. Auch wenn man wegen der großen Höhe mehr als sonst schnauft und hechelt, sind die Touren trotzdem für jeden geeignet, der einigermaßen fit ist (einschließlich Kinder über zehn Jahren).

Die Gruppen brechen um 9.15 und 13.30 Uhr am Besucherzentrum El Portillo und um 9.30 und 13 Uhr am Besucherzentrum Cañada Blanca auf. Die Wanderungen dauern ungefähr zwei Stunden. Die Gruppen sind klein, darum müssen die Wanderungen unbedingt vorab bei der Dienststelle des Parque Nacional del Teide (S.156) gebucht werden.

Wanderungen auf eigene Faust

Im allgemeinen Parkführer werden 21 Wanderstrecken aufgeführt, die von 600 m bis zu 17,6 km reichen und zum Teil ausgeschildert sind. Die Strecken sind in Schwierigkeitsgrade eingeteilt (von „niedrig" – das sind die meisten – bis zu „extrem"). Es ist nicht erlaubt, von den gekennzeichneten Wegen abzuweichen, was in einer Umgebung, in der jedes Pflänzchen hart ums Überleben kämpfen muss, auch sinnvoll ist.

Man muss kein Masochist sein, um den Aufstieg nach **La Rambleta** an der oberen Seilbahnstation genießen zu können (zurück hinunter geht's dann mit der Seilbahn), aber auf die leichte Schulter sollte man die Strecke auch nicht nehmen. Für weniger erfahrene Wanderer ist sie sehr anstrengend. Los geht die Strecke durchs Geländer an dem kleinen Parkstreifen an der Straße (ausgeschildert als „Montaña Blanca" und „Refugio de Altavista") 8 km südlich vom Besucherzentrum El Portillo: hier aus dem Bus aussteigen (den Fahrer bitten anzuhalten) bzw. den Wagen abstellen. Unterwegs bietet sich ein kurzer (höchstens halbstündiger) fast ebener Abstecher zu dem flachen Gipfel der **Montaña Blanca** (2750 m) an, mit einer herrlichen Aussicht auf Las Cañadas und die Sierra dahinter. Der volle Aufstieg nach La Rambleta (nur Hinweg) dauert etwa fünf Stunden. Wer vorhat, mit der Seilbahn wieder hinunterzufahren, sollte unbedingt eine Zeitreserve (und zusätzlichen Proviant) einplanen für den Fall, dass die Seilbahn den Betrieb einstellt und man zu Fuß den Berg hinunterlaufen muss. Man kann sich aber auch einfach die Montaña Blanca als bescheideneres Ziel für den Tag vornehmen und dann wieder hinunterlaufen (etwa 2½ Stunden für die gesamte Strecke).

Eine weitere lange, aber recht gemütliche Wanderung ist die 16 km lange Tour **Las Siete Cañadas** welche die zwei Besucherzentren miteinander verbindet, die je nach Tempo vier bis fünf Stunden dauert (für den Rückweg muss aber eine Transportmöglichkeit organisiert werden).

Der vielleicht spektakulärste, auf jeden Fall aber anstrengendste Wanderweg im Park ist der Aufstieg auf den Gipfel des **Pico Viejo,** dann am Kamm entlang, der den Berg mit dem Teide verbindet, und dann weiter auf den Gipfel des Teide. Für diese Wanderung (nur Hinweg) braucht man mindestens neun Stunden, und man muss darauf gefasst sein, den Teide wieder hinabzulaufen, falls die Seilbahn geschlossen ist. Eigentlich ist es für diese Wanderung am praktischsten, am ersten Tag zum Refugio de Altavista in 3270 m Höhe hochzulaufen, dort zu übernachten und am nächsten Morgen weiter zum Gipfel des Teide zu gehen. Auf diese Weise bleibt einem der größte Teil des zweiten Tages, um zur Not zu Fuß den Teide wieder hinabzusteigen.

ℹ Praktische Informationen

Im Park gibt es zwei ausgezeichnete Besucherzentren.

El Portillo Visitors Centre (☎ 922 92 37 71; www.reservasparquesnacionales.es; Carretera La Orotava-Granadilla; ⌚ 9–16 Uhr; 📶) Gut ausgestattetes Besucherzentrum mit einer geologischen Ausstellung zum Park, Wanderkarten und einer Beratung.

Cañada Blanca Visitors Centre (www.reservasparquesnacionales.es; Cañadas del Teide; ⌚ 9–16 Uhr; 📶) Ein hervorragendes Besucherzentrum mit einer informativen Ausstellung samt audiovisueller Darstellung zur vulkanischen Geschichte des Teide; zum Zeitpunkt der Recherche war die Ausstellung allerdings wegen Renovierung geschlossen.

ℹ An- & Weiterreise

Überraschenderweise fahren nur zwei öffentliche Buslinien den Park an: Bus 348 von Puerto de la Cruz (6,20 €, 1 Std.) und Bus 342 von Los Cristianos (7 €, 1½ Std.). Bus 348 fährt um 9.15 Uhr ab und Bus 342 um 9.30 Uhr; beide halten am *Parador* und fahren um 16 Uhr zurück. Eine feine Sache für die zahllosen Unternehmen, die Bustouren anbieten; für den unabhängigen Reisenden ist es weniger schön. Die beste Alternative ist es, mit dem eigenen Wagen zu kommen. Es gibt vier gut ausgeschilderte Routen zum Park; die beiden hübschesten sind die C-824 von La Laguna und die C-821 von La Orotava (und Puerto de la Cruz). Die C-821 ist die einzige Straße, die durch den Park selbst hindurchführt, und der Parador, die Seilbahn und die Besucherzentren liegen alle an dieser Straße, ebenso wie verschiedene Miradores, wo man anhalten und *das* Foto machen kann, um zu Hause ordentlich Eindruck zu schinden. Zu allen anderen Zielen kommt man nur zu Fuß. Die C-821 führt weiter nach Vilaflor, während die C-823 den Park mit den Orten Chío und Los Gigantes verbindet.

Vilaflor

Die hübsche Stadt Vilaflor an den sonnigen südlichen Hängen des Teide ist die höchstgelegene Stadt Teneriffas; von hier aus lässt sich der Nationalpark wunderbar erkunden. Es gibt hier eine Reihe von Übernachtungsmöglichkeiten sowie Restaurants, darunter das hervorragende **El Rincón de Roberto** (☎922 70 90 35; Avenida Hermano Pedro 27; Hauptgerichte 12–18 €; ⏲Mo 12–17, Mi–Sa bis 22 Uhr), das eine Auswahl von klassischen kanarischen Gerichten serviert.

DER NORDWESTEN

Punta de Teno

Dass der griechische Dichter Platon die Kanaren irrtümlich für Atlantis hielt, muss an Orten wie Punta de Teno gelegen haben. Dies ist der Stoff, aus dem die Tagträume sind – Wellen, die sich an einem schwarzen Vulkanstrand brechen, einsame Berge, die sich massig im Hintergrund auftürmen, das leise Wispern von Echsen, die durchs Unterholz huschen ...

Dieses schöne Fleckchen im nordwestlichsten Teil der Insel ist kein Geheimntipp mehr. Aber trotz der Besucher besitzt es immer noch einen wilden Zauber, dem die Besucher nichts anhaben können. An der Landspitze kann man angeln, an der felsigen Küste baden oder einfach nur die Aussicht in aller Ruhe genießen.

Nach heftigen Regenfällen ist ein Besuch allerdings nicht sehr ratsam, denn hier kommt es öfter mal zu Schlammlawinen und Steinschlag.

An- & Weiterreise

Auf der Landstraße von Garachico geht's nach Buenavista del Norte und dann den Schildern nach zur Punta etwa 7 km weiter. Bus 107 fährt von Santa Cruz nach Buenavista del Norte (9,35 €, 1½ Std.), aber um zur Punta de Teno zu gelangen, braucht man ein Auto.

Santiago del Teide

Von der kleinen Stadt unmittelbar nordwestlich der Grenze des Nationalparks und an der Kreuzung nach Los Gigantes und Garachico sind all diese Ziele bequem zu erreichen. Außerdem liegen Masca und das Teno-Gebirge nur wenige Minuten nordwestlich, und durch die angrenzende Gegend ziehen sich zahlreiche fantastische Wanderwege, die im Frühjahr zur Zeit der Kirschblüte am schönsten sind. Am Hauptplatz neben der Kirche befindet sich eine kleine **Touristeninformation** (☎922 86 03 48; www.todotenerife.es; Avenida Marítima 34; ⏲Di–Sa 9–16 Uhr), die Auskünfte zu den vielen schönen Wanderstrecken in der Gegend geben kann. In der Stadt befindet sich auch eine der besseren Unterkünfte auf Teneriffa.

Masca

Das winzige Masca ist wohl das außergewöhnlichste Dorf auf ganz Teneriffa. Es liegt recht prekär direkt auf einem schmalen Grat, sodass es aussieht, als könnte der leiseste Windhauch das ganze Dorf wegpusten und Hunderte von Metern zur Talsohle purzeln lassen.

Aktivitäten

Parque Rural de Teno WANDERN

Der umliegende zerklüftete und fantastische Parque Rural de Teno ist beliebt bei Wanderern – wer nicht gern allein wandert, kann sich den Führern von **El Cardón** (☎922 12 79 38; www.elcardon.com) anschließen, die mittwochs und samstags von Garachico, von Los Silos oder von Buenavista del Norte aus in den Park aufbrechen.

Barranco de Masca WANDERN

Ein beliebter, aber anspruchsvoller Wanderweg führt den Barranco de Masca hinab zum Meer. Für den Hin- und Rückweg muss man entweder sechs Stunden veranschlagen oder es auf die schlaue Art machen und mit dem Bus 355 um 10.35 Uhr von Santiago del Teide nach Masca fahren, dann die Schlucht

KARTEN & BÜCHER

Karten von der Insel gibt es überall. Zu den besten gehören die von Editorial Everest. Es gibt mehrere gute Wanderbücher über Teneriffa, allerdings steigen immer mehr Anbieter auf Online-Versionen um. Ein paar der besten Wanderführer sind *Walk! Tenerife* (2. Ausgabe) und die begleitende *Tenerife Hiking Map*, beide von David Brawn und herausgegeben von Discovery Walking Guides, *Landschaften Teneriffas* von Noel Rochford und herausgegeben von Sunflower (der gleiche Verlag gibt auch *Landschaften auf Gomera und Südteneriffa* heraus) sowie *Teneriffa* von Klaus und Annette Wolfsperger mit GPS-Tracking, erschienen bei Rother Wanderführer und zuletzt aktualisiert im Mai 2015. *Tenerife & its Six Satellites* von Olivia bietet einen faszinierenden Blick auf die Insel aus der Perspektive der zweiten Hälfte des 18. Jhs.

hinunterwandern und am Ende des Wanderwegs mit der Fähre von **Excursions Marítimas** (☎922 86 21 20; Fahrkarte 15 €) zurück nach Los Gigantes fahren (15 €, täglich um 13.30, 15.30 und 16.30 Uhr).

Wer von Los Gigantes nach Santiago del Teide muss, um den Bus nach Masca zu erwischen, fährt am besten um 8.40 Uhr mit dem Bus 325 von Los Gigantes (es fährt noch ein weiterer um 17.15 Uhr).

Am Anfang des Wanderwegs steht ein Schild mit dem Warnhinweis, dass der Weg nicht ganz gefahrlos ist und dass man hier auf eigenes Risiko unterwegs ist. Diese Wanderung auf keinen Fall versuchen, wenn auch nur die leiseste Möglichkeit von Regen oder starken Winden besteht, denn das Risiko von Steinschlag und Erdrutschen ist sehr hoch. Wer am Ende des Weges mit dem Wassertaxi nach Los Gigantes zurückkehren will, sollte sein Handy mitnehmen und im Fall einer Verspätung anrufen; das Taxi wartet, wenn es weiß, dass noch Wanderer kommen. Leute, die unter Höhenangst leiden, werden mit manchen Abschnitten dieses Weges echte Probleme haben.

Feste & Events

Fiesta de la Consolación KULTUR
(⏲Dez.) Die Fiesta de la Consolación findet in der ersten Dezemberwoche statt. Dorfbewohner in traditioneller Kleidung holen ihre *timples* (ähnlich wie eine Ukulele) und andere Instrumente hervor und spielen einen Abend lang kanarische Musik.

An- & Weiterreise

Jeden Tag fahren zwei Busse der Linie 355 (1,30 €, 30 Min.) von und nach Santiago del Teide. Die Fahrt nach Masca ist so nervenaufreibend, dass man bei Höhenangst in Versuchung kommt, die Augen zu schließen. Aber in dem Fall entgeht einem wirklich etwas!

Los Gigantes & Puerto de Santiago

5750 EW.

Die zwei Städte sind zu einer zusammengewachsen, und die beunruhigende Anzahl von Kränen kann nur bedeuten, dass mit der Bautätigkeit noch lange nicht Schluss ist. Aber wenigstens im Moment noch ist die niedrige und bescheidene Stadt, die sich an der felsigen, buchtenreichen Küste entlangschmiegt, Welten von Las Américas entfernt und definitiv einer der attraktiveren Badeorte auf Teneriffa. Unmittelbar nördlich der Stadt ragen die imposanten **Acantilados de los Gigantes** (Klippen der Riesen) empor, Felsmauern, die bis zu 600 m aus dem Meer aufragen. Der unter Wasser liegende Sockel der Klippen ist ein Paradies für die Meeresflora und -fauna und macht den Ort zu einem der besten Tauchgebiete der Insel.

Die besten Blicke auf die Klippen bieten sich vom Meer (und Anbieter von Bootstouren gibt's hier wie Sand am Meer) und von der **Playa de los Gigantes,** einem winzigen Vulkanstrand neben dem Hafen von Los Gigantes mit einer fantastischen Aussicht. Mehr Platz für Sonnenliegen ist an der Playa de la Arena, einem größeren vulkanischen Strand in Puerto de Santiago. In beiden Badeorten leben zahlreiche Briten; entsprechend viele Restaurants servieren deshalb Bohnen auf Toast.

Aktivitäten

Hier gibt's alles, was Taucher glücklich macht, nämlich Meeresflora und -fauna in Hülle und Fülle, und der Ort ist ideal, um Wale und Delphine zu beobachten.

Los Gigantes Diving Centre TAUCHEN
(☎922 86 04 31; www.divingtenerife.co.uk; Hafen Los Gigantes; Tauchgang einschließlich Ausrüstung 49 €, Schnuppertauchgang 60 €; ⏲Mo–Sa 9.30–

ABSTECHER

MIT DEM AUTO ZUM ÄUSSERSTEN ZIPFEL VON TENERIFFA

Die nordwestliche Ecke Teneriffas weist nach wie vor einige spektakuläre und unberührte Gegenden auf. Von Garachico aus geht's zunächst auf der TF-42 in Richtung Westen, an Buenavista del Norte vorbei, dann die TF-445 hinunter zum wilden und abgelegenen Punta de Teno.

Von hier geht's wieder zurück nach Buenavista und zur Bergstraße TF-436 nach Santiago del Teide. Hier zwingen Kurven und Haarnadelkurven die Autofahrer, langsamer zu fahren und die Aussicht zu genießen. Hinter zerklüfteten Bergen tauchen terrassierte Täler auf, und Masca ist der perfekte Zwischenstopp für eine kleine Rast. Wenn die Straße Santiago erreicht, geht es auf der TF-82 entweder nach Norden Richtung Garachico oder nach Süden Richtung Los Gigantes, wo Schilder den Weg zur Playa de la Arena weisen, einem sandlosen Strand, der fast so hübsch wie Punta de Teno ist, aber auch stärker erschlossen.

Die Tour dauert mindestens einen ganzen Vormittag.

17 Uhr) Das Tauchzentrum ist in englischer Hand und befindet sich in Los Gigantes – einem der besten Tauch-Spots auf Teneriffa.

Katrin BOOTSAUSFLUG
(☎ 922 86 03 32; www.dolphinwhalewatch.com; Hafen Los Gigantes; 2-stündige Bootstour 20 €; ⏲ 11.30–13.35 Uhr) Ein seriöses Unternehmen, das nicht mehr als 20 Passagiere gleichzeitig mitnimmt und auch Touren für Leute mit Behinderungen anbietet.

Nashira Uno BOOTSAUSFLUG
(☎ 922 86 19 18; www.maritimaacantilados.com; Hafen Los Gigantes; 2/3-stündige Wal- & Delphin-Bootstour 25/35 €; ⏲ 11, 14 & 18 Uhr) Hat mehrere Bootstouren zum Beobachten von Walen und Delphinen im Angebot sowie einen Taxibootsdienst von Masca zurück nach Los Gigantes (12 €).

Essen

Restaurants sind nicht schwer zu finden (die meisten befinden sich an der Marina von Los Gigantes oder an der Avenida Marítima), aber wirklich gute sind dünn gesät.

El Mesón KANARISCH €€
(☎ 922 86 04 76; Calle La Vigilia, Puerto Santiago; Hauptgerichte 10–14 €; ⏲ Mo–Sa 12–16 & 19–22 Uhr; 👪) Die Einheimischen halten dieses große Restaurant für eines der besten der Stadt; der Eigentümer ist eine Marke für sich und kann reden wie ein Wasserfall. Das Lokal serviert eine ausgezeichnete Auswahl an Fisch und Meeresfrüchten und an traditionellen kanarischen und spanischen Fleischgerichten, unter anderem einen saftigen Kaninchentopf und sogar ein ganzes Spanferkel (einen Tag vorher vorbestellen). Den Abschluss bildet das Hausgetränk aus Honig und Rum auf Kosten des Hauses.

El Baco de Nino MEERESFRÜCHTE €€
(☎ 922 86 83 39; Paseo Marítimo, Puerto Santiago; Hauptgerichte 10–15 €; ⏲ Mi–Mo 14–16 & 19–23 Uhr) Restaurant am Meer, etwas teurer, aber beliebt bei den Einheimischen. Drinnen ist das Lokal etwas schicker; wer es lieber lockerer mag, findet auf der sonnigen Terrasse ein Plätzchen. Sehr lecker ist der Baby-Tintenfisch.

El Rincón de Juan Carlos MODERN KANARISCH €€€
(☎ 922 86 80 40; www.elrincondejuancarlos.es; Pasaje de Jacaranda 2, Los Gigantes; Hauptgerichte 15–25 €, Menüs ab 29 €; ⏲ Mo–Sa 19–22 Uhr) Wer sich etwas gönnen will, kommt in diesem eleganten Restaurant abseits des Hauptplatzes in Los Gigantes auf seine Kosten. Die opulenten *menús* sind eines Königs Juan Carlos würdig; wer Fast Food vermisst, bekommt auch einen Enten-Burger mit Senf und einheimischen Käse. Unbedingt einen Tisch vorbestellen.

Praktische Informationen

Die **Touristeninformation** (☎ 922 86 03 48; www.todotenerife.es; Avenida Marítima, local 34; ⏲ Mo–Fr 9.30–16.30, Sa bis 12.30 Uhr) befindet sich auf der 2. Etage des Einkaufszentrums gegenüber der Playa de la Arena.

Anfahrt & Unterwegs vor Ort

Bus 473 fährt von und nach Los Cristianos (4.65 €, 1¼ Std.) und Bus 325 (7,10 €, 1¾ Std.,

6-mal tgl.) verkehrt von Puerto de la Cruz. Mit dem Auto sind es gut ausgeschilderte 40 km von Los Cristianos.

DER SÜDEN

Los Cristianos, Playa de las Américas & Costa Adeje

CA. 150 000 EW.

Beim ersten Besuch an Teneriffas südwestlicher Spitze unbedingt an die Sonnenbrille denken! Die braucht man nämlich – nicht nur gegen die blendende Sonne, sondern auch gegen das Blinken der Neonschilder, den strahlenden Sand und die krebsroten Nordeuropäer. Große Hotelanlagen mit vielen Schwimmbecken und All-you-can-eat-Büfetts haben die einst verschlafene Fischerküste zu einem überaus einträglichen Geschäft gemacht. Die lang gezogenen Sandstrände gehören zu den belebtesten und kinderfreundlichsten der Insel. Das Nachtleben ist etwas für Leute mit viel Energie und Partylaune, und das Angebot an Restaurants ist erwartungsgemäß gigantisch.

Dennoch hat sich die alte Stadt Los Cristianos (gerade noch) die Atmosphäre eines Fischerdörfchens bewahrt; direkt dahinter liegt Playa de las Américas mit Hochhaus-Hotels, schicken Einkaufszentren und römischen Statuen und Pyramiden, die an Las Vegas erinnern. Die Costa Adeje erstreckt sich von hier aus ohne Unterbrechung nach Norden; hier gibt es Luxushotels, schicke Clubs und Restaurants und zudem wirklich herrliche Strände.

BIOKLIMATISCHE HÄUSER

Als umweltpolitische Gegenmaßnahme zu Granadillas umstrittenem neuen Containerhafen wurde in der Stadt auch ein hochmoderner bioklimatischer Hauskomplex errichtet. Die 25 Häuser, die gemietet werden können, wurden mit recycelten und erneuerbaren Materialien erbaut, nutzen erneuerbare Energien für alle Strom-, Wasser und Müllanlagen und sind zu 100 % kohlendioxidfrei. Mehr dazu steht unter http://casas.iter.es/de.

Viele unabhängige Reisende auf dem Weg zu den westlichen Inseln müssen zumindest eine Nacht hier verbringen, und die meisten begeben sich schnurstracks nach Los Cristianos, wo es die besten Einrichtungen für Individualreisende gibt.

Wer sich verirrt, macht es am besten wie die Einheimischen und orientiert sich an den Hotels und großen Gebäuden.

Sehenswertes

Jungle Park ZOO

(Karte S. 172; www.aguilasjunglepark.com; Los Cristianos-Arona, Km 3; Erw./Kind 24/16 €; 10–17.30 Uhr; P) Der Jungle Park ist die bei weitem beliebteste Attraktion im Süden der Insel Teneriffa. Hier leben beinahe 500 Tiere, darunter zwei seltene weiße Tiger, inmitten von einer üppig gestalteten Landschaft mit Lagunen, Gehwegen und subtropischen Pflanzen und Bäumen.

Siam Park VERGNÜGUNGSPARK

(Karte S. 172; 902 06 00 00; www.siampark.net; Autopista Sur Ausfahrt 28; Erw./Kind 34/23 €; 10–18 Uhr; P) Der größte Themenpark des südlichen Teneriffas ist der eindrucksvolle Siam Park. Hier kann man sich eine 28 m hohe senkrechte Wasserrutsche hinunterstürzen, im Swimmingpool surfen, sich aus den Eingeweiden eines Drachen herausspucken lassen und Plunder auf einem schwimmenden Markt in Bangkok kaufen.

Aqualand WASSERPARK

(Karte S. 172; www.aqualand.es; Avenida de Austria 15, Costa Adeje; Erw./Kind 25/17,50 €; Sept.–Juni 10–17 Uhr, Juli & Aug. bis 18 Uhr; P) Der riesige Wasserpark bietet all die üblichen Rutschen und Pools, aber außerdem auch noch Delphine in einem Delphinarium, was womöglich einige Besucher abschreckt, da Forschungen gezeigt haben, dass das Leben in Gefangenschaft diese intelligenten Tiere unter Stress setzt und belastet.

Aktivitäten

Die Strände hier sind dank den durchschnittlich 2800 Sonnenstunden im Jahr natürlich die Hauptattraktion, aber wer es satt hat, weiter reglos auf der Sonnenliege abzuhängen, findet auch noch andere, aktivere Beschäftigungen.

Tauchen

Die vulkanischen Küste bietet fantastische Tauchmöglichkeiten, und dank der ruhigen See können selbst Anfänger einen spannen-

STRÄNDE AN DER SÜDKÜSTE

An den Stränden an Teneriffas Südküste gibt es alles, einschließlich Mojito-Cocktailbars und schicken Restaurants; wer es etwas schlichter mag, kommt bei den Stränden der nahe gelegenen Städte **Las Galletas** (S.174) und **El Médano** (S.177) durchaus auch auf seine Kosten.

Playa de Los Cristianos (Los Cristianos) Der 1 km lange bräunlich-graue Sandstrand ist der Hauptstrand der Stadt und sehr familienfreundlich mit einer Strandwache, reihenweise Sonnenliegen, einem Volleyball-Netz sowie Bars, Restaurants und Eisdielen.

Playa de las Vistas (Karte S.168; Playa de las Américas) Ein makelloser 1,5 km langer Strand mit feinem goldenen Sand (importiert aus der Sahara!), der Los Cristianos mit Playa de las Américas verbindet. Der Strand wird gesäumt von Bars und Restaurants und geschützt von Wellenbrechern, sodass er zum Schwimmen ideal ist.

Playa de Troya (Karte S.168; Playa de las Américas) Einer von mehreren Stränden, die an der zentralen Playa nahtlos ineinander übergehen, mit weichem, dunklem Sand und hervorragenden Einrichtungen.

Playa del Duque (Costa Adeje) Der passend benannte 600 m lange „Herzogsstrand" ist ein attraktiver goldsandiger Strand mit flott gestreiften Umkleidekabinen, schicken Cafés und Restaurants.

Playa de la Encaramada (La Caleta, Costa Adeje) Ein dunkler Vulkanstrand mit einer großartigen Strandbar, beliebt zum Drachenfliegen

den „Schnuppertauchgang" im Meer erleben. Ein normaler Tauchgang ist ab 35 € zu haben; bei mehreren Tauchtagen sinkt der Preis pro Tauchgang. Interessierte haben die Wahl unter mehreren Anbietern.

Aqua Marina TAUCHEN
(Karte S.168; ☎922 79 79 44; www.aquamarinadivingtenerife.com; Playa de la Vistas, Playa de las Américas; einzelner Tauchgang 39 €, Blasenmach-Kurs für Kinder 35 €; ⌚9–18 Uhr; 👪) Bietet die üblichen Tauchgänge vom Boot, Kurse und Spezialtauchgänge sowie ganz normales Schnorcheln für die an, die nicht abtauchen wollen. Hier gibt es außerdem Blasenmach-Kurse für Kinder.

Segeln & Surfen

Nach einer kurzen Tour mit dem Segelboot verschwimmt der Hotel-Dschungel von Teneriffas größtem Badeort mit den sanften Hängen der Insel. Man kann ein Boot mieten, an einer Tour teilnehmen oder sich für eine Walbeobachtungsfahrt anmelden und über das Meer zwischen Teneriffa und La Gomera kreuzen, hinter sich die attraktive Silhouette des Teide. Die Touristeninformation in Los Cristianos hat eine Liste von Firmen, die alle möglichen Bootstouren organisieren, sogar ein Piratenschiff ist im Angebot – wer könnte da widerstehen!

Der bekannteste Küstenabschnitt der Stadt zum Wellenreiten trägt den kreativen Namen La Izquierda („links" auf Spanisch) und liegt unmittelbar westlich der Playa de Troyo. Er hat lange, linksbrechende Wellen mit einigen hohlen Sections, ist aber leider auch einer der am stärksten von Einheimischen „verteidigten" Surfspots in Europa.

K-16 Surf SURFEN
(Karte S.168; ☎922 79 84 80; www.k16surf.com; Calle México 1/2, Playa de las Américas; Surfunterricht ab 35 €, Brettmiete pro Tag ab 12 €) Vermietet Surfboards und bietet Unterricht für nur wenig mehr als den Mietpreis.

Reiten

Es gibt zwar etliche Reiterhöfe, die Ausritte anbieten, aber nicht alle darunter sind anerkannt und sicher.

Finca Cabuquero REITEN
(☎646 88 38 23; www.horseridingintenerife.com; Aldea Blanca, San Miguel de Abona; 1/2-Std.-Ausritt 25/45 €; ⌚So–Di 10–14 & 16–19 Uhr; 👪) Eine von Briten betriebene Reitschule, die einen Abholdienst vom Hotel zum Reiterhof in San Miguel de Abona bietet. Angeboten werden Ausritte auf Pferden und Ponys für Anfänger bis hin zu anspruchsvolleren Strecken für erfahrene Reiter.

Golf

Konstantes mildes Klima bedeutet, dass man auf Teneriffa das ganze Jahr über Golfen kann. Dieser Sport ist zwar nicht die

Playa de las Américas

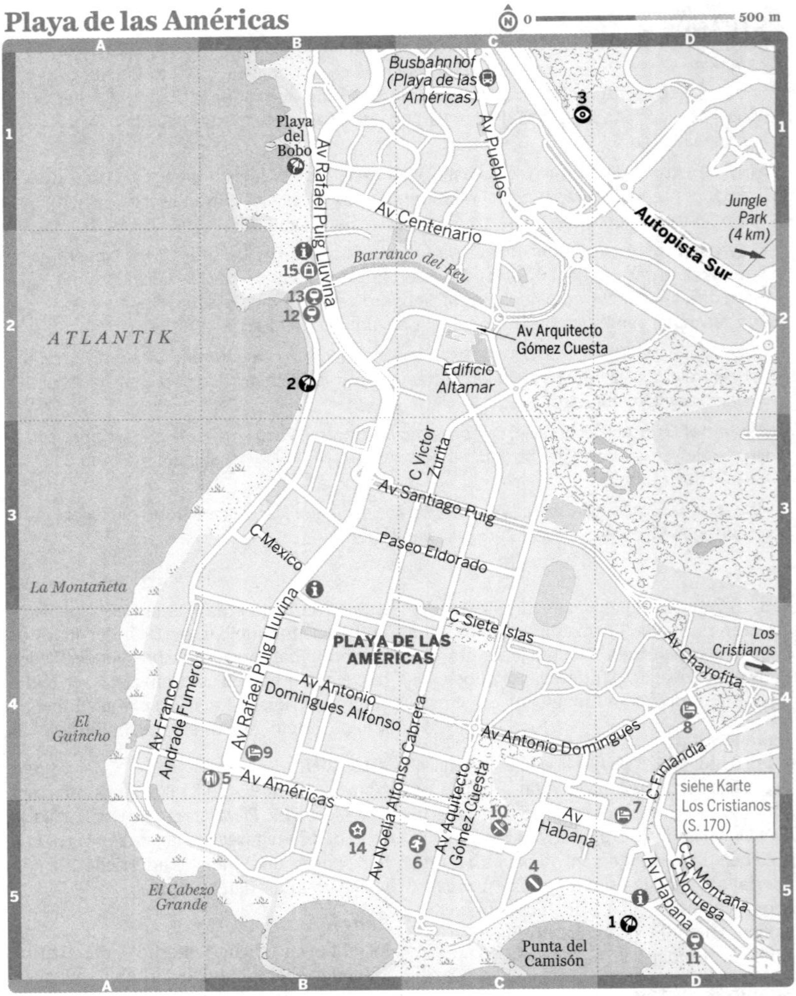

umweltfreundlichste Aktivität auf der Insel (Wasser ist ständig knapp, und Golfplätze brauchen eine ganze Menge davon), aber ungeachtet dessen entstehen rund um Playa de las Américas weitläufige Golfplätze. Hier werden einige der besten Plätze aufgeführt. Die hier genannten Gebühren gelten für die Wintersaison; im Hochsommer können die Preise beträchtlich sinken.

Golf Costa Adeje GOLF
(www.golfcostaadeje.com; Finca Los Olivos, Adeje; Erw./Kind 18 Löcher 96/30 €; ⏲ 7.30–19 Uhr) Hat eine 18-Loch- und eine Neun-Loch-Anlage. Die prägnante Driving Range ist auf drei Ebenen angelegt, die durch einen Aufzug miteinander verbunden sind.

Es gibt ein Luxushotel, das villenähnliche Unterkünfte bietet. Das Gelände, auf dem es steht, liegt in Adeje, etwa 6 km nordwestlich der Plaza del Duque. Ausfahrt 79B von der TF-1 Autopista del Sur und dann immer den Schildern nach.

Golf del Sur GOLF
(www.golfdelsur.net; Urbanizacíon Golf del Sur, San Miguel de Abona; Erw./Kind 18 Löcher 87/43 €; ⏲ 7.30–19 Uhr) Ein attraktiver ausgereifter

Playa de las Américas

Sehenswertes

1	Playa de las Vistas	D5
2	Playa de Troya	B2
3	Siam Park	C1

Aktivitäten, Kurse & Touren

4	Aqua Marina	C5
5	K-16 Surf	B4
6	Mare Nostrum	C5

Schlafen

7	Anyka Sur	D5
8	Marcus Management	D4
9	Villa Cortés	B4

Essen

10	Oriental Monkey	C5

Ausgehen & Nachtleben

11	Casablanca	D5
12	Las Verónicas	B2
13	Papagayo	B2

Unterhaltung

14	La Pirámide	B5

Shoppen

15	Artenerife	B2

Golfplatz mit Wasserhindernissen, hohen Palmen und Meerblick.

Los Palos Centro de Golf GOLF
(www.golflospalos.com; Carretera Guaza-Las Galletas Km 7, Arona; Erw./Kind 9 Löcher 25/17 €; 7–19 Uhr) Attraktiver kleiner Platz, umgeben von Bananenbäumen, mit Schwerpunkt auf Unterrichtsstunden, ideal für Anfänger.

Walbeobachtung

Veranstalter, die zwei-, drei und fünfstündige Bootstouren zum Beobachten von Walen und Delphinen anbieten, sind am Ende der Playa de Los Cristianos in der Nähe des Hafens und in Puerto Colón in Costa Adeje zu finden. Bei den meisten Touren sind Essen, Trinken und eine kurze Bademöglichkeit inklusive. Auch wenn es zahlreiche Anbieter gibt, sind die Touren im Grunde alle ähnlich; eine Zweistundentour kostet ab 18 €.

Travelin' Lady BOOTSAUSFLUG
(Karte S.170; 609 42 98 87; Rincón de Arona, Puerto de Los Cristianos; Erw./Kind 18 €/kostenlos; So–Fr 9.30–20, Sa 12–15 Uhr) Organisiert Walbeobachtungsausflüge und benutzt einen ummantelten Propeller, um Verletzungen der Säugetiere auszuschließen.

Angeln

Tiefseeangeltouren kosten ab 49 € für drei Stunden. Informationen zu solchen Unternehmungen gibt's an den Kiosken am westlichen Ende der Playa de Los Cristianos oder bei einer Touristeninformation.

Feste & Events

Kanarische Lebensmittelmesse ESSEN
(Mitte März) Diese einwöchige Messe bietet die Möglichkeit zum Kosten und Kaufen der Lebensmittel und Spezialitäten von den Inseln in Los Cristianos.

Essen

Hungrig muss hier niemand weggehen. Die Frage ist eher, wo es die beste Qualität und das beste Preis-Leistungs-Verhältnis gibt. Um Restaurants, die ihre internationale Küche mit sonnengebleichten Plakaten auf dem Pflaster anpreisen, macht man besser einen Bogen, allerdings hat sich ganz allgemein die Qualität der Restaurants in den letzten Jahren verbessert, und es lassen sich immer mehr anspruchsvolle Lokale und spanische und kanarische Speisen finden.

Am Hafen von Los Cristianos befindet sich eine Handvoll Kioske, darunter die stets beliebte **Pescaderia Dominga** (Karte S.170; Puerto de Los Cristianos; Fisch 5–9 €; Mo–Fr 12–19, Sa bis 15 Uhr), die fangfrischen Fisch verkauft. Man kauft sich entweder welchen roh zum Selbstgaren oder lässt ihn sich braten und genießt den frischesten und besten Fischimbiss, den man sich nur denken kann, mit den Füßen baumelnd auf der nahe gelegenen Mole.

★ **El Cine** MEERESFRÜCHTE €
(Karte S.170; www.barelcine.es/en; Calle Juan Bariajo 8, Los Cristianos; Hauptgerichte 8–10 €; 11–23 Uhr) Ja, El Cine verdient wirklich eine Medaille für seine günstigen, einfach zubereiteten Fischgerichte. Das Lokal besteht schon seit den 1980er-Jahren, und die Speisekarte ist beruhigend klein; mit dem Fisch des Tages kann man meist nichts falsch machen. Es liegt versteckt in einem Winkel der Promenade, und seine Schlichtheit und das weitgehende Fehlen von Touristen tragen zu seinem Charme bei.

Sopa VEGETARISCH €
(Karte S.170; Calle Montaña Chica 2, Los Cristianos; Salate & Suppen 4–7 €; Mo–Sa 8–21, So 9–21 Uhr;) Ein lässiges Ambiente mit Sofas, Büchern und Zeitschriften ist die Kulisse für eine Auswahl an gesunden Suppen, Salaten

Los Cristianos

und Burgern (mit Spinat). Köstliche Kuchen gibt's auch. Ein besonderes Verwöhnprogramm für die Geschmacksknospen bieten Kirsch und Marzipan.

Lebensmittelmarkt La Pepa MARKT €
(☎ 922 79 48 85; www.mercadolapepa.es; Centro Comercial La Pasarela, Los Cristianos; Snacks 2,50–5 €; ⏲ Mo–Do 10–23, Fr–So bis 0 Uhr; P 📶 👪) Dieser Gourmet-Lebensmittelmarkt wurde gerade erst im Jahr 2015 eröffnet und wird auch jetzt immer noch erweitert. Zum Zeitpunkt der Recherche gab es hier etwa 25 Stände, darunter hochwertige Delikatessenläden, eine Meeresfrüchtetheke, einen Pfannkuchen- und Waffelstand, Sushi, eine Weinbar und für die Freunde der fleischlosen Ernährung einen Stand mit vegetarischen Snacks. Auf einer weitläufigen Terrasse mit Blick über die Dächer bis hin zum Meer gibt es reichlich Sitzplätze und einen Kinderspielplatz.

Bar Nuestro KANARISCH €
(Karte S. 170; Calle San Roque 12, Los Cristianos; Hauptgerichte 5–8 €; ⏲ Do–Di 8–22 Uhr) Authentisches Lokal mit einem scheunenartigen Inneren und einer unverfälschten kanarischen Speisekarte mit Gerichten wie Kichererbsen mit Schweinefleischwürsten und gegrillten Sardinen.

Bar Gavota CAFÉ €
(Karte S. 170; Avenida los Playeros 27, Los Cristianos; Frühstück 5 €; ⏲ Mo–Sa 8–23 Uhr) Die Bar, zentral gegenüber der Kirche in Los Cristianos gelegen, hat sich ihre typisch spanische Atmosphäre bewahrt, ebenso wie ihre Kundschaft aus einheimischen Stammgästen. Perfekt für ein Frühstück mit Toast und Kaffee oder einen Drink.

★ **Le Bistrôt d'Alain** FRANZÖSISCH €€
(Karte S. 170; ☎ 922 75 23 36; Calle Valle Menéndez 23, Los Cristianos; Hauptgerichte 10–15 €; ⏲ Di–So 7.30–23 Uhr) Dieses förmliche, aber unauffäl-

Los Cristianos

Aktivitäten, Touren & Kurse
1 Travelin' Lady A3

Schlafen
2 Hotel Andrea's C2
3 Hotel Reveron Plaza B2

Essen
4 Bar Gavota C2
5 Bar Nuestro A3
6 Cofradia de Pescadores A3
7 El Cine B3
8 Le Bistrôt d'Alain C2
9 Original Bistro B2
10 Pescaderia Dominga A3
11 Rincón del Marinero A3
12 Sopa C2

Ausgehen & Nachtleben
13 Beach House B3

Unterhaltung
14 Centro Cultural C2

Shoppen
15 La Alpizpa B3
16 Librería Barbara B2

lige Restaurant liegt etwas versteckt vor den Massen und serviert hochwertige klassisch französische Gerichte, wie Steak mit Roquefort-Sauce, Froschschenkel und ungewöhnlichere Gerichte, wie Fischeintopf mit reichlich Garnelen, Lachs und Gemüse. Es ist eines der angeseheneren Restaurants und, wie es nicht anders zu erwarten ist, beliebt bei französischen Besuchern.

Cofradia de Pescadores MEERESFRÜCHTE €€
(Karte S.170; Muelle Los Cristianos, Los Cristianos; Hauptgerichte 10–20 €; So–Fr 12–22 Uhr) Das Restaurant wird von der Fischereigenossenschaft vor Ort betrieben und serviert jeden Tag den allerfrischesten Fisch. Die Gäste suchen ihn sich entweder aus dem großen Becken am Eingang aus oder folgen der Empfehlung. Der Speiseraum ist hell und luftig mit Blick auf den Hafen; zu finden ist das Restaurant durch das Schild zu einer kleinen Seitentür mit der Aufschrift „Bar", dann dem Fischfries nach die Treppe hinauf.

Original Bistro BISTRO €€
(Karte S.170; 922 79 20 31; Callejón Gonzalo, Los Cristianos; Hauptgerichte 10–12 €; Mi–Mo 18–23 Uhr;) Das äußerst beliebte Bistro wird von einem spanisch-englischen Paar geführt und bietet ein dreigängiges Menü mit mehreren Auswahlmöglichkeiten an. Hier wird nichts überträufelt oder an Schäumchen serviert; die Gerichte sind schlicht und (meist) traditionell britisch, aber gekonnt zubereitet – verkochtes Gemüse kommt hier nicht auf den Teller.

La Torre del Mirador KANARISCH €€
(Karte S.172; 922 71 22 09; www.latorredemirador.es; Playa del Duque, Costa Adeje; Hauptgerichte 12–16 €; 10–20 Uhr) Die elegante Kombination aus Bar und Restaurant hat eine zauberhafte Terrasse mit farbenfrohen Blumen, Palmen und einem malerischen Seeblick. Die Karte enthält diverse gute Fisch- und Meeresfrüchte-Gerichte, wie Riesengarnelen mit Knoblauch, oder man teilt sich einen Teller *pimientos de padron* (kleine gebratene grüne Paprika), die perfekte Begleitung zu einer großen kalten *cerveza* nach einem Bummel über die Promenade.

Rincón del Marinero MEERESFRÜCHTE €€
(Karte S.170; Muelle Los Cristianos, Los Cristianos; Hauptgerichte 9–15 €; 12–23 Uhr) Das Restaurant mit nautischem Look ist auf Fisch und Meeresfrüchte spezialisiert, darunter eine köstliche *zarzuela* (Fisch- und Meeresfrüchte-Eintopf), und alle Tische stehen auf einer überdachten Terrasse (der Beweis, dass es schlechtes Wetter hier nicht gibt).

★ **Oriental Monkey** ASIATISCH €€€
(Karte S.172; 922 78 92 91; www.theorientalmonkey.com; Avenida de las Américas, Central Comercial Oasis, Playa de las Américas; Hauptgerichte 18–25 €; Mo–Sa 19–23 Uhr;) 2013 zum besten internationalen Restaurant der Kanaren gekürt. Unter der Leitung des gefeierten Chefkochs Nacho Hernández kombiniert das Gourmetrestaurant ein exotisches Ambiente mit einer exotischen Auswahl innovativ zubereiteter, asiatisch inspirierter Gerichte von mariniertem Heilbutt in Miso bis zu Thunfisch-Tataki mit geräucherter Aubergine und Couscous.

Die Besucher erwartet ein unterhaltsamer Abend mit Videoprojektionen rosafarbener Schmetterlinge, die über ihren Tisch schweben, oder Fischen, die über ihren Teller schwimmen, und gedämpfte farbige Lichter, die ständig wechseln und sich verändern.

Ausgehen & Nachtleben

Nach Mitternacht tobt das Leben vor allem in Los Cristianos am Centro Comercial San Telmo, dem Einkaufszentrum hinter der Playa de las Vistas. Dann verwandelt sich

Costa Adeje

Costa Adeje

Sehenswertes
1 Aqualand D3

Aktivitäten, Kurse & Touren
2 Aqua Club Termal D2
3 Vitanova Spa B1

Schlafen
4 Baobab Suites B1

Essen
5 La Torre del Mirador A1

Ausgehen & Nachtleben
6 Chiringuito del Mirador A1

Shoppen
7 Plaza del Duque B1

der tagsüber langweilige kleine Straßenabschnitt in eine Reihe von Nachtclubs, in denen bis spät in die Nacht Musik wummert. Wer es auf stilvollere Abendunterhaltung abgesehen hat, wird eher anderswo fündig; die Angebote erweitern sich ständig.

★ Papagayo BAR, NACHTCLUB
(Karte S. 168; www.papagayobeachclub.com; Playa de Troya, Avenida Rafael Puig Lluvina, Playa de las Américas; ⏲10–open end; 📶) Restaurant, Bar und Nachtclub verströmen Eleganz und guten Geschmack.

Die Einrichtung ist vorwiegend weiß mit lässigen Sitzmöbeln, schattenspendenden Baldachinen und Wasserelementen; die besten Angebote auf der Speisekarte sind leichte Gerichte wie Sushi. Nachts verwandelt sich das Lokal in einen angesagten Nachtclub mit einem routinierten professionellen DJ und Tanz.

Chiringuito del Mirador BAR
(Karte S. 172; Playa del Duque, Costa Adeje; ⏲12–19 Uhr) Die Strandbar (mit Restaurant) mit weißem Hochglanzmobiliar und Dekor, das einen Kontrast zum tiefblauen Meer ein paar Meter weiter bildet, vermittelt Sommer-und-Sonne-Feeling pur. Ideal für einen mittäglichen Cocktail oder eine *cerveza,* dazu einen Teller *gambas a la plancha* (gegrillte Garnelen) zum Knabbern.

Beach House BAR
(Karte S. 170; Paseo Dulce María Lenaz, Los Cristianos; ⏲5 Uhr–open end; 📶) Die von Italienern geführte Bar wirkt ziemlich schick mit ihrer Lounge-Musik, den blassgrauen Wänden, bonbonfarbenen Kissen und dem Modekanal (statt Fußball) im Fernsehen; es gibt empfehlenswerte Cocktails.

Las Verónicas NACHTCLUB
(Karte S.168; Centro Commercial Las Verónicas, Playa de las Américas) Las Verónicas erstreckt sich über drei aneinander angrenzende Gebäude und hat diverse laute und lärmige Optionen fürs Nachtleben, die sich vor allem an eine trinkfeste britische Klientel richten.

Casablanca NACHTCLUB
(Karte S.168; Centro Comercial San Telmo local 17, Los Cristianos; ⏲ 23 Uhr–open end) Nach Mitternacht bekommt man im berühmtesten Club des pulsierenden Viertels kaum noch einen Fuß zwischen die tanzenden Massen.

Unterhaltung

Viele Bars an der Hauptstraße von Playa de las Américas bieten am Wochenende Livemusik. Wo und wann genau was los ist, weiß die Touristeninformation.

Centro Cultural THEATER
(Karte S.170; www.centroculturalcristiano.org; Plaza Pescador 1, Los Cristianos; Eintrittspreise variieren) Hier findet eine Reihe kultureller Events, wie Cine de Verano, ein Sommerfest mit Open-Air-Filmen (auf Spanisch), statt, bei dem außer mittwochs jeden Abend Filme gezeigt werden. Ein Auditorium fungiert außerdem als Konzertsaal.

La Pirámide LIVEMUSIK
(Karte S.168; ☎ 922 75 75 49; www.piramidearona.com; La Pirámide, Avenida de las Américas, Playa de las Américas; Eintrittskarten ab 50 €; ⏲ Mi 20 Uhr, Di, Do–So 21 Uhr) In dem riesigen Auditorium (einem der größten in ganz Europa) finden regelmäßig Vorführungen von Weltklasse statt, bei denen normalerweise Flamenco, Oper und Tanz kombiniert werden. Die Vorführung kann mit einem Abendessenbüfett (ab 75 €) verbunden werden, das um 18.30 bzw. 19 Uhr beginnt. Allerdings soll das Essen deutlich weniger für Eindruck sorgen als die Vorführung.

DAS KREUZ MIT DER HALBPENSION

Bars und Restaurants in ganz Teneriffa haben sehr darunter zu leiden, dass Hotels immer öfter spottbillige All-inclusive-Deals mit Halbpension anbieten. Hotelbüfetts zeichnen sich normalerweise durch nichtssagende internationale Küche aus, die auf den Massengeschmack abzielt. Wer etwas dagegen tun will, dass immer mehr *se-vende*-Schilder auftauchen, kann sich stattdessen bewusst für die einheimischen Lokale einsetzen.

Shoppen

Überall in den Badeorten sprießen moderne Einkaufszentren wie Pilze aus dem Boden. Los Cristianos hat dagegen die beste Auswahl kleiner familiengeführter Geschäfte, die etwas ungewöhnlichere Produkte und Andenken verkaufen.

Plaza del Duque EINKAUFSZENTRUM
(Karte S.172; www.plazadelduque.com; Playa del Duque, Costa Adeje; ⏲ Mo–Fr 10–19, Sa bis 14 Uhr; 📶 👪) Ein luxuriöses kleines Einkaufszentrum mit 60 Geschäften, einschließlich Designerboutiquen und einem Bereich für Kinder.

Artenerife KUNSTHANDWERK
(Karte S.168; www.artenerife.com; Avenida Rafael Puig Lluvina, Playa de las Américas; ⏲ Mo–Sa 9.30–13.30 & 17–19 Uhr) Das Artenerife ist Teil einer inselweiten Kette mit einer guten Qualitätskontrolle und bietet eine hervorragende Auswahl hochwertiger Kunsthandwerkartikel, die direkt auf den Kanarischen Inseln gefertigt wurden.

La Alpizpa KUNSTHANDWERK
(Karte S.170; Paseo Marítimo, Los Cristianos; ⏲ Mo–Sa 10–14 & 17–19 Uhr) Der Laden direkt am Meer verkauft hochwertige und vielseitige Kunsthandwerksartikel, die von Menschen mit Behinderungen gefertigt wurden.

Librería Barbara BÜCHER
(Karte S.170; ☎ 922 79 23 01; Calle Pablo Abril 6, Los Cristianos; ⏲ Mo–Fr 10–13 & 17–19.30, Sa 10–13 Uhr) Der 1984 eröffnete Buchladen verkauft eine große Bandbreite an Büchern in mehreren Sprachen, einschließlich Deutsch, Englisch, Französisch und Spanisch, außerdem eine Auswahl von Zeitschriften sowie Lesestoff für Kinder.

Praktische Informationen

Touristeninformation (www.todotenerife.es) Los Cristianos (Karte S. 170; ☎ 922 75 71 37; www.arona.org; Centro Cultural, Plaza Pescador 1); Playa de las Vistas (Karte S. 168; ☎ 922 78 70 11; Centro Comercial San Telmo); Playa de las Américas (Karte S. 168; ☎ 922 79 76 68; Centro Comercial City Center, Avenida Rafael Puig Lluvina); Costa Adeje (Karte S. 168; ☎ 922 71 65 39; Avenida Litoral) Die Geschäftsstelle Costa Adeje ist an der Barranco del Rey zu finden.

EINFACH MAL ABSCHALTEN – WELLNESS AUF TENERIFFA

Urlaub machen kann stressig sein, besonders wenn es so viel zu sehen und zu tun gibt. Aber zum Glück gibt's ja Spas.

Aqua Club Termal (Karte S. 172; ☎922 71 65 55; www.aquaclubtermal.com; Calle Galicia, Torviscas Alto, Costa Adeje; ⏲8–22 Uhr) In der Nähe von Costa Adeje liegt dieser wohldurchdachte Aqua-Club, laut Werbebroschüre die umfassendste Thermal- und Sportanlage in ganz Europa. Er erstreckt sich auf über 6000 m² Grundfläche, die alle darauf angelegt sind, den Gast zu verwöhnen. Das Türkische Bad lohnt den Besuch.

Vitanova Spa (Karte S. 172; ☎922 71 99 10; www.vitanovatenerife.com; Calle Alcalde Walter Paetzman, Playa del Duque, Costa Adeje; ⏲9–21 Uhr) Die Wellnessanlage an der Costa Adeje bietet Massagen und Gesichtsbehandlungen sowie sündige Wonnen, wie eine Schokoladenmassage und ein Anticellulitis-Peeling mit Algen und Weintrauben.

Mare Nostrum (Karte S. 168; ☎922 75 75 45; www.marenostrumspa.es; Avenida de las Américas, Playa de las Américas; ⏲10–19 Uhr) Teil der großen Anlage in Playa de las Américas; hier wird der Gast richtig verwöhnt. Es gibt verlockend klingende Pilzwickel und Elektrotherapie für die anspruchsvollen Spa-Gäste sowie Massagen und Dampfbäder für alle, die sich einfach nur entspannen wollen.

Hotel Botánico Spa (☎922 38 14 00; www.hotelbotanico.com; Avenida Richard J Yeoward 1, Puerto de la Cruz) Dieses exklusive Hotel hat einen orientalischen Wellnessbereich, der Wellness-Therapien und Anwendungen anbietet, sowie eine Thai-Pagode inmitten üppiger Gärten für eine traditionelle Thai-Massage und ein *hammam* (türkisches Dampfbad).

An- & Weiterreise

BUS

Hier kommen viele der leuchtend grünen TITSA-Busse Teneriffas durch und halten an Busbahnhöfen in Los Cristianos und Playa de las Américas. Die Busse 110 (direkt; 12,40 €, 1 Std., alle 30 Min.) und 111 (über einen Umweg) fahren von und nach Santa Cruz. Bus 343 fährt zum Flughafen Tenerife Sur (3,70 €, 45 Min.). Von dort fährt er weiter zum Flughafen Tenerife Norte. Zahlreiche weitere Busse passieren die zwei Badeorte auf dem Weg nach Arona (Bus 480), Los Gigantes (Bus 473), Puerto de la Cruz (Bus 343), El Médano (Bus 470) und Las Galletas (Bus 467).

Der Busbahnhof Playa de las Américas liegt zwischen Las Américas Mitte, San Eugenio und der *autovía*. In Los Cristianos gibt es keinen Busbahnhof im eigentlichen Sinne; die Busse halten an der Avenida Juan Carlos I, direkt hinter der Kreuzung mit der Avenida Amsterdam, gegenüber dem Valdes-Einkaufszentrum. Auskünfte zu den Busfahrplänen gibt's rund um die Uhr unter ☎922 53 13 00.

Unterwegs vor Ort

Die meisten Fernbusse bedienen auch den innerstädtischen Verkehr und halten an den größeren Straßen von Los Cristianos und Playa de las Américas, bevor sie die Stadt verlassen.

Außerhalb der meisten Einkaufszentren gibt es Taxistände. Nachts ein Taxi zu bekommen ist normalerweise kein Problem, da die meisten lieber zu Fuß gehen. Eine Fahrt mit dem Taxi ans andere Ende der Stadt kostet üblicherweise zwischen 6 und 8 €.

Las Galletas

Las Galletas ist ein kleiner Badeort einige Kilometer südlich von Las Américas und im Vergleich zu diesem so ruhig wie ein Sonntagnachmittag in einer Bibliothek – für viele macht genau das seinen Reiz aus. Einen Block von der Strandpromenade führt die baumbestandene Rambla Dionisio González mit Bänken und Spielplätzen zur Touristeninformation und zum Meer.

Strände

Playa Las Galletas STRAND

An diesen reizvollen Strand aus Vulkansand und Kieseln in Las Galletas bringt man sein eigenes Handtuch und seinen eigenen Sonnenschutz mit. Dahinter erstreckt sich eine zauberhafte Promenade mit Bars und ein paar hervorragenden Fischrestaurants.

Aktivitäten

Die dramatischen Felsformationen der **Montaña Amarilla** (Gelber Berg), eines Vulkanhügels an der Küste außerhalb der Stadt, wurden von Wind und Wellen erschaffen. Hierher geht es über die Avenida José Antonio Tavio (neben dem Ten-Bel-Komplex) hinunter zur Calle Chasna. Am Ende der Straße befindet sich ein kleiner Parkplatz, und ein Weg führt zum Wasser hinunter. Die Felsen laden zum Spazierengehen ein, und es gibt nirgends Gebäude, die den Blick auf die Küste verstellen; ein weiterer Weg führt rund um die *montaña*.

Tauchcenter Buceo Tenerife TAUCHEN
(☎ 922 73 10 15; www.buceotenerife.com; Calle María del Carmen García 22; Tauchen mit Leih-Ausrüstung 36 €; ⏲ 9–18 Uhr) Diese bekannte Tauchschule gibt Preisnachlässe bei mehreren Tauchgängen.

Escuela de Vela las Galletas WINDSURFEN
(☎ 629 87 81 02; Playa Las Galletas; Verleih von Windsurfbrettern/Katamaranen 17/35 € pro Stunde; ⏲ Di–So 11–18 Uhr) Die etablierte Firma vermietet Segelboote und Windsurfbretter und bietet Kurse an.

Essen

In den kleinen Straßen, die von der zentralen Rambla Dionisio González abgehen, befinden sich einfache Tapas-Bars, die gern von Einheimischen besucht werden. Die beste Auswahl an ansprechenden Restaurants gibt es an der Promenade.

Bajío MEERESFRÜCHTE €€
(☎ 922 73 10 39; Puerto de Las Galletas; Hauptgerichte 12–15 €) Das meerblau gestrichene Fischrestaurant mit Blick auf die Werft wird von einem freundlichen jungen Team geführt. Die Gerichte sind ansprechend präsentiert und schmackhaft, beispielsweise appetitliche *tagliolini con mejillones* (Pasta mit Muscheln) oder eine *fritura de pescada* (Fischpfanne) für zwei.

La Gaviota MEERESFRÜCHTE €€
(☎ 922 78 59 44; Calle La Marina 9; Hauptgerichte 10–16 €; ⏲ Do–Di 12–22 Uhr; Ⓟ) Zu diesem stimmungsvollen Fischrestaurant direkt am Strand geht es die Promenade entlang nach Westen und noch ein Stück weiter. Sonntagmittag unterhält ein kanarischer Sänger die Gäste, während diese sich beispielsweise einen *zarzuela*-Teller (24 € für zwei Personen) gönnen.

Praktische Informationen

Touristeninformation (☎ 922 73 01 33; www.todotenerife.es; ⏲ Mo–Fr 8.30–15.30, Sa & So 9–16 Uhr) Am westlichen Ende von La Rambla, der von Bäumen gesäumten Promenade, die parallel zum Paseo Marítimo verläuft.

An- & Weiterreise

Las Galletas befindet sich ein paar Kilometer entfernt von der TF-1, Ausfahrt 26. Die Busse 467, 470 und 473 fahren stündlich nach Los Cristianos (1,90 €, 30 Min.), die Busse 112 und 115 (8,50 €, 1¼ Std.) von und nach Santa Cruz.

DER OSTEN

Die Ostküste Teneriffas ist die vergessene Küste der Insel, was auf den ersten Blick wenig überrascht: Die Landschaft im Osten ist trocken, staubig und kahl, doch sie ist auch gesprenkelt mit freundlichen, farbenfrohen kleinen Dörfern, die die ansonsten karge Umgebung mit Leben erfüllen. Wer Zeit hat, für den lohnt es sich durchaus, die Gegend etwas näher zu erkunden. Es gibt einige hübsche, unaufgeregte Küstenstädte, in denen es sehr viel bodenständiger zugeht als in den quirligen internationalen Badeorten an der Südküste.

Besucher der Ostküste, die von den südlichen Badeorten kommen und sich etwas Gutes tun wollen, können die kurvige Landstraße TF-28 entlangfahren, die ehemalige Hauptdurchgangsstraße, die sich an dem malerischen Gebirgsrücken oberhalb der Küste entlangwindet. Die Alternative ist die sehr volle Autobahn (TF-1), die den Süden mit Santa Cruz verbindet, das bequem in ca. 40 Minuten zu erreichen ist.

Candelaria

16 000 EW.

Nur 18 km südlich von Santa Cruz liegt Candelaria, ein bezauberndes Fischerdörfchen, dessen ganzer Stolz seine Basilika für die Virgen de la Candelaria, die Schutzheilige der gesamten kanarischen Inselgruppe, ist. Ein Besuch dort lohnt auf jeden Fall, besonders sonntags, wenn es hier fast schon wallfahrtsmäßig zugeht und die Einheimischen zur Messe in die Kirche strömen und in den umliegenden kleinen Läden den ganzen Tag lang religiöse Artefakte, Blumen, Andenken und Ähnliches feilgeboten werden.

Den öden benachbarten Badeort Las Caletillas kann man dagegen getrost links liegen lassen; für den Ort spricht kaum etwas außer einem recht ordentlichen schwarzen Kieselstrand. Rund um die Einkaufsstraße und den Hafen von Candelaria liegt eine erkleckliche Anzahl uriger einheimischer Bars und Restaurants.

DIE JUNGFRAU VON CANDELARIA

1392 – ein Jahrhundert, bevor Teneriffa erobert wurde – wurde eine Statue der Jungfrau Maria, die eine *candela* (Kerze) hielt, an der Küste in der Nähe des heutigen Candelaria angespült. Die Guanchen-Hirten, die die Statue fanden, brachten sie zu ihrem König, und der Legende nach begannen die Leute, sie anzubeten. Als die Spanier die Insel ein Jahrhundert später eroberten, hielten sie die Statue für wundertätig, und 1526 ordnete Kommandant Pedro Fernández de Lugo an, ein Heiligtum dafür zu bauen.

Die logische Erklärung für das „Wunder" ist, dass es sich bei der Statue um die Galionsfigur eines gesunkenen Schiffes handelte oder vielleicht um eine Marienstatue französischer oder portugiesischer Seeleute, die noch vor den spanischen Eroberern auf der Insel waren. 1826 jedenfalls wurde sie von einem heftigen Sturm mitgerissen und nie wiedergefunden. Die reich geschmückte Statue, die heute, in Roben gekleidet, in der Basílica de Nuestra Señora de Candelaria steht, wurde bald darauf von dem einheimischen Künstler Fernando Estévenez gefertigt. Am 15. August, dem Tag, als die Guanchen sie angeblich fanden, wird die Jungfrau durch Prozessionen, zahlreiche Messen und eine kitschige Nachstellung der Anbetung durch kostümierte „Guanchen" geehrt.

Sehenswertes

Basílica de Nuestra Señora de Candelaria KIRCHE
(Di–So 7.30–13 & 15–19.30 Uhr; P) Die große Kuppelkirche stammt aus dem Jahr 1959 und liegt am Rand des Stadtzentrums über einem steinigen Strand, flankiert von einer Plaza, an der neun gewaltige Guanchen-Kriegerstatuen Wache halten. Zu den offiziellen Festlichkeiten der Feier zu Ehren der Virgen de la Candelaria am 15. August füllt sich die Plaza mit Pilgern und Besuchern, die von sämtlichen Inseln hierherströmen. Zur Messe sind an diesem Tag meist nur noch Stehplätze zu bekommen.

Praktische Informationen

Direkt nördlich von der Basilika ist eine kleine **Touristeninformation** (922 50 04 25; Avenida Marítimo 176; 9–14 & 16.30–19 Uhr).

An- & Weiterreise

Autofahrer nehmen die Ausfahrt 9 von der Autobahn TF-1. Die Busse 111, 112, 115, 116, 122, 123 und 131 verbinden die Stadt mit Santa Cruz (2,35 €, 30 Min.).

Güímar & Umgebung

16 000 EW.

Eine ländliche Stadt mit Blick auf das im Dunst verschwimmende blaue Meer in der Ferne; das Zentrum ist gepflegt und lädt zu einem Bummel ein. Die meisten Besucher kommen wegen der rätselhaften Pyramiden hierher, die Ähnlichkeit mit Pyramiden in Südamerika aufweisen.

Sehenswertes

Pirámides de Güímar RUINEN
(922 51 45 10; www.piramidesdeguimar.net; Calle Chacon, Güímar; Erw./Kind 11 €/frei; 9.30–18 Uhr; P) Diese stark restaurierten Pyramidenruinen werfen eine faszinierende Frage auf: Hatten die Canarios womöglich Kontakt mit Amerika, noch bevor Kolumbus zu seiner berühmten Reise über das weite Meer aufbrach? Diese Theorie stellte der angesehene norwegische Wissenschaftler Thor Heyerdahl auf, der bis zu seinem Tod im Jahr 2002 auf Teneriffa lebte; seine These basierte auf der Ähnlichkeit der Pyramiden in Güímar mit den Pyramiden der Maya.

Archäologisches & Ethnographisches Museum von Agache MUSEUM
(922 53 04 95; Plaza El Escobonal, El Escobonal; Mo–Fr 17–19 Uhr) GRATIS In diesem bescheidenen Museum in El Escobonal wird aller möglicher Krimskrams in Verbindung mit den Guanchen und der besonderen Inselkultur ausgestellt.

Essen

Café al Mar CAFÉ €
(626 39 00 96; Porís de Abona; Sandwiches 2,50 €; 8–17 Uhr) Dieses winzige Café in deutscher Hand überblickt die kleine schwarzsandige Bucht in Porís de Abona und serviert einfache Gerichte wie Sandwiches sowie ausgezeichneten Kaffee.

An- & Weiterreise

Die etwa stündlich fahrenden Busse 120 und 121 von Santa Cruz (3,40 €, 50 Min.) halten am Busbahnhof Güímar nur ein paar Blocks von den

Pyramiden entfernt. Um die ganze Umgebung zu erkunden, braucht man aber eigentlich ein eigenes Fahrzeug.

El Médano

1250 EW.

El Médano ist ein Weltklasse-Spot fürs Kitesurfen. Durch die Lässigkeit der Surfer herrscht in dem Ort ein Hauch Bohème; der Ort ist insgesamt viel ansprechender als das nahe gelegene Las Américas.

Strände

Playa El Médano STRAND

El Médano hat den längsten Strand Teneriffas (2 km) mit einer hölzernen Promenade – perfekt für einen Abendspaziergang; doch der Wind, der so schön zum Surfen ist, macht ein Sonnenbad hier nicht angenehm.

Playa La Tejita STRAND

Der herrliche unberührte Strand erstreckt sich über etwa einen Kilometer; eine schlichte Bar mit Strohdach verkauft Getränke und Snacks. Er liegt direkt östlich vom Hauptstrand Playa El Médano; der erste Abschnitt ist ein FKK-Strand.

Aktivitäten

Das Meer ist bis zum Horizont mit den Matten der Kitesurfer getupft. Mehrere Unternehmen bieten Unterricht an und vermieten Ausrüstung, aber Neulinge merken schnell, dass der Wind hier sehr stark ist und selbst Profis vor eine Herausforderung stellt.

Kitesurf-Schule Azul KITESURFEN

(☎ 922 17 83 14; www.azulkiteboarding.com; Paseo Mercedes Roja 26; 3-Stunden-Kurs 145 €; ⏲ Di–Sa 11–20 Uhr) Die angesehene Schule bietet Kurse für Anfänger und Fortgeschrittene an.

Kitesurf-Schule 30 Nudos KITESURFEN

(☎ 922 17 89 05; www.30nudos.com; Paseo Nuestra Señora Mercedes de Roja 24; 3-Stunden-Kurs 145 €; ⏲ Mo–Sa 10–20 Uhr) Die superfreundliche und professionelle Kitesurf-Schule hat einen ausgezeichneten Ruf.

Essen

Imperio del Pintxo TAPAS €

(Emilio José Garrido, Playa Chico; raciónes 7–9,50 €; ⏲ 10–0 Uhr; 👪) Das Lokal wird von einem jungen, engagierten Team betrieben und bietet einen Blick auf den Strand und die Kitesurfer dahinter. Hier gibt es schmackhafte Tapas und *raciónes*-Teller zum Teilen, zum Beispiel Gemüse-Tempura, Ziegenkäse-Päckchen in leichtem blättrigen Teig und Garnelen mit einer würzigen *mojo*-Sauce.

El Astillero de Avencio MEERESFRÜCHTE €€

(☎ 922 17 82 20; Paseo Marcial García 2; Hauptgerichte 12–15 €; ⏲ Di–So 13–22.30 Uhr) So ziemlich das beste Lokal in der Stadt mit Blick auf die Wellen; der Fisch und die Meeresfrüchte hier sind immer gut, und die Paella hat von Lesern begeisterte Kritiken bekommen. Es gibt nur wenig Gemüse und eine kleine Dessertauswahl.

> ABSEITS DER ÜBLICHEN PFADE
>
> **DIE OSTKÜSTE ERKUNDEN**
>
> Von Güímar aus geht's weiter an El Escobonal vorbei bis nach Fasnia und zur winzigen **Ermita de la Virgen de los Dolores,** einer Kapelle auf einem Hügel am Rand der Stadt (neben der Landstraße TF-620). Die Kapelle ist normalerweise geschlossen, aber der weite Blick auf die raue, karge Landschaft lohnt die kurze Fahrt hier hinauf. Weiter geht es auf der TF-620 vorbei an der *ermita* nach **Roques de Fasnia,** eine kleine Stadt, die in den Vulkanfels gehauen wurde. Hier gibt es einen ruhigen Strand mit schwarzem Sand, an dem es selten voll wird. Etwas weiter südlich liegt **Porís de Abona,** ein bezauberndes kleines Fischerdorf, allerdings umgeben von Neubauten. Hier gibt es eine verlockende kleine Bucht samt Fischerbooten und einem dunklen Sandstrand, der zum Baden einlädt.

Praktische Informationen

Touristeninformation (☎ 922 17 60 02; www.todotenerife.es; Plaza del Médano; ⏲ Mo–Fr 9–15 Uhr, Sa bis 13 Uhr) Gut ausgestattete Touristeninformation, die auch Karten für vier hiesige Wanderwege ausgibt

An- & Weiterreise

El Médano liegt direkt östlich vom Flughafen Tenerife Sur, bei Ausfahrt 22 der TF-1. Bus 470 fährt alle Stunde nach Los Cristianos (3,60 €, 1 Std., 35 Min.), und Bus 116 fährt alle zwei Stunden von Santa Cruz (7,35 €, 1¼ Std.).

La Gomera

☎922 / BEVÖLKERUNG: 21952

Inhalt ➡

Gut essen

- ➡ Canaria Breñusca (S. 184)
- ➡ Casa Efigenia (S. 186)
- ➡ Bar-Restaurante El Puerto (S. 195)
- ➡ Junonia (S. 192)

Schön übernachten

- ➡ Parador Nacional Conde de la Gomera (S. 253)
- ➡ Apartamentos Los Telares (S. 253)
- ➡ Finca Argayall (S. 254)
- ➡ Apartamentos Tapahuga (S. 254)
- ➡ Apartamentos Quintero (S. 253)

Auf nach La Gomera!

Aus der Ferne erscheint La Gomera wie eine undurchdringliche Festung, umringt von hoch aufragenden Felswänden. Schmale Straßen winden sich wie dünne Nudeln an Felshängen entlang und Schluchten hinauf, und die winzigen weißen Punkte der Häuser scheinen sich an den unmöglichsten Stellen an unzugängliche Felsspitzen zu klammern. Von Nahem aber schälen sich aus der rauen Landschaft grüne Täler, imposante Felsklippen und gravitätische Steinformationen heraus, die vor langer Zeit durch vulkanische Aktivität und Erosion entstanden sind.

La Gomera bietet weder goldene Strände noch ein pulsierendes Nachtleben, und es ist etwas umständlich mit der Fähre von Los Cristianos aus zu erreichen. Die meisten Besucher der Insel sind Wanderer, die es zu den zahlreichen Wanderwegen zieht, die sich durch die üppige und spektakuläre Landschaft der Insel winden.

Auf La Gomera herrscht außerdem eine spürbar unkonventionelle Atmosphäre, und bei genauerem Hinsehen bemerkt man die zahlreichen ausländischen Bewohner mit grauen Pferdeschwänzen. Sie kamen in den Flower-Power-Zeiten der 1960er-Jahre hierher und sind geblieben.

Reisezeit

- ➡ März und April sind die besten Wandermonate: Die Temperaturen sind gemäßigt, und an den Hängen blühen subtropische Blumen in leuchtenden Farben.
- ➡ Im August können die Temperaturen sengende 30 °C erreichen; in den Sommermonaten kommen die meisten Tagesausflügler vom nahe gelegenen Los Cristianos. Die etwas kühleren Monate Juni und September sind perfekt für Fiestas wie El Día de San Juan (23./24. Juni) und das einwöchige Straßenfest Fiestas Columbinas (ab dem 6. September).
- ➡ Im Dezember und Januar kann es gelegentlich ein wenig regnen, und die Durchschnittstemperatur liegt bei 17 °C. Im Februar gibt es überall in den Restaurants Wildpilzgerichte.

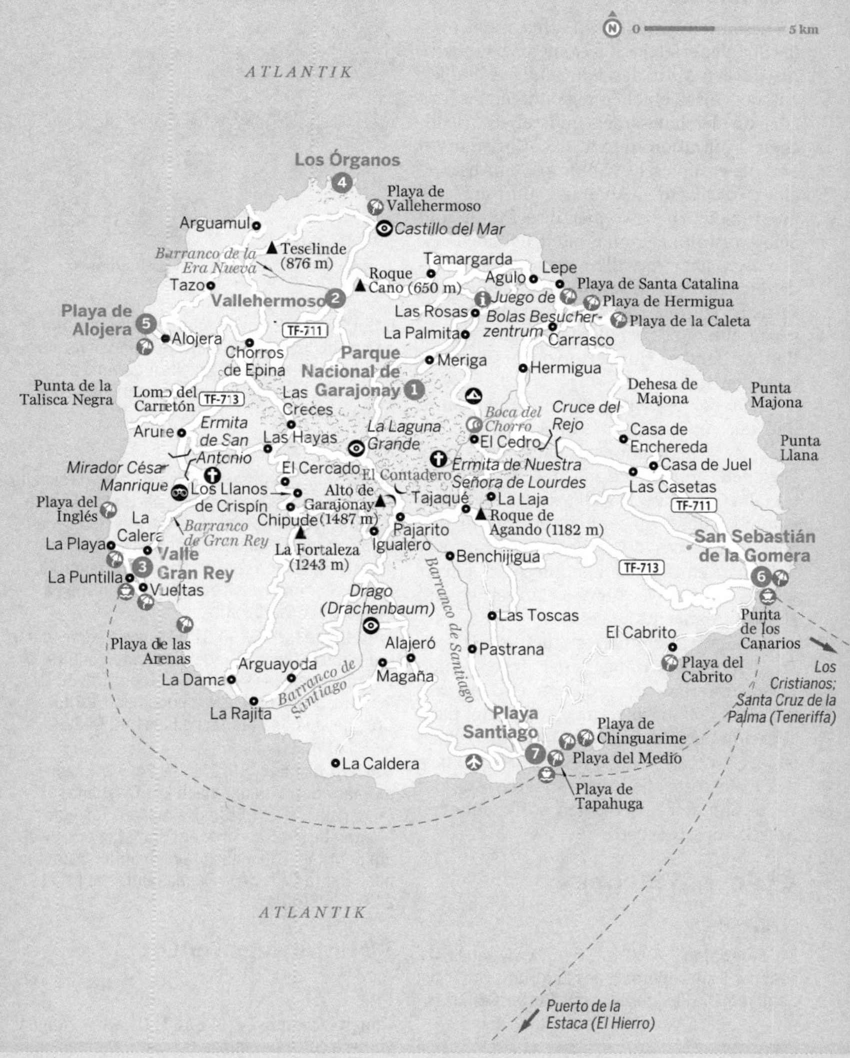

Highlights auf La Gomera

1 Die farnüberwucherten Wanderwege im **Parque Nacional de Garajonay** (S. 185) und den *laurisilva* (Lorbeerwald) erkunden

2 Die tropischen Blüten, Pflanzen und Früchte des üppigen **Vallehermoso** (S. 191) bestaunen

3 Die Schönheit des **Valle Gran Rey** (S. 193) mit seinen tiefen Tälern und malerischen terrassierten Hängen auf sich wirken lassen

4 Nach **Los Órganos** (S. 191) schippern, einer Felsformation, die in ihrer Form an riesige Orgelpfeifen erinnert

5 Entspannen an der **Playa de Alojera** (S. 191), dem abgelegensten Strand der Insel

6 In den Brunnen schauen, der „Amerika taufte", und die farbenfrohen Seitenstraßen der winzigen Hauptstadt **San Sebastián de la Gomera** (S. 180) durchstöbern

7 In dem entspannten Badeort **Playa Santiago** (S. 191) am Meer Fischgerichte schlemmen

Geschichte

Im gesamten Verlauf des 15. Jhs. versuchten die Spanier erfolglos, La Gomera zu erobern. Als sie sich Mitte des Jahrhunderts endlich auf der Insel etablieren konnten, lag das eher an der langsamen und relativ friedlichen Infiltration durch das Christentum und die europäische Kultur als am Ausgang einer Schlacht. Anfangs durften die ursprünglichen Bewohner ihre Kultur und Selbstverwaltung zum großen Teil noch beibehalten, aber das Blatt wendete sich, als der brutale Hernán Peraza der Jüngere Gouverneur wurde. Die *gomeros* rebellierten gegen ihn, und bei dem darauffolgenden Blutbad fanden Hunderte von Inselbewohnern den Tod.

Nach der Aktivität dieser ersten Jahre und der Aufregung, die Christoph Kolumbus' Zwischenlandungen auf der Insel begleitete, folgte eine lange Zeit der Isolation. La Gomera war völlig autark und hatte kaum Kontakt zur Außenwelt, bis in den 50er-Jahren des 20. Jahrhunderts in San Sebastián ein kleiner Landungssteg gebaut wurde, der den Weg für den Fährbetrieb und Handel freimachte.

Doch es war ein hartes Stück Arbeit, sich an den steilen Hängen der Insel seinen Lebensunterhalt zu verdienen, und ein großer Teil der Bevölkerung wanderte nach Teneriffa oder Südamerika aus. Inzwischen ist La Gomera von allen Inseln des Archipels das beliebteste Ziel für Wanderer, was der Wirtschaft der Insel einen willkommenen Aufschwung bescherte.

An- & Weiterreise

FLUGZEUG

Der **Flughafen** (☎ 922 87 30 00; www.aena.es) liegt nur 3 km außerhalb des Zentrums von Playa Santiago. Die Fluggesellschaft **Binter Canarias** (☎ 902 391392; www.bintercanarias.com), deren Fluglinien die Inseln miteinander verbinden, bietet mehrmals täglich Flüge von La Gomera über Teneriffa zu den anderen Inseln der Gruppe an.

HINWEIS ZU MIETAUTOS

Die Anzahl der Mietautos auf La Gomera ist begrenzt, und manche Besucher mussten schon feststellen, dass ohne vorherige Buchung bei der Ankunft keine Wagen zur Verfügung standen. Wenn es möglich ist, sollte daher bei einer der folgenden Firmen im Voraus gebucht werden: www.cicar.com, www.oasisrentacar.com, www.autoslarueda.es oder www.aviacar.com

ENTFERNUNGEN (KM)

	San Sebastián de la Gomera	Valle Gran Rey	Hermigua	La Laguna Grande
Valle Gran Rey	27			
Hermigua	16	23		
La Laguna Grande	18	11	8	
Vallehermosa	27	16	15	13

ungefähre Angabe

SCHIFF/FÄHRE

In San Sebastiáns geschäftigem Hafen direkt zu Füßen der Stadt legen mehrmals täglich Fähren und Tragflügelboote an. Bei den meisten der ankommenden Besucher handelt es sich um Tagesausflügler von Los Cristianos auf Teneriffa, aber es kommen auch ein paar Fähren von La Palma und Gran Canaria.

Fred Olsen (☎ 902 10 01 07; www.fredolsen.es) Die schnellsten, aber auch teuersten Schiffe von und nach Los Cristianos (Teneriffa; 32 €, 40 Min., 3-mal tgl.). Fährt auch nach Santa Cruz de la Palma (einfache Fahrt 42 €, 2 Std., Mo–Sa 1-mal tgl.).

Naviera Armas (☎ 922 87 13 24; www.navieraarmas.com) Von und nach Los Cristianos (Teneriffa; 30 €, 1 Std.) dreimal am Tag von Montag bis Freitag, eine am Samstag und zwei am Sonntag. Fährt auch täglich außer Samstag nach Santa Cruz de la Palma (einfache Fahrt 24 €, 2½ Std.).

Unterwegs vor Ort

BUS

Guagua Gomera (☎ 922 14 11 01; www.guaguagomera.com) Das lokale Busunternehmen betreibt ein umfassendes Busnetz auf der gesamten Insel.

SAN SEBASTIÁN DE LA GOMERA

9055 EW

San Sebastián ist die Hauptstadt der Insel in jedem Sinn des Wortes – wirtschaftlich, verwaltungstechnisch und historisch. Die Stadt hat ein entzückendes historisches Zentrum mit schattigen Plätzen, von der Sonne ausgeblichenen bunten Gebäuden und fußgängerfreundlichen Straßen. Berühmt wurde sie vor allem durch Christoph Kolumbus' Zwischenstopp auf dem Weg in die Neue Welt, und so erfährt man hier mehr über den berühmten Entdecker als in der Schule; jeder seiner Schritte in der Stadt (ob echt oder eingebildet) wurde für Besucher gründlich dokumentiert. Wer frisch aus Los Cristianos auf Teneriffa kommt, schaltet am besten erst einmal ein, zwei Gänge herunter; im gemächlichen San Sebastián ticken die Uhren etwas anders als beim schnelllebigeren Nachbarn gegenüber.

Geschichte

Am 6. September 1492 führte Christoph Kolumbus, nachdem er auf La Gomera Proviant geladen hatte, seine drei kleinen Schiffe aus der Bucht und setzte Segel gen Westen, über die Grenzen der bekannten Welt hinaus. San Sebastián war gerade erst gegründet worden. Vier Jahre zuvor, im Jahr 1488, hatte auf der Insel als Folge des gescheiterten Aufstandes gegen Gouverneur Hernán Peraza ein furchtbares Massaker stattgefunden. Als es vorbei war, wurde aus Villa de las Palmas in der Gegend, welche die Guanchen als Hipalán kannten, der heutige Ort San Sebastián.

Die Stadt, die dank ihrer geschützten Ankermöglichkeiten einen der besten Häfen der Kanaren besaß, florierte durch den Aufschwung im transatlantischen Handel, den Kolumbus' Reisen nach sich zogen. Dennoch überschritt die Bevölkerungszahl erst zu Beginn des 19. Jhs. die 1000er-Marke. Doch die guten Zeiten brachten auch Gefahren mit sich, als San Sebastián, wie auch Orte auf den anderen Inseln, räuberischen

DREI PERFEKTE TAGE AUF LA GOMERA

Tag eins

La Gomera ist wie gemacht für Wanderer. Dieser perfekte Tag beginnt bei **La Laguna Grande;** von hier aus führt die gut zu bewältigende Strecke durch prachtvolle, nebelgetränkte Lorbeerwälder und einige Stunden später schließlich zum Gipfel der Insel, **Alto de Garajonay.** An einem klaren Tag zeigt sich in der Ferne der schneebedeckte stolze Teide auf Teneriffa, während sich die dichten Wälder von La Gomera bis ins Tal erstrecken. Von hier geht es wieder zurück zum Wagen und einem wohlverdienten Abendessen in der rustikalen **Casa Efigenia** (S. 186) entgegen.

Tag zwei

Die nördliche Hälfte von La Gomera gehört zu den fruchtbarsten Regionen der Kanaren – sich nur mal einen Tag in dieser Gegend umzuschauen reicht, um Gärtnerdaumengrün vor Neid zu werden. Der Tag beginnt unter den Bananenpflanzen von **Hermigua,** wo dem Besucher die Geheimnisse des *gofio* (gemahlenes, geröstetes Getreide, das anstelle von Brot in der kanarischen Küche verwendet wird) im **Museo de Gofio** (S. 188) nahegebracht werden. Dann geht es über die gewundene Küstenstraße zum hübschen **Agulo** für einen Bummel durch das malerische alte Viertel. Inzwischen dürfte sich schon ein wenig Appetit eingestellt haben, es ist also die richtige Zeit für ein Mittagessen im **Restaurante Las Rosas** (S. 190) samt einer Vorführung von **Silbo,** der Pfeifsprache von La Gomera. Danach geht es frisch gestärkt weiter zum **Vallehermosa** – so schön wie der Name sagt –, um den Tag mit einem gemütlichen Spaziergang zur Playa de Vallehermosa abzuschließen.

Tag drei

Für viele Besucher ist das **Valle Gran Rey** (Tal des großen Königs) schlicht und einfach der beste Grund, nach La Gomera zu reisen. Dieser Tag wird zeigen, warum. Er beginnt mit einem Frühstück mit Blick auf einen menschenleeren Strand im Garten der **Finca Argayall.** Danach geht es weiter mit einem Spaziergang zum Hafen und einer **Wal- und Delphinbeobachtungstour.** Nach der Tour gibt's Fisch im **Bar-Restaurante El Puerto** (S. 195), gefolgt von einem Nickerchen an einem der Strände der Stadt, und abends geht es das Tal hinauf zu einem Sundowner mit Aussicht am geschichtsträchtigen **Mirador César Manrique.**

DIE INSEL, AUF DER KOLUMBUS RAST MACHTE

Cristoforo Colombo (wie er in seinem Geburtsland Italien hieß – oder Christoph Kolumbus für uns) wurde im Jahr 1451 in Genua geboren. Er stammte aus bescheidenen Verhältnissen und fuhr früh zur See. Von seinem Temperament her war er im Grunde ein Träumer. Fasziniert von Marco Polos Reisen in den Orient, war er schon früh davon überzeugt, dass man in den Osten gelangen konnte, indem man immer dem Sonnenuntergang entgegen nach Westen segelte. Nachdem er mit seinen Plänen zunächst wenig Erfolg hatte und ihm jahrelang die Türen vor der Nase zugeknallt worden waren, sagten ihm 1492 schließlich die katholischen Monarchen von Spanien, Fernando und Isabel, ihre Unterstützung zu.

Am 3. August ließ Kolumbus, der den Befehl über drei kleine Schiffe – die *Santa María, Pinta* und *Niña* – hatte, in Palos de la Frontera, Andalusien, auf dem spanischen Festland die Anker lichten. Bevor er sich aber endgültig auf die Reise ins Unbekannte machte, legte er auf La Gomera noch einen Zwischenstopp ein, um Proviant nachzuladen, und verschaffte so der Insel ungewollt eine gewisse Berühmtheit sowie zahlreiche künftige Touristenattraktionen. Zu den Dingen, die er damals angeblich für die Reise gekauft haben soll, gehörte Ziegenkäse, bis zum heutigen Tag eines der Star-Erzeugnisse der Insel La Gomera.

Kolumbus setzte am 6. September wieder Segel; heute wird der Tag in San Sebastián mit den Fiestas Columbinas gefeiert. Seine Schiffe sahen erst am 12. Oktober wieder Land, gerade als der Proviant und die Geduld der Seeleute sich dem Ende näherten. Die Expeditionsgruppe „entdeckte" bei der Reise mehrere Karibikinseln und kehrte im März des darauffolgenden Jahres nach Spanien zurück.

Später unternahm Kolumbus noch drei weitere Reisen, starb aber 1504 ziemlich verbittert in Valladolid in Spanien, hartnäckig davon überzeugt, dass er statt Amerika einen neuen Weg in den Fernen Osten entdeckt hatte.

Angriffen der Engländer, Franzosen und Portugiesen ausgesetzt war. 1739 landete hier sogar eine Invasionstruppe der englischen Flotte, aber der Angriff konnte zurückgeschlagen werden.

Das Schicksal der Stadt war eng mit dem der restlichen Insel verknüpft. Diese erlebte im 19. Jh. einen Aufschwung durch die Zucht von Schildläusen (aus denen ein roter Farbstoff gewonnen wurde), aber das Aufkommen künstlicher Farbstoffe führte schließlich zum Niedergang dieser Industrie am Ende des 19. Jhs.

Sehenwertes

San Sebastián ist keine Stadt der Vergnügungsparks und Sandstrände, aber für Besucher, die älter als zehn sind, ist das Flanieren durch die entspannten und farbenfrohen Straßen meist anregend genug. Einen Überblick über die Stadt kann man sich am Hotel Parador Nacional Conde de la Gomera ein Stück die Straße hinauf verschaffen, wo der **Mirador de la Hila** einen weiten Blick über die Küste, die Stadt und die zerklüfteten grünen Berge dahinter bietet.

Die meisten interessanten Sehenswürdigkeiten im Stadtzentrum haben auf irgendeine (tatsächliche oder an den Haaren herbeigezogene) Art und Weise mit Kolumbus zu tun; sie bilden eine Route, der Besucher durch die Stadt folgen können. Diese beginnt an der **Plaza Américas,** wo die Terrassenbars zu einem Saft einladen, und führt weiter über die **Plaza Constitución,** auf der gewaltige Lorbeerbäume Schatten spenden. Samstag- und mittwochmorgens findet hier ein Kunsthandwerksmarkt statt.

Die Touristeninformation bietet mittwochs und freitags um 11 Uhr kostenlose Touren durch das alte Viertel an.

★Casa de Colón MUSEUM

(www.museoslagomera.es; Calle Real 56; ⌚ Mo–Fr 10–13 & 17–20 Uhr) GRATIS Das einfache Haus steht an der Stelle, wo Christoph Kolumbus angeblich während seines Aufenthalts auf der Insel La Gomera wohnte; heute befindet sich dort ein kleines Museum. Sein Highlight ist die Galerie mit fantastischen Töpferwaren der Chimú-Stämme, die vom 11. bis zum 15. Jh. in der Region zwischen Ecuador und Lima lebten.

Im oberen Bereich der Galerie werden zeitgenössische Ausstellungen gezeigt, meist Kunstwerke oder Fotografie.

Torre del Conde FESTUNG
(Mo–Fr 9.30–13.30 & 15–18 Uhr) GRATIS Torre del Conde, das von einem üppigen subtropischen Park umgeben ist, gilt als das bedeutendste Beispiel für Militärarchitektur auf den Kanaren und beherbergt eine historische Ausstellung, die auch Karten von La Gomera von 1492 enthält. Dies war der Ort, an dem Beatriz de Bobadilla, die Frau des grausamen, unseligen Hernán Peraza (S. 184), sich 1488 verbarrikadieren musste, bis Hilfe eintraf.

Die Festung (erbaut 1447) war das erste Gebäude von Bedeutung, das auf der Insel errichtet wurde, und ist so ziemlich das einzige, das mehr oder weniger noch in seinem ursprünglichen Zustand erhalten ist.

Iglesia de la Virgen de la Asunción KIRCHE
(Calle Real; Mo–Sa 8–18.30, So 11–20 Uhr) In dieser Kirche versammelten sich angeblich Kolumbus und seine Männer zum Gebet, bevor sie in die Neue Welt aufbrachen. Der Bau der ursprünglichen Kapelle begann 1450, doch diese wurde durch ein Feuer zerstört. Die Kirche aus dem 18. Jh., die heute hier steht, wurde in Form eines lateinischen Kreuzes errichtet, hat drei Schiffe und kombiniert verschiedene Architekturstile: Mudéjar (islamische Architektur), Gotik und Barock. Der geschnitzte hölzerne Eingang ist atemberaubend.

Museo Arqueológico de la Gomera MUSEUM
(www.museoslagomera.es; Calle Torres Padilla 8; Di–Fr 10–19, Sa & So 10–14 Uhr) GRATIS In einem typischen *gomeran*-Stadthaus untergebracht, stellt das kleine Museum sowohl die Guanchen-Vergangenheit der Insel als auch das kulturelle Leben der Gegenwart dar. Die Ausstellungsstücke zeigen das Alltagsleben der Guanchen und ihre sozialen, politischen und religiösen Strukturen; leider sind alle Ausstellungstücke ausschließlich auf Spanisch beschriftet.

Casa de la Aguada MUSEUM
(Calle Real 4; Mo–Sa 8.30–18, So 10–13 Uhr) GRATIS Das Gebäude in unmittelbarer Nähe zur Plaza Constitución wird auch Casa de la Aduana oder Casa Condal genannt, da es zu verschiedenen Zeiten auch als Zollhaus und als Fürstenresidenz diente. Zur Zeit der Recherche war das Museum wegen Renovierung geschlossen; in erster Linie befasst es sich mit der Geschichte des Gebäudes.

Es heißt, Kolumbus habe aus dem Brunnen im zentralen Hof Wasser geholt und damit „Amerika getauft".

Strände

Playa San Sebastián STRAND
Dies ist der sandige Vulkanstrand der Insel, der perfekte Ort zum Entspannen und Schwimmen. Außerdem ist es der Schauplatz für einige der lebhaftesten Feste der Stadt. Im Unterschied zu vielen Stränden auf den Kanaren ist das Wasser hier fast immer ruhig und glatt, darum ist der Strand großartig für Kinder geeignet.

Playa de la Cueva STRAND
Am Hafen vorbei und durch einen kleinen Tunnel geht es zur kleinen und hübschen, aber oft windigen Playa de la Cueva. An einem klaren Tag scheint Teneriffa nur einen Kieselsteinwurf weit weg zu liegen.

Aktivitäten

Nördlich der Stadt, bei Kilometer 8,4 an der Landstraße TF-711, führt ein interessanter Wanderweg in die **Dehesa de Majona**, das weitgehend unbewohnte Weideland nördlich der Hauptstadt. Der unbefestigte Weg

NICHT VERSÄUMEN

AUF DEM MARKT

Mercado Municipal (Avenida Colón; Sa & Mi 9–14 Uhr; P) Der Markt von San Sebastián ist ideal, um ein paar hiesige Köstlichkeiten zu erstehen, zum Beispiel Honig, der von emsigen *gomeran*-Bienen hergestellt wurde und der für manche zu den besten in Spanien zählt, *miel de palma* („Palmhonig"), ein süßer Sirup, der aus dem Saft von Palmenbäumen gewonnen wird, und *almogrote*, eine würzige Käsepaste aus Weichkäse, Pfeffer und Tomate, die man auf Brot isst.

Auf dem Markt gibt es außerdem *queso gomero* (frischen *gomeran*-Ziegenkäse), einen milden, weichen Käse aus der Milch einheimischer Ziegen und serviert mit Salaten, als Dessert oder gegrillt und getränkt in *mojo*, der berühmten kanarischen roten oder grünen würzigen Sauce aus Chilis und Paprika oder Koriander und Knoblauch. Der Markt liegt neben dem Busbahnhof.

DER GRAUSAME GOUVERNEUR HERNÁN PERAZA

Gouverneur Hernán Peraza der Jüngere war schon lange verhasst, weil er die Inselbewohner grausam behandelte. Als er 1488 einen Freundschaftspakt mit einem der Gomero-Stämme brach, ganz offen seine Frau betrog und sich mit Yballa vergnügte, einer lokalen Schönheit, die mit einem der mächtigsten Männer der Insel verlobt war, begehrten die Eingeborenen auf. Sie überraschten Peraza während eines seiner heimlichen Stelldicheins mit Yballa, töteten ihn mit einem Pfeil und verbreiteten die Nachricht über die Pfeifsprache Silbo auf der ganzen Insel. Dann griffen sie die Spanier in Villa de las Palmas, dem Vorgänger des heutigen San Sebastián, an, und Perazas betrogene Ehefrau (die berühmte Schönheit Beatriz de Bobadilla) verbarrikadierte sich im Torre del Conde und harrte dort aus, bis Hilfe kam.

Doch damit war die Geschichte leider noch nicht zu Ende. Die „Hilfe" kam in Form von Pedro de Vera, Gouverneur von Gran Canaria und eine der grausamsten Gestalten der kanarischen Geschichte. Seine Unbarmherzigkeit war entsetzlich. Laut einem Bericht befahl de Vera die Exekution aller männlichen *gomeros* über 15 Jahren, und in der darauffolgenden Gewaltorgie wurden die Inselbewohner gehängt, gepfählt, geköpft oder ertränkt. Manchen wurden obendrein vorher noch Hände und Füße abgeschlagen. Die Frauen wurden auf die Milizsoldaten aufgeteilt und viele der Kinder als Sklaven verkauft. Um das Maß vollzumachen, ordnete de Vera außerdem die Hinrichtung von etwa 300 auf Gran Canaria lebenden *gomeros* an.

beginnt in der Nähe eines Aussichtspunktes, führt dann zu den Ziegenhirtendörfern Casas de Enchereda und Casas de Juel, schlängelt sich weiter zur Küste und trifft schließlich auf befestigte kleine Straßen in der Nähe von Hermigua. Die einsame, 24 km lange Strecke kann in etwa fünf Stunden zurückgelegt werden (einfache Strecke).

Fahrradverleih Marina La Gomera FAHRRADVERLEIH
(☎ 922 14 17 69; www.marinalagomera.es; Puerto Deportivo Marina La Gomera, Avenida Fred Olsen; halber/ganzer Tag 5/7 €; ⏲ 10–18 Uhr; 👪) Dieser empfehlenswerte Fahrradverleih liegt sehr geschickt an der Küste.

Feste & Events

Für einen so kleinen Ort hat San Sebastián einen ziemlich ausgefüllten Festkalender. Die folgenden Feste sind davon nur eine kleine Auswahl:

Fiesta de San Sebastián RELIGION
(⏲ 20. Jan.) San Sebastiáns Fest zu Ehren des Schutzheiligen der Stadt

El Día de San Juan RELIGION
(⏲ 23.–24. Juni) Am Tag des heiligen Johannes werden am Strand Feuer entfacht, um die Sommersonnenwende zu feiern.

Fiestas Columbinas RELIGION
(⏲ ab 6. Sept.) In San Sebastián findet eine Woche voller Straßenfeste, Musik und kultureller Events zur Feier von Christoph Kolumbus' erster großer Reise statt.

Bajada de la Virgen de Guadelupe San Sebastián RELIGION
(⏲ 5. Okt.) Alle fünf Jahre (2018, 2023 etc.) feiert die Stadt ihre Schutzheilige mit einer Flottille von Fischerbooten, welche die Statue der Jungfrau Maria aus der Kapelle von Punta Llana übers Meer nach Süden zur Hauptstadt bringt.

Essen

★ **Canaria Breñusca** KANARISCH €
(☎ 922 87 09 20; Calle Real 11; Hauptgerichte 8–12 €; ⏲ Mo–Sa 9–22 Uhr) Hier gibt's das, was am Tag gefangen wurde. Am besten verlässt man sich auf die Empfehlung des Besitzers Hipolito; den gibt's hier schon seit den 1980er-Jahren – ebenso wie die Einrichtung, könnte man fast meinen: erbsengrüne Wände, verblichene Bilder, staubige Farne ... Aber die Einheimischen schätzen das Lokal, und eine Anzahl von ihnen steht meist eng um die kleine Eckbar gedrängt.

Neben Fisch und Meeresfrüchten gibt es herzhafte Fleischgerichte und selbst gebackene Kuchen.

La Forastera BISTRO €
(Calle Real 15; Tapas 3,50–7 €; ⏲ Mo–Sa 12.30–19.30 Uhr) Das winzige Lokal bietet eine wohltuend kleine Auswahl mit gesunden Tapas mediterraner Art, wie Spinatquiche

und gebackene Auberginen und Paprika, außerdem fantasievolle Desserts, wie eine federleichte *gofia*-Mousse mit Honig von der Insel. Serviert wird draußen an wenigen Tischen, die rasch besetzt sind.

Bar-Restaurante La Hila KANARISCH €€
(☎680 58 35 37; Calle Virgen Guadalupe 2; Hauptgerichte 10–15 €; ⊙12–16.30 & 18–22.30 Uhr) Wer mit dem Schiff von Las Américas gekommen ist und keine Pasteten und Erbsen mehr sehen kann, kommt am besten hierher, wählt ein Fischgericht *a la plancha* von der Tafel, gibt einen Spritzer Zitrone hinzu und genießt ein Essen, das Neptuns würdig wäre.

Das Lokal befindet sich im Haus mit den bananenblattgrün gestrichenen Läden an der Ecke einer der malerischsten Gassen der ganzen Stadt.

Restaurante El Charcón MEERESFRÜCHTE €€
(☎922 14 18 98; www.restauranteelcharcon.com; Playa de la Cueva; Hauptgerichte 11–18 €; ⊙Mo–Sa 12.15–22.30 Uhr) Ein kleines und (für San Sebastián) recht gehobenes Restaurant, in den Fels in der Nähe der Küste gebaut, mit tollen Strandblicken von den Panoramafenstern und der kleinen Terrasse. El Charcón ist auf innovative Fischgerichte, wie Seebrasse mit Martini und Dill, spezialisiert.

Bar-Restaurante La Tasca INTERNATIONAL €€
(☎922 14 15 98; Calle Ruiz de Padrón 57; Hauptgerichte 9–12 €; ⊙Mo–Sa 12–16 & 19–23 Uhr) Die gemütliche Taverne erstreckt sich über zwei traditionelle Häuschen mit vier heimeligen Speiseräumen und serviert Tapas wie auf dem Festland sowie Pizzas, Lasagne und aufwendigere Gerichte, wie zum Beispiel gegrilltes Kaninchen.

Parador Nacional Conde de la Gomera MODERN KANARISCH €€€
(☎922 87 11 00; www.parador.es; Calle Lomo de la Horca; Hauptgerichte 22–28 €; ⊙12–16 & 18–23 Uhr; 🅿📶) Das elegante Restaurant im Parador Nacional ist zweifellos das raffinierteste Lokal in San Sebastián und serviert durchgängig gute kreative Variationen beliebter kanarischer Traditionsgerichte. Unbedingt vorbestellen.

Ausgehen

La Salamandra CAFÉ
(Calle Real 16; Cocktails 5 €; ⊙Mo–Sa 9–22 Uhr; 📶) In dem blendend weißen Innenhof hängen zeitgenössische Kunstwerke; die perfekte Lokalität für einen Cocktail oder ein frisches Mango- oder Papaya-*lassi* (Joghurt-Getränk). Dienstags ab 20.30 Uhr wird Livemusik gespielt. Snacks gibt's auch.

Praktische Informationen

Touristeninformationskiosk (Plaza Américas; ⊙Mo–Fr 9–12.30 & 15.30–18.30, Sa 9–12.30 & 16–18 Uhr) Man bekommt Karten an dem kleinen Kiosk, aber nicht viel mehr.

Touristeninformation (☎922 14 15 12; www.lagomera.travel; Calle Real 34; ⊙Mo–Sa 9–13.30 & 15.30–17, So 10–13 Uhr) Hilfreiche Geschäftsstelle; nebenan ist ein Ausstellungszentrum über das bergige Gelände und die Geschichte der Trockenmauern, die überall auf der Insel zu sehen sind. Die kostenlose Broschüre *This Was Columbus's Starting Point* beschreibt eine Stadttour mit interessanten Sehenswürdigkeiten, die mit Kolumbus in Verbindung stehen.

Unterwegs vor Ort

Bus 7 (4 €, 30 Min.) verkehrt zwischen dem Flughafen und San Sebastián, wenn Flugzeuge starten und landen.

Die Stadt lässt sich gut zu Fuß erkunden; San Sebastián ist so klein, dass die Sehenswürdigkeiten im Stadtzentrum kaum angefahren werden, weil die Busse hier nur durchfahren.

Der Taxistand befindet sich an der Avenida Descubridores. Ein Auto braucht man höchstens, um den kurzen (aber steilen) Fuß- bzw. Fahrtweg vom Stadtzentrum zum Parador Nacional Conde de la Gomera zu bewältigen. Um die übrige Insel gründlicher zu erkunden, ist ein Auto aber sehr praktisch.

Es gibt diverse Mietwagenfirmen, die den Mietwagen bereits bei der Ankunft am Hafen oder Flughafen bereitstellen, wenn im Voraus gebucht wurde (was zu empfehlen ist).

Cicar (☎922 14 17 56; www.cicar.com; Estación Marítima, San Sebastián) Unterhält auch ein Büro am Flughafen

Rent-a-Car La Rueda (☎922 87 07 09; www.autoslarueda.es; Calle Real 19, San Sebastián; ⊙9–13.30 & 16–20 Uhr) Mietwagenfirma mit vernünftigen Preisen

PARQUE NACIONAL DE GARAJONAY

Dieser Dschungel aus beinahe undurchdringlichem Grün wurde 2012 tragischerweise durch ein gewaltiges Feuer in Mitleidenschaft gezogen, das 750 Hektar des altehrwürdigen *laurisilva* (Lorbeerwald) vernichtete und große Gebiete mit geschwärzten Bäumen zurückließ, die Schätzungen zufolge 30 Jahre brauchen werden, um sich zu erholen. Zum Glück ist immer noch viel Grün übrig, der Parque Nacional de Garajonay ist nach wie vor berühmt für die besten Wander- und Radwege der Insel und daher auch weiterhin ein Muss für jeden Besucher.

Ein ganzes Universum von Organismen ist in diesem feuchten, dunklen Wald heimisch, der immerhin 10 % (etwa 40 km²) der Inselfläche bedeckt. 400 Pflanzenarten, wie kanarische Weiden und Stechpalmen gedeihen hier, und fast 1000 Arten von Wirbellosen sind im Park beheimatet – ein wahres Paradies für Insektenfreunde. Zu den Wirbeltieren, die hier leben, zählen Vögel und Echsen. Durch das Blätterdach dringt relativ wenig Licht. Dadurch entsteht eine ideale Umgebung für Moos und Flechten, die sich überall ausgebreitet haben.

Hier oben auf dem Dach der Insel treffen kühle Atlantikwinde auf wärmere Brisen, sodass unablässig Nebelfelder durch den dichten Wald wehen, die als „horizontaler Regen" bezeichnet werden. Der dichte Baumbestand ist absolut lebenswichtig für das Ökosystem der Insel. Die Bäume wirken wie Schwämme, sie nehmen die Feuchtigkeit mit den Blättern auf und lassen sie zur Erde tropfen, wo sie sowohl sie selbst als auch die Quellen der Insel speist.

Die frostigen Ausläufer der letzten Eiszeit haben es nicht bis zu den Kanaren geschafft; was hier zu sehen ist, war vor Millionen von Jahren in großen Bereichen des Mittelmeerraums das ganz normale Landschaftsbild. Garajonay wurde 1981 zum Nationalpark und 1986 zum UNESCO-Welterbe erklärt.

Feuer sind im Park außer in einigen gekennzeichneten Bereichen verboten. Auch wildes Campen ist nicht erlaubt. Hier kann es ganz schön kalt werden, und die Feuchtigkeit dringt einem durch Mark und Bein, selbst wenn es nicht regnet. Man braucht Wanderschuhe, warme Kleidung und eine regendichte Jacke.

Essen

★ Casa Efigenia KANARISCH €

(☎922 80 40 77; www.efigenianatural.com; Carretera General; *menú* 10 €; ⏲8–20 Uhr; P) An der Südgrenze des Parque Nacional de Garajonay lohnt sich ein kleiner Abstecher zu der Stadt Las Hayas, wo eine lokale Institution zu finden ist, in der Mahlzeiten in Familienatmosphäre serviert werden. Efigenia begann 1960 für die lokalen Techniker und Ingenieure zu kochen, die an den Straßen arbeiteten. Die langen Gemeinschaftstische gibt es immer noch, und auch an den köstlichen vegetarischen Menüs hat sich zum Glück nichts geändert.

Hier werden traditionelle Gerichte wie *puchero gofio* (ein Schmortopf mit Kichererbsen und Gemüse), *almagrote* (würziger Käseaufstrich) und *sopa de berros* (Wasserkressesuppe) aufgetischt, dazu fabelhafte selbst gebackene Kuchen. Doña Efigenia ist eine charmante Gastgeberin, die darauf achtet, mit all ihren Gästen ins Gespräch zu kommen. Heute helfen ihr ihre drei Söhne im Geschäft, zu dem inzwischen auch eine Bodega und mehrere *casas rurales* (Unterkünfte im Dorf/auf dem Bauernhof; 45 €) und Apartments (65 €) in der Gegend gehören. Efigenia verkauft auch eigenen Wein, außerdem einen starken Orangenlikör, Orangenmarmelade, Konfitüre und natürlich das allgegenwärtige *mojo*.

Praktische Informationen

Es gibt zwei Besucherzentren, in denen Besucher Informationen zu Wanderstrecken erhalten können. Allerdings werden Streckendetails heute immer öfter von optischen Barcode-Signalen ersetzt; Parkhüter empfehlen Wanderern, diese zusammen mit der GPS-Information auf ihr Telefon zu laden.

Besucherzentrum Juego de Bolas (☎922 80 09 93; http://reddeparquesnacionales.mma.es; La Palmita–Agulo Hwy; ⏲9.30–16.30 Uhr;) Dieses Besucherzentrum liegt deutlich außerhalb des Parque Nacional de Garajonay in der Nähe von Agulo im Norden der Insel.

Hier gibt es Informationen zum Park und zur Insel allgemein sowie ein 20-minütiges Video. In den Gärten und im Innenhof des Zentrums gedeiht ein Mikrokosmos des Blumenreichtums von La Gomera.

Ein kleines Museum zeigt regionale Kunsthandwerksarbeiten und erklärt die Geologie und das Klima der Insel. Es gibt außerdem ein kleines Café. Das Zentrum bietet an Freitagen kostenlose geführte Touren durch den Park an (2½ Std., nur auf Spanisch); vorher anrufen, um sich einen Platz zu sichern.

La Laguna Grande (☎922 92 26 00; www.lagomera.travel; La Laguna Grande, Parque Nacional de Garajonay; ⏲8.30–15.30 Uhr;) Das geschickt gelegene Besucherzentrum bietet Informationen zu Wanderwegen und eine kleine Ausstellung über die Vögel des Parks, ein Restaurant und eine Grünanlage.

NICHT VERSÄUMEN

AUF SCHUSTERS RAPPEN DURCH GARAJONAY

Auf einer Wanderung lässt sich die im Überfluss vorhandene Schönheit der Natur am eindringlichsten erleben, und so lässt man am besten den Wagen stehen, beziehungsweise steigt aus dem Bus aus und macht sich zu Fuß auf den Weg durch den Nationalpark. Viele Wanderwege, die sich kreuz und quer durch Garajonay ziehen, werden von den *gomeros* schon seit Jahrhunderten als Verbindungswege genutzt, und nur wenige sind anstrengend.

Es gibt mehrere Anbieter, die bequeme Wandertouren einschließlich Transport in und rund um den Park organisieren, aber man kommt auch problemlos allein klar. Die vielen und unterschiedlichen Zugangspunkte zum Park machen es Individualreisenden leicht, eine eigene Tour zu planen, und die meisten Strecken sind sehr gut ausgeschildert. Wer keinen Wanderführer für die Insel hat, bekommt die Nationalparkkarte und Camino Gomera (Wanderkarte) bei den **Besucherzentren Juego de Bolas** (S. 186) oder **La Laguna Grande.** Die darin beschriebenen Wanderungen entsprechen der Ausschilderung der Wege im Park und den hier erwähnten Strecken. Immer häufiger werden auf den Wanderwegen selbst allerdings optische Barcode-Ausschilderungen verwendet, die von einem Smartphone oder Tablet „gelesen" werden können.

Für erfahrene Wanderer ist das Wandern in der Garajonay-Region keine Schwierigkeit (aber dennoch überaus lohnenswert). Juego de Bolas bietet ebenfalls geführte Touren hierher an.

Mehrere beliebte Wanderungen auf eigene Faust beginnen bei **La Laguna Grande,** einem Freizeit- und Picknickbereich direkt neben der Landstraße TF-713. „*Laguna*" bezieht sich auf ein trockenes, rundes Gebiet in der Mitte, das sich mit Wasser füllt, sobald es regnet, und das ein leicht geheimnisvolles Flair hat. Die Inselbewohner behaupten, es sei ein mystischer Ort, und einst hätten hier Hexen praktiziert. Den Großteil des Jahres ist es aber vor allem ein sehr reizvolles, grünes Fleckchen Erde mit Spielplätzen, Grillstellen und Picknicktischen.

Für alle, die nicht viel Zeit zum Erkunden haben, bietet sich der einfache, 20-minütige Rundweg (0,75 km) als ganz ordentliche, wenn auch zu kurze Einführung in den Park an. Die Strecke bietet eine gute Gelegenheit, sich sowohl die berühmten Lorbeerbäume des Parks anzusehen als auch ein Gebiet, das die Brandschäden des tragischen Feuers von 2012 zeigt.

Eine längere Wanderung (etwa 2½ Stunden nur für den Hinweg, 6,2 km) führt zum **Alto de Garajonay** (1487 m), dem höchsten Gipfel der Insel. Der Wanderweg beginnt hinter dem Restaurant bei La Laguna Grande und führt zunächst in Richtung **El Cercado** (bekannt für seine Töpferwaren), dann nach links in Richtung Los Llanos de Crispín, und er windet sich durch die heimische Vegetation nach Südosten zum Alto. Von hier aus eröffnet sich, wenn keine Wolken die Sicht versperren, ein atemberaubender 360-Grad-Rundblick über die Insel, und in der Ferne sind sogar noch Teneriffa, La Palma, El Hierro und Gran Canaria zu sehen.

Vom Alto kommt man zurück nach La Laguna Grande (es gibt eine alternative Strecke, so dass man nicht die ganze Strecke noch einmal laufen muss) oder kann 45 Minuten weiter bergab nach **Pajarito** laufen, wo es eine Bushaltestelle gibt. Bus 1 (5 €, ca. 1 Stunde) hält hier an Wochentagen viermal und am Wochenende zweimal am Tag und bringt einen nach San Sebastián oder Valle Gran Rey. Für Wanderer, die mit dem Bus kommen oder einen guten Parkplatz suchen, eignet sich Pajarito auch gut als Ausgangspunkt für eine kurze Wanderung den Alto hinauf.

Etwa 15 Minuten Gehminuten nördlich von Pajarito liegt **El Contadero,** von wo ein weiterer Weg, ausgeschildert als **Caserío del Cedro,** nach Nordosten durch einen wunderschönen Wald in einem Tal führt. Der meist bergab verlaufende Weg (eine Strecke 2½ Stunden, 5,7 km) führt in Windungen zum Dörfchen **El Cedro,** das für seinen Wasserfall berühmt ist. Von hier aus kann man weiter nach Hermigua wandern, das etwa zwei Stunden entfernt liegt. Eine Alternative dazu ist die Rückkehr über Tajaqué zur Bushaltestelle Pajarito (etwa 3 Stunden).

An- & Weiterreise

Anders als einige andere Naturschutzgebiete ist Garajonay sehr gut zugänglich. Tatsächlich können Besucher es sogar kaum umgehen, wenn sie viel auf der Insel herumkommen, denn der Park erstreckt sich auch auf die wichtigste Kreuzung von La Gomera.

Die Landstraße TF-713 verläuft quer über die Insel von Ost nach West, bis sie am westlichen Ende des Parks auf die TF-711 trifft. Die schnellste und bequemste Art, durch den Park zu kommen, ist im eigenen Auto. Bus 1 (5 €, ca. 1 Std.) verkehrt unter der Woche fünfmal am Tag und an den Wochenenden zweimal am Tag zwischen der Hauptstadt und Valle Gran Rey. Die Strecke verläuft über eine südliche Nebenstraße, biegt dann kurz vor Alto de Garajonay ab und verläuft anschließend sehr kurvenreich weiter nach Westen über Igualero, Chipude und El Cercado, bevor sie dann bei Las Hayas wieder auf die Hauptstraße abbiegt.

Eine kleinere befestigte Straße verbindet das Besucherzentrum Juego de Bolas im Norden der Insel mit La Laguna Grande, etwa auf der Hälfte der TF-713 zwischen der Ost- und der Westgrenze des Parks.

DER NORDEN

Wer für La Gomera nur einen Tag Zeit hat, sollte ihn vielleicht am besten im grünen Norden verbringen, wo die Täler von dichten Bananenplantagen und sich wiegenden Palmen bestanden sind, bewirtschaftete Terrassen die Hänge in geometrische Kunstwerke verwandeln und die Dörfer mit ihren weiß getünchten Häusern die Besucher in eine andere Zeit versetzen.

An jeder Kurve eröffnen sich neue malerische Ausblicke, aber bei aller landschaftlichen Schönheit darf man nicht vergessen, dass die adretten Terrassen für die Bauern echte Knochenarbeit bedeuten – an den steilen Hängen muss die Arbeit überwiegend ohne Maschinen vonstattengehen.

Die gewundene TF-711, die sich über die 42 km zwischen San Sebastián und Vallehermoso erstreckt, ist die Lebensader, welche die Städte hier verbindet, und überall befinden sich an ihr miradores (Aussichtspunkte) mit fantastischen Ausblicken. Die Landstraße trifft schließlich auf die TF-713, über die Tagesausflügler einen Bogen über die Nordhälfte der Insel machen und dann wieder rechtzeitig in San Sebastián ankommen können, um die letzte Fähre von der Insel zu erwischen.

Die Rundfahrt sollte in drei Stunden zu schaffen sein, inklusive vieler Stopps, um die Aussicht zu bewundern.

Hermigua

110 EW.

Das gemächliche Dorf Hermigua, 16 km von San Sebastián entfernt, ist bei Wanderurlaubern beliebt zum Übernachten und trieft fast von authentischer *gomeran*-Atmosphäre. Wovon es hier allerdings auch trieft, ist Wasser – denn dies ist eine der feuchtesten Gegenden der Insel. Die Stadt selbst erstreckt sich am Boden einer saftig-grünen Schlucht voller Bananenhaine und anderer subtropischer Flora, und ihre Häuser stehen aufgereiht wie die Perlen an einer Kette, die durch ihre Mitte verläuft. Die Hauptstraße windet sich hinunter zum betörenden blauen Meer; die heranbrandenden Wellen sind etwas zu rau zum Schimmen (auch wenn gelegentlich ein paar Surfer auf ein, zwei Wellen vorbeischauen), und der Strand selbst fühlt sich ein wenig so an, als hätte man ihn vergessen.

Sehenwertes

★ Museo Etnográfico MUSEUM

(☎ 922 88 19 60; www.museoslagomera.es; Carretera General 97; ⌚ Di–Fr 10–19, Sa & So bis 14 Uhr) GRATIS Das zweistöckige Museum in einem schönen historischen Gebäude befasst sich mit den Rohstoffen und Ökosystemen der Insel anhand von Ausstellungsstücken, die Fischerei, Forstwirtschaft, Ackerbau und Landwirtschaft umfassen. Bei anderen Exponaten geht es um Handwerke wie Töpfern, Korbflechten und Weinbau. Interessant sind die Informationen zum „Palmenhonig“, dem *guarapo* (Palmbaumsaft), ein einzigartiges Produkt der Insel und aus der einheimischen Küche nicht wegzudenken.

Museo de Gofio MUSEUM

(☎ 922 88 00 71; www.museslagomera.es; Carretera General; Erw./Kind 3 €/freier Eintritt; ⌚ Mo–Sa 9.30–17, So bis 14 Uhr; P) Das Museum ist in einer umgebauten Windmühle untergebracht, in der früher *gofio* gemahlen wurde (geröstetes Getreide, das in der kanarischen Küche die Stelle von Brot einnimmt). Die Tour führt durch das Museum, das sich auf die ländlichen Sitten und Gebräuche konzentriert, und durch die Mühle selbst. Es gibt außerdem einen Souvenirladen und einen hübschen kleinen Garten.

Kirche & Kloster von Santo Domingo KIRCHE
(⌚9–18 Uhr) Im Herzen des ursprünglichen Dorfes Hermigua, auf der rechten Seite, wenn man aus San Sebastián kommt, steht diese Kirche samt Kloster aus dem 16. Jh. mit einer reich geschnitzten Mudéjar-Decke.

Iglesia de la Encarnación KIRCHE
(⌚8–18 Uhr) Die Kirche stammt aus dem 17. Jh., wurde aber erst im 20. Jh. fertiggestellt, unter anderem deswegen, weil der ursprüngliche Bau Anfang des 18. Jhs. verfiel. Es lohnt sich, einen Blick in den angrenzenden öffentlichen Park mit seiner *lucha-canaria*-(kanarischen-Ringkampf-)Arena zu werfen.

Strände

Playa de la Caleta STRAND
(P) Der beste Strand der Stadt ist die Playa de la Caleta, 3 km südöstlich die Küste hinunter; einfach den Schildern vom Ufer folgen. Es ist einer der hübscheren Strände mit schwarzem Sand und Kieseln im Norden von La Gomera.

Essen

Bar Pedro TAPAS €
(☎922 88 10 23; Carretera General 56; Tapas 3–4,50 €; ⌚9–23 Uhr) Das Lokal hat eine Außenterrasse mit Blick auf die Bananenhaine, hervorragende Tapas und einen unbezahlbaren Barmann und ist beliebt bei den Einheimischen. Das Spezialgericht des Hauses ist der Oktopussalat; auch der Thunfisch mit *mojo* und die Ratatouilles sind sehr gut. Die Bar vermietet auch günstige Apartments (ab 30 €).

El Faro MEERESFRÜCHTE €
(Camino de la Playa Santa Catalina 15; Hauptgerichte 8–12 €; ⌚12–22.30 Uhr; P) Die Fischgerichte in dem Lokal hoch über der Playa de la Caleta werden von den Einheimischen geschätzt; die beste Wahl ist der *pescado del día* (Fisch des Tages). Für alle, die keine Flossen mehr sehen können, gibt's auch Pasta. Die Einrichtung ist lässig und modern; interessant sind die vergrößerten Fotos der Felsen, ein Kaleidoskop aus Farben und Mustern.

Las Chácaras KANARISCH €€
(www.laschacaras.com; Lomo San Pedro 5, Carretera General; Hauptgerichte 10–15 €; ⌚8.30–13.00 & 16–00.30 Uhr; P) Ein Dauerbrenner bei den Besuchern, die hier solide traditionelle Gerichte, wie Linsensuppe, Ziegenschmortopf und gebackene *calamaris* (Tintenfisch), vorgesetzt bekommen. Die Inhaber sind sehr stolz auf ihre selbst gemachten Desserts wie *quesillo* (eine weiche Vanillecreme) und *chácaras* (Nachtisch mit Käse).

An- & Weiterreise

Bus 2 (3 €) verkehrt viermal an Wochentagen und zweimal an den Wochenenden zwischen San Sebastián und Vallehermoso, mit Zwischenstopp in Hermigua.

El Cedro

El Cedro ist ein ländlicher Weiler inmitten eines Dickichts aus Lorbeerbäumen und bewirtschafteten Terrassen. Er ist nahe der Grenze des Parque Nacional de Garajonay gelegen. Eine beeindruckende Schlucht mit einem Wasserfall, dem **Boca del Chorro** (auch Boca del Cedro genannt), verläuft in ungefähr nordsüdlicher Richtung durch das Dorf. Der Wasserfall liegt unmittelbar nordöstlich vom Dorf.

Vom Dorf zur Kapelle **Ermita de Nuestra Señora de Lourdes** ist es ein Spaziergang von 1 km.

Man kann von Hermigua nach El Cedro laufen; dazu am besten in der Stadt nach dem *sendero* (Weg) nach El Cedro fragen. Die Wanderung dauert zwei bis drei Stunden. Wer nicht wandern will, folgt einfach den Schildern nach El Cedro von der Hauptfernstraße südlich von Hermigua.

El Cedro ist auch von El Contadero aus über den im Parque Nacional de Garajonay gelegenen Weg Caserío del Cedro (S. 187) zu erreichen.

KARTEN

Die Karte *La Gomera Tour and Trail* (Discovery Walking Guides) im Maßstab 1:40 000 ist eine recht gute Wanderkarte mit 70 Strecken, die kurz auf Englisch beschrieben werden. Weitere gute Karten sind *La Gomera – Ile de Gomera*, Maßstab 1:35 000, veröffentlicht von Freytag & Berndt, und *La Gomera* von Distrimaps Telestar, Maßstab 1:50 000. Diese Karten gibt es in Buchgeschäften zu kaufen. Das Besucherzentrum La Laguna Grande gibt aber auch recht ordentliche kostenlose Karten von der Insel aus.

Essen

Bar La Vista KANARISCH €

(Carretera General, El Cedro; Hauptgerichte 6–8 €; ⌚Di–Fr 9–19, Sa & So bis 21 Uhr; P) Das beliebte Lokal tischt regionale Gerichte und Tapas für Leib und Seele auf, zum Beispiel *papas arrugadas* (schrumpelige Kartoffeln) und ein würziges *mojo*. Es ist außerdem berühmt für seine *sopa de berros*, serviert in einer traditionellen Holzschüssel mit dem unvergleichlichen *gofio*, das man hineinrührt, um die Suppe dicker zu machen.

Agulo

Agulo ist ein reizvolles Labyrinth malerischer Gassen und liebevoll restaurierter Gebäude. Es wurde Anfang des 17. Jhs. gegründet und hockt auf einer niedrigen Plattform unterhalb des steilen, schroffen Hinterlandes, das sich bis zum Parque Nacional de Garajonay erstreckt.

Die Gemeinde hat eine Reihe von Informationstafeln in Agulo aufgestellt, die einen Weg an den bedeutendsten Gebäuden der Stadt entlang bezeichnen. Die elegante **Iglesia de San Marcos** dominiert das Zentrum; sie wurde 1912 erbaut und ist eine schlichte Kirche mit einer hohen Decke und einigen interessanten Kunstwerken.

Essen

La Vieja Escuela KANARISCH €

(www.laviejaescuela.ecoturismogomera.com; Calle Trujillo Armas 2; Hauptgerichte 8–12 €; ⌚Mo–Sa 11–21 Uhr) Das Lokal liegt auf einer Erhöhung im *barrio* (Bezirk) Las Casas der Stadt (früher ein eigenständiges Dorf) in einem ehemaligen Schulhaus (bis 1968); von der Terrasse aus bietet sich ein weiter Ausblick. Zu den Highlights auf der Karte zählen der frische Fisch des Tages und eine hervorragende *tortilla* (Kartoffelomelette). Ein Ehepaar betreibt das Lokal allein, der Service kann daher manchmal etwas langsam sein.

Auf dem Weg hierher fährt man am modernen Teil von Agulo vorbei und biegt dann an dem Schild „Circumcalación" nach rechts ab; weiter auf der Kopfsteinstraße, bis nach 400 m ein Hinweisschild zum Restaurant erscheint.

Las Rosas

Las Rosas liegt am Fuß des Parque Nacional de Garajonay. Unmittelbar vor dem Stadtzentrum ist die Abzweigung zum Besucherzentrum Juego de Bolas des Parks. Der Ort Las Rosas selbst befindet sich hinter Agulo an der Hauptfernstraße.

Essen

Restaurante Las Rosas KANARISCH €

(☎922 80 09 16; www.fredolsen.es; Carretera General; Menü 9,50 €; ⌚12–15.30 Uhr; P 📶) Das Besondere an Las Rosas ist Fred Olsens Restaurant Las Rosas, ein Touristenmagnet an der Hauptfernstraße. Es wird vor allem von Bustouren gern angefahren, da hier live eine unterhaltsame Demonstration von Silbo Gomero (siehe S. 193) stattfindet, allerdings begleitet von ziemlich fadem Essen. Eine Reservierung ist unbedingt erforderlich.

Vallehermoso

1540 EW.

Es ist tatsächlich ein „schönes Tal", wie der Name besagt. Kleine Berggipfel erheben sich auf beiden Seiten der tiefen Schlucht, die durch die Stadt verläuft, und die grünen, terrassierten und mit Palmen gesprenkelten Hänge vollenden das Bild. Wie Hermigua ist dies ein guter Ausgangspunkt, um die Insel zu Fuß zu erkunden.

Sehenswertes & Aktivitäten

Das Herz der Stadt ist die **Plaza Constitución**; hier sind Bars, Serviceeinrichtungen und viele günstigere Unterkünfte zu finden. Ein Abstecher zu der steinernen **Iglesia de San Juan Bautista** hinter dem Stadtzentrum lohnt sich auf jeden Fall.

Direkt vor der Stadt ragt der vulkanische Monolith **Roque Cano** (650 m) in die Höhe, ein Wahrzeichen der Stadt, das praktisch von überall zu sehen ist.

Öffentliches Schwimmbad Vallehermoso SCHWIMMEN

(Eintritt 2 €; ⌚Mai–Sept. Di–So 12–18 Uhr) Das große öffentliche Schwimmbecken befindet sich direkt am Wasser in der Nähe des Roque Cano. Es ist nur in den Sommermonaten geöffnet.

Strände

Playa de Vallehermoso STRAND

(Vallehermoso) Der schöne Sandstreifen mit donnernder Brandung wird auf beiden Seiten von hohen Klippen umrahmt.

Essen

Haute Cuisine sucht man hier vergebens, aber am Hauptplatz gibt es immerhin ein paar Bars, die Tapas und einfache Mahlzeiten servieren. Selbstversorger finden frisches Obst und Gemüse in dem winzigen **mercadillo** (⌚Mo–Sa 9–13 Uhr) direkt neben dem Rathaus.

Restaurante Parque Marítimo MEERESFRÜCHTE €
(☎922 80 15 61; Hauptgerichte 7–9 €; ⌚Mai–Sept. Di–So 12–16 Uhr; P) Eine lockere Bar mit Restaurant am Strand; mit Blick auf den schimmernden Ozean werden Paella, Fisch aus der Region und Krustentiere serviert. Es gibt auch eine gute Tapas-Auswahl.

Rund um Vallehermoso

Los Órganos

Erst vom Meer aus betrachtet kommt diese außergewöhnliche Klippenlandschaft so richtig zur Geltung; sie gleicht einer großen Kirchenorgel, die aus Basalt gehauen wurde und aus der Tiefe des Ozeans aufragt. Es gibt Bootstouren von Valle Gran Rey im Süden der Insel. Die heutige Form der steilen Felswand entstand durch das unablässige Anbranden des Ozeans.

Alojera

Das verträumte Städtchen liegt in einem fruchtbaren Tal, das sich wie eine grüne Oase zwischen die kargen Hügel schmiegt. Vorbei an der Stadt führt die Straße durch eine scheinbar endlose Reihe nervenzerfetzender Haarnadelkurven zur hübschen **Playa de Alojera.**

Ein Geheimtipp ist der Strand nicht, aber dennoch ist es hier selten voll. Der lang gestreckte versandete schwarze Strand ist ideal zum Schwimmen – sofern keine Gegenströmung herrscht; bei Gegenströmung sollte man dagegen auf keinen Fall ins Wasser gehen. Klippen, Felsformationen und Naturwasserbecken vor der Küste verleihen dem Strand einen Hauch Dramatik.

Essen

Bar Prisma MEERESFRÜCHTE €
(☎922 80 70 30; Playa de Alojera; Hauptgerichte 9–10 €; ⌚Do–Di 10–22 Uhr) Das schlichte Lokal mit Blick auf die Fischerboote serviert (na, was wohl?) Fisch und Meeresfrüchte, unter anderem eine empfehlenswerte *sopa de pescado* (Fischsuppe). Der Service kann etwas barsch rüberkommen.

DER SÜDEN

Der Süden, La Gomeras sonnigste Gegend, ändert sein Aussehen auf Schritt und Tritt, von kahlen, sonnverbrannten Gipfeln zu üppig-grünen, bananenbestandenen Tälern und von harschen Felsküsten zu schwarzen Schlicksandstränden. Hier befinden sich die beiden Baderegionen der Insel – das schlichte Playa Santiago und das lang gestreckte Valle Gran Rey. Auf dem Weg von San Sebastián auf der TF-713 liegt hier der **Mirador Roque de Agando** (direkt hinter der Abzweigung nach La Laja). Mit 1250 m ist diese gewaltige vulkanische Felsnadel die imposanteste der Kanaren.

Playa Santiago

560 EW.

Playa Santiago ist ein kleiner Küstenort mit einem verschlafenen Zentrum und einem langen Steinstrand. An dieser Stelle ist das Wasser ruhig. Hier ist es manchmal so still, dass gelegentlich nur zu hören ist, wie der Wind durch die Bananenblätter streicht, die Wellen an den Strand schlagen und die Hähne krähen.

Bis etwa 1960 war dies die geschäftigste Gegend der Insel mit Fabriken, einer Werft und einem Hafen für den Export von Bananen und Tomaten. Aber die Krise traf die Bauern hart, und in den 1970er-Jahren war die Stadt praktisch stillgelegt und die Einwohner waren nach Teneriffa oder Südamerika geflüchtet.

In den letzten Jahren wurde die Stadt durch den Tourismus wieder neu belebt, und es ist vor allem einer riesigen Luxushotelanlage von Fred Olsen zu verdanken, dass immer mehr Besucher ihren Weg zu diesem Ort der Insel finden.

Strände

Neben dem Hauptstrand Playa Santiago gibt es noch drei weitere etwas kleinere Strände, die **Playas de Tapahuga**, **del Medio** und **de Chinguarime,** an denen es Sand und Felsen gibt und die als Hippie-Strände gelten. Sie befinden sich in östlicher Richtung, vorbei am Hotel Jardín Tecina am Ende eines holprigen Kieswegs.

Playa Santiago
STRAND

Am Playa Santiago kann beim Planschen in den Wellen, bei Spaziergängen an der Felsküste und beim verträumten Blick auf das friedliche Meer leicht der größte Teil des Tages draufgehen.

Aktivitäten

Wer mal etwas anderes machen möchte, als immer nur zu baden, entert einfach ein Ausflugsschiff, um Wale zu beobachten.

Tina
BOOTSAUSFLUG

(☎ 922 80 58 85; www.excursiones-tina.com; 4-Std.-Fahrt Erw./Kind 40/23 €; ⏲ Mo 10, Do 9 Uhr) Ein renommiertes Unternehmen, das Walbeobachtungsfahrten durchführt, inklusive Badestopp an einem abgelegenen Strand und Mittagessen.

Golfplatz Tecina
GOLF

(☎ 922 14 59 50; www.tecinagolf.com; Lomada del Tecina; 9/18 Loch 60/100 €) Der 18-Loch-Golfplatz, eine Fred-Olsen-Initiative, ist der einzige auf der Insel; er liegt unmittelbar vor der Stadt.

Essen

Selbstversorger finden die wichtigsten Produkte im **Supermercado El Paso II** (Calle Anton Gil).

Bar La Chalana
MEERESFRÜCHTE €

(Blvd Colón Laguna; Hauptgerichte 7–9 €; ⏲ 10–19 Uhr) Die reizvolle hölzerne Strandhütte, versteckt am nördlichen Ende des Strands gelegen, ist eine Kombination aus Strandbar mit chilligen lateinamerikanischen Klängen, Restaurant mit einer sehr fischlastigen Karte, Kunsthandwerksladen und Kunstgalerie. Was auch immer einen am meisten reizt, meist verbringt man hier sehr viel mehr Zeit als geplant.

★ Restaurante Junonia
INTERNATIONAL €€

(☎ 922 89 54 50; Avenida Marítima; Hauptgerichte 12–15 €; ⏲ Mi–Mo 12.30–15.30 & 18.30–22 Uhr) Ein Lieblingslokal der Einheimischen, gegenüber vom Hafen gelegen, mit einem eleganten Speisesaal voller avantgardistischer zeitgenössischer Kunst. Auf der Karte stehen raffinierte Versionen italienischer Gerichte, wie schwarze Pasta mit Lachs in einer Sauce aus Hummer, Wodka und Krabben, sowie hervorragend zubereitete einfache Fischgerichte, wie *dorada a la plancha* (gegrillte Seebrasse). Eine Reservierung wird empfohlen.

La Cuevita
MEERESFRÜCHTE €€

(☎ 922 89 55 68; Avenida Marítima; Hauptgerichte 10–14 €; ⏲ Mo–Sa 12–16 & 19–22.30 Uhr) Das Lokal liegt in einer natürlichen Höhle neben einer kleinen *ermita* (Kapelle), hat Pflanzen mit viel Grün und schummriges Licht und tischt frischen Fisch und Meeresfrüchte, wie Thunfisch, *vieja* (Papageienfisch), *lapas* (Napfschnecken) und *chocos* (Tintenfisch), auf, außerdem gegrilltes Fleisch, alles serviert mit *papas arrugadas* und würzigem rotem *mojo.*

Praktische Informationen

Alle Serviceeinrichtungen von Playa Santiago, wie Postamt, Tankstelle, Apotheke, Polizeiwache und medizinisches Zentrum, gruppieren sich rund um die Plaza Playa Santiago im Herzen der Stadt.

Touristeninformation (☎ 922 89 56 50; www.lagomera.travel; Edificio Las Vistas, Avenida Marítima; ⏲ ganzjährig Mo–Sa 9–13 Uhr, sowie im Winter Mo–Fr 16–18 Uhr) Die hilfsbereite Touristeninformation bietet Besuchern zahlreiche Broschüren und Informationen zur Region. Sie liegt auf der rechten Seite auf dem Weg ins Stadtzentrum.

An- & Weiterreise

Bus 3 (4 €, 30 Min., bis zu 5-mal tgl.) verbindet Playa Santiago mit San Sebastián.

Taxiruf: ☎ 922 89 50 22

Alajeró & Umgebung

325 EW.

Die friedliche Oase auf einem Höhenrücken hoch über dem Ozean hat mehr Palmen als Einwohner. Von Playa Santiago abgesehen ist Alajeró das einzige größere Dorf im Südosten der Insel. Die bescheidene Kirche **Iglesia del Salvador** stammt aus dem 16. Jh.

Eine gute Zeit für einen Besuch des Ortes ist während der **Fiesta del Paso** im September, wenn *gomeros* von nah und fern in Alajeró zusammenkommen, um die fröhliche Prozession zu begleiten, die sich tanzend die Berge hinunterbewegt.

Alajeró ist ein guter Ausgangspunkt für verschiedene **Wanderungen.** Der Fernwanderweg GR132 führt durch den Ort hindurch, ebenso wie die kürzeren PR LG 15 und 16. Der Letztere führt bergab nach Playa Santiago oder die anstrengendere Richtung bergauf nach **Benchijigua,** einer winzigen Siedlung zwischen steilen grünen Hängen. In der Nähe der Kirche stehen Schilder, die

SILBO: DIE PFEIFSPRACHE VON LA GOMERA

Wer Silbo Gomero zum ersten Mal hört, könnte meinen, dass zwei Vögel miteinander kommunizieren. Abwechselnd munter und melodisch oder schrill und mit starken Resonanzen, hört sich diese alte Pfeifsprache tatsächlich ebenso hübsch an wie Vogelgezwitscher. Das geschichtsträchtige Silbo gehörte schon zu den aussterbenden Sprachen, wurde aber wiederbelebt und hat ein komplexes Vokabular von über 4000 gepfiffenen Wörtern, die aus kilometerweiter Entfernung zu hören sind.

Im vorspanischen Gomera entwickelte sich Silbo zum perfekten Werkzeug für Mitteilungen kreuz und quer über das zerklüftete Gelände der Insel. Unter idealen Bedingungen konnte es bis zu 4 km entfernt noch gehört werden und ersparte den Inselbewohnern so den anstrengenden Weg über Berg und Tal, um einem Nachbarn eine Nachricht zu übermitteln. Zunächst diente Silbo vermutlich als Notsignal, doch im Lauf der Zeit entwickelte sich daraus eine vollständige Sprache. Auch in manchen Gegenden von Griechenland, der Türkei, Chinas und Mexikos gibt es Formen gepfiffener Kommunikation, aber keine ist so weit entwickelt wie Silbo Gomero.

Die modernen Annehmlichkeiten hätten beinahe das Ende der Sprache bedeutet, aber in den letzten Jahren wurde aus dem fast vergessenen Erbe La Gomeras seine neue kulturelle Hauptattraktion. Seit 2000 ist Silbo auf der Insel ein Pflichtschulfach, 2009 erhielt die Sprache eine weitere Rettungsleine, indem sie auf die UNESCO-Liste des immateriellen Kulturerbes der Menschheit gesetzt wurde. Dank der Aufnahme auf diese Liste kann mehr Geld in die Förderung der Sprache gesteckt werden, und sie gibt den *silbadores* großen moralischen Auftrieb.

den Wegverlauf zeigen. Wer in Benchijigua übernachten will, findet hier eine Reihe unvergesslicher *casas rurales*. Eine weitere Möglichkeit ist der 8 km lange Rundwanderweg nach Magaña, am Lomo de la Montaña entlang und vorbei am ältesten *drago* (Drachenbaum) der Insel und wieder zurück nach Alajeró. Die Wanderung dauert etwa 2½ Stunden.

Mit dem Auto sieht man den *drago*, wenn man 1,25 km nördlich von Alajeró an einer nicht ausgeschilderten Abzweigung nach links fährt, bis man zu einem alten Bauernhof kommt, von wo ein Wanderweg steil bergab führt. Wer mit dem Bus hierherkommt, fährt bis zur Haltestelle Imada und geht von dort nach links, einen gepflasterten Weg hinunter, der auf diese Seitenstraße führt. Auf jeden Fall dauert die Rundwanderung gute 1½ Stunden.

Bus 3 (4 €, 40 Min., bis zu 5-mal tgl.) verkehrt zwischen Alajeró und San Sebastián und hält unterwegs in Playa Santiago. Die Bushaltestelle befindet sich direkt an der Hauptfernstraße.

Valle Gran Rey

3440 EW.

Kaum einer wird es wohl bis hinunter zur Küste schaffen, ohne an einem der Aussichtspunkte anzuhalten und über die Naturschönheit des „Tals des großen Königs" ins Schwärmen zu geraten. Es ist eine tiefe, grüne Schlucht, die bergab verläuft und unten auf den längsten Strand der Insel trifft – dies ist das touristische Epizentrum von La Gomera. Wer deutsch spricht, wird sich hier gleich zu Hause fühlen, denn die meisten Serviceeinrichtungen sind auf die vielen Deutschen ausgelegt, die es auf der Suche nach Sonne und Natur hierher verschlagen hat. Apropos Sonnenschein – es kann passieren, dass man sich im Valle Gran Rey seelenruhig weiter sonnen kann, während der Rest der Insel von einem leichten Nieselregen durchnässt wird.

Vor dem Abstieg ins Tal kann man einen Zwischenstopp an der **Ermita del Santo** in Arure einlegen, wo eine winzige Kapelle in die Felswand gebaut wurde, die von einem Mirador umgeben ist, von dem aus man die südliche Landschaft bewundern kann.

Auch der **Mirador César Manrique** lohnt einen Abstecher; er bietet einen fantastischen Blick auf die Schlucht von Valle Gran Rey und die ringsum aufragenden Berge. Das **Restaurant** (Hauptgerichte 8–14 €; ⏲ Mo–Sa 12.30–16 & 19–23, So 12–16.30 Uhr) bietet eher durchschnittliche als außergewöhnliche kanarische Kost und wird gern von Reisebusgruppen angesteuert.

Ein paar Kilometer weiter befindet sich eine weitere der zahlreichen an der Straße

LA GOMERA FÜR KINDER

La Gomera hat keinen der Vergnügungsparks, Zoos und Wasserparks zu bieten, weil sie die größeren Inseln für Kinder so attraktiv machen. Die Attraktionen hier sind weniger grell, und Aufregung liefert allein die Natur.

Die erste Anlaufstelle für Kinder ist meist der **Strand.** Die langen, ruhigen Strände Valle Gran Rey und Alojera, wo es für die Kleinen Salzwasser-Planschbecken gibt, sind ideal, ebenso der Strand von San Sebastián. Für Dreikäsehochs, die keine guten Schwimmer sind, sind Becken wie das in Vallehermoso vielleicht besser geeignet.

Kurze **Bootsausflüge** machen allen Kindern Spaß. Die Tour nach Los Órganos geht in Valle Gran Rey los, ebenso wie halbtägige **Walbeobachtungstouren,** die auch ab Playa Santiago gebucht werden können.

Dann kann man auch noch einen Aufenthalt in einem Freizeitgebiet wie **La Laguna Grande** – Picknickbereich und Spielplatz in einem – einplanen, wo Kinder zufrieden einen ganzen Nachmittag mit Spielen und Herumrennen zubringen können.

liegenden Kapellen: Das wahrscheinlich Beste an der **Ermita de San Antonio** ist der Ausblick von der Plaza draußen.

Strände

Auch wenn das üppige Tal selbst vielleicht das Schönste ist, was Valle Gran Rey zu bieten hat, zieht es die meisten doch schnurstracks zur Küste. Die Strände hier gehören zu den hübschesten auf La Gomera mit ruhigem Wasser und plätschernden Wellen. Es lohnt sich aber, daran zu denken, dass es in Valle Gran Rey oft sehr windig ist.

Playa de las Vueltas STRAND
Von den drei Stränden der Stadt ist die Playa de las Vueltas neben dem Hafen am besten vor Wind geschützt, und so ist hier oft am meisten los. Es ist ein flacher, weicher Strand aus schwarzem Sand, ideal für Kinder, und das Wasser ist ruhig und strömungsfrei wie ein Teich. Ein weiterer Vorteil sind die Bars direkt dahinter, das ist sehr praktisch, falls Mama und Papa mal Durst bekommen sollten ...

La Playa STRAND
Der Strand La Playa ist lang und sandig. Hier gibt es außerdem Bars und eine hölzerne Strandpromenade.

Aktivitäten

Bootsausflüge

Mehrere Schifffahrtsunternehmen bieten Wal- und Delphinbeobachtungstouren an.

Oceano BOOTSAUSFLUG
(☎922 80 57 17; www.oceano-gomera.com; Calle Quema 7; Erw./Kind 40/26 €; ⏲9.30–13 & 17–19 Uhr) Das Oceano gilt als eines der besten Unternehmen; es führt ganzjährig dreimal täglich drei- bis vierstündige Touren durch und spendet einen Teil der Kosten an Umwelt- und Tierschutzorganisationen.

Tina BOOTSAUSFLUG
(☎922 80 58 85; www.excursiones-tina.com; Erw 33–40 €, Kind 20 €) Kreuzfahrten um den Süden und Westen der Insel in Richtung Los Órganos. Bei der eintägigen Fahrt sind spontane Wal- oder Delphinbeobachtungen oder auch ein wenig Thunfischangeln durchaus drin. Die Touren werden täglich außer Samstag und Montag durchgeführt.

Radfahren & Wandern

Landratten werden mit Freuden feststellen, dass in Valle Gran Rey unzählige Wanderwege und Strecken für Radtouren ihren Ausgangspunkt haben.

Bike Station Gomera RADFAHREN
(☎922 80 50 82; www.bike-station-gomera.com; La Puntilla 7, Valle Gran Rey; Fahrradverleih am Tag 21 €; ⏲9–13 & 17–20 Uhr) Die Firma organisiert inselweite Radtouren.

Ökotours WANDERN
(☎922 80 52 34; www.oekotours.com; Calle Vueltas, Vueltas, Valle Gran Rey; Tageswanderung pro Person 28–35 €; ⏲Mo–Fr 10.30–13 & 17.30–19.30, Sa 10.30–13 Uhr) Die inselweiten Wandertouren nutzt hauptsächlich deutsche Klientel.

Timah WANDERN
(☎922 80 70 84; www.timah.net; La Puntilla, Valle Gran Rey; Tageswanderung pro Person 31 €; ⏲Mo–Sa 10–13 & 17–20, So 18–20 Uhr) Timah kann mehrtägige Wanderurlaube organisieren. Ein Teil des erwirtschafteten Gewinns geht als Spende an Tierschutzorganisationen.

Essen

★ Bar-Restaurante

El Puerto MEERESFRÜCHTE €

(☎922 80 52 24; Puerto de Vueltas; Hauptgerichte 6–9 €; P) Das traditionelle Lokal am Hafen hat sich auf frischen Fisch spezialisiert und ist eines der besten in der Stadt, um lokale Köstlichkeiten wie gegrillten *peto* und *medregal* (zwei regionale Fischarten) zu probieren. Es wird hauptsächlich von Spaniern besucht, und das *menú del día* (Menü des Tages) gibt's zu einem hervorragenden Preis-Leistungs-Verhältnis für nur 7 €. Die Atmosphäre ist locker und freundlich; an Wochenenden muss man manchmal etwas warten, bis man einen Tisch bekommt.

Casa de Té INTERNATIONAL €

(Baja Secreto 5, Charco del Conde; Hauptgerichte 7–10 €; ⏲Di–Fr 9.30–20, Sa bis 22, So 10–20 Uhr; 📶) In dem lässigen Lokal gibt's Bücher, die man leihen kann, selbst gebackene Kuchen und schick präsentierte Gerichte auf vulkanschwarzen viereckigen Platten. Die Auswahl reicht von Salaten über Crêpes bis hin zu vegetarischen Hauptgerichten mit Seitan sowie Huhn- und Fischgerichten. Samstags gibt es ein vegetarisches Büfett (10 €, 17–22 Uhr) in einer tollen Partyatmosphäre mit Cocktails und DJ.

La Namera INTERNATIONAL €

(Paseo Las Palmeras 8, La Playa; Snacks 7–9 €; ⏲Fr–Mi 9–18.30, Do ab 12 Uhr; 📶) Das von Deutschen betriebene Lokal in einem Holzgebäude mit Balkonen im geschäftigen Restaurant- und Barbezirk von La Playa serviert köstliches Brot und Kuchen sowie einfache Gerichte, wie Salate und Sandwiches, dazu hausgemachte Limonade. Es ist sehr beliebt und verströmt ein lässiges Künstlerflair.

Tuyo ASIATISCH €€

(www.tuyo-lagomera.com; Puerto de Vueltas; Hauptgerichte 10–15 €; ⏲Mo–Sa 12–15 & 18–22 Uhr) Zwischen all die Fischrestaurants am Hafen bringt dieses Lokal einen Hauch Exotik; die umfangreiche Karte enthält vor allem Thaigerichte, darunter leckere gelbe und grüne Currys sowie Wok-Gerichte. Das Dekor im Tuyo ist in standesgemäß wohltuenden warmen Ocker- und Gelbtönen gehalten. Für Meditierende interessant: Hier finden regelmäßig auch Vipassana-Gruppensitzungen statt.

Restaurante La Islita ITALIENISCH €€

(☎922 80 61 61; Calle La Playa; Hauptgerichte 10–18 €; ⏲Mo–Sa 18–22.30 Uhr) Eine pfiffigere Variante als die üblichen Pizza-Pasta-Restaurants mit ein paar köstlichen und ungewöhnlichen Saucen und zahlreichen vegetarischen Optionen. Achtung: In dem nur abends geöffneten Lokal ist schicke Kleidung angesagt.

Ausgehen

Tambara Café BAR

(☎646 51 13 96; Calle Vueltas, Vueltas; ⏲Do–Di 12–16 & 19–23 Uhr) Tagsüber gibt's in dieser netten Bar italienische Pasta und Pizza und abends einen Cocktail. Hier lässt es sich gut entspannen, während über die luftige Terrasse die Klänge der heranbrandenden Atlantikwellen wehen.

Gomera Lounge NACHTCLUB

(Calle Punta de la Calera 1, La Playa; ⏲Mo–Sa 20.30–1 Uhr; 📶) Der smarte, zentral gelegene Nachtclub in La Playa hat ein großartiges Musikangebot, von Reggae bis Salsa; für jeden Hüftschwung ist etwas dabei.

Praktische Informationen

Touristeninformation-Kiosk (☎922 80 50 58; Carretera General; ⏲Mo–Fr 8.30–15.30 Uhr) Die kleine Holzhütte liegt abseits der Hauptstraße, in Richtung Vueltas auf der rechten Seite.

Touristeninformation (☎922 80 54 58; www.lagomera.travel; Calle Lepanto, La Playa; ⏲Mo–Sa 9–14 Uhr) Hier gibt es eine Karte und Lokalinformationen.

An- & Weiterreise

Bus 1 (5 €, 1¾ Stunden) fährt mehrmals am Tag nach San Sebastián; er fährt vom Busbahnhof neben dem großen Verkehrskreisel am Eingang von La Playa ab. Um nach Vallehermoso zu kommen, muss man an der Haltestelle Las Hayas aussteigen und auf Bus 4 warten (4,50 €, 1 Std., Mo–Fr 2-mal tgl.).

La Palma

922 / BEVÖLKERUNG: 86 000

Inhalt ➡

Gut essen

- Enriclai (S. 204)
- La Casa del Volcán (S. 210)
- Restaurante Chipi-Chipi (S. 206)

Schön übernachten

- Hotel La Palma Romántica (S. 257)
- Hotel San Telmo (S. 255)

Auf nach La Palma!

La Palma, die grünste der Kanarischen Inseln, ist ein Urlaubsziel für Naturliebhaber. Sie bietet unberührte Natur – von den grünen Wäldern im Norden, die mit üppiger Vegetation unter dem Kronendach des Regenwalds aufwarten, über die Wüstenlandschaften im Süden, wo Vulkankrater und bizarre Felsformationen das Landschaftsbild bestimmen, bis hin zu den Kiefernwäldern im Nationalpark Caldera de Taburiente, in denen eine ruhige, heitere Atmosphäre herrscht. Kein Wunder, dass die Insel zum UNESCO-Biosphärenreservat erklärt wurde.

Weil es hier keine goldenen Stränden gibt, haben viele Urlauber die Insel gar nicht auf dem Schirm, und so hat der Tourismus (abgesehen von Wanderern und Kreuzfahrtpassagieren) hier noch keine tiefen Spuren hinterlassen. Die Hauptstadt ist ein architektonisches Juwel mit einem Stadtkern aus dem 16. Jh., der von wunderschönen Villen und Häusern mit Balkonen gesäumt wird.

Es gibt praktisch keinen Winkel auf der Isla Bonita (der schönen Insel), der nicht seinen Reiz hat, und sofern die weitere Erschließung kontrolliert vonstattengeht, wird das wahrscheinlich auch so bleiben.

Reisezeit

- Frühling und Herbst sind für La Palma als Reisezeiten zu empfehlen, denn diese beiden Jahreszeiten eignen sich am besten zum Wandern. Dann ist der Himmel meist klar, und es herrschen angenehm warme Temperaturen.
- Als nordwestlichste Insel der Inselgruppe der Kanarischen Inseln bekommt La Palma mehr Atlantikwolken und dadurch auch mehr Regen ab als die anderen Inseln. Im Norden kann es im Winter recht feucht sein.
- Ein absolutes Muss für Gäste, die im Frühjahr La Palma besuchen, ist der Karneval (März/April) in der Inselhauptstadt Santa Cruz, ein Spektakel aus Kostümen, Festwagen und, ähm, Talkumpuder …

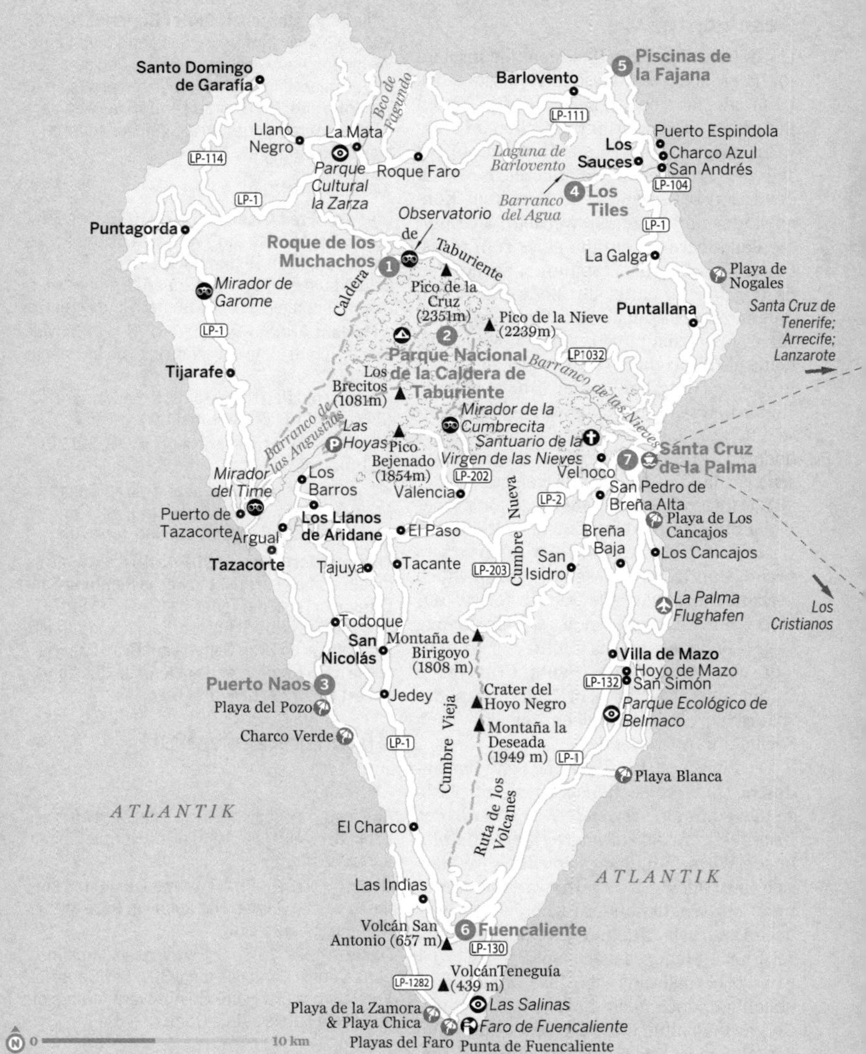

Highlights auf La Palma

1 Vom **Roque de los Muchachos** (S. 215) aus den Nachthimmel beobachten – ein Paradies für Sterngucker

2 Das Wunderland der Natur erkunden: den **Parque Nacional de la Caldera de Taburiente** (S. 213)

3 Unter den sich wiegenden Palmen am schwarzen Sandstrand von **Puerto Naos** (S. 217) in der Sonne liegen und sich die angenehme Meeresbrise um die Nase wehen lassen

4 Mit Regenjacke und Wanderschuhen bewehrt durch den verzauberten Dschungel **Los Tiles** (S. 219) streifen

5 In die Salzwasserbecken der **Piscinas de la Fajana** (S. 219) eintauchen

6 Eine Tour zur Mondlandschaft und zum Besucherzentrum von **Fuencaliente** (S. 209) unternehmen und in den Krater eines Vulkans aus dem 20. Jh. blicken

7 Voller Staunen durch die historischen Straßen von **Santa Cruz de la Palma** (S. 199) mit seinen malerischen, bunten Gebäuden schlendern

Geschichte

Lange bevor Kastilien (Spanien) die Insel im 15. Jh. eroberte, war dieses zerklüftete Stück Land als Benahoare bekannt. Die ersten Bewohner kamen vermutlich schon im 5. Jh. v. Chr. hier an. 1493 wurde die Insel offiziell Teil des spanischen Kolonialreichs, nachdem Alonso Fernández de Lugo (ein Konquistador und später Gouverneur der Insel) die Benahoariten mithilfe eines zum Christentum bekehrten Stammesangehörigen dazu gebracht hatte, ihr Bollwerk in den Bergen zu verlassen und zu „Friedensgesprächen" herabzukommen. An der Stelle, die heute als El Riachuelo bekannt ist, ließ er sie in einen Hinterhalt laufen. Ihr Anführer, Tanausú, wurde als Sklave nach Spanien verschifft, trat aber an Bord in einen konsequenten Hungerstreik, sodass er das spanische Festland nicht lebend erreichte.

Das folgende Jahrhundert war von großer Bedeutung für die Insel. Zucker, Honig und süßer *malvasía* (Weinsorte) wurden zu den wichtigsten Exportgütern, und die reichlich vorhandene kanarische Kiefer lieferte das Holz für expandierende Schiffswerften. Gegen Ende des 16. Jhs. blühte der transatlantische Handel, und Santa Cruz de la Palma galt als drittwichtigster Hafen des spanischen Kolonialreichs gleich nach Sevilla und Antwerpen.

Die Zucker-, Schiffsbau- und Schildlausindustrie (die rote Schildlaus wurde zur Farbstoffgewinnung verwendet) bescherte der Insel mehrere Jahrhunderte lang eine blühende Wirtschaft, doch schließlich wendete sich das Glück: Das 20. Jh. war von Armut und Massenauswanderungen, vor allem nach Venezuela, Uruguay und Kuba, gekennzeichnet. Heute leben etwa 40% der Erwerbsbevölkerung der Insel vom Bananenanbau, doch auch die Tourismusindustrie gewinnt allmählich an Bedeutung, und der Hafen von Santa Cruz wird als Zwischenhafen für Kreuzfahrtschiffe zunehmend beliebter.

An- & Weiterreise

FLUGZEUG

Der **Flughafen** von La Palma (☎ 902 40 47 04, 922 41 15 40; www.aena.es) liegt 7 km außerhalb von Santa Cruz. Dort gibt es Fahrzeugverleihe, eine Wechselstube, ein Restaurant und eine kleine **Touristeninformation** (☎ 922 42 62 12; www.tourlapalma.com; Flughafen; ⏲ 9–13 & 15–18 Uhr).

Die Fluggesellschaft **Binter Canarias** (☎ 902 39 13 92; www.bintercanarias.com) bietet gute Verbindungen zwischen La Palma und dem Rest des Archipels mit mehreren Flügen pro Tag nach Teneriffa und Gran Canaria und etwas weniger häufigen Direktflügen zu einigen der anderen Inseln des Archipels.

SCHIFF/FÄHRE

Die Fähre **Fred Olsen** (☎ 902 10 01 07; www.fredolsen.es) (42 €, 2 Std.) verlässt Los Cristianos auf Teneriffa um 19 Uhr. Rückfahrt von Santa Cruz ist um 5.45 Uhr. Von Teneriffa gibt es weitere Verbindungen nach La Gomera und El Hierro.

Naviera Armas (☎ 922 79 61 78; www.navieraarmas.com) bietet Überfahrten von La Palma nach:

- San Sebastián de la Gomera, La Gomera (24 €, 2¼ Std., Di–So 1-mal tgl.)
- Los Cristianos, Teneriffa (41 €, 3½ Std., Di–So 1-mal tgl.)
- Las Palmas de Gran Canaria, Gran Canaria (72 €, 14½ Std., Di–So 1-mal tgl.), mit Zwischenstopps auf La Gomera und Teneriffa

Trasmediterránea (☎ 902 45 46 45; www.trasmediterranea.es) sticht in See in Richtung Santa Cruz de la Tenerife, Teneriffa (22 €, 5½ Std., Fr 16 Uhr). Dasselbe Schiff fährt auch weiter nach Las Palmas de Gran Canaria auf Gran Canaria sowie nach Cádiz in Andalusien. Die Überfahrt dauert einen Tag bzw. drei Tage.

Unterwegs vor Ort

AUTO

Am besten lässt sich die Insel mit dem Auto erkunden. Es gibt jede Menge Autovermietungen auf La Palma.

Cicar (☎ 922 42 80 48; www.cicar.com; Flughafen von La Palma) Hat auch ein Büro am Hafen von Santa Cruz

Oasis (☎ 922 43 44 09; www.oasis-la-palma.com; Centro Cancajos local 301, Los Cancajos) Vertrauenswürdige lokale Autovermietung, die auch eine Filiale auf La Gomera hat

ENTFERNUNGEN (KM)

	Santa Cruz de la Palma	Los Canarios de Fuencaliente	Puerto Naos	Barlovento
Los Canarios de Fuencaliente	25			
Puerto Naos	47	22		
Barlovento	19	42	44	
El Paso	17	22	10	34

ungefähre Angabe

BUS

Transportes Insular (☎ 922 41 19 24; www.transporteslapalma.com; Avenida Los Indianos 14) Es gibt ein gut ausgebautes Busnetz zwischen Santa Cruz und dem Rest der Insel. Die Haltestellen liegen an der Plaza Constitución und entlang der Avenida Marítima. Bus 1 (5,50 €, 45 Min.) fährt ungefähr halbstündlich nach Los Llanos de Aridane. Wer vorhat, viel mit dem Bus zu reisen, kann sich eine vergünstigte Bonobus-Karte kaufen. Die Karten kosten ab 12 € und sind im Vergleich zum normalen Einzelfahrpreis etwa 20 % billiger. Sie sind an Busbahnhöfen, Zeitungskiosken und in Tabakläden erhältlich und in allen Bussen der Insel gültig.

SANTA CRUZ DE LA PALMA

17 265 EW.

Santa Cruz de la Palma ist die historische (und Verwaltungs-)Hauptstadt der Insel. Das kompakte Städtchen liegt direkt an der Küste inmitten von fruchtbaren grünen Hügeln. Der Stadtkern ist so malerisch, dass es einem den Atem verschlägt, und der neu zurechtgemachte Strand mit seiner kilometerlangen Promenade hat den Reiz der Stadt als sonniges Sommerziel noch weiter merklich gesteigert.

Geschichte

Im 16. Jh. standen die Werften von Santa Cruz in dem Ruf, die besten der gesamten Kanarischen Inseln zu sein. Die Schiffe wurden aus kanarischer Kiefer gebaut, einem harzreichen Holz, das nahezu unempfindlich gegen Parasiten ist. So waren die hier gebauten Schiffe die zuverlässigsten und langlebigsten der ganzen Welt. Die Stadt wurde so bedeutend, dass König Philipp II. 1558 hier die erste Juzgado de Indias (Indienbehörde) ins Leben rief. Jedes Schiff, das Handel zwischen dem spanischen Festland und Amerika betrieb, musste sich hier registrieren lassen.

Der Aufschwung brachte wirtschaftliche Sicherheit, aber auch Probleme mit sich. Santa Cruz wurde häufig von Piraten belagert und gelegentlich auch geplündert, auch von den Engländern unter dem Kommando von Sir Francis Drake.

Sehenswertes

Nach einem Spaziergang über die einladende neue Strandpromenade bietet sich ein Bummel in der Calle O'Daly an, der Hauptstraße der Stadt. Sie ist nach einem irischen Bananenhändler benannt, der sich auf La Palma niederließ. Entlang der Straße gibt's eine Fülle von Geschäften und Bars, außerdem befinden sich hier einige der architektonisch eindrucksvollsten Gebäude und Sehenswürdigkeiten des Ortes.

Altstadt HISTORISCHE STÄTTE

Der Spätrenaissancepalast **Palacio de Salazar** (☎ 922 41 19 57; Calle O'Daly 22; ⊙ Mo–Fr 10–20 Uhr, Sa bis 14 Uhr) aus dem 17. Jh. liegt linker Hand nur ein Stück von der Plaza Constitución entfernt. Heute beherbergt er ein staatliches Kulturzentrum.

Weiter nördlich an der Calle O'Daly liegt die von Palmen beschattete **Plaza España.** Sie gilt als bedeutendstes Beispiel der Renaissancearchitektur auf den Kanarischen Inseln. Auf der einen Seite steht das imposante **ayuntamiento** (Rathaus; ☎ 922 42 65 00; ⊙ Mo–Fr 9–14 Uhr). Es wurde 1559 erbaut, nachdem das Original von französischen Piraten zerstört worden war.

Die Stufen der Plaza España führen in die Oberstadt, wo man im Terrassencafé auf der schattigen **Plaza Santo Domingo** prima verschnaufen kann. Die **Iglesia de Santo Domingo** (Plaza Santo Domingo; ⊙ wechselnde Öffnungszeiten) beherbergt eine bedeutende Gemäldesammlung flämischer Künstler.

Richtung Südwesten an der Calle Virgen de la Luz liegt die bescheidenen Kapelle **Ermita de Nuestra Señora de la Luz** mit ihrer schlichten Fassade (⊙ wechselnde Öffnungszeiten) aus dem 17. Jh., eine von mehreren kleinen Kapellen aus dem 16. und 17. Jh. in der Stadt.

Eine andere Kapelle, die **Ermita de San Sebastián** (Calle San Sebastián; ⊙ wechselnde Öffnungszeiten), liegt hinter der Iglesia de San Salvador, und noch eine weitere Kapelle, die **Ermita de San José** (Calle San José; ⊙ wechselnde Öffnungszeiten), steht an der Straße, der sie ihren Namen gegeben hat. Nordwestlich dieser Kapelle liegt die **Iglesia de San Francisco** (Plaza San Francisco; ⊙ 18–19.30 Uhr), eine weitere Renaissancekirche, die den Besucher durch eine prachtvolle Kassettendecke beeindruckt.

Unten am Wasser steht eine Reihe wundervoller **alter Häuser** mit traditionellen kanarischen Balkonen, die vor Blumen nur so überquellen. Viele der Häuser stammen aus dem 16. Jh. und beherbergen jetzt vornehme Restaurants. Die Vorliebe der Inselbewohner für Balkone kam mit den andalusischen Einwanderern und wurde auch von

Santa Cruz de la Palma

den Portugiesen beeinflusst. Am nördlichen Ende der Uferpromenade thront die **Castillo de Santa Catalina** (Mo–Fr 10–14 Uhr), eine von mehreren Festungen, die im 17. Jh. zum Schutz gegen Piratenüberfälle erbaut wurden. Auf der anderen Seite der Schlucht und etwas höher liegt eine kleinere Festung, die **Castillo de la Virgen.**

Etwas versteckter auf demselben Hügel steht die **Iglesia de la Encarnación** (wechselnde Öffnungszeiten) aus dem 16. Jh. Sie war die erste Kirche, die nach der Eroberung der Stadt durch die Spanier in Santa Cruz de la Palma erbaut wurde.

★ Museo Insular — MUSEUM

(Plaza San Francisco 3; Erw./Kind 4 €/kostenlos; Mo–Sa 10–19.30, So bis 14 Uhr) Das ausgezeichnete Museum befindet sich in einem ehemaligen Kloster aus dem 16. Jh. Es zeigt vielfältige Exponate von Schädeln der Guanchen über Schränke voller trauriger, ausgestopfter Vögel und in Alkohol eingelegter Reptilien bis hin zu einer beeindruckenden Muschel- und Korallensammlung. Außerdem beherbergt es Galerien mit Gemälden spanischer Künstler des 20. Jhs. und einigen erlesenen (und etwas exzentrischen) zeitgenössischen Kunstwerken.

Santa Cruz de la Palma

Highlights
1 Iglesia del Salvador ... B4
2 Museo Insular ... C2

Sehenswertes
3 Ayuntamiento ... B4
4 Castillo de Santa Catalina ... D2
5 Ermita de Nuestra Señora de la Luz ... A5
6 Ermita de San José ... C2
7 Ermita de San Sebastián ... B4
8 Iglesia de la Encarnación ... C1
9 Iglesia de San Francisco ... C2
10 Iglesia de Santo Domingo ... A4
11 Museo de Arte Contemporáneo ... A4
12 Museo Naval ... D1
13 Palacio de Salazar ... B4

Schlafen
14 Apart-Hotel Castillete ... D2
15 Casa Turismo Rural Isla Bonita ... A5
16 Hotel San Telmo ... A4
17 La Fuente ... C2
18 Pensión la Cubana ... B4

Essen
19 Bar-Arepera El Encuentro ... C2
20 Casa Luís ... B3
21 Enriclai ... B3
22 Habana ... C3
23 La Lonja ... C3
24 Mercado Municipal ... B3
25 Pizzeria Piccolo ... C3

Ausgehen & Nachtleben
26 Cinnamon Bar ... A4
27 El Portugués Café ... B3

Shoppen
28 Vinateria Albillo ... C2

★ Iglesia del Salvador KIRCHE

(Plaza España; ⌚9.30–13 & 17.30–19.30 Uhr) Von außen erinnert die Kirche zwar mehr an eine Festung als an ein Gotteshaus, doch innen ist sie so prächtig, dass sich ein Besuch auf jeden Fall lohnt. Sie besitzt eine Barockkanzel aus dem Jahr 1750 und eine atemberaubend kunstvolle und farbenprächtige Holzdecke aus dem 16. Jh., die zu den schönsten Beispielen für den Mudéjarstil (islamische Architektur) auf den Kanarischen Inseln zählt. Auch mehrere schöne Skulpturen und faszinierende Buntglasfenster sind zu sehen.

Museo de Arte Contemporáneo MUSEUM

(✆922 41 63 04; 13 Calle Virgen de la Luz; Erw./Kind 3 €/kostenlos; ⌚Mo–Fr 10–15 Uhr) Diese zeitgenössische Kunstgalerie wurde erst im Jahr 2014 eröffnet und ist auf kanarische Künstler spezialisiert. In mehreren lichtdurchfluteten, riesigen Galerien sind hier Gemälde, Skulpturen und Fotografien ausgestellt. Besonders sehenswert ist das aufrüttelnde fotografische Porträt *Un Aquello Amor* des Regisseurs Jorge Lozano.

Museo Naval MUSEUM

(Calle Pérez Galdós; Erw./Kind 3/1,50 €; ⌚Mo–Fr 10–14 Uhr) Schaut man über die grüne Plaza Alameda (hier bietet sich der *kiosco* für einen leckeren *café cortado* an – einen Espresso mit einem Schuss Milch) nach Norden, könnte man meinen, Christoph Kolumbus' Schiff, die *Santa María,* sei hier gestrandet. Aber nein, es handelt sich um das Marinemuseum der Stadt, in dem einige prächtige Schiffsmodelle und andere Schifffahrtsexponate zu bestaunen sind.

★ Santuario de la Virgen de las Nieves KIRCHE

(Avenida las Nieves; ⌚8.30–20 Uhr; Ⓟ) Einen herrlichen Blick auf Santa Cruz hat man nach einer leichten, 2 km langen Wanderung nach Norden zum beliebtesten Pilgerziel von La Palma, der Santuario de la Virgen de las Nieves aus dem 17. Jh. mit ihrem wunderschön verzierten Interieur. Die geschnitzte Holzdecke im Mudéjarstil, Skulpturen ohne Ende und funkelnde Kristallkronleuchter weisen den Weg zur Jungfrau Maria selbst, die von einem überaus üppig geschmückten, glänzenden Altar umgeben ist. Diese Skulptur aus dem 14. Jh. ist die älteste religiöse Statue auf den Kanarischen Inseln. Sie ist auf faszinierende Weise ursprünglich und besitzt zugleich ein beinahe zeitgenössisches Design.

Die Skulptur wurde vermutlich noch vor der Ankunft der Spanier von Kaufleuten hierhergebracht. Alle fünf Jahre wird sie in einer riesigen Prozession hinab nach Santa Cruz getragen.

Die Kirche steht an einer friedlichen Stelle inmitten von Bäumen und Grünanlagen. Sie ist im typischen kanarischen Kolonialstil gehalten, mit Balkonen und schlichten Fassaden. Der Weg hierher führt von der Plaza Alameda erst über die Straße, die dann in einen unbefestigten, aber beschilderten Weg übergeht, und weiter westwärts die Schlucht Barranco de las Nieves hinauf. Der Hinweg dauert etwa 45 Minuten, dafür ist der Rückweg bedeutend schneller. Mit dem Auto folgt man den Schildern, wo die Avenida Marítima die *barranco* (Schlucht) kreuzt, und biegt dann rechts auf die Carretera de las Nieves (LP-101) ab. Sie schlängelt sich bergauf, bis das Heiligtum ausgeschildert ist. Für die kurvenreiche Fünf-Kilometer-Fahrt braucht man ungefähr 15 Minuten. Der Bus 10 (2 €, ca. 20 Min.) fährt zwischen 6.45 und 20.45 Uhr stündlich vom Stadtzentrum aus hierher; am Wochenende jedoch seltener. Auf dem Gelände der Kirche gibt es neben einem Restaurant zusätzlich noch einen Spielplatz.

DREI PERFEKTE TAGE AUF LA PALMA

Tag eins

In einem Zimmer mit Aussicht im romantischen Hotel mit dem ebenso romantischen Namen **La Palma Romántica** aufwachen, nicht weit von der nördlichen Stadt **Barlovento** entfernt. Von hier aus geht die Fahrt nach Süden zum **Biosphärenreservat Los Tiles,** einem fantastischen, dschungelartigen Wald, der zu einer Morgenwanderung im Schatten gigantischer Bäume einlädt, aus deren Moos das Wasser herabtropft. Ist das Tarzan-Abenteuer vorbei, geht die Route weiter nach **San Andrés** zu einem überraschenderweise asiatischen Mittagessen im **La Placita** (S. 219) und einem Spaziergang durch die hübschen Pflastersträßchen. Anschließend führt der Weg zurück in Richtung Barlovento, allerdings die steile, von Bananenpalmen gesäumte Hügelstraße hinab zu den hoch aufragenden Klippen um **Piscinas de la Fajana.** Die Becken laden zu einem erfrischenden Bad ein, und ein Meeresfrüchte-Abendessen bei Sonnenuntergang im Restaurant **La Gaviota** (S. 220) direkt oberhalb der Becken rundet den Tag perfekt ab.

Tag zwei

Los geht es mit einem Spaziergang durch die malerischen Straßen von **Santa Cruz,** bei dem auch die berühmten alten Balkone direkt am Wasser nicht fehlen dürfen. Dann führt die Fahrt nach Süden zu einem Mittagessen unter röhrenden Flugzeugen im **Casa Goyo** (S. 206), dem wohl besten Meeresfrüchterestaurant auf dieser Insel voller Meeresfrüchterestaurants. Der nächste Halt ist das idyllische Städtchen **Villa de Mazo** mit seinem Kunsthandwerksmuseum (und Gelegenheiten zum Shoppen). Mit etwas leichterer Geldbörse geht es weiter südwärts durch eine zunehmend karge Vulkanlandschaft nach **Fuencaliente.** Dort kann man sich im Besucherzentrum am **Volcán San Antonio** über Vulkanausbrüche informieren und den besagten Vulkan anschließend bei einem kurzen, aber spektakulären Spaziergang über den Kraterrand persönlich kennenlernen. Wenn es die Zeit erlaubt, lohnt sich ein Abstecher zur Spitze der Insel und zu den **Playas del Faro.** Ansonsten geht es weiter die Westküste hinauf zum attraktiven Ferienort **Puerto Naos,** dem nächsten Übernachtungsziel.

Tag drei

Die Berge im Zentrum sind es, die die Touristen nach La Palma locken, und dieses überwältigende Gebiet wird dem Hype absolut gerecht. Von Puerto Naos geht es die gewundene Straße hinauf zum **Parque Nacional de la Caldera de Taburiente.** Dort angekommen heißt es Stiefel schnüren und auf zu einer Halbtageswanderung. Die Wanderwege ab dem **Mirador de la Cumbrecita** sind die beliebtesten und in der Regel auch die leichtesten. Wer mehr Zeit hat und sich fit genug fühlt, sollte sich für den absolut lohnenswerten Fünfstundenaufstieg zum Gipfel des **Pico Bejenado** entscheiden. Vor der Wanderung empfiehlt sich ein Besuch im fantastischen Besucherzentrum, um alles über die Geschichte und Tierwelt des Parks zu erfahren (und um sich für die Mirador-de-la-Cumbrecita-Touren zu registrieren). Nach der Tour freuen sich geschundene Füße über eine Mittagspause in **Los Llanos de Aridane.** Danach geht die Fahrt wieder zurück und das kurze Stück nach **El Paso,** wo man im **Museo de la Seda** (S. 212) alle Geheimnisse der Seide erfahren kann. Wieder in Puerto Naos angekommen, bietet sich zum Abschluss ein schönes Fischabendessen unter den Sternen an.

NICHT VERSÄUMEN

KARNEVAL: DÍA DE LOS INDIANOS

Vor allem Teneriffa und Gran Canaria sind für die, nun ja, recht lebhaften Karnevalsfeiern bekannt, aber auch das bescheidene Santa Cruz de la Palma hat eine wilde Seite. Im Februar gibt es hier zwei Wochen lang (die genauen Daten variieren) Musik, Tanz, Alkohol und natürlich Talkumpuder. Am Rosenmontag, hier als Día de Los Indianos bekannt, tragen die braven Bürger von La Palma Eimer voller weißem, duftendem Puder ins Zentrum von Santa Cruz und bereiten sich auf eine Schlacht mit ihren Nachbarn vor. Nachdem sich alle mit ein paar Drinks und Musik aufgelockert haben, geht das Spektakel los, das an ein Schneegestöber erinnert. Es herrscht absoluter Ausnahmezustand – jeder wird zur Zielscheibe, und am Schluss verbringt die von Kopf bis Fuß mit Talkumpuder bedeckte Stadt die Nacht mit Husten und ständigem Augenblinzeln. Die Tradition begann als Karikatur der *indios*, kanarischer Emigranten, die in Amerika reich geworden waren und in weißen Anzügen und Panamahüten auf die Insel zurückkehrten. Heutzutage ist sie nur noch willkommener Anlass, um ausgelassen zu feiern.

Feste & Events

In Santa Cruz werden mehrere unvergessliche, ausgelassene Fiestas gefeiert, die man keinesfalls versäumen sollte, außerdem gibt es etwas ernstere jährliche Feste.

Semana Santa RELIGIÖS
(Ende März–Anfang April) Mitglieder der Laienbruderschaften laufen in blutroten Gewändern mit hohen, spitzen Kapuzen in einer Prozession über die Calle O'Daly in Santa Cruz.

Carnaval KARNEVAL
(2 Wochen im Feb., das genaue Datum wechselt) Diese ausgelassene, zwei Wochen andauernde Feier mit Musik, Tanz und viel Alkohol, zu der auch die berüchtigte verrückte Nacht gehört, in der mit Talkumpuder geworfen wird, ist als **Día de Los Indianos** (S. 203) bekannt.

Fiesta de Nuestra Señora de las Nieves RELIGIÖS
(Juli–Aug.) Dieser „Festtag unserer Jungfrau vom Schnee" ist das wichtigste Fest der Insel. Die Parade aus Riesen und „Großköpfen" (fantasievolle, gedrungene Figuren mit außergewöhnlich großen Köpfen) sollte man auf keinen Fall verpassen. Höhepunkt ist allerdings der Tanz der Zwerge, der schon seit dem frühen 19. Jh. hier aufgeführt wird. Das Fest findet alle fünf Jahre statt, die nächsten Feste sind in den Jahren 2020, 2025 usw. Es handelt sich um eine religiöse Prozession in den Monaten Juli und August, bei der die Inselbewohner die heilige Jungfrau über die Insel tragen und ihre Ankunft in jeder wichtigen Stadt mit einer großen Party feiern.

Essen

Viele der besten Restaurants von Santa Cruz liegen an der Avenida Marítima sowie an der Calle Anselmo Pérez de Brito im historischen Stadtkern.

Mercado Municipal MARKT €
(Avenida Puente; Mo–Sa 7–14 Uhr) Ausgezeichneter Markt für frische Lebensmittel sowie Delikatessen in einem ehemaligen Krankenhaus aus dem 16. Jh. Unbedingt eine Kostprobe wert ist der Zuckerrohrsaft mit Rum, Minze und Limone (4 €), der hier an einem Stand verkauft wird – wer schon früh am Morgen hier ist, kann ihn aber auch ohne Rum bekommen!

Casa Luís KANARISCH €
(Taburiente; Calle Pedro Poggio 7; Hauptgerichte 7–8,50 €, Menü 10 €; 10.30–24 Uhr) Türen, die an Scheunentore erinnern, führen zu diesem bei den Einheimischen beliebten Lokal. Zur urigen Atmosphäre tragen auch die verblassten Schwarz-weiß-Fotos von Santa Cruz von anno dazumal bei. Die Portionen sind riesig, aber nach einer Speisekarte zu fragen ist sinnlos: Es gibt immer das, was dem Eigentümer an dem Tag in den Sinn kommt. Eines ist jedoch sicher – hier kommt durch und durch traditionelle kanarische Küche auf den Tisch.

Bar-Arepera El Encuentro VENEZOLANISCH €
(Calle Anselmo Pérez de Brito; Arepas 1,90 €, Cachapas 2,70 €; 8.30–1 Uhr;) Billige und leckere venezolanische *arepas* (heiße Fladentaschen aus Mais oder Mehl mit Fleisch- oder Käsefüllung) und *cachapas* (gefüllte Maispfannkuchen) sind auf der Insel praktisch Grundnahrungsmittel. Das Lokal liegt

DER SÜSSE GESCHMACK VON LA PALMA

Die Hauptgerichte auf La Palma sind, wie auch auf anderen Inseln, eher einfach. Wofür die Insel wirklich bekannt ist, sind ihre verführerischen Desserts. Honig ist hier ein wichtiges Nahrungsmittel, und früher war La Palma ein bedeutender Zuckerproduzent. Das Zuckerrohr ist so gut wie verschwunden, aber die Vorliebe der Inselbewohner für Süßes ist geblieben. Auf dem **Mercado Municipal** (S. 203) in Santa Cruz kann man Zuckerrohrsaft kosten – auch mit Rum, Limone und Minze, wenn einem danach ist. Die Desserts mit Honig und Mandeln, die *rapaduras*, sind zu Recht sehr beliebt. Genauso lecker sind *almendrados* (Küchlein aus Mandeln, Zucker, Eiern und Zimt), *bienmesabe* (ein Brei aus Mandeln und Zucker) und *Príncipe Alberto* (eine Mousse aus Schokolade und Mandeln).

Die Käse der Region, meist aus nicht pasteurisierter Ziegenmilch und häufig auch geräuchert, sind eine Kostprobe wert. Mehr Informationen gibt es online unter www.quesopalmero.es. Eine hervorragende Auswahl an Käse aus der Region sowie Weinen und Delikatessen gibt es in der **Vinateria Albillo** (☎922 41 08 95; Calle Anselmo Pérez de Brito 59, Santa Cruz de Palma; ⏰Mo–Fr 10-13.30 & 17–19, Sa 10–14 Uhr) in Santa Cruz.

wunderschön an einem idyllischen, schattigen Platz mit Blick auf das historische Denkmal Cruz de Tercero (1893).

Habana KANARISCH €

(Calle Anselmo Pérez de Brito 27; Hauptgerichte 7,50–9 €; ⏰8.30–23 Uhr) Dieses entzückende weiß-rosafarbene Gebäude sieht aus wie eine Hochzeitstorte. Es hat eine Terrasse auf einer malerischen Plaza mit Blick auf einen Brunnen und ist umringt von Balkonen voller Blumen. Der Kaffee ist der beste der Stadt und die Speisekarte ist zwar kurz (und einfach), aber die Auswahl an Risottos, Bruschettas und gebackenem Käse mit *mojo* (würzige kanarische Soße) enttäuscht keinesfalls. Betrieben wird das Lokal von Kubanern, was bedeutet, dass hier immer schwungvolle Musik läuft.

★ **Enriclai** MODERN KANARISCH €€

(☎687 37 14 53; Calle Dr Santos Abreu 2; Hauptgerichte 12,50–15 €; ⏰Di–Sa 12.30–15.30 & 19.30–22.30, So & Mo 19–23 Uhr; 🖉) Nur vier Tische, ein 200 Jahre altes Gebäude, coole Jazzmusik und eine Auswahl an täglich wechselnden Gerichten, bestehend aus Zutaten, die gerade Saison haben, und dazu Carmen, die Besitzerin und Köchin, die so bezaubernd ist, dass man sie glatt adoptieren möchte. Hier gibt es auch vegetarische Gerichte und verschiedene Bioweine.

Die Speisekarte reicht von Gerichten wie Spinat-*pastel* (Auflauf) mit Kichererbsensoße bis zu simplem gegrilltem Fisch mit Zitronenscheibe, und nein, das gefürchtete „Pling" der Mikrowelle ist hier nicht zu hören – und frittiert wird auch nichts.

Pizzeria Piccolo ITALIENISCH €€

(Avenida Marítima 53; Pizzas 7–10 €, Pastagerichte 11–13 €; ⏰Mi–Mo 12–16 & 19–24 Uhr) Von den Pizzas hier können sich andere Pizzerias eine Scheibe abschneiden: knusprige, dünne Böden und viel Belag. Die selbst gemachten Pastagerichte sind *al dente* und absolut köstlich, es gibt aber auch leichtere Kost wie Focaccias und Salate. Das Gebäude selbst verströmt mit seinen knarzenden Holzbalken und Originalfliesen eine sehr urige, authentische Atmosphäre.

La Lonja SPANISCH €€

(☎922 41 52 66; www.lalonjarestaurante.com; Avenida Marítima 55; Hauptgerichte 12–18 €; ⏰Mi–Mo 12–23 Uhr) In einem alten kanarischen Haus mit Balkonen voller Blumen direkt am Wasser. Das La Lonja ist vielleicht das vornehmste Restaurant der Stadt und serviert eine Mischung aus kanarischer, kastilischer und mediterraner Küche, die Paella, Spanferkel und gebratenen Käse mit *mojo* *umfasst*. Es gibt auch kreativere und ungewöhnlichere Gerichte, wie zum Beispiel Aal und Garnelen in Sahnesoße.

Ausgehen

Mit einem wilden Nachtleben kann Santa Cruz nicht aufwarten. Nichtdestotrotz gibt es jede Menge ruhige Terrassenbars, die zu ein oder zwei gemütlichen Drinks einladen. Die Avenida Marítima ist von familienfreundlichen Cafés und *zumerías* (Saftbars) gesäumt. Echtem Nachtleben am nächsten kommt man auf der Calle Álvarez Abreu in der Innenstadt. An der Plaza José Mata, gleich abseits der Avenida Puente, gibt es auch ein paar Bars, die lange geöffnet haben.

El Portugués Café BAR

(☎ 922 41 41 26; Calle San Sebastián 4; ⊙ Di–So 12–0 Uhr) Eigentlich noch gar nicht fertig, aber ein Besuch lohnt sich schon jetzt. Ángel, der Eigentümer, ist dabei, das großartige Haus seiner portugiesischen Großmutter aus dem 17. Jh. zu renovieren. Bisher gibt es eine stimmungsvolle Bar mit Terrasse in einem Innenhof und dazu einen Goldfischteich (die ehemalige Zisterne). Livemusik ist in Planung – und sogar ein Boutiquehotel. Unbedingt vorbeischauen.

Cinnamon Bar BAR

(☎ 922 41 02 24; Calle San Telmo 2; Cocktails 4,50 €, Tablas 7–8 €; ⊙ 12.30–16 & 19.30–23 Uhr;) Den Innenbereich beherrschen klare Linien und blendendes Weiß im Kontrast zu Rot und Schwarz. Draußen sitzt man unterhalb der eleganten Iglesia de Santo Domingo an einem der hübschesten Plätze der Stadt. Dies ist zwar in erster Linie eine Bar, es gibt aber trotzdem auch *tablas* (Platten) für mehrere Personen.

Praktische Informationen

Touristeninformation (☎ 922 41 21 06; www.lapalmacit.com; Plaza Constitución; ⊙ Mo–Fr 9–14 & 16–19.30, Sa & So 9–14 Uhr) Das kleine Büro hält jede Menge Informationen über Stadt und Insel bereit, von Wandertouren über Feste und Geschichte bis hin zu Gastronomie.

Unterwegs vor Ort

Bus 8 (1,50 €, 35 Min.) fährt von Santa Cruz zum Flughafen und zurück (6.45–0.15 Uhr, alle 30 Min.) und hält dabei auch in Los Cancajos. Am Wochenende fährt er nur stündlich. Ein Taxi zum Flughafen kostet um die 17 €.

Am besten bewegt man sich in Santa Cruz zu Fuß fort. Wer mit dem Auto anreist, sucht sich am besten einen Parkplatz am Wasser, denn die engen Sträßchen lassen sich viel schöner zu Fuß durchwandern. Wenn's schnell gehen muss, kann man auch einen der Busse auf der Avenida Marítima nehmen (1,35 €) oder sich ein **Taxi** schnappen (☎ 922 18 13 96).

LOS CANARIOS

Wer verwundert auf der Karte nach der (oft ausgeschilderten) Stadt Los Canarios sucht, muss sich keine Sorgen machen: Nichts wurde übersehen, es handelt sich bloß um die Kurzversion von Los Canarios de Fuencaliente. Die Stadt wird selten mit ihrem vollen Namen bezeichnet.

RUND UM SANTA CRUZ

Los Cancajos

Eine hübsche Uferpromenade und ein kleiner Vulkansandstrand sind die Hauptattraktionen dieser Ansammlung von Hotels, Apartments und Restaurants 4 km südlich von Santa Cruz. Los Cancajos besitzt nicht den Charme von Santa Cruz oder anderen authentischen Städten, ist aber dank der zahlreichen guten Unterkünfte und des schönen Strands, der zu den besten der Insel zählt, trotzdem eine gute Ausgangsbasis. Direkt am Ufer gibt es eine gut bestückte **Touristeninformation** (☎ 922 18 13 54; www.lapalmacit.com; Calle Punta de la Arena, Playa los Cancajos; ⊙ Mo–Fr 9–13 & 16.30–19, Sa 10–14 Uhr).

Aktivitäten

Los Cancajos ist beliebt bei Tauchern, und auch mehrere Tourveranstalter haben hier ihren Sitz. Wer's etwas gemütlicher mag, kann sich bei einem schönen Spaziergang entlang der Uferpromenade Appetit aufs Abendessen holen. Der 20-minütige Spaziergang führt an winzigen Buchten und gewundenen erkalteten Lavaströmen vorbei, auf denen sich robuste Pflanzen angesiedelt haben. Sie heben sich beinahe leuchtend hell von der eindrucksvollen Schwärze des Gesteins ab, auf dem sie wachsen.

Buceo Sub TAUCHEN

(☎ 922 18 11 13; www.4dive.org; Costa Salinas, Local 3; Tauchgang inkl. Ausrüstung ab 35 €; ⊙ Di–Sa 9.30–18 Uhr) Dieser renommierte Veranstalter von Tauchtouren gleich neben dem Spar-Supermarkt bietet verschiedene Tauchpakete, aber auch Kanutouren an.

La Palma Diving Center TAUCHEN

(☎ 922 18 13 93; www.la-palma-diving.com; Centro Comercial Los Cancajos, Local 227; Tauchgang inkl. Ausrüstung 40 €; ⊙ Mo–Sa 10–18 Uhr) Der im größten Einkaufszentrum von Los Cancajos angesiedelte Anbieter ist hauptsächlich auf deutsche Kunden ausgerichtet.

Natour WANDERN

(☎ 922 43 30 01; www.natour-trekking.com; Apartamentos Valentina 4; geführte Wanderungen

NICHT VERSÄUMEN

GASTRONOMISCHE GEHEIMTIPPS

Einige der besten Restaurants der Insel sind nur eine kurze Autofahrt von Santa Cruz entfernt. Es sind die besten Adressen, um die hiesige Küche kennenzulernen.

Restaurante Chipi-Chipi (922 41 10 24; Calle Juan Mayor 42, Velhoco; Hauptgerichte 10–15 €; Mo–Di & Do–Sa 12–17 & 19–23.30 Uhr; P) Seinem Namen zum Trotz kein schmieriger Imbiss, sondern ein erstklassiges Restaurant, das sich auf eine Vielzahl von Grillfleischgerichten spezialisiert hat, die mit jeder Menge *papas arrugadas* (schrumpeligen Kartoffeln) und *mojo* (würziger Soße) serviert werden.

Es liegt zwischen der Santuario de la Virgen de las Nieves und dem Dorf San Pedro am Rand des kleinen Weilers Velhoco. Hier gibt es hübsche, weitläufige Gärten mit einzelnen Speisebereichen sowie eine zentrale Terrasse.

Casa Goyo (922 44 06 03; Carretera General Lodero 120, Los Cancajos; Hauptgerichte 10–15 €; Di–So 13–16.30 Uhr; P) Diese ehemals schlichte, mit Palmenblättern gedeckte Hütte hat sich zu einem der renommiertesten Meeresfrüchterestaurants der Insel gemausert. Unter röhrenden Flugzeugen kann man sich hier an *vieja a la plancha* (Papageienfisch aus der Grillpfanne) und *papas* (Kartoffeln) laben. Und ja, der Fisch ist hier *wirklich* absolut fangfrisch!

35–50 €; Mo–Fr 9–13 & 17–19 Uhr) Natour ist einer der renommiertesten Veranstalter von Wandertouren auf der Insel La Palma und bietet eine Vielzahl von unterschiedlichen Wanderungen über die ganze Insel mit mehrsprachigen Tourführern an.

Essen

Die Gegend um das Centro Comercial Los Cancajos (Einkaufszentrum) hält mehrere gute Restaurants und Bars bereit, viele davon mit Terrasse.

El Pulpo MEERESFRÜCHTE €€
(922 43 49 14; Playa los Cancajos; Hauptgerichte 10–16 €; 13–15.30 & 18–22.30 Uhr) Dieses einfache Strandrestaurant nahm seinen Anfang 1971 als provisorische Hütte und gilt bei Einheimischen noch immer als eines der besten Lokale, um gebratenen Fisch zu genießen. Besonders Familien und ihre mit Eimer und Schäufelchen bewehrten kleinen Kinder lieben die Terrasse mitten im Sand.

Restaurante La Fontana ITALIENISCH €€
(Playa los Cancajos; Pizzas 8–10 €, Pastagerichte 9–14 €; Di–So 13–16 & 18–22.30 Uhr; P) Mit Blick auf die grünen Bananenhaine und auf den Hauptstrand kann man hier italienische Küche bekommen, von leckerer Holzofenpizzas bis zu verschiedenen Pastagerichten. Vor allem die köstlichen Nachspeisen (unbedingt die himmlische Mandeltorte probieren!) sollen nicht ausgelassen werden: Es gibt auch einen besonderen Service: Auf Wunsch kann man sich ein Picknickpaket für den Strand zusammenstellen lassen.

Ausgehen & Nachtleben

Das Nachtleben von Los Cancajos konzentriert sich auf eine Handvoll Bars und Terrassen hinter dem Centro Comercial Las Cancajos. Das Angebot variiert je nach Jahreszeit und Wochentag stark, und so findet man hier alles von DJs und Tanz über Livemusik bis hin zu ruhigen Fleckchen, an denen man sich bei einem Drink gemütlich über dies und das unterhalten kann.

An- & Weiterreise

Bus 8 (1,20 €, 10 Min.) kommt alle 30 Minuten auf dem Weg von Santa Cruz zum Flughafen durch Los Cancajos. Ein zweiter Bus fährt die Strecke in entgegengesetzter Richtung. Die Hauptbushaltestelle ist am Centro Comercial Los Cancajos.

Breña Alta

6670 EW.

Diese ländliche, ruhige Gegend gleich außerhalb von Santa Cruz ist kein bedeutendes Reiseziel, kann aber dennoch mit ein paar bemerkenswerten Sehenswürdigkeiten, namhaften Kunsthandwerkern und dem Hotel Parador Nacional aufwarten.

Sehenswertes

Maroparque ZOO
(www.maroparque.com; Calle Cuesta 28; Erw./Kind 11/5,50 €; Mo–Fr 11–17, Sa & So bis 18 Uhr; P) Kinder werden den kleinen Maroparque, in dem Seidenaffen, Tukane und Pythons

durch ihre (glücklicherweise) geräumigen Käfige klettern, flattern und gleiten, einfach lieben. Auch die neuesten Bewohner sollte man auf keinen Fall verpassen: ein Paar seltener Albino-Wallabys. Der Zoo liegt inmitten von hübsch gestalteten Gärten, und es sind auch kleine Erfrischungen erhältlich.

DER SÜDEN

Der Süden von La Palma ist von einer wirklich bunten Mischung aus Kiefernwäldern, Bananenplantagen, Ackerland und kargem vulkanischen Ödland geprägt. In der Gegend von Fuencaliente, am südlichen Zipfel der Insel, gab es die jüngsten vulkanischen Aktivitäten der Inseln mit mehreren verzeichneten Ausbrüchen im 20. Jh.

Villa de Mazo

4760 EW.

Der ruhige Ort Villa de Mazo liegt 13 km südlich von Santa Cruz, umringt von grünen, inaktiven Vulkanen. Das Städtchen ist bekannt für seine Zigarren, seine Kunsthandwerksprodukte und als Höhepunkt der **Weinstraße** (www.enoturismolapalma.es) von La Palma. Die Weinstraße umfasst eine Reihe von Routen, die im Hinblick auf die alkoholischen Gaumenfreuden das Beste der Insel miteinander verbinden. Broschüren mit Einzelheiten zur Weinstraße sind in den Touristeninformationen oder als Download auf der Website erhältlich.

Sehenswertes

★ Museo Casa Roja MUSEUM
(922 42 85 87; www.villademazo.es; Calle Maximiliano Pérez Díaz; Erw./Kind 2 €/kostenlos; Mo–Sa 10–14 Uhr) Gleich bei Ankunft in der Stadt weisen Schilder zu dieser hübschen, ockerroten Villa (1911 erbaut), in der Ausstellungen zu Stickarbeiten und zu Fronleichnam zu sehen sind – einem Fest, das in Villa de Mazo mit besonderer Inbrunst gefeiert wird: Die Straßen werden mit eleganten Bilder-„Teppichen" aus Blütenblättern, Samen und Erde geschmückt. Das Haus selbst besitzt eine beeindruckende herrschaftliche Treppe und außerordentlich kunstvoll geflieste Böden.

Escuela Insular de Artesanía MUSEUM
(922 44 00 52; Vía de Enlace Doctor Amilcar Morera Bravo 1; Erw./Kind 2 €/kostenlos; Mo–Fr 10–14 Uhr) Die ehemalige Handwerksschule beherbergt noch immer eine Weberei, die besichtigt werden kann, wurde aber ansonsten in ein Museum für das Handwerk und Kunsthandwerk der Insel umgewandelt. Es wird ein kurzer, mehrsprachiger Film gezeigt, und ein Laden verkauft Stickarbeiten, Keramik, Körbe und andere vor Ort hergestellte Handwerksprodukte.

Templo de San Blas KIRCHE
(wechselnde Öffnungszeiten; P) Vom Stadtkern aus den steilen Hügel hinab liegt diese herrliche mit Kalk getünchte Kirche aus dem Jahr 1512 mit Blick auf den Ozean. Im Innern der Kirche gibt es neben einem Barockaltar noch eine Anzahl von interessanten Barockkunstwerken.

Mercado MARKT
(Vía de Enlace Doctor Amilcar Morera Bravo; Sa 15–19, So 9–13 Uhr) Auf diesem Wochenendmarkt werden viele unterschiedliche landwirtschaftliche Erzeugnisse sowie Handwerksprodukte und Textilien verkauft.

Cerámica el Molino MUSEUM
(922 44 02 13; Carretera Hoyo de Mazo; Mo–Sa 9–13 & 15–19 Uhr; P) Ein gut beschilderter Weg führt von der Stadt zu dieser sorgfältig restaurierten Mühle, in der sich heute ein

ABSTECHER

PANORAMAROUTE: ZUM ENDE DER INSEL

Wer Lust auf eine landschaftlich wirklich malerische Fahrt und ebenso reizvolle Schwimmmöglichkeiten hat, nimmt die Landstraße LP-1282 bis weit hinter den Princess-Ferienkomplex zum südlichsten Zipfel der Insel und dem dortigen Paradies für Vogelbeobachter. Hier liegen die **Playas del Faro** (Leuchtturmstrand) und **Las Salinas** (www.salinasdefuencaliente.com), eine 35 000 m² große Salzwüste. Das hier abgebaute Salz wird unter dem Markennamen Teneguia auf der ganzen Insel verkauft.

Das schwarze Lavagestein an der Küste und der kristallblaue Ozean kontrastieren perfekt miteinander, aber schwimmen sollte man an diesen Stränden nur sehr vorsichtig, denn es gibt starke Rückströmungen und außerdem gefährliche Sturzwellen. Zurück geht die Fahrt über die LP-130, und so schließt sich der Kreis.

ABSTECHER

PANORAMAROUTE: DIE SÜDWESTKÜSTE

Die kurvenreiche Straße, die von der unteren Spitze der Insel die Westküste hinaufführt, verläuft durch grüne Hügel voller Kakteen und niedriger Büsche. Die Straße folgt einem Grat, von wo aus der Ozean wie ein glitzernder blauer Dunst zur Linken liegt. Außer der Aussicht gibt es hier nicht viel, abgesehen von der kleinen Bar am **Mirador** 6 km außerhalb von Fuencaliente in dem winzigen Städtchen **El Charco,** aber trotzdem lohnt sich die Strecke, sowohl von Fuencaliente wie auch von Puerto Naos aus.

Fährt man weiter nach Norden, geht es durch eine Reihe kleiner, beinahe unbewohnter Dörfchen. In San Nicolás (1 km hinter dem Dorf Jedey) bietet sich ein kurzer Aufenthalt zum Mittagessen im **Bodegon Tamanca** an (☎922 49 41 55; Carretera General Las Mancha-Fuencaliente; Hauptgerichte 10–18 €; ⏱Di–Sa 11–23, So bis 18 Uhr; P), einem sehr beliebten und stimmungsvollen Restaurant in einer riesigen natürlichen Höhle. Die stabilen Tische und Nischen aus Lavagestein wirken wie aus dem Fels gehauen. Hier kommen vor allem Fleischliebhaber auf ihre Kosten – ob gegrillt, geräuchert oder geschmort, es gibt Fleisch in allen Varianten. Zum Abschluss kann man sich in der angeschlossenen Weinbodega noch ein oder zwei Flaschen Wein kaufen.

Keramikmuseum (mit kurzer audiovisueller Präsentation) sowie eine Werkstatt beherbergt, in der Kunsthandwerker Reproduktionen von den typischen Töpferwaren der Benahoaren herstellen. Ein großer und beliebter Souvenirladen ist ebenfalls vorhanden. Dieses Museum ist auch über die Landstraße LP-132 zu erreichen.

Essen

San Blas KANARISCH €

(Calle Maria del Carmen Martínez Jerez 4; Hauptgerichte 8–10 €; ⏱Di–Do 7–15 & 17.30–22.30, Fr bis 23, Sa 9–23, So bis 15 Uhr; 👪) Im Stadtkern gelegen. Hier gibt es einfache Gerichte, wie Pasta, Salat, *chocos* (Tintenfisch) mit *mojo verde* (einer Soße auf Korianderbasis) oder Ziegenfleisch mit Kartoffeln. Die Speisen werden auf einer hübschen Außenterrasse inmitten von stämmigen Palmen und einer wahren Blumenpracht serviert.

La Cabaña KANARISCH €

(Carretera a Fuencaliente, Km 6; Hauptgerichte 7–12 €; ⏱Di–So 11–23 Uhr; P) In diesem schlichten Meeresfrüchterestaurant sitzt man auf einer Terrasse mit uneingeschränktem Meeresblick. Die Speisekarte ist schnörkellos traditionell, und als Spezialität gibt es gebratene Muräne. Liegt gleich abseits der Landstraße LP-2 südlich der Stadt.

An- & Weiterreise

Villa de Mazo liegt genau zwischen den beiden Landstraßen LP-1 und LP-132. Hierher fährt der Bus 3 (10-mal tgl.), der Mazo mit Los Llanos (5 €, 1 Std.), Fuencaliente (2,20 €, 30 Min.) und Santa Cruz (2 €, 20 Min.) verbindet.

Parque Ecológico de Belmaco

Parque Ecológico de Belmaco ARCHÄOLOGISCHE STÄTTE

(☎922 44 00 90; www.islabonita.es; Carretera a Fuencaliente, Km 7; Erw./Kind 2 €/kostenlos; ⏱Mo–Sa 10–15 Uhr; P) Hier wurden im Jahr 1752 die ersten historischen Petroglyphen der gesamten Inselgruppe entdeckt. Herzstück dieses „Ökoparks“ ist ein 300 m langer Weg, der sich durch mehrere ehemals vom Stamm der Benahoaren bewohnte Höhlen windet, in denen man von Soundeffekten überrascht wird, die den Behausungen verblüffendes Leben einhauchen.

Die wahre Attraktion des Parks sind jedoch die gekringelten, verwirbelten und verschnörkelten Felsritzungen aus der Zeit um 150 n. Chr. Auch ein Museum mit Nachbildungen der originalen Petroglyphen sowie Informationen zur Geschichte der Entdeckung ist vorhanden.

Es gibt vier verschiedene Stellen, an denen sich Ansammlungen von Felsritzungen finden. Die Bedeutung dieser Petroglyphen ist bis heute noch nicht entschlüsselt worden und stellt selbst für Experten nach wie vor ein Rätsel ist. Vermutlich stellen sie religiöse Symbole dar.

An- & Weiterreise

Bus 3 fährt viermal täglich von Santa Cruz aus hierher (außer an den Wochenenden; 2 €, 25 Min.) Die nächste Bushaltestelle liegt etwa 400 m südlich der archäologischen Stätte Belmaco.

Playa Blanca

Playa Blanca („Weißer Strand", obwohl „Salz-und-Pfeffer-Strand" treffender wäre) ist perfekt für ein Picknick geeignet. Es gibt ein kleines Dorf mit ein paar Sommerhäusern, einen ruhigen Strand und eine Felsenküste, an der man prima angeln oder Krebse fangen kann. 1,3 km hinter dem Parque Ecológico de Belmaco in nördlicher Richtung auf der LP-132 führt eine nicht ausgeschilderte Straße hinab zum Strand.

Fuencaliente

1856 EW.

Fuencaliente (Heiße Quelle) ist die beste Ausgangsbasis für Reisende im Süden der Insel und bietet eine Mischung aus Meeres- und Vulkanattraktionen. Die Gegend hat

AKTIVITÄTEN AUF LA PALMA

La Palma ist ein wahres Paradies für Outdoor-Freunde, denn hier gibt es fantastische Wander-, Tauch, Paragliding- und Radfahrmöglichkeiten. Viele Ausrüstungsanbieter operieren auf der gesamten Insel, man kann also den vielen Aktivitäten, die La Palma zu bieten hat, von überall aus nachgehen.

Wandern

Ein Urlaub auf La Palma sollte auf jeden Fall auch genug Zeit beinhalten, um die wundersamen Landschaften zu Fuß zu erkunden. 850 km Wanderwege machen die Insel perfekt für einen Wanderurlaub. Es gibt verschiedene Anbieter von geführten Touren. Der beste ist **Natour** (S. 205), der inselweit operiert. Zu den beliebten Routen gehört die Wanderung durch den Parque Nacional de la Caldera de Taburiente, die Ruta de los Volcanes und die „Zauberwald"-Wanderung durch die Waldlandschaft im Norden. Das Unternehmen holt die Teilnehmer am Hotel oder an einem zentralen Treffpunkt ab.

Ein weiterer seriöser Anbieter für geführte Touren ist **Ekalis** (922 44 45 17; www.ekalis.com; Las Indias 51, Fuencaliente; geführte Wanderungen, Fahrradtouren, Höhlenkletterexpeditionen & Felsenklettern 38 € pro Tag). Auch dieser Anbieter hat sich darauf spezialisiert, die Teilnehmer am Hotel abzuholen.

Ein Wanderführer ist kein Muss. Die Wanderwege auf La Palma sind sicher genug für jeden, der entsprechend vorbereitet ist und eine gute Karte dabei hat. Aber der Vorteil einer geführten Tour besteht (abgesehen von den interessanten Hintergrundinformationen und Anekdoten) vor allem darin, dass man eine schöne, lange Wanderung unternehmen kann, ohne die Strecke wieder zurücklaufen zu müssen, da man zum Startpunkt gefahren und am Ziel wieder abgeholt wird.

Abenteuersport

Wem einfaches Wandern nicht reicht, der kann sich im Felsen- oder Höhlenklettern versuchen. Ekalis bietet eine Vielzahl von Kletter- und Abseilerlebnissen sowie eine zweistündige Höhlenerkundungsexpedition an. Ebenfalls im Angebot sind ein Fahrradverleih und geführte Mountainbiketouren, eine weitere beliebte Aktivität auf der Insel. Wer fit genug ist, für den hält La Palma endlos viele spannende Steigungen und Gefälle bereit, wer degegen nicht gern Berge hinaufstrampelt, der kann sich von Anbietern für geführte Touren wie **Bike'n'Fun** (S. 217) auf einen Gipfel fahren lassen und dann eine fast nur bergab führende Fahrt genießen. Alle Anbieter holen die Teilnehmer auch gern am Hotel oder an einem zentralen Treffpunkt ab.

In den letzten Jahren hat sich Paragliden zum absoluten Hit entwickelt, und die Insel gilt als einer der besten Orte fürs Paragliding weltweit. **Palmaclub** (S. 218) in Puerto Naos ist eine gute Anlaufstelle.

Tauchen & Kajakfahren

Sportliche Wasserratten können sich bei den verschiedenen Tauchanbietern in Puerto Naos und Los Cancajos mit Sauerstoffflaschen, Neoprenanzügen und Flossen ausrüsten lassen. Auch Seekajakausflüge werden in Puerto Naos und Los Cancajos angeboten. Weitere Informationen gibt's bei Ekalis.

ihren Namen von den heißen Quellen, denen früher nachgesagt wurde, sie könnten Lepra heilen. Im 17. Jh. wurden sie jedoch von einem Vulkanausbruch begraben. Seitdem sind die Vulkane aber keineswegs eingeschlafen. Der letzte Ausbruch war 1971, als der Volcán Teneguía die Insel durch seine Lava um mehrere Hektar vergrößerte.

Sehenswertes & Aktivitäten

★ Vulkane VULKAN
Die Vulkane in dieser Gegend, die eine karge, stellenweise mondartige Landschaft geschaffen haben, sind die jüngsten der Inselgruppe und die Hauptattraktion von Fuencaliente. Ihre flachen, roten Kegel sind so schön, dass man sich die brutale Naturgewalt ihrer Ausbrüche kaum vorstellen kann.

Volcán San Antonio Visitor Centre BESUCHERZENTRUM
(www.lapalmacit.com; Fuencaliente; Erw./Kind 5 €/kostenlos; 9–18 Uhr; P) Das schicke neue Besucherzentrum ist der erste Pflichtstopp für alle, die sich die Vulkane ansehen möchten. In der Ausstellungshalle bekommt man explosive Einblicke. Auch Kamelritte (Erw./Kind 8/6 €, 15 Min.) werden angeboten. Etwa 25 Minuten dauert die kurze, aber atemberaubende Wanderung über den Rand des **Volcán San Antonio.** Der gähnende Abgrund dieses riesigen schwarzen Kegels spie zuletzt 1949 Feuer und wird inzwischen wieder von robusten kanarischen Kiefern besiedelt.

Volcán Teneguía VULKAN
(Fuencaliente) Der Ausbruch des Volcán Teneguía 1971 war der bis heute letzte auf der Inselgruppe. Ein ausgeschilderter Wanderweg führt vom Volcán San Antonio in der Nähe des Besucherzentrums hierher. Die leichte bis mittelschwere Wanderung dauert hin und zurück etwa zwei Stunden. Wem das noch nicht weit genug ist, der kann noch eine Stunde dranhängen (Hinweg) und bis zur Küste beim Faro de Fuencaliente am Ende von La Palma wandern.

Bodegas Teneguía WEINGUT
(922 44 40 78; www.bodegasteneguia.com; Calle Ciudad Real; Mo–Fr 9–18, Sa & So 10–13 Uhr; P) Fuencaliente ist für seine Weine berühmt, die hier auf Vulkanerde angebaut werden. Das größte und älteste Weingut der Insel ist das Bodegas Teneguía. Seine weißen, roten und die berühmten süßen *malvasía*-Weine werden auf der gesamten Insel und darüber hinaus verkauft. Das hiesige Restaurant ist nur für Tourgruppen geöffnet.

Es gibt einen Weinladen, in dem man die Weine auch kosten (bzw. trinken) kann (bezahlt wird pro Glas ab 0,50 €). Wer eine Führung möchte, sollte im Voraus buchen. Der Preis hängt von der Gruppenstärke ab.

Strände

Die Küste um Fuencaliente ist größtenteils unzugänglich: Bananenplantagen, Felsnasen und Klippen säumen große Teile des Küstenstreifens. Zwei hübsche Ausnahmen gibt es: **Playa de la Zamora** und **Playa Chica,** zwei schwarze Strände in benachbarten Buchten. Sie sind zwar nicht unbedingt Geheimtipps, aber dennoch selten überlaufen. Hierher gelangt man über die Carretera de Las Indias (LP-1282), die am Vulkan San Antonio vorbei zu dem kleinen Dörfchen Las Indias führt. Dann geht's ein paar Serpentinen hinab, bis ein kleines Schild die Abzweigung nach rechts zu den *playas* (Stränden) anzeigt.

Essen

El Quinto Pino BISTRO €
(LP-1282, Las Indias; Hauptgerichte 7–9 €; Do–So 13–16 & 19–23 Uhr; P) In schwindelerregender Höhe über dem kleinen Dorf Las Indias, nordwestlich von Fuencaliente, liegt dieser Familienbetrieb. Der Blick aufs Meer ist atemberaubend, und es gibt Pizzas, *paninis* und Grillfleisch sowie täglich wechselnde Spezialgerichte, die auf einer riesigen Tafel angeschrieben sind.

★ La Casa del Volcán MODERN KANARISCH €€
(922 44 44 27; www.lacasadelvolcan.es; Calle Los Volcanes 23; Hauptgerichte 10–15 €; Di–So 12.30–21.30 Uhr; P) Dieses Lokal hat sowohl etwas von einer Bodega als auch von einem gehobenen Restaurant und gehört zu den besten Anlaufstellen der Insel für innovative und hervorragend zubereitete kanarische Gerichte. Die Atmosphäre ist rustikal und doch edel. Es gibt einen intimen Speiseraum hinter einer holzverkleideten Bar mit Sitzen aus Holzfässern. Das Lokal befindet sich in dem eleganten Gebäude aus Vulkangestein, das 200 m hinter dem Volcán San Antonio Visitor Center liegt.

Die Bodega stammt aus dem Jahr 1919 und produziert erlesene Weine. Die Eigentümer organisieren verschiedene Kurse zum Thema Wein und Weinproben.

NICHT VERSÄUMEN

FESTE & EVENTS

Wie jeder Spanier, der etwas auf sich hält, feiern auch die *palmeros* gern, und so gibt es über das Jahr verteilt jede Menge Feste und Feierlichkeiten.

Jede Stadt hat eigene Festtage zu Ehren ihres bzw. ihrer jeweiligen Schutzheiligen. Dann gibt es mehrere Tage lang Paraden, Partys und vieles mehr. Hier einige der größten und besten Feste:

➡ **Breña Alta** (Ende Juni)

➡ **Breña Baja** (25. Juli)

➡ **Barlovento** (12.–13. August)

➡ **San Andrés y Los Sauces** (Anfang September)

➡ **Tazacorte** (Ende September)

Andere Feste, die erwähnenswert sind:

Mandelblütenfest (⌚Jan.–Feb.) Puntagorda feiert die Schönheit der Mandelblüten sowie den Schutzpatron der Stadt, San Mauro Abad.

Las Cruces (⌚3. Mai) Die Kreuze auf der Insel werden mit Schmuck, Blumen und kostbaren Gewändern geschmückt. Ein sehenswerter Anblick.

San Juan (⌚23. Juni) Das Fest kennzeichnet die Sommersonnenwende und wird in Puntallana mit Freudenfeuern und jeder Menge Böllern gefeiert.

El Diablo (⌚8. Sept.) In Tijarife wird anschaulich mit Feuerwerk, Teufelsparaden und düsterer Musik der Triumph des Guten über das Böse dargestellt. Etwa 30 kg Schießpulver werden in der 20-minütigen Show zu Ehren der Schutzheiligen Nuestra Señora de Candelaria verschossen.

Kastagnetten an Weihnachten (⌚24. Dez.) Nach der Mitternachtsmette führen in der Heiligen Nacht *palmero*-Männer in Breña Alta und überall auf der Insel zu lauter Kastagnettenmusik Sketche vor.

Tasca La Era KANARISCH €€
(Carretera Antonio Paz y Paz 6; Hauptgerichte 11–14 €; ⌚Do–Di 12–23 Uhr; P 👪) Das Restaurant im Bauernhofstil hat eine Terrasse mit Blick auf einen hübschen Garten voller Palmen und ist ein bezauberndes Lokal für Fisch- und Fleischgerichte. Die Spezialität ist *solomillo* (Filetsteak), das mit einer Auswahl von acht Soßen serviert wird.

ℹ An- & Weiterreise

Bus 3 (4 €, 1 Std., bis zu 5-mal tgl.) verkehrt zwischen den Orten Fuencaliente und Santa Cruz und kommt über Villa de Mazo. Anschließend fährt er weiter nach Los Llanos.

DAS ZENTRUM

Die meisten Besucher verbringen ihre Zeit auf La Palma überwiegend in der Zentralregion, und das aus gutem Grund. Die schüsselförmige **Caldera de Taburiente** und der nach ihr benannte Nationalpark beherrschen das Zentrum von La Palma mit felsigen Gipfeln, tiefen Schluchten und üppigen Kiefernwäldern, die die Hänge bedecken. Hier gibt es einige der spektakulärsten Wanderwege der Kanarischen Inseln, und ein Besuch ist ein absolutes Muss.

Die Landstraße LP-2 von Santa Cruz nach Los Llanos verläuft entlang der Südgrenze des Parks, und von der Straße aus ist manchmal die charakteristische Wolkendecke zu sehen, die die Caldera ausfüllt und sich über die Seiten ergießt wie bei einem überschäumenden Kochtopf.

Zwei der wichtigsten Handelszentren der Insel, El Paso und Los Llanos (die größte Stadt der Insel), liegen in diesem Gebiet und machen die Region damit zum Motor der Wirtschaft von ganz La Palma. Außerdem ist diese Gegend eines der wichtigsten Bananenanbaugebiete, und an der Westküste beherrschen ausgedehnte Bananenplantagen die Täler.

Ein weiterer Anreiz: Die hiesige Küste hat einige der längsten und schönsten Strände sowie der besten „Resorts" (keine Sorge, alles ist sehr maßvoll gehalten) der Insel La Palma zu bieten.

El Paso

7440 EW.

El Paso ist das Eingangstor zum Nationalpark Caldera de Taburiente – das Besucherzentrum des Parks liegt gleich vor der Stadt – und die flächenmäßig größte Gemeinde der Insel mit ausgedehnten Wäldern und etwa 8 km² Kulturland. Der hübsche Stadtkern lohnt einen gemütlichen Spaziergang. Wer mit dem Auto anreist, biegt am Schild „Casco Histórico" rechts ab, um zu den Hauptattraktionen zu gelangen. Die **Touristeninformation** (922 48 57 33; www.lapalmacit.com; Calle Antonio Pino Pérez; Mo–Fr 10–18, Sa & So bis 14 Uhr) befindet sich im Stadtpark. Jeweils montagmorgens demonstriert hier ein älterer Einheimischer die professionelle Herstellung von Zigarren (11 Uhr).

Sehenswertes & Aktivitäten

★ Museo de la Seda MUSEUM
(Seidenmuseum; 922 48 56 31; Calle Manuel Taño 6; Erw./Kind 2,50 €/kostenlos; Mo–Fr 10–14.30 Uhr) Bietet Einblick in die Geheimnisse der kleinen Raupen, die so schöne Dinge wie das Material für Hochzeitskleider spinnen können. Die hier produzierte Seide wird in traditionellen Verfahren hergestellt, die sich kaum verändert haben, seit im 16. Jh. die Industrie Einzug auf der Insel gehalten hat. Im Obergeschoss gibt es ein Museum, in dem prächtige Seidengewänder aus so fernen Gegenden wie China und Indien ausgestellt sind. Es ist auch ein kurzer Film über die Seidenproduktion zu sehen. Zum Abschluss kann man in der Werkstatt im Erdgeschoss beim eigentlichen Webvorgang zusehen.

Ermita de la Virgen de la Concepción de la Bonanza KIRCHE
(wechselnde Öffnungszeiten) Eine restaurierte kleine Kapelle aus dem 18. Jh. mit eigentümlicher Bemalung. Zum Glück wurde bei der Restaurierung die prächtige Decke im Mudéjarstil erhalten.

Mercado MARKT
(Calle Antonio Pino Pérez; Fr & Sa 9–14 & 15–19 Uhr) Ein beliebter Bauernmarkt, auf dem es auch Kunsthandwerkprodukte zu kaufen gibt.

Ruta de los Volcanes WANDERN
Für alle, die sich gern abrackern, ist El Paso ein guter Ausgangspunkt für die anspruchsvolle, aber (in jeder Hinsicht) atemberaubende Ruta de los Volcanes. Dieser 19 km lange Wanderweg schlängelt sich durch sich ständig verändernde Vulkanlandschaften und bietet eine unvergleichliche Aussicht über beide Küsten, während er über den Berggrat mitten durch das Herz des Vulkangebiets nach Süden in Richtung des Ortes Fuencaliente führt.

Die Route gehört zum Fernwanderweg GR-130 und dauert sechs bis sieben Stunden. Sie ist sehr anspruchsvoll und sollte am besten an kühlen, bewölkten Tagen unternommen werden, denn unterwegs gibt es nur wenig Schatten oder frisches Wasser. Ausgangspunkt der Wanderung ist das Refugio del Pilar, ein weitläufiger Park mit Picknickbereich an der Landstraße LP-203, die hinter El Paso von der LP-2 abzweigt. Der Wanderweg endet in Fuencaliente, wo sich vermutlich die meisten Wanderer eine Rücktransportmöglichkeit suchen müssen.

Essen

Tapas Trekking TAPAS €
(www.tapasytrekking.com; Calle Sagrado Corazón 4; Tapas 4–5 €, Tablas 5–7 €; So & Mo 9–16, Mi–Sa bis 23 Uhr;) Was für eine Lage! Im Schatten einer sehr stimmungsvollen *ermita* (Kapelle) aus dem 18. Jh. gibt es hier einfache Speisen wie Tapas und *tablas* von selbst

LA PALMA FÜR KINDER

An den schwarzen Sandstränden von **Puerto Naos** und **Los Cancajos** Sandburgen bauen oder an Orten wie den **Piscinas de la Fajana** in den Salzwasserbecken planschen – dass Kinder das mögen, versteht sich von selbst. Was aber unternimmt man nach dem Strand? Ältere Kinder haben vielleicht Spaß an geeigneten Wanderungen wie der **Mirador de los Roques** und der **Mirador Lomo de las Chozas,** beide im Parque Nacional de la Caldera de Taburiente. Letztere ist sogar für Kinderwagen geeignet. Geschichtsinformationen inklusive gibt es auf dem 1,5 km langen Rundgang durch den **Parque Cultural La Zarza.** Kleinere Kinder mögen ganz bestimmt die Tiere im **Maroparque** (S. 206).

DAS GRÖSSTE TELESKOP DER WELT

Nein, diese runden Dinger auf dem Gipfel des Roque de los Muchachos, die irgendwie ans Weltraumzeitalter erinnern, gehören nicht zu einem Vergnügungspark, und nein, es sind auch keine außerirdischen Raumschiffe, die hier gelandet sind, um die Erde auszukundschaften. Es sind die Teleskope der größten Sternwarte der Insel, einem der besten Orte weltweit, um den Nachthimmel zu erforschen. Der Standort ist so hervorragend, dass das Observatorium 2012 von der UNESCO zum Lichtschutzgebiet erklärt wurde. Weit draußen im Atlantik, fernab vom Licht der städtischen Ballungsgebiete, bietet La Palma ideale Voraussetzungen, um die Sterne zu beobachten. Über 75 % der Nächte auf El Roque sind sternenklar, eine kaum zu überbietende Statistik.

Mit dem gewaltigen Grantecan (Gran Telescopio Canario; GTC) besitzt das Observatorio del Roque de los Muchachos eins der größten Teleskope der Welt. Die 1 Mio. Euro teure Investition ermöglicht es Wissenschaftlern, die Entstehung und Entwicklung von Galaxien im Verlauf der gesamten Geschichte des Universums zu erforschen, Sterne zu untersuchen und die Ringe aus Weltraummaterie zu beobachten, aus denen neuen Planeten entstehen.

Das Observatorium ist schon lange Sitz des größten Teleskops Europas und Schauplatz bedeutender Forschungen. Das Observatorium von La Palma ist mit dem Observatorio del Teide auf Teneriffa verbunden und bildet mit ihm zusammen das Instituto de Astrofísica de Canarias (IAC). Besucher können das Observatorium nach vorheriger Anmeldung über die Website www.iac.es besichtigen. Dienstags, mittwochs und freitags finden 90-minütige, mehrsprachige Führungen statt (9 €). Auch eine Reihe privater Anbieter organisiert Sternbeobachtungsausflüge. Die Touristeninformationen auf der Insel halten Flyer dazu bereit.

gemachten *croquetas* bis hin zu Käse und Schinken aus der Region.

Parque Nacional de la Caldera de Taburiente

Dieser wunderschöne Park, der 1954 zum Nationalpark erklärt wurde, ist das Herzstück La Palmas, sowohl geografisch als auch symbolisch. Er erstreckt sich über 46,9 km² und umfasst dichte Wälder aus Kanarischen Kiefern, unzählige Süßwasserquellen und Bäche, Wasserfälle, imposante Felsformationen und viele Kilometer Wanderpfade. Zwar sind einige *miradores* (Aussichtspunkte) mit dem Auto erreichbar, aber die schönsten Seiten des Parks erlebt man wirklich nur zu Fuß. Die beste Zeit für einen Besuch im Park ist morgens, bevor Wolken die Sicht einschränken (für den typischen Anblick der Wolken, die sich über die Caldera ergießen, ist allerdings der Nachmittag die beste Zeit).

Herzstück des Parks ist die **Caldera de Taburiente** selbst (wörtlich: der „Schmortopf" oder „Kochkessel" von Taburiente). Die gewaltige, 8 km breite Senke, umgeben von hoch aufragenden Felswänden (es ist nicht zu übersehen, woher der Name stammt), erhielt ihren Spitznamen 1825 von dem deutschen Geologen Leopold von Buch, der sie für einen gewaltigen Vulkankrater hielt. Der Begriff „Caldera" blieb erhalten und wurde weltweit als Standardbezeichnung für solche Vulkankrater verwendet. Diese Caldera ist allerdings kein Krater, obwohl vulkanische Aktivitäten an ihrer Entstehung beteiligt waren. Wissenschaftler sind sich heutzutage einig, dass es sich um einen majestätisch hohen Vulkan handelt, der in sich zusammengestürzt ist. Im Laufe der Jahrtausende schuf die Erosion dann schließlich die beeindruckende Form dieses hoch aufragenden Amphitheaters.

Beim Betreten wirkt dieser stille Park beeindruckend statisch und unbewegt, aber die Kräfte der Erosion sind hier stets fleißig am Werk. Erdrutsche und einstürzende *roques* (Säulen aus Vulkangestein) sind keine Seltenheit, und manche Geologen schätzen, dass die Caldera in nur 5000 Jahren endgültig verschwunden sein wird. Diese rasante Erosion ist in der Nähe des **Mirador de la Cumbrecita** gut zu sehen. Hier klammert sich eine Gruppe Kiefern auf beinahe magische Weise an einer Hügelkuppe fest, und zwar mithilfe eines Netzes aus völlig freigelegten Wurzeln. Irgendwann einmal waren diese Bäume fest im Boden

LA PALMA UND DIE EDLEN TRÖPFCHEN

Seit dem frühen 16. Jh., als spanische Eroberer die ersten Reben auf der Insel anpflanzten, ist La Palma für seinen süßen Malvasier bekannt. Dank der Händler und Kolonisten, die in den Häfen von La Palma ein und aus gingen, wurde der köstliche Wein in ganz Europa berühmt und von einigen sogar als „Nektar der Götter" betitelt. Sogar Shakespeare schrieb über den süßen kanarischen Wein als Lieblingswein Falstaffs in *Heinrich IV* und nannte ihn einen „verzweifelt durchschlagenden Wein", der „Euch das Blut würzt". Es gibt auch trockenen *malvasía*-Wein sowie eine Reihe Rot-, Weiß- und Roséweine, vor allem in den Gegenden um Fuencaliente und Hoyo de Mazo. Eine sehr „gehaltvolle" Reise kann man auf der **Weinstraße** (www.infoisla.org/rutadelvino) erleben, die zu 16 besuchenswerten Weingütern führt.

Zwar sind die Zuckerrohrplantagen so gut wie verschwunden, aber was noch übrig ist, wird vom letzten einschlägigen Produzenten auf der Insel, Ron Aldea, zur Herstellung von *ron* (Rum) genutzt.

verwurzelt, doch im Laufe ihres Lebens hat die Erosion meterdicke Schichten Erdreich unter ihnen abgetragen.

Wandern

Viele Wanderwege ziehen sich durch den Park, aber wer keine Erkundungstour von mehreren Tagen plant, sollte sich an die hier beschriebenen, bekannteren Wege halten. Viele sind in gutem Zustand, auch wenn der Weg von La Cumbrecita zum Campingplatz dafür bekannt ist, ziemlich rutschig zu sein, und nichts für unerfahrene Wanderer ist. Auch der Weg, der zur Barranco de las Angustias hinabführt, kann bei Regen ziemlich gefährlich werden.

Die Beschilderung hat sich zwar verbessert, ist aber stellenweise noch immer etwas irreführend. Die Wahrscheinlichkeit, sich hier wirklich zu verirren, ist zwar sehr gering (und meistens sind andere Wandergruppen unterwegs, die einem zur Not helfen können), aber eine detaillierte Karte wie die *Caldera de Taburiente Parque Nacional* im Maßstab 1:25 000 ist empfehlenswert. Sie ist im Besucherzentrum erhältlich. Weitere Streckenbeschreibungen finden sich auf der hervorragenden und informativen Website www.senderosdelapalma.com.

Das südliche Ende

Die meisten Besucher betreten den Park entweder von El Paso oder von Los Llanos aus. Ein Auto, Taxi oder Tourführer ist nötig, um zu einem der *miradores* zu gelangen, die als Ausgangspunkt dienen.

Den besten Überblick über den Park bietet die Wanderroute PR LP 13, die bei **Los Brecitos** (1081 m) beginnt. Von Los Llanos aus einfach den Schildern zuerst nach Los Barros und dann weiter nach Los Brecitos folgen. Der Wanderweg führt durch einen stillen Wald aus Kanarischen Kiefern, am Campingplatz des Parks vorbei, über einen rauschenden Bach und schließlich über zahllose kleine Wasserläufe hinab zur Barranco de las Angustias. Unterwegs gibt es interessante Dinge zu sehen, wie leuchtend orange und grün gefärbtes mineralisches Wasser, faszinierend geformte Kissenlava, und Felsformationen wie den phallischen **Roque Idafe,** eine bedeutende spirituelle Stätte der Benahoaren. Die sechsstündige (22 km) Wanderung ist sehr beliebt und für jeden durchschnittlich bis gut trainierten Wanderer geeignet. Vorsicht ist allerdings geboten, wenn es kürzlich geregnet hat oder ein Sturm aufzieht. Die „Schlucht der Angst" kann sich schnell in einen reißenden Strom verwandeln, und es sind in der Tat schon Wanderer in den rasend schnell steigenden Fluten umgekommen.

Wenn der Weg komplett geöffnet ist, empfiehlt sich der Parkplatz bei Las Hoyas am Fuß der Barranco de las Angustias. Von hier aus fahren Allrad-**Shuttle-Taxis** (☎922 40 35 40; 10 € pro Pers.; ⏲8–12 Uhr) hinauf nach Los Brecitos, sodass man zum eigenen Wagen hinabwandern kann, ohne die Strecke wieder zurückgehen zu müssen.

Eine andere Möglichkeit ist eine Fahrt vom Besucherzentrum aus über die LP-202 zum **Mirador de la Cumbrecita** (1287 m). Hier gibt es eine kleine **Touristeninformation** (⏲9–18 Uhr). Die 7 km lange Fahrt passiert die Abzweigungen zur Pista de Valencia und zur Ermita del Pino und führt durch einen friedlichen Kiefernwald mit dramatischem Ausblick über das Tal. Am Parkplatz beginnt ein Rundwanderweg zum **Pico**

Bejenado, von wo aus man einen herrlichen Panoramablick hat. Die Wanderung dauert 2½ Stunden. Wer nicht so viel Zeit hat, kann die 3 km lange Rundwanderung zum **Mirador de los Roques** und zum **Mirador Lomo de las Chozas** unternehmen. Der letzte Kilometer der Runde, von Las Chozas bis zum Parkplatz, ist eben und daher für Rollstuhlfahrer und Kinderwagen geeignet. Die beste Aussicht bietet sich bei Sonnenauf- oder -untergang. Wichtig zu wissen: Die Wanderwege ab dem Mirador de la Cumbrecita sind die bei weitem beliebtesten des Parks, und die Parkaufsicht hat aufgrund von drohender Überfüllung und begrenzten Parkmöglichkeiten eine strenge Autoquote eingeführt. Wer bis zum *mirador* fahren möchte, muss sich im Besucherzentrum hinter El Paso in eine Liste eintragen und dann warten, bis er hinauffahren darf. Manchmal beträgt die Wartezeit nur wenige Minuten, manchmal (am Wochenende und in der Hauptsaison) aber auch schon mal über eine Stunde. Wer seinen Aufruf verpasst hat, muss sich unweigerlich wieder hinten in die Warteschlange einreihen.

Eine andere schöne, mittelschwierige Route ist die PR LP 13,3 vom Parkplatz an der **Pista de Valencia** bis zum 1845 m hohen **Pico Bejenado.** Die fünfstündige (11,4 km) Rundwanderung führt durch wunderschöne alte Kiefernwälder hinauf zum Rand der Caldera, von wo aus sich ein unglaublicher Blick bietet. Die Strecke ist gut erkennbar und eine gute Wahl für einigermaßen fitte Wanderer, die weniger ausgetretene und etwas anspruchsvollere Wege als die um den Mirador de la Cumbrecita, aber nicht so schwierige wie die um Los Brecitos gehen möchten.

Das nördliche Ende

Eine Kette aus fast 2500 m hohen Felsengipfeln umgibt die Caldera, und der Wanderweg entlang dieser Felswände bietet eine tolle Aussicht über den Park und den Rest der Insel – Nervenkitzel inbegriffen. Ein schmaler, unbefestigter Weg, Teil des Langstreckenwanderwegs GR-131, folgt der gesamten Nordgrenze des Parks. Von ihm zweigen kürzere Wege ab, die tiefer hinab in den Park führen.

Eine der spektakulärsten Etappen ist die Strecke zwischen **Roque de los Muchachos** und dem **Pico de la Nieve.** Sie zweigt von der LP-1032 ab, einer gewundenen Landstraße, die wiederum 3 km nördlich von Santa Cruz von der Landstraße LP-1 abzweigt und auf ihrem gewundenen Weg durch die Insel den Rand des Parks und dessen nördliche Gipfel umrundet. Wer nicht wieder denselben Weg zurückwandern möchte, sollte mit zwei Autos kommen und eins am *pico* stehen lassen (vom Parkplatz aus läuft man 20 Minuten bis zum Wanderweg). Dann fährt man (oder lässt sich mitnehmen) hinauf zum Roque de los Muchachos, dem mit 2426 m höchsten Punkt der Insel. Die Wanderung zurück zum Pico de la Nieve dauert dann immerhin vier bis fünf Stunden (ca. 9 km).

Zahlreiche *miradores* säumen die Landstraße LP-1032 in der Gegend um den Roque de los Muchachos. Selbst wenn man also nicht die Wanderung über den Grat unternimmt, lohnt sich auch die Aussicht von hier oben. Nirgendwo sonst lassen sich in der Nacht besser Sterne beobachten.

ℹ Praktische Informationen

Besucherzentrum (☎ 922 49 72 77; www.reservasparquesnacionales.es; Carretera General de Padrón 47; ⏰ 9–18.30 Uhr) Das Besucherzentrum liegt 5 km außerhalb von El Paso an der Landstraße LP-3. Hier bekommen Besucher kostenlose allgemeine Informationen (unbedingt die Karte *Caldera de Taburiente Paths* mitnehmen!), detaillierte Karten und Wanderführer. Außerdem gibt es ein tolles Ausstellungszentrum und einen botanischen Garten. Der 20-minütige Film, der hier gezeigt wird (gelegentlich auch auf Englisch), ist das Anschauen wert.

Für längere Aufenthalte im Park gibt es einen Campingplatz in der Nähe des Roque Idafe. Die erforderliche Genehmigung gibt's im Besucherzentrum. Für den Mirador de la Cumbrecita ist ebenfalls eine Genehmigung nötig. Der Bus 1 (1,50 € ab El Paso, 10 Min.) hält hier auf seiner Fahrt von Santa Cruz de la Palma nach Los Llanos stündlich.

ℹ An- & Weiterreise

Im Park gibt es keine Straßen, und die drei einzigen Zugangsmöglichkeiten sind über die LP-202 in der Nähe des Besucherzentrums, über die Strecke von Los Llanos nach Los Brecitos oder über die Landstraße LP-1032 im Norden. Es fahren auch keine Busse.

Los Llanos de Aridane

21045 EW.

Als Wirtschaftszentrum der Insel und echter Arbeiterstadt fehlt Los Llanos der Charme der Hauptstadt oder einiger der kleineren Ortschaften, aber die schattigen Plätze und

ABSTECHER

PANORAMAROUTE: VOM PARQUE CULTURAL LA ZARZA NACH TAZACORTE

Ätherisch, unberührt, stoisch, gespenstisch, friedlich ..., viele Adjektive beschreiben die einsamen Landschaften hier an der Nordwestküste der Insel. Kiefernwälder, brachliegende Äcker, ab und zu eine ländliche Siedlung und weitläufige Bananenplantagen direkt am Atlantik sind die Hauptattraktionen zwischen La Zarza und Tazacorte. Diese einsame, ruhige Gegend war bis in jüngster Zeit größtenteils vom Rest der Insel isoliert. Zahllose Wanderwege, darunter viele anspruchsvolle, bilden hier das Unterhaltungsangebot.

Die kleinen Städtchen **Puntagorda** und **Tijarafe** lohnen einen kurzen Besuch, um durch die historischen Stadtkerne zu schlendern.

Mehrere Aussichtspunkte bieten einen herrlichen Blick über die interessante Landschaft der Nordwestküste. Gleich südlich von Puntagorda liegt der **Mirador de Garome** mit Blick auf eine majestätische Schlucht. Noch weiter südlich hat man vom **Mirador del Time** aus einen schönen Blick auf Tazacorte.

Essen & Ausgehen

La Muralla Restaurant (☎650 02 16 64; Carretera General Aguatavar, Parque Cultural La Zarza; Hauptgerichte 8–12 €; ⌚Di–Do 13–21, Fr & Sa bis 22 Uhr; P) Das Restaurant ist ab der Landstraße LP-1 ausgeschildert und gehört allem Anschein nach zur Top-Kategorie. Panoramafenster geben den atemberaubenden Blick auf die Berge frei, und im Speiseraum waren Innendesigner am Werk: minimalistisch und modern. Aber die Preise sind überraschend günstig, und die Qualität ist hoch.

Restaurant Las Piñas (Carretera General Puntagorda, Parque Cultural La Zarza; Hauptgerichte 8–10 €; ⌚Fr–Mi 9–23 Uhr; P) An einem Tisch auf der Außenterrasse direkt neben duftenden Jasminsträuchern einen Teller Meeresfrüchtesuppe oder eine schlichte, schnörkellose Platte gegrillten Fisch mit Kartoffeln und *mojo* genießen. Der alteingesessene Familienbetrieb gehört zu den bei den Einheimischen beliebtesten Restaurants in La Zarza, das gilt ganz besonders für die Wochenenden, wenn hier ganze Großfamilien zusammenkommen und schlemmen.

Cervecería Isla Verde (☎922 49 06 25; www.cervezaislaverde.com; Calle General Plaza el Jesús 41, Tijarafe; ⌚Mi–Mo 13–22 Uhr) Das Lokal ist gut ausgeschildert und liegt direkt neben der Landstraße LP-1, 2 km südlich von Tijarafe. Die kleine Bierbrauerei wird von Deutschen betrieben, und man kann hier mit einer Flasche Hausbier für etwa einen Euro im Schatten der Palmen auf der Terrasse sitzen und den Ausblick auf die Berge genießen. Es gibt auch Snacks (4–7,50 €).

Fußgängersträßchen im historischen Stadtkern lohnen einen Erkundungsspaziergang. Die Stadt liegt in einem fruchtbaren Tal, in historischer Hinsicht eine der reichsten Gegenden der Insel mit einer langen Tradition im Anbau von Zuckerrohr, Bananen und in jüngerer Zeit auch Avocados. Heutzutage sind hier viele Unternehmen und Dienstleister der Insel angesiedelt, und viele junge *palmeros* ziehen hierher, um in der Gegend Arbeit zu finden.

Sehenswertes

Im Zentrum sind an vielen Stellen farbenfrohe **Mauerbilder** und **moderne Skulpturen** verstreut und machen die Stadt zu einer Art Open-Air-Museum. Eine große Karte auf der Plaza España verrät die Namen der beteiligten Künstler und die Orte, an denen ihre Werke zu finden sind.

Plaza España PLATZ

Die geschäftige Plaza España liegt im Herzen der historischen Stadt. Das Blätterdach der majestätischen Indischen Lorbeerbäume spendet selbst an den heißesten Tagen äußerst willkommenen Schatten und macht diesen Platz perfekt für ein Picknick, um Passanten zu beobachten oder um einfach nur gemütlich im Café zu sitzen. Unbedingt sehenswert ist die strahlend weiße **Iglesia de Nuestra Señora de los Remedios** im kanarischen Kolonialstil. Auch die umliegenden Straßen und Plätze haben sich viel von ihrem angenehm traditionellen Charakter bewahrt.

Aktivitäten

Bike'n'Fun RADTOUREN

(☎922 40 19 27; www.bikenfun.de; Calle Calvo Sotelo 20, Los Llanos; Tourführer pro Person 51 €, Fahrradmiete pro Tag 16 €; ⌚10–13 Uhr) Dieses renommierte Unternehmen organisiert eine große Auswahl an unterschiedlichen Fahrradtouren auf La Palma, darunter auch eine Tour durch Los Llanos. Bietet auch einen Fahrradverleih.

Feste & Events

La Patrona RELIGIÖS

(⌚2. Juni) Zum größten Fest des Jahres, das zu Ehren von „Unserer Jungfrau der Heilmittel" (Nuestra Señora de los Remedios) veranstaltet wird, erwacht Los Llanos de Aridane richtig zum Leben.

Essen

Die Cafés auf der Plaza España sind ein idealer Platz fürs Frühstück oder für eine Kaffeepause. Auch für ein zwangloses Mittagessen ist hier ein guter Platz.

★ **La Vitamina** VEGETARISCH €

(Calle Real 29; Hauptgerichte 8,50–10 €; ⌚Mo–Sa 12–21.30 Uhr; ✎) Eine erfrischende Abwechslung zu den üblichen Fleisch- und Fischrestaurants, die man sonst auf den Kanarischen Inseln so häufig antrifft. In entspannter, leicht unkonventioneller Atmosphäre gibt es hier eine Vielzahl größtenteils vegetarischer Gerichte, die Aromen aus Afrika, Asien und Spanien auf höchst unerwartete Weise miteinander kombinieren.

Der Deluxe-Salat ist ein ganz besonderes Highlight und reicht locker auch für zwei Personen aus.

Tasco El Patio TAPAS €

(Calle Rosario 2; Tapas 3–4 €; ⌚9–23 Uhr; 📶) In dem Gebäude an der Ecke der Calle Real und der Calle Rosario, das an seinem rötlichen Anstrich in gebrannter Siena leicht zu erkennen ist, liegt dieses Lokal in einem hübschen Innenhof mit gefliesten Tischen. Üppige Grünpflanzen schaffen eine angenehme Atmosphäre. Zu den hier gebotenen Tapas gehören internationale Gerichte, wie Thunfischlasagne, aber auch hiesige Leibspeisen, wie den Meeresfrüchtesalat.

Praktische Informationen

Touristeninformation (☎922 40 25 83; Avenida Dr Fleming; ⌚Mo–Fr 9.30–14.30 & 16–18, Sa & So 9.30–14 Uhr)

An- & Weiterreise

Vom **Busbahnhof** (Calle Luis Felipe Gómez Wanguemert) aus fährt Bus 1 (5,50 €, 45 Min., bis zu 17-mal tgl.) nach Santa Cruz, Bus 3 (4 €, 40 Min., bis zu 7-mal tgl.) nach Fuencaliente und Bus 4 (2,20 €, 20 Min., bis zu 21-mal tgl.) nach Puerto Naos.

Puerto Naos

Puerto Naos ist eines der beiden Touristenzentren von La Palma (das andere ist Los Cancajos an der Ostküste), und die Stadt existiert beinahe ausschließlich für die Touristen. Sie liegt zusammengedrängt an einer abgerundeten Bucht, wird beiderseits von hohen Klippen geschützt und ist eine gute Basis für Sonnenanbeter, die von hier aus einen leichten Zugang zum Norden und zur Mitte der Insel haben.

Um höhere Erträge zu erzielen, werden die umliegenden Bananenhaine leider zunehmend mit Plastik überspannt und in Treibhäuser eingepfercht, was kein besonders schöner Anblick ist.

Strände

Playa Puerto Naos STRAND

Der schwarze Sandstrand von Puerto Naos ist mit ungefähr 1 km der längste Strand der Insel. Er wird von riesigen Palmen gesäumt und ist hervorragend mit Duschen, Umkleidekabinen und Toiletten ausgestattet. Außerdem gibt es Strandliegen und Sonnenschirme zu mieten. Direkt hinter dem Strand liegt eine ziemlich geschäftige Promenade mit Bars, Restaurants, Läden und auch einigen Unterkünften.

Aktivitäten

Man kann seine gesamte Zeit auch prima damit verbringen, sich hier einfach nur auf dem weichen, schwarzen Sandstrand in der Sonne zu räkeln. Aber wer etwas mehr Aufregung sucht, der findet hier auch jede Menge anderer Aktivitäten.

Tauchpartner TAUCHEN

(☎922 40 81 39; www.tauchpartner-lapalma.de; Edificio Playa Delfín 1; Tauchgang inkl. Ausrüstung 41 €; ⌚Mo–Sa 9.30–11 & 17–19 Uhr) Der Anbieter hat eine große Vielzahl an Tauchkursen und auch Einzeltauchgänge im Programm.

Bike Station RADFAHREN

(☎922 40 83 55; www.bike-station.de; Avenida Cruz Roja, Local 3; Fahrradverleih pro Tag 6–24 €, geführte Tour 38–44 €; ⌚Mo–Sa 9–13 & 18–20 Uhr) Die Bike Station verleiht Fahrräder und bietet verschiedene anspruchsvolle, geführte Mountainbike-Touren an.

Palmaclub PARAGLIDING
(☎610 69 57 50; www.palmaclub.com; Paseo Marítima; Tandem-Gleitflug 100–150 €; ⌚12–18 Uhr) Paragliding gewinnt hier rasant an Popularität. Aus ganz Europa kommen Liebhaber dieses Sports hierher, um die idealen Bedingungen und einfachen Start- und Landeplätze der Insel auszunutzen. Wie wär's mit einem Tandem-Gleitflug mit Palmaclub, das seinen Sitz im Kiosco Playa Morena hat? Der Preis hängt von der Höhe der Klippe ab (250 oder 950 m), von der man sich gemeinsam mit dem Piloten stürzen möchte.

Man sollte möglichst früh buchen und sich darauf einstellen, dass Flüge wetterbedingt auch mal abgesagt werden müssen.

Essen

Orinoco MEERESFRÜCHTE €
(www.islalapalma.com/orinoco; Calle Manuel Rodriguez Quintero 1; Hauptgerichte 7–12 €; ⌚12–23 Uhr) Kein Restaurant, das allein durch sein Aussehen besticht, sondern ein gemütliches Lokal in einer Seitenstraße etwas oberhalb der Hauptpromenade. Es ist ganz klar das Lieblingslokal der Einheimischen, vor allem wegen des frischen Fischs und der traditionellen *palmero*-Desserts, wie *bienmesabe* und *quesillo* (Flan).

Restaurante Playa Chica MEERESFRÜCHTE €€
(☎922 40 84 52; Playa Chica; Hauptgerichte 15–20 €; ⌚Mi–Mo 12–23 Uhr) Das schicke Meeresfrüchterestaurant mit seiner fröhlichen blauen Einrichtung überzeugt durch einen der besten Standorte der Stadt mit Ausblick auf die hübsche kleine Bucht Playa Chica. Die Gerichte sind hervorragend zubereitet – sogar die Salate, eine Seltenheit in spanischen Meeresfrüchterestaurants.

An- & Weiterreise

Bus 4 (2,10 €, 20 Min., bis zu 21-mal tgl.) verkehrt zwischen hier und Los Llanos.

DER NORDEN

Die dichten tropischen Wälder, fruchtbaren Hügel und riesigen Kiefern, welche die Nordhälfte der Insel wie eine grüne Decke überziehen, könnten keinen größeren Kontrast zum vulkanischen, ausgedörrten Süden darstellen. Dies ist der am wenigsten zugängliche und nach Meinung vieler zugleich schönste Teil der Insel mit Felsklippen, die über saphirblauem Wasser emporragen, und einsamen schwarzen Stränden, die von Palmen gesäumt sind.

San Andrés & Los Sauces

5380 EW.

San Andrés liegt 3 km abseits der Hauptverbindungsstraße LP-1 und wirkt wie aus einem Bilderbuch mit seinen hügeligen Pflasterstraßen und niedrigen, weiß getünchten Häuschen. Los Sauces, direkt nördlich hinter San Andrés, ist eine moderne Stadt mit zwei hübschen zentralen Plätzen.

Wichtiger (und interessanter) als Los Sauces selbst ist jedoch das **Biosphärenreservat Los Tiles** gleich außerhalb der Stadt.

Sehenswertes

Iglesia de San Andrés KIRCHE
(San Andrés) Die Iglesia de San Andrés stammt in ihren Grundzügen aus dem Jahr 1515 und war eine der ersten Kirchen, welche die spanischen Eroberer auf der Insel erbauten. Das meiste von dem, was heute zu sehen ist, stammt allerdings aus dem 17. Jh. Im Innern der Kirche lohnt sich ein Blick auf den aufwändigen Barockaltar und die beeindruckende Kassettendecke.

Nuestra Señora de Montserrat KIRCHE
(Plaza de la Iglesia, San Andrés) Die prachtvolle Kirche Nuestra Señora de Montserrat auf dem Stadtplatz beherbergt einige kostbare flämische Kunstwerke. Sie ist nach der Schutzpatronin von Katalonien benannt und Zeugnis für die vielen Katalanen, die an der Eroberung der Insel beteiligt waren.

Charco Azul SALZWASSERSCHWIMMBECKEN
Charco Azul ist eine kreative Kombination aus Formbeton und natürlichem Vulkangestein. Die Resultat ist verblüffend: eine Reihe von natürlich wirkenden Salzwasserbecken mit Plattformen zum Sonnenbaden und einem Verbindungssteg dazwischen. Charco Azul liegt 6 km nordwestlich von San Andrés an der Landstraße LP-104. Alternativ kommt auch Bus 104 von Los Sauces dreimal täglich hier vorbei (1,50 €, 10 Min.).

Essen

★ **Bar Charco Azul** MEERESFRÜCHTE €
(Charco Azul; Hauptgerichte 8–10 €; ⌚11–19 Uhr) Willy, der Eigentümer, ist Fischer und an

den meisten Tagen schon um 3 Uhr früh unterwegs, sodass der hier servierte Fisch garantiert so frisch ist, dass er beinahe noch zappelt. Die Bar liegt direkt am Wasser und ist nur bei Regen geschlossen. Ein herrliches Lokal mit weitaus besseren (und günstigeren) Meeresfrüchten als die, die in den eleganteren Restaurants etwas weiter die Straßen hinauf angeboten werden.

★ La Placita THAI, KANARISCH €€
(☎922 10 63 34; Calle La Plaza 5, San Andrés; Hauptgerichte 10–14 €; ⊙11.30–23 Uhr) Irgendwie rechnet man mitten in einem verschlafenen Nest wie San Andrés nicht mit einem Thai-Restaurant. Doch das von einem deutsch-thailändischen Ehepaar betriebene Lokal hat sich herumgesprochen, und so gibt es hier nur wenige freie Tische, besonders am Wochenende. Die Terrasse mit Blick auf die Kirche wird von Palmen beschattet, und die Speisekarte hält überwiegend thailändische, aber auch einige innovativ zubereitete kanarische Gerichte bereit.

An- & Weiterreise

Der Bus 2 (4 €, 35 Min., bis zu 9-mal tgl.) verbindet Santa Cruz mit dem Zentrum von Los Sauces. Wer nach San Andrés will, muss allerdings zu Fuß gehen oder den Fahrer bitten, einen Umweg zu machen.

Los Tiles

Los Tiles wurde 1983 zum Biosphärenreservat erklärt und seine fast 140 km² sind mit wunderschönem, üppigem Regenwald bedeckt, in dem es vor Leben nur so wimmelt. Dieses feuchte, kühle Wunderland der Natur gehört zu den magischsten Fleckchen auf der Insel. Eine Erkundungstour durch die abwechslungsreiche Flora und Fauna sowie den größten *laurisilva*-(Lorbeer)-Wald der Insel ist ein absolutes Pflichtprogramm für Besucher.

Aktivitäten

Fantastische Wanderwege führen durch die dichte Vegetation von Los Tiles.

Mirador Topo de las Barandas WANDERN
Die kürzeste Wanderroute von Los Tiles ist der steile Anstieg hinauf zum Mirador Topo de las Barandas (1,5 km; hin und zurück etwa 1 Std.), von wo aus sich ein spektakulärer Blick über die Schlucht bietet, die aus dem Reservat hinausführt.

Marcos-&-Cordero-Quellen WANDERN
Der lange Wanderweg an der Seite der Schlucht, der zu den Marcos-und-Cordero-Quellen (8,1 km) führt, durchquert etwa ein Dutzend feuchte Tunnel und schlängelt sich an Wasserfällen vorbei durch Wälder und an vulkanischen Erdwällen entlang. Es empfiehlt sich, eine Taschenlampe und eine Rgenjacke dabeizuhaben. Der Weg ist nicht wirklich steil (abgesehen von kurzen Etappen), kann aber ausgesprochen rutschig sein, also Vorsicht!

Die meisten Besucher fahren mit dem Taxi vom Los-Tilos-Parkplatz aus bis zu Casa del Monte. Von dort aus dauert die Wanderung zu den Quellen und zurück ungefähr vier Stunden.

Die Parkverwaltung hält auch andere Wanderrouten bereit, z. B. eine sehr leichte einstündige Rundwanderung, die am Parkplatz an der Straße ein paar Hundert Meter hinter dem Besucherzentrum beginnt. Einfach den Weg links der Straße neben dem Schild nehmen und dann durch den Tunnel und so weit (leicht) bergauf wandern, wie man Lust hat.

Praktische Informationen

Besucherzentrum (☎922 45 12 46; ⊙9–14 & 14.30–18.30 Uhr) Im hilfreichen Besucherzentrum gibt es Karten, ein Video über das Biosphärenreservat sowie zusätzlich eine kleine Ausstellungshalle.

An- & Weiterreise

Von Santa Cruz aus den Schildern an der Landstraße LP-1 nach Los Tiles folgen. Das Besucherzentrum befindet sich nach 3 km an der LP-105, die parallel zur üppigen Barranco del Agua verläuft. Hier hinauf fahren keine Busse, man braucht also entweder einen eigenen fahrbaren Untersatz oder starke Beinmuskeln.

Barlovento

2360 EW.

Die Stadt selbst lohnt keinen Besuch, wohl aber die dahinterliegenden Naturattraktionen, wie die **Piscinas de la Fajana** – ruhige Salzwasserbecken, an deren unauffälligen Betonbarrieren sich die Wellen brechen. Etwa 5 km östlich von Barlovento biegt man von der Landstraße LP-1 zu diesem unglaublich schönen Küstenfleckchen ab, an dem beeindruckende schwarze Felsen und ein wilder Ozean ein wirklich unvergessliches Panorama erschaffen.

Essen

La Gaviota MEERESFRÜCHTE **€€**
(Piscinas de la Fajana; Hauptgerichte 9–16 €; ⏲ 10–23 Uhr; 🅿) Passend zum maritimen Flair ist das Restaurant in Blau gehalten. Es besitzt eine riesige Terrasse direkt am Wasser. Auf der Speisekarte finden sich alle typischen Fischgerichte. Sie werden mit einer großzügigen Portion Kartoffeln und *mojo* serviert.

Parque Cultural La Zarza

Parque Cultural La Zarza ARCHÄEOLOGISCHE STÄTTE
(La Mata; Erw./Kind 2/1 €; ⏲ Mo–Sa 10–18, So bis 15 Uhr; 🅿) Zwei Felsbilder der Benahoaren sind die Hauptattraktion des Parque Cultural La Zarza. Der Park liegt in Richtung La Mata (westwärts) an der LP-1, 1 km hinter der Abzweigung nach La Mata. Achtung, die Abfahrt liegt in einer Kurve und ist daher leicht zu übersehen – also unbedingt nach dem Schild Ausschau halten!

Zu den geometrischen Felsritzungen selbst führt ein 1,5 km langer Rundweg in den Park hinein. Diese Petroglyphen gehören zu den interessantesten Funden dieser Art auf La Palma.

Zurück am Besucherzentrum wartet auf die Interessierten ein informativer, 20-minütiger Film über das Leben der Ureinwohner der Insel. Außerdem gibt es eine Tour durch das interaktive Museum.

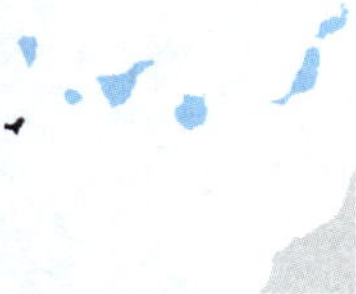

El Hierro

☎922 / BEVÖLKERUNG: 10 162

Inhalt ➡

Gut essen

- Casa Carlos (S. 227)
- Casa Guayana (S. 228)
- Taberna de la Villa (S. 225)
- El Refugio (S. 232)

Schön übernachten

- Villa El Mocanal (S. 257)
- El Sitio (S. 258)
- Puntagrande (S. 258)

Auf nach El Hierro!

El Hierro verkörpert aufgrund seiner unzugänglichen Felsküste und seiner Lage mitten im Atlantik wohl ziemlich genau das, was einem zum Thema „Abgeschiedenheit" in den Sinn kommen mag. In früheren Zeiten galt die Insel sogar als Endpunkt der Welt, das war jedoch bevor Christoph Kolumbus im Jahr 1492 (mitsamt seiner verängstigten Mannschaft!) von hier aus zu seiner berühmten Seefahrt aufbrach. Heute ist die Vulkaninsel ein Geopark und wurde von der UNESCO als Biospärenreservat in das Schutzprogramm *Man and Biosphere* aufgenommen.

El Hierro wird immer abgeschieden wirken, und genau das macht den Reiz der Insel aus. Es ist unmöglich, sich nicht vom gemächlichen Tempo und der schlichten Schönheit der Insel verzaubern zu lassen, von ihrer zerklüfteten Küste, an der die Wellen gegen Lavafelsen schlagen, von den hübschen Äckern und Blumenwiesen, von den gespenstisch schönen Wacholderhainen und von den kargen, öden Vulkanlandschaften im Süden.

Kurz gesagt, El Hierro ist einzigartig – so einzigartig, dass es ganz besondere Anstrengungen zum Schutz ihrer Natur gibt. Es gibt Pläne, El Hierro zur ersten Insel der Welt zu machen, die ihren Energiebedarf komplett durch eine Kombination aus Solar-, Wind- und Wasserkraft deckt.

Reisezeit

- Im Frühling (März) stehen die Wiesen im Hochland in voller Blüte, und das Wandern inmitten von Mohn und anderen Wildblumen ist eine reine Freude.
- In den tieferen Lagen sind die Zeit von Juni bis Anfang Juli sowie der September perfekt, um sich an den zahlreichen natürlichen Schwimmbecken zu entspannen oder in das Unterwasserparadies bei La Restinga abzutauchen.
- Für kulturell Interessierte bietet die Fiesta de los Pastores (S. 236) Ende April eine farbenprächtige religiöse Prozession zu Ehren der Virgen de los Reyes (Jungfrau der Könige).

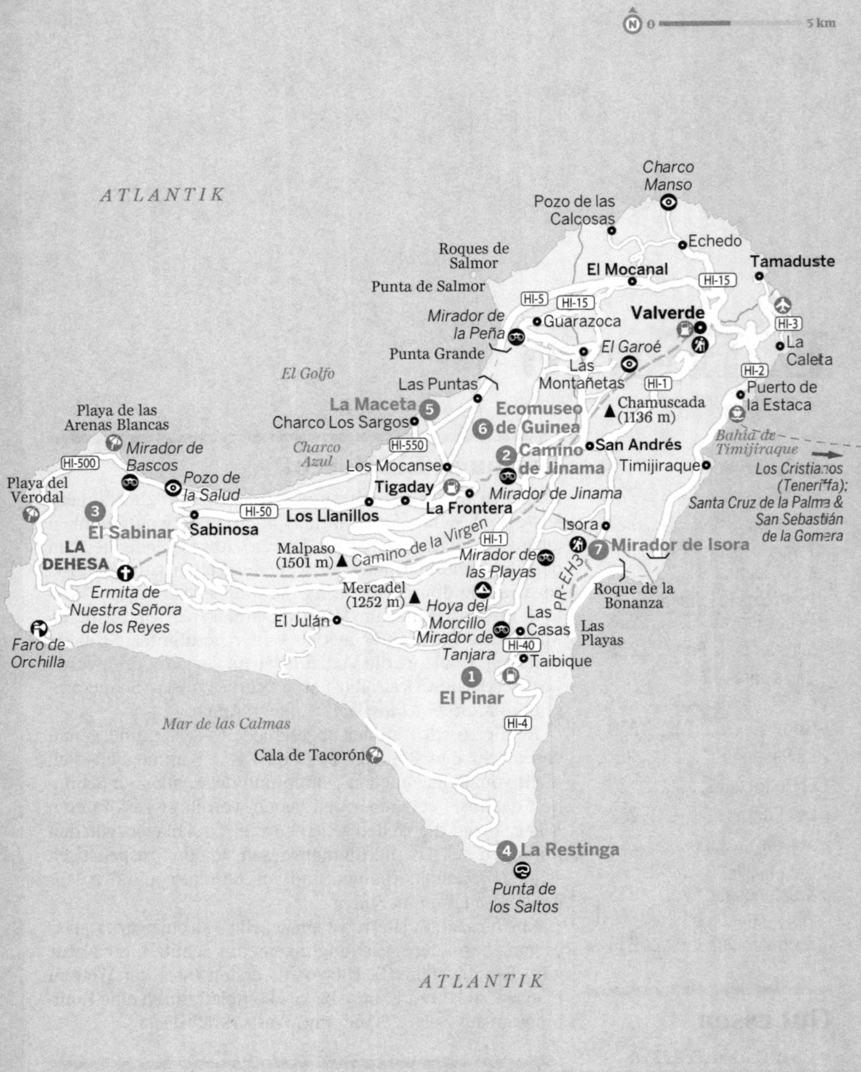

Highlights auf El Hierro

1 Unter den riesigen Kiefern im unberührten Wald **El Pinar** (S. 230) spazieren gehen

2 Auf dem **Camino de Jinama** (S. 229), einem der besten Bergabwanderwege der Insel, den weiten Blick über El Golfo und den Atlantik genießen

3 In **El Sabinar** (S. 236) zwischen Wacholderbüschen wandern, die der Wind zu gespenstischen Gestalten geformt hat

4 Die Tauchmaske aufsetzen und in das warme, ruhige Wasser bei **La Restinga** (S. 231) abtauchen, dem besten Tauchgebiet der Insel

5 In **La Maceta** (S. 233) in einem übergroßen Felsbecken, planschen

6 Im **Ecomuseo de Guinea** (S. 234) mit den Riesenechsen von El Hierro auf Tuchfühlung gehen und uralte Dorfhäuser erkunden

7 Inmitten von Wildblumen am **Mirador de Isora** (S. 230) picknicken und den atemberaubenden Ausblick auf den weit darunter liegenden Ozean genießen

Geschichte

Geologisch gesehen ist El Hierro die jüngste Insel des Archipels. Im Laufe von Jahrtausenden entstand durch vulkanische Aktivitäten eine steile Insel mit einem 2000 m hohen Berg in ihrer Mitte. Doch vor etwa 50 000 Jahren erschütterte ein so gewaltiges Erdbeben die Gegend, dass das nördliche Drittel der Insel weggerissen wurde. Der Berggipfel und das umliegende Land versanken in den Wellen und so entstand die an ein riesiges Amphitheater erinnernde Küste von El Golfo.

Das Naturschauspiel muss gewaltig gewesen sein. Heute wird vermutet, dass der nachfolgende Tsunami eine Welle von mehr als 100 m Höhe war.

Die Ureinwohner der Insel, die Bimbachen, kamen aus Nordafrika und schufen hier eine friedliche Gesellschaft aus Jägern und Sammlern, die in Höhlen lebten und

DREI PERFEKTE TAGE AUF EL HIERRO

Tag eins

Ob man nun per Flugzeug oder Fähre ankommt, der erste Teil der Insel, den Besucher zu Gesicht bekommen, ist die östliche Hälfte. Nach der Ankunft schenken die meisten dem Osten allerdings bis zur Abreise keine Beachtung mehr. Auf den ersten Blick wirkt er ja auch wirklich wie der am wenigsten reizvolle Teil von El Hierro, aber der erste Eindruck kann täuschen. Vom Hafen oder Flughafen aus beginnt die Route in südlicher Richtung nach **Las Playas,** einem langen Steinstrand. Hier weht starker Wind, aber der Strand eignet sich prima für einen appetitanregenden Spaziergang, bevor man im Casa Guayana (S. 228) einkehrt, einem der besten Meeresfrüchterestaurants der Insel. Dann führt der Weg wieder zurück nach Norden, entweder nach **Tamaduste** mit seiner ruhigen Bucht und den Felsbecken voller Krabben oder nach **La Caleta,** dank seiner stilvollen Salzwasserschwimmbecken das ideale Ziel für Familien. Nach dem Bad geht's weiter nach **Valverde,** der winzigen Hauptstadt, und anschließend nach **El Mocanal** zum ersten Nachtquartier im Hotel Villa El Mocanal (S. 257).

Tag zwei

Vom Hotel Villa El Mocanal verläuft die Fahrt nach Süden und bergauf durch eine Landschaft, die zu Beginn der Strecke oft nebelverhangen ist, bis man schließlich in der Nähe des Bauernstädtchens **San Andrés** in gleißendem Sonnenlicht und inmitten Tausender Blumen wieder hervorkommt. Besonders lohnenswert ist der kurze Abstecher zum unglaublich schönen **Mirador de Isora,** bevor es in den majestätischen **Kiefernwald El Pinar** geht, dem perfekten Ort für eine kleine Wanderung mit Picknick. Als Nächstes führt die Straße im Zickzackkurs bergab durch eine zunehmend karge Vulkanlandschaft zur Küstenstadt **La Restinga** und der wohl besten Tauch- und Schnorchelgegend auf den gesamten Kanaren.

Tag drei

El Golfo, die spektakuläre Senke in Form eines Amphitheaters, der die Insel ihr markantes Aussehen verdankt, ist für viele der interessanteste Teil von El Hierro. Der Tag beginnt mit der kurzen Talfahrt auf der schnellen HI-5 aus den Wolken von Valverde hinab. Unterwegs lohnt ein Halt am **Mirador de la Peña** für einen unvergesslichen Blick über El Golfo. Unten an der Küste angelangt, ist das schrullige und ehemals rekordverdächtige Hotel Puntagrande (S. 258) einen Besuch wert. Man kann auch ein Stück weit (oder die ganze Strecke) über den schicken Laufsteg zwischen Las Puntas und La Maceta wandern und die wunderschöne Küstenlandschaft genießen. Wieder am Auto angelangt, geht's weiter zum nahe gelegenen **Ecomuseo de Guinea** für ein wenig Kultur und eine Reptilienbegegnung. Hunger? Es ist Mittag, also auf ins Casa Pucho (S. 234) in der Wirtschaftsstadt Tigaday für eine kleine Stärkung mit hervorragendem kanarischen Essen. Nach der Mittagspause geht's entweder zu den natürlichen Schwimmbecken von **La Maceta** oder zum ruhigeren **Charco Azul** für ein erfrischendes Bad oder ein kleines Mittagsschläfchen. Aber nicht zu lange schlafen, denn zum Abschluss des Tages lohnt die Fahrt zum wilden, äußersten Zipfel Spaniens, dem **La-Dehesa**-Gebiet.

auch Ackerbau und Fischfang betrieben. Vermutlich nannten sie die Insel Hero oder Esero – möglicherweise der Ursprung ihres heutigen Namens. Die Bimbachen hinterließen auf der ganzen Insel interessante Petroglyphen (geometrische Ritzungen) auf Felsen und an Höhlenwänden. Die interessantesten sind die von El Julán.

Nach der spanischen Eroberung im 15. Jh. wurde eine Form des Feudalismus eingeführt, und spanische Bauern vermischten sich langsam mit denjenigen Einheimischen, die nicht in die Sklaverei verkauft worden oder an Krankheiten gestorben waren. Während der darauf folgenden Urbarmachung wurde ein Großteil der Wälder von El Hierro zerstört.

Im 20. Jh. waren viele Herreños gezwungen auszuwandern, um Arbeit zu finden. Seitdem hat sich die Wirtschaft der Insel erholt und stützt sich auf Käse, Fischfang, Obstbau, Viehzucht und zunehmend auch auf den Tourismus. Viele Auswanderer sind wieder zurückgekehrt.

Heutzutage kämpft die Insel damit, eine Balance zu finden zwischen dem notwendigen wirtschaftlichen Wachstum und dem Anspruch, sich ihre einzigartige und von der UNESCO geschützte Naturschönheit zu bewahren. Über 60 % der Insel sind inzwischen als Schutzgebiet ausgewiesen, was die Ausbaumöglichkeiten einschränkt. Das ist toll für Umweltschützer, aber da junge Inselbewohner gezwungen sind, für Studium oder Job wegzuziehen, betrachten viele dies durchaus auch als Problem.

Der letzte Vulkanausbruch auf El Hierro ist zwar schon 200 Jahre her, doch zwischen Oktober 2011 und März 2012 gab es mehrere Unterwassereruptionen vor der Küste von La Restinga, sodass die Stadt vorsorglich evakuiert wurde. Zum Glück gab es keine Verluste. Mehr Informationen über den Vulkanismus hält das Centro Vulcanológico (S. 232) in La Restinga bereit.

An- & Weiterreise

FLUGZEUG

Der kleine **Flughafen** der Insel (☎ 922 55 37 00; www.aena.es; ⌚ 6–19 Uhr) liegt 12 km außerhalb von Valverde. Die Regionalfluggesellschaft **Binter Canarias** (☎ 902 391392; www.bintercanarias.com) verbindet El Hierro mit Teneriffa und Gran Canaria und von dort aus mit dem Rest der Inselgruppe. Am Flughafen gibt es Autovermietungen, eine Bar und einen Laden mit Landkarten und Produkten aus der Region.

ENTFERNUNGEN (KM)

	Valverde	La Restinga	Tigaday	Las Playas
La Restinga	24			
Tigaday	15	41		
Las Playas	11	43	26	
El Pinar	16	11	27	16

ungefähre Angabe

SCHIFF/FÄHRE

Am Hafen von El Hierro, dem Puerto de la Estaca, herrscht nicht viel Betrieb. **Naviera Armas** (☎ 922 55 09 05; www.naviera-armas.com; Muelle de la Estaca) fährt von Sonntag bis Freitag einmal täglich nach Los Cristianos auf Teneriffa (49,50 €, 2¾ Std.). Die Abfahrtszeiten unterscheiden sich von Tag zu Tag. Am besten auf der Website nachsehen.

Unterwegs vor Ort

AUTO

Es gibt ein paar Autovermietungen am Flughafen und genau eine in Valverde, deren Büro aber oft nicht besetzt ist. Im Voraus buchen, denn es ist nur eine begrenzte Anzahl von Wagen verfügbar!

Bevor man Valverde verlässt, sollte man unbedingt volltanken, denn es gibt nur drei Tankstellen auf der Insel: eine in der Hauptstadt, die zweite in La Frontera und die dritte an der Landstraße nach La Restinga.

Die folgende Autovermietung ist empfehlenswert: **Cicar** (www.cicar.com; Flughafen von El Hierro).

BUS

Der **Busbahnhof** (☎ 922 55 11 75; Calle Molino; ⌚ 8–16 Uhr) von Valverde liegt am südlichen Stadtrand und hat sehr gute Verbindungen zu allen Teilen der Insel. Die Fahrpläne gibt es online auf www.transhierro.com.

VALVERDE

1630 EW.

Valverde ist die einzige Hauptstadt auf den Kanarischen Inseln, die keinen direkten Zugang zum Meer hat. Sie ist eher unscheinbar und liegt auf einem windigen Berggrat hoch über dem Atlantik. Die niedrigen, weißen Häuser sind nicht so hübsch wie die Villen mit Balkon in den anderen Hauptstädten, aber wenn nicht gerade Wolken die Sicht behindern, bietet die Stadt herrliche Ausblicke über die Täler. An den seltenen klaren Tagen reicht der Blick vom Stadtzentrum aus sogar bis zum Teide auf Teneriffa und nach La Gomera. Auch wer nicht hier übernachten will, kommt höchstwahrscheinlich trotzdem durch die Stadt, denn sie ist das Wirtschafts- und Dienstleistungszentrum der Insel.

Geschichte

Jean de Béthencourt eroberte die Insel zwar schon 1405, doch die Entstehung der Stadt begann im Grunde erst nach einem verheerenden Orkan im Jahr 1601. Viele Inselbewohner suchten Zuflucht in diesem kleinen Weiler im Landesinnern und setzten damit eine relativ große Zuwanderung in Gang. Die Zahl der Einwohner nahm so stark zu, dass die Stadt schließlich zum Sitz des *municipio* (Stadtrat) wurde, der für die ganze Insel zuständig war. 1926 wurde hier die erste *cabildo insular* (Lokalregierung) der Insel eingerichtet.

Sehenswertes

Der Reiz der Insel liegt in ihrer Natur, nicht hier in der Stadt. Trotzdem kann sich ein kleiner Spaziergang lohnen. Los geht es auf der fußgängerfreundlichen **Calle Dr Quintero** mit ihren Geschäften und Bars. Dann hinab zur hübschen **Plaza Quintero Nuñez** (hier auch als Plaza Cabildo bekannt), auf der sich eine Reihe Bars und Restaurants sowie die Kirche befinden.

★ Casa de las Quinteras Centro Etnográfico — MUSEUM

(☎922 55 20 26; Calle Armas Martel; Erw./Kind 3 €/kostenlos; ⏲Mo–Fr 9–14, Sa 10.30–13.30 Uhr) In mehreren kleinen Steinhäusern gibt es Interessantes rund um das ländliche Inselleben zu sehen. Es gibt eine Schmiede und sehr unterschiedliche Exponate in anderen Häusern, zum Beispiel traditionelle Kleidungsstücke, Keramiken und einige bizarre Kuriositäten, wie ein historisches Grammofon aus einem Holzblock. Es gibt auch einen erstklassigen Handwerksladen.

Iglesia de Nuestra Señora de Concepción — KIRCHE

(⏲8–18 Uhr) Die Kirche ist ein einfaches dreischiffiges Bauwerk aus dem Jahr 1767. Sie wird von einem Glockenturm gekrönt, dessen obere Ebene mit einem Geländer versehen ist und als Aussichtsplattform fungiert. Im Innern ist eine prächtige gewölbte Kassettendecke zu sehen. Der mehrfarbige Altar *Purísima Concepción* ist das wertvollste Kunstwerk der Stadt, aber leider oft teilweise von einem roten Tuch verhangen (man kann aber dahinterlinsen).

Feste & Events

Ein paar Mal im Jahr erwacht Valverde zum Leben und feiert, was das Zeug hält.

Fiesta de San Isidro Valverde — FEST DES SCHUTZHEILIGEN

(⏲15. Mai) Wer sich an diesem Tag in Valverde aufhält, sollte sich die *lucha-canaria*-Vorführung (kanarischer Ringkampf) ansehen, die am Nachmittag stattfindet.

Fiesta de la Virgen de la Concepción — FEST DER SCHUTZHEILIGEN

(⏲7. & 8. Dez.) Am Vorabend des größten Fests von Valverde gibt es ein Feuerwerk und eine schwungvolle Party, der Feiertag selbst (8. Dez.) ist religiösen Feierlichkeiten, Konzerten und verschiedenen Kulturdarbietungen gewidmet.

Essen

El Secreto — KANARISCH €

(www.tascaelsecreto.com; Calle Quintero Ramos 2; raciónes 5,50–7 €; ⏲Mo–Sa 12–16 & 19.30–23 Uhr) Hier erwartet die Gäste ein schwindelerregendes Dekor, eine Mischung aus dem Boudoir einer Kurtisane, Memorabilien aus den 1950er-Jahren und kitschigem Krimskrams. Keine zwei Tische passen zueinander, und für die (etwas zu helle) Beleuchtung sorgt eine bunte Sammlung von Kronleuchtern. Das Essen ist im Vergleich zum Ambiente überraschend konventionell mit Schwerpunkt auf *raciónes* (große/volle Teller, wörtlich „Portionen") für mehrere Personen, wie *patatas bravas* (Kartoffeln mit scharfer Soße), *quesos fritas* (gebratener Käse) und Kroketten.

★ La Taberna de la Villa — KANARISCH €€

(Calle General Rodriguez y Sánchez Espinoza 10; Hauptgerichte 8–14 €; ⏲Mo–Do 9–23, Fr bis 2, Sa 11–2 Uhr; 📶) Gute, einfache Gerichte von *caracoles* (Schnecken) bis hin zu *mojo queso* (scharfer kanarischer Käsedip) sowie Pasta und Fleischgerichte und dazu eine gastfreundliche Atmosphäre und ein warmes, ockerfarbenes Interieur haben dieses Restaurant zum beliebtesten der Stadt gemacht. An den Wochenenden verwandelt es sich von Mitternacht bis 2 Uhr früh in eine lebhafte Kneipe.

La Mirada Profunda BISTRO €€
(☎922 55 17 87; Calle Santiago 25; Menü 25 €; ⏲Di–So 13–16 & 20–23.30 Uhr) In diesem stilvollen Bistro hat der Gast wenig Mitspracherecht in Bezug auf die Essenswahl, sondern darf das genießen, was der Koch ihm auftischt – Suppen, frischen Fisch und regionale Speisen mit internationalem Touch, wie gebratene Ente mit Cranberrysoße oder mit Kabeljau gefüllte Paprika. Eine Reservierung ist angeraten.

Ausgehen

Nirgendwo ist es langweiliger als in Valverde, und unter der Woche geht jeder früh nach Hause. Am Wochenende konzentriert sich das Geschehen (sofern überhaupt etwas los ist) um den Hauptplatz.

Tasca El Chavelazo BAR
(Calle General Rodriguez y Sánchez Espinoza 8; ⏲Do ab 20, Fr & Sa ab 22 Uhr) Diese riesige Bar gleich gegenüber dem Rathaus ist der beliebteste Ausgehtreff der Stadt (vielleicht auch der einzige ...). Zu stimmungsvoller Beleuchtung gibt es pochende Musik und ab und zu auch Live-Acts.

Praktische Informationen

Touristeninformation (☎922 55 03 02; www.elhierro.travel; Calle Dr Quintero 11; ⏲Mo–Fr 8–15, Sa 9–13 Uhr) Hier gibt's Karten und Informationen zu ein paar Attraktionen der Insel.

An- & Weiterreise

BUS

Ab Valverde gibt es Verbindungen nach Frontera (1,20 €, 30 Min., bis zu 4-mal tgl.), außerdem Verbindungen nach Tamaduste (1,20 €, 15 Min., 3-mal tgl.), El Mocanal und La Restinga (1,20 €, 1 Std. 10 Min., bis zu 4-mal tgl.).

Unterwegs vor Ort

Ein **TransHierro**-Bus (☎922 55 11 75; www.transhierro.com) holt die Passagiere der Handvoll Flüge ab, die am Flughafen landen (1,20 €, 20 Min.). **Taxis** (☎922 55 07 29) sind eine einfache, aber kostspielige Fortbewegungsart. Die Fahrt vom Flughafen aus nach Valverde kostet etwa 15 €.

Die Stadt ist klein genug, um sie zu Fuß zu erkunden. Für weitere Strecken gibt es einen **Taxistand** (☎922 55 07 29; Calle San Francisco) direkt vor der Transportgenossenschaft der Insel (Sociedad Cooperativa de Transportes del Hierro).

DER NORDEN

Die Nordküste der Insel ist von wunderschönen, zerklüfteten Klippen gesäumt, die jedoch größtenteils unzugänglich sind. Die wenigen Ausnahmen bilden die hübschen Buchten und natürlichen Becken aus

DIE ÖKO-INSEL

Wenn die Fähre in den Hafen einläuft, wirkt das dürre, felsige El Hierro vielleicht nicht gerade wie die schönste der Kanarischen Inseln, aber hat man erst mal die zentrale Hochebene oder die Küste von El Golfo erreicht, wird schnell klar, wie trügerisch der erste Eindruck sein kann. Die Insel strahlt nicht nur eine sanfte Schönheit aus, auf ihr leben auch einige der ungewöhnlichsten Pflanzen und Tiere der östlichen Atlantikregion. Diese Tatsache hat ihr den Status eines UNESCO-Geoparks eingebracht, der erste auf den Kanarischen Inseln überhaupt.

Das Hauptaugenmerk der Naturschützer liegt auf dem Meeresschutzgebiet im Mar de las Calmas und dem Erhalt der einzigartigen Wacholderbäume in El Sabinar und des stillen Kiefernwalds El Pinar, doch die gesamte Insel profitiert von der UNESCO-Ernennung. So fließen Gelder, die der Insel helfen, ihre einzigartigen natürlichen Ressourcen nachhaltig zu nutzen – mehr dazu unter www.geoparqueelhierro.es.

Im Jahr 2014 ging die Insel mit ihrem Umweltschutzansinnen noch einen Schritt weiter und leitete als erste Insel weltweit Projekte in die Wege, durch welche die Einheimischen ihren Energiebedarf irgendwann vollständig durch erneuerbare Energiequellen decken können werden. Dieses Umweltbewusstsein zeigt sich auch an anderen Stellen. So gibt es zum Beispiel Pläne, die Biolandwirtschaft auf der gesamten Insel zu fördern und zu unterstützen und bis 2020 vollständig auf Elektroautos umzusteigen. Weitere Informationen hält das **Centro de Interpretación de la Reserva de la Biosfera** (S. 230) in Isora für Interessierte bereit.

Vulkangestein wie Pozo de las Calcosas, Charco Manso, Tamaduste und La Caleta.

Im Inselinnern bestimmen vor allem Weiden und Äcker das Landschaftsbild. Aufgrund der großen Höhe sind die Hügelspitzen beinahe immer in eine Decke aus Dunst und Nebel gehüllt, was diese stille, ländliche Gegend in ihrer Einsamkeit fast gespenstisch wirken lässt.

El Mocanal

El Mocanal ist eines von mehreren Bauerndörfern nordwestlich der Hauptstadt Valverde. Gleich außerhalb des Orts führt eine gut ausgeschilderte Abzweigung nach **Pozo de las Calcosas.** Hier gibt es ein kleines Sommerdorf. Es besteht aus Häusern (*pajeros* genannt), die aus Lavagestein errichtet wurden. Sie sind schon mehrere Generationen alt und stehen um einige natürliche Schwimmbecken herum. Diese gehören den Einwohnern des Dorfs, die im Juli und August gemeinsam mit ihrem Vieh hierherziehen, um die Tiere auf den höher gelegenen, abschüssigen Weiden grasen zu lassen. Der 10-minütige Fußmarsch hierher führt bergab über den steilen Stufenpfad. Oberhalb des Ufers gibt es einen *mirador*, eine winzige steinerne Kapelle, und ein paar Restaurants.

Essen

★Casa Carlos MEERESFRÜCHTE €

(Calle el Letime 3; Hauptgerichte 7,50–9 €; 11–22 Uhr) Der gemütliche, altmodische Speiseraum wirkt so, als hinge er direkt über dem Abgrund. Zweifellos bietet er eine tolle Aussicht auf die außergewöhnliche Ansammlung uralter Häuschen unten am Strand. Wenn sie nicht gerade in einer Ecke sitzt und strickt, zaubert die Besitzerin in der Küche fantastische Gerichte aus Meeresfrüchten, wie *atún* (Thunfisch), *vieja* (Papageienfisch), *cabrillas* (Sägebarsch) und *lapas* (Napfschnecken).

Meson del Norte KANARISCH €€

(922 55 03 73; Calle Barlovento 21; Hauptgerichte 8,50–12 €; 7–22.30 Uhr; P) Dieses auffallend moderne Restaurant ist zu Recht bei den Einheimischen beliebt. Hier gibt es ausgesprochen leckere Spezialitäten des Hauses, wie Eintopf aus Kichererbsen und Chorizo oder geröstetes Schweinefleisch mit Roquefortsoße. Das Haus steht direkt an der Hauptlandstraße.

An- & Weiterreise

Bus 5 (1,20 €, 20 Min.) bedient mehrmals täglich die Strecke zwischen El Mocanal und Valverde.

Echedo

Echedo liegt im Herzen des Weinanbaugebiets von El Hierro. Hier gibt es minimalistische Weinberge hinter stabilen Trockensteinmauern, die den Wind abhalten sollen, der oft hier durchfegt. Derzeit werden keine öffentlichen Verkostungen oder Bodega-Besichtigungen angeboten.

Viel einnehmender als sonst etwas im Ort ist das **Charco Manso,** ein natürliches Salzwasserbecken am Ende einer 4 km langen, schmalen Straße, die sich durch Gestrüpp und Vulkangestein windet. An schönen Tagen ist das klare, kristallblaue Wasser einfach himmlisch, aber bei Flut oder rauem Ozean kann es hier starke Strömungen geben. Besonders die Höhlen am Ufer sind mit Vorsicht zu genießen. An einem windstillen Tag kurz hineinzuspähen ist okay, aber hineinschwimmen sollte man niemals. Der Grund der Höhlen ist nämlich mit tunnelartigen Löchern überzogen, den *tragadores* (wörtlich „Schluckern"), die bei zurückgehender Flut eine außerordentlich starke Sogwirkung entwickeln.

Essen

Es gibt einen kleinen Kiosk mit sporadischen Öffnungszeiten am *charco* und einen schönen Picknickplatz mit Tischen und Bänken für alle, die sich ihre Verpflegung mitgebracht haben.

La Higuera de la Abuela KANARISCH €€

(922 55 10 26; Calle Tajanis Caba; Hauptgerichte 9–15 €; Mi–Mo 12–16 & 19–22 Uhr) Hier kann man in ruhiger Umgebung herrlich speisen. Auf der begrünten Terrasse werden traditionelle Gerichte, wie gebratenes Kaninchen oder Ziege, gegrillte Meeresfrüchte und frischer Fisch serviert. Der Name „Higuera" bezieht sich auf einen gigantischen Feigenbaum, der früher hier stand.

Tamaduste & La Caleta

Diese beiden bescheidenen Feriendörfer sind der Sommerspielplatz von Valverde. Kleine, natürliche Buchten und wunderschöne Uferbereiche eignen sich gut zum Schwimmen, Sonnenbaden, Entspannen und Angeln, aber von diesen beschaulichen

Tätigkeiten abgesehen haben die beiden verschlafenen Orte nicht viel zu bieten.

Tamaduste ist der perfekte Ort, um der Welt zu entfliehen. Bei Flut läuft die Bucht voll Wasser, und Kinder springen kopfüber von den diversen Plattformen und Stufen aus in den Atlantik. Bei Ebbe ziehen sich die wilden Wellen zurück und hinterlassen nichts weiter als ruhige Teiche. Die perfekte Zeit, um zu angeln oder Krabben und Meeresschnecken zu sammeln.

Am ausgebauten Ufer von **La Caleta** gibt es eine steinerne Promenade, jede Menge Stellen zum Sonnenbaden und aquamarinblaue Salzwasserbecken, die gut gepflegt und ideal für Kinder sind (auch wenn es hier etwas windig werden kann). Früher waren hier auf einem Felsen am Strand verwitterte Felsritzungen der Bimbachen zu sehen, die aber leider beim Umbau des Uferbereichs zerstört wurden.

Essen

Harina y Tomate PIZZA €
(☎922 10 97 60; Calle Tabaiba, Tamaduste; Pizza 8–9 €; ⏲13–15.30 & 19–23.30 Uhr) Eines der wenigen Esslokale in Tamadustre. Es gibt Pizzas mit einer Vielzahl üblicher Beläge, entweder zum Mitnehmen oder zum Verzehr auf der kleinen Terrasse. Liegt direkt neben dem Minimarkt.

An- & Weiterreise

Der Bus von Valverde zum Hafen hält dreimal täglich in Tamadustre (1,20 €, 15 Min.) und La Caleta (1,20 €, 20 Min.).

Puerto de la Estaca & Las Playas

Als einziger Fährhafen der Insel wird Puerto de la Estaca zum Schauplatz des Geschehens, wenn gelegentlich mal eine Fähre von Teneriffa hier anlegt. Ansonsten ist der Ort so verschlafen, dass man meinen könnte, er läge im Koma. Immerhin fünf Busse (1,20 €, 50 Min.) verkehren täglich zwischen dem Hafen und Valverde.

Jenseits des Hafens windet sich die Landstraße an der Küste entlang nach Las Playas, 10 km entfernt, und schlängelt sich dabei durch ein Niemandsland aus Felsküste und noch felsigeren Hügeln. Dabei passiert sie die kleine Stadt **Timijiraque** mit ihrem kleinen, schwarzen Kiesstrand (Vorsicht vor dem Brandungssog) und dem bescheidenen **Casa Guayana** (☎922 55 04 17; Carretera General; Hauptgerichte 8–12 €; ⏲So–Fr 7–22 Uhr). Das Lokal trägt kein erkennbares Schild, und davor stehen nur ein paar Plastikstühle, aber das Essen ist so gut, dass viele Einheimische extra zum Mittagessen hierherfahren. Es gibt leckeren Fisch aus der Region in einem gemütlichen Speiseraum mit einer Handvoll Tische und Blick auf den Ozean. Die Paella schmeckt nach den Felsbecken und dem Meer.

Das Lokal liegt linker Hand der Hauptstraße, etwa 800 m hinter dem Tunnel aus Richtung Puerto de la Estaca. Vor der Küste ist der berühmte **Roque de la Bonanza** zu sehen, eine Felsformation, die 200 m hoch aus dem Wasser ragt und zum Wahrzeichen der Insel geworden ist. Las Playas selbst ist ein lang gezogener schwarzer Kiesstrand mit spiegelglattem Wasser, an dem allerdings oft ein starker Wind weht.

Mirador de la Peña

Der Mirador de la Peña, entworfen von dem berühmten, auf Lanzarote geborenen Künstler César Manrique, gehört zu den Top-Sehenswürdigkeiten von El Hierro. Unbe-

SPEISEN WIE DIE EINHEIMISCHEN

Das Essen auf El Hierro mag schlicht sein, es ist aber unserer Meinung nach das beste aller westlichen Inseln. Die Insel ist fast völlig autark und vieles, was in den Restaurants serviert wird, wurde auf El Hierro selbst oder vor der Küste angebaut, gezüchtet oder gefangen. Da nur wenige Touristen hierherkommen, sind die Restaurants überwiegend auf die einheimische Klientel ausgerichtet und bieten deshalb qualitativ hochwertigere Speisen an (Restaurantbesitzer wissen, dass sie die Einheimischen bei der Stange halten müssen, wohingegen die Kundschaft auf Inseln mit mehr Tourismus beinahe täglich wechselt). Frischer Fisch sowie Fleisch und Gemüse aus der Region kommen häufig auf den Tisch – besonders, wenn man weiß, wie man danach fragt! Die Spezialitäten auf El Hierro sind *queso herreño* (ein hiesiger Weichkäse) oder auch getrocknete Feigen. Der fruchtige Weißwein aus Tigaday ist sehr gut und überall auf der Insel erhältlich.

dingt die Kamera mitnehmen: Wenn kein Nebel herrscht, hat man vom *mirador* aus einen beeindruckenden Blick auf das Tal, die Golfküste und die Roques de Salmor.

Kleine Pfade führen durch wilde Lavendelsträucher, Palmen und Drachenbäume zu verschiedenen Aussichtspunkten und zum Abschluss des Spaziergangs kann man in dem eleganten Restaurant zu Abend essen. Die beste Zeit, um hierherzukommen, ist eindeutig bei Sonnenuntergang. Der *mirador* liegt gleich hinter dem kleinen Bauerndorf Guarazoca.

Essen

Mirador de la Peña Restaurant KANARISCH €€
(☎922 55 03 00; Mirador de la Peña, Guarazoca; Hauptgerichte 10–15 €, Menú del día 25 €; ⌚12.30–15.30 & 19–22.30 Uhr; P) Das elegante Restaurant am *mirador* beeindruckt mit seinem riesigen Panoramafenster. Von hier aus eröffnet sich ein weiter Blick auf El Golfo. Der Fokus in diesem Restaurant liegt auf der kreativen Verwendung regionaler Zutaten, dabei heraus kommen wirklich besondere Kreationen, wie mit Meeresfrüchten gefüllte herrenische Ananas oder Schweinelende mit herrenischer Käsesoße und getrockneten Feigen. Es gibt auch ein zwangloses Café und eine Bar.

San Andrés & Umgebung

San Andrés ist das landwirtschaftliche Zentrum dieses Teils der Insel und besteht aus ein paar beidseits der Landstraße verstreuten Gebäuden. Zur **Fiesta de la Apañada** im Juni treffen sich die Bauern in San Andrés zu einem lautstarken Viehmarkt.

Etwa 3 km südwestlich von San Andrés zweigt die H-120 in Richtung **Mirador de Jinama** ab. Der Blick von hier aus auf das gigantische Amphitheater El Golfo ist atemberaubend. An manchen Tagen ist allerdings bloß eine große Schüssel voll Wolkensuppe zu sehen. Es gibt hier außerdem noch eine sehr schöne (wenn auch windige) Picknickstelle und eine kleine Kapelle. Die schmale Landstraße H-120 setzt ihre kurvenreiche Route fort in Richtung Mirador de la Peña, eine der landschaftlich schönsten Strecken der gesamten Insel.

In südlicher Richtung auf der Landstraße HI-4 führt eine Abzweigung (die HI-402) zum **Mirador de las Playas,** von wo aus man einen spektakulären Blick hinab auf die Küste hat.

Sehenswertes & Aktivitäten

El Garoé WAHRZEICHEN
(☎922 55 50 56; La Alberca de Los Lomos, San Andrés; ⌚Di–Sa 10–18 Uhr; P) Einblick in die Kultur der Bimbachen verschafft ein Besuch ihres heiligen Ur-Baums. Der Legende zufolge brachte der Baum auf wundersame Weise Wasser hervor und versorgte so die Inselbewohner und ihre Tiere. Heute weiß man, dass dies kein Wunder war – die Luftfeuchtigkeit kondensiert an den Blättern und liefert so Frischwasser. Der ursprüngliche Baum fiel 1610 einem Sturm zum Opfer, der jetzige Baum wurde 1949 gepflanzt.

In der Nähe des Baums gibt es ein kleines Besucherzentrum sowie reizvolle Wanderwege zu verschiedenen Süßwasserbecken. Hierher führen zwei 2,7 km lange, unbefestigte Wege, die in Richtung San Andrés von der Landstraße abzweigen. Beide Strecken sind steinig und steil. Mehrere Wanderwege beginnen hier. Der PR EH 7 erreicht nach 3 km El Mocanal bzw. nach 6 km Pozo de las Calcosas. In Gegenrichtung führt dieser Wanderweg ins 3,5 km entfernte San Andrés.

El Garoé ist etwa 7 km nordöstlich von San Andrés an der Landstraße HI-1 gut ausgeschildert.

Camino de Jinama WANDERN
Der steinige, aber gut beschilderte Camino de Jinama ist eine ehemalige Eselroute. Die Wanderung vom Mirador de Jinama hinab nach La Frontera dauert etwa 2½ Stunden. In Gegenrichtung beginnt die Strecke in der Nähe der Plaza de la Candelaria in La Frontera und dauert etwa 3½ Stunden.

Essen

Casa Goyo KANARISCH €
(www.elhierro.tv/casagoyo; Carretera General 11, San Andrés; Hauptgerichte 8–10 €; ⌚Di–So 9–22 Uhr) Das Restaurant befindet sich in einem typischen Dorfhaus mit vier kleinen Speiseräumen hinter einer urigen Bar. Es gibt traditionelle Gerichte ohne viel Tamtam, wie gebratenes Lamm-, Ziegen- und Kaninchenfleisch mit *papas arrugadas* (schrumpeligen Kartoffeln).

An- & Weiterreise

Vier Busse (1 €, 20 Min.) verkehren täglich zwischen San Andrés und Valverde.

Isora

Das Dorf Isora liegt eine kurze Autofahrt (oder auch eine kleine Wanderung) von San Andrés entfernt. Der Ort ist für seinen herrenischen Käse bekannt, der aus einer Kombination aus Ziegen-, Schaf- und Kuhmilch hergestellt wird. Ganz im Süden der Stadt, hoch oben auf dem Berggrat El Risco de los Herreños, liegt der **Mirador de Isora.** Hier fällt der Berg steil ab und gibt den Blick auf den geschmeidigen Küstenstreifen von Las Playas frei. Die 3,5 km lange Wanderung bergab vom *mirador* nach Las Playas ist wegen ihrer schönen Aussicht über die Küste sehr beliebt. Hinab dauert es etwa zwei Stunden, hin und zurück ungefähr fünf. Der Abstieg geht ziemlich in die Beine, der Aufstieg lässt Herz und Lungen ordentlich pumpen.

Sehenswertes

Centro de Interpretación de la Reserva de la Biosfera KULTURZENTRUM
(www.elhierro.travel; Antiguo Casino de Isora, Calle Ferinto 32; Mo–Sa 10–18 Uhr) GRATIS Das Zentrum zur Auswertung ökologischer Daten befindet sich in einem ehemaligen Casino. Es widmet sich dem bekannten Engagement der Insel für eine nachhaltige Zukunft und zeigt Ausstellungen und Fotografien zu geplanten sowie bereits in die Wege geleiteten Projekten, darunter auch ein Hydro-Windpark in der Nähe von Valverde.

Essen

Cooperative de Ganaderos Central Quesera KÄSE
(922 55 03 27; Poligono el Majano; ab 9 € pro kg; Mo–Fr 8–14, Sa bis 13 Uhr; P) Bauern aus allen Winkeln der Insel bringen die Milch ihrer Tiere zu dieser Kooperative, die daraus der herrenischen Käse herstellt. Die Auswahl ist groß, z. B. *queso fresco* (Frischkäse) und *ahumado* (geräucherter Käse). Auch Honig aus der Region wird hier verkauft.

Von San Andrés aus etwa 1 km vor Isora am Schild „Poligono el Majano" abbiegen.

An- & Weiterreise

Mit dem Auto einfach den Schildern (gleich nordöstlich von San Andrés) an der Landstraße HI-4 nach Isora folgen. Zu Fuß erreicht man Isora nach 4,1 km über den Wanderweg PR EH, der im Stadtteil Las Rosas von San Andrés beginnt.

Fünf Busse (1 €, 30 Min.) verkehren täglich zwischen Isora und Valverde.

DER SÜDEN

Für viele ist der Süden der schönste Teil der ganzen Insel. Die Landschaft ist geprägt von einem üppigen Grün, und das Klima ist das ganze Jahr über ausgesprochen angenehm. Außerdem ist dies die einzige Gegend auf den Kanarischen Inseln, in der ernsthaft Viehzucht sowie Ackerbau auf von Trockensteinmauern umrandeten Feldern betrieben wird.

Die Landschaft ist geprägt von sanften Hügeln, und in den Monaten Februar und März verwandelt sie sich in ein farbenfrohes Blumenmeer. Es lohnt sich, das Auto abzustellen und über das Netz aus einfachen Wanderwegen durch diese Hochlandregion zu streifen.

El Pinar

Der ruhige Kiefernwald El Pinar bedeckt einen breiten Streifen der südlichen Inselhälfte und taucht das vulkanische Gelände in kühlen Schatten. Der Wald ist ein ausgezeichnetes Ziel für eine Tageswanderung oder auch für eine Besichtigungstour mit dem Auto. Die einsame Landstraße, die El Pinar durchschneidet, verbindet den östlichen Rand des Walds mit der Ermita de Nuestra Señora de los Reyes an der Westseite der Insel. Zahllose Wanderpfade zweigen von der Hauptstraße ab.

Südlich des Mirador de las Playas führt die hier steil abfallende Landstraße HI-4 an den beiden kleinen Städtchen **Las Casas** und **Taibique** vorbei. Sie sind zwar alle beide eigenständig, es ist aber unmöglich, zu erkennen, wo die eine aufhört und die andere beginnt. Sie geben kein Reiseziel im eigentlichen Sinn ab, bieten aber gute Einkaufsmöglichkeiten für Selbstverpfleger. Nicht verpassen sollte man den **Mirador de Tanajara** mit seiner Aussicht.

Sehenswertes

Centro de Interpretación Geológica KULTURZENTRUM
(922 55 84 23; www.elhierro.travel; Travesía del Pino, Taibique; Mo–Sa 10–18 Uhr) GRATIS Das kleine Kulturzentrum beherbergt eine interessante Ausstellung über die Landschaft und Geologie der Insel, die unter anderem auch über die verschiedenen Arten von Vulkangestein informiert, das so kuriose und anschauliche Namen trägt wie „Brotkruste" und „Spritzer".

Hoya del Morcillo & Umgebung

Hoya del Morcillo (geöffnet 9 bis 21 Uhr) ist ein schattiges Erholungsgebiet im Herzen von El Pinar. Hier gibt es ein Fußballfeld, einen Spielplatz und einen Picknickbereich mit großem, integriertem Grillplatz – der perfekte Ort, um sich im Schatten der Kiefern auszuruhen. Sehenswert: eine riesige Landkarte von El Hierro, die aus Baumstämmen besteht. Ein Stück weiter im Wald liegt der Parque Cultural El Julán. Von der HI-4 kommend zweigt die Landstraße HI-40 nach Hoya del Morcillo ab.

Sehenswertes

Parque Cultural de El Julán KULTURZENTRUM
(☎922 55 50 56; www.elhierro.travel; Carretera General de El Julán; Tour 19 €; P) Das hübsche, moderne Gebäude mit atemberaubenden Blick auf die Küste widmet sich einer der bedeutendsten kulturellen Sehenswürdigkeiten der Insel: **Los Letreros.** Hier haben die Bimbachen eine Reihe unentzifferbarer Petroglyphen in einen Lavastrom geritzt. Die eigentliche Stätte besteht aus einer 11 km langen Rundtour, die von der Küste wegführt und nur mit einem Führer unternommen werden kann, entweder zu Fuß (tgl. 10 Uhr) oder per Jeep (tgl. 15 Uhr). Unbedingt im Voraus reservieren.

Wer nicht die Stätte selbst besuchen kann, findet im Zentrum hervorragende Reproduktionen der Petroglyphen sowie weitere interessante Ausstellungen über die Bimbachen wie Fotos einer Nekropole, die in der Höhle Cueva de la Lajura entdeckt wurde. Auch ein Café und ein kleiner Geschenkeladen sind vorhanden.

La Restinga

Das ehemals verschlafene Fischerdorf mausert sich zunehmend zum Tourismus-Hotspot von El Hierro. Dank der Dutzenden von Tauchausrüstern, die hier Geschäfte eröffnet haben, ähnelt es immer mehr einem richtigen Ferienort. Die Hotels und Apartmentblocks (S. 257) sind überwiegend auf Gäste ausgerichtet, die es in die nassen Tiefen hinabzieht. Erfahrene Taucher sind sich nämlich darüber im Klaren, dass es einen beträchtlichen Höhenunterschied zwischen hier und den nächstgelegenen Ortschaften gibt (mehrere 100 m), und Taucher müssen nach einem Tauchgang mindestens zwölf Stunden lang ungefähr auf Meereshöhe bleiben. Die Tauchschulen setzen auf die wunderbare Unterwasserwelt des **Mar de las Calmas** (Meer der Ruhe), der warmen, stillen Gewässer um die Südwestküste der Insel. Für Nicht-Taucher gibt es zwei Vulkanstrände direkt am Hafen. Hier ist der Ozean so still wie eine Badewanne, wenn auch nicht sonderlich sauber. Die Stadt selbst vermittelt das Gefühl, sie wäre gerade erst erbaut worden. Sie ist ziemlich modern und nichtssagend.

Die Straße hinab nach La Restinga windet sich durch vulkanisches Ödland. Besonders sehenswert sind hier die skurrilen Lavaformen von *pahoehoe* oder *lajial,* glatten Felsen, die wie gezwirbeltes Toffee aussehen, bis hin zu hartem, bröckeligem Fels, der an Haferbrei erinnert.

Die schimmernde See erstreckt sich vor dem Betrachter, während er durch eine Landschaft aus vulkanischer Asche, gesprenkelt mit leuchtend grünen Kakteen, zur Stadt hinabfährt. Von hier aus ist die Grenze zwischen dem spiegelglatten Mar de las Calmas und dem windgepeitschten, rauen Ozean im Westen deutlich zu erkennen.

Ein Teil dieses Seegebiets ist ein Meeresschutzgebiet. Sowohl das Fischen als auch

ABSTECHER

EINE ABKÜHLUNG IN CALA DE TACORÓN

Kurz vor La Restinga liegt die Abzweigung nach Cala de Tacorón, einer Reihe friedlicher Buchten aus Vulkangestein, an denen die Sonne beinahe endlos scheint. Die Gegend ist hervorragend geeignet zum Schwimmen und Tauchen (viele Anbieter von Tauchtouren mit Sitz in La Restinga kommen hierher) und sehr beliebt bei Kajakfahrern. Wie wär's nach dem nassen Vergnügen mit einem Mittagessen im urigen, überdachten Picknickbereich aus Baumstämmen und Ästen, der wirkt wie in *Die Insel der Verlorenen*? Wer sich sein Essen nicht gern selbst zubereitet, bekommt in der relaxten Strandbar **Kiosco Tacarón** (Cala de Tacarón; ⌚Di–So 12–20 Uhr) eine bunte Auswahl an Gerichten von Pizzas aus dem Holzofen bis hin zu frisch aus dem nahen Wasser gezogenem Tintenfisch.

AKTIVITÄTEN AUF EL HIERRO

El Hierro ist vielleicht am ehesten als Tauchziel bekannt. Das Epizentrum dieses Sports ist La Restinga. Ansonsten kann man hier wunderbar in den natürlichen Becken aus Vulkangestein planschen, vor der Küste fischen und natürlich auch wandern.

Die Insel ist übersät mit Wanderwegen, darunter die GR-Fernwanderrouten (durch rot-weiße Schilder gekennzeichnet), die über 10 km langen PR-Wege (gelb-weiß markiert) und die kurzen SL-Wege (grün-weiß markiert). Der bekannteste Wanderweg der Insel ist der 26 km lange **Camino de la Virgen** von der Ermita de Nuestra Señora de los Reyes bis nach Valverde. Während des Festes Bajada de la Virgen de los Reyes wandern Abertausende über diese historische Strecke. Es gibt ein paar sehr anspruchsvolle Wanderwege auf El Hierro, wie die anstrengende Route von Isora nach Las Playas, aber die meisten Wege, ob nun entlang der Küste oder durch das Landesinnere, sind ziemlich leicht und auch für Familien geeignet – und dennoch eindrucksvoll.

das Tauchen sind hier nur eingeschränkt erlaubt, um den Fischen ein sicheres Brutgebiet zu bewahren.

Sehenswertes

Centro Vulcanológico KULTURZENTRUM
(www.elhierro.travel; Carretera HI, La Restinga; Erw./Kind 3 €/kostenlos; 10.30–16.45 Uhr; P) GRATIS Das Zentrum wurde im Februar 2015 eingeweiht und besteht aus zwei Ausstellungshallen. In der ersten wird mittels mehrsprachigen Computerbildschirmen, Spezialeffekten und einem mitreißenden Soundtrack die genaue Entstehung eines Vulkanausbruchs erläutert. Anschließend geht es durch echte Lavafelder zur zweiten Halle, in der auf vier riesigen Bildschirmen die jüngste Eruption aus dem Jahr 2011 zum Leben erweckt wird. Dabei wird genau erklärt und gezeigt, wie es zu dem Ereignis kam und wie es ablief.

Aktivitäten

Taucher finden hier mehr als genug Unternehmen, die alle ungefähr das gleiche Angebot haben: einen Tauchgang durch das Mar de las Calmas für 25 bis 30 €, bei dem bunte Korallen, majestätische Felsformationen und eine große Vielzahl an Meerestieren zu bestaunen sind. Es gibt auch Tauchkurse und Spezialtauchgänge.

El Hierro Taxi Diver TAUCHEN
(922 10 40 69; www.elhierrotaxidiver.com; Avenida Marítima 4; 8–18 Uhr) Dieser alteingesessene Tauchanbieter ist praktischerweise direkt am Ufer gelegen.

Centro de Buceo el Hierro TAUCHEN
(www.centrodebuceoelhierro.com; Calle El Rancho 12; 10–18 Uhr) Gut etablierte Tauchschule.

Feste & Events

Fiesta de la Virgen del Carmen FEST
(Juli) Dieses Fest zu Ehren der Schutzpatronin von Restinga findet am Wochenende etwa um den 16. Juli herum statt. Samstags gibt es Tanz und Essen und sonntags eine religiöse Prozession.

Essen

Köstliche, frische Meeresfrüchte sind hier das Highlight der meisten Restaurants. Für Selbstverpfleger gibt es einen Spar-Supermarkt im Ort.

Casa Juan MEERESFRÜCHTE €
(922 55 71 02; Calle Juan Gutierrez Monteverde 23; Hauptgerichte 6–9 €; Do–Di 7–23 Uhr) Wer über die abblätternde Wandfarbe und die abgewetzte Einrichtung hinwegsieht, kann hier preiswertes, gut zubereitetes Essen genießen. Neben Meeresfrüchten gibt es auch *caldo de huevo* (auch bekannt als *sopa de queso*) auf einer Basis aus Pasta, Kartoffeln, Käse und Eiern. Klingt seltsam, schmeckt aber köstlich!

★ **El Refugio** MEERESFRÜCHTE €€
(922 55 70 29; Calle la Lapa 1; Hauptgerichte 10–14 €; 13–16.30 & 18–22.15 Uhr) Versteckt in einer engen Kurve im Stadtzentrum. Der Betreiber des El Refugio besitzt ein eigenes Fischerboot, weswegen die Meeresfrüchte hier *wirklich* fangfrisch sind – und köstlich. Die Empfehlung des Tages ist immer eine gute Wahl.

Praktische Informationen

Touristeninformation (922 55 71 37; www.elhierro.travel; Calle Carmen 4; Mo–Fr 8.30–14.30 Uhr) Hier gibt es Karten und Informationsmaterial über die Gegend sowie eine dauerhafte Ausstellung über den dramatischen Vulkanausbruch im Jahr 2011, der direkt vor der Küste stattfand.

An- & Weiterreise

Die Landstraße HI-4 endet in La Restinga, der Ort ist also nicht zu verfehlen. Es verkehren regelmäßig Busse (1,20 €, 1 Std. 10 Min., bis zu 4-mal tgl.) zwischen Valverde und La Restinga.

EL GOLFO

El Golfo, die grüne Senke in Form eines Amphitheaters an der nordwestlichen Flanke von El Hierro, ist wie der Rest der Insel überwiegend ländlich mit Bananenplantagen an den niedriger gelegenen Küstenhängen. Eine Kette ruhiger, kleiner Dörfchen, einige mit attraktiven Naturschwimmbecken, säumen die Küste, während im Landesinnern wachsende Handelszentren wie La Frontera und Tigaday die wirtschaftlichen Antriebsmotoren der westlichen Inselhälfte darstellen. Im Süden ragt ein zerklüfteter Berggrat wie eine Mauer vor dem Rest der Insel auf, und im Norden lockt die eigentümliche Schönheit des einsamen vulkanischen Ödlands. Über 90 % dieses Teils der Insel stehen unter Naturschutz.

Dank des Straßentunnels, der vor einigen Jahren gebaut wurde, ist El Golfo in nur zehn Autominuten über die Landstraße HI-5 von Valverde aus erreichbar. Landschaftlich reizvoller ist die „alte" Route über die HI-1 (die allerdings etwas auf den Magen schlagen kann). Diese Straße schlängelt sich den gewaltigen Berggrat zu El Golfo hinab, also vorher unbedingt die Autobremsen überprüfen!

Las Puntas

Der kleine Weiler Las Puntas liegt direkt am Wasser, aber ohne direkten Zugang dazu. Der Ort existiert ausschließlich der Touristen wegen, die zum Entspannen hierherkommen. Seine Hauptattraktionen sind die Aussicht und der Klang der tosenden Wellen.

Von Las Puntas führt ein Pfad nach La Maceta. Die Wanderung dauert etwa eine Stunde (Hinweg), ist sehr leicht (vermutlich auch mit Kinderwagen zu bewältigen) und bietet einen durchweg herrlichen Blick aufs Meer.

Von hier aus hat man freie Sicht auf **Los Roques de Salmor,** ein wichtiges Brutgebiet für diverse Vogelarten und eines der wenigen noch existierenden Vorkommen der urzeitlichen Lagarto del Salmor (El-Hierro-Rieseneidechse).

Essen

Garoñones MEERESFRÜCHTE **€€**

(☎649 50 96 96; Calle Cascadas de Mar 3; Hauptgerichte 10–15 €; ⊙Do–Di 12–16 & 19–22 Uhr) Das Restaurant mit den fröhlich blauen Fensterrahmen ist der einzige Ort in Las Puntas, an dem man direkt am Wasser essen oder etwas trinken kann, und an den Wochenenden geht es hier abends ziemlich lebhaft zu. Zu den Essenszeiten werden Tapas und Meeresfrüchte serviert, die so frisch sind, dass der Fisch auf dem Teller aus Protest eventuell noch mit den Flossen schlägt. Vermietet auch Ferienwohnungen.

La Maceta & Charco Los Sargos

Wer schwimmen möchte, kann nach La Maceta fahren. Diese Reihe aus natürlichen Salzwasserbecken entlang der Küste gehört wahrscheinlich zu den besten auf El Hierro und ist eindeutig der Favorit sowohl der Einheimischen als auch der Touristen. Bei Flut überspült der Ozean die Becken und macht das Schwimmen gefährlich. Ansonsten ist es

EL HIERRO FÜR KINDER

Zwar gibt es hier keine Themenparks, Zoos oder zahllose organisierte Aktivitäten wie auf einigen der größeren Inseln, wohl aber jede Menge schönen, gesunden Outdoor-Spaß für Kinder. In den verschiedenen natürlichen Schwimmbecken überall auf der Insel kann die ganze Familie gefahrlos schwimmen. Die besten sind **La Maceta** und **La Caleta.** Weniger überlaufen, aber unbestreitbar wunderschön, ist der **Charco Azul.** Ältere Kinder können in der Gegend von **La Restinga** schnorcheln und tauchen, und wer hätte keinen Spaß daran, unter den Riesenechsen im **Ecomuseo de Guinea** nach Drachen zu suchen? Auf der Hochebene im Landesinnern können Kinder auf den vielen leichten Wanderwegen jede Menge überschüssige Energie loswerden.

einfach traumhaft, hier ins kühle Nass abzutauchen. Es gibt verschiedene, unterschiedlich tiefe Becken, die unterschiedlich stark vor den Wellen geschützt sind, darunter auch ein Becken für Kinder. In der guten Strandbar **Kiosco Los Arroyos** (La Maceta; Hauptgerichte 6–9 €; 10–21 Uhr) gibt es immer am Sonntag hervorragende Meeresfrüchte und Paella.

Von der Hauptlandstraße aus den Schildern nach La Maceta folgend auf die HI-550 abzweigen und die erste asphaltierte Straße rechts nehmen.

Ein Stück die Küste hinauf liegt Charco Los Sargos. Auch hier gibt es ruhige Schwimmbecken, die vor den Wellen geschützt sind. Sie ähneln denen von La Maceta, nur ohne das Tamtam. Ein kleiner Strandkiosk ist vorhanden, der allerdings nur unregelmäßig geöffnet hat. Die Abzweigung hierher liegt nur 300 m hinter der Abzweigung nach La Maceta an der HI-550.

Sehenswertes

Ecomuseo de Guinea MUSEUM
(922 55 50 56; www.ellhierro.travel; Carretera General de Las Puntas; Erw./Kind 7,50 €/kostenlos; 10–17, Führungen 10.30, 11.30, 12.30, 13.30, 15, 16 & 17 Uhr; P) Dieses Freilichtmuseum an der bedeutendsten kulturellen Stätte der Insel besteht eigentlich aus zwei Museen: Die Casas de Guinea umfassen eine faszinierende Tour durch eine vulkanische Höhle sowie 20 antike Häuser (vier davon stehen Besuchern offen). Die Häuser zeigen das Leben der Inselbewohner im Laufe der Jahrhunderte. Das daneben gelegene Lagartario ist ein Schutz- und Brutzentrum für die El-Hierro-Riesenechse. Hier kann man etwa ein Dutzend Echsen, darunter auch einen 29-jähriger Senior, beim Sonnenbaden in ihren Vivarien beobachten.

Das Ecomuseo ist an der Landstraße 55 gut ausgeschildert und liegt etwa 3 km südlich von Las Puntas. Wichtig: Der Besuch ist nur zu den oben angegebenen Zeiten und mit einem Führer möglich. Die Führungen werden auf Spanisch abgehalten, nur mittwochs um 10.30 Uhr gibt es eine englische und eine deutsche Führung.

Tigaday

1231 EW.

Tigaday ist ein Handelsknotenpunkt (zumindest für herrenische Maßstäbe) und damit das Nervenzentrum der Gemeinde La Frontera. Im Stadtkern gibt es nicht viel zu sehen, doch als zweitwichtigste Stadt von El Hierro ist Tigaday der einzige Ort auf der Insel, der in Sachen Geschäfte und Dienstleistungen mit der Hauptstadt mithalten kann. Außerdem befindet sich hier eine der drei Tankstellen der Insel. Die meisten Geschäfte, Bars und Dienstleister sind an der Calle Tigaday zu finden.

Essen

Sonntags gibt es einen kleinen **Markt** (Plaza Vieja; 8–13 Uhr) für Handwerksprodukte und frische Lebensmittel auf dem Hauptplatz von Tigaday.

★ **Casa Pucho** KANARISCH €€
(922 55 61 48; Calle La Corredera 5; Hauptgerichte 10–15 €; 9–23 Uhr;) Hier hat man die Wahl zwischen einer schattigen Straßenterrasse, einem kleinen Speiseraum und einer Bar voller Spielautomaten (und Einheimischer). Auf der Speisekarte stehen die typischen kanarischen Gerichte, wie die Spezialität, Lammbraten, sowie eher unerwartete Speisen und Kombinationen, beispielsweise Babytintenfisch im Speckmantel.

La Frontera

La Frontera ist zwar der Name der großen Gemeinde, die sich über die gesamte Golfküste erstreckt, doch gleichzeitig trägt auch ein kleiner, ruhiger Ort am Berghang hinter Tigaday diesen Namen. Die bedeutendste Sehenswürdigkeit ist die **Iglesia de Nuestra Señora de la Candelaria**, ein Bauwerk aus dem 17. Jh., das 1929 restauriert wurde. Im Innern der dreischiffigen Kirche finden sich zwei Reihen mit hübschen Steinsäulen und ein kunstvoll verzierter goldener Altar. Sie steht auf der **Plaza de la Candelaria**, einem bezaubernden Platz mit Bänken und einem Brunnen. Hinter der Kirche führt ein Weg den Hügel hinauf zu einer leeren **Steinkapelle**. Der Weg ist kurz, aber steil, und von oben betrachtet wirkt das darunter ausgebreitete Golftal wie eine Patchworkdecke aus Äckern und Bananenplantagen.

Der **Camino de Jinama** beginnt (oder endet, je nachdem in welche Richtung man schaut) in der Nähe der Plaza.

Feste & Events

Fiesta de la Virgen de la Candelaria FEST
(15. Aug.) La Frontera begeht die Fiesta de la Virgen de la Candelaria mit einer religiö-

NICHT VERSÄUMEN

DIE HERABKUNFT DER JUNGFRAU

Das Fest schlechthin auf El Hierro ist die **Bajada de la Virgen de los Reyes** (Herabkunft der Jungfrau; ⏲Anf. Juli), die alle vier Jahre stattfindet (die nächste 2017). Fast alle Einwohner der Insel kommen zusammen, um der Prozession zuzusehen oder aktiv an ihr teilzunehmen.

Während des Festes wird die Statue der Jungfrau in einer Sänfte von der Ermita de Nuestra Señora de los Reyes im Westen quer über die ganze Insel bis nach Valverde getragen wird. Die Bajada wird von Musikanten und Tänzern in traditionellen rot-weißen Tuniken und mit knallbunten Hüten begleitet, und überall auf der Insel feiern die kleinen und größeren Dörfer fast den ganzen Monat lang.

Man muss allerdings nicht bis zum Fest warten, um diese Kultwanderung über die Insel zu unternehmen. Der uralte, 26 km lange Camino de la Virgen erstreckt sich von Valverde bis zur *ermita* (Kapelle) und verläuft dabei über das Rückgrat der Insel durch Ackerland und Wälder. Die Strecke ist gut beschildert und dauert etwa acht Stunden. Sie führt durch einen Großteil der wunderschönen Hochlandschaft der Insel – im Frühling ein überwältigend üppiges Blumenmeer.

sen Prozession und einer Darbietung des *lucha canaria*, gefolgt von einem lebhaften Tanzvergnügen auf der nicht weit entfernten Plaza Vieja in Tigaday.

Essen

★ **Joapira** KANARISCH €

(☎922 55 98 03; Plaza Candelaria 8; Hauptgerichte 6–9 €; ⏲Mo–Sa 7–23 Uhr) Die Köchin ist sehr stolz auf ihre Kreationen und wartet mit Spezialgerichten wie venezolanischen *cachapas* (gefüllte Maispfannkuchen; sehr lecker mit Käse) und *carne fiesta* (ein riesiger Teller mit Grillfleisch, Paprika und Kartoffeln) auf. Auf den Tischen stehen frische Blumen, und es gibt überraschende Beilagen wie *tomatoes alinenados* (frische Tomatenscheiben mit Olivenöl und Knoblauch) oder hausgemachte Desserts.

Von der Terrasse vor dem Lokal hat man Ausblick auf die hübsche Kirche aus dem 19. Jh. und hinab bis zum Meer.

Los Llanillos & Sabinosa

Das kleine Städtchen Los Llanillos liegt einige Kilometer hinter Tigaday an der Landstraße HI-50. Die Stadt selbst lohnt keinen Aufenthalt, besitzt aber ein gutes Restaurant: **Asador Artero** (☎922 55 50 37; Calle Artero 2; Hauptgerichte 8–12 €; ⏲13–16.30 & 19–23.30 Uhr), ein gemütliches, aber auch gut besuchtes Lokal. Es ist sehr beliebt bei den Einheimischen wegen der leckeren Grillfleisch- und Hühnchengerichte.

In Los Llanillos zweigt die Straße nach **Charco Azul** ab, eine unberührte natürliche Bucht mit ruhigen Becken zum Schwimmen, an der man kaum anderen Besuchern begegnen wird.

Auf dem Weg nach Sabinosa, der westlichsten Stadt Spaniens, wird die Straße immer steiler und kurviger. Dieses entlegene kleine Dorf wirkt wie das Ende der Welt, was es für die Menschen auch tatsächlich war, bevor Kolumbus Amerika entdeckte. Hier gibt es nicht viel zu sehen, aber die Landschaft ist atemberaubend.

Über die Küstenstraße erreicht man den nicht weit entfernten **Pozo de la Salud** (Brunnen der Gesundheit). Ein Fußweg führt hinab zum *pozo*, dessen Wasser angeblich eine Vielzahl von Krankheiten heilen kann, aber er ist meistens verschlossen. Wer das Wasser ausprobieren möchte (inkl. Salzbädern), kann sich an das Hotel Balneario Pozo de la Salud (S. 258) wenden, das direkt daneben liegt.

Gleich westlich des *pozo* an der HI-500 liegt der **Playa de las Arenas Blancas** (Weißer Sandstrand). Eine kurze Straße führt hinab zur Küste, an der auch tatsächlich einige hellere Sandkörner zu finden sind, doch direkt am Ufer vermischt sich der Sand schon mit Vulkangestein. Der Begriff „weiß" ist hier also sehr weit gefasst.

Der Ort als solcher ist trotzdem ganz fantastisch – wild, wunderschön und beinahe immer menschenleer. Beim Schwimmen aber unbedingt auf die gefährlichen Strömungen achten! Hier am Strand beginnt ein leichter und gut ausgeschilderter, einstündiger Küstenwanderweg bis in die Gegend von La Dehesa.

LA DEHESA

Die westlichste Gegend der Insel ist eine praktisch unbewohnte, wilde Vulkanlandschaft. Hier beherrschen grimmig aussehende Felsformationen, zähe Sträucher und vom Wind geformte Wacholderbäume das Bild. Dieser Teil der Insel heißt La Dehesa (die Weide) und ist nur über die bogenförmige Landstraße durch vulkanisches Ödland erreichbar, in dem nur ein paar niedrige Büsche den Überlebenskampf wagen.

Zum Schwimmen bietet sich ein Halt am **Playa del Verodal** an, einem seltsam roten Sandstrand vor einer majestätischen Felsklippe. Der Strand selbst liegt 1 km von der Hauptlandstraße entfernt (den Schildern folgen) und ist oft völlig menschenleer, sodass man sich hier wie im Paradies fühlen kann.

In der Nähe der Südküste stößt die Landstraße auf die HI-503, die Abzweigung nach **Faro de Orchilla** (Leuchtturm von Orchilla), dem südwestlichsten Punkt Spaniens. Dem Leuchtturm wurde vor langer Zeit von Greenwich in Großbritannien der Status als Meridiano Cero (Nullmeridian) „gestohlen", aber er ist noch immer ein Wahrzeichen. Westlich des Leuchtturms steht zur Erinnerung an bedeutendere Zeiten ein Denkmal.

Ermita de Nuestra Señora de los Reyes

Die hübsche weiße Kapelle ist besonders interessant wegen ihrer Geschichte und Tradition. Sie beherbergt das Bildnis der Schutzheiligen der Insel, Nuestra Señora de los Reyes (Unsere Jungfrau der Könige). Hiesige Schafhirten kauften es am Dreikönigstag (6. Januar) im Jahr 1545 von ausländischen Seefahrern. Die Menschen hier schreiben der Jungfrau verschiedene Wundertaten zu. So soll sie Dürreperioden und Epidemien beendet haben.

Alle vier Jahre (2017, 2021 usw.) im Juli wird die Jungfrau aus der Kapelle geholt und in einer lebhaften Prozession über die Insel getragen. Wer nicht zu diesem Spektakel hier sein kann: Am Festtag **Fiesta de los Pastores** (⏲25. April) wird die Virgen de los Reyes aus der Ermita de Nuestra Señora de los Reyes geholt und zu der Höhle getragen, in der sie ursprünglich aufbewahrt wurde.

El Sabinar & Umgebung

El Sabinar ist nach den *sabinas* (Wacholderbäumen) benannt, die in äußerst bizarren Formen in dieser Gegend wachsen. Bereits an der Straße stehen einige dieser Bäume, die zwar auch schön sind, aber längst nicht so spektakulär wie die vom Wind verbogenen Wacholderbäume weiter die Straße hinab bei El Sabinar, die zum Wahrzeichen der Insel geworden sind. Links an einem Schild zweigt die Straße nach El Sabinar ab. Hier kann man parken und zwischen den ungewöhnlichsten Bäumen, die man je gesehen hat, herumwandern. Die Natur hat viele der Bäume in so bizarren Formen wachsen lassen, dass sie aussehen, als wären sie mitten in einer Bewegung erstarrt.

Wer durch das Gestrüpp bis ganz nah an die auf dem ganzen Hügel verstreuten Bäume herangehen möchte, sollte am besten lange Hosen anhaben. Die wundervoll bizarren *sabinas* sind einer der Gründe, aus denen die UNESCO die gesamte Insel zum Biosphärenreservat erklärt hat.

Wieder zurück an der Straßengabelung kann man noch 2 km weiter nach Norden zum **Mirador de Bascos** fahren, einem spektakulären Aussichtspunkt, der aber leider oft wolkenverhangen ist. An klaren Tagen ist die Aussicht atemberaubend.

Unterkunft

Inhalt ➜

Schön übernachten

- ➜ Villa del Conde (S. 242)
- ➜ Casa Isaítas (S. 243)
- ➜ Hotel Alhambra (S. 250)
- ➜ Hotel San Telmo (S. 255)

Die besten Budgetunterkünfte

- ➜ Downtown House (S. 239)
- ➜ Soulsurfer Hotel (S. 244)
- ➜ El Sitio (S. 258)
- ➜ Adonis Capital (S. 248)

Das Beste für Selbstversorger

- ➜ Apart. Tapahuga (S. 254)
- ➜ La Fuente (S. 255)

Wo übernachten?

Kalkgetünchte Apartments inmitten von Gärten voller Bougainvilleen, historische Bauernhäuser, zu bezaubernden Ferienhäuschen für Selbstversorger umfunktioniert, Boutiquehotels mit grandiosem Blick auf die Berge und einfache *pensiones* in stimmungsvollen alten Gebäuden. An Unterkünften haben die Kanarischen Inseln weit mehr zu bieten als nur die riesigen Apartmentkomplexe und megaluxuriösen Fünf-Sterne-Hotels in den typischen Touristenresorts – obwohl es auch davon jede Menge gibt.

Die größte und beliebteste Insel ist Teneriffa, und dort liegen die bedeutendsten Touristenorte im Süden. Im Norden ist Puerto de la Cruz hervorragend auf Touristen eingestellt, und im Landesinnern lockt das historische La Laguna mit seinem ganz besonderen Reiz.

Auf Fuerteventura gibt es zwei Haupttouristenorte: Morro Jable im Süden und Corralejo im Norden. Letzterer besitzt einen hübschen Hafen im Ortskern. Eine etwas ruhigere Alternative an der Küste mit tollen Budgetunterkünften ist El Cotillo, eine kurze Autofahrt von Corralejo entfernt. Auf Lanzarote sind Puerto del Carmen, Costa Teguise und Playa Blanca die Haupttouristengegenden. Die Hauptstadt, Arrecife, ist eine gute Ausgangsbasis.

Las Palmas de Gran Canaria vereint einen tollen Strand mit städtischer Kultiviertheit, wohingegen die südlichen Ferienorte voll und ganz auf Familien ausgerichtet sind. Auf La Palma gehören die Strände Los Cancajos und Puerto Naos zu den besten der Insel, und im Landesinnern locken die stimmungsvollen *casas rurales*.

Auf den kleinsten Inseln, La Gomera und El Hierro, gibt es überwiegend Mittelklasseunterkünfte, darunter sehr atmosphärische, ländliche Optionen.

Preisgestaltung

Die Preisindikatoren in diesem Reiseführer beziehen sich, sofern nicht anders angegeben, auf den Preis für ein Doppelzimmer mit Bad und ohne Frühstück. Wo Halbpension

(Frühstück und Abendessen) oder Vollpension (Frühstück, Mittag- und Abendessen) inklusive sind, wird dies beim Preis erwähnt. In der Budget-Kategorie sind Gemeinschaftsbäder üblich und sonstige Einrichtungen meist nur spärlich vorhanden, dafür steht WLAN immer öfter zur Verfügung. Mittelklasseunterkünfte haben oft Satellitenfernsehen, private Balkone und normalerweise auch WLAN. Die Zimmer der Spitzenklasse bieten all das und noch mehr und befinden sich häufig in prächtigen historischen Gebäuden.

Kategorie	Preise
€ Budgetunterkünfte	unter 65 €
€€ Mittelklasse	65–140 €
€€€ Spitzenklasse	über 140 €

Apartments

Es gibt deutlich mehr Ferienapartments als Hotels. Die Qualität ist sehr unterschiedlich. Manche sind gemütlicher als eine einfache *pensión* und deutlich günstiger, besonders wenn man zu mehreren ist und sich selbst verpflegt. Es gibt zwei Hauptkategorien: die *estudios* (Studios) mit kombiniertem Wohn-/Schlafzimmer und das häufiger anzutreffende *apartamento* mit Doppelzimmer und separatem Wohnzimmer. Beide haben separate Bäder sowie eine Kitchenette. Ebenfalls üblich sind *aparthotels* (Apartmenthotels). Sie unterscheiden sich in Bezug auf den Service nicht von normalen Hotels, bieten aber große Zimmer inklusive Kitchenette und sind daher eher wie eine kleine Ferienwohnung.

Viele Apartmentkomplexe haben Verträge mit Reiseveranstaltern und vermieten nicht an Individualreisende; und die, die es tun, verlangen einen Mindestaufenthalt von drei Nächten.

Bei privat betriebenen Apartments wohnt der Eigentümer meistens nicht dauerhaft im selben Gebäude, es bringt also nichts, einfach vorbeizukommen – man sollte sich vorher telefonisch anmelden.

Casas Rurales

Diese ländlichen Hotels und Häuser für Selbstverpfleger sind in der Regel ehemalige Bauern- oder Dorfhäuser und oft eine sehr attraktive Alternative für alle, die dem Rummel der Ferienanlagen entkommen wollen. Unbedingt vorher anrufen, denn meistens ist der Platz begrenzt, und nicht immer ist jemand da. Viele *casas rurales* haben keine Anbindung an öffentliche Verkehrsmittel, darum ist es sinnvoll, nachzufragen, ob ein Mietwagen ratsam oder sogar erforderlich ist. Sie sind wegen ihrer Lage und Annehmlichkeiten normalerweise eine ausgezeichnete Wahl und oft auch eine tolle Ausgangsbasis für Wandertouren.

Hotels, Hostels & Pensiones

Es gibt auf den Inseln zwar jede Menge *hoteles* mit vier oder fünf Sternen, vor allem in den Ferienanlagen, aber kaum Mittelklassehotels. Die meisten Mittelklasseunterkünfte sind für Selbstverpfleger. Auch Budgetunterkünfte sind eher dünn gesät.

Faktisch gibt es kaum Unterschiede zwischen *pensiones* – Ein- bis Zwei-Sterne-Pensionen – und *hostales* (kleine Hotels, keine Hostels oder Jugendherbergen). Unterkünfte mit nur einem Stern haben oft ziemlich kleine, feuchtkalte Zimmer und Gemeinschaftsbäder (und evtl. ein kleines Handwaschbecken im Zimmer). Für einen etwas höheren Preis kann man schon ganz bezaubernde Alternativen mit eigenem Bad und stilvoller Einrichtung finden. Die *Hoteles* rangieren von ganz schlichten Häusern bis hin zu luxuriösen Fünf-Sterne-Etablissements mit Gratisbademänteln, Wellnessbehandlungen und erstklassigen Restaurants.

Es gib auch ein paar Hostels im Backpacker-Stil mit Mehrbettzimmern, Gemeinschaftsküche usw. in Las Palmas de Gran Canaria und einigen der Surfer-Orte.

Paradores

Die *paradores*, eine staatseigene spanische Hotelkette der Spitzenklasse mit sechs Häusern auf den Kanarischen Inseln, bilden eine

SAISON

Die Preisangaben in diesem Reiseführer beziehen sich auf die Höchstpreise in der Hochsaison. Eigentlich ist auf den Kanaren immer Touristensaison, aber streng genommen ist die Hochsaison der Winter. Dann nämlich bieten die Kanaren mit ihrem Sonnenschein und ihrer Wärme ein Entkommen vom bitterkalten Winter in Nord- und Mitteleuropa. Doch auch der Juli und August sind sozusagen Stoßzeiten, denn dann kommen recht viele Festland-Spanier in ihren Ferien hierher.

Kategorie für sich. Hier kann man wundervoll im Luxus schwelgen. Außerdem bieten sie Rabatte für Senioren, Gäste unter 30 Jahren und alle, die länger als eine Nacht bleiben. Aktuelle Angebote gibt es unter www.parador.es.

Camping

Für ein Gebiet mit so vielen Naturschönheiten bieten die Kanarischen Inseln nur wenige Campingmöglichkeiten. Die meisten Inseln haben nur einen offiziellen Alibi-Campingplatz, und freies Zelten ist nahezu überall verboten. Gelegentlich stößt man in einigen der kleineren Städte auf einen Campingplatz, der meist keinerlei Annehmlichkeiten zu bietet hat. Dort zu übernachten, kann etwas aufwendig sein. Man muss sich persönlich eine Genehmigung im *ayuntamiento* (Rathaus) oder bei der *cabildo* (Inselregierung) abholen. Wer mit Zelt unterwegs ist, fragt am besten bei den lokalen Touristeninformationen nach Campingplätzen in der Umgebung und nach dem Weg dorthin.

GRAN CANARIA

Gran Canaria besitzt wohl die beste Auswahl an Unterkünften auf den Kanaren, und zwar unabhängig davon, ob man morgens beim Aufwachen Vogelgezwitscher, die Brandung oder doch lieber das bunte Treiben einer Stadt wie auf dem spanischen Festland hören möchte.

Las Palmas de Gran Canaria

Vegueta & Triana

★ Downtown House HOSTEL €
(Karte S.46; ☎639 629335; www.houselaspalmas.com; Calle Domingo J Navarro 10; B 18 €, EZ/DZ 38/48 €, ohne Bad 28/38 €; 📶) Dieses großartige Gebäude aus den 1920er-Jahren liegt gleich abseits der Calle Mayor de Triana und wurde vom selben Architekten entworfen wie das elegante Gabinete Literario. Die Zimmer sind makellos sauber und schlicht eingerichtet, sodass die originalen Zierfliesenböden gut zur Geltung kommen. Im Preis ist ein einfaches Frühstück enthalten, das man sich selbst zubereiten muss. Der Mindestaufenthalt beträgt zwei Nächte, und eine Reservierung im Voraus ist nötig, weil keine Rezeption vorhanden ist.

ONLINE BUCHEN

Weitere Unterkunftstipps der Autoren von Lonely Planet gibt's unter www.lonelyplanet.de/buchen. Hier finden sich unabhängige Bewertungen sowie Empfehlungen, und die Unterkünfte können direkt online gebucht werden.

Hotel Parque HOTEL €
(Karte S.46; ☎928 36 80 00; www.hotelenlaspalmas.es; Calle Muelle Las Palmas 2; EZ/DZ mit Frühstück 55/60 €; P ❄ 📶) Sechsstöckiges Hotel in ausgezeichneter Lage mit Blick auf den Parque San Telmo. Die beste Aussicht gibt es im Dachrestaurant. Die preiswerten Zimmer sind stilvoll restauriert worden und mit schlichtem Dekor in gedämpften Farben eingerichtet. Wer länger bleibt oder viel Zeit im Zimmer verbringen möchte, ist mit einem geräumigeren *doble-plus*-Zimmer (72 €) gut beraten.

Hotel Madrid HOTEL €
(Karte S.46; ☎928 36 06 64; www.elhotelmadrid.com; Plazoleta Cairasco 4; EZ/DZ 35/45 €, ohne Bad 30/40 €; 📶) Charme und Geschichte ohne Ende: General Franco wohnte 1936 hier und leitete von Zimmer 3 aus angeblich den Putsch in die Wege, der den Spanischen Bürgerkrieg auslöste (und er soll auch ohne zu zahlen abgereist sein!). Das Interieur ist eine betörende Mischung aus liebenswertem Kitsch, unschätzbaren Antiquitäten und Hängepflanzen. Die Zimmer mit Balkon und Blick auf die Plaza sind etwas teurer.

Unten gibt es eine stimmungsvolle Bar und ein Restaurant.

Ciudad Jardín

Hotel Santa Catalina HOTEL €€
(☎928 24 30 40; www.hotelsantacatalina.com; Calle León y Castillo 227; EZ/DZ mit Frühstück 100/115 €; P ❄ @ 📶) Ein wirklich wunderschönes historisches Hotel mit traditionellen kanarischen Balkonen, prächtigen Türmchen und einem Arkadeneingang mit rotem Teppich. Auch die Zimmer enttäuschen nicht: Es gibt extrabreite Doppelbetten mit antiken Kopfteilen, Orientteppiche und eine vornehme Einrichtung. Mit seiner Pianobar, dem *hammam* (türkisches Bad)

und dem herrlichen Blick aufs Meer oder die subtropischen Gärten strahlt das Hotel Klasse aus wie aus einer anderen Zeit.

Santa Catalina & Playa de las Canteras

La Ventana Azul HOSTEL €
(Karte S. 48; ☎ 671 505359; www.ventana-azul.de; Paseo de las Canteras 53; B 18 €, EZ/DZ ohne Bad 32/55 €; 📶) Ein Hostel in spektakulärer Lage direkt am Strand. Das Mehrbettzimmer für sechs Personen hat Meerblick, aber die schönste Aussicht bietet die Dachterrasse mit ihrem Chill-out-Bereich. Hier ist aber nicht nur Relaxen angesagt – der Eigentümer ist ein großer Surf-Fan, hat immer Tipps parat und weiß, welcher der zwölf Surfspots der Stadt am besten für den jeweiligen Gast geeignet ist. Skateboards und Schnorchelausrüstung stehen den Gästen kostenlos zur Verfügung, und die Mitarbeiter helfen gern bei der Organisation von allerlei Outdoor-Aktivitäten auf der Insel.

Apartamentos Brisamar APARTMENT €
(Karte S. 48; ☎ 928 26 94 00; www.brisamarcanteras.com; Paseo de las Canteras 49; Studio mit Meerblick 60 €; 📶) Die angenehm großen Studioapartments bestechen zwar nicht gerade durch ihr Dekor, aber in Sachen Aussicht ist das Brisamar nicht zu toppen. Die Terrassen haben Blick auf den Playa de las Canteras, der nur wenige Meter entfernt liegt. Das Penthouse-Apartment (80 € für zwei Pers.) ist riesig, hat drei Schlafzimmer, eine große Küche und zwei Balkone mit Meerblick. Es gibt auch etwas günstigere Zimmer, die allerdings ohne Meerblick.

Apartamentos Playa Dorada APARTMENT €€
(Karte S. 48; ☎ 928 26 51 00; www.playadoradaweb.com; Calle Luis Morote 61; Studio 65 €, Apt. 95 €; 📶) Die geräumigen Apartments haben genug Küchenschränke für eine vierköpfige Familie und riesige Terrassen mit Blick auf den Ozean. Die Zimmer verströmen durch ihre weißen Plastikbarhocker, Röhrenlampen und Drehstühle eine 60er-Jahre-Retro-Atmosphäre. Es gibt auch kleinere Studioapartments mit modernerem Look. In der Nebensaison sind tolle Preisnachlässe erhältlich, und Zimmer mit Meerblick kosten keinen Aufpreis.

NH Imperial Playa HOTEL €€
(Karte S. 48; ☎ 928 46 88 54; www.nh-hoteles.com; Calle Ferreras 1; Zi. mit Meerblick 95 €; P ❄ 📶 🏊) Die Lobby fasziniert mit schwarzen Röhrenlampen, schokoladenbraunen Wänden, salbeigrünen Sofas und einer herrlich skurrilen Version von Velázquez' *Las Meninas* aus bunten Wandfliesen. Die Zimmer sind angenehm, aber unpersönlich und überwiegend beige eingerichtet. Die an der Seeseite haben Panoramablick auf den gesamten Strand.

> **ℹ STEUERN**
>
> Praktisch alle Übernachtungspreise unterliegen dem IGIC, dem indirekten Steuersatz der Kanarischen Inseln, der bei 7 % liegt. Bei den günstigeren Unterkünften sind diese Steuern oft schon im angegebenen Preis enthalten, in den teureren jedoch häufig nicht. In manchen Fällen wird der Steuersatz allerdings nur dann erhoben, wenn man eine Quittung verlangt.

Der Osten

Agüimes

Hotel Rural Casa de los Camellos HOTEL €€
(☎ 928 78 50 53; www.hotelruralcasadeloscamellos.com; Calle Progreso 12; Zi. mit Frühstück 85 €; P ❄ 📶) Das bezaubernde Hotel liegt etwas versteckt an einer engen Fußgängerstraße im historischen Stadtkern. Die Zimmer sind elegant und doch zugleich rustikal und mit Antiquitäten, Holzbalken und Balkonen ausgestattet. Leider steht das ausgezeichnete Restaurant (in einem ehemaligen Kamelstall) inzwischen nur noch Hotelgästen offen.

Der Norden

Teror

Casa Rural Doña Margarita HOTEL €€
(☎ 928 63 19 21; www.margaritacasarural.com; Calle Padre Cueto 4; Apt. für 2/4 Pers. 85/130 €; 📶) Wunderschön restauriertes Haus im Kolonialstil aus dem 18. Jh. gleich abseits des Hauptplatzes. Es gibt drei große, gemütliche Apartments mit voll ausgestatteten Küchen, hübschen Schlafzimmern und großen Wohn-&-Ess-Zimmern mit Holzbalken und Steinwänden. Der Mindestaufenthalt beträgt zwei Tage.

Arucas

Hacienda del Buen Suceso HOTEL €€€
(☎ 928 62 29 45; www.haciendabuensuceso.com; Ctra de Arucas a Bañaderos; EZ/DZ 128/140 €; P ❄ @ ≈) Dieses sehr geschmackvoll renovierte Landgut aus dem Jahr 1572 liegt inmitten von üppigen Bananenplantagen 1,5 km westlich der Stadt. Die Zimmer sind rustikal und doch elegant mit weißer Bettwäsche, Balkendecke und luxuriösen Teppichen ausgestattet. Der Service ist mitunter allerdings ein bisschen schroff, und Leser bewerten das Restaurant eher gemischt – also lieber in der Stadt essen gehen! WLAN nur in den allgemein zugänglichen Bereichen.

Agaete & Puerto de las Nieves

Hotel Puerto de las Nieves HOTEL €€
(☎ 928 88 62 56; www.hotelpuertodelasnieves.es; Avenida Alcalde José de Armas, Puerto de las Nieves; Zi. mit Frühstück 80 €; P ❄ @ ≋) Dieses freundliche Hotel ist nur ein paar Blocks vom Ozean entfernt und in Gehweite von zahlreichen Meeresfrüchterestaurants gelegen. Die modernen Zimmer haben flippig bunte Wände, die einen schönen Kontrast zum glänzenden Parkettfußboden bilden. Sie haben entweder ein Wohnzimmer oder – noch besser – große Terrassen mit Platz für Sonnenliegen. Im angebundenen Wellnessbereich gibt es Thalassotherapie-Anwendungen und eine Vielzahl von Massagen.

Hotel El Cabo HOTEL €€
(☎ 928 88 75 20; www.hotelelcabo.com; Calle Antón Cerezo 20, Puerto de las Nieves; Zi. mit Frühstück 88 €; ❄ ≋) Das kleine Hotel liegt im Herzen der Stadt und wirkt wie eine Pension mit freundlichen Mitarbeitern und individuell gestalteten Zimmern. Die Zimmer sind hell, wirken aber etwas eng. Einige haben Blick auf einen Innenhof; die Zimmer zur Straße hin sind teurer (100 €). Es gibt kontinentales Frühstück.

Zentrales Bergland

Tejeda

Fonda de la Tea BOUTIQUEHOTEL €€
(☎ 928 66 64 22; www.hotelfondadelatea.com; Calle Ezequiel Sánchez 22; EZ/DZ 60/95 €; ❄ ≋) Dieses traditionelle, mit Stein verkleidete Gebäude wurde zu einem bezaubernden kleinen Hotel umgebaut. Die Zimmer liegen um einen typisch kanarischen Innenhof und sind geschmackvoll eingerichtet mit jeder Menge Terracottafliesen und viel Holz. Die Sonnenterrasse bietet einen fantastischen Blick über das Tal, und im Sommer haben Gäste Zugang zum Gemeindeschwimmbad.

Rund um Tejeda

Parador de Cruz de Tejeda HOTEL €€
(☎ 928 01 25 00; www.parador.es; Cruz de Tejeda; Zi. 100 €; P ❄ ≋) Innen kombiniert dieses luxuriöse Hotel in Staatsbesitz zurückhaltende Raffinesse mit einer Farbpalette aus gedämpften Erdtönen, akzentuiert durch geschmackvolle Kunstwerke. Außen wird es umrahmt von einem wirklich überragenden Blick auf die umliegenden Schluchten und Klippen. Es gibt einen luxuriösen Wellnessbereich, in dem man sich nach einer Tageswanderung erholen kann. Detaillierte Wanderkarten gibt's bei den Mitarbeitern. Das Hotel hat ein gutes Restaurant mit gehobener kanarischer Küche.

Hotel Rural El Refugio HOTEL €€
(☎ 928 66 65 13; www.hotelruralelrefugio.com; Cruz de Tejeda; EZ/DZ 65/80 €; P ❄ ≈) Das von Wanderern schon immer sehr geschätzte Hotel besitzt schlichten, rustikalen Charme, ein beliebtes, preisgünstiges Restaurant mit Bar und Zimmer mit tollem Ausblick auf die beeindruckende Landschaft.

San Bartolomé de Tirajana

Hotel Rural Las Tirajanas HOTEL €€€
(☎ 928 56 69 69; www.hotelrurallastirajanas.com; Calle Oficial Mayor Jose Rubio; EZ/DZ 95/150 €; P ❄ ≋ ≈) Diese Lodge im alpinen Stil bietet einen spektakulären Blick auf die hoch aufragenden Berge. Die Zimmer bieten Luxus der alten Schule mit Holzeinrichtung, Terracottafliesen und Chintz-Tagesdecken und -Vorhängen. Es gibt auch einen Wellnessbereich, ein Fitnesscenter und ein Kapelle für den Fall, dass man den Bund fürs Leben schließen möchte. Dies ist eine tolle Ausgangsbasis für Wanderer und Radfahrer.

Der Süden

Playa del Inglés & Maspalomas

Parque Tropical Hotel HOTEL €€
(☎ 928 77 40 12; www.hotelparquetropical.com; Avenida Italia 1; EZ/DZ 75/105 €; P ≋ ≈) Eine

wahre Perle im Ozean der mehrstöckigen 08/15-Hotels. Das Hotel stammt aus den 1960er-Jahren und hat einen traditionell kanarischen Look mit Holzbalkonen, Stuckfassaden und üppigen Gärten inmitten von kleinen Becken und Springbrunnen. Die Zimmer dagegen wirken wie in Andalusien: Terracottafliesen, Möbel und Balken aus dunklem Holz und dazu angenehm pastellfarbene Wände.

Sahara Beach Club HOTEL €€
(☎ 928 76 07 76; www.sahara-beach-club.com; Avenida Alemania 53; Bungalow für 2 Pers. 75 €;) In diesem flachen Komplex mit Blick auf die Dünen herrscht eine ruhige, anheimelnde Atmosphäre. Es gibt herrliche Gärten, und die Bungalows sind schlicht und haben Privatterrassen mit kleinen Rasenstücken und Rosensträuchern. Der Mindestaufenthalt beträgt vier Tage. Die meisten Gäste bleiben aber sogar mehrere Wochen. Unbedingt weit im Voraus buchen.

Rainbow Golf Bungalows BUNGALOW €€
(☎ 928 58 73 08; www.rainbowgolfbungalows.com; Calle Touroperador Finnmatkat 5; EZ/DZ 75/80 €;) Nicht zentral gelegen, aber dieser schwulenfreundliche Bungalow-Komplex hat einen guten Ruf und lohnt den Fußmarsch. Die gepflegten, minimalistischen Bungalows haben private Terrassen und gut ausgestattete Küchen – und für Neuankömmlinge steht eine Flasche Sekt bereit! Zur Anlage gehören ein Whirlpool, eine Sauna und ein Fitnessbereich im Freien. Das Resort ist exklusiv für schwule Männer.

★ **Villa del Conde** HOTEL €€€
(☎ 928 56 32 00; www.lopesanhr.com; Mar Mediterráneo 7; EZ/DZ 145/190 €; P) Die luxuriöse Villa de Conde wurde in typisch kanarischer Architektur entworfen. Das Ganze soll wie eine „traditionelle Stadt" aussehen, was etwas kitschig wirken könnte, aber so geschmackvoll umgesetzt wurde, dass es irgendwie funktioniert. Der imposante Empfangsbereich mit Blick auf das Minidorf ist der klassizistischen Kirche von Agüimes nachempfunden. Zur Anlage gehören Tennisplätze, mehrere Restaurants, ein Miniclub sowie ein Wellnessbereich für Thalassotherapie-Anwendungen. Der Mindestaufenthalt beträgt zwei Nächte.

Palm Beach HOTEL €€€
(☎ 928 72 10 32; www.hotel-palm-beach.de; Avenida Oasis; DZ ab 150 €; P) Von außen wirkt es wie eine der vielen übergroßen Ferienanlagen, aber sobald man das Palm Beach betritt, wird man von Farben und einem aufregend modernen Design überwältigt. Die Lobby erwartet Gäste mit bunt gestreiften Sofas, riesigen abstrakten Bildern an den Wänden, Röhrenlampen und Glasschalen voller grüner Äpfel. Kein Zimmer gleicht dem anderen, und alle sind gleichermaßen pfiffig eingerichtet.

PAUSCHALANGEBOTE

Es gibt über 500 Hotels, Apartmentkomplexe und Bungalows in Playa de Inglés und Maspalomas, von denen viele in Spitzenzeiten berstend voll sind. Im Vorfeld lohnt die Überlegung, ein Pauschalangebot zu buchen. Das ist oft die günstigste Möglichkeit, ein oder zwei Wochen auf den Kanaren zu verbringen. So kann man die Ferienanlage als preiswerte Ausgangsbasis nutzen, um täglich neue Erkundungstouren zu unternehmen und sich abends nach der Rückkehr schön am Pool zu entspannen.

Puerto De Mogán

Pensión Eva PENSIÓN €
(☎ 928 56 52 35; Calle Lomo Quiebre 35; Zi. ohne Bad 20 €) Etwa 750 m weit landeinwärts der Stadt in nördlicher Richtung liegt dieses ausgezeichnete, preisgünstige Hotel. Die Zimmer sind lichtdurchflutet, es gibt eine große Dachterrasse und – das Beste von allem – eine Gemeinschaftsküche mit mehreren Kühlschränken, sodass man sich prima selbst versorgen (und neue Leute kennenlernen) kann.

Hotel THE Puerto de Mogán HOTEL €€
(☎ 928 56 50 66; www.hotelpuertodemogan.com; Playa de Mogán; DZ mit Halbpension 140 €, Apt. ab 70 €;) Direkt neben dem gut bestückten Yachthafen wohnt man hier in geräumigen Doppelzimmern und Apartments (zwei bis vier Pers.) mit allen Schikanen. Am besten ein Zimmer mit Terrasse und Blick auf den Infinity-Pool und den Strand dahinter buchen. Die Hotelzimmer sind nur mit Halbpension zu haben, und der Mindestaufenthalt beträgt drei Nächte. Zur Anlage gehört ein Wellnessbereich.

La Venecia de Canarias APARTMENT €€
(☎ 928 56 56 00; www.laveneciadecanarias.net; Local 328, Urbanización Puerto de Mogán; 1-/2-Zi.-

Apt. 65/110 €; WLAN) Dieser gut geführte Komplex liegt mitten im Herzen des „venezianischen" Viertels der Ferienanlage. Er hat eine wirklich bezaubernde Fassade, umgeben von Terrassenbars, und attraktive, wenn auch etwas kleine Apartments für drei bis fünf Personen. Apartments, die eine Dachterrasse haben, und die mit Hafenblick sind etwas teurer.

Hotel Cordial Mogán Playa HOTEL €€€
(☎928 72 41 00; www.cordialcanarias.com; Avenida de los Marrero 2; EZ/DZ mit Frühstück 100/145 €; P ❄ WLAN ≋) Trotz seiner Größe sticht das Cordial Mogán Playa nicht unangenehm aus der eher niedrigen Silhouette der Stadt hervor. Die Gemeinschaftsbereiche sind mit ihren Wasserläufen und Brücken dem Hafen nachempfunden und ganz bezaubernd. Die Zimmer sind ganz in Erdtönen, teurem Marmor und gold- und cremefarben gestreiften Tapeten gehalten. Es gibt einen Wellnessbereich, Tennisplätze und ein hervorragendes Restaurant.

Mogán

Casa El Siroco B&B €€
(☎928 56 93 01; Calle San Antonio 6; Zi. 70–90 €; WLAN) Dieses charmante B&B befindet sich in einem ehemaligen Schulhaus aus dem 18. Jh. im Zentrum von Mogán. Es wurde von der deutschen Eigentümerin, die auch Künstlerin ist, sehr kreativ umgebaut. Es gibt nur zwei Zimmer. Sie sind sehr bunt eingerichtet und an den Wänden prangen Andreas atmosphärische Landschaftsfotografien. Ein herzhaftes, warmes Frühstück ist im Preis enthalten. Das Haus steht direkt hinter der Kirche.

FUERTEVENTURA

In Corralejo und Morro Jable gibt es die meisten Betten, aber im Landesinnern schießen zunehmend mehr *casas rurales* aus dem Boden.

Puerto del Rosario

Hotel Tamasite HOTEL €
(☎928 53 14 94; www.hoteltamasite.com; Calle León y Castillo 9; EZ/DZ 25/40 €; ❄ WLAN) Das Zwei-Sterne-Hotel Tamasite hat eine sehr gute Lage und schöne, wenn auch leicht abgewetzte Zimmer mit Blumentagesdecken, Kiefernmöbeln und kleinen Balkonen. Die Gemeinschaftsbereiche sind geräumig und gemütlich, und die Mitarbeiter haben immer ein Lächeln auf den Lippen.

Hostal Roquemar HOSTAL €
(☎928 53 15 47; Avenida Ruperto González Negrín 1; EZ/DZ 25/30 €; WLAN) An einer geschäftigen Straßenecke gegenüber der Promenade gelegen. Die zehn Zimmer des Hotels sind ganz hübsch und mit Kühlschränken und Ventilatoren ausgestattet. Die hinteren Zimmer sind etwas dunkel. Wenn möglich, lieber eins der Eckzimmer mit zwei Balkonen nehmen – Zimmer 103, 204 oder 304. Im Eingangsbereich gibt es kostenloses WLAN.

La Rosa del Taro CASA RURAL €
(☎928 17 51 08; www.fuerterural.com; Atalaya Rosa del Tauro 92; Haus für 2 Pers. 50 €; P WLAN) Dieses *casa rural* liegt 13 km südwestlich der Hauptstadt und ist ideal für Wanderer und Vogelbeobachter. Das traditionelle Landhäuschen ist einfach eingerichtet, und im Preis sind frische Eier und selbst angebautes Obst und Gemüse vom Bauernhof des Besitzers enthalten. Solarenergie, Wasseraufbereitung (für den Garten) und erfrischenderweise mal kein Fernsehgerät garantieren einen ruhigen und umweltfreundlichen Aufenthalt. Der Mindestaufenthalt beträgt drei Tage; ab einer Woche gibt es Preisnachlässe.

Hotel JM Puerto Rosario HOTEL €€
(☎928 85 94 64; www.jmhoteles.com; Avenida Ruperto González Negrín 9; EZ/DZ mit Frühstück 78/118 €; ❄ WLAN) Wirkt wie ein Business-Hotel, aber die 88 Zimmer sind attraktiver, als die hoch aufragende, moderne Fassade vermuten lässt. Die Betten sind groß, die Bäder ganz ordentlich, und die Ausstattung ist gut.

Das Zentrum

Pájara

★Casa Isaítas CASA RURAL €€
(☎928 16 14 02; www.casaisaitas.com; Calle Guize 7; EZ/DZ mit Frühstück 66/84 €; ❄) Eins der hübschesten *casas rurales* der Insel. Das liebevoll restaurierte Steinhaus aus dem 18. Jh. besitzt zwei hübsch bepflanzte Höfe, traditionelle Holzbalkone und einen Grillbereich im Freien mit riesiger Paella-Pfanne. Abendessen kann man dazu buchen – es lohnt sich. Es gibt insgesamt nur vier rustikale Zimmer, von denen zwei zum ursprünglichen Haus gehörten.

INTERNETADRESSEN

Casas Rurales (www.ecoturismocanarias.com) Bietet eine umfangreiche Auswahl an ländlichen Unterkünften auf allen Inseln mit Ausnahme von La Gomera und Lanzarote

Ecoturismo Gomera (www.casasruralesdelagomera.es) Ein gutes Netzwerk von *casas rurales* auf ganz La Gomera

Unterkunft auf dem Land (www.alorustico.com) Die Website deckt ganz Spanien ab, darunter auch etwa 60 ländliche Unterkünfte auf allen Kanarischen Inseln mit Ausnahme von La Gomera.

Airbnb (www.airbnb.com) Bietet einige Mietunterkünfte in spektakulärer Lage auf allen Inseln, von Stadtwohnungen mit Meerblick bis hin zu riesigen Häusern in den Bergen

Caleta de Fuste & Umgebung

Barceló Castillo Beach Resort FERIENANLAGE €€
(☎928 16 31 00; www.barcelo.com; Avenida Castillo; Bungalows ab 85 €; P ❄ @ ᯤ ≋) Dieses Franchise ist so groß, dass es eine eigene Postleitzahl verdient. Die gesamte Anlage wirkt üppig und luxuriös: mit Bougainvilleen geschmückte Bungalows und opulente Ziergärten und davor ein breiter Strand. Zur überragenden Ausstattung gehören ein beheizter Pool, ein Kinderclub, zahlreiche Restaurants und Bars sowie ein Wellnesscenter am Strand.

Der Norden

La Oliva

★ **Hotel Rural Mahoh** HOTEL €€
(☎928 86 80 50; www.mahoh.com; Sitio de Juan Bello, Villaverde; EZ/DZ 60/80 €; P ᯤ ≋) Diese ausgezeichnete Landhotel ist kaum zu verfehlen. Das Gebäude ist aus Stein und Holz erbaut und stammt aus dem frühen 19. Jh. Drumherum liegen ein faszinierender Kakteengarten und ein kleiner landwirtschaftlicher Hof mit Ziegen und einem krähfreudigen Hahn. Die neun romantischen Zimmer sind mit Antiquitäten dekoriert und haben moderne Annehmlichkeiten, wie Fernseher und WLAN. Das Restaurant serviert hervorragende kanarische Küche und ist sehr empfehlenswert. Das Hotel liegt 4 km nördlich von La Oliva direkt abseits der FV-101.

Corralejo

Surfing Colors APARTMENT €
(☎670 777189; www.surfingcolors.com; Calle Pejin 2; Studioapt. 50 €; ᯤ ≋) Die kleinen, aber feinen Apartments liegen in einer ruhigen Straße und mehrere Häuserblocks vom Wasser entfernt. Sie sind ein guter Tipp, wenn eine Übernachtungsmöglichkeit für kleines Geld gebraucht wird. Im Zentrum steht hier das Surfen, und es gibt Angebotspakete für mehrere Tage Unterricht inkl. Unterbringung. Der Mindestaufenthalt beträgt drei Nächte.

The Corralejo Beach HOTEL €€
(☎928 53 56 51; www.corralejobeach.com; Calle Víctor Grau Bassas 1; Studios 75 €, Apt. für 2 Pers. 100 €; ≋) Schwer zu übersehen dank der irgendwie entwaffnenden Fassade in Erbsengrün und Weiß. Der Service ist freundlich und gut; die leicht ausgeblichenen Zimmer liegen um einen großen Pool. Das Haus ist sehr dicht am Strand gelegen, aber nur wenige Zimmer haben Meerblick.

★ **Avanti** BOUTIQUEHOTEL €€€
(☎928 86 75 23; www.avantihotelboutique.com; Avenida Marítima; Zi. mit Frühstück 140 €; ❄ ᯤ) Dieses wundervolle Boutiquehotel verspricht mit seinem minimalistischen Design, der erstklassigen Ausstattung und dem weiß getünchten Look pure Entspannung in schicker Umgebung. Es liegt nah am alten Hafen und wirkt sehr maritim, ohne dabei im Geringsten ins Kitschige abzudriften. Zur Ausstattung gehören eine Sonnenterrasse auf dem Dach und ein Whirlpool. Nicht für Kinder unter 16 Jahren.

El Cotillo

★ **Soulsurfer Hotel** HOTEL €
(☎928 53 85 98; www.soulsurfer.es; Calle San Pedro 2; B 15 €, EZ/DZ 45/49 €; ᯤ ≋) Dieses flippige, alteingesessene Hotel ist eine Top-Unterkunft für alle, die zum Surfen hier sind. Die Zimmer sind hell, und es gibt kleine Mehrbettzimmer (3 Betten), wenn's

etwas günstiger sein soll. Die Dachterrasse ist fantastisch zum Chillen. Rund um den Pool gibt es jede Menge Hängematten, Sofas und Sitzsäcke. Auch Surfunterricht und Leihausrüstung sind zu haben.

Apartamentos Juan Benítez APARTMENT €
(☎ 629 176348; www.apartamentos-juanbenitez.com; Calle La Caleta 4; Apt. für 2 Pers. 55 €;) Die gut ausgestatteten Apartments liegen sowohl nahe zum Strand als auch in der Nähe mehrerer guter Bars und Restaurants. Sie sind geräumig und um einen herrlich windgeschützten Pool herum angeordnet. Alle Apartments haben Meerblick und Satellitenfernsehen, und in den Gemeinschaftsbereichen gibt es WLAN.

La Gaviota HOTEL €
(☎ 928 53 85 67; www.la-gaviota.net; Calle Juan de Bethencourt 14; Studios 38 €, DZ 60 €;) Lässiges Hotel im Neo-Hippie-Stil mit wehender Piratenflagge, das liebevoll von einem deutschen Ehepaar hergerichtet wurde. Ralf hat die meisten Möbel selbst gebaut und Abbruchhäuser nach wiederverwendbarem Material durchstöbert. Jedes Apartment ist anders, und es gibt sogar eins, das in eine Höhle hineingebaut wurde. Die Aussicht aufs Meer ist grandios. Das Hotel steht oberhalb vom Südende des alten Hafens.

Península de Jandía

Costa Calma

H10 Playa Esmeralda HOTEL €€
(☎ 928 87 53 53; www.h10.es; Punta del Roquito 2; EZ/DZ mit Frühstück 90/120 €; P) Dieses luxuriöse Hotel in erstklassiger Lage oberhalb des Strands bietet eine Vielzahl von Annehmlichkeiten, wie einen hochmodernen Gesundheits- und Fitnessclub, Tennisplätze, einen Miniclub für Kinder und eine Disko mit regelmäßigen Live-Acts. Die Zimmer sind zurückhaltend schick und geräumig und in leuchtenden Gelb- und Grüntönen dekoriert. Es ist nur ein kurzer Fußweg von hier bis zum Playa de Sotavento, der Top-Windsurfer-Location auf Fuerteventura.

Risco del Gato HOTEL €€€
(☎ 928 54 71 75; www.vikhotels.com; Calle Sicasumbre 2; EZ/DZ 85/150 €; P) Hier bekommt man geräumige und luxuriöse Suiten mit Whirlpool im Bad, Innenhof und kleinem privaten Garten. Die Hotelanlage liegt 200 m vom weißen Sandstrand von Sotavento entfernt und verfügt über ein Wellnesscenter, Tennisplätze, ein Fitnesscenter und drei Restaurants. Kurz gesagt: Es gibt das volle Programm.

La Pared

Waveguru Surfcamp CAMPINGPLATZ €
(☎ 619 804447; www.waveguru.de; Avenida del Istmo 17; Camping pro Woche 130 €) Es gibt herzlich wenige Campingmöglichkeiten auf Fuerteventura, und so ist dieser Campingplatz direkt am Meer ein echter Glücksgriff. Er ist eigentlich für Surfer gedacht, und es gibt Spezialpakete für Gäste, die Unterricht nehmen wollen, aber auch Nicht-Surfer sind herzlich willkommen. Es gibt eine Gemeinschaftsküche, einen Grillplatz und kostenlose Surfausrüstung für Gäste. In ruhigeren Zeiten wird auch schon mal auf die üblicherweise geforderte Mindestaufenthaltsdauer von einer Woche verzichtet.

Morro Jable

Apartamentos Altavista APARTMENT €
(☎ 928 54 01 64; www.altavistafuerteventura.com; Caleta Abubilla 8; Apt. für 2 Pers. 60 €;) Das Haus ist leicht zu finden (ganz im Gegensatz zu einer Parkmöglichkeit) gegenüber der modernen Kirche in der Altstadt. Die blaurosafarbene Fassade ist nicht zu übersehen. Die Apartments sind riesig, haben kleine Balkone und sind sonnengelb gestrichen. Viele haben auch Meerblick. Auf dem Dach gibt es zudem eine Sonnenterrasse mit überdachten Picknicktischen.

Sol Jandia Mar APARTMENT €€
(☎ 928 54 13 25; www.solmelia.com; Calle Bentejuí 8; Apt. für 2 Pers. 120 €; P) Das zentral gelegene Hotel gehört zur absolut vertrauenswürdigen Melia-Hotelkette. Es bietet moderne Apartments, die mit dunkelblauen Stoffen und Holz eingerichtet sind. Landschaftsgärten umgeben einen Pool, und es gibt ein Entertainmentprogramm für Kinder sowie Squash-Plätze.

Apartamentos Palm Garden APARTMENT €€
(☎ 928 54 10 00; www.palmgardenfuerteventura.com; Avenida Saladar 26; Apt. für 2 Pers. 90 €; P) Riesiger Studioapartmentkomplex. Die Apartments besitzen kleine Kitchenettes, Satellitenfernsehen und Terrasse. Die Anlage ist schlicht und schmucklos, und Zusatzleistungen wie WLAN kosten extra.

Von außen ist das Gebäude nicht sehr attraktiv, aber von drinnen hat man einen wundervollen Blick auf den Strand. Alle Zimmer haben Meerblick.

LANZAROTE

Der Großteil der Unterkünfte von Lanzarote befindet sich zwar in den Haupttouristenorten, aber die Anzahl der *casas rurales* steigt zusehends, vor allem im Landesinnern. Die Hauptstadt, Arrecife, hat auch mehrere gute Hotels zu bieten und ist ein toller, zentral gelegener Ausgangspunkt, um von hier aus die Insel zu erkunden.

Arrecife

Hotel Lancelot HOTEL €€

(Karte S. 108; ☎ 928 80 50 99; www.hotellancelot.com; Avenida Mancomunidad 9; EZ/DZ mit Meerblick und Frühstück 54/69 €; ❄ 📶 🏊) Die großen, hellen Zimmer wirken sehr luxuriös mit extragroßen Doppelbetten, abstrakten Drucken, vornehmem Dekor und großen Balkonen mit Meerblick. Es gibt auch einen Pool auf dem Dach mit einem kleinen angrenzenden Fitnessraum sowie regelmäßig romantische Live-Jazzmusik in der Bar. Für den Preis ein echtes Schnäppchen.

Hotel Miramar HOTEL €€

(Karte S. 108; ☎ 928 80 15 22; www.hmiramar.com; Avenida Coll 2; EZ/DZ mit Meerblick und Frühstück 57/75 €; ❄ 📶 🏊) Das Miramar liegt direkt am Wasser. In den Gemeinschaftsbereichen herrschen abenteuerliche Farben vor, und die Zimmer auf jeder Etage haben jeweils ihr eigenes Farbthema. Ein sehr freundliches Haus mit zwangloser Cafeteria und wechselnden Kunstausstellungen in der Lobby. Das Frühstück auf der Dachterrasse mit Meerblick ist ein echtes Highlight.

Hotel Diamar HOTEL €€

(Karte S. 108; ☎ 928 07 24 81; www.hoteldiamarlanzarote.com; Avenida Fred Olsen 8; EZ/DZ mit Meerblick und Frühstück 54/65 €; ❄ 📶) Das privat betriebene Diamar wirkt wie ein Boutiquehotel und ist eine willkommene Ergänzung zu den anderen Hotels von Arrecife. Die großen Zimmer mit Strandblick sind in kühlen Farben gestrichen und besitzen Terrassen, von denen aus man zum palmengesäumten Strand hinüberschauen kann. Die Zimmer sind um ein zentrales Atrium herum angeordnet und haben traditionelle kanarische Balkone. WLAN, eine Cafeteria und ein gutes Restaurant (Hauptgerichte 12 €) sind vorhanden.

Der Norden

Arrieta

Apartamentos Arrieta APARTMENT €

(☎ 928 84 80 08; Calle Garita 8; Apt. für 2 Pers. 40 €) Dieser Apartmentkomplex mit seinen blauen Balkonen liegt direkt an der Hauptstraße und in Gehweite zum Strand. Das moderne, niedrige Gebäude ist gut gepflegt und bietet ziemlich große Apartments mit Kiefernmöbeln sowie eine riesige Dachterrasse. Man sollte allerdings sein Spanisch etwas auffrischen.

Finca de Arrieta HOTEL €€€

(☎ 928 82 67 20; www.lanzaroteretreats.com; Arrieta; Jurte/Hütte für 2 Pers. ab 130 €; P 📶 🏊) 🌿 Dieses kuriose, umweltfreundliche Hotel etwas abseits der LZ-10 lockt mit einer wundervoll willkürlichen Auswahl von Unterkünften. Schon mal in einer mongolischen Jurte auf den Kanaren gewohnt? Es stehen mehrere mit unterschiedlicher Größe und Ausstattung zur Wahl – manche haben sogar Einbauküchen, Grillplätze und Designermöbel. Ansonsten gibt es noch Steinhäuschen, Holzhütten und eine restaurierte Wassermühle.

Die Eigentümer, Michelle und Tila, können auch mit frischen Eiern von ihren Hühnern, mit Bio-Obst und -Gemüse sowie wirklich unbezahlbaren Tipps zur Insel Lanzarote dienen.

Die gesamte Anlage ist nicht ans Elektrizitätsnetz angeschlossen und versorgt sich selbst über Windräder und Solarkollektoren mit Strom. Der Tagespreis erhöht sich bei einem Aufenthalt, der kürzer ist als eine Woche.

Isla Graciosa

Playa de el Salado CAMPINGPLATZ €

(☎ 928 59 29 56; www.reservasparquesnacionales.es; Bahía del Salado) Dieser einfache Campingplatz am Strand ist der einzige Ort auf Graciosa, an dem Campen erlaubt ist. Es gibt Waschräume und eine spektakuläre Aussicht. Das Campen ist kostenlos, es ist aber eine Vorabgenehmigung erforderlich, die man online bekommt. Der Platz liegt gleich südwestlich von Caleta de Sebo.

Pensión Enriqueta HOSTAL €
(☎928 84 20 51; www.pensionenriqueta.com; Calle Mar de Barlovento 6; DZ 18–25 €) Diese kleine *pensión* liegt einen Häuserblock vom Ufer entfernt. Die Zimmer sind preiswert und entsprechend schlicht in der Ausstattung, aber alles ist blitzsauber. Im selben Haus gibt es unten ein gut besuchtes Restaurant und eine Bar.

Evita Beach APARTMENT €€
(☎928 84 21 85; www.evitabeach.net; Avenida Virgen del Mar 59; Apt. für 2 Pers. 85 €; 📶) Diese Unterkunft ist die gehobenste auf Graciosa. Sie bietet einfache Apartments, die überwiegend weiß gehalten sind, aber alle ihren individuellen Farbtupfer besitzen. Die luxuriösen Suiten (ab 160 €) haben Himmelbetten und einen nordafrikanischen Touch. Es gibt einen Gemeinschaftsgarten mit Blick über die Meerenge hinüber nach Lanzarote.

La Caleta de Famara

Bungalows Playa Famara BUNGALOW €€
(☎928 84 51 32; www.bungalowsplayafamara.com; Urbanización Famara; Bungalows ab 65 €; 🏊) Dieser markante Komplex liegt 2 km nördlich der größten Stadt – auf dem Weg nach Caleta de Famara kommt man daran vorbei. Die moderne Anlage besteht aus stufenartig angeordneten Terrassen mit halbkreisförmigen Ferienhäusern und wirkt wie eine eigene Vorstadt. Hier gibt es ein Restaurant und eine Surfschule. In den Bungalows bietet sich Platz für zwei bis sechs Personen und bei längerem Aufenthalt gibt es Rabatt.

Das Weinland

San Bartolomé & Umgebung

★ **Caserío de Mozaga** HOTEL €€
(☎928 52 00 60; www.caseriodemozaga.com; Calle Mozaga 8; EZ/DZ 70/90 €, Hauptgerichte im Restaurant 14 €; 📶) Nordwestlich von San Bartolomé im Dorf Mozaga steht dieses Haus, ein Familienanwesen aus dem 18. Jh. Es strahlt mit dem zentralen Innenhof samt ursprünglichem *aljibe* (Wassersystem) eine rustikale Authentizität aus. Die Zimmer haben hohe Decken und sind mit Familienerbstücken dekoriert. Das Restaurant (es gibt nur Abendessen) hat einen hervorragenden Ruf.

Der Süden

Puerto del Carmen

Pensión Magec PENSIÓN €
(☎928 51 51 20; www.pensionmagec.com; Calle El Hierro 11; EZ/DZ 24/28 €, EZ/DZ ohne Bad 22/26 €; 📶) Es gibt nur eine normale *pensión* in Puerto del Carmen, und die ist gut. Das traditionelle blauweiße Haus hat mehrere Zimmer mit Meerblick. Ein Tipp: Zimmer 21. Es hat einen eigenen Balkon, allerdings kein eigenes Bad. Es gibt eine Gemeinschaftsküche und eine Dachterrasse für einen Schlummertrunk bei Sonnenuntergang.

Costa Sal APARTMENT €€
(☎928 51 42 42; www.costasal.com; Calle Agonal 16; 1-Zi.-Apt. 70 €; P 📶 🏊) Das Costa Sol liegt nah am Flughafen und nur einen kurzen Fußmarsch vom Strand entfernt. Hier gibt es Ein- und Zwei-Zimmer-Apartments sowie Villen und ein paar Studios. Dank der Tennisplätze, dem Kinderspielplatz und verschiedenen Swimmingpools ist es sehr beliebt bei Familien und wird von Reisenden sehr gut bewertet.

Hotel Los Fariones HOTEL €€
(☎928 51 01 75; www.farioneshotels.com; Calle Roque del Este 1; EZ/DZ 92/149 €; P ❄ @ 📶 🏊) Dieses Hotel ist die Grande Dame der hiesigen Hotellandschaft. Es wurde vor mehr als 40 Jahren erbaut und war das erste Hotel hier am Ort. Die Zimmer sind gemütlich, wenn auch etwas altmodisch. Zur Anlage gehören Tennisplätze, Minigolf und ein großer Pool mit Blick auf den Ozean.

Yaiza

Casa de Hilario CASA RURAL €€
(☎928 83 62 62; www.casadehilario.com; Calle Los Rostros 5; EZ/DZ mit Frühstück 55/90 €; ❄ 📶 🏊) Die sieben ganz individuell eingerichteten Zimmer in diesem außergewöhnlichen *casa rural* sind von der asiatischen Kunst beeinflusst und mit handgemachten Möbeln ausgestattet. Draußen gibt es einen Pool, einige erhabene Palmen und eine tolle Aussicht. Frühstück wird auf der schattigen Terrasse serviert. Die Eigentümer organisieren auch verschieden Aktivitäten, wie geführte Radwanderungen und Bootsausflüge.

Casona de Yaiza HOTEL €€
(☎928 83 62 62; www.casonadeyaiza.com; Calle El Rincón 11; EZ/DZ mit Frühstück 55/100 €; 📶 🏊)

Das Hotel befindet sich in einem Bauernhaus aus dem 19. Jh. am Stadtrand. Der Blick richtet sich auf die hügelige Vulkanlandschaft der Region. Die auf Renaissancekunst getrimmte Einrichtung wirkt vielleicht etwas übertrieben, aber trotzdem ist es herrlich hier. Es gibt auch einen Swimmingpool und ein gutes Restaurant.

El Golfo & Umgebung

Hotelito del Golf HOTEL €
(☎ 928 17 32 72; www.hotelitodelgolfo.com; Avenida Marítima 6; EZ/DZ 46/55 €;) Es gibt nur ein einziges Hotel in El Golfo, und das ist dieser bezaubernde, freundliche Familienbetrieb. Die Zimmer sind hell, schlicht eingerichtet und mit Kühlschränken und eigenen Terrassen ausgestattet. Der Aufpreis für ein Zimmer mit Meerblick lohnt sich auf jeden Fall. Es gibt einen kleinen Salzwasserpool und eine Sonnenterrasse gegenüber der Brandung.

Playa Blanca

Apartamentos Gutiérrez APARTMENT €
(☎ 928 51 70 89; Plaza Nuestra Señora del Carmen 8; EZ-/DZ-Apt. 40/50 €) Direkt neben der Kirche liegt eine der preiswertesten Unterkünfte der Gegend. Hier gibt es sieben winzige Studioapartments, die meisten davon mit kleinem Balkon und ein paar auch mit Meerblick. Antonia, die Eigentümerin, spricht kaum Englisch, man sollte also am besten noch mal sein Spanisch auffrischen oder sich mit Zeichensprache behelfen.

H10 Sentido White Suites APARTMENT €€
(☎ 928 51 70 37; www.h10.es; Calle Janubio 1; EZ-/DZ-Suite 80/135 €; P) Nach einer gewaltigen Generalüberholung ist dieser ehemals auf Familien ausgerichtete Apartmentkomplex jetzt ein super stilvolles Hotel ausschließlich für Erwachsene. Die gepflegten Suiten haben Flatscreen-Fernseher, Nespresso-Maschinen und moderne Kunst an den Wänden. Es gibt einen Fitnessraum, ein Wellnesscenter und eine coole Chill-out-Bar mit Cocktails und *shisha*-Pfeifen.

Villas Kamezí BUNGALOW €€
(☎ 928 51 86 24; www.heredadkamezi.com; Calle Mónaco 2; Bungalow für bis zu 8 Pers. ab 220 €; P@) Diskreter, umweltfreundlicher Komplex mit 35 überwältigenden Villen mit zwei bis vier Schlafzimmern, allesamt geschmackvoll im *Schöner-wohnen*-Stil eingerichtet. Zu den Annehmlichkeiten gehören ein Salzwasserpool, ein Kinderspielplatz und ein kleiner Supermarkt.

TENERIFFA

Es ist meistens kein Problem, in Santa Cruz und im Norden der Insel ein Zimmer zu finden, aber in den südlichen Ferienorten, vor allem um Los Cristianos und Playa de las Américas, sieht das ganz anders aus, und eine Buchung im Voraus (wenn möglich) ist eigentlich immer sinnvoll.

Santa Cruz de Tenerife

★ **Hotel Adonis Capital** HOTEL €
(Karte S. 134; ☎ 922 28 46 01; www.adonisresorts.com; Calle Cruz Verde 24; EZ/DZ mit Frühstück 47/57 €; P@) Zentral gelegenes und sehr preisgünstiges Hotel. Die Zimmer sind farblich ziemlich eintönig (Braun in Braun), aber gut ausgestattet, relativ geräumig und mit großen Bädern. Die meisten haben Balkone. Das Frühstücksbüfett mit jeder Menge warmer und kalter Gerichte und frischem Obst gibt's im obersten Stockwerk. Außerdem hat man beim Cappuccinotrinken einen schönen Blick aufs Meer.

Pensión Casablanca PENSIÓN €
(Karte S. 134; ☎ 922 27 85 99; Calle Viera y Clavijo 15; EZ/DZ 15/21 €) Tolle Lage an einer Fußgängerstraße mit viel Grün. Das Gebäude selbst stammt aus dem Jahr 1902. Die Zimmer sind leuchtend bunt gestrichen mit dekorativen und floralen Akzenten. Sie sind klein, aber ganz empfehlenswert. Der einzige Nachteil: Es gibt nur drei Gemeinschaftsbäder für 14 Zimmer – in den Fluren kann es also schon mal Warteschlangen geben.

Hotel Contemporáneo HOTEL €€
(Karte S. 134; ☎ 902 120329; www.hotelcontemporaneo.com; Rambla de Santa Cruz 116; EZ/DZ mit Frühstück 53/67 €; P@) Sehr zeitgenössisch, wie der Name schon vermuten lässt. Das elegante Hotel an einer der nobelsten Straßen der Stadt gehört zur spanischen Barceló-Kette. Die Zimmer haben Fußböden aus Magahoni- oder grau geflecktem Hartholz, eine exklusive, wenn auch dezente Farbgebung und große Bäder mit begehbaren Duschen. Der einzige Nachteil: Einige Reisende klagen darüber, dass die Zimmer sehr hellhörig sind.

Hotel Taburiente HOTEL €€
(Karte S.134; ☎922 27 60 00; www.hoteltaburiente.com; Calle Dr José Naveiras 24A; EZ/DZ mit Frühstück 48/78 €; P ❄ ☎ ≋) Die Gemeinschaftsbereiche haben einen modernen, minimalistischen Look – schwarz glänzende Blumentöpfe mit Lilien, klobige Glasvasen voller grüner Äpfel und jede Menge zarte Naturfarben. Die Zimmer sind hübsch, aber ebenfalls ohne Wow-Faktor. Am besten eins mit Balkon hin zum Parque Garcia Sanabría verlangen. Room 26, eine schicke Cocktailbar und gleichzeitig ein Nachtclub, öffnet jeden Abend um 20 Uhr.

Principe de Paz HOTEL €€
(Karte S.134; ☎922 24 99 55; www.hotelprincipepaz.com; Calle Valentin Sanz 33–35; EZ/DZ mit Frühstück 47/70 €; ❄ ☎) Wunderschön gelegen an der begrünten Plaza Principe de Asturias. Die Fassade in dunklem Rosa passt zum marmornen Interieur und den großen, hübschen, blass cremefarbenen Zimmern mit hellen Holzmöbeln. Highlight: Die Bäder haben Badewannen – eine Wohltat nach einer anstrengenden Wanderung.

Der Nordosten

La Laguna

Bed & Breakfast La Laguna B&B €
(☎824 680066; www.bblalaguna.com; Calle Juan de Vera 21; EZ/DZ mit Frühstück 18/38 €; ☎) Eine Mischung aus B&B und Hostel mit Gemeinschaftsküche und -bädern. Die bunt bemalten Zimmer wirken ausgesprochen fröhlich und sind einfach toll. Es gibt einen hübschen Innenhof mit Zitrusbäumen (an denen man sich bedienen darf), und die Eigentümerin, Chiara, ist schlichtweg bezaubernd und hilft gern, wenn man Fragen zur Erkundung der Insel hat.

Hotel Aguere BOUTIQUEHOTEL €€
(☎922 31 40 36; www.hotelaguere.es; Calle Carrera 55; EZ/DZ mit Frühstück 51/67 €; ❄ @ ☎) Das Highlight in diesem freundlichen Hotel ist der zentrale, verglaste Innenhof (samt dem beliebten Café), der an die High Society der 1920er-Jahre erinnert. Oben gibt es eine Handvoll einfacher, altmodischer Zimmer mit Holzfußböden, die so auf Hochglanz poliert sind, dass man darauf eislaufen könnte. Der einzige wirkliche Nachteil: Da es sich um ein historisches Gebäude handelt, wurden die Bäder nachträglich eingebaut und sind deshalb ziemlich eng. Der Anbau eines neuen Flügels sowie der Einbau eines Aufzugs sind in Planung.

Hotel-Apartamentos Nivaria HOTEL €€
(☎922 26 42 98; www.hotelnivaria.com; Plaza Adelantado 11; EZ/DZ mit Frühstück 96/120 €; P ❄ @) Ehemals das Haus eines Marquis; die Fassade zieren ein Putz aus gebrannter Siena sowie traditionelle Holzbalkone. Die Zimmer sind außerordentlich exklusiv zurechtgemacht und mit eleganten Möbeln, Grünpflanzen und in Erdfarben eingerichtet. In den Bädern gibt es modische Mosaikfliesen. Zur Ausstattung der Anlage gehören ein Wellnessbereich und ein Fitnessraum.

Casa Rural la Asomada del Gato HISTORISCHES HOTEL €€
(☎922 26 39 37; www.laasomadadelgato.es; Calle Anchieta 45; DZ/3BZ mit Frühstück 75/85 €; ☎) Liegt direkt hinter dem ausgezeichneten Restaurant desselben Namens und ist umgeben von üppigen subtropischen Pflanzen. Die vier Zimmer in diesem *casa rural* sind bunt und gemütlich. Leider haben sich einige Gäste (ernsthaft!) über den lauten Hahn von nebenan beschwert.

Der Norden

Puerto De La Cruz

★ **Hotel Sun Holidays** HOTEL €
(Karte S.148; ☎922 38 00 87; www.hotelsunholidays.com; Calle La Peñita 6; DZ/DZ 25/50 €; ❄ ☎) Auch wenn der Name gewisse Befürchtungen weckt, gehört dieses Hotel nicht zu einem Reiseveranstalter, sondern ist ein kleines, aber modernes Hotel im attraktiven *barrio* (Stadtteil) La Ranilla. Die Zimmer sind schlicht und haben hässliche Böden aus Marmor-Bruchstücken, dafür aber Schreibtische, Kleiderschränke, jede Menge Steckdosen und eine gute Beleuchtung. Es gibt kleine Badewannen und auch Duschen, und die meisten Zimmer haben einen Balkon.

Die Dachterrasse bietet eine tolle Aussicht und jede Menge Liegestühle zum ausgiebigen Entspannen.

Hotel Monopol HISTORISCHES HOTEL €€
(Karte S.148; ☎922 38 46 11; www.monopoltf.com; Calle Quintana 15; EZ/DZ mit Frühstück 50/80 €; ❄ @ ☎ ≋) Dieses Großmütterchen von einem Hotel wurde 1742 erbaut und besitzt einen so üppig begrünten Innenhof, dass

DIE BITTERE PAUSCHALPILLE

Die Feriensiedlung Playa de las Américas mit ihren vielfältigen Angeboten gehört möglicherweise zu den Fällen, wo es sinnvoll ist, sich Hilfe auf dem Weg durch den Hotel-Dschungel zu suchen. Einige der großen Veranstalter bieten Reisen hierher an, und vielleicht ist es manchmal tatsächlich angeraten, die bittere Pauschalpille zu schlucken, um ein echtes Reiseschnäppchen zu machen – immerhin haben diese großen Reisefirmen oft unglaublich günstige Angebote. Zu den renommierten Veranstaltern gehören **Thomas Cook** (www.thomascook.de), **Tui** (www.tui.com), **DER Touristik** (www.der.com) und **L'tur** (www.ltur.com/de).

Wer sich selbst eine Unterkunft suchen und einige Nächte dort verbringen möchte, sollte sich zuerst an Apartmentagenturen wenden. Ein hübsches Apartment für zwei mit Küche, Fernseher und Wohnzimmer kostet etwa ab 300 € pro Woche (das ist meist auch die Mindestaufenthaltsdauer). Die Touristeninformation hat eine vollständige Liste aller Agenturen. Ein guter Tipp für den Anfang sind auch **Anyka Sur** (Karte S. 168; ☎ 922 79 13 77; www.anykasur.com; Edificio Azahara, Avenida Habana, Los Cristianos; ⏲ Mo–Fr 9.30–13.30 & 17–20 Uhr) oder **Marcus Management** (Karte S. 168; ☎ 922 75 10 64; www.tenerife-apts.com; Apartamentos Portosin, Avenida Penetracíon, Los Cristianos; ⏲ Mo–Fr 9–12 & 13–17 Uhr).

man sich vorkommt wie im Amazonas-Regenwald. Der Service ist maßvoll, aber effizient, und es gibt Extras wie einen beheizten Pool, eine Sauna und außerdem drei Sonnenterrassen.

Die originalen Holzbalkone tragen sehr zum Charme bei, die Zimmer sind allerdings etwas klein, dafür aber gut ausgestattet. Hier und da sind sie etwas abgewohnt.

Hotel Botánico HISTORISCHES HOTEL €€€
(☎ 922 38 14 00; www.hotelbotanico.com; Avenida Richard J Yeoward 1; EZ/DZ mit Frühstück 180/265 €; P ❄ ᯤ ≋) Eins der exklusivsten Hotels in dieser Gegend mit wunderschönen Gärten und einer tollen Poolanlage. Das orientalische Wellnesscenter des Botánico bietet Wellnesstherapien und -anwendungen, traditionelle Thai-Massagen in einer Thai-Pagode inmitten von üppigen Gärten sowie ein *hammam* (türkisches Dampfbad).

Hotel Tigaiga HOTEL €€€
(Karte S. 148; ☎ 922 38 35 00; www.tigaiga.com; Parque Taoro 28; Zi./Suite ab 150/191 €; P ❄ @ ᯤ ≋) An der Zimmerqualität allein gemessen, ist dieser Familienbetrieb, der wie eine Burg auf einem Hügel thront, etwas teuer. Doch neben einem hübschen, wenn auch nicht außergewöhnlichen Zimmer kann man sich hier auf hervorragenden Service, wunderschöne Gärten, einen einladenden Pool und ein breites Angebot an Sport- und Entspannungsmöglichkeiten freuen. Die Suiten wurden im Jahr 2014 renoviert und sind hell, geräumig und modern eingerichtet.

La Orotava

★ **Hotel Alhambra** BOUTIQUEHOTEL €€
(Karte S. 154; ☎ 922 32 04 34; www.alhambra-orotava.com; Calle Nicandro González Borges 19; EZ/DZ/Suite mit Frühstück 85/114/143 €; ❄ ᯤ ≋) Ein schlichtweg hinreißendes Herrenhaus aus dem 18. Jh. voller Antiquitäten und wunderbarer Kunstwerke, darunter ein atemberaubendes, riesiges Deckenfresko. Es gibt nur fünf Zimmer. Sie sind ausgesprochen geräumig und hervorragend mit einer Mischung aus Modernem und Altem eingerichtet. Die Bäder sind im andalusischen Stil gefliest und haben Badewannen und separate Duschen. Ein kleiner Pool und hübsche Gärten sind auch vorhanden.

Hotel Victoria BOUTIQUEHOTEL €€
(Karte S. 154; ☎ 922 33 16 83; www.hotelruralvictoria.com; Calle Hermano Apolinar 8; EZ/DZ mit Frühstück 73/90 €; ❄ @ ᯤ) Äußerst verführerisch: eine Villa aus dem 17. Jh., die zu einem exquisiten Boutiquehotel zurechtgemacht wurde. Die Zimmer liegen um einen zentralen Innenhof herum und sind mit vielen Design-Elementen, wie etwa cremefarbenen Strukturtapeten, Modullampen und dunklen Holzmöbeln ausgestattet. Es gibt ein hervorragendes Restaurant und eine Sonnenterrasse auf dem Dach.

Garachico

★ **Hotel La Quinta Roja** BOUTIQUEHOTEL €€
(☎ 922 13 33 77; www.quintaroja.com; Glorieta de San Francisco; EZ/DZ mit Frühstück 88/122 €;

❄@📶) Dieses restaurierte Herrenhaus aus dem 16. Jh. mit den erdfarbenen Mauern liegt wunderbar zentral und ist ein herrliches Fleckchen, um ein paar Tage lang die Seele baumeln zu lassen. Die Zimmer sind um einen eleganten Innenhof mit Brunnen und Holzgalerien herum angeordnet. Sie haben kirschfarbene Holzfußböden, ein gediegenes Dekor und Bäder mit meeresblauen Mosaikfliesen. Es gibt auch einen guten Geschenkeladen.

Gara Hotel Rural BOUTIQUEHOTEL **€€**
(☎922 83 11 68; www.garahotel.com; Calle Esteban de Ponte 7; Zi. mit Frühstück 120 €; ❄@📶) Bezauberndes Hotel mit Zimmern um einen zentralen Innenhof. Die Zimmer sind unterschiedlich groß, aber gut ausgestattet mit Wasserkochern, Kühlschränken und großen, begehbaren Duschen. Es gibt zwei Gästeterrassen, die einen uneingeschränkten Blick aufs Meer bieten, und einen kleinen Wellnessbereich mit Whirlpoolbad und Sauna.

Hotel Rural El Patio HOTEL **€€**
(☎922 13 32 80; www.hotelpatio.com; Finca Malpaís 11; Zi. ab 96 €; P❄@📶🏊) Östlich von Garachico, in El Guincho, liegt dieses ruhige, weiß verputzte Hotel inmitten von Kochbananenpalmen auf einem Landgut. Die gemütlichen, farbenfrohen Zimmer sind auf drei niedrige Gebäude um einen steinernen Innenhof herum verteilt. Was könnte schöner sein, als mit einem Drink und zu klassischer Musik in diesem Innenhof zu sitzen und den Sonnenuntergang zu genießen? Wer es etwas energetischer mag, kann sich auf den Tennisplätzen oder dem Krocketrasen betätigen.

Es ist etwas schwierig zu finden, also am besten vorher anrufen und sich den Weg beschreiben lassen oder die Karte von der Internetseite herunterladen. Der Mindestaufenthalt beträgt drei Nächte.

Das Zentrum

Parque Nacional Del Teide

Parador Nacional PARADOR **€€€**
(☎922 37 48 41; www.parador.es; DZ mit Frühstück 145 €; P❄📶🏊) Dieser *parador* liegt mitten im Herzen des Parque Nacional Del Teide und wurde ohne große Rücksicht auf die umliegende Landschaft gebaut. Ist man aber erst mal drin, erwarten einen hübsche, rustikale Zimmer in Erdtönen mit geschmackvollen Landschaftsgemälden und extragroßen Doppelbetten. Die angrenzende Cafeteria lohnt höchstens für einen Drink auf der Terrasse, das Essen ist überteuert und langweilig. Die Zimmer, die Blick auf den Teide bieten, sind etwas teurer.

Vilaflor

Hotel El Sombrerito HOTEL **€**
(☎922 70 90 52; Calle Santa Catalina 15; EZ/DZ mit Frühstück 35/40 €) Ein echtes Schnäppchen, besonders wenn man ein Zimmer mit Terrasse erwischt. Glänzende Fliesen, kanariengelbe Wände und saubere (wenn auch kleine) Bäder gehören zum Paket dazu. Die Bar und das Restaurant im Erdgeschoss sind sehr beliebt bei Einheimischen und bieten eine tolle Atmosphäre und Essen wie hausgemacht.

Der Nordwesten

Santiago del Teide

Hotel La Casona del Patio HOTEL **€€**
(☎922 83 92 93; www.lacasonadelpatio.com; Avenida La Iglesia 72; Zi. mit Frühstück 100 €; P❄📶) Ein hübsches Steinhaus beherbergt dieses gemütliche Hotel mit geräumigen Zimmern in leuchtenden Gelb- und Blautönen mit warmen Terracottafliesen und weißer Bettwäsche. Dieses Haus ist ein idealer Ausgangspunkt für Wander- und Fahrradtouren. Auch Ausritte sind von hier aus möglich, und es gibt ein hervorragendes Restaurant, ein Wellnesscenter und einen kleinen Fitnessraum.

Los Gigantes & Puerto De Santiago

Hotel Rural El Navio HOTEL **€€**
(☎922 86 56 80; www.elnavio.es; Prolongación Avenida Los Pescadores, Finca El Navío, Alcalá; EZ/DZ mit Frühstück 70/135 €; P📶🏊) Auf halber Strecke zwischen Los Gigantes und dem kleinen Städtchen Alcalá liegt dieses friedvolle Landhotel versteckt auf einer Bananenfarm. Altmodische Zimmer und ein Hof mit einer Masse von Bougainvilleen, bieten Ruhe, Frieden und Beschaulichkeit pur. Die Eigentümer bereiten auch köstliche hausgemachte Mahlzeiten zu. In der Hochsaison beträgt der Mindestaufenthalt zwei Nächte.

Der Süden

Los Cristianos, Playa De Las Américas & Costa Adeje

Hotel Andrea's HOTEL €

(Karte S.170; ☎922 79 00 12; www.hotel-andreas.com; Calle Valle Menéndez 6, Los Cristianos; EZ/DZ 42/55 €; @ 📶) Ein kleines, gepflegtes Hotel mit großen, wenn auch etwas trostlos eingerichteten Zimmern und kleinen, verglasten Terrassen (die billigsten Einzelzimmer haben keine Terrasse). Unten gibt es einen gemütlichen Gemeinschaftsraum mit Fernseher und Erfrischungsgetränken sowie eine beliebte Pizzeria.

Hotel Reveron Plaza HOTEL €

(Karte S.170; ☎922 75 71 20; www.hotelesreveron.com; Avenida Los Playeros 26, Los Cristianos; EZ/DZ 45/62 €; P ❄ 📶 🏊) Das älteste Hotel von Los Cristianos stammt aus dem Jahr 1949 und war damals noch ein einfaches Hostel. Es ist noch immer ein Familienbetrieb mit traditionell eingerichteten, gemütlichen Zimmern mit Kühlschänken und Balkonen. Der Pool auf dem Dach ist eindeutig ein Plus, und es gibt auch ein kleines Wellnesscenter.

Baobab Suites DESIGNHOTEL €€€

(Karte S.172; ☎822 07 00 30; www.baobabsuites.com; Calle Roques del Salmor 5, Costa Adeje; Suite 250 €; P ❄ 📶 🏊) Die eleganten, minimalistischen Suiten rangieren von Studios bis hin zu Penthouses mit vier Schlafzimmern, geräumigen Wohnbereichen und topmodernen Küchen. Andere Pluspunkte sind riesige Terrassen mit Meerblick sowie private Swimming- und Whirlpools. Einige Suiten haben sogar kleine Privatstrände. Ideal für Familien, denn es gibt auch einen Kinderclub und für Teenager einen Sportclub.

Villa Cortés HOTEL €€€

(Karte S.168; ☎922 75 77 00; www.europe-hotels.org; Avenida Rafael Puig Lluvina, Playa de las Américas; EZ/DZ/Suite mit Frühstück 195/250/455 €; P ❄ @ 📶 🏊) Eine wirklich prächtige Unterkunft im Stil einer ultra-luxuriösen mexikanischen Hazienda mit aufregendem, dynamischem Farbthema und Dekor. Es finden sich jede Menge kräftige Gelb-, Orange- und Blautöne, Wandbilder, erlesene echte Kunstwerke und hier und da etwas Skurriles – wie die Familie riesiger Keramikfrösche neben der Lobby und der aztekische Minitempel draußen.

Durch die Gärten winden sich Wasserläufe voller Goldfische, und in einen Pool fällt ein stufenförmigem Wasserfall. Die Zimmer sind erwartungsgemäß beeindruckend, und selbstverständlich gibt es im Haus auch ein luxuriöses Wellnesscenter.

Der Osten

Güímar & Umgebung

Hotel Rural Casona Santo Domingo HOTEL €€

(☎922 51 02 29; www.casonasantodomingo.es; Calle Santo Domingo 32, Güímar; EZ/DZ mit Frühstück 60/80 €; P 📶) Am Rand der hübschen Altstadt von Güímar in einem restaurierten Haus aus dem 16. Jh. liegt dieser Familienbetrieb samt Restaurant. Hier erwartet die Gäste der Charme einer vergangenen Ära inklusive knarzender alter Möbel. Es gibt einen bezaubernden, weiß getünchten Innenhof mit Brunnen. Das angeschlossene Restaurant (Hauptgerichte 10–15 €) gehört zweifellos zu den besseren Esslokalen der Stadt.

El Médano

Hostel Carel HOTEL €

(☎922 17 68 98; Avenida Príncipe de España 22; EZ/DZ ab 35/45 €; 📶) Dieses saubere, freundliche und gut geführte Hotel ist eine gute Wahl. Die Zimmer sind groß und blitzeblank und haben Balkone – von einigen kann man in der Ferne das Meer sehen. Die meisten haben einen Kühlschrank – aber es gibt nirgendwo einen Föhn! Frühstück kostet 5 € extra. Das schöne Hostel liegt direkt am nördlichen Stadtrand.

Senderos de Abono HOTEL €€

(☎922 77 02 00; Calle Peatonal de la Iglesia 5, Granadilla de Abona; EZ/DZ mit Frühstück 50/65 €; ❄ 📶 🏊) Dieses ländliche Hotel, das über ein eigenes Restaurant verfügt, liegt gleich gegenüber der hübschen Steinkirche in Granadilla de Abona, einer echten Arbeiterstadt. Früher einmal war dieses Haus ein Postamt. Die Zimmer sind in einer Reihe alter Steingebäude mit winzigen Innenhöfen, grünen Gärten und unglaublich viel Charme untergebracht.

Im hauseigenen Restaurant gibt es wirklich ein hervorragendes hausgemachtes, für die Gegend typisches Essen (Hauptgerichte 10 €).

LA GOMERA

Die Insel hat sich den großen Massentourismus bisher gut vom Leib halten können, und den Großteil der Unterkünfte machen kleine Landhotels, familienbetriebene *pensiones,* umgebaute Bauernhöfe und Apartments aus. Die bei Weitem schönsten und authentischsten Unterkünfte auf La Gomera sind die *casas rurales*. Viele dieser Dorf- oder Bauernhäuser wurden verlassen, weil ihre Bewohner ausgewandert sind, und man hat sie nun für Touristen wieder hergerichtet. Informationen und Buchung bei **Eco Turismo La Gomera** (☎922 14 41 01; www.casasruralesdelagomera.es; Avenida Pedro García Cabrera 9, Vallehermoso).

San Sebastián de la Gomera

★ Apartamentos Quintero APARTMENT €
(☎922 14 17 44; www.apartamentosquintero.com; Plaza de las Américas 6; DZ 50 €; P ❄ 📶) Moderne und sehr zentral gelegen Apartments. Die Wohnzimmer sind groß und fröhlich dekoriert, es gibt Balkone, Meerblick und gut ausgestattete Küchen. Die freundliche, bei Wanderern zu Recht sehr beliebte Hausverwaltung gibt gern Auskunft zu Busfahrzeiten und Karten. Der einzige Minuspunkt: WLAN ist nur unten in der Lobby verfügbar.

Pensión Victor PENSIÓN €
(☎607 517565; Calle del Medio 23; EZ/DZ ohne Bad 25/30 €) Diese *pensión* in einem knarrenden alten Stadthaus gehört inzwischen einem jungen kubanischen Ehepaar (unbedingt in der Bar unten einen Mojito probieren!) und besitzt ihren ganz eigenen Charakter. Einige Zimmer haben Blick auf die geschäftige Straße, andere liegen an einem Holzbalkon und teilen sich eine schmale Terrasse. Die Zimmer sind eher schlicht, haben aber Tische und Fernseher. Es gibt im Haus nur Gemeinschaftsbäder.

Hotel Torre del Conde HOTEL €€
(☎922 87 00 00; www.hoteltorredelconde.com; Calle Ruiz de Padrón 19; EZ/DZ 55/69 €; 📶) Sieht man über die nüchterne, moderne Fassade hinweg, findet man hier solide Mittelklassezimmer, einige mit Blick auf den Torre del Conde und die umliegenden hübschen Gärten. Das Hotel wurde kürzlich erweitert und besitzt jetzt auch eine Sauna, einen Whirlpool und eine Sonnenterrasse.

★ Parador Nacional Conde de la Gomera PARADOR €€€
(☎922 87 11 00; www.parador.es; Calle Lomo de la Horca; Zi. 195 €; P ❄ @ 📶 🏊) Der im Stil einer alten kanarischen Villa erbaute *parador* ist wohl das Spitzenhotel der Insel. Die Zimmer sind einfach, aber elegant eingerichtet und haben Himmelbetten, schöne Holzfußböden und Marmorbäder. Die meisten Zimmer überblicken die prächtigen Gärten mit ihren vielen kanarischen Pflanzenarten und dem kleinen Pool mit Blick auf den Ozean.

Auch die Rezeptionsmitarbeiter verdienen ein Lob, denn sie machen der Parador-Kette alle Ehre.

Der Norden

Hermigua

★ Apartamentos Los Telares APARTMENT €
(☎922 88 07 81; www.apartamentosgomera.com; El Convento, Carretera General; Apt. 50–59 €; P 📶 🏊) Die Apartments liegen beiderseits der Hauptstraße, die nach Hermigua hineinführt. Sie sind hervorragend ausgestattet mit Steinfußböden, einer farbenfrohen rustikalen Einrichtung und Blick auf die Bananenhaine. Die Bäder sind etwas klein geraten. Zur Auswahl stehen Studios und größere Suiten, und auf der anderen Straßenseite können die Gäste einen kleinen Pool und eine Sonnenterrasse (mit Hängematten) nutzen.

Ibo Alfaro HOTEL €€
(☎922 88 01 68; www.hotel-gomera.com; EZ/DZ 52/82 €; 📶) Dieses Haus ist sehr beliebt für die Flitterwochen. Die 20 romantischen Zimmer haben eine wunderschöne Aussicht auf die Berge, und die Fußböden, Decken und eleganten Möbel verströmen den Duft von Holzpolitur. Die Frühstücksauswahl ist vielleicht die beste auf der Insel, und die umliegenden Gärten sind eine Augenweide. Ab der Autovermietung in Hermigua geht's einfach den Schildern entlang der namenlosen Landstraße bergauf bis zum Hotel.

Casa Los Hererra BOUTIQUEHOTEL €€
(☎922 88 07 01; www.casalosherrera.com; Plaza Nuestra Señora de la Encarnación; DZ mit Frühstück 90 €; P 📶 🏊) Das hübsche, kanariengelbe Hotel neben der Iglesia de la Encarnación wirkt äußerst mondän, was auf dem eher ländlichen La Gomera eine Seltenheit ist. Die Zimmer sind traditionell mit bunten

Stoffen eingerichtet. Ein buchstäblicher Höhepunkt ist der Pool, der sich in erhöhter Lage hinter dem Hotel befindet und einen überwältigenden Blick auf die Kirche und das Tal dahinter bietet.

Vallehermoso

Hotel Añaterve HOTEL €
(☎922 80 03 30; www.anaterve.com; Calle La Rodadera; DZ mit Frühstück 56 €, Apt. 69 €; ❄📶) Dieses Gebäude mit Blick auf Vallehermoso und das Tal hat eine interessante Geschichte. Um 1900 war es eine Bodega (die alte Weinpresse ist noch vorhanden) und gleichzeitig die Station der lokalen Guardia Civil. Heute ist es ein kleines Hotel unter niederländischer Führung. Die Atmosphäre ist ungezwungen und einladend, und es gibt nur vier Zimmer und ein Apartment. Das Frühstück ist vegetarisch, und das Hotel ist sehr beliebt bei Yoga-Anhängern.

Hotel Rural Tamahuche HOTEL €€
(☎922 80 11 76; www.hoteltamahuche.com; Calle Hoya 20; EZ/DZ mit Frühstück 56/83 €; P@📶) Dieses kleine Hotel im B&B-Stil gleich außerhalb von Vallehermoso ist eine ausgezeichnete Wahl. Es ist direkt in den Berghang hineingebaut und hat viele Treppen und Terrassen, also am besten nicht zu viel Gepäck mitbringen. Die Zimmer besitzen dunkle Holzdielenböden und Balkendecken und sind im Kolonialstil der Kanarischen Inseln eingerichtet.

Einfach den Schildern in Richtung Valle Gran Rey folgen, dann liegt das Hotel rechter Hand auf einem Hügel.

Der Süden

Playa Santiago

★ Apartamentos Tapahuga APARTMENT €
(☎922 89 51 59; www.tapahuga.es; Avenida Marítima; Apt. für 2 Pers. 50–75 €; 📶🏊) Gegenüber dem Hafen liegen diese geräumigen, lichtdurchfluteten Apartments. Sie haben wunderschöne Holzbalkone und Marmorfußböden, gut ausgestattete Küchen und eine Sonnenterasse mit Pool auf dem Dach. Unbedingt nach einem der äußeren Apartments fragen, es gibt nämlich auch welche, die zu einem trostlosen, düsteren Innenhof hin liegen. Alles in allem ist das ein echtes Schnäppchen, in dem der Mindestaufenthalt drei Nächte beträgt.

Pensión La Gaviota HOTEL €
(☎922 89 51 35; Avenida Marítima 35; Zi. 27 €) Die kleinen, schlichten Zimmer liegen über einer betriebsamen einheimischen Bar und könnten einen neuen Anstrich vertragen. Einige haben aber einen herrlichen Blick auf den glitzernden Ozean und qualitativ bessere Bäder mit meeresblauen Fliesen. Es gibt hier keine Fernseher.

★ Hotel Jardín Tecina HOTEL €€
(☎902 22 21 40; www.jardin-tecina.com; Playa Santiago; EZ/DZ mit Frühstück 97/150 €; P❄@📶🏊) Die Hotelanlage erstreckt sich entlang einer Klippe oberhalb der Stadt (es gibt einen Aufzug hinunter zum Strand), und sie verkörpert das, was einem echten Ferienresort auf La Gomera am nächsten kommt. Die Unterkünfte im Bungalow-Stil sind auf einer gepflegten Grünanlage verteilt, die so riesig ist, dass sogar Naturwanderungen durch die Gärten angeboten werden! Alle Zimmer haben Balkone und viele auch Meerblick.

Valle Gran Rey

★ Finca Argayall HOTEL €€
(☎922 69 70 08; www.de.argayall.com; am Ufer von Valle Gran Rey; EZ/DZ ab 85/125 €, ohne Bad 64/100 €; P🏊) Kein gewöhnliches Hotel – diese *finca* (Landgut), 15 Gehminuten entfernt vom touristischen Treiben in Valle Gran Rey, ist eine friedliche Hotelanlage am Meer, die auf gemeinschaftliches, alternatives und umweltbewusstes Leben ausgerichtet ist. Das Angebot an Unterkünften reicht von durchaus komfortablen Strandhütten bis hin zu wirklich luxuriösen Apartments mit privatem Swimmingpool.

Dies ist ein wundervoll entspannter Ort, wo man in Hängematten faulenzen, kurz mal in den Pool hüpfen oder sich auf dem Kieselstrand direkt vor der Anlage sonnen kann. Die meisten Mitarbeiter wohnen auf dem Gelände und bieten täglich Meditationen, Yoga, Massagen und sonstige Therapien und Aktivitäten an. Die Rezeption ist nur von Mittwoch bis Montag zwischen 11 und 14 Uhr besetzt.

Apartamentos Baja del Secreto APARTMENT €€
(☎922 80 57 09; www.bajadelsecreto.es; Avenida Marítima, Charco del Conde; Apt. 65–95 €; P📶🏊) Was für eine Lage! Direkt vor dem Charco del Conde (einem natürlichen Meerwasserbecken) – besser geht es nicht. Die Zimmer

sind sauber und komfortabel, wenn auch nicht ganz so beeindruckend wie die Aussicht. Die üppigen subtropischen Gärten sind einfach herrlich.

Playa Calera APARTMENT €€
(922 80 57 79; www.hotelplayacalera.com; Calle Punta Calera 2, La Playa; Zi. mit Frühstück 120 €; P ❄ @ 📶 🏊) Die Apartments in diesem großen Vier-Sterne-Hotel am Meer würde man eher in einer eleganten New Yorker Vorstadt erwarten als in einem spanischen Strandort, der den Boho-Chic verkörpert. Die Betten in den offenen Zimmern sind so groß wie ein kleines Dorf, und es gibt Wohnzimmer und kleine Kitchenettes. Der einladende Infinity-Pool wirkt, als würde er nahtlos ins Meer fließen.

Das Frühstücksbüfett ist ganz hervorragend, der frisch gepresste Orangensaft ist es ebenso!

LA PALMA

Wie wär's, einmal wie die Einheimischen Urlaub zu machen und in einer der *casas rurales* zu wohnen, die es überall auf der Insel zu mieten gibt? Für Informationen und Reservierungen ist das **Casa Turismo Rural Isla Bonita** (922 43 06 25; www.islabonita.es; Calle O'Daly 39, Santa Cruz de La Palma) zuständig, das annähernd 70 Landhäuser auf der ganzen Insel in seinem Angebot hat.

Santa Cruz de la Palma

Santa Cruz besitzt tolle Übernachtungsmöglichkeiten in seinem historischen Stadtkern und ist ein guter Ausgangspunkt, um die Insel zu erkunden.

★ **La Fuente** APARTMENT €
(922 41 56 36; www.la-fuente.com; Calle Anselmo Pérez de Brito 49; Apt. 42–69 €; 📶) Die elf Apartments unter deutscher Leitung sind ganz individuell eingerichtet und in drei Preisklassen unterteilt. Die teuersten haben große Zimmer mit Balkonen und atemberaubender Aussicht auf Meer und Stadt. Zimmer 10 ist wie ein großes Studio (es war tatsächlich mal ein Tanzstudio) und besitzt viel Atmosphäre. Aber alle Apartments sind gut ausgestattet und mit Geschmack und Sinn fürs Detail dekoriert. Die Rezeption ist über Mittag sowie sonntags geschlossen.

Pensión la Cubana PENSIÓN €
(922 41 13 54; www.la-fuente.com; Calle O'Daly 24; EZ/DZ/3BZ ohne Bad 26/32/39 €; 📶) Die Pensión la Cubana ist die einzige und älteste *pensión* der Insel. Die idyllischen, weiß getünchten Zimmer haben unebene Bodendielen und knarzende Türen, aber keine eigenen Bäder. Gästen stehen eine Küche, kostenloser Tee und Kaffee und ein schöner, großer Gemeinschaftsraum mit gemütlichen Sofas, Büchern und einem kleinen Balkon mit Blick auf die angrenzende Fußgängerstraße zur Verfügung.

Apart-Hotel Castillete APARTMENT €
(922 42 08 40; www.hotelcastillete.com; Avenida Maritima 75; Apt. für 2 Pers. 42 €; 📶 🏊) Die großzügig geschnittenen Apartments sind wie Studios ausgelegt. Das Dekor ist etwas altmodisch, aber die Lage ist toll, und von den Balkonen aus sieht man an klaren Tagen sogar den Teide auf Teneriffa. In der Cafeteria unten gibt es ein gutes Frühstück für etwa 3,50 € und auf dem Dach einen Pool mit Blick auf die Berge.

★ **Hotel San Telmo** BOUTIQUEHOTEL €€
(922 41 53 85; www.hotel-santelmo.com; Calle San Telmo 5; EZ/DZ ab 65/75 €; 📶) Das wundervolle Boutiquehotel wird von Deutschen geführt und hat nur acht Zimmer. Zwei davon befinden sich im ursprünglichen Gebäude mit Balkendecken, Holzfensterläden und Balkonen mit Blick auf die hübsche, mit Blumen geschmückte Terrasse. Die anderen Zimmer sind etwas moderner in gedämpften Erdtönen eingerichtet, und einige haben Meerblick.

Rund um Santa Cruz

Los Cancajos

Hacienda San Jorge APARTMENT €€
(922 18 10 66; www.hsanjorge.com; Playa de Los Cancajos 22; Apt. ab 75 €; P @ 📶 🏊) Diese Hazienda im kanarischen Stil bietet große und wohldurchdachte Apartments mit separatem Schlafzimmer, offener Küche, wenig reizvoller Dekoration und toller Aussicht. Aber was diese Anlage so besonders macht, sind die üppigen Gärten mit strategisch platzierten Hängematten und einem fantastischen Salzwasserpool, der wie eine Lagune angelegt ist. Sehr praktisch: Es gibt auch einen Minimarkt auf dem Gelände.

Breña Alta

Parador Nacional PARADOR €€
(☎922 43 58 28; www.parador.es; Carretera de Zumacal, Breña Baja; Zi. ab 98 €; P ❄ 📶 🏊) Dieser *parador* sieht aus wie ein riesiges kanarisches Bauernhaus mit Meerblick. Es hat einen hübschen, von Gras umgebenen Pool und einen entzückenden botanischen Garten. Die Zimmer sind geräumig und sonnig, haben eine Sitzecke und Panoramablick. Das Frühstücksbüfett ist hervorragend.

Der Süden

Fuencaliente

Apartamentos & Pensión Los Volcanes HOTEL €
(☎922 44 41 64; Carretera General 86; DZ/Apt. 30/32 €; P 📶) Ein wohnliches Hotel mit geschmackvollem Dekor. Einige Zimmer haben einen kleinen Balkon. Die Apartments sind wie Studios angelegt mit Kitchenette, Sitzecke und Bett im selben Raum. Eine ideale Ausgangsbasis für Wanderer, da der Eigentümer selbst begeisterter Wanderer ist und jede Menge Informationen über die Strecken kennt. Es gibt eine Gemeinschaftsküche und ein gemütliches Wohnzimmer für die Gäste.

Hotel La Palma Teneguía Princess & Spa HOTEL €€€
(☎922 42 55 00; www.hotellapalmaprincess.com; Carretera La Costa Cerca Vieja 10; Zi. ab 100 €; P ❄ @ 📶 🏊) Diese weit ausgedehnte Ferienanlage in Wassernähe (8 km südlich von Los Canarios) ist das ambitioniersteste Hotel der Insel, auch wenn es technisch gesehen eigentlich zwei Hotels (La Palma Princess und Teneguía Princess) sind. 625 Zimmer, mehrere Pools und herrlicher Meerblick sorgen für ein schönes Gesamtbild, aber die Anlage liegt meilenweit von allem entfernt. Ein Wellnesscenter ist auch vorhanden. Unbedingt Konfetti mitnehmen – das Hotel ist eine beliebte Hochzeitslocation!

Das Zentrum

El Paso

La Casa Encantada HOSTEL €
(☎661 924972; lacasaencantada.lapalma@gmail.com; Calle Salvador Miralles; Zi. pro Pers. 15 €, DZ 35 €; 📶) Das lichtdurchflutete Gebäude mit den schönen hohen Decken wurde 2015 eröffnet und ist noch nicht ganz fertig. Es hat nur vier Zimmer, darunter ein Doppelzimmer mit eigenem Bad. Das Gemeinschaftswohnzimmer ist ein gemütliches Durcheinander, die Zimmer hingegen sind groß und fassen bis zu drei Betten. Den Gästen steht auch eine Küche zur Verfügung.

Los Llanos de Aridane

Hotel Valle Aridane HOTEL €
(☎922 46 26 00; www.hotelvallearidane.com; Glorieta Castillo Olivares 3; Zi. mit Frühstück 50 €; 📶) Komfortables, modernes Hotel, aber die Zimmer hin zur Hauptstraße sind nicht empfehlenswert, hier kann es etwas laut werden. Die Frühstücksauswahl ist hervorragend, und die Eigentümer sind überaus hilfsbereit und wissen Rat zu Wanderrouten, Busfahrplänen und sonstigen Verkehrsmitteln der Gegend. Auf Wunsch stellen sie sogar ein Lunchpaket zusammen. WLAN ist nur im Empfangsbereich verfügbar.

Puerto Naos

★ **Apartamentos Playa Delphin** APARTMENT €
(☎922 40 81 94; www.playadelphin.com; Avenida José Guzmán Pérez; Apt. für 2/3 Pers. 63/68 €; P 📶) Dieser Apartmentkomplex befindet sich in einem imposanten halbkreisförmigen Gebäude in Strandnähe, nah genug, um sich vom Klang der Atlantikwellen in den Schlaf wiegen zu lassen. Auf den Balkonen gibt es Sonnenliegen, und die Zimmer haben kleine Extras, wie Toaster und Obstschalen. Ein sehr freundlicher Familienbetrieb.

Apartamentos Martín APARTMENT €
(☎922 40 80 46; Calle Juana Tabares 1; Apt. für 2 Pers. 35 €; 📶) Einfache Apartments mit kleinen Kitchenettes in einem meerblauen Häuserblock. Die Atmosphäre in diesem von Spaniern betriebenen Haus ist ausgesprochen freundlich, aber die Trennwände sind wirklich sehr dünn.

Sol La Palma HOTEL €€
(☎922 40 80 00; www.solmelia.com; Punta del Pozo, Playa de Puerto Naos; DZ ab 75 €, Apt. ab 80 €; P ❄ 📶 🏊) Wer sich nicht selbst verpflegen möchte, kommt um dieses Hotel im Pauschaltourismus-Stil nicht herum. Es hat einen weitläufigen Pool mit Blick auf den Atlantik und ist voller Kinder, beigefarbene Zimmer, wie es sie überall auf der Welt

geben könnte, und ein All-you-can-eat-Büfett. Es ist ein typisches Resort-Hotel, aber dafür überraschend komfortabel.

Der Norden

Barlovento

Apartamentos La Fajana APARTMENT €
(☎922 18 61 62; Calle de la Fajana; Apt. für 2–3 Pers. 36–40 €; P) Es gibt nicht allzu viele Unterkünfte für Selbstverpfleger hier an der Nordküste, aber diese Apartments mit Blick über die ungezähmten Wellen und die Piscinas de la Fajana wirken wie abgeschieden von der Welt, und obendrein liegen sie sehr günstig über einem guten Meeresfrüchterestaurant.

★ **Hotel La Palma Romántica** HOTEL €€
(☎922 18 62 21; www.hotellapalmaromantica.com; Las Llanadas; Zi. mit Frühstück 80 €; P) Das einzige Drei-Sterne-Hotel auf dieser Seite von Santa Cruz. Das sehr lohnenswerte Hotel hat 40 geräumige, elegante Zimmer mit hohen Decken, Terrassen, Liegestühlen und Sitzecke. An sonnigen Tagen (hier oben eher selten) lockt der Außenpool, für graue Tage gibt es einen beheizten Indoor-Pool. Auch ein nobles Restaurant (Hauptgerichte 8 bis 12 €) mit Panoramablick über das Tal und tollem Service ist vorhanden. Es gibt außerdem auch ein kleines Wellnesscenter und einen Fitnessraum.

EL HIERRO

Die schönsten Unterkünfte sind die *casas rurales*. Reservierungen hierfür sind bei **Meridiano Cero** (☎922 55 18 24; www.ecoturismocanarias.com; Calle Barlovento 89, El Mocanal) möglich.

Valverde

Boomerang HOTEL €
(☎922 55 02 00; www.hotel-boomerang.com; Doctor Gost 1; DZ 60 €;) Zentral gelegenes Hotel mit ziemlich großen Zimmern, die allerdings sehr Beige in Beige eingerichtet sind. Einige Zimmer haben Balkone, von denen aus in der Ferne das Meer zu sehen ist, und alle haben neben Duschen auch Badewannen. In den Wintermonaten kann es hier etwas kalt werden.

Der Norden

★ **Hotel Villa El Mocanal** BOUTIQUEHOTEL €€
(☎922 55 03 73; www.villaelmocanal.com; Calle Barlovento 18, El Mocanal; DZ/DZ mit Frühstück ab 62/86 €; P @) Das erste Boutiquehotel der Insel liegt direkt an der Hauptstraße durch El Mocanal. Es wirkt zwar mittlerweile nicht mehr taufrisch, ist aber immer noch ein hervorragendes Hotel in Steinbauweise mit erdfarbenem Dekor, Hartholzmöbeln und fantastischer Aussicht. Außerdem ist es eine der wenigen Unterkünfte der Insel mit dauerhaft besetztem Empfang. Das Frühstück wird im Restaurant auf der anderen Straßenseite serviert.

★ **Parador Nacional** PARADOR €€€
(☎922 55 80 36; www.parador.es; Las Playas; DZ mit Frühstück 150 €; P) Das Spitzenhotel der Insel steht an einem Steinstrand und hat hübsche Zimmer mit Hartholzböden, kühlem blauem Dekor und Balkonen (nach einem mit Blick auf den stahlblauen Ozean fragen). Das Beste, das hier geboten wird, sind aber immer noch die krachenden Wellen, die einen in den Schlaf wiegen. Dank regelmäßiger Sonderangebote sind die Zimmer oft schon für 80 € zu haben. Tipp: Das Restaurant ist ganz hervorragend und auf typisch herrenische Gerichte spezialisiert (Hauptgerichte 12 bis 20 €).

Der Süden

La Restinga

Ehrlich gesagt ist dies nicht gerade der attraktivste Aufenthaltsort der Insel, aber für Taucher geradezu ein Muss, weil der Höhenunterschied zwischen dem auf Meereshöhe gelegenen La Restinga und den Städten weiter oben an der Landstraße 800 bis 1000 m beträgt – und nach einem Tauchgang ist es nötig, sich mindestens zwölf Stunden lang ungefähr auf Meeresniveau aufzuhalten.

Apartamentos Bahía APARTMENT €
(☎617 614619; www.apartamentosbahia.info; Avenida Marítima 12; Apt. für 2 Pers. 44 €; P) Die 2-Zimmer-Apartments wirken wie aus dem Ei gepellt und sind ideal für Familien. Die offene Wohnküche hat Blick auf das blaue Wasser des Hafens. Die Kiefernholzmöbel sind nichts Besonderes, aber wer braucht

bei so einem Ausblick noch eine schicke Einrichtung? Wenn möglich, ein Apartment im Obergeschoss nehmen.

Apartamentos La Restinga APARTMENT €
(www.apartamentoslarestinga.es; Los Saltos 16; Apt. für 2 Pers. 33 €; P) Diese gut ausgestatteten Apartments sind überraschend preiswert und liegen nur 100 m vom Meer entfernt. Okay, die Ausstattung wird keinen Designpreis gewinnen, aber die Apartments sind blitzblank, und in dieser Anlage sind sogar Haustiere gestattet.

El Golfo

Las Puntas

Bungalows Los Roques de Salmor APARTMENT €
(922 55 90 16; Carretera Las Puntas; Zi. für bis zu 4 Pers. 55–67 €; P) Die Reihe weiß getünchter Bungalows zur Linken, wenn man in die Stadt hineinkommt, sind eine ausgezeichnete Wahl. Sie sind äußerst gepflegt, haben Ziegeldächer, Steinverzierungen und eine geschmackvolle Einrichtung. Es gibt auch einen kleinen Swimmingpool, der aber nur im Sommer geöffnet ist. Der Empfang ist in der Regel unbesetzt.

★ **Hotel Puntagrande** BOUTIQUEHOTEL €€
(922 55 90 81; www.hotelpuntagrande.org; Las Puntas; EZ/DZ mit Frühstück 75/84 €; P) Die berühmteste Unterkunft von Las Puntas ist eine Art Touristenattraktion und stand sogar mal im *Guinness-Buch der Rekorde* als kleinstes Hotel der Welt. Das alte, steinerne Hafengebäude steht auf einer spektakulären Felsnase, sodass man beim Übernachten das Gefühl hat, man schliefe auf einem winzigen Felsen inmitten eines gewaltigen Ozeans.

Trotz der komfortablen Zimmer ist es schwer vorstellbar, dass man hier bei Sturm ruhig schlafen könnte. Die tolle Lage und der lebhafte Gemeinschaftsraum voller Strandgut, das von Schiffswracks stammt, sorgen dafür, dass man einen Aufenthalt hier nie vergisst. Der Empfang ist in der Regel unbesetzt.

La Frontera

★ **El Sitio** B&B €
(922 55 98 43; www.elsitio-elhierro.es; Calle La Carrera 26; Zi. 41–56 €;) Augen schließen und „om" summen ... Das Haus liegt versteckt oberhalb des Dorfzentrums von Frontera in ländlicher Idylle und ist einzigartiger Rückzugsort, Unterkunft und Aktivitätszentrum in einem. Die Zimmer sind in einer Reihe renovierter steinerner Bauernhofgebäude untergebracht. Sie sind weiß getüncht und haben ein wohltuend rustikales Aussehen. Es gibt hier allerdings kein einziges Fernsehgerät.

Hausgästen und auch anderen Besuchern stehen verschiedene Aktivitäten, wie Yoga, Massagen, Wander- oder Radtouren zur Verfügung. Der Empfang ist nur montags bis samstags von 11 bis 13 Uhr besetzt.

Hotel Balneario Pozo de La Salud HOTEL €€
(922 55 95 61; hotelbalneariopozodelasalud@gmail.com; Pozo de la Salud; DZ mit Frühstück 70 €; P) Das moderne Wellnesshotel liegt gleich neben dem berühmten Pozo de la Salud, der schon seit Mitte des 19. Jhs. für seine Heilkräfte bekannt ist. Damals wurde das Wasser sogar exportiert (hauptsächlich nach New York und Kuba). Die Zimmer sind um einen begrünten zentralen Hof herum angeordnet. Am besten sichert man sich eines der Zimmer mit Meerblick.

Die Auswahl an Anwendungen ist groß: von Thermalbädern (im eigenen Zimmer) bis hin zu Reflexzonenmassage, Shiatsu und Behandlungen mit heißem Vulkangestein. Das Hotel Balneario ist als westlichstes Hotel Spaniens berühmt.

Die Kanarischen Inseln verstehen

Die Kanarischen Inseln aktuell

Besucher des sonnenverwöhnten Archipels haben meist nicht die geringste Ahnung, welche Auswirkungen „la crisis“ hat. Lähmend hohe Arbeitslosenzahlen und ein wackliges Sozialsystem, das unter den Haushaltseinsparungen leidet, sind für viele Einwohner Realität. Doch zum Glück gibt es auch Lichtblicke: 2014 erlebten Tourismus und Handel einen Aufwärtstrend, während gleichzeitig die Inselbewohner wie auch die Umweltschützer mehr Ehrgeiz denn je an den Tag legten, um die natürlichen Energieressourcen der Kanaren zu erhalten und nicht nachhaltige Entwicklungen und Tourismuspraktiken einzudämmen.

Top-Filme

Zerrissene Umarmungen (Pedro Almodóvar; 2009) Mit Penelope Cruz. Romantischer Thriller, gedreht auf Lanzarote

Der Diktator (Sacha Baron Cohen, 2012) Satirisches Politdrama, teilweise auf Fuerteventura gedreht

Wild Oats (Andy Tennant; 2015) Actiondrama mit Demi Moore und Billy Connelly, zu großen Teilen auf Gran Canaria gedreht

Fifty Shades of Grey (Sam Taylor-Johnson; 2015) Die berüchtigten Flitterwochenszenen wurden am La Tejita in Grandilla de Abona auf Teneriffa gefilmt.

Top-Bücher

More Ketchup than Salsa (Joe Cawley; engl.) Urkomische Erzählung eines Barbesitzers auf Teneriffa

Canary Island Song (Robin Jones Gunn; engl.) Bewegende Geschichte der Autorin der beliebten Christy-Miller-Reihe

Walking in the Canary Islands (Paddy Dillon; engl.) Mit Karten zu Wanderwegen auf den Inseln

Wind von den kleinen Inseln (Mary Stewart) Romantischer Thriller mit Schauplatz Lanzarote

Natural Parks on the Canary Islands (Francisco J. Macías Martín; engl.) Ein ausführlicher Einblick in die Nationalparks, mit Farbbildern

Tourismus & Infrastruktur

Der Tourismus ist nach wie vor eine zentrale Säule der Wirtschaft der Kanarischen Inseln und erreichte 2014 ein Rekordhoch mit knapp über vier Millionen ausländischen Urlaubern, das sind etwa 26% der Touristen in Spanien insgesamt. Das ist umso beeindruckender, da der Tourismus während der Wirtschaftskrise von 2009 bis 2010 drastisch zurückgegangen war.

Derzeit ein noch kleiner Prozentsatz, doch allen Prognosen zufolge stark im Kommen ist der Astrotourismus auf La Palma – dem ersten UNESCO-Lichtschutzgebiet der Welt. Sterne hin oder her, die größten Fans der Inseln sind immer noch die Briten. 2014 kamen etwa ein Drittel der Urlauber aus Großbritannien und damit sogar mehr als vom spanischen Festland.

Auch die Infrastruktur legt einen Zahn zu. So soll auf Gran Canaria bis 2018 die Zugverbindung von Santa Catalina in Las Palmas nach Meloneras stehen und komplett durch ein Windkraftwerk betrieben werden. Das Eisenbahnprojekt auf Teneriffa ist ebenfalls wieder auf Kurs, und 2016 soll das erste Teilstück der Nord-Süd-Strecke (von Santa Cruz nach Candelaria) gebaut werden. Im Juni 2013 wurden ein neuer Yacht- sowie ein neuer Fischerhafen in Garachico auf Teneriffa eröffnet und brachten ebenfalls neuen Wind in die Wirtschaft. Nach zahlreichen Baustopps und Verzögerungen wurde 2015 auch die Fernstraße zwischen Adeje und Santiago del Teide auf Teneriffa vollendet.

Umweltfragen

Mal gewinnt man, mal verliert man. Dass Repsol seine Ölbohrpläne vor den Küsten von Fuerteventura und Lanzarote verworfen hat, wurde von den meisten Bewohnern der Kanaren mit großer Erleichterung aufgenommen. Gleichzeitig erhielt der riesige Megahafen von Grandilla auf Teneriffa im Juni 2013 grünes Licht, nachdem die Europäische Kommission 67 Mio. € für den Bau zugesagt hatte, und das trotz mehr als 5000 offiziellen Beschwerden, überwiegend von Ökogruppierungen, die wegen der Auswirkungen des Hafens auf die Fauna und Flora des Gebietes von Los Sebadales sowie auf die umliegenden Strände und die lokale Fischereiindustrie besorgt sind.

Keine solchen Sorgen hat man auf El Hierro, das im September 2014 in Anerkennung seiner bemerkenswerten Förderung einer nachhaltigen Entwicklung zum UNESCO-Geopark ernannt wurde. 2015 setzte El Hierro noch eins drauf mit einem weithin publizierten Plan, durch eine Kombination aus Solar-, Wind- und Wasserkraft zur ersten energieautarken Insel der Welt zu werden. Auch plant El Hierro, seine 6000 Fahrzeuge bis 2020 komplett mit Strom zu betreiben. 2012 wurde auch La Gomera von der UNESCO zum Biosphärenreservat erklärt, wobei es eine traurige Ironie ist, dass im selben Jahr durch Brandstiftung 750 Hektar Lorbeerbäume im Parque Nacional de Garajonay vernichtet wurden. Experten zufolge wird es 30 Jahre dauern, bis sich die Landschaft wieder erholt hat.

Politik & Wirtschaft

Politische Haupttreibkraft auf den Kanarischen Inseln ist seit ihrem ersten regionalen Wahlsieg 1993 die *Coalición Canaria* (CC). Bei der Wahl 2011 wurde Paolino Rivero zum zweiten Mal zum Präsidenten der CC gewählt. 2014 gab er nach einer Niederlage in der ersten Parteiabstimmung jedoch bekannt, sich 2015 nicht mehr zur Wahl zu stellen. Während Riveros Amtszeit schoss die Arbeitslosigkeit 2013 auf schockierende 33,2 % und es wurde bekannt, dass etwa derselbe Prozentsatz der Einwohner an der Armutsgrenze lebt. Ironischerweise steht eine der Ursachen für das Scheitern kleiner Unternehmen in direktem Zusammenhang mit dem Tourismus. Hotels setzen zunehmend auf All-inclusive-Angebote, was vor allem auf kleine unabhängige Bars und Restaurants einen negativen Effekt hat. Erfreulicherweise konnte jedoch im ersten Quartal 2014 ein insgesamt leichtes Wirtschaftswachstum verzeichnet werden (der erste Aufwärtstrend seit 2007). Auch die Zuwanderung aus Afrika hat sich stabilisiert. So lag die Zahl 2014 bei lediglich 288 Immigranten, während es 2006 noch 32 000 waren und an manchen Tagen gleich Hunderte Afrikaner in klapprigen Holzbooten die Inseln erreichten.

Ungezähmte Natur

Im Dezember 2013 erschütterte ein Erdbeben der Stärke 5,1 El Hierro, bei dem sich die Insel angeblich um 7 cm hob. Es gab Vermutungen, dass es möglicherweise zum Ausbruch eines nicht weit entfernten Unterwasservulkans kommen könnte, wie schon im Jahr 2011. Im darauffolgenden Oktober (2014) kam es auf Teneriffa zu flutartigen Überschwemmungen, die Erdrutsche, Evakuierungen und fünf Todesopfer mit sich brachten.

EINWOHNER: **2,1 MIO.**

BRUTTOINLANDS-PRODUKT: **22 MRD. €**

INFLATION: **1,8 % (2014)**

ARBEITSLOSIGKEIT: **33,2 %**

Gäbe es nur 100 Bewohner auf den Kanaren, wären ...

73 Kanarier
13 Europäer
12 Spanier vom Festland
2 Afrikaner

Glaubensrichtungen

(% der Bevölkerung)

Einwohner pro km²

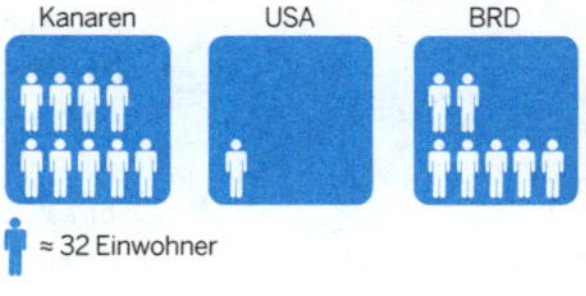

Geschichte

Herrlich geheimnisumwoben sind sie, die Ursprünge der Kanarischen Inseln und ihrer ersten Bewohner, der uransässigen Guanchen, die später von Wellen plündernder Eindringlinge vertrieben wurden. 1821 wurden die Inseln zur spanischen Provinz erklärt, doch die ökonomischen Auswirkungen des Spanischen Bürgerkriegs und des Zweiten Weltkriegs stürzten sie in wirtschaftliches Elend. Erst in den 1960er-Jahren begann mit dem Einsetzen des Massentourismus langsam der Aufschwung. Der Rest ist, wie es so schön heißt, Geschichte.

Die besten Geschichtsmuseen

- *Casa-Museo de Colón, Gran Canaria*
- *Museo de la Piratería (Piraten), Lanzarote*
- *Museo Arqueológico de Betancuria, Fuerteventura*
- *Museo Arqueológico, Teneriffa*

Wie alles begann ...

Eine recht skurrile Theorie besagt, dass die Kanarischen Inseln die Überreste des legendären versunkenen Kontinents Atlantis sind. Etwas glaubhafter, aber ebenso faszinierend ist die Vorstellung, dass es sich bei den Inseln um die obersten Spitzen gewaltiger Unterwasservulkane handelt. Was auch immer die Wahrheit sein mag, Kohlenstoffdatierungen der spärlichen archäologischen Funde zufolge stammt die älteste hier entdeckte Siedlung etwa aus dem 2. Jahrtausend v. Chr. Doch auch eine noch frühere Besiedelung ist vorstellbar – und ein auf Fuerteventura gefundener Ziegenknochen wurde auf 3000 v. Chr. datiert.

Es ist auch sehr gut möglich, dass die Phönizier und ihre Nachfolger, die Karthager, die östlichsten Inseln des Archipels bei ihren frühen Erkundungsreisen entlang der nordafrikanischen Atlantikküste zumindest kurz gestreift haben. Einige Historiker glauben, dass im 12. Jh. v. Chr. eine phönizische Expedition auf den Inseln landete und dass 470 v. Chr. der Karthager Hanno dort auftauchte.

Eindeutig belegt ist, dass das sich ausbreitende Römische Reich nach dem Sieg über Karthago im Dritten Punischen Krieg 146 v. Chr. nicht besonders scharf darauf gewesen zu sein schien, nach den sagenumwobenen Inseln zu forschen, die sie als Insulae Fortunatae (Inseln der Glückseligen) kannten. Anderthalb Jahrhunderte später, kurz nach der Geburt Christi, erhielten die Römer einigermaßen zuverlässige Berichte über die Inseln, verfasst von Plinius dem Älteren und basierend auf Beschreibungen einer Expedition, die Juba II., ein Vasallenkönig der

ZEITACHSE

2000 v. Chr.

Mutige Seefahrer, die möglicherweise aus Nordafrika kommen, sind die ersten Siedler auf den Kanarischen Inseln, wie Kohlenstoffdatierungen archäologischer Funde heute zeigen.

40 v. Chr.

Eine Expedition unter der Führung von König Juba II. landet auf dem Inseln. Juba II., ein Protegé von Kaiser Augustus, nutzt Mogador im heutigen westlichen Marokko als Basis.

150 n. Chr.

Der Geograf Ptolemäus versucht, die Position der Inseln zu bestimmen. Dabei zieht er einen gedachten Nullmeridian durch El Hierro, womit er die Insel als westliches Ende der bekannten Welt definiert.

römischen Provinz Africa, etwa 40 v. Chr. durchgeführt hatte. 150 n. Chr. versuchte der aus Ägypten stammende Geograf Ptolemäus mittels Koppelnavigation die Position der Inseln zu bestimmen, indem er eine gedachte Meridianlinie definierte, die durch El Hierro verlaufend das Ende der bis dahin bekannten Welt kennzeichnete.

Frühe (bekannte) Bewohner

Groß gewachsen, blond und hellhäutig – wie die Guanchen tatsächlich auf die Inseln gelangt sind, stellt Historiker schon seit Jahrhunderten vor ein Rätsel. Könnten sie die Nachkommen nordischer Abenteurer sein, die damals bekannte Schiffahrtsrouten verlassen hatten? Oder waren sie keltische Einwanderer vom iberischen Festland und möglicherweise mit den Basken verwandt?

Viel wahrscheinlicher ist jedoch, dass es sich bei diesen ersten bedeutenden Figuren auf dem kanarischen Schachbrett tatsächlich um Nachkömmlinge früher Berberstämme aus dem Maghreb handelte, dem Gebiet, das sich vom heutigen Tunesien bis nach Marokko erstreckte. Ähnlichkeiten bei Ortsnamen, Begräbnisbräuchen und Felsritzungen legen eine Verbindung nahe. Auch treten bei den Berbern gelegentlich blaue Augen und blonde Haare auf.

Bezüglich der Bevölkerungszahlen gibt es Schätzungen, die besagen, dass die Population der Guanchen vor der Eroberung im 15. Jh. etwa 30 000 auf Gran Canaria und Teneriffa umfasste, über 4000 auf La Palma, mehr als 1000 auf El Hierro sowie ein paar Hundert auf Lanzarote und Fuerteventura.

Frühe Eroberungen

Nach dem Untergang des Römischen Reichs verschwanden die Kanarischen Inseln unglaublicherweise für mehr als 1000 Jahre vom Radar, und es gibt praktisch keine schriftlichen Aufzeichnungen über dortige Besuche bis zum frühen 14. Jh., als der genuesische Kapitän Lanzarotto (oder Lancelotto) Malocello auf die Insel stieß, die später seinen Namen tragen sollte: Lanzarote.

Die gezielte Eroberung der Inseln begann 1402, als der normannische Adlige und Abenteurer Jean de Béthencourt mit einer kleinen, schlecht ausgerüsteten Mannschaft von La Rochelle aus Kurs auf die Kanarischen Inseln nahm. So begann ein langwieriges und unrühmliches Kapitel der Invasionen, des Verrats und der Stümperei. Viele Guanchen sollten im folgenden Jahrhundert ihr Leben verlieren oder in die Sklaverei verkauft werden, während die übrigen dazu verdammt waren, von der neuen Kultur verschluckt zu werden.

De Béthencourts zusammengewürfelter Haufen landete zuerst auf Lanzarote, das zu diesem Zeitpunkt von dem *mencey* (König) Guardafía

Die schönsten historischen Kirchen

- *Iglesia de Nuestra Señora de Regla (Pájara, Fuerteventura)*
- *Nuestra Señora de Antigua (Antigua, Fuerteventura)*
- *Catedral de Santa Ana (Las Palmas de Gran Canaria)*
- *Iglesia de Nuestra Señora de la Concepción (Valverde, El Hierro)*
- *Iglesia del Salvador (Santa Cruz de la Palma)*
- *Iglesia de Nuestra Señora de la Concepción (La Laguna, Teneriffa)*

1312

Der genuesische Entdecker und Seefahrer Lanzarotto Malocello landet auf der nordöstlichsten Insel des Archipels, die später in Anlehnung daran den Namen Lanzarote erhält.

1402

Am 1. Mai nimmt der aus der Normandie stammende Abenteurer Jean de Béthencourt mit einer kleinen, schlecht ausgerüsteten Mannschaft von La Rochelle aus Kurs auf die Kanarischen Inseln.

1464

Als die katholischen spanischen Monarchen von Portugals Interesse an den Inseln erfahren, geben sie Diego de Herrera, dem von ihnen bestimmten Herrscher über La Gomera, die Erlaubnis zum Angriff auf die übrigen Inseln.

1479

Portugal erkennt im Vertrag von Alcáçovas die spanische Herrschaft über die Kanarischen Inseln an.

DIE LEBENSWEISE DER GUANCHEN

Die Guanchen lebten in einer Stammesgesellschaft mit einem Häuptling oder König, der die absolute Herrschaft innehatte. Sie bewohnten natürliche Höhlen oder einfache, niedrige Steinhäuser und nutzten kleinere Grotten und Höhlen zur Lagerung von Getreide und als heilige Stätten. Heute ist bis auf die Pfeifsprache *silbo* auf La Gomera und zahlreiche Ortsnamen und Monumente nicht mehr viel von der Kultur der Guanchen übrig.

Wirtschaft

Die Guanchen lebten von Ackerbau, Herdenhaltung, Jagen und Sammeln und ernährten sich überwiegend von proteinreichem Ziegenfleisch und Fisch sowie von *gofio,* das aus gerösteter, gemahlener Gerste hergestellt wurde. Diese Grundnahrungsmittel sind auf den Inseln auch heute noch typisch.

Kleidung & Waffen

Ziegenleder war das Grundmaterial der meisten Kleidungsstücke. Schmuck und Verzierungen beschränkten sich überwiegend auf Halsketten aus Tonperlen und Muscheln. Werkzeuge und Waffen wurden grob aus Holz, Stein oder Knochen gefertigt.

Religion

Die Guanchen verehrten einen Gott, der auf Gran Canaria als Alcorac bekannt war, auf Teneriffa als Achaman und auf La Palma als Abora. Es spricht vieles dafür, dass dieser Gott für Magec (die Sonne) stand. Die Bewohner von Teneriffa glaubten, dass sich die Hölle im Vulkan Teide befände und dass dort der Gott des Bösen, Guayota, herrsche.

Die Rolle der Frau

Die Gesellschaft war zwar im Wesentlichen patriarchalisch geprägt, doch Frauen besaßen trotzdem eine gewisse Macht. Besonders auf Gran Canaria wurde das Erbrecht durch die Mutter und nicht durch den Vater weitergegeben. Doch wenn die Zeiten härter wurden, wurde auch das Los der Frauen schwerer. Während Hungersnöten wurde auf den Inseln der Kindsmord praktiziert, und die Opfer waren stets Mädchen, niemals Jungen.

Machtkampf

Die Clans der Inseln lagen immer wieder im Streit miteinander, und als im 15. Jh. die Eroberung der Inseln von Europa aus ins Rollen kam, wurden die Inseln in etwa 25 Lehnsgüter aufgeteilt (allein La Palma konnte stolze 12 Kantone vorweisen).

regiert wurde. Dort gab es keinen Widerstand, und so richtete de Béthencourt auch gleich auf Fuerteventura eine Festung ein.

Weiter kam er nicht. Die Vorräte waren ihm ausgegangen, und er hatte auch zu wenige Männer für sein Vorhaben. So kehrte er nach Spanien zurück, um sich die Unterstützung der kastilischen Krone zu sichern.

1492

Christoph Kolumbus verbringt auf dem Weg zur „Entdeckung“ Amerikas einen Monat auf La Gomera. Es heißt, er habe den Aufbruch von dort aus Liebe zu der schönen Inselherrin Beatriz de Bobadilla verzögert.

1493

Teneriffa leistet den spanischen Eroberern erbitterten Widerstand. Im Mai landet Alonso Fernández de Lugo zusammen mit 1000 Infanteriesoldaten und einer 150 Mann starken Kavallerie auf der Insel.

1501–85

Der Wohlstand der Inseln lockt angriffslustige Piraten und Freibeuter an: Der osmanische Admiral Kemal Reis wagt sich zu den Kanaren vor, und 1585 erobert Murat Reis der Ältere Lanzarote.

1599

Während des niederländischen Unabhängigkeitskriegs kommt es zu einem schweren Angriff auf Las Palmas de Gran Canaria. 12 000 Männer stürmen dabei die Festung Castillo de la Luz.

Danach dauerte es nicht lange, bis Fuerteventura, El Hierro und La Gomera unter spanische Kontrolle fielen. Vom kastilischen König Heinrich III. zum Herrscher über die vier Inseln ernannt, förderte de Béthencourt die Besiedelung durch Bauern aus seiner normannischen Heimat und begann, die Profite einzuheimsen. 1406 kehrte er endgültig in die Normandie zurück und überließ seinem Neffen Maciot die Verantwortung für seine Besitztümer im Atlantik.

Streitigkeiten & Stagnation

Was folgte, war nicht gerade eine Meisterleistung der Kolonialisierung. In den Jahren nach de Béthencouts Abreise war die Anwesenheit der Europäer von Streitigkeiten und gelegentlichen Aufständen unter den Kolonisten geprägt; für die zunehmend unterdrückte Inselbevölkerung wurde nichts getan.

Die Inselbewohner mussten hohe Steuern zahlen und wurden von Maciot rekrutiert, um erfolglose Angriffe auf die drei noch übrigen, unabhängigen Inseln durchzuführen. Schließlich setzte er dem Ganzen die Krone auf und verkaufte seine Rechte an den vier Inseln, die er von seinem Onkel geerbt hatte, an Portugal. Portugal erkannte die spanische Herrschaft über die Kanaren erst 1479 im Vertrag von Alcáçovas an. Im Gegenzug war Spanien einverstanden, Portugal die Azoren, Kap Verde und Madeira zu überlassen.

Maciot starb 1452 in seinem selbst auferlegten Exil auf Madeira. Nach ihm wechselte sich eine Reihe niederer spanischer Adliger mit außergewöhnlich geringem Erfolg in der Herrschaft über die Kanaren ab.

Die Guanchen aßen gern sonnengetrocknete Datteln und Feigen mit hohem Zuckergehalt, was zusammen mit ihrer Nutzung von Mühlsteinen zum Mahlen von Getreide(-grieß) dazu führte, dass die Menschen mit Mitte 20 bereits stark abgenutzte Zähne hatten und dadurch anfällig für Infektionen und einen frühen Tod waren.

Die Christianisierung geht weiter

1478 schickten die spanischen Reyes Católicos (katholische Monarchen), Fernando und Isabel, einen neuen Kommandanten mit frischen Truppen, der die Eroberung der Kanaren ein für alle Mal abschließen sollte. Sofort bei ihrer Ankunft wurden die Spanier dort, wo heute Las Palmas de Gran Canaria ist, von einer 2000 Mann starken Streitmacht angegriffen, konnten aber den Sieg davontragen und griffen anschließend den *guanarteme* (Inselhäuptling), Tenesor Semidan, in Gáldar von See aus an. Semidan wurde nach Spanien geschickt, zum Christentum bekehrt und kehrte 1483 zurück, um seine Landsleute zur Aufgabe des Kampfes zu überreden. Das taten sie auch, doch in den folgenden 20 Jahren kam es trotzdem wiederholt zu kämpferischen Auseinandersetzungen, in deren Verlauf auch ein gescheiterter Versuch unternommen wurde, Hunderte Inselbewohner von Las Palmas de Gran Canaria zu deportieren, um sie in Spanien als Sklaven zu verkaufen. Zum Glück erfuhren die Einheimischen von diesem heimtückischen Plan und zwangen die Schiffe mit den Männern an Bord, stattdessen auf Lanzarote anzulegen.

1657

Robert Blake, ein Admiral unter dem Befehl von Oliver Cromwell, vernichtet bei Santa Cruz de Tenerife unter Verlust nur eines einzigen seiner Schiffe praktisch alle vor Anker liegenden spanischen Schiffe.

1666

Es kommt zu einem Aufstand der Weinbauern von Garachico auf Teneriffa gegen die Briten. Auslöser war, dass neue britische Siedler die Kellereien und den Weinbestand der einheimischen Weinbauern vernichtet hatten.

1730–37

Schwere Vulkanausbrüche in Timanfaya auf Lanzarote. Der Lavastrom ist in vielerlei Hinsicht verheerend, erschafft zugleich aber auch fruchtbaren Boden für Nutzpflanzen, vor allem für Weintrauben.

1797

Eine britische Flotte unter dem Kommando von Admiral Horatio Nelson greift Santa Cruz de Tenerife an. Nelson soll einen Schatz an sich bringen, und verliert bei der Schlacht seinen rechten Arm.

Die letzten Feldzüge

Im Mai 1493 landete der spanische Kommandant Alonso Fernández de Lugo zusammen mit 1000 Infanteriesoldaten und einer 150 Mann starken Kavallerie (darunter Guanchen von Gran Canaria und La Gomera) auf Teneriffa. In dem Kampf, der als erste Schlacht von Acentejo bekannt werden sollte, unterlag Lugo den Streitkräften der Guanchen, die das gebirgige Terrain kannten wie ihre Westentaschen.

Am 25. Dezember 1494, in der zweiten Schlacht von Acentejo, besiegte de Lugo 5000 Guanchen unter dem Kommando des *mencey* Bencomo. Der Schauplatz, nur wenige Kilometer südlich von La Matanza, heißt auch heute noch La Victoria (Sieg). Als de Lugo im darauffolgenden Juli in das Valle de la Orotava einmarschierte, um Bencomos Nachfolger, Bentor, zu stellen, waren die kranken und zermürbten Guanchen zu keinem Widerstand mehr fähig. Bentor ergab sich, und die Eroberung war abgeschlossen. Es dauerte allerdings weitere zwei Jahre, die noch übrigen vereinzelten Widerstandsnester auszuräumen, und schließlich beging Bentor Selbstmord.

Vier Jahre nach dem Fall von Granada und der Wiedervereinigung des christlichen Spaniens konnten die katholischen Monarchen demnach folgende Großtat des Landes feiern: die Unterwerfung einer kleinen, von primitiven Stämmen verteidigten Inselgruppe im Atlantik in nur 94 Jahren. Der Unterschied zwischen dieser Eroberung und der Auseinandersetzung auf dem Festland bestand darin, dass die katholischen Monarchen es nicht mit ihrem traditionellen Feind, dem Islam, und seiner reichen und teilweise sogar überlegenen Kultur zu tun hatten, sondern mit einem primitiven Volk aus Eingeborenen, das sie schließlich gnadenlos ausbeuteten. In gewisser Weise war dies das weltweit erste Beispiel von echtem Kolonialismus und quasi eine Vorlage für nachfolgende, ähnliche Eroberungen in Amerika und anderen Teilen der Welt.

Die Insel La Gomera war das letzte Stück der Alten Welt, auf dem sich Christoph Kolumbus aufhielt, bevor er in die Neue Welt aufbrach.

Wirtschaftliche Herausforderungen & raue Winde aus dem Ausland

Ab dem frühen 16. Jh. lockten vor allem Gran Canaria und Teneriffa einen stetigen Strom von Siedlern aus Spanien, Portugal, Frankreich, Italien und sogar Großbritannien an. Jede Insel hatte ihre eigene Inselbehörde, und Zuckerrohr wurde zum Hauptexportgut der Kanaren.

Die „Entdeckung" der Neuen Welt im Jahr 1492 durch Christoph Kolumbus, der auf dem Weg nach Amerika mehrmals auf dem Archipel Halt machte, erwies sich als zweifelhafter Segen. Einerseits brachte sie jede Menge transatlantischen Handelsverkehr mit sich, führte aber andererseits dazu, dass die Zuckerproduktion ins billigere Amerika verlagert wurde. Der einzige Rettungsanker für die lokale Wirtschaft war

1821
Die Kanaren werden zur spanischen Provinz erklärt, wobei Santa Cruz de Tenerife Hauptstadt werden soll. Las Palmas de Gran Canaria verlangt die Zweiteilung der Provinz.

1850–90
Durch Arbeitslosigkeit und Nahrungsmittelknappheit erreicht die Auswanderung ihren Höhepunkt. Insgesamt emigrieren fast 40 000 Inselbewohner nach Venezuela und in andere Länder in Südamerika.

1923
In Spanien gelangt General Miguel Primo de Rivera durch einen Militärputsch an die Macht und verbessert die Infrastruktur (darunter das Straßennetz und die Wasserversorgung) auf den Kanaren.

1927
Madrid beschließt endlich, die Kanaren in zwei Provinzen aufzuspalten: Teneriffa, La Gomera, La Palma und El Hierro im Westen; Fuerteventura, Gran Canaria und Lanzarote im Osten.

die wachsende Nachfrage, vor allem von Seiten Großbritanniens, nach Wein, der hauptsächlich auf Teneriffa produziert wurde.

Die ärmeren Inseln, speziell Lanzarote und Fuerteventura, blieben Provinznester, deren verarmte Einwohner sich mit Schmuggel sowie Piraterie vor der marokkanischen Küste durchschlagen mussten – die Piraterie war Teil eines uralten Retourkutschenspiels, das sich die Spanier schon seit Jahrhunderten mit den Marokkanern lieferten.

Die Herrschaft der Spanier über die Inseln blieb nicht völlig unangefochten. Der spektakulärste Erfolg ist Admiral Robert Blake zuzuschreiben, einem der drei „Flottenkommandanten" Oliver Cromwells. 1657 vernichtete Blake bei Santa Cruz de Tenerife sämtliche vor Anker liegenden spanischen Schiffe (was ihn selbst nur ein einziges Schiff kostete).

Die Angriffe der Briten gipfelten 1797 in Admiral Horatio Nelsons Sturm auf Santa Cruz. Er war dorthin entsandt worden, um eine neue Schiffsladung Schätze abzufangen, scheiterte jedoch nicht nur beim Sturm auf die Stadt, sondern verlor im Kampf auch seinen rechten Arm.

Aber auch friedliche Ausländer besuchten die Inseln. 1799 legte der berühmte Entdecker und Botaniker Alexander von Humboldt auf dem Weg nach Lateinamerika einen kurzen Zwischenstopp auf Teneriffa ein. Angeblich soll er beim Anblick des Orotava-Tals ausgerufen haben, es sei die „bezauberndste Aussicht, die das Auge je erblickt hat". Diese berühmte Bemerkung und sein genereller Lobgesang auf die Inseln trugen sicher dazu bei, dass die Inseln zunehmend an Popularität gewannen und langsam, aber sicher zum Touristenziel wurden, das anfangs allerdings ausschließlich der Oberschicht vorbehalten war. Erst etwa ein Jahrhundert später mauserte sich der Tourismus zu einem rentablen Sektor der lokalen Wirtschaft.

1797: Nelson's Year of Destiny (Colin White; engl.) fängt die Atmosphäre und Spannung um Admiral Nelson und die Schlacht von Kap St. Vincent sowie den schicksalhaften Sturm auf Santa Cruz de Tenerife ein, bei dem Nelson seinen Arm verlor.

Die Einteilung der Inseln

Innerhalb der Kanarischen Inseln entwickelte sich im Lauf der Zeit ein erbitterter Kleinkrieg zwischen Gran Canaria und Teneriffa über die Vormacht auf dem Archipel.

Als die Kanaren 1821 zur spanischen Provinz erklärt wurden, erhielt Santa Cruz de Tenerife Hauptstadtstatus. Der Hickhack zwischen den beiden Hauptinseln ging jedoch weiter, und Las Palmas verlangte regelmäßig nach einer Zweiteilung der Provinz. Die Idee wurde in den 1840er-Jahren kurz in die Praxis umgesetzt, allerdings ohne dauerhaften Erfolg.

1927 beschloss Madrid endlich, die Kanaren in zwei Provinzen aufzuspalten: Teneriffa, La Gomera, La Palma und El Hierro im Westen; Fuerteventura, Gran Canaria und Lanzarote im Osten. Das Land wurde zwischen den ansässigen Bauern aufgeteilt. Nun wurden die Hauptnutzpflanzen, Bananen und Tomaten, angebaut, die auch heute noch zu den wichtigsten landwirtschaftlichen Exportgütern gehören. Etwas

1936

Im März beschließt die Regierung, General Franco, einen Veteranen aus den spanischen Kriegen in Marokko und Bewunderer der spanischen Fremdenlegion, auf die Kanarischen Inseln zu versetzen.

1940er

Der Spanische Bürgerkrieg wirkt sich verheerend auf die Kanarischen Inseln aus. Es kommt zu Essensrationierungen, Nahrungsmittelknappheit und genereller Armut. Der Schwarzmarkt blüht.

1950er

Auch nach dem Krieg herrscht weiterhin Elend in ganz Spanien und auf den Kanaren. Wieder einmal kommt es zu Massenauswanderungen, allein 16 000 Canarios emigrieren nach Venezuela.

1960er

Das Blatt wendet sich, und der beginnende Tourismus auf den Inseln, überwiegend aus Großbritannien und Deutschland, schafft neue Arbeitsplätze. Gleichzeitig steigt die Zuwanderungsrate.

ungewöhnlich war der Beginn der Zucht der Cochenille-Schildlaus, die sich aber zu einem der wichtigsten Industriezweige entwickelte, vor allem auf Lanzarote. Diese parasitären Insekten ernähren sich von Kaktusfeigen, und sie wurden wegen ihres roten Farbstoffs gezüchtet. Mit dem Aufkommen synthetischer Färbemittel sank der Bedarf drastisch.

Jahrzehnte der Auswanderung

Die Auswanderung nach Amerika war ein großer Trend in der zweiten Hälfte des 19. und im 20. Jh., und es gab viele Dörfer, in denen praktisch keine jungen Männer mehr zu finden waren. Der Exodus hielt sogar über den Spanisch-Amerikanischen Krieg (1898) hinaus an, als Kuba und Puerto Rico schon keine spanischen Kolonien mehr waren. Ursprünglich war Kuba das beliebteste Auswanderungsziel, gefolgt von Venezuela. Diese Tendenz verstärkte sich beträchtlich nach dem Spanischen Bürgerkrieg, einer Zeit erheblicher Wirtschaftsnöte mit Rationierungen, Nahrungsmittelknappheit und einem florierenden Schwarzmarkt. In den 1950er-Jahren war die Lage so aussichtslos, dass 16 000 Menschen heimlich auswanderten, vor allem nach Venezuela, obwohl das Land zu dem Zeitpunkt bereits einen Einwanderungsstopp verhängt hatte. Ein Drittel der Flüchtlinge erreichte die andere Seite des Ozeans nicht.

Kuba war ein besonders gastfreundliches Ziel für viele Canarios auf der Flucht vor den Nachwirkungen des Spanischen Bürgerkriegs, und noch heute sind sich die Kanarischen Inseln und Kuba sehr verbunden, sowohl auf Regierungs- als auch auf persönlicher Ebene.

Spanien unter Franco

In den 1930er-Jahren wurden die politische Linke und Rechte auf dem spanischen Festland zunehmend militanter, und die Angst vor einem Putsch wuchs. Im März 1936 beschloss die Regierung, General Franco, einen Veteranen aus den spanischen Kriegen in Marokko und Liebling der erbarmungslosen spanischen Fremdenlegion, auf die Kanarischen Inseln zu „versetzen".

Der Verdacht, er sei in eine Intrige zum Sturz der Regierung verwickelt, war begründet. Als sich die Garnisonen von Melilla (spanische Stadt in Nordafrika), die für einen Staatsstreich waren, am 17. Juli vorzeitig erhoben, war Franco bereit. Nachdem er die Inseln praktisch ohne Gegenwehr eingenommen hatte (der prorepublikanische Kommandant der Garnison von Las Palmas starb am 14. Juli unter mysteriösen Umständen), flog Franco am 19. Juli nach Marokko. Es hatte zwar auf den Inseln praktisch keine Gegenwehr gegeben, trotzdem machten sich die Nationalisten unverzüglich daran, jeden, auf dem auch nur der Hauch eines Verdachts der Sympathie für die Republik lag, festzunehmen. Darunter waren Schriftsteller, Künstler, Lehrer und Politiker, die allesamt auf rätselhafte Weise verschwanden.

Das wirtschaftliche Nachkriegselend auf dem spanischen Festland war auch auf den Inseln zu spüren, und so wanderten weiterhin viele Canarios aus. Im Zweiten Weltkrieg schmiedete Winston Churchill einen

1971

Im Oktober geschieht auf La Palma der bisher letzte Vulkanausbruch auf dem Archipel. Der Vulkan Teneguia ist drei Wochen lang aktiv, und sein Lavastrom lässt am Südende der Insel neues Land entstehen.

1977

Am 27. März kommt es auf dem Flughafen von Teneriffa am Boden zur Kollision zweier Passagierflugzeuge. Bei der bisher schwersten Katastrophe der zivilen Luftfahrt kommen beinahe 600 Menschen ums Leben.

1983

Gemäß der neuen Verfassung, die 1987 in Madrid verabschiedet wurde, werden die Kanarischen Inseln im August dieses Jahres zur *comunidad autónoma* (autonomen Region) erklärt.

1993

Die Coalición Canaria (CC) wird gegründet und arbeitet eng mit der spanischen Regierung zusammen.

Plan zur Invasion der Kanarischen Inseln (der aber nie in die Tat umgesetzt wurde), um sie als Marinestützpunkt zu nutzen, falls Gibraltar von Spanien angegriffen werden sollte. Zur gleichen Zeit wurden auch die Exporte nach Europa, mit Ausnahme von Spanien, eingestellt.

Tourismus, „Nationalismus" & aktuelle Ereignisse

Francos Beschluss, Spaniens Tore für nordeuropäische Touristen zu öffnen, erwies sich für die Kanaren als ebenso profitabel wie für das Festland. Heutzutage strömen das ganze Jahr über Millionen Urlauber auch auf die Kanarischen Inseln.

In Auflehnung gegen Franco flackerte der schon immer latent vorhandene Nationalismus auf den Kanaren erneut auf. Der MPAIC (Movimiento para la Autodeterminación e Independencia del Archipiélago Canario), 1963 von Antonio Cubillo gegründet, um eine Abspaltung von Spanien zu erwirken, begann Ende der 1970er-Jahre mit Terroranschlägen, darunter auch 1976 die Bombardierung eines Einkaufszentrums in Las Palmas de Gran Canaria. Es gab zudem Bombendrohungen gegen den Flughafen, und manche glauben, eine Kette von Ereignissen, darunter das Abschalten des Flugkontrollzentrums auf der Suche nach einer Bombe, hätte möglicherweise zum schlimmsten Flugunglück der Geschichte beigetragen, als 1977 zwei Flugzeuge vom Typ Boeing 747 auf dem Rollfeld zusammenstießen und 583 Menschen in den Tod rissen. Cubillo entwischte den spanischen Behörden und floh in den 1960er-Jahren nach Algerien, durfte jedoch 1985 nach Spanien zurückkehren.

1978 verabschiedete Madrid eine neue Verfassung, in der die Dezentralisierung als eine Grundsäule verankert war. So wurden die Kanarischen Inseln im August 1982 zur *comunidad autónoma* (autonomen Region) erklärt, blieben aber weiterhin in zwei Provinzen unterteilt.

Die politische Haupttreibkraft auf den Kanarischen Inseln ist seit ihrem ersten regionalen Wahlsieg 1993 die Coalición Canaria (CC). Die CC kämpft zwar nicht für eine Unabhängigkeit von Spanien (was auch ziemlich aussichtslos wäre), stellt aber dennoch die Interessen der Inseln vor die nationalen Erwägungen.

Die Zuwanderung aus Afrika und anderen Teilen der Welt hat das Populationsbild der Kanaren im letzten Jahrzehnt drastisch verändert und die Inselbewohner gezwungen, ihr Verhältnis zum afrikanischen Kontinent neu zu überdenken. In den letzten 18 Jahren haben die Inseln die Kooperation mit Afrika zur obersten Priorität gemacht und ca. 17 Mio. € in Bildung, Gesundheitswesen und Infrastruktur in Afrika investiert, vor allem in Verkehrs- und Kommunikationsverbindungen zum afrikanischen Kontinent.

Lektüre zu den Kanarischen Inseln

Die Geschichte der Kanarischen Inseln (José M. Castellano Gil)

Notes from the Canary Islands (Camilla Lenning; engl.)

The History of the Discovery and Conquest of the Canary Islands (George Glas; engl.)

The White Indians of Nivarra (Gordon Kennedy; engl.)

2007 Im Observatorio del Roque de los Muchachos auf La Palma, einem der besten Orte für astronomische Beobachtungen in der nördlichen Hemisphäre, nimmt das größte Teleskop der Welt die Arbeit auf.

2011 Nachdem mehr als 8000 Kleinbeben verzeichnet werden, die einen Vulkanausbruch befürchten lassen, werden die Einwohner von El Hierro evakuiert.

2012 Etwa 50 Tage lang wüten schwere Waldbrände auf La Gomera. 8 % der Inselfläche, darunter auch Teile des Parque Nacional de Garajonay, werden von den Flammen in Mitleidenschaft gezogen.

2015 Repsol verwirft seine umstrittenen Pläne, 50 km vor den Küsten von Fuerteventura und Lanzarote nach Öl zu bohren.

Inselküche

Die typisch kanarische Küche dreht sich um einfache, frische Zutaten, die möglichst naturbelassen zubereitet werden: gegrillter Fisch mit pikanter Kräutersoße, schrumpelige gekochte Kartoffeln mit Salzkruste, saftiges gegrilltes Ziegenfleisch, Tomatenscheiben mit Olivenöl und frisch gepflücktes Obst zum Dessert. Im Laufe der Jahre wurden die traditionellen kanarischen Gerichte von der Küche des spanischen Festlands und sogar von südamerikanischen Spezialitäten beeinflusst, und so sind einzigartige regionale Versionen fremder Rezepte entstanden.

Typisches & Spezialitäten

Das traditionelle Hauptnahrungsmittel, auch bekannt als *pan de los Canarios* (Brot des kanarischen Volkes), ist *gofio,* ein einzigartiges Canario-Produkt mit einem zugegebenermaßen etwas gewöhnungsbedürftigen Geschmack. *Gofio* ist eine geröstete Mischung, die entweder aus Weizen, Gerste oder heute meistens Mais besteht. Sie ist schon lange ein wesentlicher Bestandteil der traditionellen kanarischen Ernährungsweise, auch wenn heutzutage Brot genauso in jedem Haushalt vorzufinden ist – und noch häufiger in Restaurants. Das Mischungsverhältnis von *gofio* ist stets unterschiedlich; es wird z.B. zum Frühstück serviert oder zusammen mit Mandeln und Feigen zu Süßspeisen verarbeitet. Ganz Abenteuerlustige können auch *gofio*-Eiscreme oder sogar *gofio*-Likör probieren. Man bekommt es im Supermarkt oder direkt von den wenigen noch existierenden Mühlen.

Wie auch auf dem spanischen Festland sind das Essen und Trinken in Gesellschaft ein wesentlicher Bestandteil des hiesigen Lebensstils. Die Einheimischen fahren, ohne mit der Wimper zu zucken, extra kilometerweit zu einem neuen, angesagten Restaurant oder einer Tapas-Bar, besonders zum sonntäglichen Mittagessen, das man hier gern auswärts einnimmt.

Das am häufigsten anzutreffende kanarische Gericht sind *papas arrugadas* (schrumpelige Kartoffeln), die mit Unmengen von Salz gekocht und mit einer Variante von *mojo* (würzige Soße aus Koriander, Basilikum oder rotem Chilipfeffer) serviert werden. Es gibt zahllose Variationen dieser Soße, mit der von Hühnerschenkeln bis hin zu Käse so gut wie alles gewürzt wird. Sie macht absolut süchtig.

Von den vielen Suppen und Eintöpfen, die es hier so gibt, ist die *potaje de berros* (Brunnenkressesuppe) wirklich typisch kanarisch. Auch empfehlenswert ist *ropa vieja,* ein Kichererbseneintopf, der üblicherweise aus allen möglichen Resten zubereitet wird, und *rancho canario,* eine herzhafte Brühe mit dicken Nudeln und ein paar Fleisch- und Kartoffelbrocken.

Fleisch spielt eine wichtige Rolle in der kanarischen Küche. Auf den Speisekarten ist oft Rind und Lamm zu finden, aber diese Fleischsorten werden für gewöhnlich importiert. Da lohnen sich die Spezialitäten der Insel eher: Schwein, Kaninchen und vor allem Ziege.

Marktfrische Zutaten

Die altbewährten Grundnahrungsmittel der Inseln sind Bananen und Tomaten, aber die Märkte bieten heutzutage eine große Vielzahl an Obst- und Gemüsesorten an. Der Besuch mindestens eines Marktes gehört unbedingt zu jedem Urlaub dazu. Sie sind wahre Feuerwerke für die Sinne mit saisonalen Produkten wie dicken, dunklen Feigen (aufgeschnitten, sodass man das rote Fruchtfleisch sieht), Bündeln duftender Petersilie und Minze, Sträußen aus leuchtend orangefarbenen Karotten, riesigen goldgelben Papayas und Strängen aus dicken, weißen Knoblauchknollen.

Die Märkte eignen sich auch prima für ein schlichtes Picknick. Einfach etwas frisch gebackenes Brot kaufen und es mit Käse aus der Region belegen, der hier meist aus Ziegenmilch hergestellt wird. Die hiesigen Käsesorten sind berühmt, besonders der köstliche Majorero auf Fuerteventura - ein absolutes Muss für jeden Käsefan.

Lateinamerikanische & spanische Einflüsse

Die kanarische Küche hat der Neuen Welt viel zu verdanken, denn einige ihrer Grundzutaten, wie Kartoffeln, Tomaten und Mais, stammen ursprünglich aus Südamerika. Auch exotischere Gaumenfreuden, wie Avocados und Papayas, kamen von dort, während die süßen Mangos den Weg aus Asien hierherfanden. In den Tälern sowie in den Regalen der Supermärkte sind alle drei zu finden.

Es gibt auch einige klassische spanische Gerichte, wie Paella (Safranreis mit Hühnchen und Kaninchen oder mit Meeresfrüchten - am köstlichsten mit frischen Meeresfrüchten), Tortilla (Omelette), Gazpacho (kalte Tomatensuppe, meist nur im Sommer erhältlich), verschiedene *sopas* (Suppen) und *pinchos morunos* (Grillspieße).

Traditionelle Süßspeisen & Desserts

Die Canarios sind wahre Naschkatzen. Zu den bekannteren Desserts gehören *bienmesabe* (ein dicker, klebriger Brei aus Mandeln, Eigelb, Zimt und Zucker - Zuckerschockgefahr!), *frangollo* (eine Mischung aus Maisgrieß, Trockenobst, Milch und Honig), *bizcochos lustrados* (Biskuit) und *truchas de batata* (süße Kartoffelpäckchen).

Unbedingt eine Kostprobe wert sind die *quesadillas* aus El Hierro - dieses käsige Zimtgebäck (manchmal auch mit Anis) wird hier schon seit dem Mittelalter gebacken. *Morcillas dulces* (süße Blutwürste) mit Trauben, Rosinen und Mandeln sind eine eher sonderbare Erfindung. Am ehesten mit den Mince Pies zu vergleichen, die es in Großbritannien zu Weihnachten gibt.

Papas arrugadas sind Kartoffeln, die in stark gesalzenem Wasser gekocht werden, sodass das Salz an der Schale haften bleibt. Dazu verwendet man *papas antiguas* (alte Kartoffeln), die von den ersten Sorten abstammen, die im 15. Jh. aus Amerika importiert wurden. Ob man es je schafft, das Rezept zu Hause nachzukochen? Schwierig, denn die Kartoffeln werden ausschließlich hier angebaut – vorwiegend auf der Insel Teneriffa.

Esszeiten & -gewohnheiten

Das Frühstück *(desayuno)* ist meistens eine sehr schnörkellose Angelegenheit mit Saft, Kaffee oder Tee, Müsli oder *gofio* und Toast mit Schinken oder Käse. In den *Churrerías* gibt es köstlich ungesunde, frittierte, spiralförmige *churros* (Krapfen) und dazu oft eine Tasse dickflüssige, heiße Schokolade.

Wer eher auf Schinken und Eier zum Frühstück steht, wird in den von Engländern betriebenen Bars fündig. Die meisten Hotels bieten auch ein warmes sowie kaltes Frühstücksbüfett an.

Zur wirklich ernsthaften Angelegenheit wird das Essen dann ab dem Mittagsmahl (*la comida* genannt oder, weniger gebräuchlich,

MENÚ DEL DÍA

Das *menú del día* ist eine tolle Sache für Reisende auf den Kanarischen Inseln wie auch auf dem spanischen Festland. Es handelt sich um ein festes Menü, das in den meisten Restaurants zu Mittag und gelegentlich auch abends erhältlich ist. Üblicherweise beginnt es mit einer Vorspeise (Salat, Suppe oder Pasta), gefolgt von einem Hauptgericht mit Fleisch, Fisch oder Meeresfrüchten und einem einfachen Nachtisch, der aus lokalen Spezialitäten oder spanischen Leibspeisen wie *flan* (Crème Caramel), *helado* (Eiscreme), einem Stück Obst oder auch nur aus einer Tasse Kaffee bestehen kann. Manchmal wird zusätzlich auch Wasser, ein Glas Wein oder ein kleines Schankbier serviert.

auch *elalmuerzo*). Die Kanarier essen zwar für gewöhnlich zu Hause im Kreis der Familie, aber zwischen 13 und 16 Uhr sind auch die Restaurants sehr gut besucht. In vielen Restaurants gibt es mittags ein *menú del día* zum Festpreis.

Das Abendessen zu Hause wird spät serviert, normalerweise gegen 20 Uhr. Restaurants öffnen meistens schon um 19 Uhr und haben bis 23 Uhr oder noch länger geöffnet, vor allem in den Touristenorten. Zu Hause essen die Einheimischen abends eher leichte Kost, aber am Wochenende und zu besonderen Gelegenheiten gehen sie gern auswärts schlemmen.

The New Spain – Vegetarian & Vegan Restaurants (Jean Claude Juston) – die Bibel für die Vegetarier und Veganer unter den Reisenden

Snacks sind ein wichtiger Bestandteil des kulinarischen Erbes Spaniens. Ein schneller Imbiss hilft, die Zeit bis zur nächsten Hauptmahlzeit zu überbrücken. Zu den Standardsnacks *(meriendas)* gehören Tapas und *bocadillos*. In der Regel sind sie eine eher trockene Angelegenheit mit einer Scheibe *jamón* (Schinken) und/oder *queso* (Käse) oder einem Stück *tortilla española* (Kartoffelomelette).

Getränke

Die Cafékultur gehört hier einfach zum Leben dazu, und es gibt keinen großen Unterschied zwischen Cafés und Bars, denn Kaffee und Alkohol sind so gut wie immer in beiden erhältlich. Bei den Bars gibt es verschiedene Arten wie *cervecerías* (Bierbars, in etwa vergleichbar mit einem Pub), *tabernas* (Wirtshäuser) und Bodegas (Weinlokale im traditionellen Stil).

Kaffee

Auf den Inseln wird im kleinen Maßstab auch Kaffee angebaut, vor allem im Agaete-Tal, das sich im Norden Gran Canarias befindet. Die Kaffeeauswahl ist groß:

Café con leche etwa 50 % Kaffee und 50 % heiße Milch
Sombra das Gleiche, aber mit mehr Milch
Café solo ein kleiner schwarzer Kaffee (oder Espresso)
Cortado ein Espresso mit einem Schuss Milch
Cortado de leche y leche Espresso mit Kondens- und normaler Milch
Barraquito ein etwas größerer *cortado*
Café con hielo ein Glas Eis und eine Tasse heißer Kaffee, der über das Eis geschüttet wird

Wer sowohl Wein als auch körperliche Betätigung mag, kann den jährlichen Weinlauf auf Lanzarote ins Auge fassen. Er findet jeden Juni statt, und zur Wahl stehen eine 21 km lange (für Läufer) und eine 10 km lange Strecke (für Spaziergänger). Er führt durch die Weinregion der Insel und fällt mit einem traditionellen Lebensmittelfest zusammen.

Wein

Die lokale Weinproduktion ist eher überschaubar, aber es gibt doch ein paar gute Tropfen. Zu haben sind *blanco* (Weißwein), *tinto* (Rotwein) und *rosado* (Rosé). Die Preise variieren stark. Im Allgemeinen bekommt man das, wofür man bezahlt, und für etwa 10 € ist schon ein ganz anständiger Wein zu haben.

Einer der auf den Inseln verbreitetsten Weinsorten ist der *malvasía* (Malvasier, der dem Madeirawein ähnelt, der im portugiesischen Madeira hergestellt wird). Er ist meistens lieblich *(dulce)*, es gibt aber auch vereinzelte trockene *(seco)* Sorten. Besonders verbreitet ist er auf La Palma und Lanzarote.

Teneriffa ist der Hauptweinproduzent, und der rote Tacoronte Acentejo war der erste kanarische Wein, der das DO-Siegel erhielt (*denominación de origen;* eine Bezeichnung, die hohen Standard und regionale Herkunft bescheinigt). Das Siegel ist eines von vielen, mit denen die Qualität von Wein und Weintrauben reguliert und beurteilt wird. Andere ertragreiche Weingüter gibt es in den Gebieten von Icod de los Vinos, Güímar und Tacoronte auf Teneriffa. Auf Lanzarote ist Wein seit Anfang der 1980er-Jahre wieder in Mode, und Ende 1993 wurden die *malvasías* der Insel mit dem DO-Siegel ausgezeichnet.

Bier

Wer ein Bier *(cerveza)* bestellen möchte, fragt in der Regel nach einem *caña*, einem kleinen Schankbier (*cerveza de barril* oder *cerveza de presión*). Wer etwas Größeres möchte, bestellt ein *jarra*. Das Dorada, das in Santa Cruz de Tenerife gebraut wird, ist sehr süffig. Das auf Gran Canaria gebraute Tropical ist etwas leichter und hat sich den zweiten Platz verdient; auf den östlichen Inseln ist es die bevorzugte Biersorte. Es gibt ein oder zwei Mikrobrauereien auf den Inseln, aber die Zutatenbeschaffung stellt eine große Hürde für kleine Bierbrauer dar.

Branntweine

Neben den Importen vom spanischen Festland, wie dem *coñac* (Weinbrand) und einer Unzahl von *licores* (Likören), ist auch das lokale Feuerwasser eine Kostprobe wert, wenn man die Gelegenheit dazu hat. Empfehlenswert ist das *mistela* aus La Gomera, eine Mischung aus Wein, Zucker, Gewürzen und *parra* – einer lokalen Version des *aguardiente* (vergleichbar mit Schnaps oder Grappa). Insgesamt etwas leichter die Kehle hinunter läuft der Rum, der auf den Inseln hergestellt wird. Am beliebtesten ist dunkler Rum. Der süße Honigrum (*ron miel*) wird manchmal nach dem Essen gratis als *chupito* (stark alkoholisches Getränk) gereicht.

Kanarische Kunst & Kultur

Die Kanarischen Inseln gehören zwar zu Spanien, aber ihre Architektur, ihre Kunst und ihre gesamte Kultur unterscheiden sich durchaus ein bisschen von der des Festlands und lassen mehr als nur einen Hauch lateinamerikanischen Einflusses spüren. Alles in allem sind die Bewohner der Kanaren ein herzliches und freundliches Volk, dem Tradition, Familie und der Spaß im Leben sehr wichtig sind. Fiestas sind hier wunderbar ausgelassene Angelegenheiten – wer kann, sollte unbedingt eine miterleben.

Kunst

Architektur

Die meisten vermeintlich vorspanischen Bauwerke auf den Inseln sind entweder Nachbauten oder umfangreich restauriert werden – oder Teil eines Themenparks. Die Guanchen lebten überwiegend in Höhlen, und nur sehr wenige der von ihnen erbauten rudimentären Häuser sind noch erhalten. Allerdings gibt es einige interessante Stätten auf Gran Canaria. Die Menschen sprechen zwar oft von der „typisch kanarischen Architektur", aber im Laufe der Jahrhunderte sind so viele verschiedene Einflüsse dazugekommen, dass eine genaue Zuordnung sehr schwierig ist. Auch ist es nicht unüblich, dass ein Gebäude mehr als eine architektonische Stilrichtung aufweist.

Architektur von César Manrique

Jameos del Agua, Malpaís de la Corona, Lanzarote

Parque Marítimo, Santa Cruz de Tenerife

Fundación César Manrique, Tahiche, Lanzarote

Mirador del Río, Lanzarote

Kolonialzeit

Die Kolonialarchitektur ist ein gutes Beispiel für dieses Potpourri an Einflüssen und weist Elemente spanischer, portugiesischer, französischer, flämischer, italienischer und englischer Architekturstile auf. Als die Eroberung der Inseln Ende des 15. Jhs. abgeschlossen war, gehörten die Einflüsse aus der Gotik und dem Mudéjarstil (eine markante islamische Stilrichtung in der Architektur) bereits eher der Vergangenheit an. Nichtsdestotrotz ist das Innere der Catedral de Santa Ana in Las Palmas ein schönes Beispiel für den Stil, den Kunsthistoriker auch als „atlantische Gotik" bezeichnen. Der faszinierende Einfluss der Mudéjar-Architektur zeigt sich auf den Inseln nur vereinzelt. Meist schlägt er sich in prächtigen Holzdecken nieder, die unter dem Begriff *artesonado* bekannt sind.

Einen leisen Eindruck des Platereskenstils (das Wort bedeutet etwa „silberschmiedartig" und verweist darauf, dass das Aussehen an aufwendige Metallarbeiten erinnert) vermitteln die Catedral de Santa Ana in Las Palmas und die Iglesia de Nuestra Señora de la Concepción in La Laguna – Letztere ist ein echtes Referenzwerk unterschiedlicher Stilarten von Gotik über Mudéjar bis hin zum Platereskenstil. Auch der Barock, der charakteristische Stil des 17. Jhs., hinterließ Spuren auf der Inselgruppe, die am besten erhaltenen in der Gemeindekirche von Betancuria auf Fuerteventura.

Einige der typischen Architekturelemente dieser Epoche sind die Innenhöfe und die wunderschönen geschnitzten Holzbalkone. Im historischen *barrio* (Stadtteil) Vegueta in Las Palmas de Gran Canaria sind einige hervorragende Beispiele zu sehen, ebenso wie an der Avenida Marítima in Santa Cruz de la Palma.

Moderne Architektur

Elemente des Modernismus sind entlang der Calle Mayor de Triana und in den Privathäusern des Stadtviertels Triana in Las Palmas de Gran Canaria zu finden.

Aber das größte Genie der modernen kanarischen Architektur ist der verstorbene César Manrique. Seine umweltbewussten Werke – oft aus Vulkangestein und anderen für die Kanaren typischen Materialien erbaut – sind überall auf den Inseln verstreut, aber vor allem auf Lanzarote, seinem Geburtsort, zu finden. Seine Designs sind so faszinierend, dass manche Urlauber ihre gesamte Reise um seine Werke herum planen.

Sinnbild der zeitgenössischen kanarischen Architektur ist die „Welle" von Santiago Calatrava, das multifunktionale Auditorio de Tenerife, das mit seinem unverkennbaren Profil einer Welle, die sich am Strand bricht, am Ufer von Santa Cruz de Tenerife thront. Las Palmas de Gran Canaria ist ein weiterer architektonischer Hotspot. Zu den interessanten architektonischen Werken gehören das Innere des Atlanic Modern Art Center von Sáenz de Oiza, das Auditorio Alfredo Kraus von Óscar Tusquets und der Woermann-Turm von Iñaki Ábalos und Juan Herreros.

Malerei & Bildhauerei

Für ihre relativ kleine Fläche besitzen die Kanarischen Inseln eine beachtliche Anzahl von Kunstmuseen, Open-Air-Skulpturen und Galerien. Die Wertschätzung erlesener Kunst scheint auch auf die allgemeine Bevölkerung übergesprungen zu sein, und Restaurants und Hotels hängen sich oftmals lieber Originalwerke einheimischer Künstler an die Wände als die ewig gleichen Picasso-Drucke.

Die Guanchen

Die Kunsttradition geht zurück bis zu den Guanchen, und es gibt einige herrliche Beispiele ihrer Höhlenmalereien, z.B. in der Cueva Pintada in Gáldar, Gran Canaria. Die meist geometrischen Zeichnungen der Guanchen haben einige der berühmtesten Künstler, wie Manolo Millares (1926–72), der aus Las Palmas de Gran Canaria stammt, und auch das Design von Souvenir-T-Shirts und Keramiken inspiriert. Die beliebteste Skulptur aus dieser Epoche ist das *Ídolo de Tara* auf Gran Canaria; eine kurvenreiche Frauenfigur und ein Kultbild der Guanchen, das häufig als Druck auf Textilien und in Form von Keramiknachbildungen zu finden ist.

Künstler des 17. bis 19. Jhs.

Gaspar de Quevedo von Teneriffa war der erste große Maler der Kanarischen Inseln, der im 17. Jh. in Erscheinung trat. Nach Quevedo folgte im 18. Jh. Cristóbal Hernández de Quintana (1659–1725), dessen Gemälde noch heute die Kathedrale in La Laguna auf Teneriffa zieren. Bedeutender war Juan de Miranda (1723–1805). Sein herausragendstes Werk, *La Adoración de los Pastores* (Die Anbetung der Hirten), schmückt die Iglesia de Nuestra Señora de la Concepción in Santa Cruz de Tenerife.

Im 19. Jh. tat sich Valentín Sanz Carta (1849–98) als einer der ersten kanarischen Landschaftsmaler hervor. Andere seiner Zunft waren Lorenzo Pastor und Lillier y Thruillé, deren Arbeiten im Museo de Bellas Artes in Santa Cruz de Tenerife ausgestellt sind.

Kunstvoll gestaltete Decken

- *Iglesia de Nuestra Señora de la Concepción, La Laguna, Teneriffa*
- *Iglesia de Santa Catalina, Tacoronte, Teneriffa*
- *Iglesia del Salvador, Santa Cruz de la Palma*
- *Iglesia de Santa María, Buenaventura, Fuerteventura*
- *Iglesia de Nuestra Señora de Rega, Pájara, Fuerteventura*

Star-Bildhauer

- *Eduardo Gregorio*
- *Plácido Fleitas*
- *Manolo Millares*
- *César Manrique*
- *Juan Bordes*

MARTÍN CHIRINO

Martín Chirino gilt weithin als einer der bedeutendsten spanischen Bildhauer des 20. Jhs. Er wurde 1925 in Las Palmas de Gran Canaria geboren und verbrachte als junger Mann viel Zeit in Afrika, unter anderem in Marokko und im Senegal, und diese Einflüsse spiegeln sich vor allem in einigen seiner früheren Werke wider. Chirinos riesige, überwiegend aus Bronze gefertigte Skulpturen sind auf allen Inseln zu finden, zum Beispiel *Espiral* (1999) in Santa Cruz de Tenerife, *El Pensador* (2002) auf dem Gelände der Universität von Las Palmas de Gran Canaria und die vielleicht am leichtesten zu entdeckende Skulptur, die *Lady Harimaguada* (1999) an der Avenia Marítima in Las Palmas de Gran Canaria.

Der Hauptvertreter des Impressionismus auf den Kanaren war Manuel González Méndez (1843–1909). Sein *La Verdad Venciendo el Error* (Die Wahrheit besiegt den Irrtum) hängt im *ayuntamiento* (Rathaus) von Santa Cruz de Tenerife.

Künstler des 20. Jhs.

Die Werke des kubanisch-kanarischen Künstlers José Aguiar García (1895–1976), dessen Eltern von La Gomera stammten, sind überall auf den Inseln zu sehen. Sein *Friso Isleño* (Inselfries) hängt im Casino in Santa Cruz de Tenerife.

Alle großen Strömungen der europäischen Kunst haben auch auf die Kanarischen Inseln abgefärbt. Unter den sogenannten Coloristas sind vor allem Francesco Miranda Bonnin (1911–63) und Jesús Arencibia erwähnenswert (1911–93), der das imposante Mauerbild in der Iglesia de San Antonio Abad in Las Palmas de Gran Canaria schuf.

Die erste Surrealismus-Ausstellung Spaniens fand am 11. Mai 1935 in Santa Cruz de Tenerife statt. Der bekannteste heimische Vertreter des Surrealismus, der Tinerfeño Óscar Domínguez (1906–57), zog 1927 nach Paris und wurde stark von Picasso beeinflusst. Zu den anderen Malern dieser Epoche zählt der Kubist Antonio Padrón (1920–68), dessen Werke in einem prächtigen Museum auf Gran Canaria, das früher sein Atelier war, ausgestellt sind.

Unter den abstrakten Künstlern führt Manolo Millares (1926–72) das Feld an. Der aus Gran Canaria stammende Alberto Manrique (geboren 1926; nicht verwandt mit César Manrique) hingegen arbeitet mit veränderten Perspektiven für dramatische, surreale Effekte. Eine Dauerausstellung seiner Arbeiten ist im Centro de Arte Canario in La Oliva auf Fuerteventura zu sehen.

Traditionelles (Kunst-) Handwerk

La Gomera & Teneriffa: Töpfer- und Korbwaren nach Art der Guanchen

Lanzarote & Gran Canaria: timples *(kleine Gitarren)*

El Hierro, La Palma & La Gomera: Webteppiche

Teneriffa: Vilaflor-Spitzenarbeit

Handwerk

Die Tradition des Kunsthandwerks ist auf den Kanaren tief verwurzelt, wobei sich die verschiedenen Inseln auf unterschiedliche Bereiche spezialisiert haben. Feine Spitzenarbeit und bestickte Tischdecken, Servietten und Tischwäsche sind überall auf dem Archipel zu finden, ganz besonders berühmt für ihre bestickten Kunstwerke sind aber Ingenio (Gran Canaria), Mazo (La Palma) und La Orotava (Teneriffa). Vorsicht vor chinesischer Importware, die vor allem auf Straßenmärkten als Ware aus lokaler Produktion angeboten wird. Echte Stücke lassen sich (neben der offensichtlichen Qualität) am Preis erkennen: Originale Stickarbeiten sind nicht billig, und ihr Preis spiegelt die Kunstfertigkeit und den Zeitaufwand bei der Herstellung wider. Die Preise befinden sich allerdings im Sinkflug, da heutzutage die Nachfrage nach diesen Produkten zurückgeht.

Etwas zeitloser sind einfache Webteppiche und -läufer (meistens gestreift und leuchtend bunt), die noch immer in mühevoller Kleinarbeit am Handwebstuhl gefertigt werden. Andere beliebte Souvenirs sind Flechtkörbe sowie dem Stil der Guanchen nachempfundene Töpferware, Keramiktöpfe und Strohhüte aller Größen und Formen.

Musik

Das Symbol des musikalischen Erbes der Kanaren ist das *timple*, eine Art Ukulele unbekannten Ursprungs, das vermutlich im 15. Jh. von Bersklaven auf die Inseln gebracht wurde. Das kleine Instrument hat fünf Saiten, einen runden Rücken (angeblich bestand die Originalversion der Berber aus einem Schildkrötenpanzer) und einen schrillen Klang.

Bei traditionellen Fiestas begleitet das *timple* Tänze wie den *isa* und den *folía* oder mit etwas Glück sogar den *tajaraste* – das ist wohl der einzige Tanz, der noch von den Guanchen stammen soll, und auf La Gomera ist er noch immer sehr beliebt.

Einen Einblick in die traditionelle kanarische Musik verschafft die Fernsehsendung „Tenderete", die schon seit 40 Jahren läuft. Sie ist sonntagabends auf TVE1 zu sehen.

Kultur

Regionalidentität

Es ist nicht leicht, die Bewohner und Traditionen von sieben Inseln zusammenzufassen. Eigenarten, Redewendungen, Küche, Architektur und Musik unterscheiden sich deutlich von Insel zu Insel, und es gibt große Rivalitäten (besonders zwischen den Schwergewichten Teneriffa und Gran Canaria). In einem sind sich aber alle einig: in ihrem Stolz, Kanarier zu sein, und ihrem Glauben, dass ihre einzigartige Geschichte und Kultur sie vom restlichen Spanien abheben. Die meisten Bewohner der Kanarischen Inseln besitzen zwar das klassisch mediterrane Aussehen der Spanier – dunkle Haare und Augen sowie olivfarbener Teint –, empfinden sich selbst allerdings gar nicht so sehr als Spanier.

Kurz nach dem landesweiten Wahlsieg der Sozialisten 1982 wurden die Kanarischen Inseln zur *comunidad autónoma* erklärt, einer von 17 autonomen Regionen in ganz Spanien. Ein paar lautstarke Canarios fordern sogar die vollständige Autonomie der Inseln – hier und da sind Graffitis wie *„Canarias no es España"* („Die Kanaren sind nicht Spanien") oder *„Godos fuera"* („Spanier, geht nach Hause!") zu entdecken.

Der Archipel ist nach wie vor in zwei Provinzen unterteilt, Santa Cruz und Las Palmas, und es herrscht nach wie vor eine große Rivalität zwischen den beiden Provinzen, die sogar so groß ist, dass die Regionalregierung Büros in beiden Provinzhauptstädten eingerichtet hat, sodass sich die beiden Städte alle vier Jahre als Regierungshauptstadt der Region abwechseln können.

Lebensart

Die größte Veränderung des kanarischen Lebensstils hat die Tourismusindustrie mit sich gebracht. Im Laufe von Jahrzehnten wurde aus einer

LOS SABANDEÑOS

Die beliebteste volkstümliche Musikgruppe, Los Sabandeños, besteht schon seit 1966. Damals tat sich eine Gruppe von Tinerfeños zusammen, um die kanarische Kultur der Inseln wiederzuentdecken und ihr zu neuer Popularität zu verhelfen. Es lässt sich kaum abschätzen, wie groß der Einfluss tatsächlich ist, den diese Gruppe aus fast 25 Männern (darunter auch ein paar Neuzugänge) auf die Inseln gehabt hat. Immerhin wurde ihnen zu Ehren eine Statue in Punta de Hidalgo auf Teneriffa errichtet, und es sind (der letzten Zählung zufolge) sieben Straßen nach ihnen benannt. Ihre CDs mit leichter, melodischer Musik sind überall zu kaufen. Empfehlenswert ist ihr Greatest-Hits-Album *60 Canciones de Oro* (2012).

STRASSENPARTYS AUF KANARISCHE ART

So gut wie jede Stadt feiert an irgendeinem Tag im Jahr ihr eigenes Fest, und im Sommer gibt es kaum ein Wochenende, an dem nicht irgendwo auf dem Archipel gerade eine *romería* stattfindet. Wörtlich bedeutet *romería* „Pilgerreise". Diese ganztägigen Fiestas haben zwar in der Regel tatsächlich religiöse Wurzeln, aber das Hauptaugenmerk liegt heutzutage eher auf dem Feiern als auf der Frömmigkeit. Die meisten Menschen tragen an diesem Tag traditionelle kanarische Tracht, und üblicherweise geht es mit einer Prozession los, gefolgt von Darbietungen mit traditioneller Musik und Tanz. Später geht man dann zu einer etwas moderneren Tradition über und trinkt den auf den Inseln gebrauten Rum mit Cola. So wird bis spät in die Nacht hinein auf den Straßen und Plätzen gefeiert.

überwiegend landwirtschaftlich geprägten Gesellschaft eine Gesellschaft, die zu großen Teilen von der Dienstleistungsbranche abhängig ist. Die traditionelle Lebensweise auf kleinen *fincas* (Bauernhöfen) oder in Fischerdörfern wurde durch die Arbeit im Tourismussektor verdrängt.

Während sich die Inseln um den Lückenschluss zwischen ihrer traditionellen ländlichen Lebensweise und dem schnelllebigen, modernen Lifestyle des restlichen Spaniens bemühen, lassen sich Probleme nicht vermeiden. Die Lebenshaltungskosten sind explodiert, und diejenigen, die früher von der traditionellen Landwirtschaft lebten, sind nun gezwungen, ihr Einkommen durch Jobs in der Tourismusindustrie aufzupolstern. Auch Bildung ist ein Thema. Da es auf den kleinen Inseln keine Universitäten gibt, müssen junge Menschen zum Studium nach Teneriffa oder Gran Canaria ziehen, was ein ohnehin schon strapaziertes Familienbudget ziemlich erschöpfen kann. Nach dem Studium verlassen viele Hochschulabsolventen ihre Geburtsinsel, um auf Teneriffa, Gran Canaria oder dem Festland bessere Jobs zu finden. So werden viele kanarische Familien zwangsläufig auseinandergerissen.

Der berühmte spanische Schauspieler Javier Bardem *(Eat Pray Love, Skyfall)* wurde in Las Palmas de Gran Canaria geboren. Ursprünglich wollte er Maler werden und studierte Kunst an der renommierten Escuela de Artes y Oficios in Madrid. Bardem begann seine Schauspielkarriere als Statist. Darauf folgten eine Karriere als Vollzeitschauspieler und die Ehe mit Penélope Cruz.

Trotzdem ist die Familie das Herzstück der kanarischen Kultur. Die großen Feste der Inseln werden oft gemeinsam mit der Familie gefeiert, und sogar aus Amerika reisen ehemalige Inselbewohner an, um Familie und Freunde wiederzutreffen. Auch bei den meisten religiösen und kulturellen Festen steht die Familie im Mittelpunkt. Heutzutage sind die Familien zwar kleiner als früher – ein bis zwei Kinder sind die Norm –, aber sie sind noch immer eine wichtige soziale Einheit. Wie auch sonst in Europa warten Paare heute allerdings länger, bevor sie heiraten und Kinder bekommen, und beweisen damit, dass die kanarische Kultur längst nicht mehr so traditionsgebunden ist, wie sie einst war.

Sport

Die Kanarischen Inseln sind ein ideales Ziel für Sportler. Ihr mildes, sonniges Klima, jede Menge Küste und der relaxte Outdoor-Lifestyle machen sie zum perfekten Ort für allerlei Aktivitäten. Da sie zu Spanien gehören, lässt sich nicht schwer erraten, was hier die Top-Sportart ist: Fußball. Die Kanarischen Inseln haben zwar eine regionale Fußballmannschaft, die aber nicht der FIFA, UEFA oder CAF angehört. International werden die Inseln von der spanischen Fußballnationalmannschaft vertreten. Die Inselmannschaft spielt nur Freundschaftsspiele.

Deutlich ungewöhnlicher ist der *lucha canaria* (kanarischer Ringkampf). Er geht angeblich auf die Guanchen zurück, ein besonders rüstiges und kriegerisches Volk, das Kraftprüfungen liebte: über Schluchten springen, sich aus schwindelerregenden Höhen ins Meer stürzen ... und eben diese charakteristische Form des Ringkampfs. Ein Mitglied jedes Teams tritt in einem Ring gegen einen Gegner an, und nach einer formellen Begrüßung und anderen Zeichen des guten Willens machen sie sich daran, den anderen in den Dreck zu werfen. Kein Körperteil außer den Fußsohlen darf den Boden berühren und wem das als Erstem misslingt, der verliert. Größe und Gewicht sind hierbei nicht entscheidend (auch wenn diese Jungs so bullig sind wie Rugby-Stürmer), sondern vielmehr das Geschick, mit dem die Kontrahenten einander packen und ihren Gegner in eine Position manövrieren, aus der er zu Fall gebracht werden kann.

Wann in der jeweiligen Gegend Wettkämpfe stattfinden, ist in den Touristeninformationen zu erfahren oder unter www.federacioncanariadeluchacanaria.com (nur auf Spanisch).

Immigration & Multikulturelles

Heutzutage nehmen die Kanarischen Inseln, die lange Zeit eine Auswanderungsregion waren, mehr Menschen auf, als sie „exportieren". Die Arbeitskräfte in den Hotel-, Restaurant- und Baubranchen sowie Migranten aus Nordeuropa auf der Suche nach Dauersonne – sie alle stärken die Einwohnerzahlen der Inseln. Über eine halbe Million Touristenbetten in Hotels, Apartments und Häusern auf den Inseln locken einen stetigen Zustrom von Touristen aus aller Welt, überwiegend aus Europa, an, von denen einige auf Dauer bleiben und sich hier ihren Lebensunterhalt verdienen.

Ein neueres Phänomen sind die Einwanderer aus Amerika. Viele von ihnen sind Nachkommen von Kanariern, die nach Venezuela oder in andere südamerikanische Länder ausgewandert waren und jetzt auf die Inseln ihrer Vorfahren zurückkehren.

In der Vergangenheit hatten die Kanarischen Inseln schwerwiegende Probleme mit illegalen Einwanderern, die in ganzen Scharen aus Afrika anrückten. In den letzten Jahren hat die Zahl der Boote mit illegalen Einwanderern drastisch abgenommen, doch die Kanarier sind sich der Situation nach wie vor bewusst. Es ist schwer zu sagen, wo Vorurteile mit hineinspielen, aber einige Touristen afrikanischer Herkunft haben sich über Diskriminierung beklagt, hauptsächlich in Geschäften und Restaurants und besonders in den südlichen Ferienorten Teneriffas.

Religion

Die katholische Kirche spielt eine wichtige Rolle im Leben der Menschen. Die meisten Canarios sind getauft und konfirmiert, lassen sich kirchlich trauen und beisetzen, und viele gehen an wichtigen Feiertagen zur Kirche – wenn auch weniger als die Hälfte der Bevölkerung regelmäßig die Sonntagsmesse besucht. Viele der farbenfrohen und oftmals wilden Feste, die über das Jahr verteilt stattfinden, haben einen religiösen Kontext oder Ursprung.

Namensgebung: Die Bewohner der Inseln

Gran Canaria *Grancanarios oder Canariones*

Teneriffa *Tinerfeños*

Lanzarote *Conejeros*

Fuerteventura *Majoreros*

La Gomera *Gomeros*

La Palma *Palmeros*

El Hierro *Herreños*

Das Leben auf einem Vulkan

Viele Menschen glauben, die Kanarischen Inseln bestünden im Grunde nur aus kontrastloser, nichtssagender Halbwüste. Manche Gegenden entsprechen zwar tatsächlich diesem Bild, doch jeder, der die Inseln kennt, schwärmt zugleich in den höchsten Tönen von den unglaublich vielfältigen Landschaften, den abwechslungsreichen Klimata und der breit gefächerten Flora und Fauna dieses einzigartigen Archipels.

Vulkanlandschaft

Die Entstehung der Inseln

Die sieben Haupt- und sechs Nebeninseln, aus denen der Archipel der Kanarischen Inseln besteht, sind nicht viel mehr als die Spitzen einer gewaltigen vulkanischen Gebirgskette, die unter der Oberfläche des atlantischen Ozeans liegt. Aus geologischer Sicht stecken die Inseln noch in den Kinderschuhen, denn sie entstanden erst vor 30 Millionen Jahren, als die tektonischen Platten aufeinanderprallten und sich die Landmassen sowohl auf dem Kontinent selbst (z. B. beim Atlasgebirge in Marokko) als auch auf dem Meeresgrund (z. B. bei den Kapverdischen Inseln, den Azoren und den Kanaren) zu gewaltigen Gebirgen auftürmten. Diese Atlantikinseln werden unter dem Sammelbegriff Makaronesien zusammengefasst. Nach ihrer ursprünglichen Entstehung gab eine Reihe von Vulkanausbrüchen dem Aussehen der Inseln den letzten Schliff.

La Palma ist vom Verhältnis ihrer Höhe in Bezug auf ihre Gesamtfläche die steilste Insel der Welt.

Die Inseln heute

Die sieben Hauptinseln der Kanaren umfassen eine Gesamtfläche von 7447 km². Sie sind vielleicht nicht sehr groß, besitzen dafür aber so gut wie jede nur vorstellbare Landschaftsform, von den langen Sandstränden auf Fuerteventura und den Dünen von Gran Canaria bis hin zu den majestätischen Atlantikklippen auf Teneriffa und den nebelverhangenen Wäldern auf La Gomera. Auf den östlichsten Inseln finden sich Wüstenlandschaften, die beinahe an die Sahara erinnern, wohingegen es auch ausgesprochen grüne Ecken auf La Palma und La Gomera gibt. Der höchste Berg nicht nur der Inseln, sondern ganz Spaniens ist der Pico del Teide (3718 m), der über Teneriffa thront.

Bücher über die Wildnis

Whales and Dolphins of the Canary Islands (Volker Boehlke; engl.)

Native Flora of the Canary Islands (Miguel Angel Cabrera Perez; engl.)

The Geology of the Canary Islands (Juan Carlos Carracedo & Valentin Troll; engl.)

A Field Guide to the Birds of the Atlantic Islands (Tony Clarke; engl.)

El Teide & die anderen

El Teide, die riesige Pyramide mitten im Herzen von Teneriffa, ist mit 3718 m der höchste Berg Spaniens – und von seinem eigentlichen Fuß auf dem Meeresgrund aus gemessen der drittgrößte Vulkan der Welt. Der Teide ist ein sogenannter Schildvulkan: Er ist riesig und steigt wie ein breiter, leicht gewinkelter Kegel bis zu einem Gipfel mit steilwandigem Krater mit flachem Grund an. Zwar wirkt der Teide sehr friedlich, er ist aber keineswegs bereits erloschen.

Manchmal flimmern um seinen Gipfel herum kleine Schwaden heißer Luft. Wo die Magma relativ flüssig ist, kann der Dampfdruck so groß werden, dass durch einen schmalen Schacht Lava oder Asche oder auch

CUMBRE VIEJA & DER MEGATSUNAMI

Auf der Insel La Palma – genau, gar nicht weit weg von dem Strand, an dem man gerade liegt – steht der Cumbre Vieja (Alter Gipfel). 1949 gab es hier eine Reihe von Vulkanausbrüchen, die einen 2,5 km langen Erdspalt entstehen und so die Westseite des Cumbre Vieja um etwa 2 m nach Westen abrutschen ließen.

Experten zufolge ist es nur eine Frage der Zeit, bis der Cumbre Vieja erneut ausbricht, und einige fürchten, dass sich dann bis zu 1,5 Billionen Tonnen Felsgestein in den Atlantik ergießen könnten. Der daraus resultierende Tsunami wäre bis zu 600 m breit und würde sich mit etwa 1000 Stundenkilometern voranbewegen. So würde er innerhalb von sechs Stunden die Ostküste der USA erreichen (und die Küsten von Afrika und Europa noch viel früher). Bis dahin wären die Wellen des Tsunamis 30 bis 60 m hoch, könnten sich aber, sobald sie flachere Gewässer erreichen, bis zu mehreren Hundert Metern auftürmen. Eigentlich erstaunlich, dass bisher noch kein Hollywoodregisseur diese Theorie verfilmt hat. Immerhin würden die Wellen um die 25 km weit ins Landesinnere vordringen und die Küsten der Karibik sowie Nordamerikas zerstören.

Wie groß ist die Wahrscheinlichkeit, dass das passiert? Tja, da scheiden sich die Geister, aber es gibt Stimmen – wenn auch nur wenige –, die behaupten, dieses Ereignis stünde unmittelbar bevor. Also lieber schnell noch einen Cocktail schlürfen!

beides hinausgeschleudert werden. Ist der Druck groß genug, kann es vorkommen, dass der gesamte Schaft weggesprengt wird.

Schon andere Vulkane auf den Inseln sind auf diese Weise buchstäblich in die Luft gegangen. Solch gewaltige Explosionen können dazu führen, dass ein kompletter Gipfel einstürzt und ein riesiger Krater herausgesprengt wird. Das Ergebnis wird Caldera genannt. In ihr können neue Kegel und somit Vulkane im Vulkan entstehen. Auf Gran Canaria gibt es mehrere imposante Calderas, die beeindruckendste ist die Caldera de Bandama. Die gewaltige Caldera de Taburiente auf La Palma gehört allerdings nicht zu dieser Gruppe geologischer Phänomene, auch wenn das lange Zeit angenommen wurde.

Den besten Eindruck von dem Grollen, das unter der Oberfläche der Kanarischen Inseln herrscht, bekommt man heutzutage auf Lanzarote. Hier brodeln die Montañas del Fuego noch immer eifrig vor sich hin, auch wenn die letzten Ausbrüche 1824 stattfanden. Von den übrigen Inseln haben Fuerteventura, Gran Canaria, La Gomera und El Hierro schon seit Jahrhunderten keinen einzigen vulkanischen Rülpser mehr von sich gegeben. Auf Teneriffa gab es 1909 ein relativ harmloses Spektakel, und der jüngste Ausbruch auf den Kanaren fand auf La Palma statt, als der Volcán Teneguía 1971 Feuer spie.

Wilde Tiere

Kanarienvögel, Wale & andere Tiere

Es gibt Wildtiere auf den Kanaren, aber in der Regel sind sie eher klein und scheu und bleiben ungeschulten Augen meistens verborgen. Echsen und Vögel sind die größten Tiere, die man hier zu Gesicht bekommt – in manchen Fällen sind sie tatsächlich ziemlich groß, wie die Riesenechse von El Hierro, die bis zu 50 cm lang werden kann. Es gibt etwa 200 Vogelarten auf den Inseln, darunter aber viele, die aus Afrika und Europa hier eingeführt wurden. Fünf Arten sind auf den Kanaren endemisch: die Lorbeertaube, Bolles Lorbeertaube, der Teydefink, der Kanaren-Zilpzalp und der Kanarenschmätzer. Und ja, von hier stammen auch die Kanarienvögel, deren wilde Verwandte allerdings viel unauffälliger gefärbt sind als die beliebten Käfigvögel.

Wer große Tiere sehen möchte, wird hier nur im Ozean fündig. Die Wasserstraße zwischen Teneriffa und La Gomera ist ein traditioneller

Futterplatz für ganze 26 Walarten, und während ihrer Wanderung kommen auch noch andere Arten hier vorbei. Am häufigsten sind Grindwale, Pottwale und Große Tümmler zu beobachten.

Nature Trek (www.naturetrek.co.uk) ist ein Reiseveranstalter mit Sitz in Großbritannien, der auf die Beobachtung wilder Tiere spezialisiert ist. Er bietet eine achttägige Entdeckungstour zu den einheimischen Tieren und Pflanzen der Kanarischen Inseln an.

Walbeobachtung ist hier ein großes Geschäft, und jedes Jahr fahren 800 000 Menschen mit Booten aufs Meer, um die Riesen zu sehen. Die Beobachtung von Meeressäugern ist per Gesetz geregelt. Boote dürfen nicht näher als 60 m an die Tiere heranfahren, und auch die Anzahl von Booten, die den Herden gleichzeitig folgen dürfen, ist begrenzt. Das Gesetz versucht auch, Praktiken wie die Nutzung von Sonar- und anderen Geräten zum Anlocken der Wale zu verbieten. Vier kleine Patrouillenboote bemühen sich, diese Aktivitäten im Auge zu behalten. Wer einen Walbeobachtungsausflug unternehmen möchte, sollte sich daher an ein renommiertes Unternehmen wenden.

Neben den majestätischen Meeressäugern beherbergt der Ozean viele andere Lebensformen. In den Gewässern um die Kanarischen Inseln tummeln sich mehr als 500 Fischarten. Besonders gut lassen sie sich bei einem Tauchgang bestaunen – oder aber lecker zubereitet auf dem Teller in einem Meeresfrüchterestaurant.

Pflanzen

Der nährstoffreiche vulkanische Boden der Inseln, die unregelmäßigen Niederschlagsmengen und die gewaltigen Höhenunterschiede bringen eine überraschend vielfältige Pflanzenwelt zutage, darunter sowohl heimische als auch eingeführte Arten. Etwa 2000 Arten finden sich auf den Kanarischen Inseln, darunter 700 endemische. Nur der Wassermangel bremst die Vielfalt dieser überwiegend subtropischen Umgebung, die sonst sicher noch üppiger wäre. Trotzdem kommen Botaniker hier ganz auf ihre Kosten, und es gibt zahlreiche botanische Gärten, in denen unzählige Beispiele der einheimischen Flora zu bestaunen sind.

Das vielleicht wichtigste pflanzliche Ökosystem der Kanaren ist der Parque Nacional de Garajonay auf La Gomera. Er beherbergt einen der letzten Tertiärwälder der Welt und ist ein UNESCO-Welterbe. Der wunderschöne Wald, der unter dem Namen *laurisilva* bekannt ist, birgt Lorbeerbäume, Stechpalmen, Linden und riesiges Heidekraut sowie zahlreiche Flechten und Moose und ist oftmals in Nebelschwaden gehüllt.

Hoch oben im großen vulkanischen Becken des Parque Nacional Del Teide auf Teneriffa ist der Star unter den botanischen Attraktionen der farbenprächtige *tajinaste rojo,* auch Wildprets Natternkopf *(Echium wildpretii)* genannt, der bis zu 3 m hoch werden kann. Jeden Frühling

LAND DER RIESEN

Die heutzutage bekanntesten heimischen Tiere der Kanaren sind die Riesenechsen, die noch immer an verschiedenen Stellen zu finden sind. So beeindruckend sie auch sind, sind sie nichts im Vergleich zu den Tieren, die sich früher hier in den Hügeln herumgetrieben haben. Die aus Teneriffa stammende *Gallotia goliath* teilte sich die Inseln zwar nie mit dem Menschen, aber es gibt versteinerte Überreste, die zeigen, dass diese gigantische Echse gut einen Meter lang wurde. Im Museo de la Naturaleza y el Hombre auf Teneriffa sind Skelette und Abgüsse dieses Riesen zu sehen.

Neben diesen Echsen lebte hier auch eine Kreatur, die direkt aus einem Albtraum stammen könnte: Die Riesenratte von Teneriffa war eventuell fast 1 m lang (mit Schwanz) und wog ausgewachsen ca. 1 kg. Es gab sie sogar noch, als die Guanchen erstmals Teneriffa betraten, doch die Menschen und möglicherweise auch domestizierte Katzen machten diesen Monstern schnell den Garaus. Auch auf Gran Canaria gab es eine Riesenrattenart, die aber mit einer Länge von nur 25 cm vergleichsweise winzig war.

Vermutlich gab es einst auch eine Riesenschildkrötenart auf den Inseln.

DRACHENBÄUME: EINE LANGE, SCHATTENHAFTE VERGANGENHEIT

Zu den kurioseren Bäumen, die es auf den Kanarischen Inseln zu sehen gibt, zählt auch der *drago* (Drachenbaum; *Dracaena draco*). Er kann bis zu 18 m hoch und mehrere Hundert Jahre alt werden.

Es gab ihn schon vor der letzten Eiszeit, und er wirkt ungewöhnlich, beinahe urzeitlich. Seine Form erinnert an einen riesigen Blumenstrauß: Stamm und Äste bilden die Stängel, aus denen weiter oben Büschel von langen, schmalen silbrig-grünen Blättern sprießen. Je weiter die Pflanze (sie ist eigentlich gar kein Baum, auch wenn sie immer als einer bezeichnet wird) wächst, desto schwerer wird ihre Krone. Um mehr Stabilität zu erreichen, nutzt der *drago* eine geniale Methode: Er bildet Wurzeln an der Außenseite des Stamms, sodass schließlich ein zweiter, breiterer Stamm entsteht. Was den *drago* noch ungewöhnlicher macht, ist sein roter Saft bzw. sein rotes Harz, das natürlich als „Drachenblut" bekannt ist und traditionell als Arznei verwendet wurde.

Die Pflanze spielte einst eine wichtige Rolle auf den Kanarischen Inseln, denn unter den uralten Ästen eines *drago* kam der Adelsrat der Guanchen zusammen, um Recht zu sprechen.

Der *drago* gehört zu einer Familie aus 40 Arten *(Dracaena)*, die in den tropischen und subtropischen Zonen der Alten Welt das Eiszeitalter überlebt haben, und ist einer der letzten Vertreter der Pflanzenwelt aus dem Tertiär.

bildet er eine ganz außergewöhnliche, kegelförmige Spitze aus leuchtend roten Blüten und sieht dann aus wie ein riesiges, rotes Schüreisen. Nach der kurzen, spektakulären Blüte bleibt nichts als ein dürres, ausgetrocknetes, speerförmiges Skelett zurück, wie ein zerfledderter Fisch. Besser nicht anfassen: Jede Fischgräte besitzt Tausende winziger Härchen, die jucken wie Rosshaar!

Umweltfragen

Die Probleme

Wie auch auf dem spanischen Festland brachen in den 1960er-Jahren die ersten Wellen des Massentourismus über die friedlichen Küsten der Kanarischen Inseln herein. Die damalige Regierung witterte sofort das schnelle Geld, das die Sonnensucher in die Staatskassen bringen würden, und auch lokale Unternehmer sahen begeistert ihre Chance auf einen großen Reibach. Doch nur wenige dachten daran, welche Auswirkungen die Touristen und die wie Pilze aus dem Boden sprießenden Küstenferienanlagen auf die Umwelt haben würden.

Der nahezu unkontrollierte Bau und Ausbau der Ferienanlagen bis weit in die 1980er-Jahre hinein hat riesige Schandflecken entstehen lassen, vor allem an den Südküsten von Teneriffa und Gran Canaria. Wie Geschwüre haben sich Ferienvillen, Hotels und Eigentumswohnungen über weite Teile der Südküsten dieser beiden Inseln ausgebreitet. Doch das Problem ist nicht nur auf die Feriengebiete beschränkt – im Eilverfahren wurden und werden Städte und Dörfer durch Betonbauten vergrößert, sodass auch Teile des Landesinneren der Inseln zunehmend durch Bauträger und Spekulanten verschandelt werden.

Der gewaltige Besucherzustrom der letzten Jahrzehnte hat auch andere Probleme mit sich gebracht oder verschlimmert. Die Verschmutzung der Strände, Dünen und anderer Naturschönheiten, sowohl durch Fremde als auch durch Einheimische, ist nach wie vor ein heißes Eisen. Gelegentlich veranstalten Umweltschutzorganisationen riesige Müllsammelaktionen an Stränden und anderen Orten – lobenswerte Gesten, aber auch ein Beweis dafür, welche Ausmaße das Problem noch immer hat.

Eins der größten und beständigsten Probleme der Insel ist das Süßwasser oder vielmehr dessen Mangel. Wenig Niederschlag und kaum

Ein Tipp: die Bücher von David Bramwell. Der Kurator des Jardín Botánico Canario auf Gran Canaria ist eine Autorität auf dem Gebiet der Inselflora und hat zu diesem Thema bereits zahlreiche Bücher verfasst.

natürliche Quellen waren schon immer ein großes Hindernis für die Landwirtschaft, und Süßwasser ist nach wie vor Mangelware. Die Entsalzung scheint die einzige Lösung für die Kanaren zu sein. Auf Lanzarote und Fuerteventura ist inzwischen praktisch das gesamte Trinkwasser entsalztes Meerwasser.

Im Sommer sind Waldbrände die logischen Folgen der ständigen Wasserknappheit. Beinahe so regelmäßig wie die Jahreszeiten brennen jeden Sommer Hunderte Hektar Wald auf allen Inseln nieder – außer auf den Inseln Lanzarote und Fuerteventura, die ohnehin schon kahl sind.

Die Argumente

Die Inselverwaltungen stecken in einer Zwickmühle. Der Tourismus hat sich zu einer tragenden Säule der kanarischen Wirtschaft entwickelt, ohne die sie einfach nicht mehr auskommt. Angeblich fließen die Profite aus der Tourismusindustrie wieder der Gemeinschaft zu. Doch dies geschieht eher willkürlich und planlos, und schon lange wird nach einer regionaleren Planung verlangt – und noch dringlicher wird jedes Jahr ein Stopp der weiteren touristischen Erschließung gefordert. Ab und zu verhängen die einzelnen Inseln unabhängig voneinander tatsächlich kurzfristige Stopps. Doch manche Schäden, die im Laufe der Jahre entstanden sind, vor allem an der Küste, lassen sich nicht mehr beheben.

Wer sich am Meeresnaturschutz, besonders am Schutz der Wale, beteiligen möchte, kann sich an die Atlantic Whale Foundation (www.awf-volunteeringabroad.org) wenden, eine Gruppe, die Bildungsreisen, Freiwilligenarbeit und Umweltschutzkampagnen auf Teneriffa organisiert. Die Website ist eine wahre Goldgrube an Informationen.

Eins der heißesten Themen der letzten Jahre – der geplante Hafen von Granadilla im Südosten Teneriffas – liegt den Einwohnern, die sich um die Auswirkungen eines so riesigen Handelshafens auf die Umwelt sorgen, noch immer schwer im Magen. Ein anderes umstrittenes Vorhaben – vor den Küsten von Fuerteventura und Lanzarote nach Gas und Öl zu bohren – wurde glücklicherweise verworfen, allerdings erst, nachdem sich das Projekt durch Probebohrungen als unrentabel erwiesen hatte. Auf Fuerteventura wurde ein kontroverses Kunstprojekt – die Aushöhlung eines heiligen Bergs – von der Bevölkerung ebenfalls mit Besorgnis aufgenommen, jedoch hält die *cabildo* (Inselregierung) daran fest, dass dieses Vorhaben einen „hochwertigen Tourismus" und damit auch beträchtliche Mehreinnahmen mit sich bringen wird.

Eine Insel, die sich den Umweltschutz groß auf die Fahne geschrieben hat, ist El Hierro. Sie steht nach jahrelanger Planung der Regierung kurz davor, die erste Insel der Welt zu werden, die ihren gesamten Energiebedarf einzig und allein durch erneuerbare Quellen (Wind, Wasser und Solar) deckt. Der nächste Schritt auf dem Plan: El Hierro hat vor, bis 2020 sämtliche Fahrzeuge der Insel auf Elektroantrieb umzurüsten.

Praktische Informationen

Allgemeine Informationen

Arbeiten auf den Kanarischen Inseln

Bürger der EU, der Schweiz, Norwegens und Islands dürfen überall in Spanien (und damit auch auf den Kanarischen Inseln) ohne Visum eine Arbeit aufnehmen. Sofern sie aber über einen längeren Zeitraum als drei Monate dort bleiben wollen, wird von den Behörden verlangt, dass sie innerhalb des ersten Monats eine Aufenthaltskarte beantragen.

Praktisch alle anderen müssen sich zuerst eine Arbeitserlaubnis besorgen (bei einem spanischen Konsulat in dem Land, wo der eigene dauerhafte Wohnsitz ist) und, sofern sie länger als 90 Tage bleiben wollen, ein Aufenthaltsvisum. Jobs sind nicht schwer zu bekommen (vor allem in den Touristenorten), aber die Beschaffung der erforderlichen Papiere kann sich schwierig und zeitaufwendig gestalten.

Botschaften & Konsulate

Die Hauptbüros der Auslandsvertretungen der einzelnen Länder befinden sich in Madrid, es gibt aber auch ein deutsches Konsulat in Las Palmas de Gran Canaria.

Deutsches Konsulat (☎928 49 18 80; www.spanien.diplo.de; Calle Albareda 3, 2. OG)

Ermäßigungen

Ermäßigungen sind grundsätzlich nur bei Vorlage eines gültigen Lichtbildausweises erhältlich.

- Senioren haben vergünstigten Eintritt in verschiedene Museen und Attraktionen und gelegentlich auch vergünstigte Tarife in öffentlichen Verkehrsmitteln. Das Mindestalter liegt zwischen 60 und 65 Jahren.
- Schüler und Studenten zahlen in der Regel nur den halben Eintrittspreis, doch nicht überall werden Schüler- und Studentenausweise akzeptiert.
- Die jeweilige Touristeninformation vor Ort gibt Auskunft über Ermäßigungen beim Eintritt zu den örtlichen Sehenswürdigkeiten.

Feiertage

Es gibt mindestens 14 offizielle Feiertage im Jahr auf den Kanarischen Inseln. Fällt ein Feiertag nahe an ein Wochenende, nehmen die Einheimischen gern einen *puente* („Brücke", also Brückentag). Gelegentlich, wenn mehrere Feiertage nahe am selben Wochenende liegen, wird aus der *puente* auch mal ein *acueducto* (Aquädukt)!

Nachfolgend die wichtigsten Nationalfeiertage, die sowohl auf den Inseln als auch im restlichen Spanien begangen werden:

Año Nuevo (Neujahrstag) 1. Januar

Día de los Reyes Magos (Dreikönigstag) 6. Januar

Viernes Santo (Karfreitag) März/April

Fiesta del Trabajo (Tag der Arbeit) 1. Mai

La Asunción de la Virgen (Mariä Himmelfahrt) 15. August

Día de la Hispanidad (Nationalfeiertag) 12. Oktober

Todos los Santos (Allerheiligen) 1. November, wird auf Teneriffa groß gefeiert.

La Inmaculada Concepción (Mariä Empfängnis) 8. Dezember

Navidad (Weihnachten) 25. Dezember

Fünf weitere Feiertage werden von der Regionalregierung und zwei von Regionalräten bestimmt. Zu den üblichen Feiertagen zählen:

Martes de Carnival (Fastnachtsdienstag) Februar/März

Jueves Santo (Gründonnerstag) März/April

Día de las Islas Canarias (Tag der Kanarischen Inseln) 30. Mai

Día de San Juan (Johannistag) 24. Juni

Día de Santiago Apóstol (Fest des heiligen Apostels Jakobus, des Schutzpatrons von Spanien) 25. Juli. In Santa Cruz de Tenerife wird an diesem Tag gleichzeitig auch der Verteidigung der Stadt gegen Horatio Nelson gedacht.

Día del Pino (Tag der Kiefer) 8. September, ein wichtiger Feiertag auf Gran Canaria

Día de la Constitución (Tag der Verfassung) 6. Dezember

Frauen unterwegs

Es kommt tatsächlich viel seltener zu Belästigungen, als es das stereotype Bild Spaniens vermuten lassen würde, und das Land hat eine der niedrigsten Vergewaltigungsraten der Welt. Wenn Frauen dennoch in eine unangenehme Situation kommen, sind meistens nicht Einheimische dafür verantwortlich, sondern betrunkene nordeuropäische Rüpel in den großen Ferienanlagen der Inseln.

In Städten ist man hier und da schon mal mit unerwünschten Blicken, Pfiffen oder unnötigen Kommentaren konfrontiert. Die beste Reaktion darauf: einfach ignorieren (das verdirbt den Kerlen den Spaß), und nur keine Panik wegen der Rufe: Das *piropo* – ein harmloses, etwas kokettes Kompliment – ist tief in der spanischen Gesellschaft verwurzelt und gilt, wenn es gekonnt rübergebracht wird, sogar durchaus als galant.

Oben-ohne-Baden und knappe Kleidung sind in den Küstenorten ganz okay, aber anderenorts ist etwas mehr Anstand angebracht.

Geld

Die praktischste Methode, Geld mitzubringen, ist in Form einer Bank- oder Kreditkarte, und dazu ein bisschen Bargeld für Notfälle.

Geldautomaten

Auf den Kanarischen Inseln gibt es Banken im Überfluss, und so ziemlich jede von ihnen besitzt einen mehrsprachigen *cajeros automáticos* (Geldautomat). Wichtig: Bei Bargeldabhebungen an Geldautomaten im Ausland fällt in der Regel eine Gebühr von 2 bis 3 % an.

Bargeld

Auch bei Nutzung einer Kreditkarte muss man etwas Bargeld dabeihaben – Busfahrer und einige kleinere Restaurants und Geschäfte akzeptieren nämlich keine Kreditkarten.

Kreditkarten

Alle großen *tarjetas de crédito* (Kreditkarten) und Bankkarten werden in der Regel akzeptiert. Damit lässt sich an vielen Stellen bezahlen: in Tankstellen und größeren Supermärkten, die manchmal einen Ausweis sehen wollen, Hotels und Restaurants (wobei kleinere Hotels und Restaurants oft nur Bargeld nehmen).

Geldwechsel

Geldwechselstuben gibt es an den meisten Flug- und Seehäfen der Inseln. In Ferienanlagen und Städten, die viele Ausländer anlocken, sind sie leicht zu finden – meistens an dem Wort *cambio* (Geldwechsel) zu erkennen. In den meisten Fällen bieten sie längere Öffnungszeiten, schnellere Bearbeitung und günstigere Wechselkurse als Banken. Es ist sinnvoll, die Angebote zu vergleichen und immer von vornherein nach den Gebühren zu fragen, die von Wechselstube zu Wechselstube sehr unterschiedlich sein können. Außerdem sollte man sich bestätigen lassen, dass der Wechselkurs tatsächlich dem angegebenen entspricht. Eine Gebühr von 3 % ist üblich. Wechselstuben, die mit „Keine Gebühren" werben, machen die Differenz meistens durch einen deutlich ungünstigeren Wechselkurs wett.

Trinkgeld

Ein Tip ist nicht erforderlich, aber die meisten geben ein kleines Trinkgeld, wenn sie zufrieden waren. 5 % sind in der Regel in Ordnung, und 10 % gelten als großzügig. Gepäckträger freuen sich über 1 €. Taxifahrern muss man kein Trinkgeld geben, aber es ist durchaus nicht verkehrt, den Fahrpreis etwas aufzurunden.

Gesundheit

Medizinische Versorgung

Spanien besitzt ein ausgezeichnetes Gesundheitssystem, das auch die Kanarischen Inseln mit einschließt. Wer einen Krankenwagen benötigt, wählt ☎112 (die europaweite Notfallnummer für sofortige medizinische Hilfe). Es gibt noch eine alternative Notfallnummer, die ☎061. Oder man geht direkt zur *urgencias* (Notaufnahme) des nächstgelegenen Krankenhauses.

PREISSPANNEN BEI RESTAURANTS

Restaurants sind in diesem Buch zunächst nach Preis sortiert und dann innerhalb der jeweiligen Preiskategorie nach der Präferenz des Autors. Die folgenden Preisspannen beziehen sich auf ein Standardhauptgericht.

€ unter 10 €

€€ 10–20 €

€€€ über 20 €

Es ist sehr hilfreich nachfragen, ob auf der Außenterrasse ein Zuschlag anfällt – einige Lokale berechnen dafür 10 bis 15 % mehr.

PRAKTISCH & KONKRET

- **Währung** Euro
- **Gewichts- & Maßeinheiten** metrisch
- **Zeitungen & Zeitschriften** Zu den Lokalzeitungen gehören *Diario de Avisos, Canarias 7, La Provincia* sowie *Island Connections* (auf Englisch). Außerdem gibt es die spanischen Tageszeitungen *El País* und *El Mundo*, die ausländischen Zeitungen *International Herald Tribune, Hello!* und – in den Ferienanlagen der Inseln – sämtliche deutschen und britischen Boulevardzeitungen.
- **Radio** Radio Nacional de España hat vier Sender. Lokale UKW-Sender gibt es reichlich auf den Inseln, und BBC World Service (www.bbc.co.uk/worldservice) ist überwiegend auf den Frequenzen 6195 kHz, 9410 kHz, 12095 kHz und 15485 kHz zu empfangen.
- **TV** Die Kanaren empfangen die großen Fernsehkanäle des Festlands (TVE1, La 2, Antena 3, Cuatro, Tele 5, La Sexta) und besitzen ein paar eigene Sender, die aber nicht sonderlich interessant sind.
- **Rauchen** Per Gesetz ist das Rauchen in allen Bars und Restaurants verboten, ebenso wie in der Nähe von Krankenhäusern, auf Schulspielplätzen und in Fernsehsendungen.

Farmacias (Apotheken) wissen oftmals guten Rat und verkaufen auch rezeptfreie Medikamente. Auf den Kanaren gibt es das System der *farmacias de guardia* (Bereitschaftsapotheken), sodass zu jeder Zeit in jedem Bezirk eine Apotheke geöffnet hat. Ist eine Apotheke geschlossen, steht an der Tür der Name der nächstgelegenen geöffneten Apotheke vermerkt.

Der zahnmedizinische Versorgungsstandard ist in der Regel gut. Es ist jedoch sinnvoll, vor einer längeren Reise den eigenen Zahnarzt noch mal schnell draufschauen zu lassen.

Krankenversicherung

EU-Bürger haben über die Europäische Krankenversicherungskarte (EHIC, EKVK), die online, telefonisch oder schriftlich beantragt werden kann, Anrecht auf medizinische Versorgung zum selben Tarif wie auch Einheimische – und manchmal sogar kostenlos. Sie deckt allerdings keinen Notfall-Krankenrücktransport ab und ist auch kein Ersatz für eine Auslandsreiseversicherung.

Bürger anderer Länder sollten in Erfahrung bringen, ob eine gegenseitige Vereinbarung zur kostenlosen medizinischen Behandlung zwischen ihrem Land und Spanien besteht. Wer eine Krankenversicherung benötigt, sollte unbedingt eine Police in Betracht ziehen, die das schlimmstmögliche Szenario abdeckt, wie z. B. einen Notfall-Rücktransport nach Hause aufgrund eines schweren Unfalls. Am besten im Vorfeld erkundigen, ob die Versicherung die medizinische Behandlung direkt bezahlt oder ob man in Vorleistung treten muss und die Kosten später rückerstattet bekommt.

Höhenkrankheit

Bei Wanderungen über 2500 m (z. B. auf dem Teide auf Teneriffa) kann die Höhenkrankheit zum Risiko werden. Der Sauerstoffmangel in großen Höhen macht den meisten Menschen mehr oder weniger zu schaffen. Symptome einer akuten Höhenkrankheit treten meist innerhalb der ersten 24 Stunden in größeren Höhen auf, können sich aber manchmal auch erst innerhalb von drei Wochen zeigen. Zu den schwächeren Symptomen zählen Kopfschmerzen, Lethargie, Schwindel, Schlafbeschwerden und Appetitlosigkeit. Die Höhenkrankheit kann sich ohne Vorwarnung verschlimmern und sogar zum Tod führen. Zu den schwereren Symptomen zählen Atemnot, trockener Reizhusten, starke Kopfschmerzen und Gleichgewichtsstörungen.

Bei leichten Symptomen ist es sinnvoll, sich in der jeweiligen Höhenlage auszuruhen, bis es einem wieder besser geht. Meist reichen ein bis zwei Tage. Paracetamol oder Aspirin helfen gegen die Kopfschmerzen. Falls die Symptome schlimmer werden, ist ein sofortiger Abstieg wichtig: selbst 500 m können schon helfen.

Hitzeschäden

Zur Hitzeschäden kommt es durch extremen Flüssigkeitsverlust ohne entsprechende Zufuhr von Wasser und Salzen. Zu den Symptomen zählen Kopfschmerzen, Schwindel und Müdigkeit. Ein Flüssigkeitsmangel besteht bereits, sobald sich Durst einstellt – unbedingt so viel Wasser trinken, dass der Urin blass und verdünnt aussieht. Bei hitzebedingter Erschöpfung sollte der Flüssigkeitsmangel durch Wasser und/oder Fruchtsäfte ausgeglichen werden und der Körper mit kaltem Wasser und Zufächeln von Luft gekühlt werden.

Empfohlene Impfungen

Für die Einreise nach Spanien sind keine Impfungen vorgeschrieben. Die Weltgesundheitsorganisation (WHO) empfiehlt Reisenden jeglicher Herkunft jedoch einen Impfschutz gegen Diphtherie, Tetanus, Masern, Mumps, Röteln und Polio. Die meisten Impfstoffe bieten frühestens zwei Wochen nach der Impfung einen effektiven Schutz, der Besuch beim Arzt sollte also mindestens sechs Wochen vor Reiseantritt erfolgen.

Wasser

Beinahe das gesamte Leitungswasser auf den Kanarischen Inseln ist entsalztes Meerwasser. Es ist gefahrlos trinkbar, schmeckt aber nicht besonders gut, und die meisten Einheimischen kaufen Wasser in Flaschen, was überall billig zu bekommen ist. Im Zweifelsfall hilft die Frage *¿Es potable el agua (de grifo)?* (Ist das [Leitungs-] Wasser trinkbar?) weiter. Auf keinen Fall aus Seen trinken! Das Seewasser kann Bakterien oder Viren enthalten, die zu heftigem Durchfall oder Erbrechen führen.

Internetzugang

WLAN Verfügbar in den meisten Hotels und vielen Cafés, Restaurants und Flughäfen, meistens (wenn auch nicht immer) sogar kostenlos. Die Verbindungsgeschwindigkeit schwankt oft von Hotelzimmer zu Hotelzimmer, also am besten beim Einchecken nachfragen. Hotels mit WLAN sind in diesem Buch durch das Symbol 🛜 gekennzeichnet. Haben sie stattdessen ein öffentlich zugängliches Computerterminal, sind sie mit dem Symbol @ gekennzeichnet.

Internetcafés Hier und da gibt es noch das eine oder andere *cibercafe* – die Touristeninformation vor Ort weiß, wo. Die Stundenpreise dort liegen zwischen 2,50 und 4 €.

Öffnungszeiten

Die folgenden Regelöffnungszeiten gelten ausschließlich für die Hauptsaison. Außerhalb dieser Zeit sind sie meist kürzer.

Banken Mo–Fr 8.30–14 Uhr

Bars 19–0 Uhr

Geschäfte Mo–Fr 10–14 und 17–21, Sa 10–14 Uhr

Postämter Mo–Fr 8.30–20.30, Sa 9.30–13 (in größeren Städten); Mo–Fr 8.30–14.30, Sa 9.30–13 Uhr (überall sonst)

Restaurants Mahlzeiten werden von 13 bis 16 Uhr und dann wieder ab 19 Uhr serviert.

Supermärkte Mo–Sa 9–21 Uhr

Klima

Las Palmas de Gran Canaria

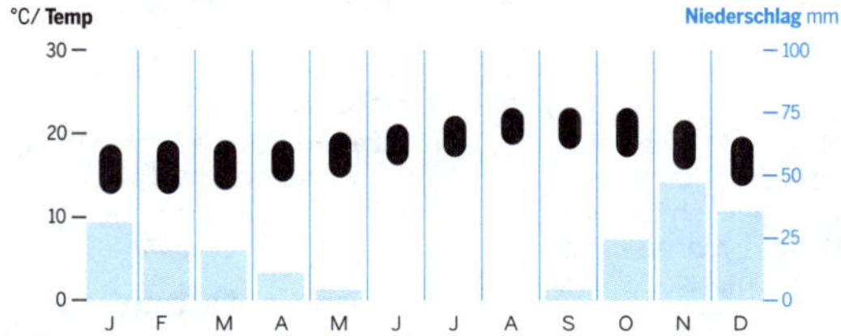

Puerto del Rosario

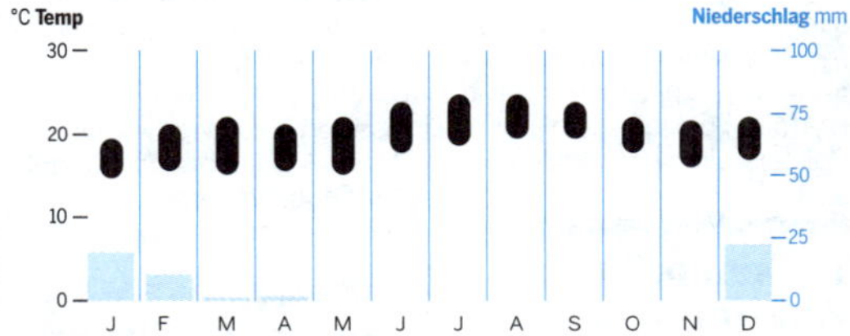

Santa Cruz de Tenerife

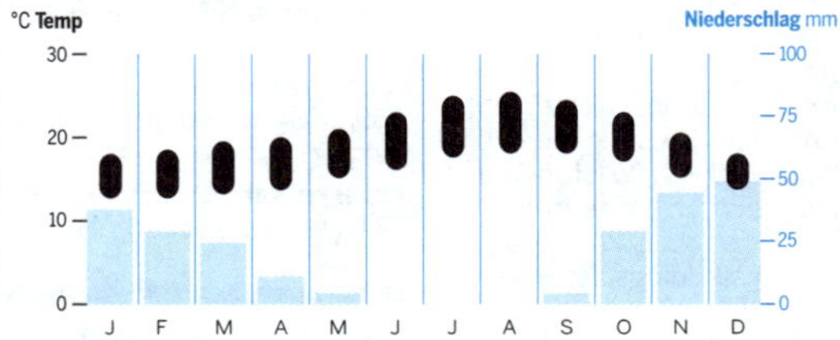

Rechtsfragen

Im Falle einer Verhaftung bekommt man kostenlos einen *abogado de oficio* (Pflichtverteidiger) zur Seite gestellt, der allerdings unter Umständen nur Spanisch spricht. Man hat ebenfalls Anrecht auf einen Telefonanruf. Nutzt man diesen, um seine Botschaft oder sein Konsulat zu kontaktieren, erreicht man meist nicht viel mehr, als dass man einen Anwalt genannt bekommt, der die eigene Sprache spricht. Kommt es zur Gerichtsverhandlung, sind die Behörden verpflichtet, einen Übersetzer zur Verfügung zu stellen, sofern der Angeklagte aussagen muss.

Theoretisch ist der Ausweis oder Pass jederzeit mitzuführen. Falls die Polizei danach fragt, muss man ihn an Ort und Stelle vorzeigen können. In der Praxis gibt es deswegen aber nur selten

Probleme, und viele Urlauber lassen ihren Pass lieber im Hotelsafe.

Die *policía* ist im Wesentlichen in drei Körperschaften gegliedert: die Policía Local, die Policía Nacional und die Guardia Civil. Braucht man Hilfe und muss daher die Polizei kontaktieren, dann ist es eigentlich egal, an welche der drei man sich wendet. Allerdings sind die Polizisten der Policía Local meistens am hilfreichsten.

Die Regierung der Kanarischen Inseln hat eine gebührenfreie Telefonnummer eingerichtet (☎112), über die in Notfällen die jeweils nächste Polizeistelle alarmiert wird.

Reisen mit Behinderung

Leider haben es Urlauber mit Behinderung auf den Kanarischen Inseln nicht gerade besonders leicht. Die meisten Restaurants, Geschäfte und Sehenswürdigkeiten sind nicht auf Rollstuhlfahrer eingerichtet. Die teureren unter den Unterkünften haben allerdings Zimmer, deren Ausstattung den Bedürfnissen von Rollstuhlfahrern angepasst sind. Die Nutzung öffentlicher Verkehrsmittel mit dem Rollstuhl ist schwierig, aber (mit Vorwarnzeit) ist bei internationalen Autovermietungen ein behindertengerechter Wagen zu bekommen.

Es ist überhaupt sinnvoll, vieles im Voraus zu klären. Schon der Reiseveranstalter kann unter Umständen spezielle Informationen und Hilfestellung anbieten. In den großen Städten des Archipels, wie Las Palmas und Santa Cruz, haben einige Gebäude (z. B. Museen oder Regierungsbüros) Braille-Beschriftungen in den Fahrstühlen und speziell strukturierte Böden vor Treppen, aber das war's auch schon. Gehörlose etwa wurden bei der Gestaltung der öffentlichen Infrastruktur praktisch nicht beachtet.

Mobilitätshilfenverleih

Mobility Abroad (www.mobilityabroad.com) Alteingesessenes Unternehmen mit Zweigstellen auf Gran Canaria, Lanzarote und Teneriffa

Orange Badge (☎922 79 73 55; www.orangebadge.eu) Verleiht Rollstühle und Elektromobile auf Teneriffa

Organisationen

Society for Accessible Travel & Hospitality (www.sath.org; 347 Fifth Ave, Ste 605, New York, NY, USA) Schwerpunkt der Arbeit dieser Organisation sind zwar vor allem die USA, man bekommt hier aber auch verschiedene allgemeine Informationen.

Reiseagenturen

Verschiedene Anbieter sind auf Reisende mit Behinderung spezialisiert, beispielsweise die folgenden:

mare nostrum (☎030 45026454; www.mare-nostrum.de)

runa reisen (☎05204 / 922 78 0; www.runa-reisen.de)

Schwule & Lesben

Iin Spanien und somit auch auf den Kanarischen Inseln ist die Homo-Ehe legal. Playa del Inglés und Maspalomas auf der Südseite Gran Canarias sind die beliebtesten Kanarenziele für schwule und lesbische europäische Urlauber, und nachts herrscht hier das ganze Jahr über Partystimmung. Tagsüber sind die FKK-Strände sehr beliebt.

In Bezug auf die sexuelle Orientierung haben die Spanier im Allgemeinen eine Leben-und-leben-lassen-Mentalität, sodass Urlauber auf den Kanarischen Inseln keinerlei Probleme haben dürften. In kleineren ländlichen Orten könnten allzu offenherzige Zuneigungsbekundungen zwischen Paaren des gleichen Geschlechts allerdings etwas anecken.

Canarias Gay (www.canariasgay.com) Suchmaschine für schwulenfreundliche Ferien auf den Inseln

Gamá (www.colectivogama.com) Schwulen- und Lesbenvereinigung, die den gesamten Archipel abdeckt

Pink Canaries (www.pinkcanaries.com) Schwulen- und Lesbenvereinigung mit Sitz auf Teneriffa. Hier gibt's Informationen zu Clubs, Restaurants und zu schwulenfreundlichen Unterkünften.

Sprachkurse

Besonders Teneriffa ist für seine Spanisch-Sprachkurse bekannt. Auch in Las Palmas de Gran Canaria gibt es verschiedene Sprachschulen.

Canarias Cultural (www.canarias-cultural.com; Santa Cruz de Tenerife; einwöchiger Intensivkurs 145 €) Eine Vielzahl von Teil- und Vollzeitkursen

Don Quijote (www.donquijote.org; Puerto de la Cruz, Teneriffa; ⏲einwöchiger Intensivkurs 175 €) Landesweite Organisation, die Privat- und Gruppenunterricht sowie einen zweiwöchigen Kurs für Menschen ab 50 Jahren (530 €) anbietet

Galfir (www.galfir.com; La Laguna, Teneriffa; einwöchiger Intensivkurs 140 €) Bietet auch kulturelle Aktivitäten in Kombination mit Spanischunterricht an, z. B. kanarische Kochkurse (zwei Wochen 360 €) oder Salsatanz (376 €)

Gran Canaria School of Languages (Karte S. 48; ☎928 26 79 71; www.grancanariaschool.com; Calle Dr Grau Bassas 27; einwöchiger Intensivkurs 170 €) Das Spracheninstitut ist schon seit über 40 Jahren im Geschäft und hat einen ausgezeichneten Ruf. Auch eine Unterbringung ist möglich.

Study Abroad International (www.studyabroadinternational.com) Verschiedene Auslandsstudienprogramme auf Gran Canaria und auf Teneriffa

Strom

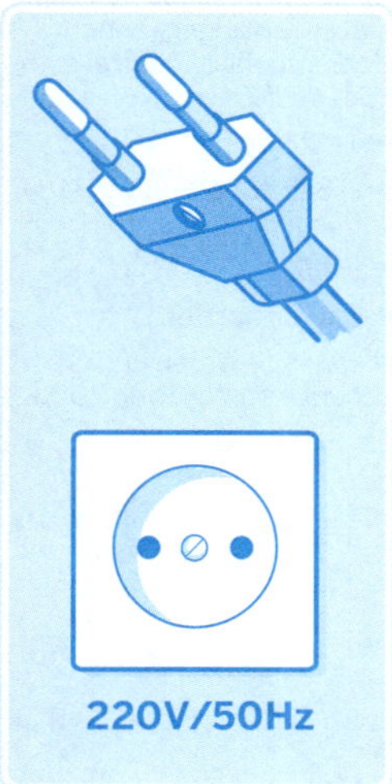

Telefon

Handys

Wer ein GSM-, Dual- oder Tribandhandy besitzt, kann auf den Kanaren SIM- und Prepaidkarten kaufen.

Alle spanischen Telefonanbieter (darunter Orange, Vodafone und Movistar) bieten Prepaidkonten für Mobiltelefone an. Die Karten lassen sich dann in den jeweiligen Shops oder Outlets der Anbieter, z. B. in Supermärkten oder Tabakläden, aufladen.

Die Kanaren nutzen GSM 900/1800, das mit dem restlichen Europa kompatibel ist.

Vorwahlen

Handynummern Beginnen mit ☎6

Internationale Vorwahl ☎00

Landesvorwahl der Kanarischen Inseln ☎34 (wie auch für Spanien)

Ortsvorwahlen der Inseln Gran Canaria, Lanzarote und Fuerteventura ☎928; Teneriffa, La Gomera, La Palma und El Hierro ☎922

Landesweite gebührenfreie Telefonnummer ☎900

Telefonkarten

Telefonkarten gibt es in Tabakläden, Zeitungskiosks und *locutorios* (privaten Callcentern) zu kaufen. Es gibt eine endlose Vielfalt an Telefonkarten, jede mit eigenem Gebührenmodell. Welche Karte die richtige ist, hängt davon ab, wohin man telefonieren möchte.

Toiletten

Öffentliche Toiletten gibt es nur wenige, und sie sind auch nicht sehr einladend. Lieber in eine Bar oder ein Café gehen und die dortigen sanitären Einrichtungen nutzen. Höflicherweise sollte man vorher oder nachher einen Kaffee o. Ä. trinken, aber auch wenn man das nicht tut, wird man nur selten schief angeschaut. Allerdings gibt es in einigen Lokalen in beliebten Touristengegenden schon mal Schilder, die darauf hinweisen, dass die Toiletten nur für Gäste sind.

Der umsichtige Reisende hat unterwegs immer etwas Toilettenpapier dabei, denn auf vielen Toiletten ist keins zu finden. Wenn neben der Toilette ein Mülleimer steht, sollte man das Toilettenpapier etc. dort hineinwerfen – der Eimer steht nämlich vermutlich dort, weil die Kanalisation überlastet ist.

Touristeninformation

In allen großen Städten auf den Kanarischen Inseln gibt es eine Touristeninformation, die in der Regel mit guten Karten und Informationen über die Gegend dienen kann. Die kanarische Regierung bietet zwar auch regionale und inselspezifische Informationen auf ihrer hervorragenden Website www.turismodecanarias.com an, für die Touristeninformationen selbst sind aber die *cabildos* (Inselregierungen) oder *ayuntamientos* (Rathäuser) zuständig.

Versicherung

Eine Auslandsreiseversicherung, die Diebstahl, Schäden und medizinische Versorgung sowie Reiseverzögerungen oder den Reiserücktritt abdeckt, ist sinnvoll. Bezahlt man sein Reiseticket per Kreditkarte, ist oft eine begrenzte Reiseunfallversicherung inbegriffen, und man kann sein Geld zurückfordern, wenn der Anbieter seinen Pflichten nicht nachkommt. Eine weltweite Auslandsreiseversicherung ist unter www.lonelyplanet.com/travel-insurance erhältlich. Kauf, Verlängerung und Forderungen sind jederzeit online möglich – selbst wenn man bereits unterwegs ist.

Visa

Spanien gehört zu den 26 Teilnehmerstaaten des Schengener Abkommens, in dessen Rahmen sich 22 EU-Länder (alle außer Bulgarien, Kroatien, Zypern, Irland, Rumänien und Großbritannien) sowie Island, Lichtenstein, Norwegen und die Schweiz zum Verzicht auf Grenzkontrollen bereit erklärt haben. Staatsbürger oder Einwohner der EU-Länder und Schengenstaaten brauchen bei der Einreise nach Spanien kein Visum. Sie müssen auch keine *tarjeta de residencia* (Aufenthaltskarte) beantragen, aber es wird eine Aufenthaltsgenehmigung erforderlich, sobald die Aufenthaltsdauer 90 Tage überschreitet.

Zeit

Die Kanarischen Inseln nutzen die Greenwich Mean Time (GMT/UTC). Im Sommer kommt aufgrund der Sommerzeit eine Stunde hinzu. Die Inseln liegen in derselben Zeitzone wie Großbritannien, Irland und Portugal und eine Stunde hinter Spanien, Deutschland und den meisten Ländern Europas. Die Sommerzeit beginnt am letzten Sonntag im März. Dann werden die Uhren um eine Stunde vorgestellt. Am letzten Sonntag im Oktober werden sie wieder um eine Stunde zurückgestellt.

Im Schriftgebrauch wird zwar die 24-Stunden-Zeitangabe verwendet, im Sprachgebrauch ist jedoch meist die 12-Stunden-Zeitangabe gebräuchlich.

Zollbestimmungen

Die Kanarischen Inseln gehören zwar zu Spanien, in Zollfragen gelten sie jedoch nicht als Teil der EU. Aus diesem Grund sind die Freibeträge wesentlich niedriger als auf Güter, die in EU-Staaten gekauft wurden. Folgende Güter dürfen Besucher maximal in den angegebenen Höchstmengen zollfrei ein- oder ausführen:

- 4 l Stillwein
- 1 l Spirituosen (oder 2 l Likörwein)
- 16 l Bier
- 200 Zigaretten
- sonstige Waren und Geschenke im Wert von 200 €

Verkehrsmittel & -wege

AN- & WEITERREISE

Auf die Kanarischen Inseln zu gelangen ist ein Kinderspiel. Jede Menge Billigflieger aus ganz Europa sind dorthin unterwegs, vor allem aus Deutschland, Großbritannien und natürlich aus Spanien selbst. Flüge, Überfahrten und Bahntickets können online unter www.lonelyplanet.com/bookings gebucht werden.

Einreise

Bürger der meisten EU-Staaten, darunter Deutschland und Österreich, sowie der Schweiz benötigen zur Einreise auf die Kanarischen Inseln nur ihren Ausweis.

Laut Gesetz ist der Ausweis oder Pass auf den Kanaren jederzeit mitzuführen, für den Fall, dass die Polizei ihn sehen möchte. In der Praxis gibt es deswegen allerdings nur selten Ärger. Man kann statt der Originaldokumente auch eine Kopie mitführen. Eins dieser Dokumente (als Original, nicht in Kopie) muss bei der Buchung eines Hotelzimmers vorgelegt werden.

Flugzeug

Flughäfen & Fluglinien

Alle Flughäfen Spaniens nutzen die benutzerfreundliche Website und die Fluginformations-Hotline von **Aena** (☎902 404704; www.aena.es), der nationalen spanischen Flughafenbehörde.

Alle sieben kanarischen Inseln besitzen Flughäfen. Fast alle internationalen Direktflüge sowie Flüge vom spanischen Festland landen auf Teneriffa, Gran Canaria, Lanzarote, Fuerteventura und zunehmend auch auf La Palma. Die Flughäfen der übrigen Inseln sind überwiegend auf die Verbindungsflüge innerhalb des Archipels ausgerichtet.

Folgende Flughäfen bedienen den internationalen Flugverkehr:

Fuerteventura liegt 6 km südlich der Hauptstadt Puerto del Rosario.

Gran Canaria liegt 16 km südlich von Las Palmas.

Lanzarote liegt 6 km südwestlich der Hauptstadt Arrecife.

Tenerife Norte (Los Rodeos) wickelt so gut wie alle Flüge zwischen den Inseln untereinander sowie die meisten Flüge zum spanischen Festland ab.

Tenerife Sur (Reina Sofía) wickelt die übrigen Linienflüge und so gut wie alle Charterflüge auf die Insel ab.

Dutzende Fluggesellschaften, darunter viele, von denen man vielleicht noch nie gehört hat, bieten Flüge auf die Kanarischen Inseln an. Direktflüge zu Städten in Marokko, Senegal, Mauretanien, Gambia und – vielleicht am interessantesten – in der westlichen Sahara sind mit **Binter Canarias** (☎902 391392; www.bintercanarias.com) möglich.

Übers Meer

Fast jeder Besucher reist auf dem Luftweg auf die Kanarischen Inseln. Die einzige Alternative (vom Schwimmen mal abgesehen) ist eine Fähre vom spanischen Festland aus.

Die Überfahrt mit dem Schiff ist nicht billig; ein einfacher Platz auf einem Schiff kostet ungefähr genauso viel wie ein Flug vom Festland aus auf die Kanaren. Bei Buchung einer Kabine kostet die Schiffsreise sogar drei- bis viermal so viel wie ein Flug – und sie dauert fast zehnmal so lange!

Trasmediterránea (☎902 454645; www.trasmediterranea.com) Verkehrt wöchentlich zwischen Cádiz auf dem spanischen Festland und Santa Cruz de Tenerife (48 Std.), mit Stopps auf Lanzarote (31 Std.) und Las Palmas de Gran Canaria (39 Std.).

Naviera Armas (☎902 456500; www.navieraarmas.com) Verkehrt wöchentlich zwischen Huelva auf dem spanischen Festland und der Insel Lanzarote (27 Std.) sowie zwischen Huelva und Las Palmas de Gran Canaria (32 Std.) und Santa Cruz de Tenerife (36 Std.).

UNTERWEGS VOR ORT

Auto & Motorrad

Auf den Kanaren ist ein Mietwagen sehr sinnvoll. Busse sind toll für Fahrten zwischen Ballungsgebieten, aber wer kleinere Städte besichtigen möchte, muss unter Umständen den ganzen Tag auf den nächsten Bus warten. Wirklich ausgiebig erkunden lassen sich die Inseln nur mit einem eigenen fahrbaren Untersatz – es sei denn, man kann es sich leisten, in jedem *pueblo* (Dorf), an dem man vorbeikommt, immer gleich den ganzen Tag und die folgende Nacht zu verbringen.

Das eigene Auto mitbringen

Sofern man sich nicht auf den Inseln niederlassen will, lohnt es sich nicht, das eigene Auto mitzubringen. Die Transportkosten auf einer Fähre von Cádiz auf dem spanischen Festland sind hoch, und die Kosten für ein Mietauto auf den Inseln liegen deutlich unter den in den meisten EU-Ländern üblichen Preisen. Die wenigen Besucher, die tatsächlich den eigenen Wagen mitbringen, brauchen Zulassungspapiere und einen Internationalen Versicherungsschein (oder eine Grüne Versicherungskarte). Dieser Schein ist bei der eigenen Kfz-Versicherung zu bekommen.

Führerschein

EU-Führerscheine (und auch Schweizer Führerscheine) sind auf den Kanaren gültig. Andernfalls braucht man einen internationalen Führerschein, wobei Führerscheine aus Ländern wie Australien, Kanada, Neuseeland und USA normalerweise auch akzeptiert werden.

Ein Führerschein ist für jedes Fahrzeug mit mehr als 50 ccm erforderlich.

Treibstoff

Gasolina (Benzin) ist auf den Kanarischen Inseln viel billiger als anderswo in Spanien, weil es nicht so hoch besteuert wird. *Sin plomo* (bleifrei) und *diesel* sind überall erhältlich, meistens in je zwei Ausführungen.

Die Preise sind von Tankstelle zu Tankstelle leicht unterschiedlich, und sie schwanken auch je nach Ölpreis, den Vorgaben der Organisation erdölexportierender Länder (OPEC) und der Steuerpolitik. Die meisten Tankstellen akzeptieren die gängigen Kreditkarten.

An manchen Tankstellen gibt es Tankwarte, die das Tanken übernehmen, an anderen muss man selbst Hand anlegen.

Mietwagen

Auf den Kanarischen Inseln sind alle großen internationalen Autovermietungen sowie jede Menge lokaler Anbieter vertreten. Um ein Auto zu mieten, ist ein Führerschein erforderlich, man muss mindestens 21 Jahre alt sein und – zumindest bei den großen Unternehmen – eine Kreditkarte besitzen. Kleinere Unternehmen verzichten manchmal auf Letzteres.

Die Mietwagenfirmen auf den Kanaren haben ein seltsames System, was das Nachtanken angeht. Der Mietwagen wird mit vollem und voll berechnetem Tank übergeben (plus einer Bearbeitungsgebühr). Zurück gibt man den Wagen mit leerem Tank, da man ja für die Tankfüllung gezahlt hat – abzüglich dessen, was sich noch im Tank befindet, und zuzüglich einer weiteren Bearbeitungsgebühr. Es ist eine ärgerliche Prozedur, aber viele Unternehmen werden sie an und lassen auch nicht mit sich diskutieren.

Wer länger auf einer der Inseln bleiben möchte, für den lohnt es sich, im Voraus ein Auto zu buchen, zum Beispiel im Rahmen eines Fly-&-Drive-Angebots. Eine Vorabreservierung ist auch in der Hochsaison oder auf den kleineren Inseln empfehlenswert, wo es nicht so viele Mietwagen gibt.

Generell dürfen Mietwagen nicht ohne die ausdrückliche Genehmigung des Verleihunternehmens von einer Insel zur anderen überführt werden. Die Ausnahme ist hierbei die Überfahrt von Fuerteventura nach Lanzarote und zurück – die meisten Autovermietungen erlauben hier die Mitnahme des Mietwagens, und in manchen Fällen kann man ihn sogar

UNGEFÄHRE ÜBERFAHRTSDAUER AUF DEN HAUPTFÄHRROUTEN

VON	NACH	DAUER
Agaete (Gran Canaria)	Santa Cruz de Tenerife	1½ Std.
Arrecife (Lanzarote)	Las Palmas de Gran Canaria	8 Std.
Las Palmas (Gran Canaria)	Morro Jable (Fuerteventura)	2–3 Std.
Playa Blanca (Lanzarote)	Corralejo (Fuerteventura)	30 Min.
Las Palmas (Gran Canaria)	Santa Cruz de Tenerife	2½ Std.
Los Cristianos (Teneriffa)	San Sebastián de la Gomera	45 Min.
Los Cristianos (Teneriffa)	Valverde (El Hierro)	3 Std.
Playa Blanca (Lanzarote)	Corralejo (Fuerteventura)	30 Min.
Santa Cruz de la Palma	Los Cristianos (Teneriffa)	3½ Std.

auf der einen Insel mieten und auf der anderen Insel zurückgeben.

Avis (☎902 180854; www.avis.es)

Cicar (☎928 82 29 00; www.cicar.com) Sehr angesehenes lokales Unternehmen mit Büros auf allen Inseln. Cicar gehört zur Cabrera-Medina-Gruppe und bietet dieselben Konditionen und Tarife an.

Europcar (☎902 503010; www.europcar.es)

Goldcar (☎902 119726; www.goldcar.es) Spanisches Unternehmen mit sehr günstigen Preisen – unbedingt das Kleingedruckte nach versteckten Zusatzkosten durchforsten!

Versicherung

Eine Kfz-Haftpflichtversicherung ist eine Mindestvoraussetzung auf den Kanarischen Inseln (wie auch in ganz Europa). Unbedingt darauf achten, inwiefern man haftbar gemacht werden kann, wie hoch der Selbstbehalt ist und wovon man im Falle eines Unfalls oder eines Schadens am Mietfahrzeug befreit ist. Zu den weiteren Nebenkosten, die beim Mieten eines Wagens anfallen (einige davon optional), gehören die Schadenersatzverzichtklausel bei Kollisionen, die Versicherung weiterer Insassen sowie 5 % allgemeine indirekte Steuern an die Kanarischen Inseln (IGIC). Eine europäische Pannenhilfepolice, etwa über den ADAC, ist eine sinnvolle Investition. Beim eigenen Versicherer kann man sich auch ein europäisches Unfallberichtsformular besorgen, was die Dinge im Falle eines Unfalls vereinfachen kann. Wichtig: Beim Fahren auf unbefestigten Straßen erlischt in der Regel der Versicherungsschutz.

Verkehrsvorschriften

Der maximal erlaubte Blutalkoholwert beim Fahren liegt bei 0,5 ‰, und es werden stichprobenweise Atemalkoholkontrollen durchgeführt. Ist der erlaubte Wert überschritten, wird ein Bußgeld fällig, und es kann innerhalb von 24 Stunden der Führerschein eingezogen werden. Ausländer ohne festen Wohnsitz auf den Kanaren müssen an Ort und Stelle bezahlen (mit einem Nachlass von 30 % bis 50 % auf den Gesamtbetrag). Sich auf mangelnde Sprachkenntnisse zu berufen, bringt nichts – der Verkehrspolizist hat eine Liste mit Verstößen und Bußgeldern in jeder beliebigen Sprache parat. Wer nicht zahlt oder keinen Einheimischen als Bürgen dabei hat, muss damit rechnen, dass sein Fahrzeug beschlagnahmt wird.

Gesetzliches Mindestalter zum Führen eines Kraftwagens 18 Jahre

Gesetzliches Mindestalter zum Führen eines Motorrads & -rollers 16 (ab 80 ccm aufwärts) bzw. 15 (bis max. 50 ccm) Jahre, Führerschein erforderlich

Motorradfahrer müssen zu jeder Zeit die Scheinwerfer eingeschaltet haben und bei Motorrädern mit mehr als 125 ccm einen Helm tragen.

Kreisverkehr Fahrzeuge, die sich bereits im Kreisverkehr befinden, haben immer Vorfahrt.

Fahrbahnseite Man fährt auf der rechten Seite der Straße.

Tempolimits In bebauten Gebieten: 50 km/h. 100 km/h auf größeren Straßen und bis zu 120 km/h auf *autovías* (Autobahnen).

Bus

Auf den Kanarischen Inseln heißt ein Bus *guagua*, „ua-ua" ausgesprochen. Wer schon mal in Lateinamerika unterwegs war, dem wird der Begriff geläufig sein. Man wird aber auch verstanden, wenn man nach *autobuses* fragt.

Jede Insel hat ihr eigenes Busnetz zwischen den größeren Städten. Auf die eine oder andere Art gelangt man damit zu den meisten Hauptzielen, aber in vielen Fällen gibt es nur wenige Verbindungen pro Tag.

Die größeren Inseln Teneriffa und Gran Canaria haben ein beeindruckendes öffentliches Verkehrsnetz, das ihre gesamte Fläche abdeckt. Wie oft die Busse fahren, variiert allerdings enorm. So kann es regelmäßige Verbindungen zwischen den wichtigsten Städten geben, während sich die Verbindungen andernorts auf wenige Busse pro Tag beschränken, mit denen Berufspendler oder Schulkinder zur Hauptstadt und wieder zurück gelangen.

Am Wochenende unbedingt genau den Fahrplan studieren! Selbst auf den Hauptstrecken der größeren Inseln, die unter der Woche häufig befahren werden, kann es vorkommen, dass samstags nur wenige Busse fahren und sonntags nur einer oder auch gar keiner.

In Klein- und Großstädten fahren die Busse an einer *estación de guaguas* (Busbahnhof) ab. In Dörfern und kleineren Ortschaften halten sie meist an einer bestimmten Straße oder Plaza. Fahrkarten gibt's direkt im Bus zu kaufen.

Global (☎928 25 26 30; www.globalsu.net) Das Unternehmen bedient ein umfassendes Streckennetz auf Gran Canaria; die ländlichen Gegenden sind allerdings eher unregelmäßig angebunden.

GuaguaGomera (☎922 14 11 01; www.guaguagomera.com) Diese Gesellschaft befährt ein eingeschränktes Verkehrsnetz mit sieben Routen auf La Gomera.

Intercity Bus Lanzarote (☎928 81 15 22; www.intercitybuslanzarote.es) Ganz gutes Netz, das die wichtigsten Sehenswürdigkeiten von Lanzarote abdeckt.

Tiadhe (☎928 85 57 26; www.tiadhe.com) Ganz ordentliches Netz mit insgesamt 17 Buslinien, die ganz Fuerteventura abdecken.

TITSA (Transportes Interurbanos de Tenerife SA; ☎922 53 13 00; www.titsa.com) Bedient ein wahres Spinnennetz an Busverbindungen auf ganz Teneriffa.

TransHierro (☎922 55 11 75; www.transhierro.es) Ganz ordentliches Busnetz auf El Hierro.

Transportes Insular La Palma (☎922 41 19 24; www.transporteslapalma.com) Deckt die Insel La Palma hinreichend ab.

Rabattkarten

Auf einigen Inseln gibt es eine sogenannte Bonobus-Karte für 12 €, 15 € oder 30 € zu kaufen. Sie ist an Busbahnhöfen und in Geschäften wie Zeitungskiosken erhältlich. Man steckt die Karte in den Automaten im Bus, nennt dem Fahrer das Ziel, und der Fahrpreis wird automatisch von der Karte abgebucht. Eine solche Karte bietet 30 % Rabatt auf die regulären Fahrpreise, sie ist also eine gute Investition, wenn man vorhat, öfter mit dem Bus zu fahren. Außerdem gilt sie auch für einen weiteren Mitreisenden.

Preise

Die Fahrpreise, vor allem mit der Bonobus-Karte, sind ganz okay. Die Ziele auf den einzelnen Inseln werden je nach Entfernung anteilig berechnet. So variieren die Preise für eine Fahrkarte von 1 € für eine Kurzstrecke innerhalb einer Stadt bis hin zu etwa 10 € für Fahrten von mehr als einer Stunde.

Fähre

Für die Verbindung der Inseln untereinander sorgen Fähren, „Schnellfähren" und Tragflächenboote.

Wichtig: Fahrzeiten und Preise – und sogar die Routen – verändern sich oft. Auf den Hauptrouten, auf denen zahlreiche Fähren verkehren, fällt das eher weniger ins Gewicht, aber auf Routen, die nur von wenigen Fähren pro Tag oder sogar nur einigen pro Woche bedient werden, kann dies zu großen Verspätungen führen.

Hier die drei wichtigsten Fährunternehmen:

Fred Olsen (☎902 100107; www.fredolsen.es)

Naviera Armas (☎902 456500; www.navieraarmas.com)

Trasmediterránea (☎902 454645; www.trasmediterranea.com)

Fahrrad

Mit dem Rad unterwegs zu sein ist eine schöne Art, die Sehenswürdigkeiten der Inseln zu erkunden. Man darf aber nicht allzu viel Rücksichtnahme von Seiten der Autofahrer erwarten (oder gar Mitgefühl für Radfahrer, die sich durch eine Haarnadelkurve bergauf strampeln). Leider gibt es in den Städten mit Ausnahme von Las Palmas kaum Radwege. Immerhin gestehen die Boulevards entlang der Strände langsam auch den Fahrradfahrern etwas Platz zu.

Wer das eigene Rad im Flugzeug mitbringen möchte, sollte sich nach möglichen Zusatzkosten erkundigen und danach, ob das Rad für die Reise zerlegt und verpackt werden muss.

Fähren nehmen Fahrräder problemlos mit, und das sogar oft umsonst oder zumindest sehr preiswert.

Fahrradverleih

Mountain- und Citybikes gibt es in vielen Ferienorten und in den stärker auf Touristen eingerichteten Gegenden der Inseln zu mieten. Die Preise beginnen bei 12 € pro Tag plus einer Standardkaution von etwa 50 €. Im Mietpreis sind Helm und Grundausrüstung enthalten.

In Las Palmas de Gran Canaria gibt es einen kostenlosen Fahrradverleih mit mehreren Ausgabe- und Abgabestellen in der ganzen Stadt. Weitere Informationen unter **By Bike LPA** (www.bybikelpa.com).

Flugzeug

Alle sieben Inseln besitzen Flughäfen, was das Fliegen zur flächendeckendsten (und schnellsten) Option fürs Inselhopping macht. Binter Canarias, die alteingesessene Fluggesellschaft, besitzt ein umfassendes Netz von Fluglinien, das auf bestimmten Linien (besonders auf den westlichen Inseln) von wirklich winzigen Flugzeugen bedient wird. Canary Fly ist der Neuling in der Szene.

Binter Canarias (☎902 391392; www.bintercanarias.com) Fliegt alle Inseln an.

Canary Fly (☎902 808065; www.canaryfly.es) Bedient Teneriffa, La Palma, Gran Canaria und Lanzarote.

Trampen

Trampen ist nirgends auf der Welt wirklich sicher und auch auf den Kanarischen Inseln nicht empfehlenswert. Reisende, die dennoch trampen möchten, sollten sich darüber im Klaren sein, dass sie ein kleines, aber möglicherweise wirklich entscheidendes Risiko eingehen. Zu zweit ist das Trampen auf jeden Fall sicherer. Bevor man sich auf den Weg macht, sollte man außerdem unbedingt jemandem Bescheid sagen, wohin man unterwegs ist.

Auf *autovías* ist das Trampen verboten. Am besten eine Stelle aussuchen, an der die Autos gefahrlos anhalten können, z. B. vor Slipanlagen oder an kleineren Straßen. Auf den Nebenstrecken kommt man unter Umständen aber nur langsam voran, weil dort nicht viele Autos unterwegs sind.

Sprache

Die Landessprache der Kanarischen Inseln ist Spanisch *(español)*. Viele Spanier bezeichnen es aber lieber als Kastilisch *(castellano)*, um es von den anderen in Spanien gebräuchlichen Sprachen – Katalanisch *(català)*, Galicisch *(galego)* und Baskisch *(euskara)* – zu unterscheiden.

Die spanische Aussprache ist sehr geradlinig; alles wird so ausgesprochen, wie es auch geschrieben wird. Das *ch* in unserem Ausspracheleitfaden dieses Buchs ist ein kehliger Laut (wie das „ch" im deutschen Wort *Loch*) und das *r* wird stark gerollt. Wer mit dem Spanischen vertraut ist, wird vielleicht feststellen, dass der weiche, melodische kanarische Akzent an das Andalusische oder sogar an das südamerikanische Spanisch erinnert – „lli" wird wie i ausgesprochen, und das „Lispeln", das man bei „z" und „c" vor Vokalen erwarten würde, klingt mehr wie ein s, wohingegen der Buchstabe „s" selbst so gut wie gar nicht ausgesprochen wird – er klingt eher wie ein „h" – z. B. wird Las Palmas eher „Lah Palmah" ausgesprochen. Die farbigen Aussprachehilfen (betonte Silben sind kursiv geschrieben) zeigen, wie Wörter ausgesprochen werden sollten, damit man verstanden wird.

Spanische Substantive und die dazugehörigen Adjektive sind mit ihrem jeweiligen Genus gekennzeichnet – weibliche Substantive enden meist auf *-a* und männliche auf *-o*. Wenn nötig, sind bei Wörtern und Redewendungen in diesem Kapitel beide Formen angegeben und durch einen Schrägstrich getrennt. Dabei steht die männliche Form zuerst, z. B. *perdido/a* (m/f).

NOCH MEHR SPANISCH?

Ausführliche Sprachinformationen und praktische Redewendungen gibt's im *Sprachführer Spanisch* von Lonely Planet, zu finden unter **shop.lonelyplanet.de**. Im Apple App Store gibt es außerdem iPhone-Sprachführer von Lonely Planet zu kaufen.

Im Gespräch mit vertrauten oder jüngeren Personen benutzt man die informelle Anrede *tú* anstelle des höflichen *Usted*. In den Wendungen in diesem Kapitel wird die Höflichkeitsform verwendet. Sind beide Formen angegeben, sind sie durch die Abkürzungen „höfl." (Höflichkeitsform) und „inf." (informell) gekennzeichnet.

GRUNDLAGEN

Hallo.	*Hola.*	o·la
Tschüss.	*Adiós.*	a·*dios*
Wie geht's?	*¿Qué tal?*	ke tal
Gut, danke.	*Bien, gracias.*	bjen *gra*·ssias
Verzeihung.	*Perdón.*	per·*don*
Entschuldigung.	*Lo siento.*	lo *sjen*·to
Ja./Nein.	*Sí./No.*	si/no
Bitte.	*Por favor.*	por fa·*vor*
Danke.	*Gracias.*	*gra*·ssias
Gern geschehen.	*De nada.*	de *na*·da
Ich heiße ...	*Me llamo ...*	me *ja*·mo ...

Wie heißen Sie/Wie heißt du?
¿Cómo se llama Usted? — *ko*·mo se *ja*·ma *u*·ste (höfl.)
¿Cómo te llamas? — *ko*·mo te *ja*·mas (inf.)

Sprechen Sie/Sprichst du (Deutsch/Englisch)?
¿Habla (alemán/inglés)? — *a*·bla (ale man/in·*gles*) (höfl.)
¿Hablas (alemán/inglés)? — *a*·blas (ale man/in·*gles*) (inf.)

Ich verstehe (nicht).
Yo (no) entiendo. — jo (no) en·*tjen*·do

ESSEN & AUSGEHEN

Was würden Sie empfehlen?
¿Qué recomienda? — ke re·ko·*mjen*·da

Was ist das für ein Gericht?
¿Que lleva ese plato? — ke *je*·va *e*·se *pla*·to

Ich esse kein ... *No como ...* — no *ko*·mo ...

Das war köstlich!
¡Estaba buenísimo! — es·*ta*·ba bu·e·*ni*·ssi·mo

Die Rechnung, bitte.		
Por favor nos trae *la cuenta.*		por fa·*vor* nos *tra*·e la *ku*·*en*·ta
Prost!	*¡Salud!*	sa·*lu*
Ich möchte einen Tisch reservieren	*Quisiera reservar una mesa*	ki·*sje*·ra re·ser·*var* u·na *me*·sa
für ...	*para ...*	*pa*·ra ...
(acht) Uhr	*las (ocho)*	las (*o*·tscho)
(zwei) Personen	*(dos) personas*	(dos) per·*so*·nas

Wichtige Wörter

Abendessen	*cena*	*sse*·na
Aperitifs	*aperitivos*	a·pe·ri·*ti*·wos
Bar	*bar*	bar
Café	*café*	ka·*fe*
Flasche	*botella*	bo·*te*·ja
Frühstück	*desayuno*	de·sa·*ju*·no
Gabel	*tenedor*	te·ne·*dor*
Glas	*vaso*	*wa*·so
Hauptgang	*segundo plato*	se·*gun*·do *pla*·to
heiß (warm)	*caliente*	ka·*ljen*·te
Hochstuhl	*trona*	*tro*·na
(zu) kalt	*(muy) frío*	(mui) *fri*·o
Kinder-menü	*menú infantil*	me·*nu* in·fan·*til*
Löffel	*cuchara*	ku·*tscha*·ra
Mahlzeit	*comida*	ko·*mi*·da
Markt	*mercado*	mer·*ka*·do
Messer	*cuchillo*	ku·*tschi*·jo
mit/ohne	*con/sin*	kon/ssin
Mittagessen	*comida*	ko·*mi*·da
Restaurant	*restaurante*	res·tau·*ran*·te
Schüssel	*bol*	bol
Speisekarte	*menú*	un me·*nu*
Supermarkt	*supermercado*	su·per·mer·*ka*·do
Teller	*plato*	*pla*·to
vegetarisches Essen	*comida vegetariana*	ko·*mi*·da ve·che·ta·*rja*·na

Fleisch & Fisch

Ente	*pato*	*pa*·to
Fisch	*pescado*	pes·*ka*·do
Huhn	*pollo*	*po*·jo
Kalbfleisch	*ternera*	ter·*ne*·ra
Lammfleisch	*cordero*	kor·*de*·ro
Rindfleisch	*carne de vaca*	*kar*·ne de *wa*·ka
Schweinefleisch	*cerdo*	*sser*·do
Truthahn	*pavo*	*pa*·vo

STANDARD-FORMULIERUNGEN

Um im Spanischen zurechtzukommen, lassen sich diese einfachen Vorlagen mit beliebigen Wörtern ergänzen:

Wann ist (der nächste Flug)?	
¿Cuándo sale (el próximo vuelo)?	*kuan*·do *sa*·le (el *prok*·si·mo *wu*·e·lo)
Wo ist (der Bahnhof)?	
¿Dónde está (la estación)?	*don*·de es·*ta* (la es·ta·*sjon*)
Wo kann ich (ein Ticket) kaufen?	
¿Dónde puedo (comprar un billete)?	*don*·de *pu*·e·do (kom·*prar* un bi·*je*·te)
Haben Sie (eine Karte)?	
¿Tiene (un mapa)?	*tje*·ne (un *ma*·pa)
Gibt es hier (eine Toilette)?	
¿Hay (servicios)?	ai (ser·*wi*·sjos)
Ich hätte gern (einen Kaffee).	
Quisiera (un café).	ki·*sje*·ra (un ka·*fe*)
Ich würde gern (ein Auto mieten).	
Quisiera (alquilar un coche).	ki·*sje*·ra (al·ki·*lar* un *ko*·tsche)
Darf ich (eintreten)?	
¿Se puede (entrar)?	se *pu*·e·de (en·*trar*)
Würden Sie (mir helfen), bitte?	
¿Puede (ayudarme), por favor?	*pu*·e·de (a·ju·*dar*·me) por fa·*vor*
Muss ich (ein Visum besorgen)?	
¿Necesito (obtener un visado)?	ne·se·*si*·to (ob·te·*ner* un wi·*sa*·do)

Obst & Gemüse

Ananas	*piña*	*pi*·nja
Apfel	*manzana*	man·*ssa*·na
Aprikose	*albaricoque*	al·ba·ri·*ko*·ke
Artischocke	*alcachofa*	al·ka·*cho*·fa
Banane	*plátano*	*pla*·ta·no
Bohnen	*judías*	chu·*di*·as
Erbsen	*guisantes*	gi·*ssan*·tes
Erdbeere	*fresa*	*fre*·sa
Gemüse	*verdura*	ver·*du*·ra
Gurke	*pepino*	pe·*pi*·no
Kartoffel	*patata*	pa·*ta*·ta
Kirsche	*cereza*	sse·*re*·sa

Kohl	*col*	kol
Kürbis	*calabaza*	ka·la·*ba*·sa
Linsen	*lentejas*	len·*te*·chas
Mais	*maíz*	ma·*is*
Möhre	*zanahoria*	ssa·na·o·rja
Nüsse	*nueces*	*nu*-e·sses
Obst	*fruta*	*fru*·ta
Orange	*naranja*	na·*ran*·cha
(rote/grüne) Paprika	*pimiento (rojo/verde)*	pi*mjen*·to (*ro*·cho/*ver*·de)
Pfirsich	*melocotón*	me·lo·ko·*ton*
Pflaume	*ciruela*	ssir·*u*·e·la
Pilz	*champiñón*	scham·pi·*njon*
Rote Bete	*remolacha*	re·mo·*la*·tscha
Salat	*lechuga*	le·*schu*·ga
Sellerie	*apio*	*a*·pjo
Spargel	*espárragos*	es·*pa*·ra·gos
Spinat	*espinacas*	es·pi·*na*·kas
Tomate	*tomate*	to·*ma*·te
Traube	*uvas*	*u*·was
Wassermelone	*sandía*	ssan·*di*·a
Zitrone	*limón*	li·*mon*
Zwiebel	*cebolla*	sse·*bo*·ja

Sonstiges

Brot	*pan*	pan
Butter	*mantequilla*	man·te·*ki*·ja
Ei	*huevo*	*u*-e·vo
Essig	*vinagre*	wi·*na*·gre
Honig	*miel*	mjel
Käse	*queso*	*ke*·so
Marmelade	*mermelada*	mer·me·*la*·da
Öl	*aceite*	a·sse·*i*·te
Pasta	*pasta*	*pas*·ta
Pfeffer	*pimienta*	pi·*mjen*·ta
Reis	*arroz*	a·*ros*
Salz	*sal*	sal
Zucker	*azúcar*	a·*ssu*·kar

Getränke

Bier	*cerveza*	sser·*we*·sa
Kaffee	*café*	ka·*fe*
Milch	*leche*	*le*·tsche
(Orangen-) Saft	*zumo (de naranja)*	*ssu*·mo (de na·*ran*·cha)
Tee	*té*	te
(Mineral-) Wasser	*agua (mineral)*	*a*·gua (mi·ne·*ral*)
(Rot-)Wein	*vino (tinto)*	*wi*·no (*tin*·to)
(Weiß-)Wein	*vino (blanco)*	*wi*·no (*blan*·ko)

NOTFÄLLE

Hilfe!	*¡Socorro!*	so·*ko*·ro
Geh weg!	*¡Vete!*	*we*·te
Rufen Sie ...!	*¡Llame a ...!*	*ja*·me a ...
einen Arzt	*un médico*	un *me*·di·ko
die Polizei	*la policía*	la po·li·*ssi*·a

Ich habe mich verirrt.
Estoy perdido/a. es·*toi* per·*di*·do/a (m/f)

Ich hatte einen Unfall.
He tenido un accidente. e te·*ni*·do un ak·ssi·*den*·te

Ich bin krank.
Estoy enfermo/a. es·*toi* en·*fer*·mo/a (m/f)

Hier tut es weh.
Me duele aquí. me *du*-e·le a·*ki*

Ich bin allergisch gegen (Antibiotika).
Soy alérgico/a a (los antibióticos). ssoi a·*ler*·chi·ko/a a (los an·ti·*bio*·ti·kos) (m/f)

SHOPPEN & DIENST-LEISTUNGEN

Ich möchte gern ... kaufen.
Quisiera comprar ... ki·*sje*·ra kom·*prar* ...

Ich sehe mich nur um.
Sólo estoy mirando. *so*·lo es·*toi* mi·*ran*·do

Darf ich es mir ansehen?
¿Puedo verlo? *pu*-e·do *wer*·lo

Es gefällt mir nicht.
No me gusta. no me *gus*·ta

Wie viel kostet es?
¿Cuánto cuesta? *kuan*·to *ku*-es·ta

Das ist zu teuer.
Es muy caro. es mui *ka*·ro

Können Sie mit dem Preis runtergehen?
¿Podría bajar un poco el precio? po·*dri*·a ba·*char* un *po*·ko el *pre*·ssio

In der Rechnung ist ein Fehler.
Hay un error en la cuenta. ai un e·*ror* en la *ku*-*en*·ta

FRAGEWÖRTER

Wann?	*¿Cuándo?*	*kuan*·do
Warum?	*¿Por qué?*	por ke
Was?	*¿Qué?*	ke
Wer?	*¿Quién?*	kjen
Wie?	*¿Cómo?*	*ko*·mo
Wo?	*¿Dónde?*	*don*·de

Geldautomat	*cajero automático*	ka·che·ro au·to·ma·ti·ko
Kreditkarte	*tarjeta de crédito*	tar·che·ta de kre·di·to
Internetcafé	*cibercafé*	ssi·ber·ka·fe
Postamt	*correos*	ko·re·os
Touristen-information	*oficina de turismo*	o·fi·ssi·na de tu·ris·mo

UHRZEIT & DATUM

Wie viel Uhr ist es?	¿Qué hora es?	ke o·ra es
Es ist (10) Uhr.	Son (las diez).	son (las di-es)
halb (zwei)	*Es (la una) y media.*	es (la u·na) i me·dia
Morgen	*mañana*	ma·nja·na
Nachmittag	*tarde*	tar·de
Abend	*noche*	no·tsche
gestern	*ayer*	a·jer
heute	*hoy*	oi
morgen	*mañana*	ma·nja·na
Montag	*lunes*	lu·nes
Dienstag	*martes*	mar·tes
Mittwoch	*miércoles*	mjer·ko·les
Donnerstag	*jueves*	chu·e·bes
Freitag	*viernes*	wjer·nes
Samstag	*sábado*	sa·ba·do
Sonntag	*domingo*	do·min·go
Januar	*enero*	e·ne·ro
Februar	*febrero*	fe·bre·ro
März	*marzo*	mar·so
April	*abril*	a·bril
Mai	*mayo*	ma·jo
Juni	*junio*	chu·nio
Juli	*julio*	chu·lio
August	*agosto*	a·gos·to
September	*septiembre*	sep·tjem·bre
Oktober	*octubre*	ok·tu·bre
November	*noviembre*	no·wjem·bre
Dezember	*diciembre*	di·ssjem·bre

UNTERKUNFT

Ich möchte ein Zimmer buchen.
Quisiera reservar una habitación. ki·sje·ra re·ser·var u·na a·bi·ta·sjon

Wie viel kostet es pro Nacht/Person?
¿Cuánto cuesta por noche/persona? kuan·to ku·es·ta por no·tsche/per·so·na

Ist Frühstück inbegriffen?
¿Incluye el desayuno? in·klu·je el de·sa·ju·no

ZAHLEN

1	*uno*	u·no
2	*dos*	dos
3	*tres*	tres
4	*cuatro*	kua·tro
5	*cinco*	ssin·ko
6	*seis*	sse·is
7	*siete*	sje·te
8	*ocho*	o·tscho
9	*nueve*	nu·e·we
10	*diez*	djes
20	*veinte*	we·in·te
30	*treinta*	tre·in·ta
40	*cuarenta*	kua·ren·ta
50	*cincuenta*	ssin·ku·en·ta
60	*sesenta*	sse·sen·ta
70	*setenta*	sse·ten·ta
80	*ochenta*	o·tschen·ta
90	*noventa*	no·wen·ta
100	*cien*	ssjen
1000	*mil*	mil

Ich hätte gern ein ... Zimmer.
Quisiera una habitación ... ki·sje·ra u·na a·bi·ta·sjon ...

Einzel	*individual*	in·di·vi·dual
Doppel	*doble*	do·ble
Campingplatz	*terreno de cámping*	te·re·no de kam·ping
Hotel	*hotel*	o·tel
Pension	*pensión*	pen·sjon
Jugend-herberge	*albergue juvenil*	al·ber·ge chu·ve·nil
Klimaanlage	*aire acondi-cionado*	ai·re a·kon·di·sjo·na·do
Bad	*baño*	ba·njo
Bett	*cama*	ka·ma
Fenster	*ventana*	ven·ta·na

VERKEHRSMITTEL & -WEGE

Öffentliche Verkehrsmittel

Bus	*autobús*	au·to·bus
Fähre	*barco*	bar·ko
Flugzeug	*avión*	a·wion
Straßenbahn	*tranvía*	tran·wi·a
Zug	*tren*	tren

erster	*primer*	pri·*mer*
letzter	*último*	*ul*·ti·mo
nächster	*próximo*	*prok*·ssi·mo

Ich möchte nach ...
Quisiera ir a ... — ki·*sje*·ra ir a ...

Hält er in (Vilaflor)?
¿Para en (Vilaflor)? — pa·ra en (wi·la·*flor*)

Welche Haltestelle ist das?
¿Cuál es esta parada? — kual es *es*·ta pa·*ra*·da

Wann kommt er an/fährt er ab?
¿A qué hora llega/sale? — a ke o·ra *je*·ga/*ssa*·le

Sagen Sie mir bitte, wann wir in (Arico Nuevo) ankommen.
¿Puede avisarme cuando lleguemos a (Arico Nuevo)? — pu·e·de a·wi·*ssar*·me *kuan*·do je·ge·mos a (a·*ri*·ko *nu*·e·wo)

Ich möchte hier aussteigen.
Quiero bajarme aquí. — *kje*·ro ba·*char*·me a·*ki*

eine ...-Fahrkarte	*un billete de ...*	un bi·*je*·te de ...
1. Klasse	*primera clase*	pri·*me*·ra *kla*·se
2. Klasse	*segunda clase*	se·*gun*·da *kla*·se
einfach	*ida*	*i*·da
hin und zurück	*ida y vuelta*	*i*·da i *wu*·*el*·ta
Bahnhof	*estación de trenes*	es·ta·*sjon* de *tre*·nes
Bahnsteig	*plataforma*	pla·ta·*for*·ma
Fahrkartenschalter	*taquilla*	ta·*ki*·ja
Fahrplan	*horario*	o·*ra*·rio
Fensterplatz	asiento junto a la ventana	a·*sjen*·to *chun*·to a la wen·*ta*·na
Gangplatz	*asiento de pasillo*	a·*sjen*·to de pa·*ssi*·jo
gecancelt	*cancelado*	kan·se·*la*·do
verspätet	*retrasado*	re·tra·*ssa*·do

Auto- & Radfahren

Ich möchte gern ein ... mieten.	*Quisiera alquilar ...*	ki·*sje*·ra al·*ki*·lar ...
Allrad	*un todo-terreno*	un to·do·te·*re*·no
Fahrrad	*una bicicleta*	*u*·na bi·ssi·*kle*·ta
Auto	*un coche*	un *ko*·tsche
Motorrad	*una moto*	u·na *mo*·to
Benzin	*gasolina*	ga·so·*li*·na
Diesel	*gasóleo*	ga·*so*·lio
Helm	*casco*	*kas*·ko
Kindersitz	*asiento de seguridad para niños*	a·*sjen*·to de se·gu·ri·*da* pa·ra *ni*·njos
Mechaniker	*mecánico*	me·*ka*·ni·ko
Tankstelle	*gasolinera*	ga·so·li·*ne*·ra

Führt diese Straße nach ...?
¿Se va a (La Laguna) por esta carretera? — se wa a (la la·*gu*·na) por *es*·ta ka·re·*te*·ra

(Wie lange) Kann ich hier parken?
¿(Por cuánto tiempo) Puedo aparcar aquí? — (por *kuan*·to *tjem*·po) *pu*·e·do a·par·*kar* a·*ki*

Das Auto ist liegen geblieben (in Masca).
El coche se ha averiado (en Masca). — el *ko*·tsche se a a·we·*ria*·do (en *mas*·ka)

Ich habe einen Platten.
Tengo un pinchazo. — *ten*·go un pin·*tscha*·so

Mir ist der Sprit ausgegangen.
Me he quedado sin gasolina. — me e ke·*da*·do sin ga·so·*li*·na

WEGWEISER

Wo ist ...? *¿Dónde está ...?* — *don*·de es·*ta* ...

Wie ist die Adresse?
¿Cuál es la dirección? — *kual* es la di·rek·*sjon*

Könnten Sie es mir aufschreiben?
¿Puede escribirlo, por favor? — *pu*·e·de es·kri·*bir*·lo por *fa*·vor

Können Sie es mir (auf der Karte) zeigen?
¿Me lo puede indicar (en el mapa)? — me lo *pu*·e·de in·di·*kar* (en el *ma*·pa)

an der Ecke	*en la esquina*	en la es·*ki*·na
an der Ampel	*en el semáforo*	en el se·*ma*·fo·ro
hinter ...	*detrás de ...*	de·*tras* de ...
weit weg	*lejos*	*le*·chos
vor ...	*enfrente de ...*	en·*fren*·te de ...
links	*izquierda*	is·*kjer*·da
nahe	cerca	*sser*·ka
neben ...	al lado de ...	al *la*·do de ...
gegenüber von ...	frente a ...	*fren*·te a ...
rechts	derecha	de·*re*·tscha
geradeaus	todo recto	*to*·do *rek*·to

SCHILDER

Abierto	Geöffnet
Cerrado	Geschlossen
Entrada	Eingang
Hombres	Herren
Mujeres	Damen
Prohibido	Verboten
Salida	Ausgang
Servicios/Aseos	Toiletten

GLOSSAR

aljibe – Wassersystem
artesonado – Kassettendecke
autovía – Schnellstraße
ayuntamiento – Rathaus
barranco – Schlucht oder Klamm
barrio – Bezirk, Stadtviertel
Bimbachen – Ureinwohner der Insel El Hierro
bocadillo – Sandwich aus Stangenweißbrot (Baguette)
Bodega – traditionelles Weinlokal oder Weinkellerei
bote – lokale Art von Fähre für den Transport von und zu anderen Schiffen
buceo – Tauchen
cabildo insular – Regierung der jeweiligen Insel
cabra – Ziege
cabrito – Zicklein (Ziege)
caldera – wörtl. Kessel, auch: Krater eines Vulkans
calle – Straße
cambio – Wechselstube
cañadas – Tiefland
Carnaval – Fest zur Feier des Frühlingsanfangs, 40 Tage vor Ostern
casa rural – Dorf- oder Landhaus oder auch ein Bauernhof, wo Fremdenzimmer angeboten werden
caserío – traditioneller Bauernhof oder Weiler
catedral – Kathedrale
centro comercial – Einkaufszentrum, meist mit Restaurants, Bars und anderen Einrichtungen für Touristen
chiringuito – Kiosk
churros – frittierter Teig
comida – Mittagessen
Corpus Christi – Fronleichnam, katholisches Fest zu Ehren der Eucharistie, acht Wochen nach Ostern
cruz – Kreuz
cueva – Höhle
denominación de origen – Qualitäts- und Herkunftssiegel für Wein und bestimmte Lebensmittel
desayuno – Frühstück
drago – Drachenbaum
ermita – Kapelle
estación – Haltestelle, Bahnhof
estación de guaguas – Busbahnhof/-haltestelle
estación marítima – Fährterminal
faro – Leuchtturm
feria – Volksfest
fiesta – Fest, Feiertag oder Feier
finca –Landgut
gofio – gemahlenes, geröstetes Getreide, das in der kanarischen Küche verwendet wird und anstelle von Brot als Grundnahrungsmittel gilt
Gomeros – Einwohner von La Gomera
gran – groß
guagua – Bus
guanarteme – Inselhäuptling
Guanchen– Ureinwohner der Kanaren
Herreños – Einwohner von El Hierro
horario – Fahrplan
hostal – kommerzielle Einrichtung mit Ein- bis Drei-Sterne-Unterkünften; nicht mit Jugendherbergen zu verwechseln (von denen es auf den Inseln ohnehin nur eine einzige gibt)
hoteles – Hotel mit ein bis fünf Sternen
IGIC – Impuesto General Indirecto Canario (lokale Version der Mehrwertsteuer)
iglesia – Kirche
jamón – roher Schinken
lagarto – Echse
laurisilva – Lorbeerwald
librería – Buchladen
lucha canaria – Kanarischer Ringkampf
malpaís – vulkanisches Ödland
malvasía – Malvasier, eine Weinsorte
marcha – Action, Nachtleben, „die Szene"
mencey – Guanchen-König
menú del día – festes Tagesmenü
mercado – Markt
mesón – altmodisches Restaurant oder Wirtshaus
mirador – Aussichtspunkt
mojo – kanarische Soße, entweder mit roten Chilischoten, Koriander oder mit Basilikum
montaña – Berg
Mudéjar –aus dem arabischen Kulturraum stammender Architekturstil, auch als „Maurischer Stil" bezeichnet
muelle – Werft oder Pier
municipio – Stadtrat
museo – Museum, Galerie
norte – Norden
oeste – Westen
oriente – Osten
Palmeros – Einwohner von La Palma
papas arrugadas – schrumpelige Kartoffeln
parador – staatseigene Hotelkette der gehobenen Klasse
parque nacional – Nationalpark
paseo marítimo – Uferpromenade
pensión – Pension (ein oder zwei Sterne)
piscina – Swimmingpool
plateresque – Architekturstil der spanischen Renaissance
playa – Strand
pozo – Brunnen
pueblo – Dorf
puerto – Hafen
ración – große Tapas
romería – festliche Pilgerreise oder Prozession
sabina – Wacholder
Semana Santa – Heilige Woche, Karwoche, die Woche vor Ostern
señorío – Inselregierung, die stellvertretend für die spanische Krone agiert
s/n – sin numero (ohne Ziffer); manchmal bei Straßenangaben

GLOSSAR

sur – Süden

taberna – Kneipe

Tapas – Barsnacks, ursprünglich auf einer Untertasse oder einem Deckel (tapa) serviert

taquilla – Fahrkartenschalter

tasca – Pub, Bar

terraza – Terrasse; Cafétische im Freien

Thalassotherapie – Anwendung mit kaltem oder warmem Meerwasser, zum Teil unter Verwendung von Algen oder Meeressand zur Linderung von Stress und körperlichen Beschwerden

timple – eine Art Ukulele und musikalisches Symbol der Kanarischen Inseln

Tinerfeños – Einwohner von Teneriffa

valle – Tal

vega – Ebene, Tiefland

volcán – Vulkan

zumería – Saftbar

Hinter den Kulissen

WIR FREUEN UNS ÜBER EIN FEEDBACK

Post von Travellern zu bekommen ist für uns ungemein hilfreich – Kritik und Anregungen halten uns auf dem Laufenden und helfen, unsere Bücher zu verbessern. Unser reiseerfahrenes Team liest alle Zuschriften genau durch, um zu erfahren, was an unseren Reiseführern gut und was schlecht ist. Wir können solche Post zwar nicht individuell beantworten, aber jedes Feedback wird garantiert schnurstracks an die jeweiligen Autoren weitergeleitet, rechtzeitig vor der nächsten Nachauflage. Jeder, der uns Informationen sendet, wird in der folgenden Auflage im Dank erwähnt – und die hilfreichsten Einsendungen werden mit einer Auswahl an digitalen PDF-Kapiteln honoriert.

Wer Ideen, Erfahrungen und Korrekturhinweise zum Reiseführer mitteilen möchte, hat die Möglichkeit dazu auf **www.lonelyplanet.com/contact/guidebook_feedback/new**. Anmerkungen speziell zur deutschen Ausgabe erreichen uns über **www.lonelyplanet.de/kontakt**. Auf unserer preisgekrönten Website stehen ebenfalls Reiseberichte, Neuigkeiten und Diskussionen.

Hinweis: Da wir Beiträge möglicherweise in Lonely-Planet-Produkten (Reiseführer, Websites, digitale Medien) veröffentlichen, ggf. auch in gekürzter Form, bitten wir um Mitteilung, falls ein Kommentar nicht veröffentlicht oder ein Name nicht genannt werden soll. Wer Näheres über unsere Datenschutzpolitik wissen will, erfährt das unter lonelyplanet.com/privacy.

UNSERE LESER

Vielen Dank an die Leser, die mit der letzten Auflage unterwegs waren und uns nützliche Hinweise und praktische Tipps geschickt und von interessanten Erlebnissen berichtet haben:

A Andrea Cross, Anton Krivtsun, Armand Labat **B** Brad Kallenberger **C** Chantal Reijers, Christian Merz, Colin Molloy **D** David Lapointe **E** Elizabeth Crutchley, Elizabeth Reyes, Elke Belde **F** Florian Kruse **G** Graham Clement, Guntram Schroebler **H** Harry White **I** Irene Montaner **J** Jan Gray, Jo Beggs, John Read, Jonathan Wood, Juliet Challis, Jurgis Karpus **K** Karl Lamens, Kevin Nead, Kim Dorin **L** Laura Alcaraz, Leona Tuck **M** María Merino, Marie Boutin, Michael de Graaf **P** Patricia Hyder, Paul Clark, Paun Koutroumbas **R** Raquel Gómez

DANK DER AUTOREN

Lucy Corne

Ein Riesendankeschön an meine Mum, Joy, und meinen Dad, Dave, dafür, dass sie in der Ferne die Au-pair-Rolle übernommen haben. Viele alte Freunde haben mir geholfen – *muchísimas gracias* an Alejandro, Virginia, Iván, Héctor und ganz besonders an Pepe Julio für all die Ideen. Mein Dank gilt ebenso Thomas von Ventana Azul, meinem Gastwirt Alberto auf Las Palmas für seine Insider-Tipps, den liebenswerten Damen von der Touristeninformation in Arrecife, meiner Koautorin Josephine für ihre schnellen Rückmeldungen und vor allem natürlich meinen Jungs – Shawn und Kai –, den besten Reisegefährten, die man sich nur wünschen kann. Mit einem Kleinkind zu reisen war nicht einfach, aber trotzdem fantastisch!

Josephine Quintero

Ich möchte mich bei all den hilfsbereiten Mitarbeitern der verschiedenen Touristeninformationen sowie bei Jorge Gonzales, einem wichtigen Ansprechpartner auf Teneriffa, bedanken. Danke auch an meine Regionalredakteurin Lorna Parkes, meine bezaubernde Koautorin Lucy Corne und an alle von Lonely Planet, die an diesem Buch mitgewirkt haben, sowie all meine spanischen *malagueño*-Freunde, die mir als unermüdliche Berater und Ansprechpartner zur Seite gestanden und mir so viele Tipps gegeben haben, und an Robin Chapman für die Betreuung von Marilyn, meiner Katze.

QUELLENNACHWEIS

Klimakartendaten entnommen aus Peel MC, Finlayson BL & McMahon TA (2007) *Updated World Map of the Köppen-Geiger Climate Classification, Hydrology and Earth System Sciences*, 11, 1633–44.

Umschlagfoto: Windmühle in der Nähe des Dorfes Tefia, Fuerteventura; Marco Simoni/Alamy

ÜBER DIESES BUCH

Dies ist die 1. deutsche Auflage von Lonely Planet *Kanarische Inseln*, basierend auf der mittlerweile 6. englischen Auflage. Recherchiert und geschrieben wurde sie von Lucy Corne und Josephine Quintero. Auch die vorherige englische Auflage wurde von Josephine in Zusammenarbeit mit Stuart Butler recherchiert und geschrieben.

Dieser Reiseführer wurde von folgenden Personen verwirklicht:

Regionalredakteure Jo Cooke, Lorna Parkes

Verantwortliche Redakteurinnen Anne Mason, Tracy Whitmey

Leitender Regionalkartograf Anthony Phelan

Leitende Kartografin Diana Von Holdt

Layoutdesign Wibowo Rusi

Redaktionsassistenz Imogen Bannister, Melanie Dankel, Anne Mulvaney, Rosie Nicholson, Kristin Odijk, Chris Pitts, Vicky Smith, Ross Taylor

Umschlag Naomi Parker

Dank an Sasha Baskett, Andi Jones, Karyn Noble, Angela Tinson, Maureen Wheeler

Register

Karten **000**
Fotos **000**

L

M

Karten **000**
Fotos **000**

Karten **000**
Fotos **000**

Kartenlegende

Sehenswertes
- Buddhistisch
- Burg/Schloss
- Christlich
- Denkmal
- Hinduistisch
- Islamisch
- Jainistisch
- Jüdisch
- Konfuzianisch
- Museum/Galerie/ Historisches Gebäude
- Ruine
- Schintoistisch
- Sikhistisch
- Strand
- Taoistisch
- Vogelschutzgebiet
- Weingut/Weinberg
- Zoo/Wildschutzgebiet
- Noch mehr Sehenswertes

Essen
- Restaurant

Ausgehen & Nachtleben
- Bar/Kneipe/Club
- Café

Unterhaltung
- Theater/Kino/Oper

Shoppen
- Geschäft/Einkaufszentrum

Sport & Aktivitäten
- Bodysurfing
- Kanu-/Kajakfahren
- Kurs/Tour
- Japanisches Badehaus/Onsen
- Schnorcheln
- Schwimmen
- Skifahren
- Surfen
- Tauchen
- Wandern
- Windsurfen
- Andere Aktivitäten

Schlafen
- Hotel/Pension
- Campingplatz

Praktisches
- Bank
- Botschaft/Konsulat
- Krankenhaus/Arzt
- Internet
- Polizei
- Post
- Telefon
- Toilette
- Touristeninformation
- Noch mehr Praktisches

Transport
- Bus
- Eisenbahn eingleisig
- Fähre
- Fahrrad
- Flughafen
- Grenzübergang
- Metro/MTR-/MRT-Station
- Parkplatz
- S-Bahn
- Seilbahn/Standseilbahn
- Straßenbahn
- Tankstelle
- Taxi
- U-Bahn
- Zug/Eisenbahn
- Andere Verkehrsmittel

Landschaft
- Aussichtspunkt
- Berg/Vulkan
- Durchgang
- Hütte/Unterstand
- Leuchtturm
- Oase
- Park
- Pass
- Raststelle
- Strand
- Wasserfall

Städte
- Hauptstadt
- Landeshauptstadt
- Stadt
- Ort/Dorf

Achtung: Nicht alle der hier aufgeführten Symbole finden sich in den Karten in diesem Buch wieder.

Verkehrswege
- Autobahn
- Fußgängerbrücke
- Hauptstraße
- Im Bau befindliche Straße
- Landstraße
- Mautstraße
- Pfad/Wanderweg
- Platz/Fußgängerzone
- Sonstige Straße
- Stufen
- Tunnel
- Unbefestigte Straße
- Verbindungsstraße
- Wanderung
- Wanderung mit Abstecher

Grenzen
- Internationale Grenze
- Provinzgrenze
- Umstrittene Grenze
- Regionale Grenze
- Meerespark
- Klippen
- Mauer

Gewässer
- Fluss/Bach
- Periodischer Fluss
- Kanal
- Wasser
- Trocken-/Salz-/ Periodischer See
- Gletscher

Gebietsformen
- Flughafen
- Strand/Wüste
- Christlicher Friedhof
- Weiterer Friedhof
- Gletscher
- Watt
- Park/Wald
- Sehenswertes Gebäude
- Sportanlage
- Sumpf

UNSERE AUTORINNEN

Lucy Corne

Gran Canaria, Fuerteventura, Lanzarote Lucy machte bei einem viermonatigen Job als Kinder-Animateurin in einer Ferienanlage auf Gran Canaria zum ersten Mal Bekanntschaft mit den Kanarischen Inseln. Dort lernte sie zwar nicht gerade die schönste Seite der Insel kennen, aber an den seltenen freien Tagen entdeckte sie, dass Gran Canaria mehr zu bieten hat als Strände und All-you-can-drink-Bootsausflüge. Kurz darauf zog sie nach Las Palmas und lebte vier Jahre lang auf den Kanaren. Sie gab Englischunterricht, schrieb für eine lokale Zeitung und erkundete Dörfer, Wanderpfade und versteckte Strände auf allen sieben Inseln. Mit großer Begeisterung ist sie für dieses Buch zurückgekehrt und hat sich besonders darauf gefreut, wieder das gebirgige Zentrum von Gran Canaria zu erkunden, wieder barfuß über die Isla Graciosa zu schlendern und noch einmal zu versuchen, die dem eigenen Gewicht entsprechende Menge *papas arrugadas* zu essen. Mehr von Lucys Arbeit findet sich im Netz unter www.lucycorne.com. Lucy verfasste auch „Reiseplanung", „Inselküche", „Kanarische Kunst & Kultur", „Das Leben auf einem Vulkan" und „Praktische Informationen".

Mehr zu Lucy unter:
http://auth.lonelyplanet.com/profiles/lucycorne

Josephine Quintero

Teneriffa, La Gomera, La Palma, El Hierro Josephine lebte 20 Jahre lang auf dem spanischen Festland und war mehrfach auf den Kanarischen Inseln, unter anderem auch zu Recherchearbeiten für die vorherigen beiden Ausgaben dieses Titels. Sie findet, dass die Inseln stets für Überraschungen gut sind, auch wenn sich eine Konstante nie ändert: die aufrichtige Freundlichkeit der Einheimischen. Die Highlights dieser Reise waren die aufrüttelnde Kunst im fantastischen TEA-Museum in Santa Cruz, die berührende Pfeifsprache *silbo* auf La Gomera und die Wanderungen durch das üppig grüne Hinterland von La Palma, wo es (zum Glück) keinen Handyempfang gab und nur das Gezwitscher der Vögel zu hören war. Von Josephine sind auch die Kapitel „Die Kanarischen Inseln aktuell" und „Geschichte".

Mehr zu Josephine unter:
http://auth.lonelyplanet.com/profiles/josephinequintero

DIE LONELY PLANET STORY

Ein uraltes Auto, ein paar Dollar in den Hosentaschen und Abenteuerlust, mehr brauchten Tony und Maureen Wheeler nicht, als sie 1972 zu der Reise ihres Lebens aufbrachen. Diese führte sie quer durch Europa und Asien bis nach Australien. Nach mehreren Monaten kehrten sie zurück – pleite, aber glücklich –, setzten sich an ihren Küchentisch und verfassten ihren ersten Reiseführer *Across Asia on the Cheap*. Binnen einer Woche verkauften sie 1500 Bücher, und Lonely Planet war geboren. Heute unterhält der Verlag Büros in Melbourne (Australien), London und Oakland (USA) mit über 600 Mitarbeitern und Autoren. Sie alle teilen Tonys Überzeugung, dass ein guter Reiseführer drei Dinge tun sollte: informieren, bilden und unterhalten.

Lonely Planet Publications,
Locked Bag 1, Footscray,
Melbourne, Victoria 3011,
Australia

Verlag der deutschen Ausgabe:
MAIRDUMONT, Marco-Polo-Str. 1, 73760 Ostfildern,
www.lonelyplanet.de, www.mairdumont.com, info@lonelyplanet.de
Chefredakteurin deutsche Ausgabe: Birgit Borowski
Producing: SAW Communications, Redaktionsbüro Dr. Sabine A. Werner, Mainz
Übersetzung: SAW Communications – Birgit Bruder, Melanie Koster, Isabel Sterner
Redaktion: SAW Communications – Eugenia Demmel, Frauke Feuchter, Julia Gilcher, Eva Gößwein, Marc Niemeyer, Dr. Sabine A. Werner
Technischer Support: SAW Communications – Katrin Pfeil

Kanarische Inseln
1. deutsche Auflage Mai 2016, übersetzt von
Canary Islands 6th edition, Jan. 2016 Lonely Planet Publications Pty Ltd
Deutsche Ausgabe © Lonely Planet Publications Pty, Mai 2016
Fotos © wie 2016 angegeben
Printed in Poland

FSC
www.fsc.org
MIX
Papier aus verantwortungsvollen Quellen
FSC® C018236